U1020643

运动解剖学（第三版）

Sports Anatomy

《运动解剖学》编写组　编

北京体育大学出版社

策划编辑：佟 晖
责任编辑：佟 晖
责任校对：未 茗
版式设计：佟 晖 李沙沙

图书在版编目（CIP）数据

运动解剖学 /《运动解剖学》编写组编. -- 3版. -- 北京 ： 北京体育大学出版社, 2021.2（2025.1重印）
高等教育体育学精品教材
ISBN 978-7-5644-0544-1

Ⅰ. ①运… Ⅱ. ①运… Ⅲ. ①运动解剖－高等学校－教材 Ⅳ. ①G804.4

中国版本图书馆CIP数据核字(2021)第016792号

运动解剖学
YUNDONG JIEPOUXUE

《运动解剖学》编写组 编

出版发行：北京体育大学出版社
地　　址：北京市海淀区农大南路1号院2号楼4层办公B-421
邮　　编：100084
网　　址：http：//cbs.bsu.edu.cn
发 行 部：010-62989320
邮 购 部：北京体育大学出版社读者服务部 010-62989432
印　　刷：北京瑞禾彩色印刷有限公司
开　　本：787mm × 1092mm　1/16
成品尺寸：185mm × 260mm
印　　张：31.75
字　　数：813千字
版　　次：2013年9月第1版　2021年2月第3版
印　　次：2025年1月第5次印刷
定　　价：96.00元

（本书如有印装质量问题，请与出版社联系调换）

版权所有 · 侵权必究

北京体育大学高等教育体育学
精品教材编委会

顾　问：田麦久　金季春　邢文华

主　编：杨　桦

副主编：池　建　谢敏豪　刘大庆　胡　扬

编　委（以姓氏笔画为序）：

马鸿韬　王荣辉　王瑞元　毕仲春

曲　峰　朱　晗　祁　兵　孙　南

李　飞　邱俊强　迟立忠　张　凯

张　健　张廷安　罗冬梅　周志辉

高　峰　唐建军　曹建民　章朝珲

葛春林　温宇红　蔡有志　熊晓正

樊　铭

本书编写组

组　长：罗冬梅

副组长：徐刚

编　委（以姓氏笔画为序）：

刘晔　刘永　李俊平　张一民

赵星　靳秀兰

序

人才培养是高等学校的根本任务，对处于学校工作中心地位的教学工作来说，其质量建设是高等学校的永恒主题。作为传授知识、掌握技能、提高素质的载体，教材在人才培养过程中起着非常重要的作用，是高等学校提高教学质量，促进内涵发展的有力抓手。

一本好的教材，不仅要充分体现教材应有的基础性、示范性和权威性，还要正确把握教学内容和课程体系的改革和创新方向，充分反映学科的教育思想观念、人才培养模式以及教学科研的最新成果，集中展现教材体系的创新，教材内容的更新和教学方法、手段的革新，善于处理好理论与实践、继承与创新、广度与深度、知识与技能、利学与利教的关系，成为开阔学生视野、引导学生探索、鼓励学生奋进的学业与人生兼备的“工具书”。

从中央体育学院到北京体育学院再到北京体育大学，这 60 年的办学历程，是继承发展的 60 年，是改革创新的 60 年，也是教材建设硕果累累的 60 年。学校不断探索教材建设的内在规律，引领高等体育教育教材建设的创新之路，发展了具有自身特色的教材体系，形成了特色鲜明的三个发展阶段。第一阶段是在 20 世纪 50 年代至 60 年代，我校教师在苏联专家的指导下，制定和编写了各专业的教育计划、大纲和主要教材。这批教师在主持和参与 1961 年国家体委组织的体育院校 18 门课程教材编著工作中发挥了重要作用；而这批教材也成为我国独立编写的、对苏联教材模式有所突破的第一批体育院校教材。第二阶段是 20 世纪 70 年代末至 90 年代，我校教师在大量承担第二次重编体育院校教材牵头组织工作的同时，针对学校“三结合”的办学目标和人才培养模式，开始了多学科、多专业的自编教材建设。第三阶段是进入 21 世纪以后，特别是国家体育总局于 2002 年下拨教材建设专款 480 万元之后，我校教材建设在数量和质量上都取得了重大突破。至 2010 年共立项建设了涵盖我校各专业课程的 187 项教材，其中有 4 项教材获得国家级优秀（精品）教材称号，14 项教材获得北京市精品教材称号。可以说上述三个阶段的发展，使我校教材建设水平达到了一个空前的高度，为高等体育人才的培养发挥了重要的作用。

为全面提高高等体育教育质量，深化高等体育教育教学改革，继续加强体育学精品教材建设，2012 年初，在北京体育大学教学指导与教材建设委员会的具体指导下，我们启动了高等教育体育学精品教材建设工程。学校遴选教育部新颁布的体育学类所属的体育教育、运动训练、社会体育指导与管理、武术与民族传统体育、休闲体育、运动康复、运动人体科学7个本科专业的部分基础课程和主干课程开展精品教材建设。我们整合了全校的优质资源，组织专家、教授全程参与教材的规划、编写、初审、终审等过程。按照精品教材的要求，以优秀的教学团队编写优质的教材，出精品、出人才为建设思路，编委会优选学术水平与教学水平兼备、具有创新精神的专家、教授担任教材主编，组织优秀教学团队成员参与教材编写；精确定位教材适用对象，准确把握专业知识结构、能力结构和综合素质要求，深刻领会课程内涵，简洁洗练地表达知识点、能力点和素质点；融入最新的教改成果和科研成果，吸收国外优秀教材的先进理念和成果，创新利于学生自学和教师讲授的教材体例；学校还投入专项资金，对教材进行一体规划、一体设计、一体编审，并采用多色印刷技术增加教材的可读性；为全力保证教材编写质量，北京体育大学出版社资深编辑深度介入教材编写的所有环节。当这批教材展现在读者面前时，我们充满了期待。

岁月如流，薪火相传。60年的教材建设成绩斐然，推动着体育学教材建设步入新的起点、站在新的高度。展望未来，一批批体育学精品教材将随世界一流体育大学的建设进程应运而生，不仅在学校内涵式发展的改革进程中发挥重要作用，而且在全国高等体育院校人才培养中做出积极贡献，在高等教育教材建设中留下浓墨重彩的一笔。

北京体育大学校长

校教学指导与教材建设委员会主任

2013年9月

前 言

“运动解剖学”是我国体育院校中绝大多数专业的必修课。为了适应我国当前竞技体育和全民健身事业的发展特点，本教材根据高等学校体育学教材建设规划的要求，在总结我们几十年来的教学经验，吸纳以往出版的相关教材优点的基础上编写而成。本教材适用于体育教育、运动训练、民族传统体育、社会体育、运动人体科学、运动康复与健康以及应用心理学等专业本科生的教学，亦可以作为研究生、相关专业人员及体育爱好者的参考书。

本教材在全面梳理人体各器官系统与运动的关系的基础上，以人体的运动为核心，对教材各章具体内容进行了深化与补充完善。其突出特点表现为：

强化理论、突出应用：将人体解剖学众多分支学科和科研成果中体育科学所必需的知识，系统、科学地编入本教材，强化基础理论；同时，重新梳理运动中肌肉工作和动作分析的理论，增加了支撑理论的依据的论述，并全面地阐述了动作分析所需考虑的问题及人体局部和整体动作的分析过程。此外，还增加了各系统与人体运动的关系内容，以及时地反映当代体育科学领域的最新研究成果，将运动解剖学的理论与运动训练、运动损伤和康复实践等紧密结合。

插图更新、注重直观：参考国内外相关书籍，全新绘制了 640 余幅人体结构彩色插图，并制作 160 余幅动作图片，使读者更容易理解人体的结构及其运动。

精简文字、突出层次：系统地编排各章节及其具体内容，并以结构与功能相适应的观点为主线，将人体器官分层叙述，使内容层层深入，既精简文字又突出重要的知识点。

增加图表、注重归纳：针对解剖学中难于理解、叙述繁琐的内容均以清晰的表格和简图呈现，且以图例方式将人体结构图嵌于表格内，从而使表述更加直观，便于学生学习。

本教材由运动解剖学教学和科研第一线工作的中青年教师编写。全书共 7 部分，27 章。罗冬梅教授编写绪论、第 5 和 21~25 章；李俊平副教授编写第 1~3、10~13 和 15 章；徐刚教授编写第 4 和 16~17 章；刘晔教授编写第 6~9 章；刘永讲师编写第 14、18、26 章和第 17 章第 4 节；靳秀兰副教授编写第 19~20 和 27 章；张一民教授编写第 22、24 章；博士研究生赵星参编第 5 和 26 章，并编辑索引部分。罗冬梅、徐刚和李俊平负责选编人体结构插图；徐刚和赵星负责选编和制作动作插图。李俊平和赵星负责部分内容的校对和修改，罗冬梅负责全书插图和文字的编排、审校、统稿及定稿工作。

本教材中的人体结构插图由维拓启创（北京）信息技术有限公司孙德刚和李国涛绘制。在本教材编写过程中，姚天聪、屈莎、朱翔宇、王亚芹、尹彦、单西瑶、周嘉琳和杜夔等硕博研究生为本教材 700 余幅插图进行了添加注释、校对和修改等工作。同时，还得到了缪进昌教授的指导和支持。在此深表感谢！

由于水平有限，疏漏及不完善之处在所难免，敬请同行专家、广大师生及读者不吝赐教，以便再版时更臻完善。

《运动解剖学》编写组

2013 年 8 月

在线课程扫码学习

目录 CONTENTS

神经系统

内分泌系统

绪　论

一、运动解剖学的定义和学科特点

解剖学（anatomy）是生命科学的一个分支，是研究生命体形态和结构的科学。根据研究对象，解剖学可分为动物解剖学、植物解剖学和人体解剖学等。

人体解剖学（human anatomy）是一门研究正常人体形态结构的科学，是医学科学的重要基础理论学科，属于形态学范畴。

运动解剖学（sports anatomy）是在人体解剖学的基础上，重点研究运动与人体形态结构和生长发育规律间相互关系的学科，是高等学校体育教育和运动人体科学等专业中的主干学科之一，是体育科学的重要组成部分。

运动解剖学作为形态学科，主要研究在运动过程中，人体各器官系统的形态结构与体育运动之间的制约关系和适应性变化，探讨人体基本活动和体育动作的结构特征、合理性及其与运动损伤发生的关系，揭示在生长发育过程中人体形态结构与功能的变化规律及运动能力的发展特点。因此，运动解剖学是体育科学中一门重要的应用基础理论学科。

运动解剖学的任务是：在介绍人体各器官系统正常形态结构的基础之上，以运动为核心，揭示人体骨、关节和肌肉的运动特征以及体育技术动作结构分析的基本原理，阐明运动训练、体育教学和运动健身过程中人体各器官系统的形态结构与体育运动的相互关系，为科学地进行体育锻炼提供形态学依据和方法，以达到提高竞技运动水平、增强全民体质和改善生活质量的目的，同时亦为相关学科的学习奠定坚实的形态学基础。

二、运动解剖学的发展历程

任何一门学科的产生和发展都是应人类社会生活的需要而生，并受到相关学科的推动。运动解剖学就是应提高体能与竞技运动水平、增强运动健身效果的需要而生，同时受到了力学、医学和体育科学等发展的推动，在人体解剖学的基础上建立起来的。

（一）人体解剖学的发展历程

人体解剖学的发校业和其他自然科学一样，是前人在漫长的历史过程中不断地探索、实践和积累知识而发展起来的。据西方医学记载，自古希腊起，众多科学家如希波克拉底（Hippocrates）、亚里士多德（Aristotle）、盖伦（Galen）和达·芬奇（Leonardoda Vinci）等，皆通过实验观察等对机体部分器官结构和功能著书论述，其中著名画家达·芬奇精细绘制了一部时代巨著——人体骨骼解剖学图谱。现代解剖学的创始人维萨里（A. Vesalius）于1543年出版了具有开拓性的解剖学巨著《人体的构造》，创立并奠定了人体解剖学的基础。此后17世纪哈维（W. Harvey）和19世纪达尔文（C. Darwin）等科学家相继在宏观和微观形态学领域里发现了许多新生命现象，为探索人体形态结构的发展规律提供了理论基础。20世纪发明的电子显微镜，广泛应用于细胞超微结构与三维构筑的研究，使形态科学研究跨人到细胞和亚细胞水平并进而到达分子水平。

我国解剖学的起源甚早，远在春秋战国时代最早的一部医学著作《黄帝内经》就有关于人体形态的记载，此后三国时期名医华佗、宋代宋慈以及清代王清任均留下了宝贵的人体结构重要论著。但是，由于长期封建社会制度的束缚，解剖学的研究未能得到较快的发展，并未形成独立的学科体系。我国的人体解剖学是在 19 世纪由欧洲传人现代医学之后发展起来的。

进入 20 世纪，解剖学的科学研究随着新技术的不断进步和创新方法的不断出现而得到长足发展，其研究范围已从宏观解剖学、微观解剖学发展到超微结构解剖学、影像解剖学、外科解剖学以及运动解剖学等。尤其是近数十年来，由于物理学与生物化学等新理论、新技术的发展，多学科综合研究的进行，更由于生物力学等边缘学科的建立与发展，解剖学等形态学的研究呈现出向综合性学科的发展趋势，那种纯形态学研究的情况正在发生改变，一些新兴技术如示踪技术、免疫组织化学技术、细胞培养技术和原位分子杂交技术等在形态学研究中被广泛采用，使这个古老的学科焕发出青春的异彩，尤其是神经解剖学有了突飞猛进的发展。

（二）运动解剖学的发展历程

运动解剖学是人体解剖学的一个分支学科，其发展必然会受到母学科以及相关的工业生产、军事、人体艺术以及体育运动等的影响与推动。

运动解剖学的萌芽始于 15 世纪，科学家、画家达·芬奇在对人体进行解剖研究过程中，提出了人体结构及活动服从力学定律的概念等多项论述，不仅发展了人体解剖学，还创立了人体运动学。此后意大利学者鲍列里（Alfonso Borelli）在《论动物的运动》一书中，研究探讨了各种肌肉发力的数量和机械作用、人体总重心的位置以及人体某些动作中肌肉工作的数学与力学原理。此外还有许多学者亦将数学与力学知识应用于解剖学的研究中，这些研究成果均为运动解剖学的诞生奠定了基础。

19 世纪末，俄国学者列斯加夫特在其撰写的《人体运动理论》《肌肉系统解剖学》和《理论解剖学基础》等书中，详细叙述了有关人体比例、人体姿势和人体运动的资料。此外，还著有《解剖学与体育的关系及学校中体育的基本任务》等专著。他为运动解剖学的正式建立作出了巨大的贡献。

20 世纪中期以来，随着体育运动的蓬勃发展，运动解剖学和运动生理学、运动医学等学科相继从母学科中分离出来，并逐渐发展起来。运动解剖学也成为了体育科学中的一门新兴学科。当时对人体运动的力学参数、身体姿势和环节运动的解剖学特征等所进行的研究，为运动解剖学核心理论内容的建立提供了宝贵的资料。苏联解剖学家伊万尼茨基是这个时期的杰出代表，他所撰写的《人体解剖学》（1956 年）是运动解剖学的经典之作。他将运动形态学分为运动解剖学、运动人体测量学、运动局部解剖学和动作分析四个部分。至 20 世纪 70 年代，苏联学者又将运动解剖学与人类学结合起来，发展成为运动形态学，并应用于运动员选材方面。

我国的运动解剖学建立于 20 世纪 50 年代。当时各体育院校（系）相继将运动解剖学列入必修基础课。60 年代初，我国著名解剖学家张鋆教授首先提出了运动解剖学的概念，他认为解剖学亦可用于体育运动，用以分析各种运动所需要的肌肉和关节，并将这一学科称为运动解剖学。同时，他也阐明了运动解剖学的研究对象和研究内容。

在运动解剖学所走过的半个世纪的历程中，无论是在学科理论体系的建立，还是在教学与科学研究的开展方面均取得了丰硕成果，其中包含运动解剖学的教材建设。1961 年，我国出版了第一部体育专业统编教材——《人体解剖学》。1978 年编印了第一部《运动解剖学》通用教材。此后，许多院校开始使用自编教材，出现了统编与自编共存的特点。同时，各院校还出版了大量的教学配套教材，包括运动解剖学实验指导和习题集等。由顾德明、缪进昌和丁誉声等编著、绘制的《运动解剖学图谱》，对运动解剖学的教学与研究起到了很大的支持作用。金季春教授提出的“环节受力分析法”，不仅早已成为教材中技术动作解剖学分析的支撑理论与方法，而且亦在相关科学研究中广泛地使用，其为运动解剖学的应用和发展起到了很大的推动作用。

在运动解剖学的发展历程中，张汇兰教授、缪进昌教授、石作砺教授和胡勣教授等老一辈学者呕心沥血，为运动解剖学的建立与发展做出了卓越的贡献。进入 21 世纪以来，我国的运动解剖学研究在探讨运动环境下人体结构的变化规律、技术动作的解剖学分析以及运动健身的理论与方法等方面取得了飞跃性的进展，形成了一支人员素质较高的教学与研究队伍。这一切均为未来我国运动解剖学继续发展奠定了良好的基础。

三、现代运动解剖学的研究热点与发展趋势

现代运动解剖学的研究，既专注于最具本学科特点的研究领域，又符合科学发展的共同特征，即在新技术、新方法支持下的多学科综合研究。经过近半个世纪的探索与积累，现代运动解剖学的研究热点与发展趋势主要表现在如下几个方面：

（一）运动对人体形态结构和机能的影响

运动对人体形态结构和机能的影响是运动解剖学最早开始的一类研究，也是本学科最经典的基础性研究。其研究内容非常广泛，涉及骨、软骨、骨骼肌、心脏、血管、肝、肺、肾、脑、脊髓以及部分内分泌器官等。近年来的研究热点主要集中于运动与骨骼肌、心血管和神经等方面。

1. 运动与骨骼肌

骨骼肌作为人体运动的动力器官，一直以来都是运动解剖学研究的重点内容之一。此领

域的研究包括运动（或制动）对骨骼肌形态结构的影响、运动性肌肉疲劳的发生与恢复以及运动性骨骼肌损伤与恢复等。其中，在运动（或制动）对骨骼肌光镜及电镜结构、肌纤维类型、收缩蛋白和骨架蛋白的影响、运动性骨骼肌疲劳与损伤的形态学变化特点方面进行了深入的探讨。目前正逐步利用细胞培养和在体实验等多种技术手段，模拟骨骼肌运动或损伤模型，进一步研究运动对骨骼肌影响的内在机制，探寻有效预防骨骼肌疲劳或损伤的新方法，以解决运动实践中不断出现的相关问题。

2. 运动与心血管系统

此领域的研究内容非常丰富与深入，从较早的不同运动状态下心血管的超微结构变化到分子水平变化，从运动性心脏肥大发生的机制到心脏内分泌调节机制、运动与血管重塑的调节等。此外，还有利用生物信息学方法建立运动性心脏意外相关的基因标记数据库，以及针对各类心血管疾病所进行的运动干预手段及其机制与效果的研究等。

3. 运动与神经系统

此方面研究主要集中于中枢神经结构，包括运动对大脑皮质、海马、小脑皮质和脊髓前角运动神经元等微细结构的影响，同时还开展了不同负荷的运动对学习与记忆、中枢疲劳的影响机制以及运动性预处理对大脑皮质的保护作用等研究。

（二）骨骼肌的运动原理与体能训练

骨骼肌运动原理的研究是运动解剖学的核心研究内容之一。运动中骨骼肌工作的基本规律是体能训练的重要理论支撑，目前对此方面的研究尚不够丰富与深入。在力量与柔韧等体能训练中，不同形态、不同部位的肌肉以及同一肌群中不同的肌肉对关节作用的效果不同，同时在不同动作中各环节的相对位置变化也会影响肌肉功效的发挥。因此，未来应该加强此方面的探索，以科学地指导训练、比赛和健身活动。

（三）动作结构和运动技术的诊断与优化

任何一种体育项目都是由一个个动作组成，而技术则是由若干独立的动作集合而成。若要提高运动技术水平，首要的任务就是分析清楚每个动作结构是否合理，每项技术是否达到了最优化。而这两个方面既是运动解剖学的核心研究内容之一，又是进行全面运动技术诊断的前提。此方面的研究起步较晚，大量的研究集中于近十年。在竞技体育近 3 个奥运周期的备战科技攻关中，先后开展了皮划艇、花样游泳、排球、游泳以及自行车等项目的动作结构和运动技术分析研究。这些成果不仅为上述项目的科学训练提供了支持依据，同时亦丰富了运动解剖学的理论体系。

（四）运动伤病和身体姿态异常的解剖学机制与防治

运动伤病的解剖学基础研究，主要集中于关节各种损伤的形态结构特点与修复、末端病的形态结构变化和椎间盘的结构与运动损伤的关系等方面。近年来更多的引入了干细胞移植与基因导入治愈运动性伤病的基础研究。

身体姿态异常及其矫正是当前运动人体科学与运动康复的研究热点。由于身体姿态的异常主要是因人体，尤其是运动器官的结构与功能发生异常所致，同时在身体姿态异常状况下进行训练或健身活动更易造成新的运动损伤的发生。因此，应深入地进行身体姿态异常的解剖学机制研究。

（五）当代儿童少年生长发育规律研究与应用

儿童少年生长发育规律是运动解剖学基础与应用研究的重点内容之一，以往已经在生长发育规律的纵向跟踪研究以及不同地域、不同年龄儿童少年身体发育特点的横向研究等方面取得了丰硕的成果。目前应重点研究当代儿童少年的生长发育规律的变化特征，此特征可应用于三个方面：一是普通儿童青少年的运动健康促进，即针对不同生长发育状况的儿童青少年设计并开展有目的的体育锻炼；二是青少年运动员的选材，即研究不同项目青少年运动员的发育类型与程度，预测其未来发育趋势，建立适合不同发育程度的选材评价指标体系；三是青少年运动员的科学训练，即通过研究获得青少年运动员所处的发育水平、发育程度以及专项运动素质发展的敏感期，以便不失时机采取更多的训练手段使其运动潜能得到充分的发展。

（六）运动促进体质健康的理论与实践

身体的形态结构是体质五个组成要素之一，身体机能和素质的改善与增强应建立在身体形态结构发生良好变化的基础之上。因此，运动促进体质健康也是运动解剖学的主要研究内容。目前有关此方面的研究成果众多，包括各年龄人群的体质特征、各种锻炼方式对体质的促进效果、不同身体异常或慢性病人群的健身理论与方法以及国民体质测量与评价关键技术等等。对于该领域，未来趋向于更多地进行各种健身方法的强身机制和综合效益的研究。

（七）运动解剖学教学手段的创新

当今是数字化的时代，国内外均已获得了人体真实数据，其为网络教学资源的建设提供了条件。运动解剖学的教学尤其是实验教学，可利用数字人体资源，在传统实验教学的基础上开展虚拟人体教学，直观地为学生创建人体器官的空间结构。同时可进一步将上述资源网络化，打破传统教学的时空限制，以实现自主开放性教学。

四、运动解剖学的基本术语

在日常生活和体育运动中，人体各部与器官结构的位置关系不是恒定不变的。为了能正确地描述人体各器官的形态结构和位置，特规定了人体的标准解剖学姿势及轴、面和方位术语等。这些概念和术语虽是人为规定，但却是国际公认的学习解剖学必须遵循的基本原则。

（一）人体的标准解剖学姿势

人体的标准解剖学姿势为：身体直立，两眼平视正前方，两足并拢，足尖向前，双上肢下垂于躯干两侧，掌心向前（图0-1）。

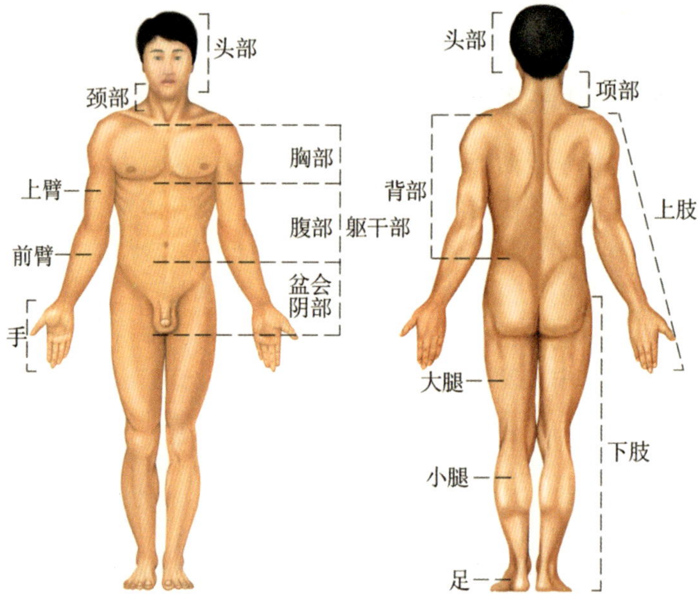

图0-1 人体的分部和标准解剖学姿势示意图

（二）常用的解剖学方位术语

描述人体任何结构或运动时，身体各部分位置的变化皆以人体标准解剖学姿势为基准，并由此确定出下列一些解剖学方位术语（图0-2）。

上与下：是描述器官或结构距颅顶或足底的相对远近关系的术语。按照标准解剖学姿势，靠近颅（头部）称为上；而靠近足部则称为下。在比较解剖学中常用颅侧和尾侧代替上与下。

前（或腹侧）与后（或背侧）：是指距身体前、后面距离相对远近的术语。距身体腹侧面近者为前，而距身体背侧面近者为后。

内侧与外侧：是描述人体各局部或器官、结构与人体正中矢状面相对距离远近而言的术语。靠近身体正中面称为内侧；而远离身体正中面则称为外侧。

内和外：是描述空腔器官相互位置关系的术语。近内腔者为内，距离内腔远者为外，内、外与内侧和外侧是有显著区别的，初学者必须注意这一点。

浅与深：是描述与皮肤表面相对距离关系的术语。距皮肤近者为浅，远离皮肤而距人体内部中心近者为深。

近侧与远侧：对于四肢而言，靠近肢体根部（或靠近躯干）的部分称为近侧；而远离肢体根部（或远离躯干）的部分则称为远侧。

桡侧与尺侧：对于前臂而言，其外侧称为桡侧；而内侧则称为尺侧。

腓侧与胫侧：对于小腿而言，其外侧称为腓侧；而内侧则称为胫侧。

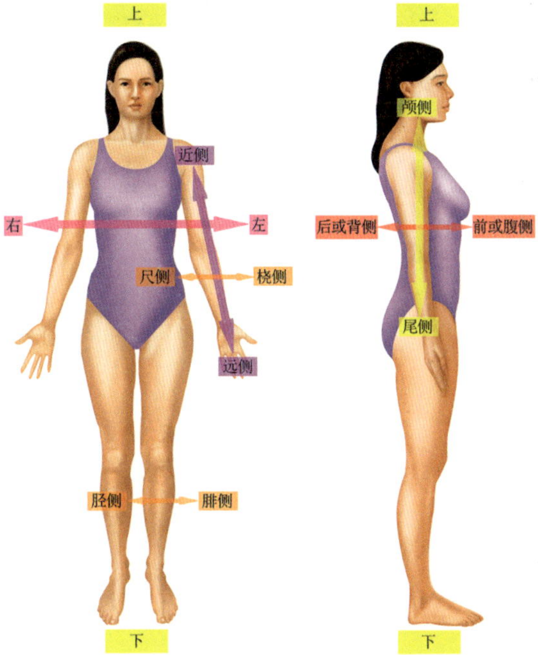

图0-2 人体的方位示意图

(三) 人体的基本面和基本轴

面和轴是描述人体器官的形态，尤其是叙述关节运动时常用的术语。人体有无数个面与轴，根据教学和研究的实际需要，可设计互相垂直的三种轴称为基本轴，即额状轴、矢状轴和垂直轴；依据上述三种基本轴，还可设计出人体互相垂直的三种面称为基本面，即额状面、矢状面与水平面(图0-3)。

1. 基本面

(1) 额状面：即按左右方向，将人体分成前后两部分的纵切面，亦称冠状面。

(2) 矢状面：即按前后方向，将人体分成左右两部分的纵切面。通过人体正中线的矢状面为正中矢状面，将人体分为左右相等的两半。

(3) 水平面：或称横切面，即横断直立身体，与地面平行，将人体分成上下两部分的切面。

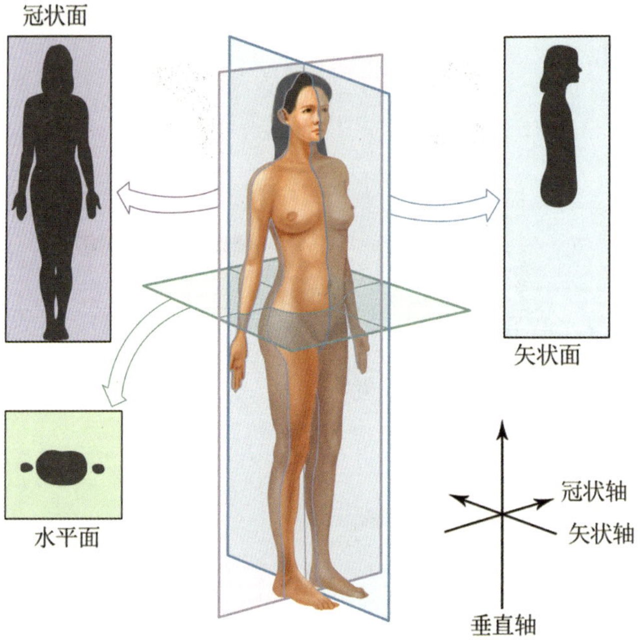

图0-3 人体的基本轴和基本面示意图

在描述器官切面时，常以器官自身的长轴为标准，与其长轴平行的切面称纵切面，与其长轴垂直的切面为横切面，而不用额状面、矢状面和水平面来描述。

2. 基本轴

(1) 额状轴：为左右方向与水平面平行、垂直通过矢状面的轴，亦称冠状轴。

(2) 矢状轴：为前后方向与水平面平行、垂直通过额状面的轴。

(3) 垂直轴：为上下方向垂直于水平面、与人体长轴平行的轴。

人体的基本构筑

人体是一个复杂而统一的有机体。构成人体最基本的结构和功能单位是细胞。细胞群和细胞外基质构成组织（包括上皮组织、结缔组织、肌肉组织和神经组织）。几种组织按照一定方式组合起来，形成具有一定形态结构和功能的器官，如心、肺和肾等。形态结构和功能相关的许多器官，共同构成执行某种特定功能的系统。运动系统、消化系统、呼吸系统、泌尿系统、生殖系统、脉管系统、感觉器、神经系统和内分泌系统等九大系统构成了完整的人体。

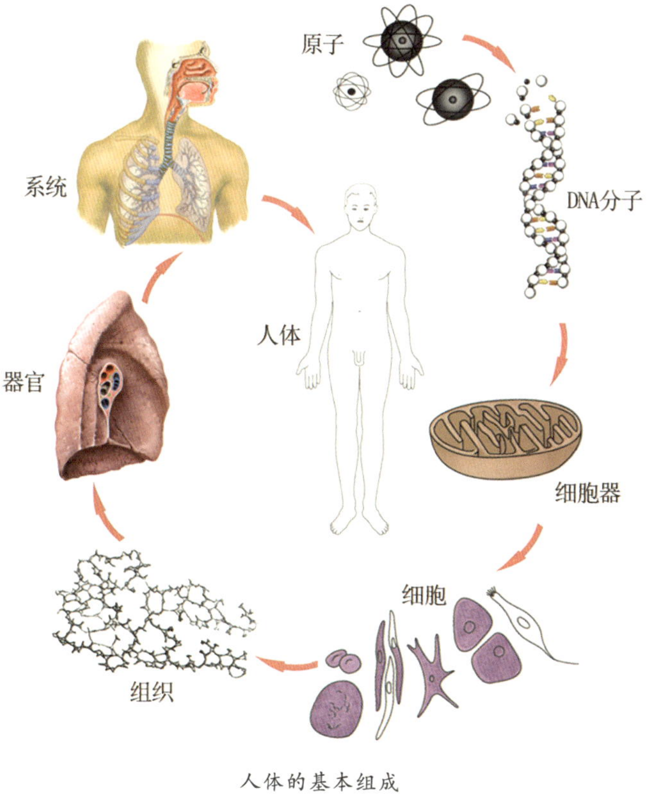

人体的基本组成

第一章 细 胞

细胞是人体的基本结构和功能单位，是生命进化过程中的产物，具有新陈代谢、生长、发育、分化、衰老和死亡等功能。

一、细胞的大小与形态

（一）细胞的大小

细胞的大小不一。人体内的细胞一般都需借助于显微镜才能看到。最小的细胞直径只有4μm，如小脑内的颗粒细胞；最大的细胞直径可到200μm，如卵细胞。神经细胞的轴突可长达1m以上。

（二）细胞的形态

细胞的形态多种多样（图1–1），依其所处的环境和功能而不同。如肌细胞呈长条状的圆柱形或梭形，有助于收缩与舒张；红细胞呈双凹圆盘状，可使细胞内的任何一点距细胞表面都不超过0.85μm，有助于细胞内、外气体的迅速交换；神经细胞具有大量的树突和长的轴突，有助于接受刺激，产生和传导兴奋；精子有一个长长的尾部，有助于运动。

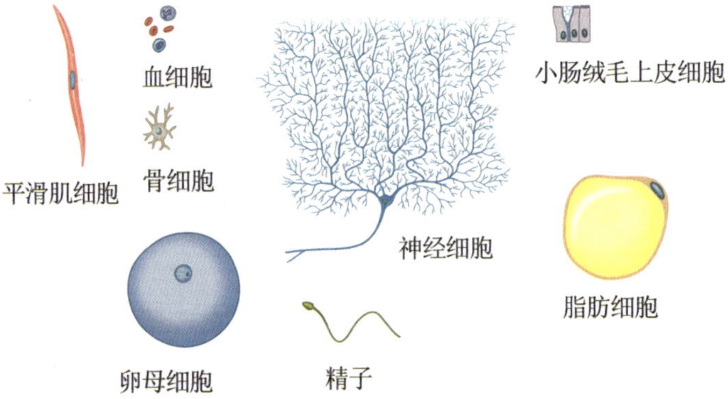

图1–1 细胞的种类

二、模式细胞的构造

细胞一般都具有细胞膜、细胞质和细胞核三部分（图 1–2）。

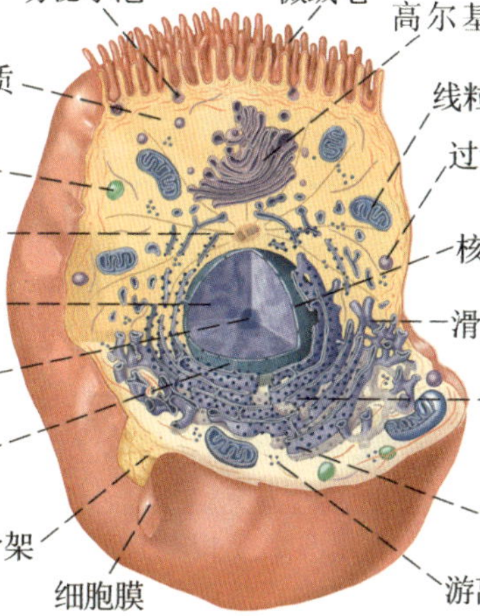

图 1–2 模式细胞的结构

（一）细胞膜

细胞膜又称质膜，为细胞表面的一层特化的薄膜。它具有保持细胞的完整性，并完成保护、支持及物质转运等功能。细胞膜的化学成分主要是由蛋白质、脂类和多糖组成（表 1–1）。

（二）细胞质

细胞质是细胞新陈代谢和物质合成的场所。由基质、细胞器和包含物三部分组成。基质是细胞质中的液态成分，可提供生命活动所必需的各种物质。基质内含有具备一定形态结构和功能的细胞器，包括线粒体、内质网、核糖体、高尔基复合体、溶酶体、中心体以及微丝与微管等（表 1–1）。基质内还有糖原、色素及脂滴等物质，称为包含物。

（三）细胞核

细胞核一般只有一个，位于细胞中央。也有多核的，如骨骼肌细胞有几十个至几百个核。成熟的红细胞没有细胞核。细胞核的形态、大小和位置与细胞相适应。细胞核由核膜、核质、核仁和染色质组成（图 1–2 和表 1–1）。

表 1－1　细胞各部分结构与功能汇总

图例	结构名称	组成	功能
细胞膜与基质			
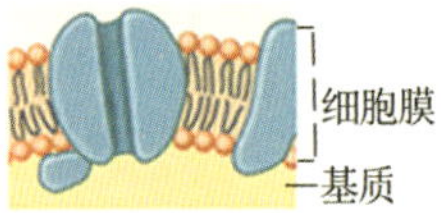	质膜（细胞膜）	脂质双分子层，内含磷脂、类固醇、蛋白质、糖类	隔离；保护；感觉；支持；物质转运
	基质	细胞质的液态成分；可含有不溶性物质	通过扩散进行物质分配；储存糖原、色素和其他物质
无膜包被的细胞器			
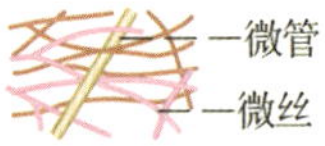	细胞骨架（微管和微丝）	由蛋白质组成的细丝和细管	支持；细胞的运动；细胞形态的改变；细胞内物质的运输
	微绒毛	细胞膜表面的突起，内含微丝	增加细胞表面积，有利于物质的吸收
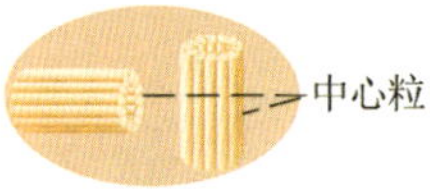	中心体	由两个互相垂直的中心粒组成；每个中心粒由 9 组三联微管组成	细胞分裂时染色体分离所必需；细胞骨架中微管的组成形式
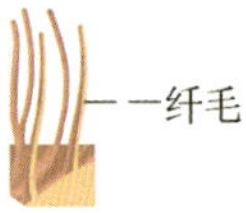	纤毛	细胞膜表面的突起，内含 9 组二联微管	通过摆动使粘附在细胞表面的物质移动
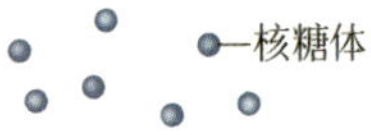	核糖体	由 RNA 与蛋白质组成；附着在粗面内质网表面或散在于胞质中	合成蛋白质
有膜包被的细胞器			
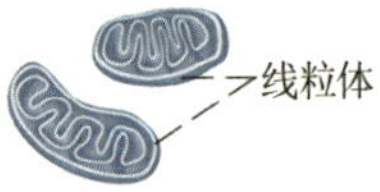	线粒体	双层膜；内膜向内折叠形成嵴，内含多种代谢酶	95% 细胞所需的 ATP 产生于此细胞器
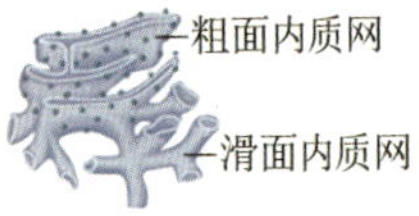	内质网	膜性管道交织形成的网状结构，遍布于胞质	分泌物的合成；细胞内物质的储存与转运
	内质网 粗面	膜表面有核糖体附着，不光滑	修饰与包装新合成的蛋白质
	内质网 滑面	膜表面没有核糖体，光滑	脂类、类固醇、碳水化合物的合成；钙离子的储存
	高尔基复合体	由层叠的扁平囊、大泡和小泡组成	储存、修饰与包装分泌物及溶酶体的酶

续表

图例	结构名称	组成	功能
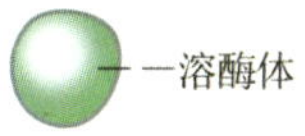	溶酶体	含消化酶的泡状结构	清除被损坏的细胞器及病原微生物
	过氧化物酶体	含降解酶的泡状结构	降解脂肪或其他组织成分；中和细胞产生的有毒成分
细胞核			
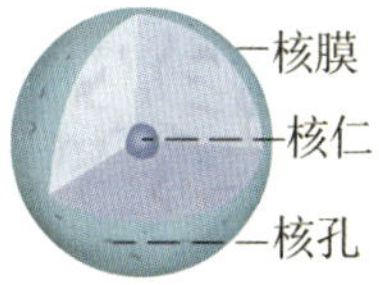	细胞核	核质含核苷酸、酶、核蛋白和染色质；核质周围由核膜（双层膜）包绕，核膜上有核孔	控制细胞代谢；遗传信息的储存与加工；控制蛋白质合成
	核仁	核质内的致密区域，内含 DNA 和 RNA	信使 RNA（mtRNA）合成的部位；核糖体亚单位的组装部位

三、细胞外基质

细胞外基质是存在于细胞与细胞之间的物质，以往的教材中称其为细胞间质。它是细胞生命活动过程中的产物，同时也是细胞赖以生活的外环境（人体的内环境），具有支持、连接、保护和营养等作用。

细胞外基质由无定形的基质和纤维组成。基质一般呈均质透明的无定形胶状，少数呈固态（软骨组织的基质为半固态，骨组织的基质为固态）或液态（血液的基质为液态）。纤维有三种：胶原纤维、弹性纤维和网状纤维。

思考题

通过本章的学习，对于体育教育和运动训练等专业的学生，请思考：

1. 细胞的结构与功能是如何适应的？
2. 细胞外基质的功能及其与细胞的关系。

第二章　组　织

组织是构成人体各种器官的基本成分，它是由许多结构和功能相似的细胞和细胞外基质按一定的方式结合在一起所形成的细胞群。根据组织构造和功能的不同，可将人体的组织分为上皮组织、结缔组织、肌组织和神经组织四种基本类型。

一、上皮组织

上皮组织由密集排列的上皮细胞和极少量的细胞外基质组成。上皮组织的结构特点是细胞多、细胞外基质少，细胞具有极性，大多数上皮组织内没有血管。依其分布与功能的不同，可将上皮组织分为被覆上皮、腺上皮、感觉上皮和肌上皮等四种（表 2–1）。

表 2－1　上皮组织的分类

名称	主要特点	分　布	功　能
被覆上皮	单层或多层细胞连接而成	覆盖于身体表面，衬贴在体腔和有腔器官内表面	保护、吸收、分泌和排泄等
腺上皮	腺细胞陷入组织形成	外分泌腺（分泌物经导管排出，如汗腺、唾液腺和胰腺等）和内分泌腺（分泌物为激素，释入血液，如甲状腺、肾上腺和垂体等）	分泌
感觉上皮	某些上皮细胞特化形成	嗅觉上皮、味觉上皮、视觉上皮和听觉上皮等	感受特定理化刺激
肌上皮	某些上皮细胞特化形成	大唾液腺的腺细胞和部分导管上皮细胞与基膜之间，生精上皮基膜外侧等	收缩和舒张

四类上皮组织中，以被覆上皮分布最广。根据上皮细胞的排列层数和形状，将被覆上皮分为以下几种（表 2-2）。

表 2-2　被覆上皮的分类

分类	上皮类型	主要分布	主要功能	图例
单层上皮	单层扁平上皮	内皮：心、血管和淋巴管 间皮：胸膜、腹膜和心包膜 其他：肺泡和肾小囊	有利于血液、淋巴液流动，物质通透以及器官活动	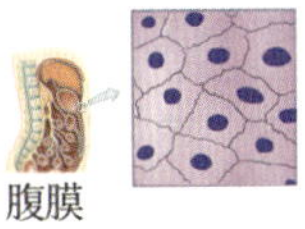 腹膜
	单层立方上皮	肾小管等	吸收、分泌	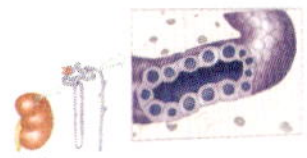 肾
	单层柱状上皮	胃、肠、胆囊和子宫等	吸收、分泌	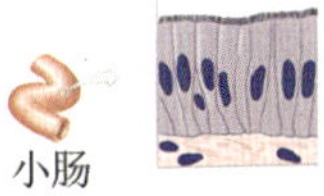 小肠
	假复层纤毛柱状上皮	呼吸管道等	保护、分泌	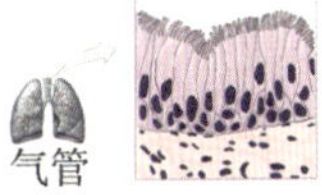 气管
复层上皮	复层扁平上皮	未角化：口腔、食管和阴道 角化：皮肤表皮	保护	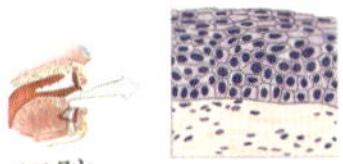 口腔
	变移上皮	肾盏、肾盂、输尿管和膀胱	保护	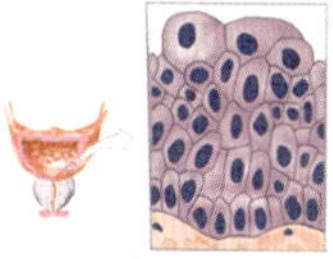 膀胱（空虚） 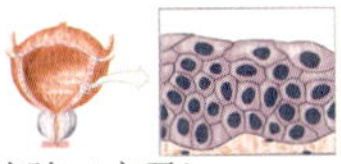 膀胱（充盈）

二、结缔组织

结缔组织由细胞和大量的细胞外基质构成，结缔组织的细胞外基质包括基质、细丝状的纤维和不断循环更新的组织液，具有重要功能意义。结缔组织的结构特点是细胞少、细胞外基质多，细胞没有极性，组织内有血管、淋巴管和神经。广义的结缔组织，包括液状的血液、淋巴，松软的固有结缔组织和较坚固的软骨与骨。一般所说的结缔组织仅指固有结缔组织而言，按其结构和功能的不同分为疏松结缔组织、致密结缔组织、脂肪组织和网状组织。结缔组织在体内广泛分布，具有连接、支持、营养、保护等多种功能。

（一）疏松结缔组织

疏松结缔组织又称蜂窝组织，其特点是细胞种类较多，纤维较少，排列稀疏。疏松结缔组织在体内广泛分布，位于器官之间、组织之间以至细胞之间，起连接、支持、营养、防御、保护和创伤修复等功能。疏松结缔组织的组成及功能见表 2–3 和图 2–1。

表 2－3　疏松结缔组织的组成及功能

	组　成	功　能
细胞	成纤维细胞	分泌蛋白质；分泌多种生长因子；参与创伤修复
	巨噬细胞	吞噬作用；抗原提呈作用；分泌功能
	浆细胞	合成与分泌免疫球蛋白（抗体）
	肥大细胞	分泌肝素、组胺、白三烯和嗜酸性粒细胞趋化因子
	脂肪细胞	合成和贮存脂肪，参与脂类代谢
	未分化的间充质细胞	参与结缔组织和小血管的修复
	白细胞	防御
纤维	胶原纤维	韧性大，抗拉力强
	弹性纤维	弹性大
	网状纤维	构成造血组织和淋巴组织的支架
基质	蛋白多糖	形成分子筛，防御有害物质扩散
	纤维黏连蛋白	连接细胞、胶原蛋白及蛋白多糖的媒介
	组织液	组织液的更新，有利于血液与组织中的细胞进行物质交换

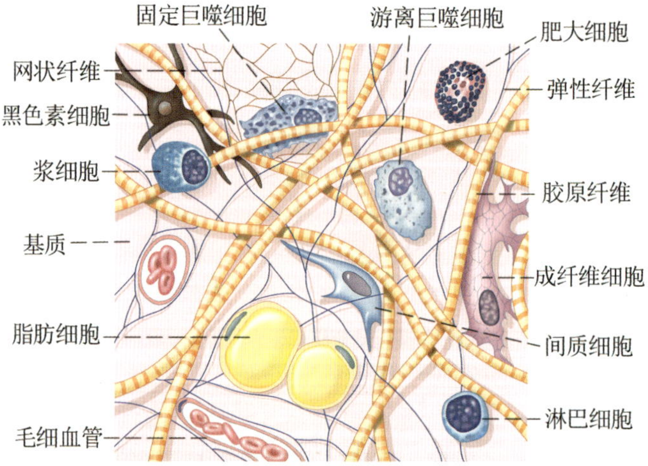

图 2–1　疏松结缔组织模式图

（二）致密结缔组织

致密结缔组织的组成与疏松结缔组织基本相同，两者的主要区别是：致密结缔组织中的纤维成分特别多，而且排列紧密，细胞和基质成分很少（图 2–2）。除弹性组织外，绝大多数的致密结缔组织中均以粗大的胶原纤维束为主要成分，其中含少量纤维细胞、小血管和淋巴管。

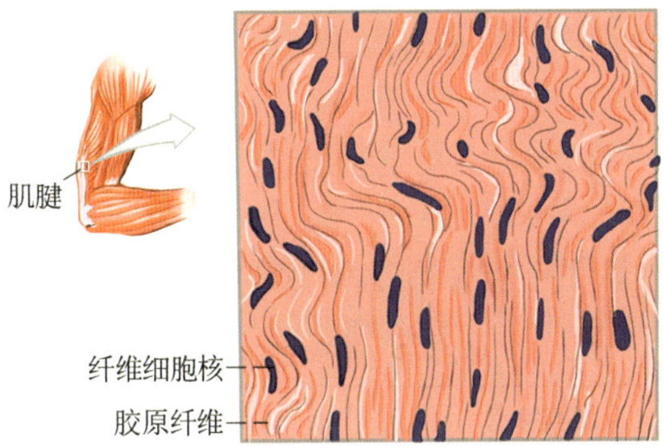

图 2–2 致密结缔组织

根据纤维的性质及排列方式，致密结缔组织可分为以下几种类型（表 2–4）：

表 2－4 致密结缔组织的分类

分 类	结构特点	分 布	功 能
规则致密结缔组织	密集的胶原纤维顺应力的方向平行排列成束	肌腱、腱膜	抗拉力强
不规则致密结缔组织	粗大的胶原纤维纵横交织，形成致密的三维网状结构	真皮、硬脑膜和器官被膜	抵抗来自不同方向的应力
弹性组织	粗大的弹性纤维平行排列成束	项韧带和黄韧带 大动脉中膜	加固和适应关节运动 缓冲血流压力

（三）脂肪组织

脂肪组织主要是由大量脂肪细胞集聚而成，疏松结缔组织将成群的脂肪细胞分隔成许多脂肪小叶（图 2–3）。

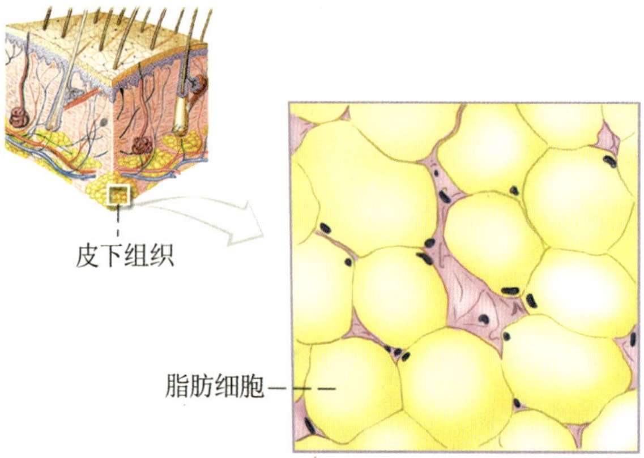

图 2-3　脂肪组织

根据脂肪细胞的结构和功能不同，可分为两种脂肪组织（表 2–5）：

表 2–5　脂肪组织的分类

分　类	结构特点	分　布	功　能
黄色脂肪组织	脂肪细胞内只有一个大的脂滴	皮下组织、网膜、系膜及黄骨髓等	维持体温、缓冲、保护和填充等；机体贮存脂肪的“脂库”
棕色脂肪组织	胞质内散在许多大小不一的脂滴，线粒体大而丰富	新生儿的肩胛间区、腋窝及颈后部，冬眠动物的体内	在寒冷的刺激下，迅速氧化，产生大量热能，有利于新生儿的抗寒和维持冬眠动物的体温

（四）网状组织

网状组织是由网状细胞和网状纤维构成。其主要特点是细胞少，细胞外基质多，且网状纤维交织成网（图 2–4）。网状细胞呈星形、有突起，相邻细胞的突起连接成网。

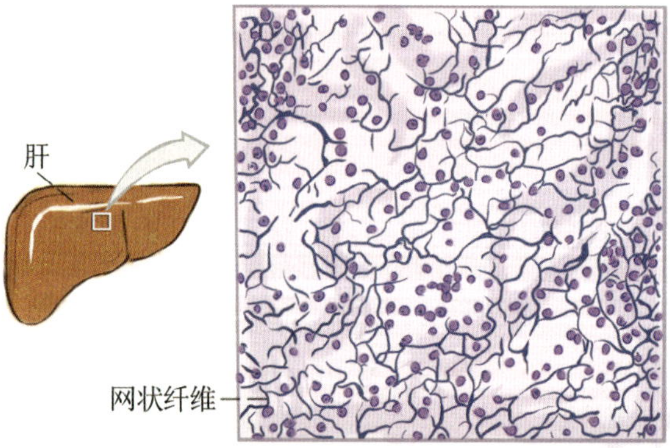

图 2-4　网状组织

网状组织在体内不单独存在，而是构成造血组织和淋巴组织的支架，网孔内细胞和液体可自由流动，由此可为血细胞发生和淋巴细胞发育提供适宜的微环境。

（五）软骨组织

软骨由软骨组织及其周围的软骨膜构成，软骨组织由软骨细胞、基质及纤维构成。根据软骨组织内所含纤维成分的不同，可将软骨分为透明软骨、弹性软骨和纤维软骨三种（表2–6）。

表2–6　软骨组织的分类

	透明软骨	弹性软骨	纤维软骨
分布	肋软骨、关节软骨和呼吸道软骨等	耳廓和会厌	椎间盘、关节盘和耻骨联合等
纤维成分	胶原原纤维	弹性纤维	胶原纤维束
纤维排列	交织排列	交织排列	平行或交织排列
功能	有较强的抗压性、一定的弹性或韧性	有较强的弹性	有很强的韧性
图例	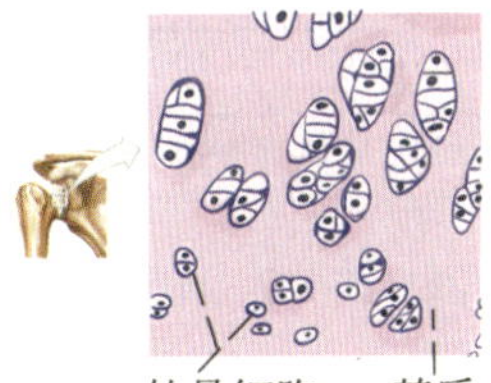	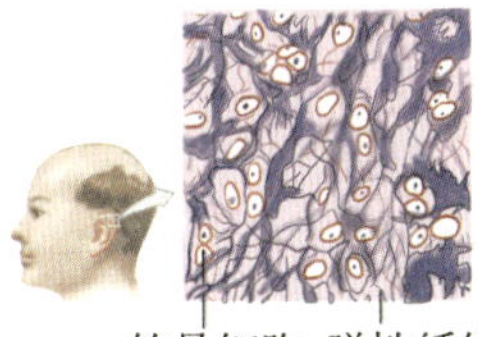	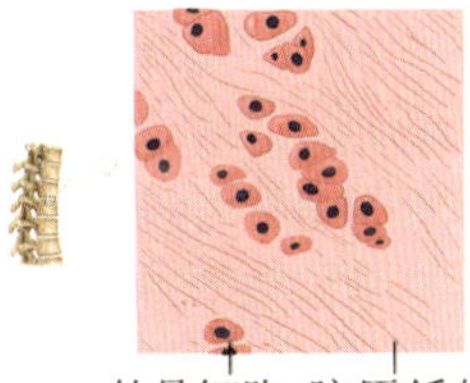

（六）骨组织

骨组织是一种坚硬的结缔组织，由细胞和钙化的细胞外基质（骨基质）组成，其特点是细胞外基质中有大量骨盐沉积。骨基质包括有机成分和无机成分，含水极少。有机成分包括大量胶原纤维和少量无定形基质；无机成分称骨盐，以钙、磷离子为主，也含多种其他元素。骨组织中的细胞类型包括骨祖细胞、成骨细胞、骨细胞和破骨细胞（表2–7）。

（七）血液与淋巴

血液和淋巴分别是流动于心血管和淋巴管内的液态组织。血液由血细胞和血浆组成，血细胞约占血液容积的45%，血浆占55%。血细胞包括红细胞、白细胞和血小板。白细胞根据其胞质内有无特殊颗粒，分为有粒白细胞和无粒白细胞。有粒白细胞又根据其特殊颗粒的染色性，分为中性粒细胞、嗜酸性粒细胞和嗜碱性粒细胞。无粒白细胞则有单核细胞和淋巴细胞两种（表2–8）。血浆相当于细胞外基质，主要成分是水，其余为血浆蛋白、脂蛋白、酶、激素、无机盐和多种营养代谢物质。

表 2－7　骨组织的细胞组成及特点

	骨祖细胞	成骨细胞	骨细胞	破骨细胞
分布	骨内膜	骨组织表面	单个分散于骨板内或骨板间	散在分布于骨组织表面
形态结构	细胞呈梭形，较小，核椭圆形或细长形，胞质着色浅淡	细胞呈矮柱状，细胞底部和侧面有突起，核圆形，位于远离骨表面的一端，胞质嗜碱性	细胞呈扁椭圆形，位于骨陷窝，突起多并伸入骨小管，核卵圆形，胞质嗜碱性	细胞大，形态不规则，紧贴骨组织侧有褶皱缘，多核（6～50 个），胞质强嗜酸性
功能	是干细胞，能分化为成骨细胞和成软骨细胞	产生类骨质；释放基质小泡，是钙化的起始部位；分泌多种细胞因子，调节骨组织的形成、吸收及钙化；可转变为骨细胞	有一定溶骨和成骨作用，参与调节钙、磷平衡	很强的溶骨、吞噬和消化能力，可溶解骨盐，分解有机成分

表 2－8　各种血细胞的特点

特点	红细胞	白细胞					血小板
		有粒白细胞			无粒白细胞		
		中性粒细胞	嗜酸性粒细胞	嗜碱性粒细胞	单核细胞	淋巴细胞	
正常值	男:(4.0～5.5)×10^{12}/L	(4.0～10)×10^9/L					(100～300)×10^9/L
	女:(3.5～5.0)×10^{12}/L	50%～70%	0.5%～3%	0%～1%	3%～8%	25%～30%	
外形	双凹圆盘状	圆球形	圆球形	圆球形	圆球形	圆球形	双凸圆盘状
直径	约 7.5μm	10～12μm	10～15μm	10～12μm	14～20μm	小:6～8μm 中:9～12μm 大:13～20μm	2～4μm
细胞质	红色，充满血红蛋白	浅红色，含细小颗粒	粗大、均匀的鲜红色颗粒	大小不等，分布不均的蓝紫色颗粒	灰蓝色，含细小的淡紫色颗粒	蔚蓝色，胞质少	无
细胞核	无	弯曲杆状或分叶状（2～5 叶）	多为 2 叶	分叶、S 形或不规则，着色浅	肾形、马蹄铁形或不规则，着色浅	圆形，一侧常有浅凹	无
功能	结合与运输 O_2 和 CO_2	趋化作用和吞噬功能	杀灭寄生虫和减轻过敏反应	参与过敏反应	吞噬	参与免疫反应	参与凝血和止血
图例	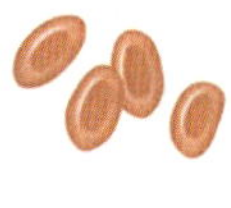	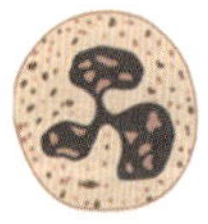	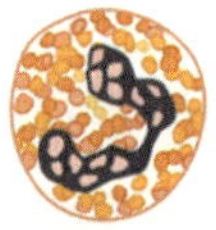	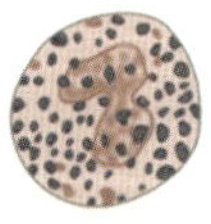	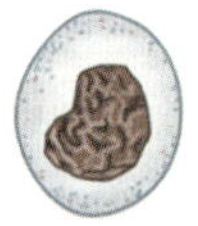		

淋巴亦称为淋巴液，是由组织液渗入淋巴管后形成的无色透明液体。

三、肌组织

肌组织主要由具有收缩功能的肌细胞组成。肌细胞间有少量结缔组织、血管和神经。肌组织分骨骼肌、心肌和平滑肌三种（表 2–9）。

表 2–9　三种肌组织特点比较

特点	骨骼肌	心　肌	平滑肌
形状	长圆柱状，极少有分支	短圆柱状，有分支，互联成网	长梭形
细胞核	多个，扁椭圆形，位于细胞周边	1 或 2 个，卵圆形，位于细胞中央	1 个，杆状，位于细胞中央
横纹	有，明显，为横纹肌	有，明显，为横纹肌	无，为非横纹肌
闰盘	无	有	无
肌原纤维	明显	不明显	无，有密斑、密体及肌丝单位
肌浆网	两端呈扁囊状扩大形成终池，与横小管组成三联体	终池少而小，与横小管形成二联体	少量
神经支配	躯体神经支配，为随意肌	植物神经支配，为非随意肌	植物神经支配，为非随意肌
分布	肌腱与骨之间	心壁和临近心脏的大血管壁上	消化道、呼吸道和血管等管壁内
图例	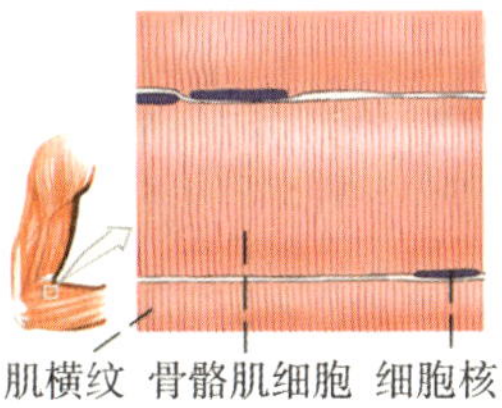	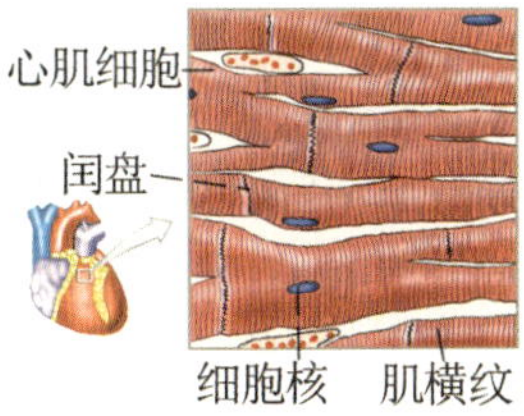	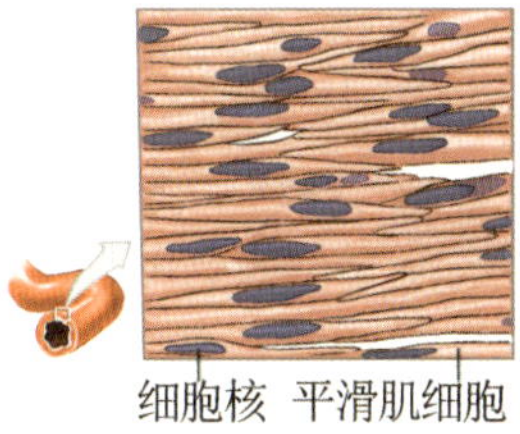

四、神经组织

神经组织由神经细胞和神经胶质细胞组成，是神经系统中最主要的组织成分。神经细胞又称神经元，是神经系统结构和功能的基本单位。神经元具有接受刺激，并将刺激转化为神经冲动，传递给其他神经细胞、肌细胞或腺细胞等功能。神经胶质细胞没有产生和传导神经冲动的功能，但对神经细胞起支持、营养、绝缘和保护等作用。

（一）神经元

神经元约有 10^{12} 个，形态多种多样，但都可分为胞体、树突和轴突三部分（图 2–5）。

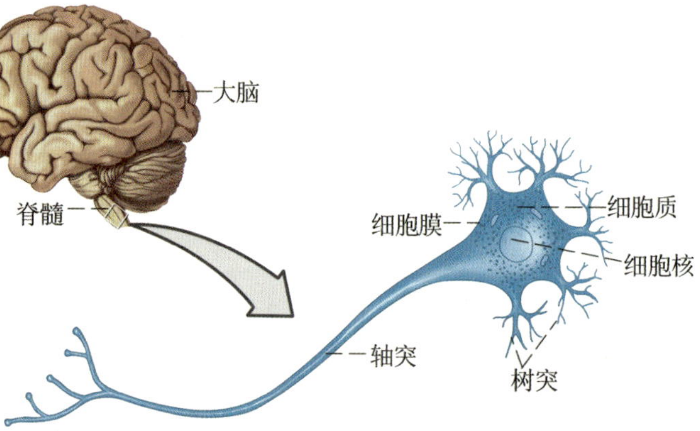

图 2–5　神经元

1. 神经元的结构

神经元的胞体是神经元的营养和代谢中心，主要位于大脑和小脑的皮质、脑干和脊髓的灰质以及神经节内。胞体均由细胞膜、细胞质和细胞核构成，其基本结构（图 2–6）与功能特点见表 2–10。

表 2－10　神经元的基本结构与功能特点

细胞组分	基本形态	结构特点		主要功能
细胞体	圆形、梭形、星型或锥体形，大小相差悬殊	细胞膜：为可兴奋膜		接受刺激、处理信息、产生和传导冲动
		细胞质	尼氏体：呈斑块状，强嗜碱性，由粗面内质网和游离核糖体构成	合成蛋白质和神经递质及调质
			神经原纤维：交织成网，银染呈棕黑色，由神经丝（中间丝）和微管构成	作为细胞骨架，并参与物质运输
		细胞核：位于中央，大而圆，着色浅		与一般细胞相同
树突	1 至数个，树枝状，表面有小棘	内部结构和胞体内部结构相似		接受刺激；树突和树突棘可扩大表面积
轴突	1 个，长短不一，表面光滑，可有侧支和终末分支	无尼氏体，有平行排列的神经原纤维，还有线粒体和小泡等		传导神经冲动，进行轴突运输

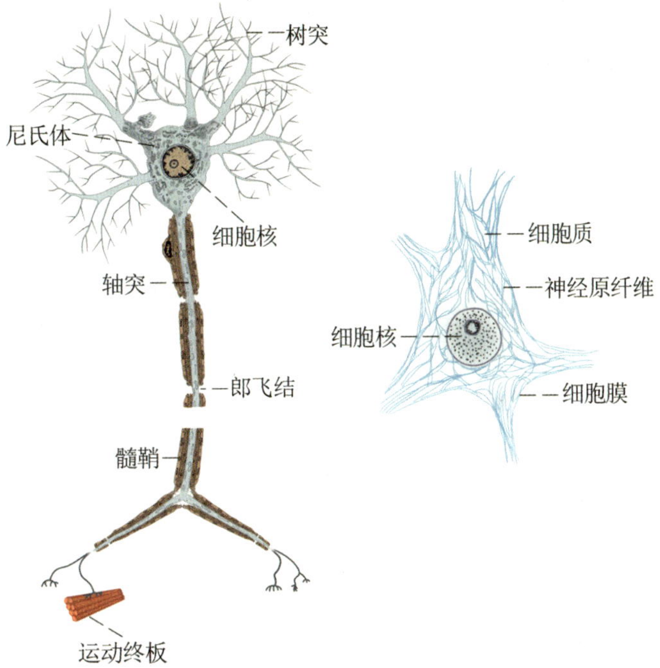

图 2-6　神经元的构造

2. 神经元的分类

依据不同的分类标准，可将神经元分成不同的类型（表 2-11、图 2-7）。

表 2-11　神经元的分类

分类依据	分类	结构或功能特点
神经元的突起数量	多极神经元	一个轴突和多个树突
	双极神经元	一个轴突和一个树突
	假单极神经元	从胞体发出一个突起，但很快呈“T”形分叉，一支至周围的其他器官称周围突，另一支入脑或脊髓称中枢突
神经元的功能	感觉神经元（传入神经元）	接受体内、外的化学或物理性刺激，并将信息传向中枢
	运动神经元（传出神经元）	将神经冲动从中枢部传向周围部，支配骨骼肌或调节平滑肌、心肌和腺体的活动
	中间神经元（联络神经元）	位于感觉神经元和运动神经元之间，起信息加工和传递作用
神经元释放的神经递质或神经调质的化学性质	胆碱能神经元	释放乙酰胆碱
	去甲肾上腺素能神经元	释放去甲肾上腺素
	胺能神经元	释放多巴胺、5-羟色胺等
	氨基酸能神经元	释放 γ-氨基丁酸、甘氨酸和谷氨酸等
	肽能神经元	释放脑啡肽、P 物质和神经降压素等

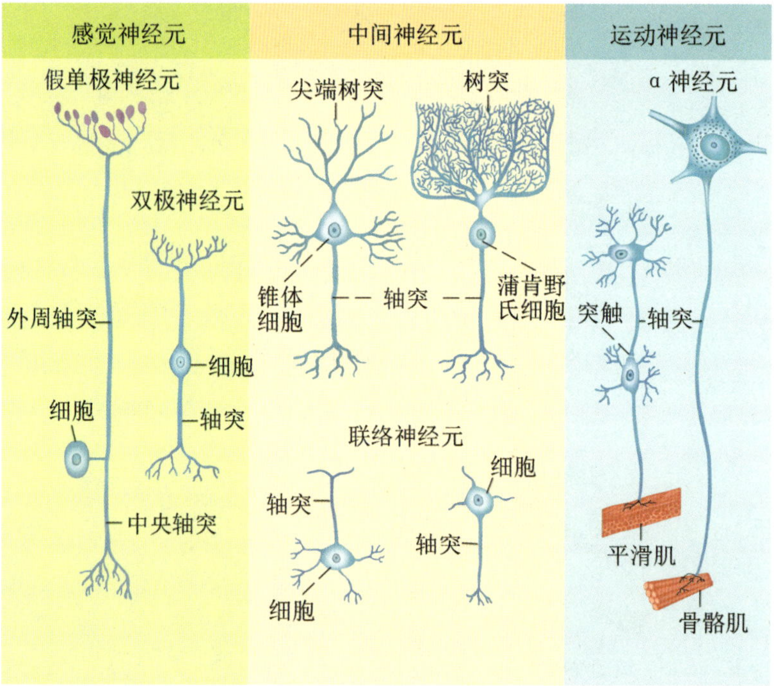

图 2-7 神经元的分类

（二）突 触

突触是神经元与神经元之间或神经元与效应细胞之间传递信息的结构，是一种特化的细胞连接（图 2-8）。通过突触可定向传导神经冲动信息，实现神经系统的各种活动。按照突触形成的部位可分为：轴-树突触、轴-体突触或轴-棘突触等；按照突触的性质可分为：化学突触和电突触；按照突触传递功能可分为：兴奋性突触、抑制性突触以及两种类型共存的交互性突触。

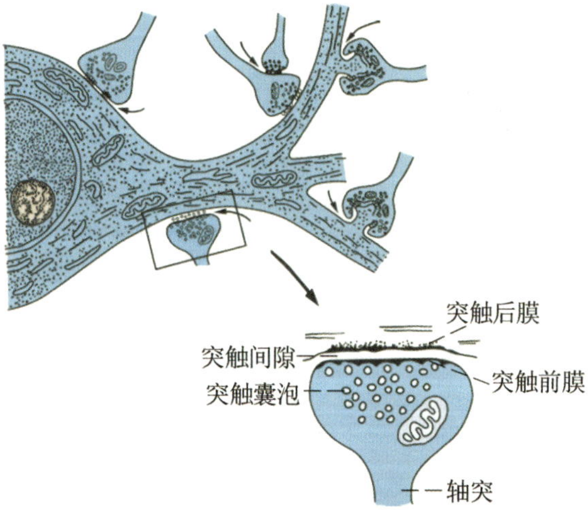

图 2-8 突 触

（三）神经胶质细胞

神经胶质细胞广泛分布于中枢及周围神经系统中。其数量远远多于神经元，约为神经元的 10~50 倍。神经胶质细胞无传导神经冲动的能力，但有分裂能力。神经胶质细胞有突起，但不分轴突和树突。其主要功能是支持、保护、绝缘和营养神经元。神经胶质细胞在中枢神经系统有星形胶质细胞、少突胶质细胞、小胶质细胞和室管膜细胞四种（图 2–9）；在周围神经系统有施万细胞和卫星细胞两种。

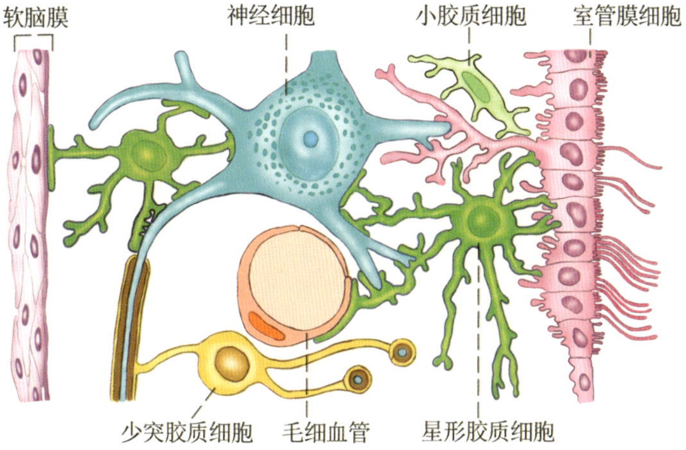

图 2–9 神经胶质细胞

（四）神经纤维

神经纤维由神经元的长轴突被神经胶质细胞包裹而成。神经纤维分为有髓神经纤维和无髓神经纤维两类（表 2–12、见图 2–6）。在中枢神经系统，神经纤维集合形成白质；在周围神经系统，神经纤维集合形成神经纤维束，若干条神经纤维束又聚集构成神经。

表 2–12 神经纤维

类别	髓鞘	神经膜	郎飞结	结间体	髓鞘		神经冲动传导方式与速度
					中枢神经系统	周围神经系统	
有髓神经纤维	有	有	有	有	髓鞘薄，少突胶质细胞构成	髓鞘厚，由施万细胞构成	跳跃式传导，传导速度快
无髓神经纤维	无	有	无	无	无髓鞘	施万细胞相互纵向衔接	沿轴膜连续传导，传导速度慢

（五）神经末梢

神经末梢是周围神经纤维的终末部分，遍布于全身，形成各式各样的神经末梢。按神经末梢的功能可分为：

1. 感觉神经末梢

为感觉神经元周围突的终末部分，通常与周围其他组织共同构成感受器。感觉神经末梢分为游离神经末梢（冷、热、痛和轻触觉）、触觉小体（触觉）、环层小体（压觉和振动觉）和肌梭（本体感觉）。

2. 运动神经末梢

为运动神经元的轴突分布于肌组织和腺体内的终末结构，支配肌纤维的收缩和调节腺体的分泌。运动神经末梢分为躯体运动神经末梢（分布于骨骼肌）和内脏运动神经末梢（分布于心肌、各种内脏及血管的平滑肌和腺体等处）。

O 思考题

通过本章的学习，对于体育教育和运动训练等专业的学生，请思考：

1. 人体基本组织的分类、分布与功能。
2. 人体基本组织的结构及其功能是如何适应的。

第三章　器官和系统

细胞和组织是人体微观层面的结构；而器官和系统则是人体宏观层面的结构。

一、器　官

由多种组织构成的、具有一定的形态、能行使一定功能的结构称为器官。器官的组织结构特点与其功能相适应。人体的器官多种多样，但它们不是孤立存在的，而是参与组成系统，在一定的系统中完成某种特定的生理功能。

人体的器官有很多，后续章节将逐一进行介绍，在此仅举几例说明器官的组成及特点：

1. 肺：肺是呼吸器官之一。肺由上皮组织、结缔组织、肌组织和神经组织等四种基本组织构成。其中，上皮组织中的I型肺泡上皮（单层扁平上皮）发挥主要作用，完成气体交换功能。此外，小肠、肾和睾丸等器官都是由上皮组织发挥主要作用的器官。

2. 骨：骨是运动器官之一。骨由结缔组织、上皮组织、肌组织和神经组织构成。其中，结缔组织中的骨组织是其主要成分，且发挥主要作用，完成支持、保护、运动杠杆及“钙磷仓库”等功能。另外，气管、支气管和耳廓等都是由软骨组织发挥主要作用的器官；而韧带和关节囊等都是由致密结缔组织发挥主要作用的器官。

3. 骨骼肌：骨骼肌亦是运动器官之一，也是由骨骼肌组织、结缔组织、上皮组织和神经组织构成，其中骨骼肌组织是其主要成分，并发挥主要作用，即完成收缩和舒张活动。而心脏则是由心肌组织发挥主要作用的器官。

4. 大脑：大脑是神经器官之一。大脑由神经组织、结缔组织、上皮组织和肌组织构成。大脑中，神经组织发挥主要作用，完成思维、意识、支配和调节人体运动等功能。此外，小脑、脊髓和各部位的具体神经等都是由神经组织发挥主要作用的器官。

二、系　统

由许多形态结构和功能相关的器官组成，并共同完成一系列连续性的生理过程的器官群体，称为系统。人体由九大系统组成，即运动系统、消化系统、呼吸系统、泌尿系统、生殖系统、脉管系统、感觉器、神经系统和内分泌系统。这些系统均有各自的形态、结构和功能特点，并在人体内占据一定的空间位置，是整体中不可分割的组成部分。同时，它们在神经系统的主导作用下，通过神经和体液的调节，使人体成为一个有机整体。

上述各系统的组成、结构和功能特点等将在后续章节逐一介绍，在此仅以消化系统为例来说明系统的组成。消化系统的基本功能是摄取和消化食物，吸收营养物质，排出食物残渣。若想实现消化系统的这些功能，消化系统的组成就必须要有食物可以进出的管道，并且在此管道内能够对食物进行充分的消化和吸收。因此，消化系统的组成首先包括了一套管道，即消化管（包括口腔、咽、食管、胃、小肠和大肠）。其中的口腔对摄入食物进行咀嚼，咽和食管将食物输送到胃，胃（膨大成囊状）暂时贮存食物，小肠充分消化和吸收食物，大肠进行少量的吸收，并负责排泄食物残渣。其次，食物要充分消化就应该有消化腺。口腔的咀嚼、胃肠道的蠕动以及消化管壁腺体（小唾液腺、食管腺、胃腺和肠腺）分泌的消化液远远不够，还需要一些大的腺体（大唾液腺、肝和胰）分泌重要的消化液排入到消化管内，共同完成食物的充分消化。此外，上述器官为了实现消化系统的基本功能，在结构上还产生了自己的特点。例如，胃呈囊状有利于贮存；小肠壁上有皱襞、绒毛和微绒毛，可以充分吸收营养物质，等等。

运动是人体的基本功能之一。尽管人体中每个系统皆具有多种功能，而且随着生命科学研究的不断深入，很多器官系统都不断地有未被认识的或新的功能被发现，但是对人体的运动而言，人体 9 大系统在运动中所起的主要作用却是明确而相对稳定的。具体表现为：首先，人体的运动是骨骼肌收缩产生的力作用于骨，使骨绕着关节运动轴发生转动的结果，因而运动系统是人体运动的执行结构。其次，人体在完成运动过程中，运动器官需要消耗 O_2 和能源物质，并产生 CO_2 和代谢废物。这就需要消化系统提供能源物质，呼吸系统提供 O_2 并排除 CO_2，泌尿系统排出代谢废物，同时通过脉管系统来实现各系统之间的联系。因此，上述系统则成为人体运动的保障结构。除此之外，人体无论是进行长期或是短暂的运动中，感觉器可实时地接受身体内外各种信息，并将其转化为神经冲动传至神经中枢，再通过神经调节和体液调节，使人体完成各种运动。可见，感觉器、神经系统和内分泌系统就是人体运动的调节结构。

全身各系统、器官的具体形态结构和功能将在后续各章节中详细论述。

O 思考题

通过本章的学习，对于体育教育和运动训练等专业的学生，请思考：

1. 人体细胞、组织、器官和系统之间的相互关系。
2. 人体九个系统的组成和功能。

运动系统

运动是机体对内外界刺激产生反应的主要形式之一。在人类及其他脊椎类动物中，各种运动动作的完成，主要是骨骼肌收缩产生的力矩作用于骨，使其绕着关节运动轴转动的结果。因此，运动系统由骨、骨连结和骨骼肌组成。

成人的运动系统占其体重的60~70%。全身各骨借骨连结相连构成人体的支架——骨骼，形成了人体的基本轮廓。骨骼肌附着于骨上，在神经系统的支配下进行收缩与舒张，牵引骨并改变骨的位置和关节的角度，从而产生运动。可见，在运动过程中，骨起着杠杆的作用，关节为运动的枢纽，骨骼肌则是运动的动力器官。其中，骨骼肌是运动的主动部分，而骨和关节是运动的被动部分。

运动系统是人体运动的执行者。身体各部骨关节面的形态，决定了其所构成关节的运动轴的数目，进而决定了关节周围的肌肉配布状况。同时，在人体中，即使是最简单的运动也是由数块或数群肌肉共同完成的。因此，人体各种机械运动中，既存在着各环节在时间与空间中相互作用的力学关系，同时亦蕴含着复杂的肌肉协调工作的解剖学规律。若了解并掌握了这些规律，即可对各类体育技术动作进行解剖学分析，为体育运动实践提供科学支撑。

第四章　骨

骨是运动系统的重要组成部分之一，主要起着支持体重、保护脏器和运动等作用。尽管不同部位的骨在形态、结构与功能方面存在差异，但是全身的骨有着共同的结构与功能特征。

全身骨可分为中轴骨和附肢骨，其中中轴骨包括了颅骨和躯干骨，主要起保护脏器和支持等作用；而附肢骨包括了上肢骨和下肢骨，主要作为人体的运动杠杆，参与完成各种复杂的运动。

第一节　骨的概述

骨是一种器官，具有一定的位置、形态结构和功能。活体骨坚硬而富有韧性，有丰富的血管、淋巴管及神经，能不断地进行新陈代谢和生长发育，并有修复、再生和改建的能力。骨不仅随着年龄的增长有缓慢的变化，而且在外伤或疾病时可发生应激反应。正常的体力活动和科学的体育锻炼，可以促进骨发育或使骨发生良好改变；而长期废用时可导致骨发生退行性改变。骨的主要结构是骨质，由骨组织构成。其外被覆以骨膜，内容纳骨髓。

一、骨的分类

正常成人有 206 块骨（图 4–1），其分类方法多种多样，通常可按照骨的部位和形态来区分。

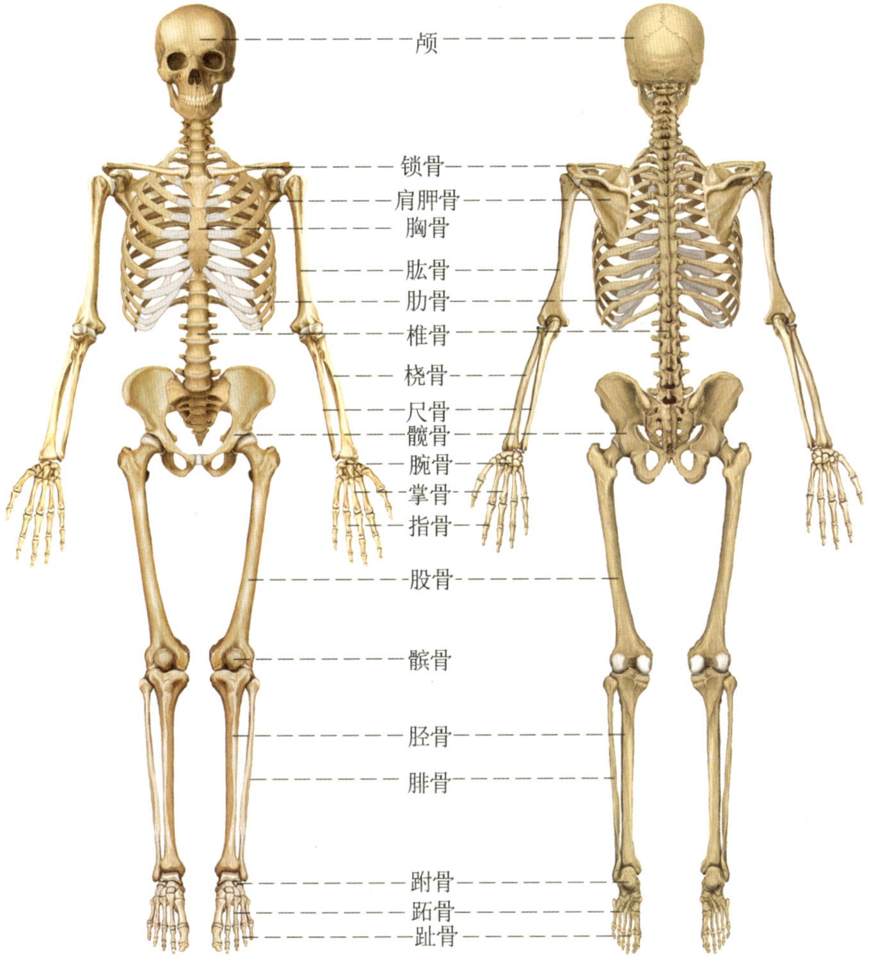

图 4-1　全身骨骼

（一）按部位分类

按部位可分为中轴骨（表 4-1）和附肢骨（即四肢骨，表 4-2）。

（二）按形态分类

按照形态，骨可分为长骨、短骨、扁骨和不规则骨 4 类（图 4-2，表 4-3）。

表 4－1　中轴骨的构成特点

名称		组成	数量	分类	功能
颅骨（29）	脑颅骨	成对：顶骨、颞骨	8	扁骨或不规则骨	构成颅腔
		不成对：额骨、枕骨、蝶骨、筛骨			
	面颅骨	成对：上颌骨、鼻骨、泪骨、颧骨、下鼻甲骨、腭骨	15	不规则骨	构成颜面，并围成眼眶、骨性鼻腔和口腔
		不成对：犁骨、下颌骨、舌骨			
	听小骨	成对：锤骨、砧骨、镫骨	6	不规则骨	位于中耳内，将鼓膜的振动传向内耳
躯干骨（51）	椎骨	颈椎（寰椎、枢椎、第 3～7 颈椎）	26	不规则骨	组成脊柱，构成人体中轴；参与构成胸廓，并与髋骨组成骨盆
		胸椎（第 1～12 胸椎）			
		腰椎（第 1～5 腰椎）			
		骶骨（幼年时为 5 块骶椎）			
		尾骨（幼年时为 3～4 块尾椎）			
	胸骨	胸骨	1	扁骨	
	肋骨	肋骨（第 1～12 对肋骨）	24	扁骨	

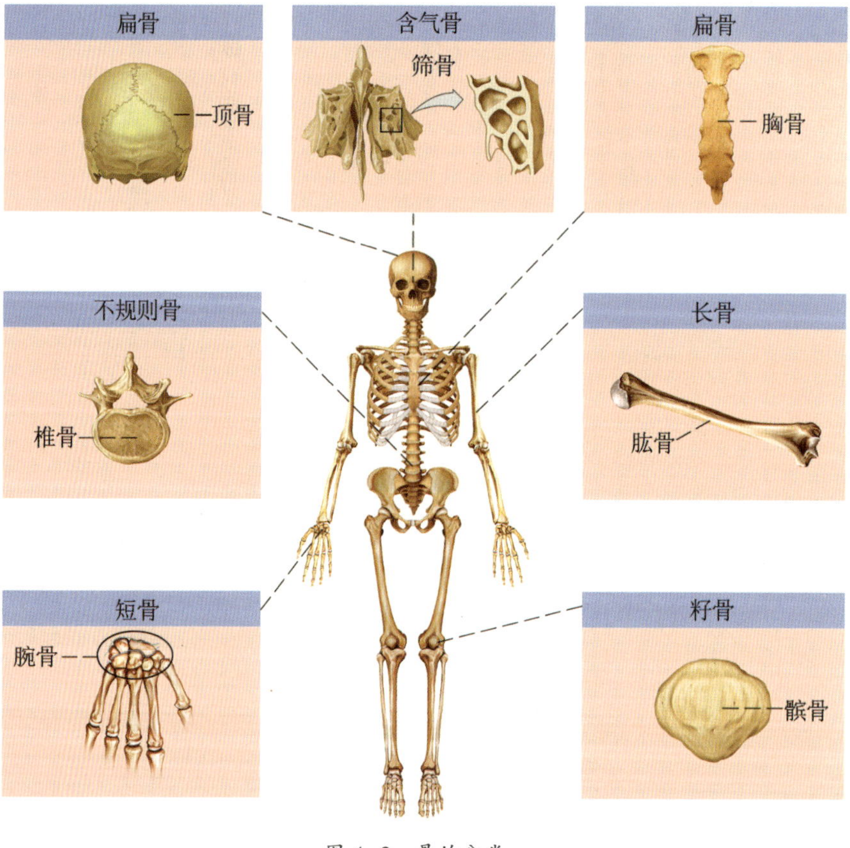

图 4-2　骨的分类

表 4－2　附肢骨的构成特点

名称			组成	数量	分类	功能
上肢骨（64）	上肢带骨		锁骨	2	长骨	连接躯干与自由上肢
			肩胛骨	2	扁骨	
	自由上肢骨	上臂骨	肱骨	2	长骨	构成自由上肢，具有支持、杠杆和运动等作用
		前臂骨	尺骨、桡骨	4	长骨	
		手骨	腕骨（近侧列：手舟骨、月骨、三角骨和豌豆骨；远侧列：大多角骨、小多角骨、头状骨和钩骨）	16	短骨	
			掌骨（第Ⅰ～Ⅴ掌骨）	10	长骨	
			指骨（第Ⅰ～Ⅴ指骨：拇指为近节和远节指骨，其余各指为近节、中节和远节指骨）	28	长骨	
下肢骨（62）	下肢带骨		髋骨（幼年时分为髂骨、耻骨和坐骨）	2	不规则骨	连接躯干与自由下肢，并与骶骨和尾骨一起构成骨盆
	自由下肢骨	大腿骨	股骨	2	长骨	构成自由下肢，具有支持、连接和杠杆的作用
		髌骨	髌骨	2	籽骨	
		小腿骨	胫骨、腓骨	4	长骨	
		足骨	跗骨（距骨，跟骨，足舟骨，内侧、中间和外侧楔骨，骰骨）	14	短骨	
			跖骨（第Ⅰ～Ⅴ跖骨）	10	长骨	
			趾骨（第Ⅰ～Ⅴ趾骨：踇趾为近节和远节趾骨；其余各趾为近节、中节和远节趾骨）	28	长骨	

表 4－3　骨的形态分类特点

分类	形态特征	分布	功能	举例
长骨	呈长管状，一体两端	四肢	支持、杠杆	肱骨
短骨	近似立方形	腕部和跗部	承受压力、灵活运动	距骨
扁骨	板状	颅腔与胸腔的壁、上肢带	保护、供肌肉附着	额骨
不规则骨	不规则	颅底、躯干及下肢带	保护、支持、运动	椎骨

1. 长　骨

分布于四肢，呈长管状，分为一体两端。体又称骨干（骨体），为中间较细的部分，内有空腔称骨髓腔，容纳骨髓。体的表面常有1~2个血管出入的孔，称滋养孔。两端膨大称骺，上有光滑的关节面，与相邻关节面构成关节。骨干与骺相邻的部分称干骺端，幼年时有骺软骨，骺软骨细胞不断分裂繁殖和骨化，使骨不断加长。成年后，骺软骨骨化，骨干与骺融为一体，其间遗留一骺线。此类骨主要起支持作用，同时因其长度较长，在肌肉的牵引下杠杆作用明显，有利于增大运动幅度。

2. 短　骨

多成群分布于手腕部和足跗部，近似立方形，常有多个关节面。短骨间彼此连结牢固，可分散压力，且使局部运动灵活。

3. 扁　骨

呈板状，面积较大，薄而坚固，多分布于人体中轴和上肢带处。主要构成颅腔和胸腔的壁，起保护和增大肌肉附着面积的作用，如脑颅骨和肋骨。

4. 不规则骨

形状不规则，功能多样。多分布于躯干和颅骨处。有些不规则骨内有腔洞，称含气骨，如上颌骨。

此外，从骨的发生角度讲，将位于某些肌腱内、且由肌腱或韧带钙化而成的骨称为籽骨，体积较小，在运动中有减少摩擦和改变肌肉牵引方向和力矩的作用。髌骨是人体最大的籽骨。

二、骨的构造

活体的骨由骨膜、骨质和骨髓以及血管、神经等组成（图4-3）。实验课中所使用的枯骨主要由骨质构成。

（一）骨　膜

骨膜包括骨外膜和骨内膜两部分。

1. 骨外膜

骨外膜由致密结缔组织构成，被覆于除关节面以外的新鲜骨的表面，含有丰富的神经和血管，对骨的营养、再生和感觉有重要作用。骨外膜可分为内、外两层：

（1）外层：致密，有许多胶原纤维束穿入骨质，使之固着于骨面。

（2）内层：疏松，分布有成骨细胞和破骨细胞。成骨细胞有产生新骨质的功能，而破骨细胞有破坏原骨质的功能，幼年期功能非常活跃，直接参与骨的生长发育；成年时转为相对静止状态，一旦发生损伤，如骨折，骨外膜又重新恢复功能，参与骨折处的修复愈合。如骨外膜剥离太多或损伤过大，则骨折愈合困难。因此，骨膜对骨的营养、生长发育和损伤的修复具有非常重要的作用。

2. 骨内膜

骨内膜由薄层结缔组织构成，衬在髓腔内面和骨松质间隙内，也含有成骨细胞和破骨细

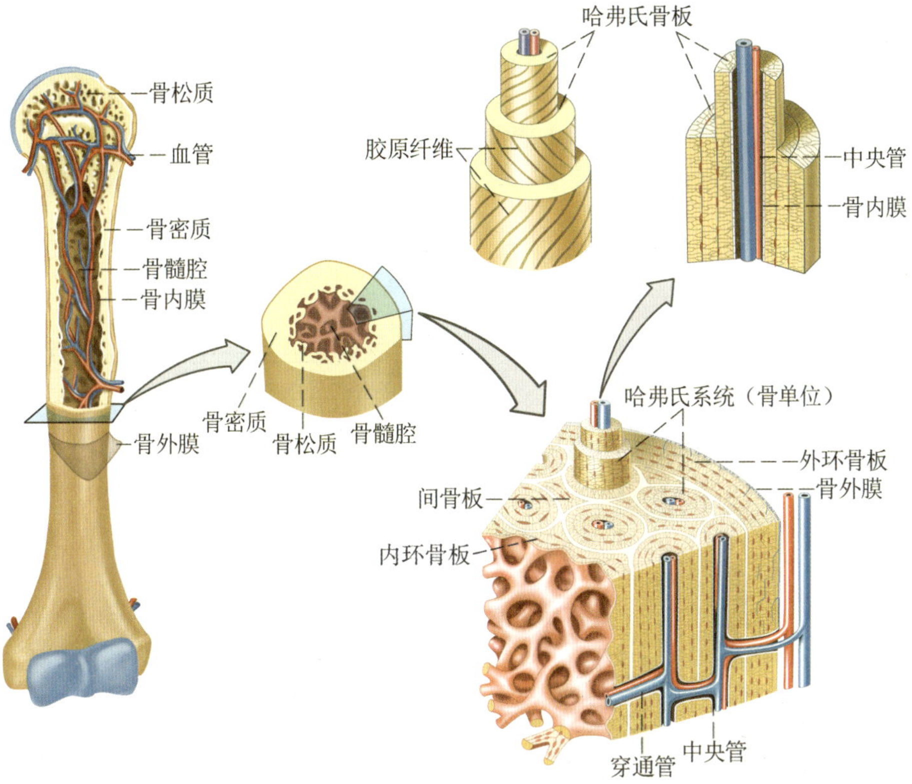

图 4–3　骨的构造

胞，有造骨和破骨的功能。

（二）骨　质

骨质是构成骨的主要成分，主要由坚硬的骨组织构成，分骨密质和骨松质两种。

1. 骨密质

活体状态下呈白色，它质地致密如象牙，分布于长骨、短骨、扁骨以及不规则骨等所有骨质的表面。内有血管穿行，骨板绕血管排列。长骨骨干的骨密质特别厚，形成长骨的骨干的管壁。

骨密质由排列紧密而规则的骨板构成（图 4–3）。其中，呈同心圆式围绕骨干表面排列的为外环骨板，位于骨髓腔周围亦呈同心圆式排列的为内环骨板。外环骨板层次较内环骨板多，且更整齐。在外环骨板与内环骨板之间有许多哈弗氏系统，即骨单位。哈弗氏系统由若干呈同心圆式排列的哈弗氏骨板及居中的哈弗氏管组成，在哈弗氏管内有血管和神经行走。各哈弗氏系统之间有不太规则排列的间骨板。

骨密质的上述构造特点，使其具有抗压、抗拉、抗弯以及抗扭转等力学特性，进而增强了骨密质的支持和保护等功能。

2. 骨松质

骨松质呈大空隙的蜂窝状结构，由相互交织的针状或片状的骨板（即骨小梁）排列而成，配布于骨的内部（图 4-4）。骨松质之间的间隙称网眼，内有红骨髓。骨小梁的排列与骨所承受的压力和张力的方向一致，一部分骨小梁的排列与压力方向一致组成压力曲线；另一部分骨小梁与骨所受的张力方向一致，组成张力曲线。骨小梁的这种配布，使骨以最少的材料便可达到最大的坚固性。骨受到压缩负荷时，是通过两端传递压力的。长骨两端的骨骺粗大，受力面积大，所受压强相对变小；骨干中空，既不影响负载能力，又可节省材料，使

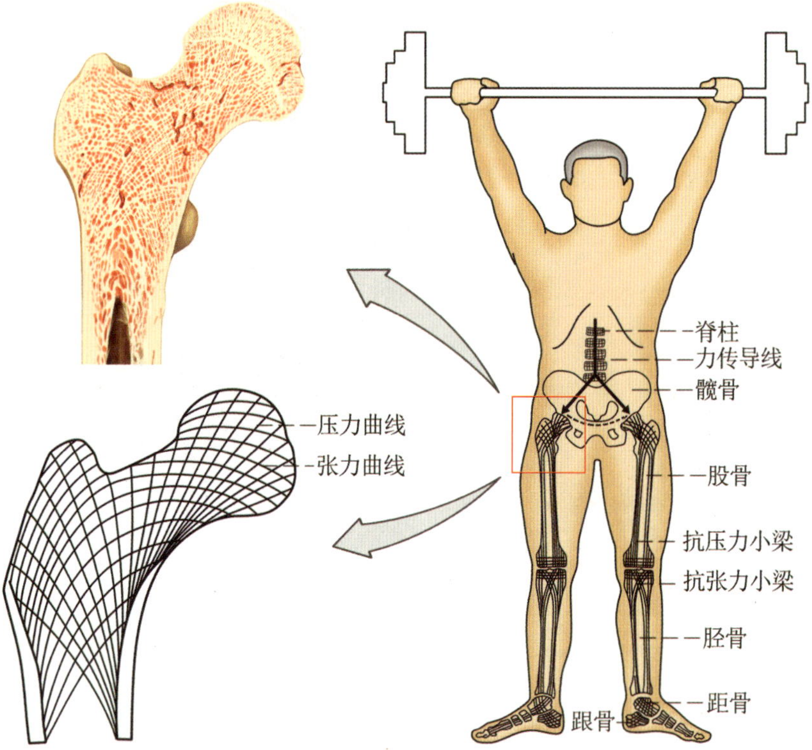

图 4-4　骨松质构造和骨小梁配布特点示意图

肢体轻巧，运动时耗能减小。

骨小梁的排列并不是一成不变的，当压力（重力）和肌肉拉力方向发生变化时，骨小梁的排列也发生适应性的变化。

颅盖骨表层为密质，分别称外板和内板，外板厚而坚韧，富有弹性，内板薄而松脆，故颅骨骨折多见于内板。二板之间的松质，称板障，内有板障静脉经过。颅骨的这种“薄壳结构”，能承受较大的冲击力，这对颅骨在体育运动中，如足球运动中的头顶球等动作的完成具有重要意义。

（三）骨　髓

骨髓是充填于骨髓腔和骨松质间隙内的软组织，分为红骨髓和黄骨髓两种。

1. 红骨髓

具有造血作用，因含发育阶段不同的红细胞、血小板和某些白细胞，呈红色，称红骨

髓。胎儿和幼儿的骨髓皆是红骨髓。

2. 黄骨髓

5 岁以后，长骨骨干内的红骨髓逐渐被脂肪组织代替，呈黄色，称黄骨髓，失去造血能力。但在慢性失血过多或重度贫血时，黄骨髓可转化为红骨髓，恢复造血功能。而在椎骨、髂骨、肋骨、胸骨及肱骨和股骨的近侧端等骨松质网眼内，终生都是红骨髓。

（四）骨的血管、淋巴管和神经

骨的血管滋养骨质、骨膜、骨髓和骺软骨。因骨的种类不同，其血管的分布也不尽相同。

1. 血　管

长骨的动脉包括滋养动脉、干骺端动脉、骺动脉及骨膜动脉（图 4–5）。滋养动脉是长骨的主要动脉，一般有 1~2 支，大多经骨干中段的滋养孔进入骨髓腔，分升支和降支达骨端，分支分布到骨干密质的内层、骨髓和干骺端。在成年人滋养动脉可与干骺端动脉及骺动脉的分支吻合。干骺端动脉和骺动脉均发自邻近动脉，从骺软骨附近穿入骨质。上述各动脉均有静脉伴行。不规则骨、扁骨和短骨的动脉来自骨膜动脉或滋养动脉。

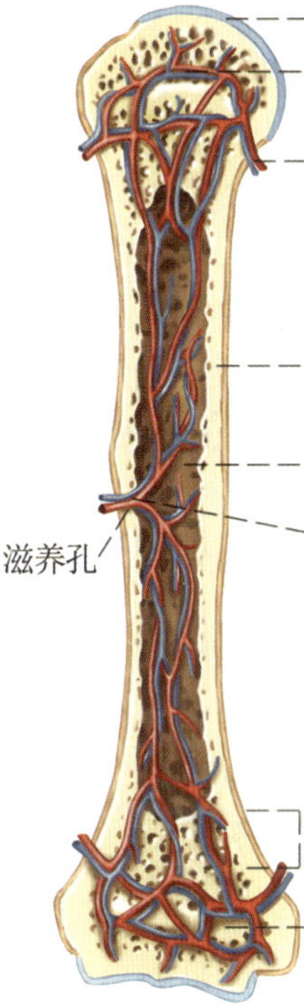

图 4–5　长骨血液供应示意图

2. 淋巴管

骨膜的淋巴管很丰富，骨质内是否存在淋巴管尚有争论。

3. 神　经

主要为内脏运动神经和躯体感觉神经两种纤维。内脏运动神经伴滋养血管进入骨质内，分布到哈弗氏管的血管壁；躯体感觉神经多分布在骨膜，骨膜对张力或撕扯的刺激较为敏感，所以，骨受到冲击和刺激时可引起剧痛。

三、骨的化学成分和物理性质

骨的化学成分和物理性质皆指活体骨，而不是实验室用的枯骨。

（一）骨的化学成分

骨的化学成分由有机质和无机质组成。有机质主要是骨胶原纤维束和黏多糖蛋白等，构成骨的支架，赋予骨的形态，使骨具有弹性和韧性。无机质除水分外，主要是碱性磷酸钙、碳酸钙、氟化钙及氯化钙等钙盐，沉积在骨胶原纤维内，使骨坚硬挺实。

（二）骨的物理性质

用酸脱去骨的无机质，称为脱钙骨，骨仍具原骨形状，但非常柔软而有弹性；通过煅烧可去除骨的有机质，称为煅烧骨，虽形状不变，但脆而易碎。上述实验证明，骨的有机质使骨具有弹性和韧性，而无机质使骨具有硬度。

无机质和有机质两种成分的比例，随年龄的增长而发生变化。幼儿骨中有机质和无机质各占1/2，故骨的弹性较大，柔软，可塑性大，易发生变形，在外力作用下不易骨折或折而不断（即青枝状骨折）。因此，在幼儿及儿童青少年时期，应注意身体姿态的塑造。成年人骨有机质和无机质的比例约为3:7，最为合适，可使骨具有很大硬度和一定的弹性，较坚韧。对新鲜成人骨的生物力学性能的研究表明：骨的弯曲强度160MPa，剪切强度54MPa，拉伸强度120~150MPa，杨氏模量18GPa。老年人的骨无机质所占比例超过75%，脆性较大而弹性较小，同时激素水平的下降影响了钙、磷的吸收和沉积，使骨质出现多孔性，骨组织的总量减少，进而表现为骨质疏松。当受到外力作用时，易发生骨折。因此，在进行老年人体育锻炼安排时，应以缓慢轻柔的活动为主，注意场地平整，避免因跌倒所造成的伤害发生。

四、骨的发生和生长发育

骨发生于中胚层的间充质，包括膜化骨和软骨化骨两种形式。约从胚胎第8周开始，间充质或先分布成膜状，以后在膜的基础上骨化，称为膜化骨；或者先发育成软骨，之后再骨化，称为软骨化骨。

（一）膜化骨

这种成骨的形式多见于扁骨。在间充质膜内有些间充质细胞分化为成骨细胞，产生骨胶原纤维和基质，基质中逐渐沉积钙，构成骨质。开始成骨的部位，称骨化点（或骨化中心），由此向外作放射状增生，形成海绵状骨质。新生骨质周围的间充质膜即成为骨膜。骨膜下的成骨细胞不断产生新骨，使骨不断加厚；骨化点边缘不断产生新骨质，使骨不断加宽。同时，破骨细胞将已形成的骨质破坏吸收，成骨细胞再将其不断地改造和重建，此过程反复进行，最终达到成体骨的形态。

（二）软骨化骨

间充质内先形成软骨性骨雏形，软骨外周的间充质形成软骨膜，膜下的一些间充质细胞分化为成骨细胞。围绕软骨体中部产生的骨质，称骨领。骨领处的软骨膜即成为骨膜。骨领生成的同时，有血管侵入软骨体，间充质也随之而入，形成红骨髓。

红骨髓内的间充质细胞分化为成骨细胞，开始造骨，此处即称原发骨化点（初级骨化中心）。中心被破骨细胞破坏形成骨髓腔。胎儿出生前后，长骨骺处出现继发骨化点（次级骨化中心），在骺部也进行造骨（图4-6）。骨膜、原发骨化点和继发骨化点不断造骨，分别形成骨干与骺，二者之间有骺软骨。此后，外周的骨膜不断造骨，使骨干不断加粗。骨髓腔内也不断地造骨、破骨与重建，使骨髓腔不断地扩大。同时，骺软骨也不断增长和骨化，使骨不断加长。近成年时，骺软骨停止增长，全部骨化，骨干与骺之间遗留一骺线（在 X 线下显

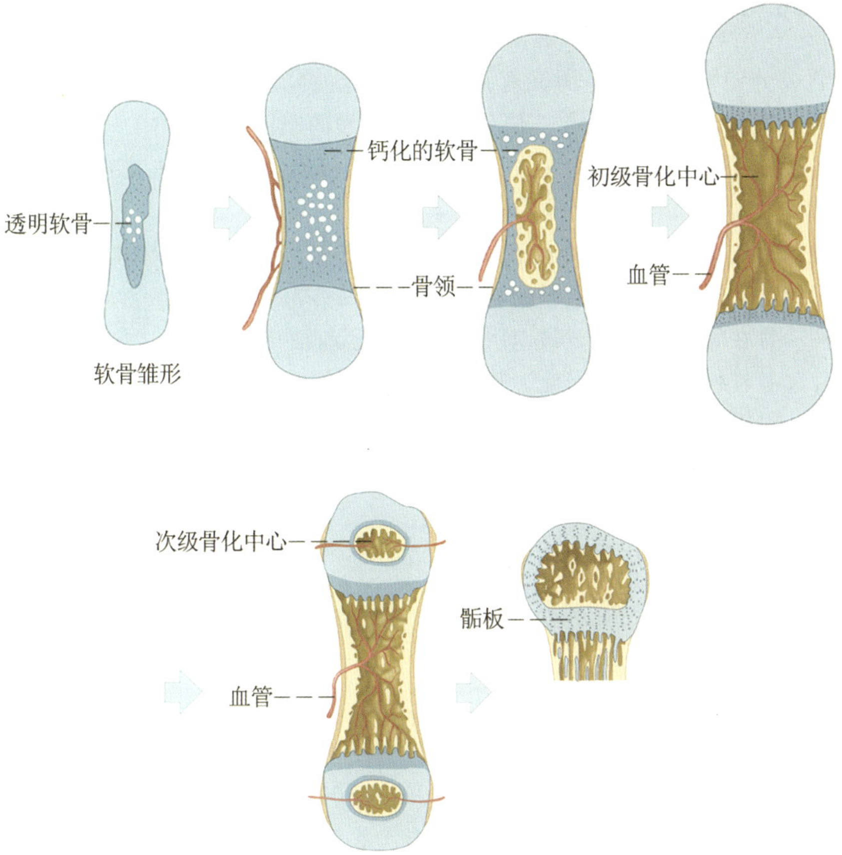

图 4-6　软骨化骨过程模式图

影）。形成关节面的软骨，保留为关节软骨，终身不骨化。

（三）骨　龄

骨龄是通过测定骨化中心萌出的时间、顺序、大小、形态、结构以及相互关系的变化反映体格发育程度，并通过统计处理，以年龄的形式、以岁为单位进行表达的生物学年龄。人类各骨的骨化均由骨化中心的出现开始，而后骨化中心的骨化区域不断扩大成形，经过一系列规律性的形态变化逐渐成熟，达到成人骨的形态。在软骨内成骨的过程中，骨化中心的出现和骺软骨的完全骨化（图 4-7），具有一定的年龄规律，这种规律不分种族、民族或地区、发育提前或落后。

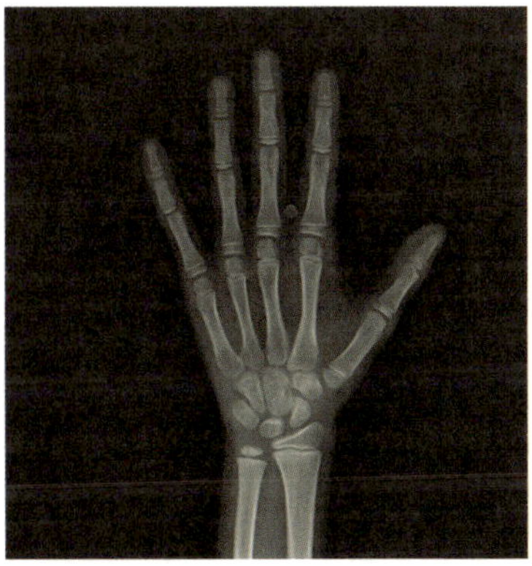

图 4-7　手腕部 X 线片

因此，我们可以根据这些规律制定出相应骨龄标准，以此来判定儿童青少年的发育程度，为儿童青少年的生长发育评价、运动选材和儿童青少年分龄赛的分组等提供依据。

五、骨的功能

骨的化学成分使骨具有既坚固又有弹性的物理性质，骨小梁的排列方向服从于力学规律，再加上骨松质和骨髓腔的存在，使骨在具有最大的坚固性的同时，又具有轻便的特点；在骨与骨相连接的部位，一般较为膨大，以增加骨的接触面积，增加关节的稳固性。骨的上述结构特点，使骨具有以下功能。

支持负重：骨与骨连结构成骨骼，形成人体的支架，具有支持人体的软组织（如肌肉、脏器等）和承担身体局部及全身重量的功能。

运动杠杆：骨在骨骼肌收缩时被牵引，绕关节运动轴转动，使人体产生各种运动，在运动过程中，骨起着杠杆的作用。因此，骨是人体运动的杠杆。

保护功能：骨借助骨连结形成腔隙，保护人体重要的器官。例如颅腔保护脑，椎管保护脊髓，胸腔保护心脏和肺等重要器官。

造血功能：红骨髓具有造血的功能。

钙磷仓库：骨是人体内钙磷的储备仓库。在人体的脏器与组织中，钙磷的含量以牙齿和骨组织为最多。

六、影响骨生长发育的因素

骨和所有的器官一样，它的生长、维持和重建受多种因素的影响。如遗传、种族、机械应力、神经、内分泌、营养、疾病及其他物理、化学因素等因素的影响。

遗传和种族因素：遗传和种族因素是影响骨生长发育的内在因素，但是骨的生长发育也可以通过外在因素逐渐改变。

神经系统：神经系统可调节骨的营养过程。神经功能加强时，可使骨新陈代谢加快，促使骨质增生，骨坚韧粗壮；反之，骨质变得疏松。神经损伤后的瘫痪病人，骨出现脱钙、疏松和骨质吸收，甚至出现自发性骨折。

内分泌激素：内分泌对骨的发育有很大作用，如果成年以前，垂体生长激素分泌亢进，促使骨过快过度生长，可形成巨人症；若分泌不足，则发育停滞导致侏儒症。成年人垂体生长激素分泌亢进，出现肢端肥大症。

维生素：维生素 A 对成骨细胞和破骨细胞的作用进行调节与平衡，保持骨的正常生长。维生素 D 促进肠道对钙、磷的吸收，缺乏时体内钙、磷减少，影响骨的钙化，在儿童期可造成佝偻病，在成年人可导致骨质软化。

机械力：在骨的骨化过程中，稳定的张力会促进骨的生成。如骨由于受肌肉的牵引或其他器官的压迫而造成骨面的结节、压迹或沟、凹等。正常的体力活动和科学的体育锻炼可使骨骼强壮结实，不良的生活方式和习惯可以使骨发生形变，甚至使骨畸形，如网球运动员持球拍的手臂骨可较对侧粗壮。

据统计，成年人骨骼中每年约 10%的骨组织通过骨的重建进行更新，骨的重建取决于骨的消除和沉积的平衡，即依赖于破骨细胞和成骨细胞的功能平衡。骨重建的类型和范围则取决于骨的力学负荷。例如在骨折愈合的初期，骨痂非常不规则，经过一定时间的吸收和改建，可基本恢复原有的形态结构。

第二节 中轴骨

中轴骨包括躯干骨和颅骨两部分，共 80 块。

一、躯干骨

躯干骨包括 26 块椎骨、1 块胸骨和 12 对肋骨，共 51 块，它们分别参与脊柱、骨性胸廓和骨盆的构成（图 4–8）。其中椎骨属于不规则骨，胸骨和肋骨均属于扁骨。

(一) 椎 骨

幼年时的椎骨共 32~33 块，按部位又可分为颈椎 7 块，胸椎 12 块、腰椎 5 块、骶椎 5 块和尾椎 3~4 块。成年人由于骶椎和尾椎分别融合成 1 块骶骨和 1 块尾骨，因此，成人椎骨共 26 块。

1. 椎骨的一般形态

椎骨由前方呈短圆柱形的椎体和后方呈弓形板状的椎弓组成（图 4–9）。

(1) 椎体：是椎骨承重的主要部分，表面的骨密质较薄，内部充满骨松质，借椎间盘与邻近椎骨相接。椎体后面微凹陷，与后方的椎弓共同围成椎孔。各椎孔贯通，构成椎管，内容纳脊髓。

(2) 椎弓：是位于椎体后方的弓形骨板，由椎弓根和椎弓板组成。与椎体相连的缩窄部分，称椎弓根，根的上、下缘各有一切迹，分别称为椎上、下切迹。相邻椎骨上位椎骨的椎下切迹和下位椎骨的椎上切迹共同围成椎间孔，有脊神经和血管通过。两侧椎弓根向后内扩展变宽的部分，称椎弓板，两侧在中线会合。

由椎弓发出 7 个突起：①棘突 1 个：由椎弓后面正中伸向后方或后下方，其尖端可在体表摸到。②横突 1 对：从椎弓根与椎弓板移行处伸向两侧。棘突和横突都是肌和韧带的附着处。③关节突 2 对：在椎弓根与椎弓板结合处分别向上、下方突起，即 1 对上关节突和 1 对下关节突，关节突表面有光滑的关节面。上位椎骨的下关节突关节面和相邻下位椎骨的上关节突关节面构成 1 对关节突关节。各部椎骨此关节面的方位不同，与脊柱各部的运动相适应。

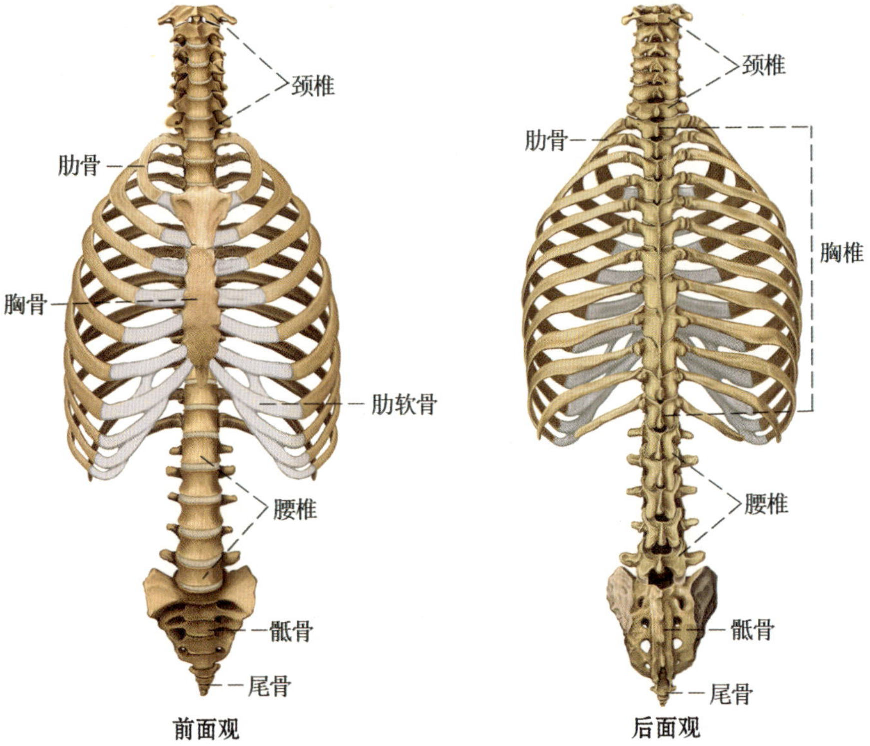

图 4-8 躯干骨组成

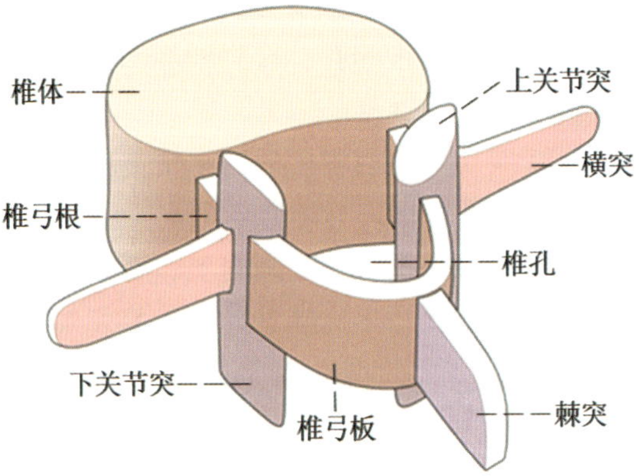

图 4-9 椎骨的一般形态示意图

2. 各部椎骨的主要特征

(1) 颈椎：颈椎的特征性结构是横突孔，内有椎动脉和椎静脉通过。此外，颈椎的椎体较小，横断面呈椭圆形。上、下关节突的关节面几乎呈水平位。第 3~7 颈椎体上面侧缘向上突起称椎体钩。椎体钩若与上位椎体下面的两侧唇缘相接，则形成钩椎关节，又称 Luschka 关节。如椎体钩过度增生肥大，可使椎间孔狭窄，压迫脊神经，产生颈椎病的一系列症状。椎孔较大，呈三角形。第 2~6 颈椎的棘突较短，末端分叉（图 4–10、图 4–11）。

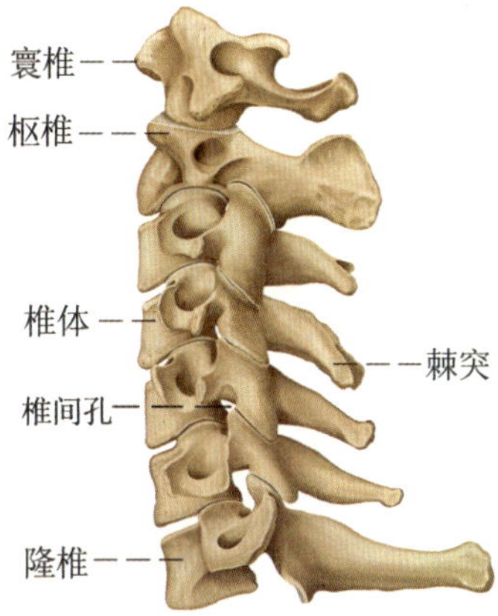

图 4–10 颈椎整体侧面观

第 1 颈椎又名寰椎，呈环状，由前弓、后弓及侧块组成（图 4–12）。无椎体、棘突和关节突。前弓较短，其后面正中有齿突凹，与枢椎的齿突相关节。侧块连接前后两弓，其上面各有一凹陷的椭圆形关节面称为上关节凹，与枕髁相关节；下面有圆形的下关节面，与枢椎上关节面相关节。

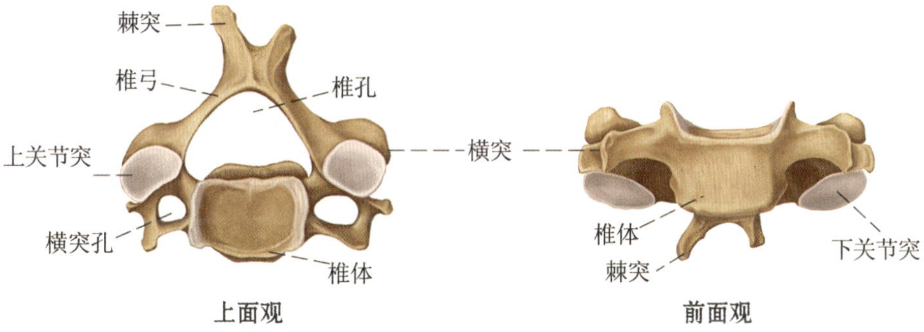

图 4–11 颈 椎

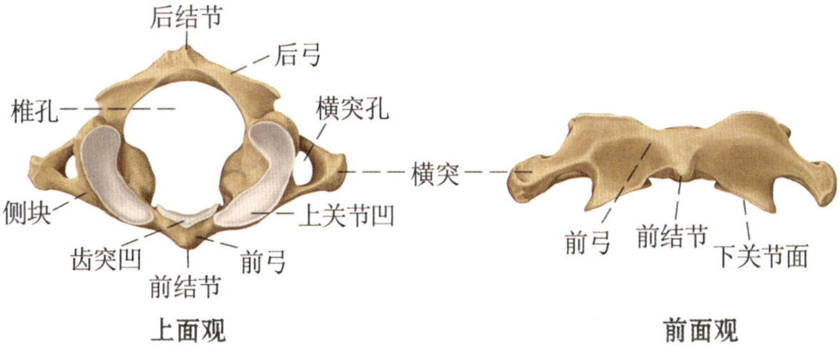

图 4–12 寰 椎

第 2 颈椎又名枢椎，特点是椎体向上伸出指状的突起，称齿突，与寰椎齿突凹相关节（图 4–13）。

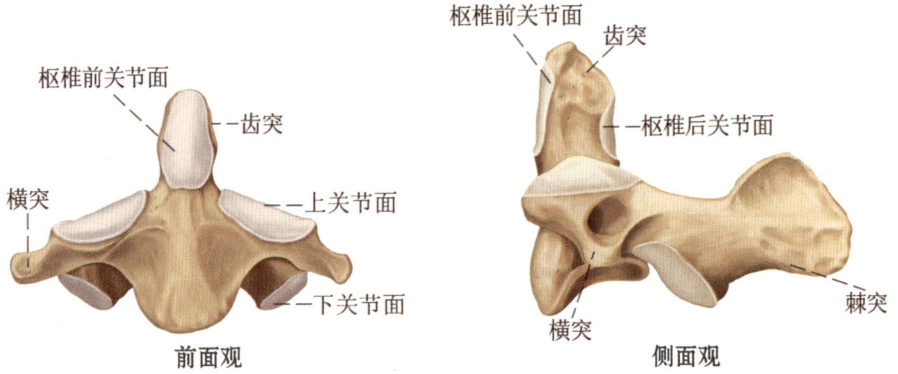

图 4–13　枢　椎

第 7 颈椎又名隆椎，棘突特长，末端不分叉，称隆突（图 4–14）。活体易于扪触，常作为计数椎骨序数的重要标志。

（2）胸椎：胸椎的构造和辨别特征为椎体与椎弓根交接部的上缘和下缘处，各有一呈半圆形的浅凹，称上、下肋凹。椎体从上向下逐渐增大，横断面呈心形。上位胸椎近似颈椎，下位胸椎与腰椎相似。1~10 胸椎横突末端前面，有横突肋凹与相应肋骨的肋结节相关节。典型胸椎关节突的关节面几乎呈冠状位，上关节突关节面朝向后，下关节突关节面则朝向前。棘突较长，向后下方倾斜，呈叠瓦状排列（图 4–15、图 4–16）。

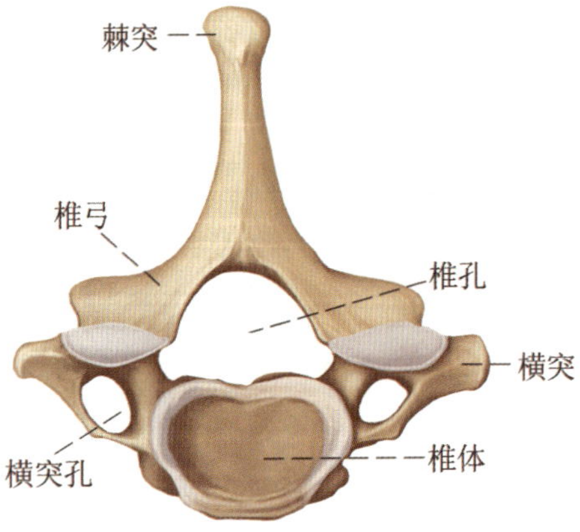

图 4–14　隆椎（上面观）

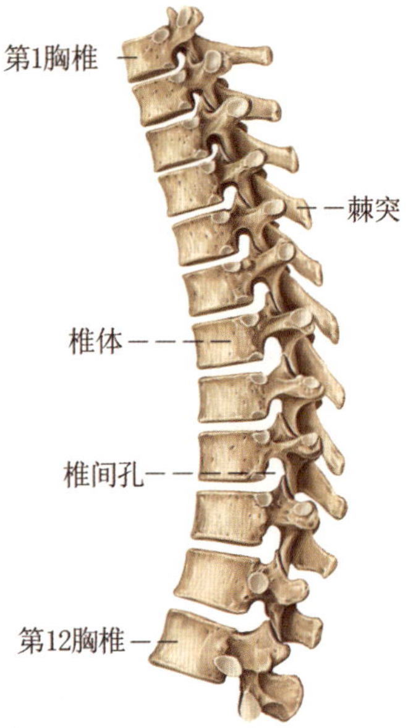

图 4–15　胸椎整体侧面观

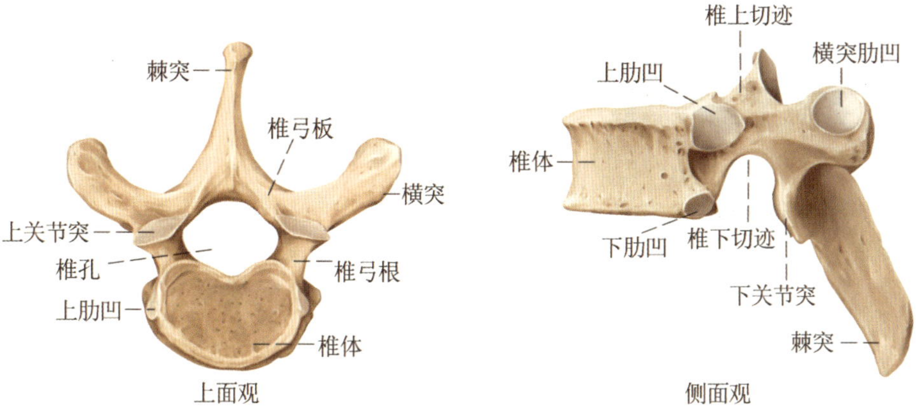

图 4-16　胸　椎

(3) 腰椎：腰椎的辨别特征为既没有横突孔，也没有椎体肋凹。其椎体粗壮，与承重较大有关。椎体的横断面近似肾形，椎孔呈卵圆形或三角形。上、下关节突粗大，关节面几乎呈矢状位，棘突宽而短，呈板状，水平伸向后方。各棘突之间的间隙较宽（图 4-17、图 4-18）。

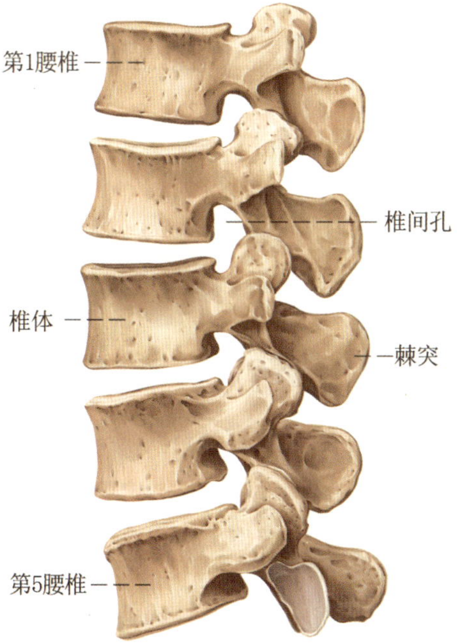

图 4-17　腰椎整体侧面观

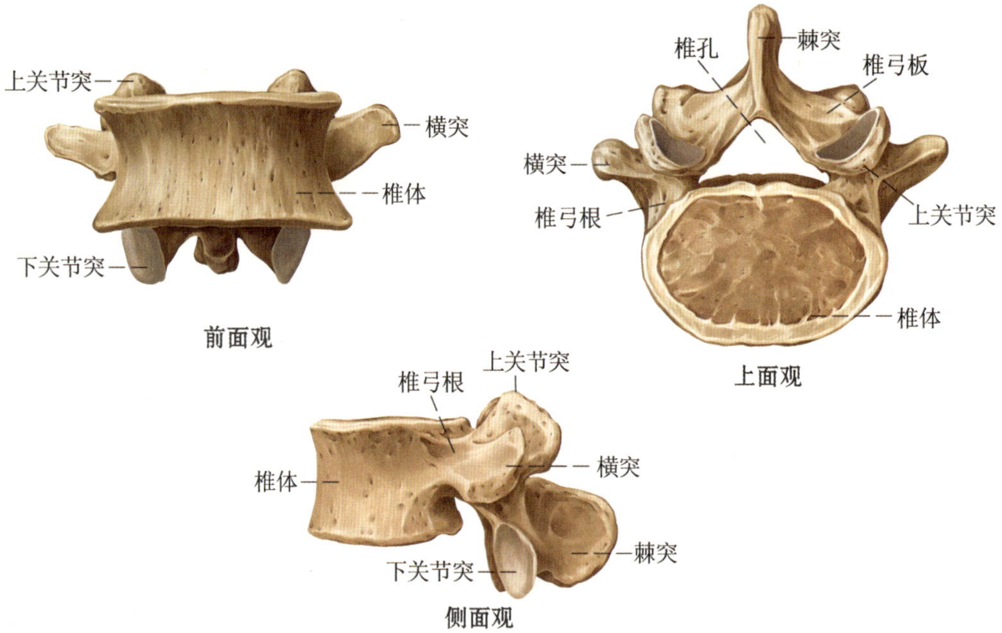

图 4-18 腰椎前面观、上面观和侧面观

上述颈椎、胸椎和腰椎虽然具有椎骨的一般形态特征，但是亦存在明显的差异（表 4-4）。

表 4-4 颈、胸和腰椎椎骨典型形态特征的比较

比较项目	颈椎	胸椎	腰椎
椎体	小，椭圆形	中等大，心形，侧面有肋凹	大，蚕豆形
椎孔	大，三角形	小，圆形	大，三角形
横突	有横突孔	有横突肋凹	—
棘突	末端分叉（2～6 颈椎）	长，向后下呈叠瓦状	呈板状，水平向后
关节突方位	近水平位	近额状位	近矢状位

(4) 骶骨：成人骶骨由 5 块骶椎融合而成，似倒置的三角形，可分为底、尖、前面、后面和外侧部（图 4-19）。底向上，尖向下，前面（盆面）凹陷，较光滑。上缘中部向前隆凸，称岬。中部有 4 条横线，是椎体融合的痕迹。横线两端有 4 对骶前孔。骶骨背面粗糙隆凸，正中线上有骶正中嵴，嵴外侧有 4 对骶后孔。骶前、后孔均与骶管相通，有骶神经前、后支通过。骶管上通连椎管，下端的裂孔称骶管裂孔，裂孔两侧有向下突出的骶角。骶骨外侧部上宽下窄，上部有耳状面与髂骨的耳状面构成骶髂关节，耳状面后方骨面凹凸不平，称骶粗隆。

骶管裂孔位置的高低是运动员选材中考虑的一个重要指标。骶管裂孔位置越高，骶管内的骶神经根暴露越多，越容易发生损伤。

(5) 尾骨：由 3~4 块退化的尾椎融合而成（图 4–19）。呈倒置的三角形，底向上与骶骨相连结，尖向下游离为尾骨尖，位于肛门之后，为肛门尾骨肌所附着。

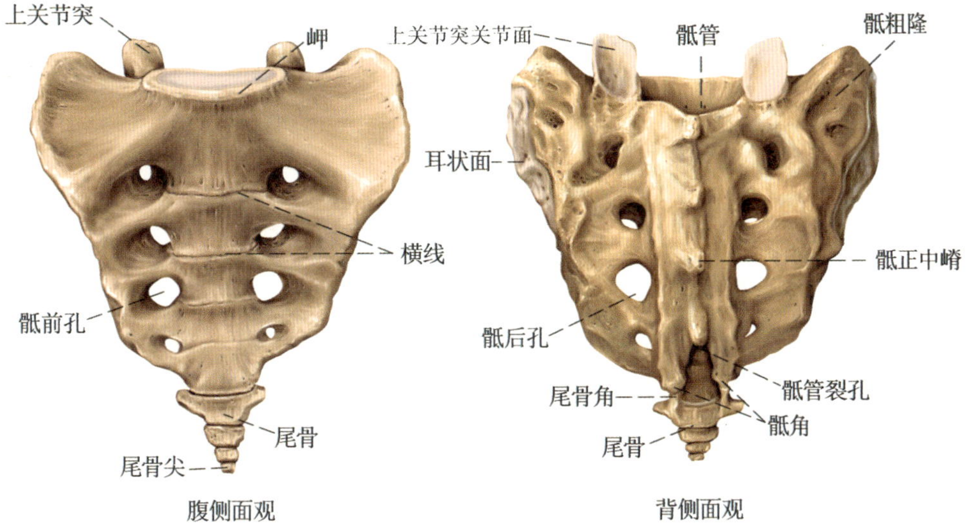

图 4–19　骶骨与尾骨

(二) 胸　骨

胸骨为长形扁骨，位于胸前壁正中，前凸后凹，自上而下可分胸骨柄、胸骨体和胸骨剑突 3 部分（图 4–20）。

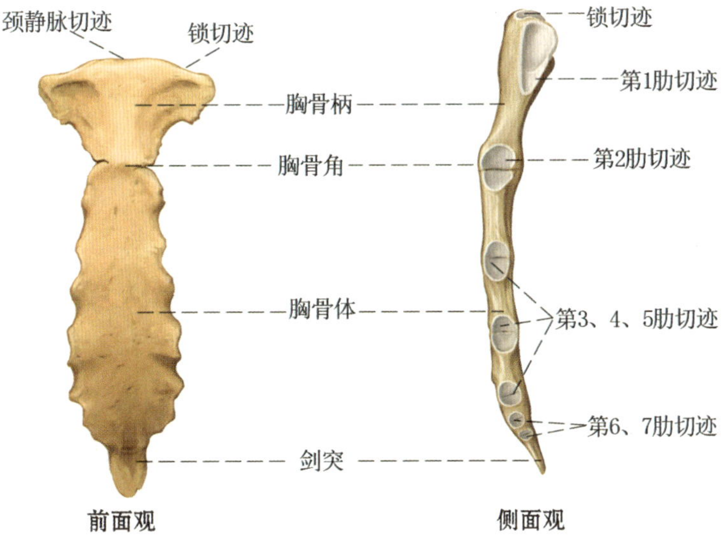

图 4–20　胸　骨

胸骨柄上宽下窄，上缘有三个切迹，中间的一个为颈静脉切迹，两侧有锁切迹与锁骨相连结。胸骨柄和胸骨体两侧共有7对肋切迹，分别与第1~7肋软骨相连。胸骨柄与胸骨体连接处微向前突，称胸骨角，可在体表扪触，两侧平对第2肋，是计数肋的重要标志。胸骨角向后平对第4胸椎体下缘。胸骨体呈长方形，外侧缘接第2~7肋软骨。剑突扁而薄，形状变化较大，下端游离。

（三）肋

肋由肋骨与肋软骨组成，共12对，位于胸廓的侧面和前、后面的大部分（图4–8）。其中第1~7对肋前端与胸骨相连结，称真肋。第8~10对肋前端借肋软骨与上位肋软骨连结，形成肋弓，称假肋。第11~12对肋前端游离于腹壁肌层中，称浮肋。

1. 典型肋骨的形态

肋骨属扁骨，分为体和前、后两端（图4–21）。后端膨大的部分，称肋头，有关节面与相应胸椎肋凹相关节。肋头外侧稍细的部分，称肋颈。肋颈与肋体交界处朝向后方的粗糙突起，称肋结节，有关节面与相应胸椎的横突肋凹相关节。肋体长而扁，分内、外两面和上、下两缘。内面近下缘处有肋沟，有肋间神经、血管经过。体的后部曲度急转处称肋角。肋骨前端稍宽，末端微凹与肋软骨相接。

2. 特殊肋骨的形态

第1肋骨扁宽而短，分上、下面和内、外缘，无肋角和肋沟。内缘前部有前斜角肌结节，为前斜角肌腱附着处。其前、后方分别有锁骨下静脉和锁骨下动脉经过的压迹（沟）。第2肋骨为过渡型，较细长。第11、12肋骨无肋结节、肋颈及肋角（图4–21）。

3. 肋软骨

位于各肋骨的前端，由透明软骨构成，终生不骨化。

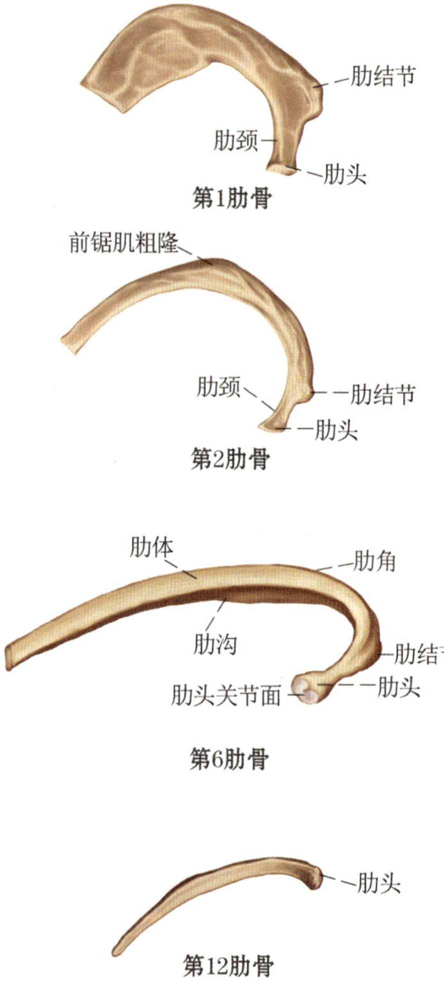

图4–21 肋 骨

二、颅 骨

颅骨位于脊柱上方，由 29 块扁骨和不规则骨组成。包括脑颅骨 8 块、面颅骨 15 块以及听小骨 6 块。脑颅骨和面颅骨以眶上缘和外耳门上缘的连线为分界线，分为后上部的脑颅和前下部的面颅。

（一）脑颅骨

脑颅骨位于颅的后上方，由 8 块骨组成。其中不成对的有额骨、筛骨、蝶骨和枕骨，成对的有颞骨和顶骨。他们彼此连结构成卵圆形的颅腔，容纳脑。颅腔的顶是穹隆形的颅盖，由前方的额骨、后方的枕骨和两者之间的顶骨构成。颅腔的底由位于中部的蝶骨、后方的枕骨、两侧的颞骨、前方的额骨和筛骨构成。筛骨只有一小部分参与脑颅，其余大部分参与构成面颅。

（二）面颅骨

面颅骨位于颅的前下方，由 15 块面颅骨构成。面颅骨包括成对的骨和不成对的骨。成对的骨有上颌骨、腭骨、颧骨、鼻骨、泪骨及下鼻甲；不成对的有犁骨、下颌骨和舌骨。面颅骨围成眶、骨性鼻腔和口腔。上颌骨位于面部的中心部位，参与眶、骨性鼻腔和口腔的构成。鼻骨、犁骨、颚骨、下鼻甲和上颌骨参与骨性鼻腔的组成。上颌骨、泪骨和颧骨参与眶的组成。此外，属于脑颅骨的筛骨和蝶骨，也参与眶和骨性鼻腔的组成。额骨参与眶的组成。下颌骨位于上颌骨的下方，它们共同构成口腔的前壁和侧壁。舌骨位于下颌骨的后方，借肌肉韧带与颅骨相连。

（三）颅的整体观

颅位于人体顶端，颅腔内有人体最高中枢脑，也是人体视觉器官、位听器官和味觉器官感受器所在部位。许多体育技术动作的准确完成，是以颅的整体运动作为先导完成的。

人体除下颌骨和舌骨外，颅骨借助结缔组织膜和软骨牢固结合成一整体，如额骨与两侧顶骨连结构成冠状缝；两侧顶骨连结为矢状缝，两侧顶骨与枕骨连结成人字缝等。颅骨间没有运动。

1. 颅的前面观

颅的前面可见额骨和面颅骨。面颅骨的中央有骨性鼻腔的开口称梨状孔，孔的外上方有成对的眶，下方为骨性口腔（图 4-22）。

眶：为底朝前外，尖向后内的一对四棱锥形深腔，容纳眼球及附属结构。在眶的尖端附近有视神经管入颅腔，管内有视神经穿过。眶上缘由额骨构成，其内侧半上方的弓形隆起称眉弓，其深面为额窦。两侧眉弓之间的平坦区域称眉间。眉弓和眉间都是重要的体表标志。

骨性鼻腔：位于面颅中央，上临眶和颅腔，下临骨性口腔。由犁骨和筛骨垂直板构成的骨性鼻中隔，将其分为左右两半。鼻腔前方开口称梨状孔，后方开口称鼻后孔，通咽腔。

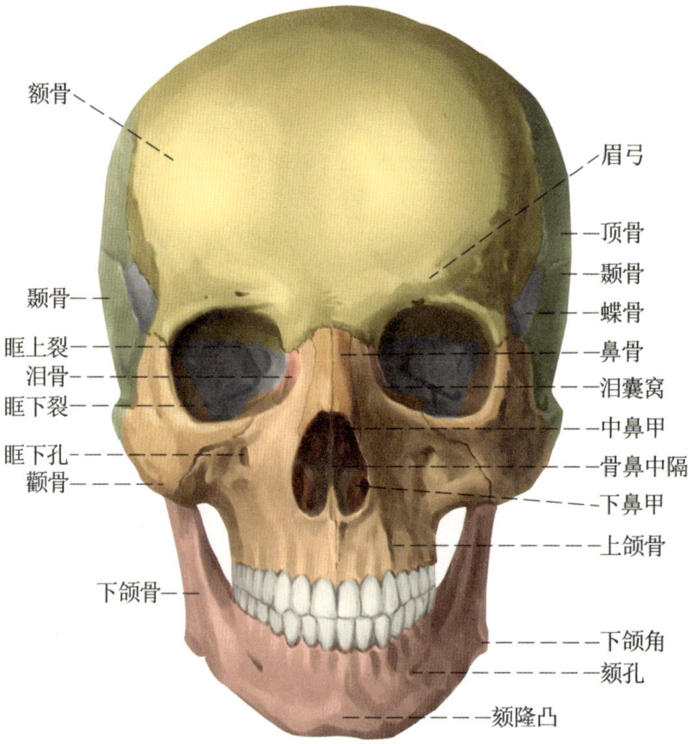

图 4-22　颅前面观

骨性口腔：骨性口腔由上颌骨、腭骨及下颌骨围成。顶即硬腭（由上颌骨和腭骨构成），前壁及外侧壁由上、下颌骨牙槽部及牙围成，向后通咽，底缺空，由软组织封闭。

2. 侧面观

由额骨、蝶骨、顶骨、颞骨及枕骨构成，还可见到面颅的颧骨和上、下颌骨（图 4-23）。侧面中部有外耳门，其后方的乳突状隆起为颞骨乳突，前方是颧弓。此外，在枕骨中部最突出部是枕外隆凸。隆凸向两侧的弓形骨嵴称上项线，其下方有与上项线平行的下项线。颞骨乳突和枕外隆凸是重要的骨性标志。

3. 颅底外面观

颅底外面高低不平，神经血管通过的孔裂甚多（图 4-24）。由前向后可见：由两侧牙槽突合成的牙槽弓和由上颌骨腭突与腭骨水平板构成的骨腭。骨腭正中有腭中缝，其前端有切牙孔，通入切牙管。骨腭以上被鼻中隔后缘（犁骨）分成左、右两半的是鼻后孔。鼻后孔后方中央可见枕骨大孔，枕骨大孔前方为枕骨基底部，与蝶骨体直接结合（25 岁以前借软骨结合）；枕骨大孔两侧有椭圆形关节面，称枕髁。

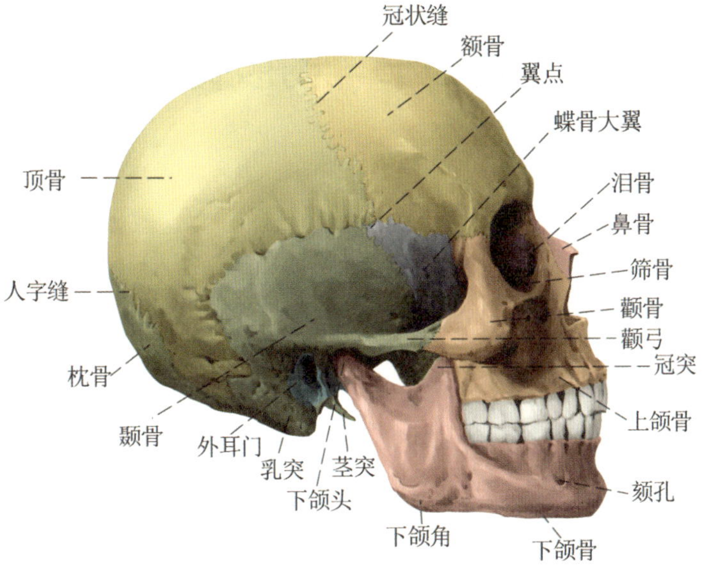

图 4-23 颅侧面观

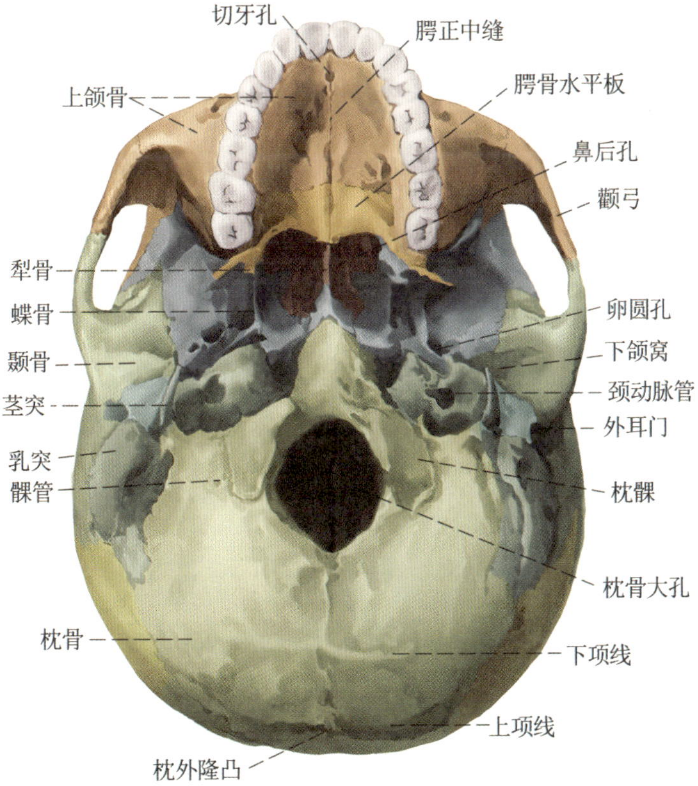

图 4-24 颅底面观

第三节　附肢骨

附肢骨包括上肢骨和下肢骨。上、下肢骨分别由肢带骨和自由肢骨组成，二者的排列方式基本相同。

由于人体直立行走，上、下肢出现分工，上肢从支撑功能中解放出来，变成从事劳动和精巧运动的器官，故使上肢骨比较纤细轻巧；而下肢骨则比较粗壮，以适应支持人体直立，承担人体重量和外在负荷，并使人体产生位移运动，实现走、跑、跳等功能。

一、上肢骨

上肢骨左右对称，包括上肢带骨和自由上肢骨（图 4–25）。

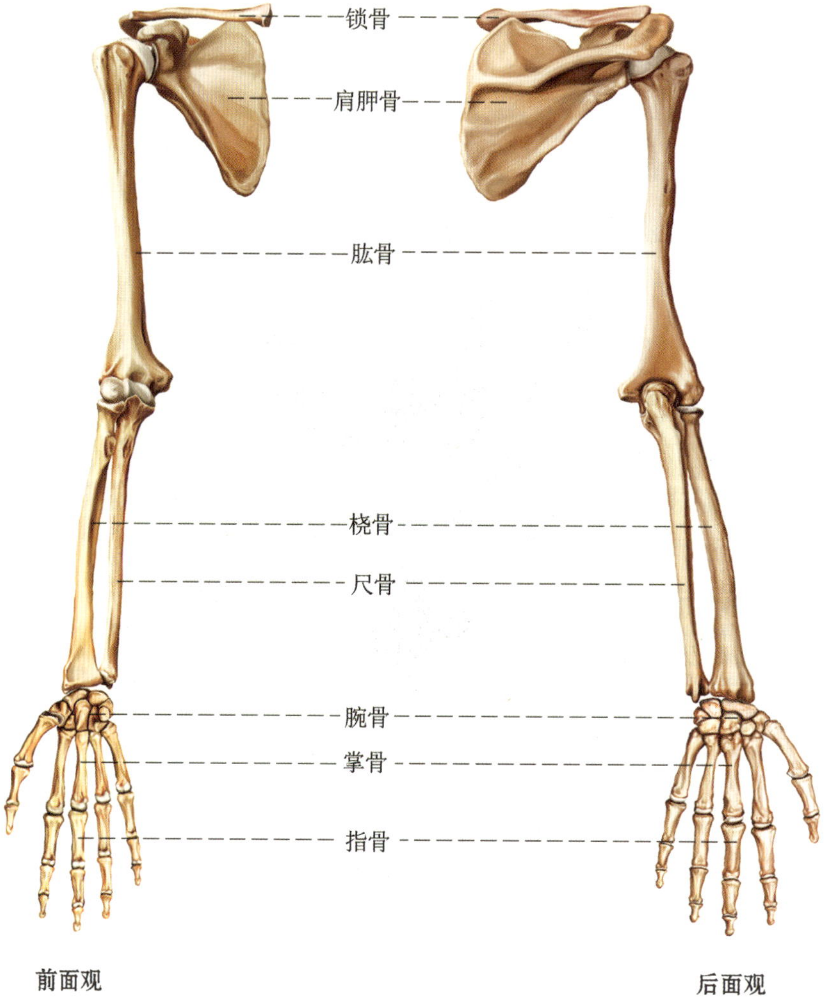

图 4–25　上肢骨

(一) 上肢带骨

上肢带骨包括锁骨和肩胛骨（图 4-26）。

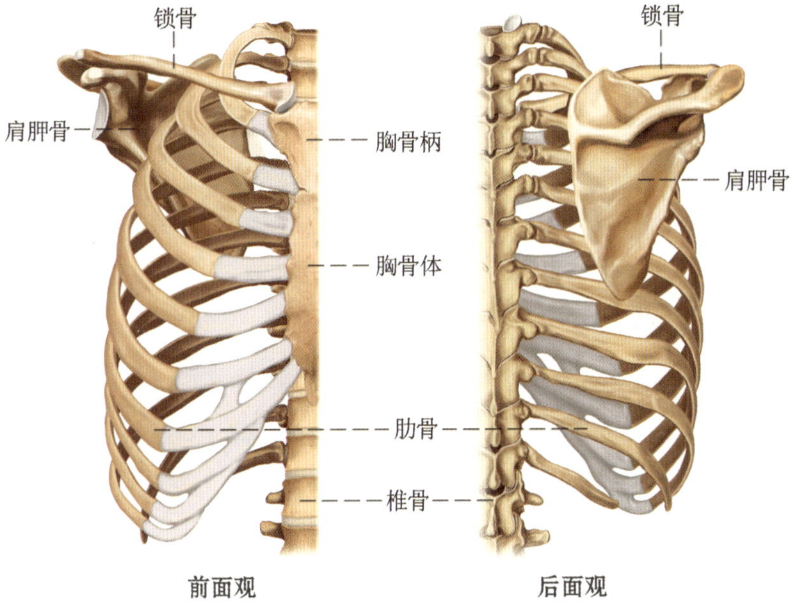

图 4-26 上肢带骨

1. 锁 骨

锁骨属于长骨，呈横行的“S”形弯曲，横架于胸廓的前部上方（图 4-27）。全长位于皮下，可在体表扪触到。

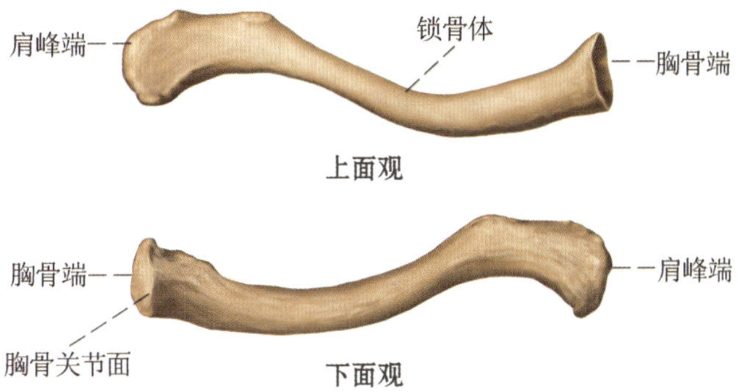

图 4-27 锁 骨

根据锁骨内侧端粗大，外侧端扁平；上面光滑，下面粗糙；骨体内侧 2/3 凸向前，外侧 1/3 凸向后等形态结构和方位特点，即可区分左、右锁骨，并按解剖位置放置。

锁骨粗大的内侧端与胸骨相连，故为胸骨端，有胸骨关节面与胸骨柄相关节。外侧端扁平，为肩峰端，其上有一个较小的肩峰端关节面与肩胛骨肩峰相关节。骨体近胸骨端处的下面有肋粗隆，近肩峰端处的下面有喙突粗隆，锁骨将肩胛骨支撑在胸廓外侧，可以增大上肢运动的灵活性。

2. 肩胛骨

肩胛骨位于胸廓的后上方外侧，为三角形扁骨（图 4–28），介于第 2 到第 7 肋之间。可分二面、三缘和三个角。根据肩胛骨上缘最短，外侧角肥大，后面有一条横行的隆起等形态结构的方位特点，即可区分左、右肩胛骨，并按解剖位置放置。

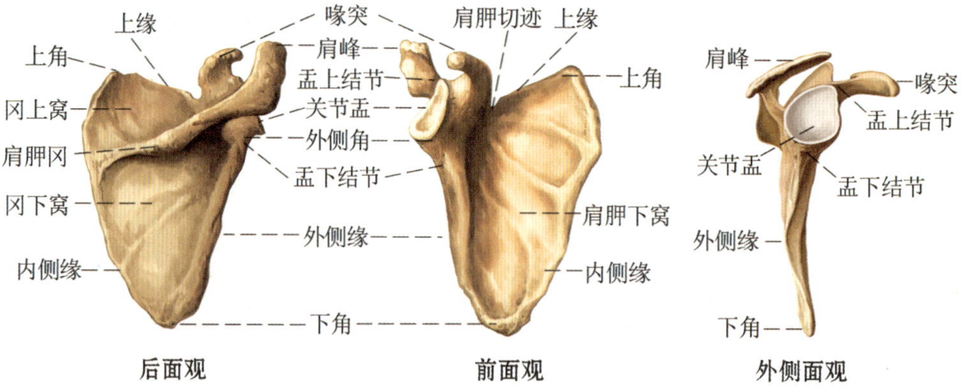

图 4–28 肩胛骨

（1）肩胛骨的三个缘：分别为内侧缘、外侧缘和上缘。上缘短而薄，靠近外侧处有肩胛切迹，再向外有指状突起称喙突。内侧缘薄而锐利，又称脊柱缘。外侧缘肥厚，邻近腋窝，又称腋缘。

（2）肩胛骨的三个角：分别为外侧角、上角和下角。上角为上缘与脊柱缘汇合处，平对第 2 肋。下角为脊柱缘与腋缘交汇处，平对第 7 肋或第 7 肋间隙，为肋的计数标志。外侧角为腋缘与上缘汇合处，最肥厚，朝向外侧方的梨形浅窝，称关节盂，与肱骨头相关节。盂上、下方各有一粗糙隆起，分别称盂上结节和盂下结节。

（3）肩胛骨的两个面：分别为前面（腹侧面）和后面（背侧面）。前面或肋面与胸廓相对，为一大浅窝，称肩胛下窝。后面有一横嵴，称肩胛冈。冈上、下方的浅窝，分别称冈上窝和冈下窝。肩胛冈向外侧延伸的扁平突起，称肩峰，有肩峰关节面与锁骨外侧端相关节。

肩胛冈、肩峰、肩胛骨下角、内侧缘及喙突均可在体表扪触到。

（二）自由上肢骨

自由上肢骨包括肱骨、尺骨、桡骨和手骨（腕骨、掌骨及指骨）。

1. 肱　骨

肱骨位于上臂，是上肢中最长的骨，分为一体两端（图 4–29）。根据肱骨近侧端有朝向上后内方呈半球形的关节面可区分其近、远侧端及内、外侧方位；根据远侧端前方有两个浅窝，后方有一个深窝的特征可区分前后方位；根据上述结构和方位特点，即可区分左、右肱骨，并按解剖位置放置。

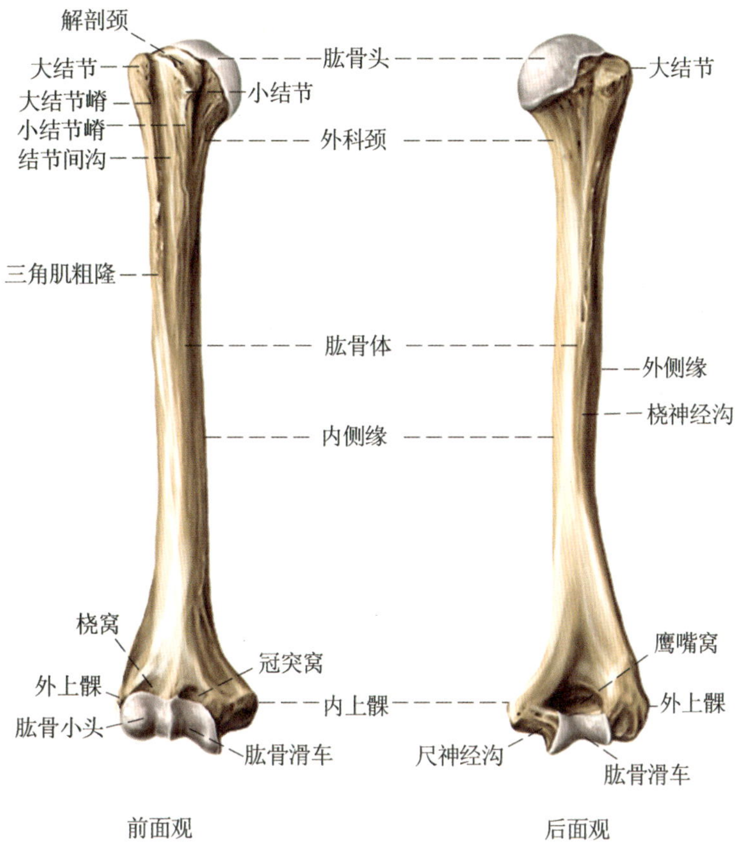

图 4-29　肱　骨

(1) 近侧端：近侧端朝向上后内方呈半球形的为肱骨头，与肩胛骨的关节盂相关节。头周围的环状浅沟，称解剖颈。肱骨头的外侧和前方有隆起的大结节和小结节，二者向下分别延伸一条骨嵴，称大结节嵴和小结节嵴。两结节间有一纵沟，称结节间沟。近侧端与体交界处稍细，称外科颈，较易发生骨折。

(2) 肱骨体：上半部呈圆柱形，下半部呈三棱柱形。中部外侧面有粗糙的三角肌粗隆。后面中部，有一自内上斜向外下的浅沟，称桡神经沟，桡神经和肱深动脉沿此沟经过，肱骨中部骨折可能伤及桡神经。内侧缘近中点处有开口向上的滋养孔。

(3) 远侧端：较扁，外侧部前面有半球状的肱骨小头，与桡骨相关节；内侧部有滑车状的肱骨滑车，与尺骨形成关节。滑车前面上方有一窝，称冠突窝；肱骨小头前面上方有一窝，称桡窝；滑车后面上方有一窝，称鹰嘴窝，伸肘时容纳尺骨鹰嘴。小头外侧和滑车内侧各有一突起，分别称外上髁和内上髁。内上髁后方有一浅沟，称尺神经沟，尺神经由此经过。

肱骨大结节和内、外上髁都可在体表扪到。

2. 桡　骨

桡骨位于前臂外侧部，属于长骨，分一体两端（图 4-30）。根据桡骨近侧端有完整的环状关节面，远侧端前面微凹、后面微凸，远侧端外侧面有向下的骨突起等形态结构方位特点，可以区分左、右桡骨，并按标准解剖位置放置。

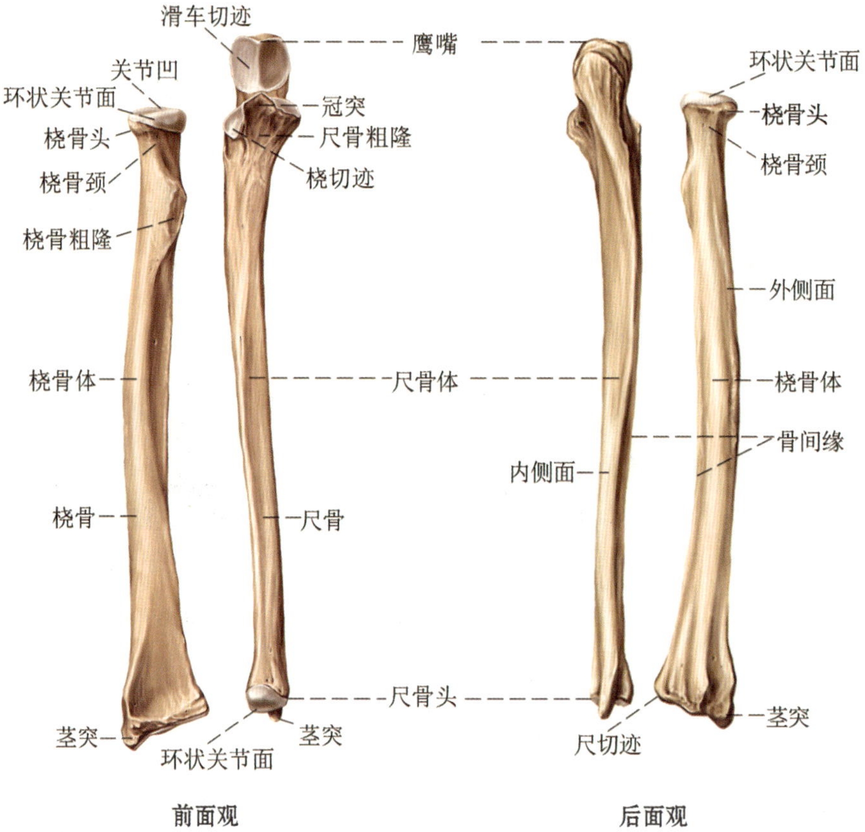

图 4-30　桡骨与尺骨

（1）近侧端：近侧端较小的膨大称为桡骨头。其上面的凹陷称为桡骨头凹，与肱骨小头相关节；周围的环状关节面与尺骨相关节。头下方略细，称桡骨颈。颈的内下侧有突起的桡骨粗隆。

（2）桡骨体：呈三棱柱形，有三个面和三个缘，其中内侧缘较为薄锐称骨间缘。

（3）远侧端：近似立方形，前面微凹，后面微隆。外侧向下突出，称桡骨茎突。远侧端内面有关节面，称尺切迹，与尺骨头相关节；下面有桡骨的腕关节面与腕骨相关节。

桡骨茎突和桡骨头在体表可扪触到。

3. 尺　骨

尺骨位于前臂内侧，属于长骨，分一体两端（图 4-30）。根据尺骨近侧端粗大而远侧端细小；近侧端有两个向前的突起，其中下方突起的前外侧有一个圆弧状的关节面等形态结构和方位特点，可以区分左、右尺骨，并按标准解剖位置放置。

（1）近侧端：近侧端粗大，前面半圆形深凹，称滑车切迹，与肱骨滑车相关节。切迹后上方的突起称鹰嘴，前下方的突起称冠突。冠突外侧面有桡切迹，与桡骨头相关节；冠突下方的粗糙隆起，称尺骨粗隆。

（2）尺骨体：上段粗、下段细，外侧缘锐利，为骨间缘，与桡骨相对。

（3）远侧端：为尺骨头，其前、外、后有环状关节面与桡骨的尺切迹相关节，下面光滑借三角形的关节盘与腕骨隔开。尺骨头的后内侧有锥状突起，称尺骨茎突。在正常情况下，尺骨茎突比桡骨茎突约高 1cm。

鹰嘴、后缘全长、尺骨头和茎突都可在体表扪触到。

4. 手 骨

手骨包括腕骨、掌骨和指骨三部分（图 4–31）。

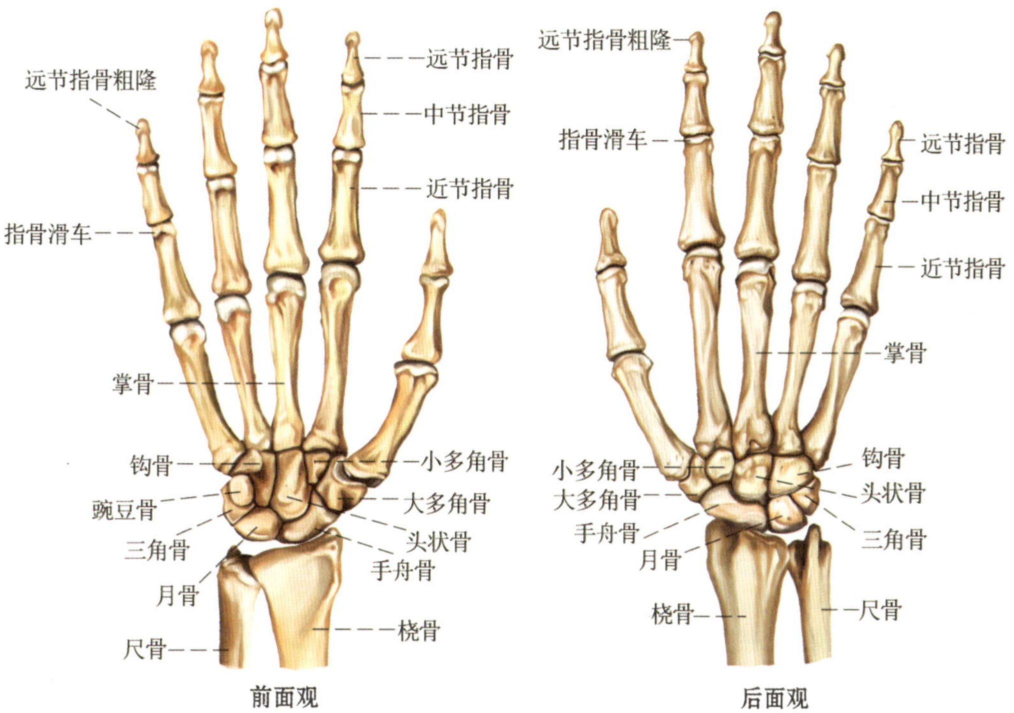

图 4–31 手 骨

（1）腕 骨

腕骨位于手腕部，每侧为 8 块，均属于短骨（图 4–32）。排成近侧与远侧两列，每列 4 块。近侧列由桡侧向尺侧为：手舟骨、月骨、三角骨和豌豆骨。远侧列为：大多角骨、小多角骨、头状骨和钩骨。8 块腕骨不在一个平面上，背侧面微隆，掌侧面构成一凹陷称腕骨沟。沟的外侧面是由手舟骨、大多角骨形成的桡侧隆起，沟的内侧面是由豌豆骨和钩骨共同形成的尺侧隆起。各骨相邻的关节面，形成腕骨间关节。手舟骨、月骨和三角骨近端形成的椭圆形关节面，与桡骨腕关节面及尺骨头下方的关节盘构成桡腕关节。

腕骨的背侧面和桡侧隆起和尺侧隆起均可在体表扪触到。

(2) 掌　骨

掌骨位于手掌部，每侧 5 块，均属于长骨。由桡侧向尺侧，依次为第 1~5 掌骨。每一掌骨都可以分为头、体和底（图 4–33）。近端为底，与腕骨相连结；远端为掌骨头，接指骨；中间部为体。第 1 掌骨短而粗，其底有鞍状关节面，与大多角骨的鞍状关节面相关节。

掌骨背侧面在皮下易触知。

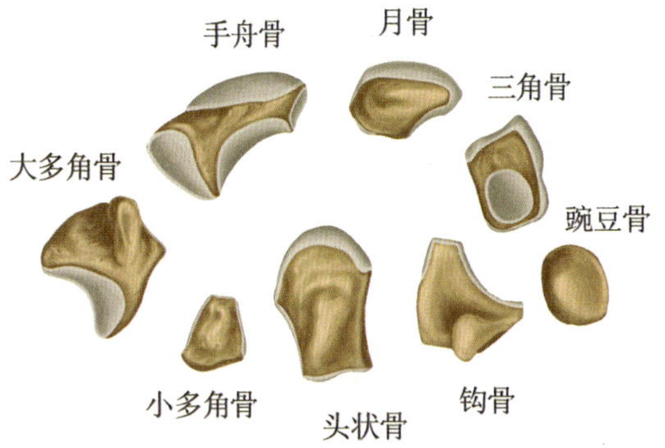

图 4–32　腕　骨

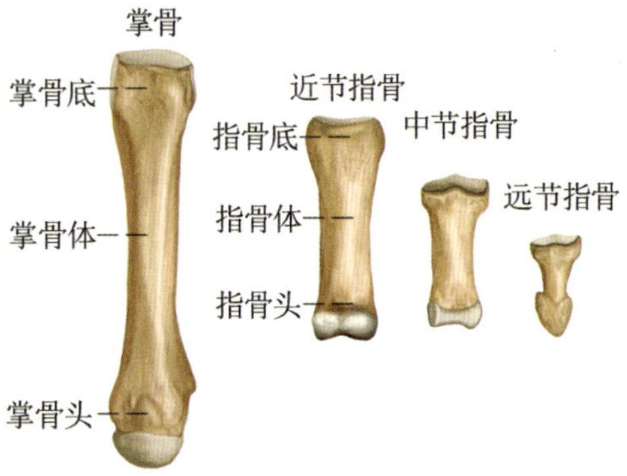

图 4–33　掌骨和指骨

(3) 指　骨

指骨位于手指部，每侧 14 块，均属长骨。除拇指有 2 节外，其余各指为 3 节，分为近节指骨、中节指骨和远节指骨。每节指骨的近端为底，中间部为体，远端为滑车。远节指骨远端掌面粗糙，称远节指骨粗隆。近节指骨的底有球窝形的关节窝，与掌骨头相关节。相邻指骨之间有滑车形的关节面，形成滑车形的指间关节（图 4–33）。

指骨背侧面在皮下易触知。

二、下肢骨

下肢骨左右对称，包括下肢带骨和自由下肢骨（图 4–34）。

（一）下肢带骨

下肢带骨每侧只有 1 块，即髋骨。左右髋骨与骶骨、尾骨连结成骨盆，故髋骨又称盆带骨，属于不规则骨。在男子约 16 岁以前，女子 13 岁以前，髋骨由髂骨、耻骨和坐骨组成，此三块骨汇合于髋臼（图 4–35），16 岁左右完全融合，形成一块完整的髋骨（图 4–36）。

根据髋骨外侧面有朝向下外的杯状深窝，下部有一大孔，大孔后内下方骨体粗壮等形态结构、方位特点，即可区分左、右髋骨，并按解剖位置放置。

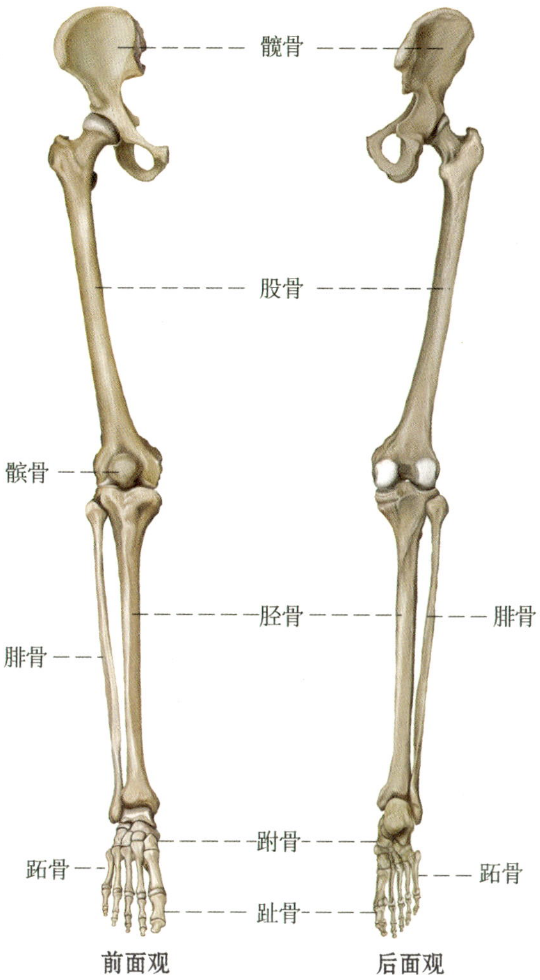

图 4-34　下肢骨

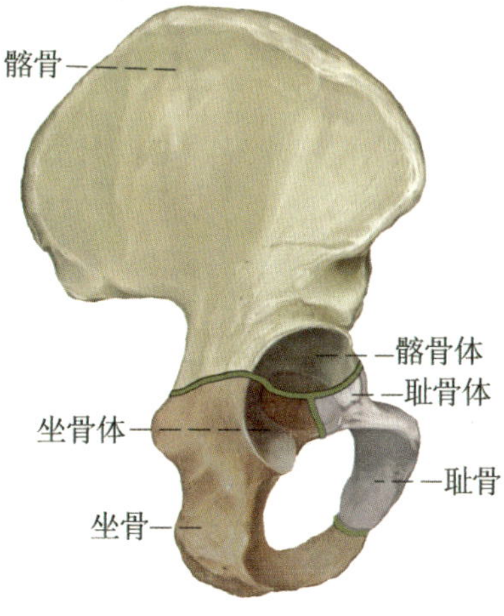

图 4-35　幼儿髋骨（外侧面）

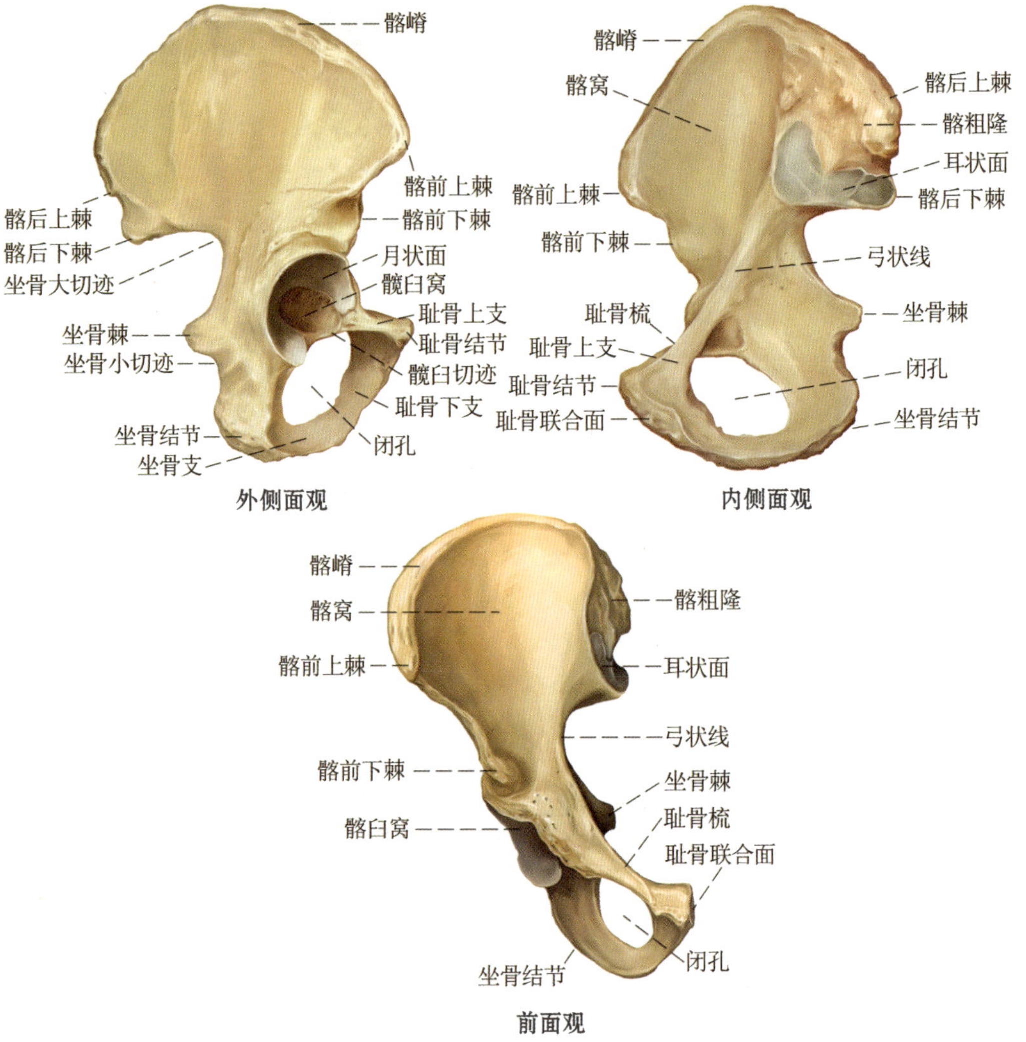

图 4-36　髋　骨

1. 髂　骨

髂骨位于髋臼的上方，由肥厚的髂骨体和扁阔的髂骨翼构成。髂骨体构成髋臼的上 2/5，髂骨翼边缘肥厚，形成弓形的髂嵴。髂嵴前端为髂前上棘，后端为髂后上棘。髂前上棘后方 5~7cm 处，髂嵴外唇向外突起，称髂结节，它们都是重要的体表标志。在髂前、后上棘的下方各有一薄锐突起，分别称髂前下棘和髂后下棘。髂后下棘下方有深陷的坐骨大切迹。髂骨翼内面的浅窝称髂窝，髂窝下界有圆钝骨嵴，称弓状线。髂骨翼后下方有粗糙的耳状面，其与骶骨耳状面相关节。耳状面后上方有髂粗隆与骶骨借韧带相连结。髂骨翼外面称为臀面，有臀肌附着。

2. 坐　骨

坐骨位于髋臼的后下方，分坐骨体和坐骨支。坐骨体组成髋臼的后下 2/5，后缘有尖形的坐骨棘，其下方有坐骨小切迹。坐骨棘与髂后下棘之间为坐骨大切迹。坐骨体下后部向前上内延伸为较细的坐骨支，其末端与耻骨下支结合。坐骨体与坐骨支移行处的后部有粗糙隆起，称为坐骨结节，是坐骨最低部，可在体表扪触到。

3. 耻　骨

耻骨位于髋臼的前下部，分体和上、下两支。耻骨体组成髋臼前下 1/5，与髂骨体的结合处的骨面有粗糙隆起，称髂耻隆起，由此向前内伸出耻骨上支，其末端急转向下，成为耻骨下支。耻骨上支上面有一条锐利的嵴，称耻骨梳，向后移行于弓状线，向前终于耻骨结节，是重要体表标志。耻骨结节到中线的粗钝上缘为耻骨嵴，也可在体表扪触到。耻骨上、下支相互移行处内侧的椭圆形粗糙面，称耻骨联合面，两侧联合面借软骨相接，构成耻骨联合。耻骨下支伸向后下外；与坐骨支结合，耻骨与坐骨共同围成闭孔，活体有闭孔膜封闭。

髋臼为髋骨中部外侧面的杯状凹陷，面向前下方，由髂、坐、耻三骨的骨体合成，与股骨头相关节，形成髋关节。窝内半月形的关节面称月状面。窝的中央未形成关节面的部分，称髋臼窝。髋臼边缘下部的缺口称髋臼切迹，活体有髋臼横韧带填充。

（二）自由下肢骨

自由下肢骨包括股骨、髌骨、胫骨、腓骨和足骨（跗骨、跖骨及趾骨）。

1. 股　骨

股骨即大腿骨，是人体最长最结实的长骨，其长度约为身高的 1/4，分一体两端（图 4–37）。

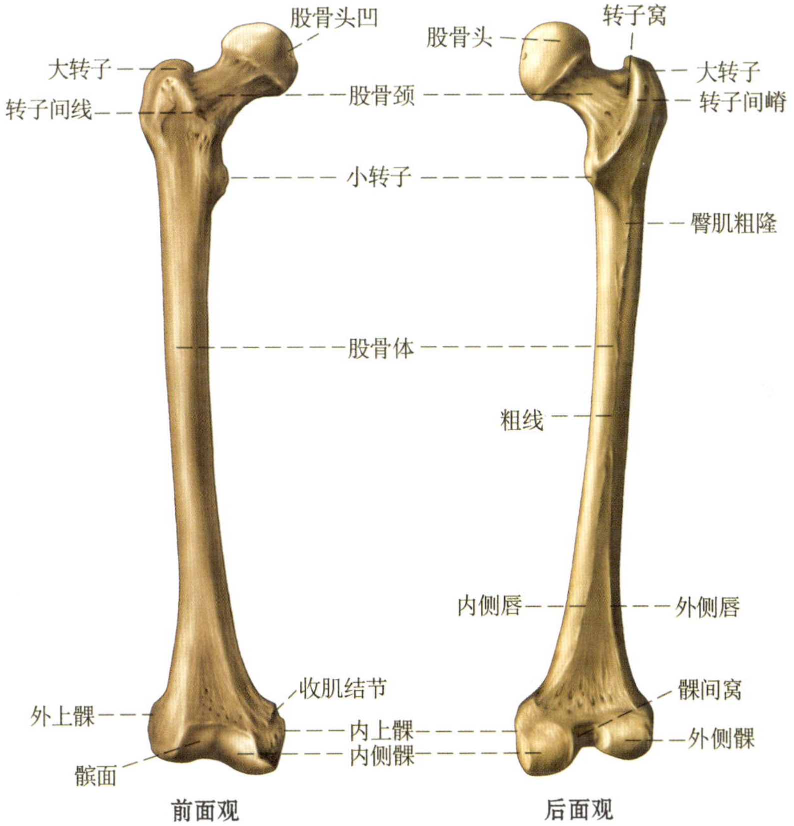

图 4–37　股　骨

根据股骨近侧端较小，球形关节面伸向内上方，远侧端左、右膨大，且骨体微凸向前等形态结构、方位特点，即可区分左、右股骨，并按解剖位置放置。

(1) 股骨近侧端：有朝向内上的球形关节面称股骨头，与髋臼相关节。头中央稍下有小的股骨头凹。头下外侧的狭细部称股骨颈。颈与体连接处的外上方有一隆起，称大转子；内下方的隆起，称小转子，有肌肉附着。大、小转子之间，前面有转子间线，后面有转子间嵴。大转子是重要的体表标志，可在体表扪触到。

(2) 股骨体：股骨体略弓向前，上段呈圆柱形，中段呈三棱柱形，下段前后略扁。体后面有纵行骨嵴，为股骨粗线。此线近侧端分叉，向上外延续于粗糙的臀肌粗隆，向上内侧延续为耻骨肌线；粗线的远侧端也分为内、外两线，即股骨粗线内侧唇和外侧唇，二唇线间的骨面为腘面。粗线中点附近，有口朝下的滋养孔。

(3) 股骨远侧端：股骨远侧端有两个向后突出的膨大，为内侧髁和外侧髁，内、外侧髁的前面、下面和后面都是光滑的关节面。两髁前方的关节面彼此相连，形成髌面，与髌骨关节面相接。两髁后部之间的深窝称髁间窝。两髁外侧面最突起处，分别为内上髁和外上髁。内上髁后上方的小突起，称收肌结节。这些均为在体表可扪触到的重要标志。

2. 髌 骨

髌骨即膝盖骨（图 4–38），是人体最大的籽骨，位于股骨远侧端前面，包裹于股四头肌的肌腱内。

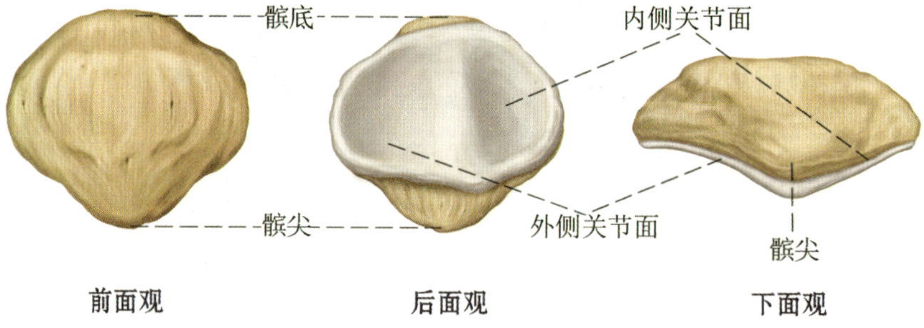

图 4–38 髌 骨

根据髌骨上宽下尖，前面粗糙，后面为关节面，且内侧关节面较小，外侧关节面较大的形态结构特点，即可区分左、右髌骨，并按解剖位置放置。

髌骨与股骨及胫骨、腓骨的位置关系详见图 4–39。髌骨可在体表扪触到。

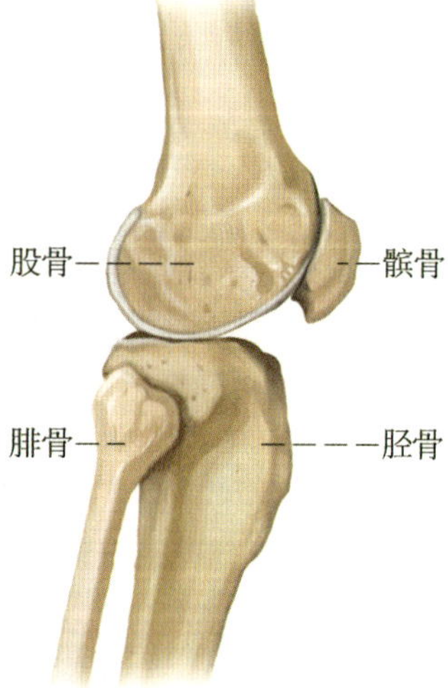

图 4–39 髌骨与股骨及胫腓骨间的位置关系

3. 胫　骨

胫骨位于小腿内侧，是粗大的长骨，分一体两端（图 4–40）。根据近侧端膨大，远侧端较小、内侧面有向下的突起，外侧面稍平凹的形态结构特点，即可区分左、右胫骨，并按解剖位置放置。

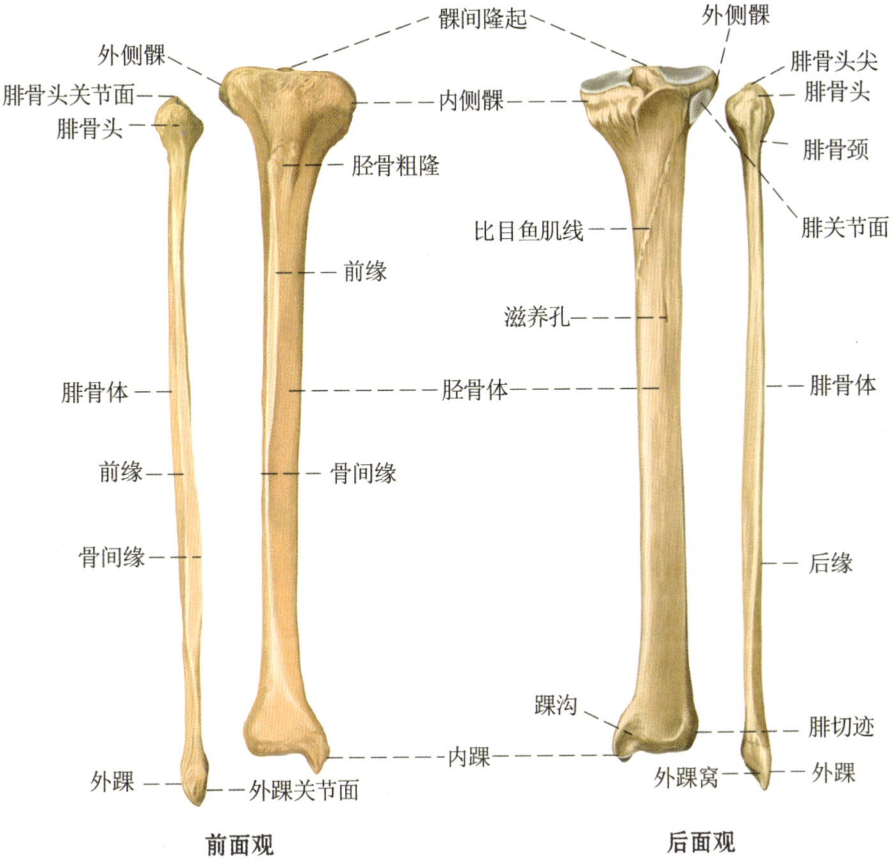

图 4–40　胫骨与腓骨

(1) 胫骨近侧端：胫骨近侧端较大，向两侧突出，形成内侧髁和外侧髁。二髁上面各有上关节面，分别称为内侧髁关节面和外侧髁关节面。分别与股骨内、外侧髁关节面相关节。两髁上关节面之间的粗糙小隆起，称髁间隆起。外侧髁后下方有腓关节面与腓骨头相关节。近侧端前面的隆起称胫骨粗隆。内、外侧髁和胫骨粗隆于体表可扪触到。

(2) 胫骨体：胫骨体呈三棱柱形，较锐的前缘和内侧面直接位于皮下，外侧缘有小腿骨间膜附着，称骨间缘。后面上方有斜向内下的比目鱼肌线。体上、中 1/3 交界处附近，有向上开口的滋养孔。

(3) 胫骨远侧端：胫骨体远侧端稍膨大。其内下有一突起，称内踝。远侧端下面有下关节面，内踝的外侧面有内踝关节面，二者与距骨滑车相关节。远侧端的外侧面有腓切迹与腓骨相接。内踝可在体表扪触到。

4. 腓　骨

腓骨位于胫骨外后方，为细长的长骨，分一体两端（图 4–40）。根据腓骨近侧端关节面较水平、远侧端关节面较垂直，远侧端关节面向内侧，远侧端后方有一沟的形态结构特点，即可区分左、右腓骨，并按解剖位置放置。

（1）腓骨近侧端：腓骨近侧端稍膨大，称腓骨头，有腓骨头关节面与胫骨腓关节面相关节。头下方缩窄，称腓骨颈。

（2）腓骨体：腓骨体内侧缘锐利，称骨间缘，有小腿骨间膜附着，体内侧近中点处，有向上开口的滋养孔。

（3）腓骨远侧端：腓骨远侧端膨大，形成外踝。其内侧有外踝关节面，与距骨相关节。腓骨头和外踝都可在体表扪触到。

5. 足　骨

足骨包括跗骨、跖骨和趾骨三部分（图 4–41）。

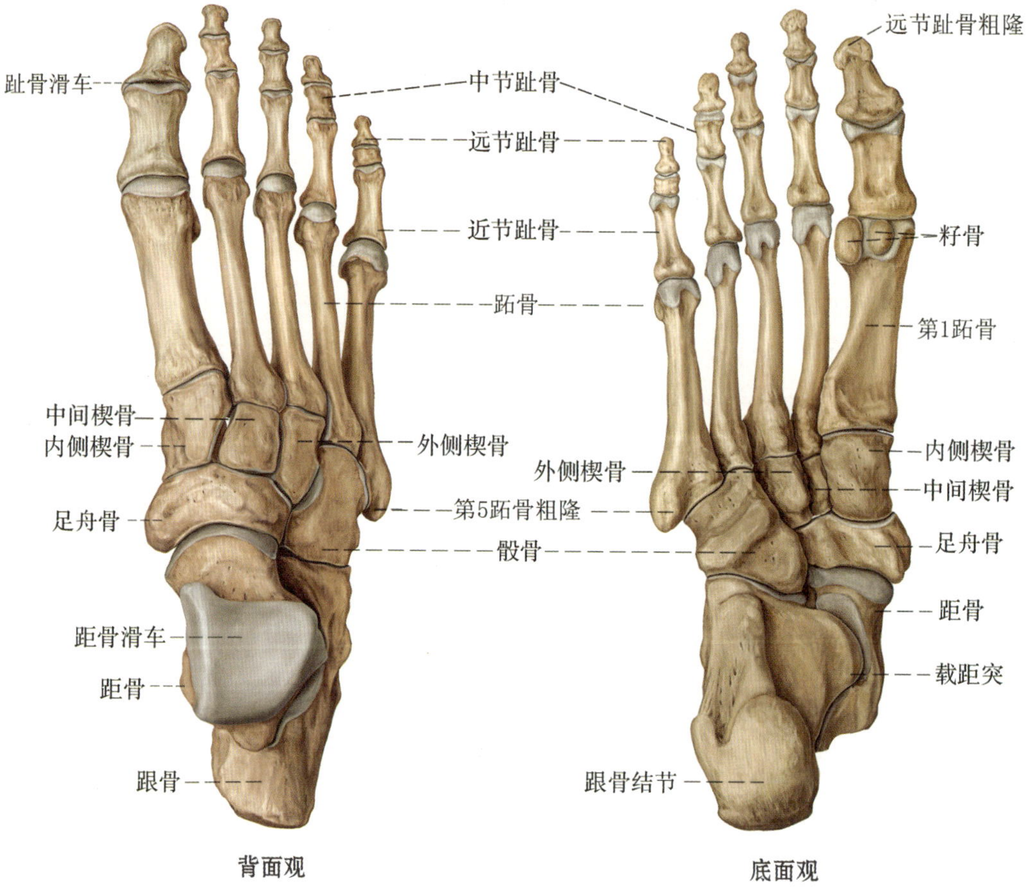

图 4–41　足骨（1）

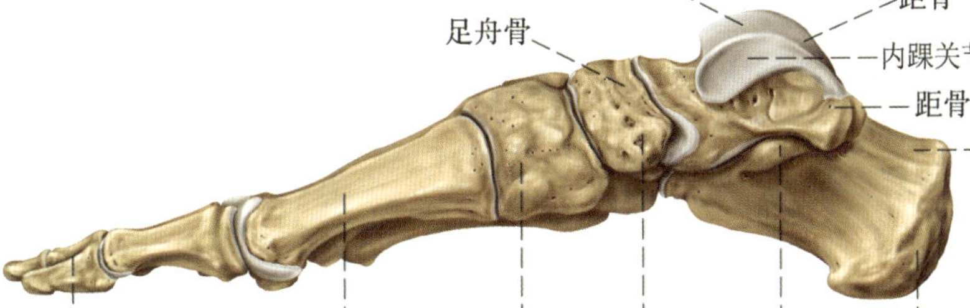

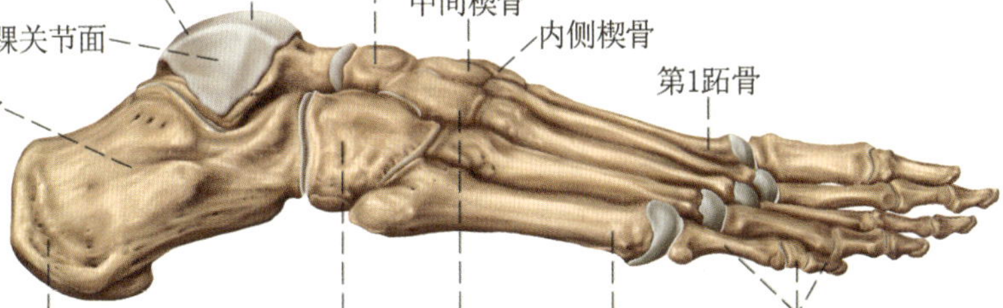

图 4-41　足骨（2）

(1) 跗　骨

跗骨位于足的后半部，不仅承重，而且传递弹跳力量。每侧足骨跗骨共 7 块，属短骨，分前、中、后 3 列。后列包括上方的距骨和下方的跟骨；中列为位于距骨前方的足舟骨；前列为内侧楔骨、中间楔骨、外侧楔骨，及跟骨前方的骰骨（图 4-42）。

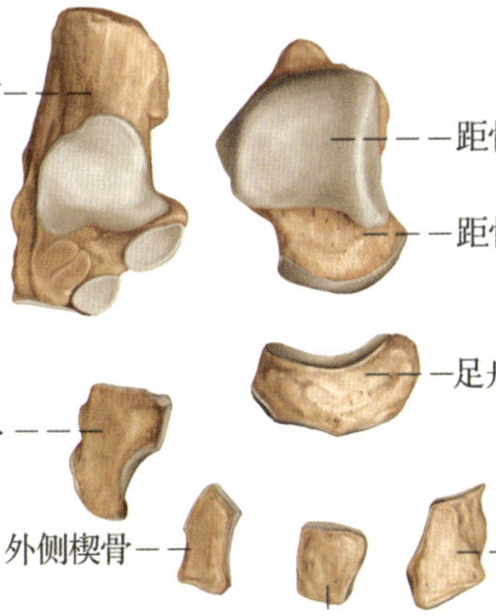

图 4-42　跗骨间位置关系

距骨上面有前宽后窄的关节面，称距骨滑车，与内、外踝和胫骨的下关节面相关节。距骨下方与跟骨相关节。跟骨后端隆凸，为跟骨结节。距骨前接足舟骨，足舟骨内下方隆起的舟骨粗隆是重要体表标志。足舟骨前方与 3 块楔骨相关节，外侧的骰骨与跟骨相接。

(2) 跖　骨

跖骨位于跗骨与趾骨之间，每侧足有 5 块，均属于长骨（图 4–43）。由内侧向外侧依次为第 1~5 跖骨，形状和排列大致与掌骨相当，但比掌骨粗大，其中第 1 跖骨最粗。分为头、体和底。跖骨近端为底，与跗骨相接，中间为体，远端称头，与近节趾骨相接。第 5 跖骨底向后突出，称第 5 跖骨粗隆，在体表可扪触到。

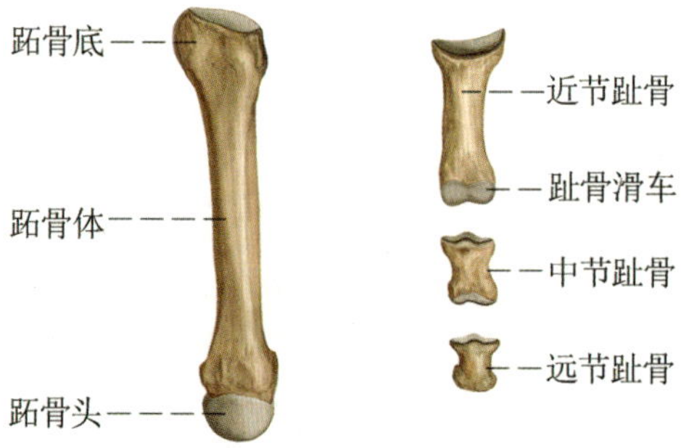

图 4–43　跖骨与趾骨

(3) 趾　骨

趾骨位于足的前部，每侧足有 14 块（图 4–43），均属于长骨。第 1 趾骨为 2 节，其余各趾为 3 节。形态和命名与指骨相同。第 1 趾骨粗壮，其余趾骨细小，第 5 趾的远节趾骨甚小，常与中节趾骨长合，在体表可扪触到。

思考题

通过本章的学习，对于体育教育和运动训练等专业的学生，请思考：

1. 骨的形态、结构是如何与其功能适应的。
2. 试从运动解剖学角度简述骨的年龄变化特点及运动实践中应注意的问题？

通过本章的学习，对于运动人体科学和运动康复等专业的学生，除上述问题外，还请思考：

1. 比较上、下肢骨组成、形态结构特征及其与功能的关系。
2. 比较各段椎骨的结构特征及其与功能的关系。
3. 骨龄与生活年龄间的关系，并说明骨龄在体育实践中的应用。

第五章　骨连结

骨与骨之间借结缔组织相连，形成骨连结。骨借助骨连结构成人体的支架，即骨骼。尽管不同部位的骨连结在形态、结构与功能方面存在差异，但是全身的骨连结有着共同的结构与功能特征。

全身骨连结可分为中轴骨连结和附肢骨连结，其中中轴骨连结包括颅骨的连结和躯干骨的连结，其以直接连结居多，参与构成颅腔、脊柱和胸廓，主要起保护脏器和支持等作用；而附肢骨连结包括上肢骨连结和下肢骨连结，其以间接连结（即关节）居多，主要为人体骨杠杆提供支点，以实现肢体的各种复杂的运动。

第一节　骨连结概述

骨与骨之间可以借助纤维结缔组织、软骨或骨组织相连结。在脊椎动物种系发生中，纤维连结和软骨连结可能是骨连结中最简单的原始形式。此后随着一步步的进化演变，在连结组织中出现诸多充满液体的腔，这些腔再联合成为单一的关节腔，并在其周围形成坚固的封套状组织包裹。由此形成了骨连结中高级形式——滑膜关节，即关节。

一、骨连结的分类

按照骨与骨之间连结的结构与活动情况的不同，骨连结可以分为直接连结和间接连结两大类。

（一）直接连结

骨与骨之间借纤维结缔组织、软骨或骨组织直接相连，称为直接连结。因两骨之间无间隙，亦称为无腔隙骨连结。此类连结比较牢固，活动幅度很小或完全不能活动，多见于颅骨和躯干骨间的连结。

直接连结可分为纤维连结、软骨连结和骨性结合 3 类，其具体特点详见表 5–1。

表 5－1　直接连结的分类与特点

类型		定义	举例	图示
纤维连结（两骨之间借纤维结缔组织相连结）	韧带连结	两骨间借条索状或膜板状纤维结缔组织相连	椎骨棘突之间的棘间韧带、前臂骨间膜等	 前臂骨间连结
	缝	两骨间借少量纤维结缔组织相连	颅的矢状缝和人字缝等	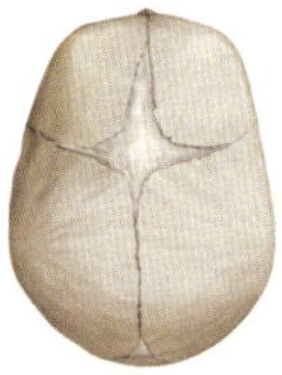 颅骨的缝（婴儿颅）
软骨连结（两骨之间借软骨相连结）	透明软骨结合	两骨间或同一块骨的不同部位之间借透明软骨相连，多见于幼年发育时期，随年龄增长而骨化，进而形成骨性结合	第 1 肋软骨与胸骨之间软骨连结、长骨骨干与骨骺之间的骺软骨以及髋骨的髂骨、耻骨与坐骨间的软骨连结等	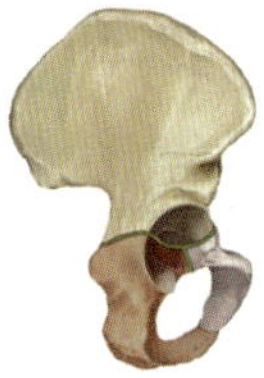 幼儿髋骨
	纤维软骨联合	两骨间借纤维软骨相连	椎骨的椎体之间的椎间盘、耻骨联合等	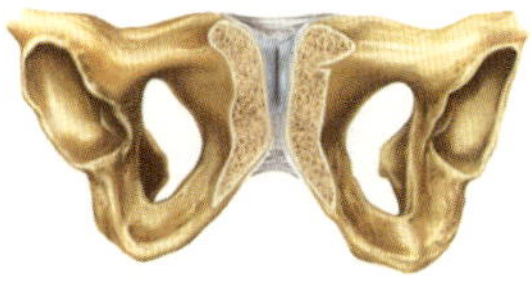 耻骨联合
骨性结合		两骨之间以骨组织连结，常由纤维连结或透明软骨骨化而成	骶椎椎骨之间的骨性结合、髋骨的髂、耻、坐骨之间在髋臼处的骨性结合等	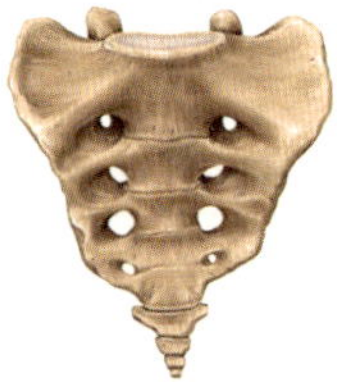 成人骶骨（骶椎愈合）

（二）间接连结

间接连结又称关节或滑膜关节，是骨连结的最高分化形式。此类连结的特点是关节的相对骨面相互分离，借助周围的结缔组织膜性囊连结，其间有间隙，并充以滑液，活动性较大。关节是人体骨连结的主要形式，多见于四肢，以适应肢体灵活多样的活动。

二、关节的构造

关节的结构可分为主要结构和辅助结构两部分。主要结构包括关节面、关节囊和关节腔；辅助结构包括韧带、关节内软骨和关节唇等。

(一) 关节的主要结构

关节的主要结构是每个关节皆应具备的结构，故又称为关节的三要素，包括关节面与关节软骨、关节囊和关节腔（图 5-1）。

1. 关节面及关节软骨

关节面是指参与组成关节的各相关骨的接触面。每个关节至少包括两个关节面，一般为一凸一凹，凸者称为关节头，凹者称为关节窝。

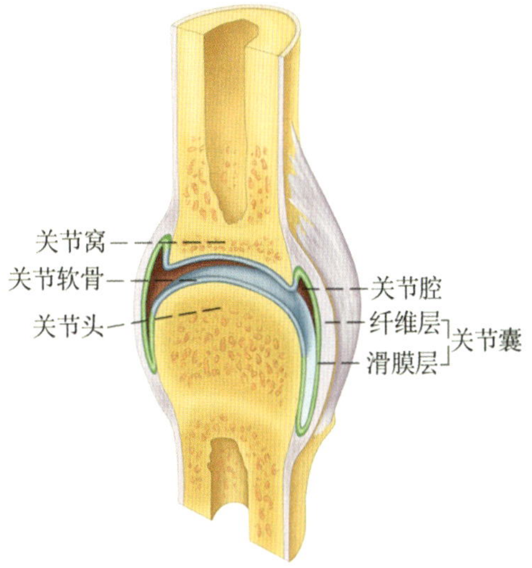

图 5-1　典型关节构造模式图

所有的关节面上终生覆盖有一层软骨，称为关节软骨。关节软骨大多数为透明软骨，少数为纤维软骨。关节软骨表面光滑发亮，其形态与厚薄依年龄和关节的功能不同而各异，通常约为 2~7mm 厚，老年人厚度减小。一般情况下在受压力较大的部位关节软骨较厚，关节头和关节窝周缘较厚。

关节软骨具有减轻冲击、吸收震荡、减少摩擦和保护关节面等作用，此外关节软骨还可使各关节面之间更相适应。关节软骨本身既无神经亦无血管，其营养主要由滑液和关节囊滑膜层周围的动脉分支供应。

2. 关节囊

关节囊由附着于关节面周缘及其附近骨面上的结缔组织膜囊构成，密闭关节腔。从结构上可分为内外两层。

外层为纤维层，由致密结缔组织构成，厚而坚韧，含有丰富的血管和神经。纤维层的厚薄在不同关节或同一关节的不同部位皆存在差异。一般在负重大而活动幅度较小的关节，纤维层较厚而紧张；而在运动灵活的关节则较薄且松弛。纤维层具有稳固关节、保持关节的完整性等作用。

内层为滑膜层，为薄层的疏松结缔组织膜，光滑而柔润，紧贴纤维层内面，附着于关节软骨周缘，包被着关节内除关节软骨、关节唇和关节内软骨以外所有结构。滑膜表面有时形成许多小突起，称为滑膜绒毛，多见于关节囊附着部的附近。

滑膜层富含血管网，可分泌滑液。滑液是透明的蛋白样液体，呈弱碱性。其为关节内所提供的液态环境，不仅可润滑关节面，减少磨擦，增加关节的灵活性，而且亦保证了关节软骨和半月板等软骨组织的新陈代谢。

3. 关节腔

关节腔为关节囊滑膜层和关节面共同围成的密闭腔隙。腔内含有少量滑液，关节腔内呈负压，使关节面相贴，对维持关节的稳固有一定的作用。

（二）关节的辅助结构

关节除了具备上述关节面、关节囊和关节腔三项主要结构外，某些关节为适应其特殊功能而分化出一些特殊结构，以增加关节的灵活性或稳固性，这些结构统称为关节的辅助结构（图 5–2）。

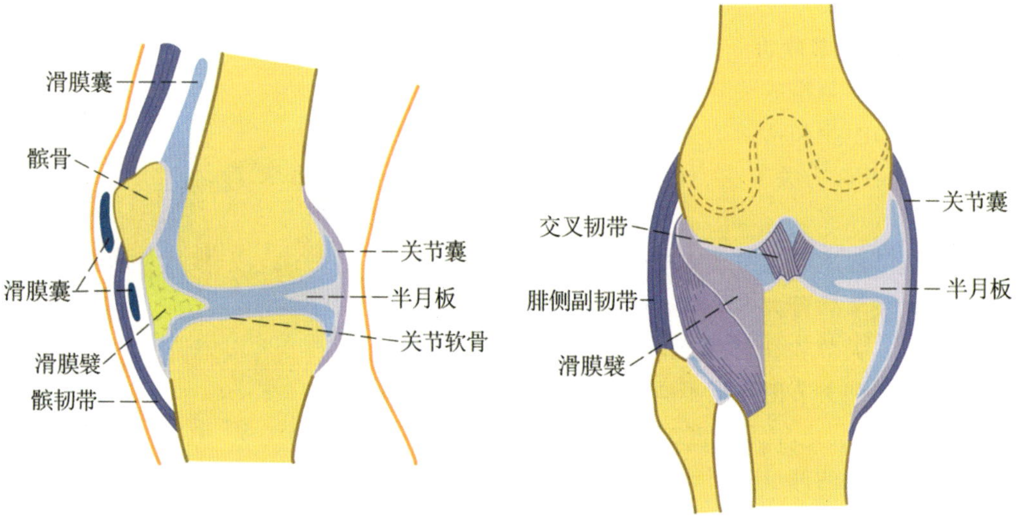

图 5–2　关节辅助结构示意图（以膝关节为例）

1. 韧　带

韧带位于关节周围或关节腔内，连于相邻两骨之间，由致密结缔组织构成。大多数韧带位于关节囊外面，称为囊外韧带。其有的与囊相贴，为囊的局部纤维增厚，如髋关节的髂股韧带；有的不与囊相贴，分离存在，如膝关节的腓侧副韧带等；还有的是关节周围肌腱的直接延续，如膝关节的髌韧带。也有少数韧带存在于关节囊内，如膝关节的交叉韧带。

韧带具有连结加固关节、限制关节运动等作用。

2. 关节内软骨

存在于关节腔内的软骨称为关节内软骨，由纤维软骨构成。其有两种形状：一种是圆盘形，称为关节盘，位于构成关节骨的关节面之间，其周缘附着于关节囊，可将关节腔分成两部分；另一种为月牙形称半月板，位于膝关节内。

关节内软骨均可加深关节窝，有使两骨关节面彼此相互适应，减缓外力对关节的冲击和震荡功能，还可改变关节的运动形式和增大关节的运动范围。

3. 关节唇

关节唇为附着于关节窝周缘的纤维软骨环，可增大关节面和加深关节窝，从而使关节更加稳固。在肩关节和髋关节中皆有关节唇。

4. 滑膜襞

有些关节囊的滑膜层面积大于纤维层，以致滑膜折叠，并突向关节腔而形成滑膜襞，其内含脂肪和血管。在关节运动中，当关节腔的形状、容积和压力改变时，滑膜襞可起到填充或调节作用，并可扩大滑膜的面积，有利于滑液的分泌和吸收作用。

5. 滑膜囊

关节囊的滑膜层从纤维层的薄弱或缺如处作囊状向外膨出称为滑膜囊，可与关节囊相连或不相连。滑膜囊多位于肌腱与骨面之间，可减少运动时与骨面之间的磨擦。

三、关节的运动

人体的运动是由身体各个运动环节在相应关节处产生的运动所构成。能绕关节运动的人体的一部分（如躯干、上肢和下肢等）或肢体的一部分（如上臂、前臂和大腿等）称为运动环节，简称环节。

关节的运动与关节面的形状关系密切，后者决定了关节运动轴的数目和位置，进而决定了关节的运动形式和范围。关节的各种运动都是环节绕着关节的 3 个互相垂直的基本轴进行的转动。根据关节运动轴的方位，关节运动的基本形式有以下几种（图 5–3）。

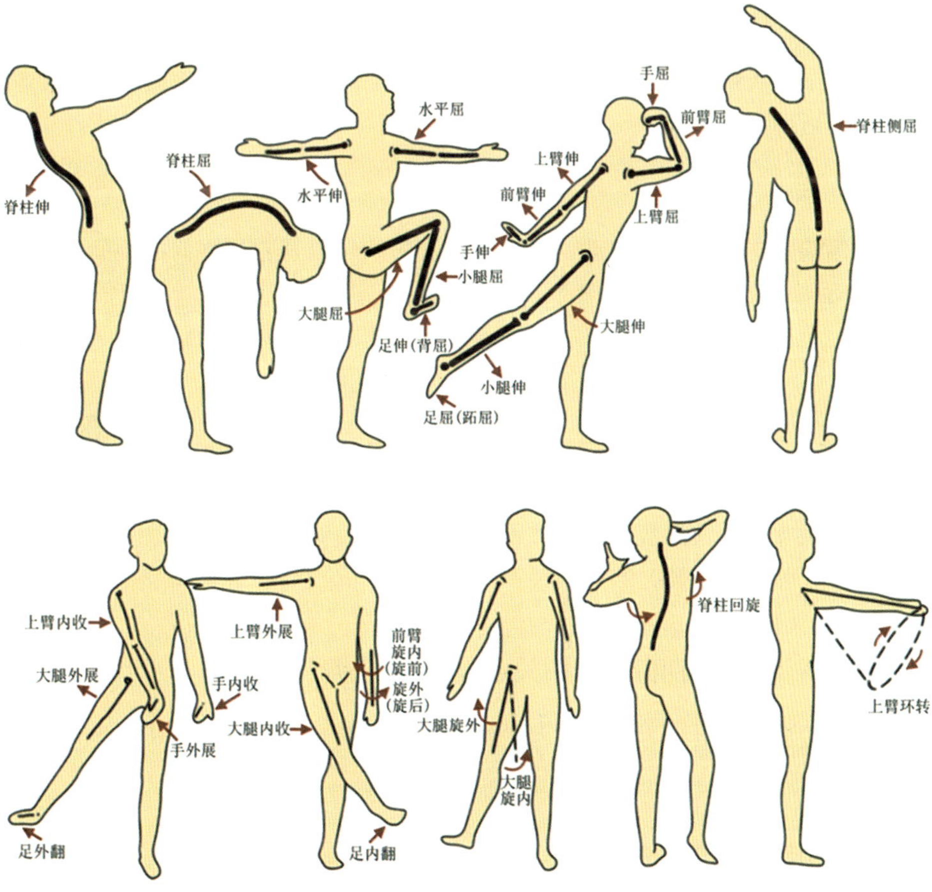

图 5–3　关节的运动

（一）屈和伸

通常指环节在矢状面内、绕额状轴进行的运动。在标准解剖学姿势下，向前运动为屈，向后运动为伸。但膝关节及其以下关节则相反，即小腿向后为屈，向前为伸；足背向小腿前面靠拢为踝关节的伸，亦称为背屈，足尖下垂为踝关节的屈，亦称为跖屈。

（二）外展和内收

环节在额状面内、绕矢状轴的运动。运动时，使环节向正中面靠拢的运动为内收；反之，远离正中面的运动为外展。对于手指和蹬趾的而言，则人为地规定以中指和第二趾为中轴的靠拢为内收、散开为外展的运动。

（三）回　旋

回旋是环节在水平面内、绕垂直轴，或绕环节自身的长轴进行的旋转。运动时整个环节的运动轨迹呈圆柱形。当环节由前面向内侧旋转称旋内，而由前面向外侧旋转为旋外。对于前臂和手的回旋运动，亦称为旋前（手背转向前方）和旋后（手掌恢复到向前而手背转向后方）。头和脊柱等环节则为左、右回旋。

（四）水平屈伸

上臂在肩关节或大腿在髋关节处外展 90°位置、绕垂直轴在水平面内运动时，向前运动为水平屈，向后运动为水平伸。

（五）环　转

环节以近侧端为支点在原位转动，绕额状轴、矢状轴以及它们之间的中间轴进行连续的运动，环节的远侧端作圆周运动，整个环节的运动轨迹是一个圆锥体，这种运动称为环转。环转运动实际上是屈、展、伸和收依次结合的连续动作。凡是具有额状轴和矢状轴的关节均可作环转运动。

四、关节的分类

关节可依据关节运动轴的数目与关节面的形状、构成关节的骨数目以及关节的运动方式等进行分类。

（一）依据关节运动轴的数目和关节面形状分类

依据关节运动轴的数目，关节可分为单轴关节、双轴关节和多轴关节 3 种（图 5-4）。

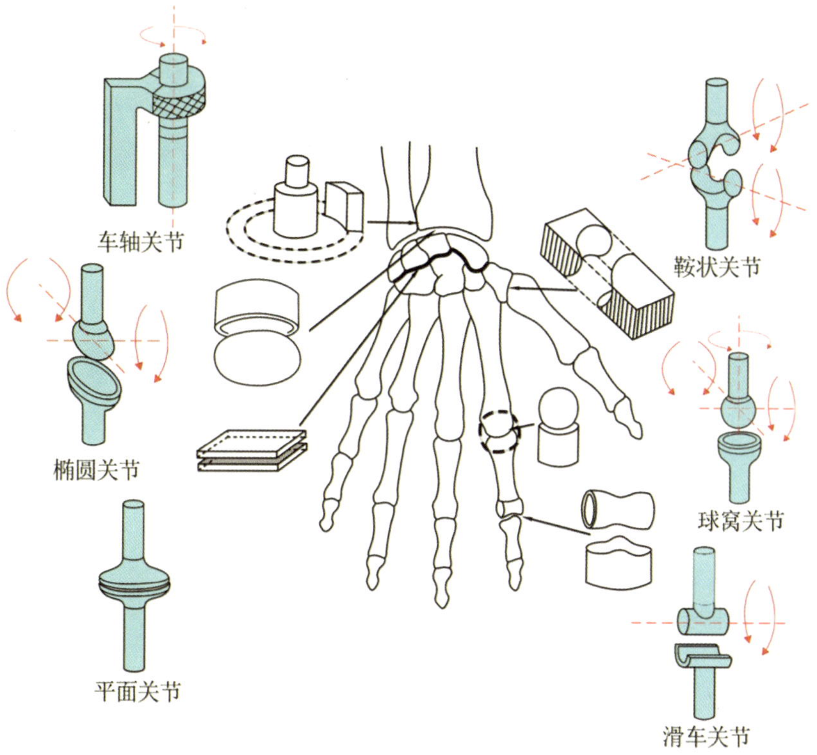

图 5-4 关节的分类

1. 单轴关节

此类关节只能绕一个运动轴在一个平面内运动。包括滑车关节和圆柱关节两种。

(1) 滑车关节：又名屈戌关节，其关节头呈滑车状，关节窝与其相适应。环节可绕额状轴作屈、伸运动，如指关节。

(2) 圆柱关节：又名车轴关节，由圆柱状的关节头和凹面状的关节窝构成，关节窝常为骨和韧带连成环组成。环节可绕垂直轴或自身的长轴作回旋运动，如桡尺近侧关节。

2. 双轴关节

此类关节能绕两个运动轴在两个相互垂直的平面内运动。包括椭圆关节和鞍状关节。

(1) 椭圆关节：关节头和关节窝均呈椭圆形，环节可沿额状轴可作屈与伸运动，沿矢状轴可作内收与外展运动，还可作环转运动，如桡腕关节。

(2) 鞍状关节：两骨的关节面均呈马鞍形，成十字交叉结合，互为关节头和关节窝。环节亦可作屈与伸、内收与外展和环转运动，如拇指腕掌关节。

3. 多轴关节

多轴关节有 3 个或 3 个以上的运动轴，可作多方向的运动。包括球窝关节和平面关节。

(1) 球窝关节：关节头是球体的一部分，关节窝与头相适应呈窝状。环节可作屈伸、内收与外展、回旋和环转运动。此类关节不仅运动轴多，而且运动幅度亦较大，如肩关节和髋关节。

(2) 平面关节：关节面较平，实际上多少具有一定弧度，因此也是多轴关节的一种形式。虽然其运动形式是多轴的，但运动幅度极小，只能作微小回旋和滑动，因此又称微动关节，如肩锁关节和椎间关节。

（二）依据构成关节的骨的数目分类

依据构成关节的骨的数目，可分为单关节和复关节。

1. 单关节

由两块骨组成，即一个关节头和一个关节窝，如肩关节和髋关节。

2. 复关节

由两块以上的骨构成，多个单关节包在一个关节囊内，每块骨或每个单关节都能单独活动，如肘关节。

（三）依据关节的运动方式分类

依据关节的运动方式，可分为单动关节和联合关节。

1. 单动关节

能单独进行活动的关节称为单动关节，绝大多数关节属于此类关节，如肩关节和踝关节等。

2. 联合关节

两个结构上独立的关节，同时进行活动，共同完成一个动作。例如，前臂的桡尺近侧关节和桡尺远侧关节，它们共同运动完成前臂的旋内或旋外运动。此类关节，在结构上是独立的，但在运动时必须同时进行。

五、关节运动幅度及其影响因素

关节运动幅度指一个动作开始到结束，在某一关节处的两个运动环节之间运动的极限范围（用角度表示）。即指运动环节围绕某运动轴进行转动的最大活动范围。关节的运动幅度与其灵活性和稳固性有关，而关节的灵活性和稳固性之间又是相互矛盾的。一般来说，关节的灵活性好则稳定性差，稳固性好则灵活性差。各个关节的灵活性与稳固性主要受其本身结构和关节周围结构的制约。影响关节运动幅度的因素包括：

相对关节的两关节面面积差（弧度差）：先天决定的因素。两个关节面面积大小差别越大，则关节运动幅度就越大，如肩关节。反之，关节运动幅度就小，如髋关节。

关节囊厚薄与松紧度。关节囊薄而松弛，则关节运动幅度就大。反之，则关节运动幅度就小。

关节周围韧带的多少与强弱。关节韧带多而强，则关节稳固性就好，但关节运动幅度就小。反之，关节运动幅度就大。如强大的髂股韧带加固了髋关节，但却影响了大腿在髋关节处伸的幅度。

关节周围的骨结构。关节周围的骨性突起，常阻碍环节的运动，影响灵活性，减小关节运动幅度。如桡骨茎突可影响手的外展运动幅度。

关节周围肌肉的伸展性和弹性。肌肉的伸展性和弹性越大，则关节运动幅度大；肌肉收缩力强，则关节稳固。因此，发展肌肉的伸展性和收缩力，对提高关节运动幅度和稳固性皆有重要意义。

体育运动。体育运动项目不同，对关节柔韧性的影响也不相同。如跨栏和跳高增大髋关节的运动幅度特别显著；游泳和体操增大肩、手和足关节的运动幅度特别显著；艺术体操和花样滑冰增大了脊柱的运动幅度，个别运动员的脊柱后伸甚至可达 180°。

年龄。儿童少年因软组织中水分较多，弹性好，所以关节运动幅度大；而老年人软组织中水分减少，弹性下降，关节运动幅度亦逐步下降。但经常从事体育锻炼的人到了老年时，其关节运动幅度仍较大。

性别。女性软组织中水分和脂肪较多，弹性较男性好，因而关节运动幅度亦较大。

上述各因素中，有一些因素如肌肉、韧带和关节囊等软组织，可以通过柔韧性训练，使其伸展性和弹性得到提高；而力量训练则使肌肉的收缩力增强，提高关节的稳固性。这样不仅大大提高了关节运动幅度，同时对加固关节也有重要作用。

六、关节的血管、淋巴管和神经

关节的血管：关节的动脉很丰富，主要来自关节周围的动脉分支，它们彼此吻合，围绕关节形成致密的动脉网。滑膜和韧带的动脉比较丰富，关节软骨无血管。

关节的淋巴管：关节囊各层均有淋巴管网，彼此借助小淋巴管相互吻合，并与附近骨膜的淋巴管吻合。关节囊的淋巴液经输出管汇入附近的淋巴结。

关节的神经：关节的神经支配来自运动该关节肌肉的神经分支，称为关节支，分布于关节囊和韧带。承受较大负荷或运动范围较大的关节及韧带等，其神经分布均较丰富。

第二节　躯干骨的连结

躯干骨的连结包括由椎骨间的连结形成的脊柱和由 12 块胸椎、12 对肋和 1 块胸骨连结构成的胸廓。

一、脊　柱

脊柱是由 24 块椎骨、1 块骶骨和 1 块尾骨借椎间盘、韧带和关节等结构连结而成。

（一）椎骨间的连结

各椎骨之间借软骨、韧带和关节相连，可分为一般椎骨间的连结（图 5-5）和特殊椎骨间的连结。

1. 一般椎骨间的连结

一般椎骨间的连结包括了椎体间的连结和椎弓间的连结。

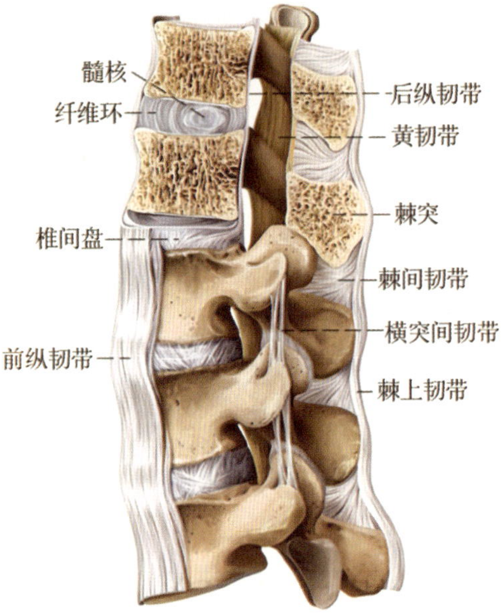

图 5-5　一般椎骨间的连结

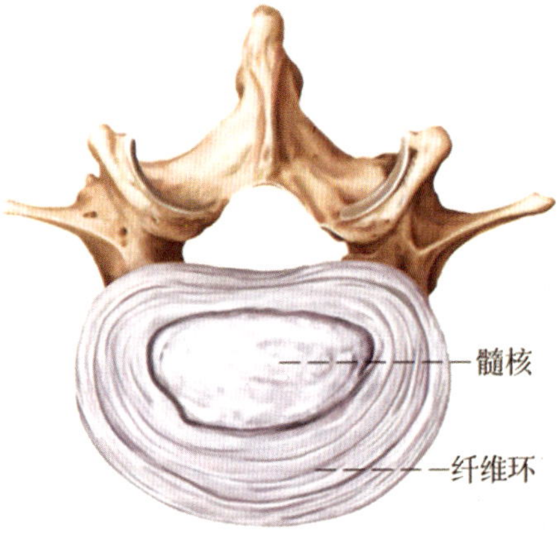

图 5-6　椎间盘（上面观）

(1) 椎体间的连结：相邻椎体之间借椎间盘、前纵韧带和后纵韧带相连结。椎间盘是椎体间重要的连结结构。

椎间盘：是位于第 2 颈椎至第 1 骶椎相邻椎体之间的纤维软骨盘，成人有 23 个椎间盘 (图 5-6)。椎间盘外形与相邻椎体一致，由周围的纤维环和中央的髓核两部分组成。纤维环位于椎间盘外围，由多层纤维软骨按同心圆排列组成，牢固地连结各椎体上、下面，保护髓核并限制其向周围膨出；髓核位于椎间盘中央，由柔软而富有弹性的黏液状胶体物质构成，为胚胎时脊索的残留物，其弹性及耐压性均很好。

椎间盘似“弹性垫”，坚韧、抗压且富有弹性。有承重、传递力、缓冲震动以及与椎骨共同形成生理弯曲等作用，并在功能上起到关节运动的作用，增加了脊柱的运动幅度。

23 个椎间盘的厚薄各不相同，中胸部较薄，颈部较厚，而腰部最厚，所以颈椎和腰椎的活动度较大。椎间盘总厚度相当于脊柱全长的 1/4，同时由于其具有承受压力而厚度变薄的特点，可使人体身高每天早晚有 1~3cm 的差异，需在测量人体身高时加以重视。

椎间盘的厚薄与大小可随年龄而有差异。成年人的椎间盘随年龄增长可逐年发生退行性变化。当纤维环破裂时，髓核易向后外侧脱出，突入椎管或椎间孔，压迫相邻的脊髓或神经根引起牵涉性痛，临床称之为椎间盘突出症。脊柱运动时，椎间盘发生变形，髓核的位置会产生改变。如脊柱前屈时，椎间盘前部受压，髓核被挤向后方；后伸时挤向前方；侧屈时挤向对侧。因此在提拉杠铃或搬抬重物时，必须注意保持屈膝直腰的姿势，以预防椎间盘突出。

前纵韧带：是位于椎体前面的宽而坚韧的纤维束，为人体中最长的韧带。其上起自枕骨大孔，止于第 1 或第 2 骶椎的前面。该韧带牢固地附着于椎体和椎间盘，有防止脊柱过度后伸与椎间盘向前脱出的作用（图 5-7）。

后纵韧带：是位于椎管内椎体后面的细长而坚韧的纤维束。其起自枢椎，止于骶管。该

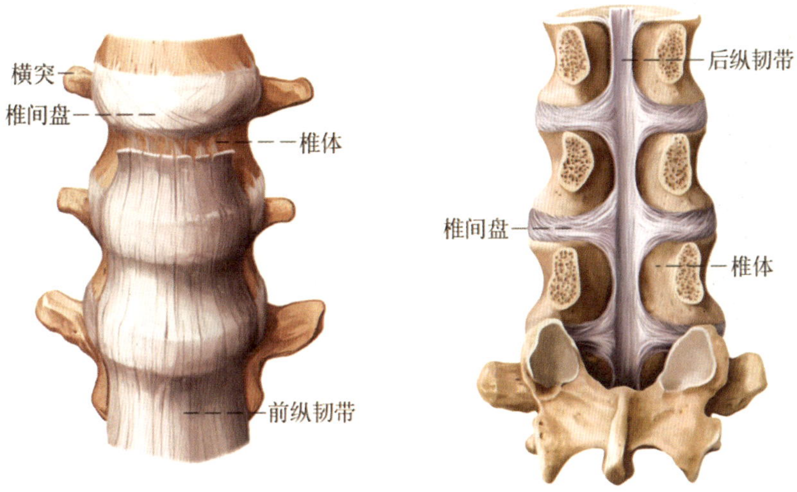

图 5-7　前纵韧带（左）和后纵韧带（右）

韧带与椎间盘纤维环及椎体上下缘紧密连结，有限制脊柱过度前屈的作用（图 5-7）。

（2）椎弓间的连结：相邻椎骨的椎弓之间借椎弓板、棘突和横突间的韧带和上、下位关节突之间的关节突关节相连结（图 5-8）。

关节突关节：由相邻的上位椎骨的下关节突和下位椎骨的上关节突借关节囊连结而成。关节突关节属于平面关节，仅能做微小运动，但由于其数量较多，当多个关节同时活动时，仍可使脊柱产生较大的运动幅度。脊柱运动时，两侧的关节突关节共同活动，功能上属于联合关节。

韧带连结：连结于椎弓的韧带包括黄韧带、棘间韧带、棘上韧带与项韧带以及横突间韧

表 5-2　椎弓间的韧带连结

韧带名称	位　置	特　点	功　能
黄韧带	椎管内，相邻两椎弓板之间	由黄色的弹性纤维构成	协助封闭椎管 限制脊柱过度前屈
棘间韧带	相邻棘突的根部至棘突尖之间	向前与黄韧带、向后与棘上韧带相移行	限制脊柱过度前屈
棘上韧带	连于胸、腰和骶椎棘突尖之间	向前与棘间韧带融合	限制脊柱过度前屈
项韧带	连于枕骨枕外隆凸与第 7 颈椎棘突之间	为棘上韧带的延续，三角形弹力纤维膜	协助肌群支持头颈部 限制脊柱过度前屈
横突间韧带	相邻椎骨的横突之间	部分与横突间肌相混合	限制脊柱过度侧屈

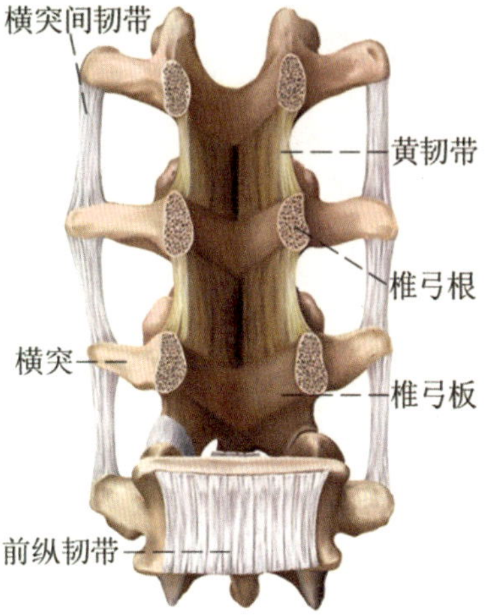

黄韧带和横突间韧带

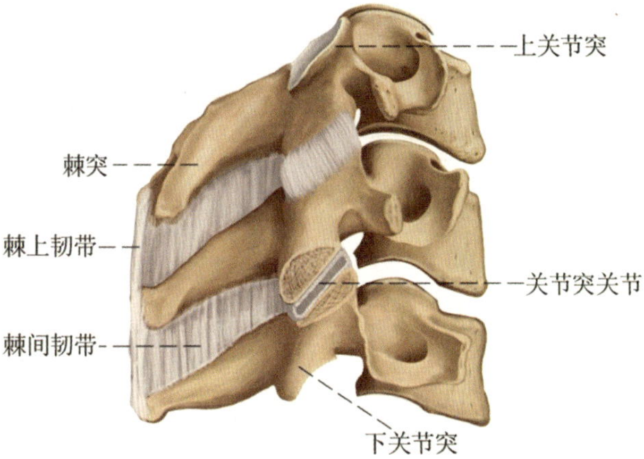

棘间韧带、棘上韧带以及关节突关节

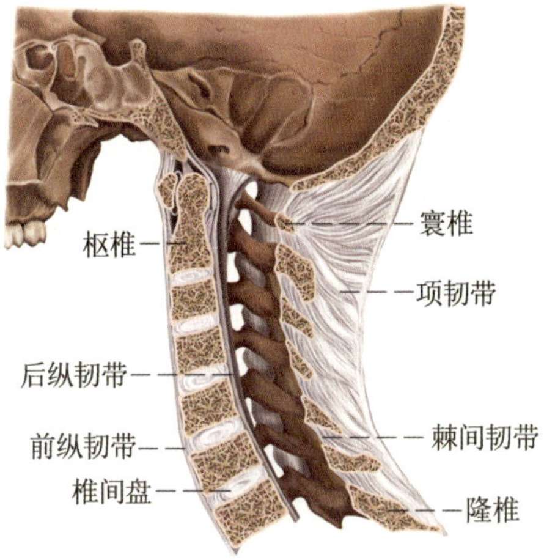

项韧带

图 5-8 椎弓间的连结

带等（表 5-2）。

2. 特殊椎骨间的连结

特殊椎骨间的连结包括了寰枕关节、寰枢关节（图 5-9）、腰骶连结和骶尾连结等。

（1）寰枕关节：为两侧的寰椎侧块的上关节凹与枕骨髁构成的联合关节，属于椭圆关节。两侧关节同时活动，可使头绕额状轴作屈伸、绕矢状轴作侧屈运动。

（2）寰枢关节：由 3 个独立关节构成，即 2 个寰枢外侧关节和 1 个寰枢正中关节。寰枢外侧关节由寰椎侧块的下关节面和枢椎上关节面构成，其关节囊的后部和内侧均有韧带加强；寰枢正中关节则由枢椎齿突和寰椎前弓后方的齿凹及寰椎横韧带构成。此外，寰枢关节还有翼状韧带、寰椎横韧带、寰椎十字韧带以及覆膜等加强。

寰枢关节可使头和寰椎共同绕齿突垂直轴进行回旋运动。而寰枕与寰枢关节的联合活

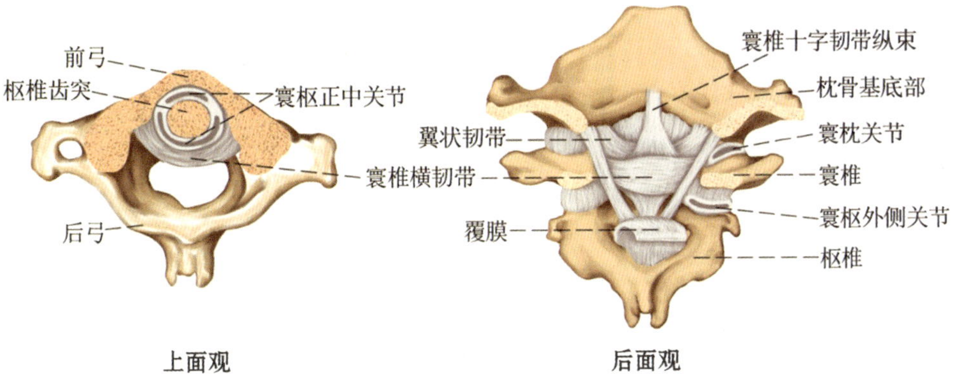

图 5-9　寰枕关节和寰枢关节

动，能够使头进行屈伸、侧屈、回旋以及环转等运动。

（3）腰骶连结和骶尾连结：第 5 腰椎与第 1 骶椎之间的连结称为腰骶连结，其连结结构与其他椎骨之间的连结基本相同，但其椎间盘特别是其前部较厚，可形成一定的弯曲度。第 5 骶椎与第 1 尾椎之间借软骨和骶尾前、后、侧等一系列韧带连结而成。

若成年后，第 1 骶椎不与第 2 骶椎融合，似为第 6 腰椎，此现象称为第 1 骶椎腰化；若第 5 腰椎与骶骨融合，则称为第 5 腰椎骶化。上述异常均可引起慢性腰痛。

（二）脊柱的整体观、功能及其运动

1. 脊柱的整体观（图 5-10）

脊柱是承上启下的枢纽，其上承托颅，下与骨盆相连。脊柱整体长度可因年龄、性别和姿势的不同而略有差异，成年男性约 70cm，女性和老年人略短。脊柱的中央有由椎孔连成的椎管，内容纳脊髓。两侧各有 23 个椎间孔，脊神经由此通过。

脊柱的前面观：可见脊柱椎骨的宽度，自第 2 颈椎至第 1 骶椎逐渐增大，这和脊柱承受重力有关；但自第 2 骶椎向下椎骨急速变窄，这是由于重力经髋骨传向下肢骨，椎骨已无承重意义、体积亦逐渐缩小所致。

脊柱的后面观：从后面观察脊柱，可见所有椎骨棘突连贯形成纵嵴，位于背部正中线上。颈椎棘突短而分叉，近水平位；胸椎棘突细长，斜向后下方，成叠瓦状排列；而腰椎棘突呈板状，水平伸向后方。

脊柱的侧面观：可见成人脊柱有 4 个生理性弯曲，即颈曲、胸曲、腰曲和骶曲。颈曲和腰曲凸向前，胸曲和骶曲凸向后。脊柱的生理性弯曲是人类在漫长的进化过程中形成的，其增加了脊柱的弹性，对维持人体的重心稳定和减轻震荡有重要意义。胸曲和骶曲在胚胎时已形成，胚胎是在全身屈曲状态下发育的。婴儿在出生后开始抬头后、坐起及站立行走皆对颈曲和腰曲的形成产生明显影响。脊柱的 4 个生理性弯曲的功能意义在于：颈曲支持头的抬起；腰曲使身体重心垂线后移，以维持身体的前后平衡，保持稳固的直立姿势；而胸曲和骶

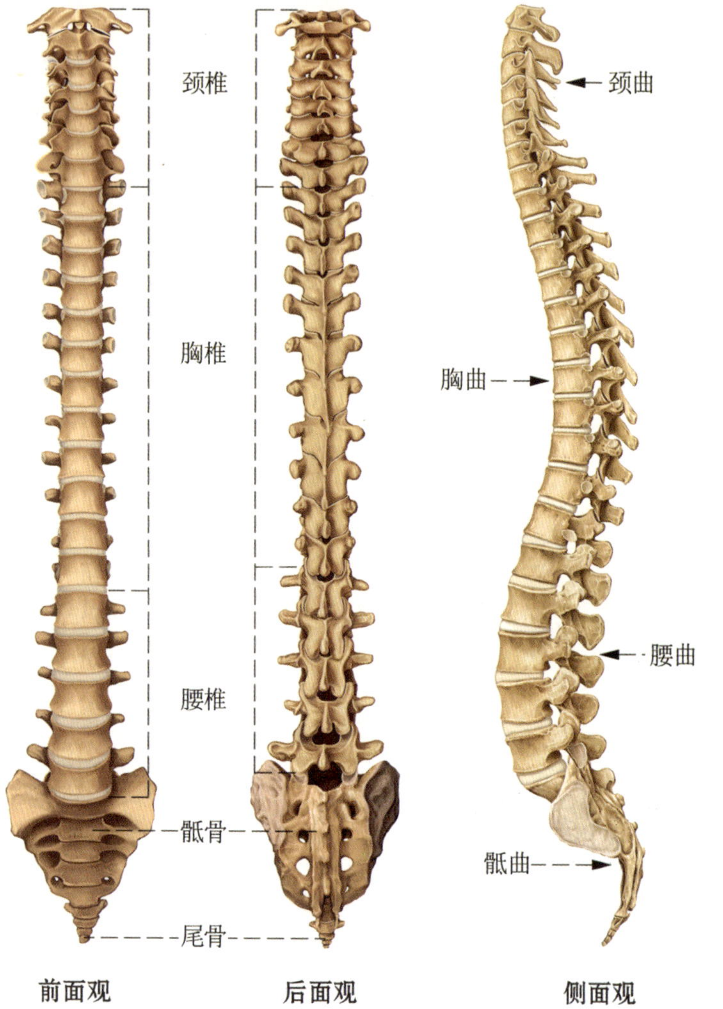

图 5-10 脊柱的整体观

曲在一定意义上扩大了胸腔和盆腔的容积。

从前面和后面观察，可见正常人的脊柱有轻度的侧屈。一般惯用右手的人，因右侧肌肉比左侧发达，长期牵引的结果使脊柱上部略凸向右侧，下部代偿性的略凸向左侧；惯用左手的人则相反。若脊柱侧屈过大，便造成脊柱侧弯畸形。另外，先天性或后天性过度胸弯也会造成脊柱畸形。在儿童少年时期，脊柱畸形不严重者，可通过体育疗法给予矫正。

2. 脊柱的功能

脊柱是躯干的中轴和支柱，并参与构成了胸腔、腹腔和盆腔后壁的一个部分。因此，脊柱具有支持体重、保护脊髓和内脏器官、传递压力、缓冲震动以及为肌肉提供附着和运动等功能。

3. 脊柱的运动

相邻两块椎骨之间的运动有限，但整个脊柱的运动范围则很大。脊柱可绕额状轴作屈伸

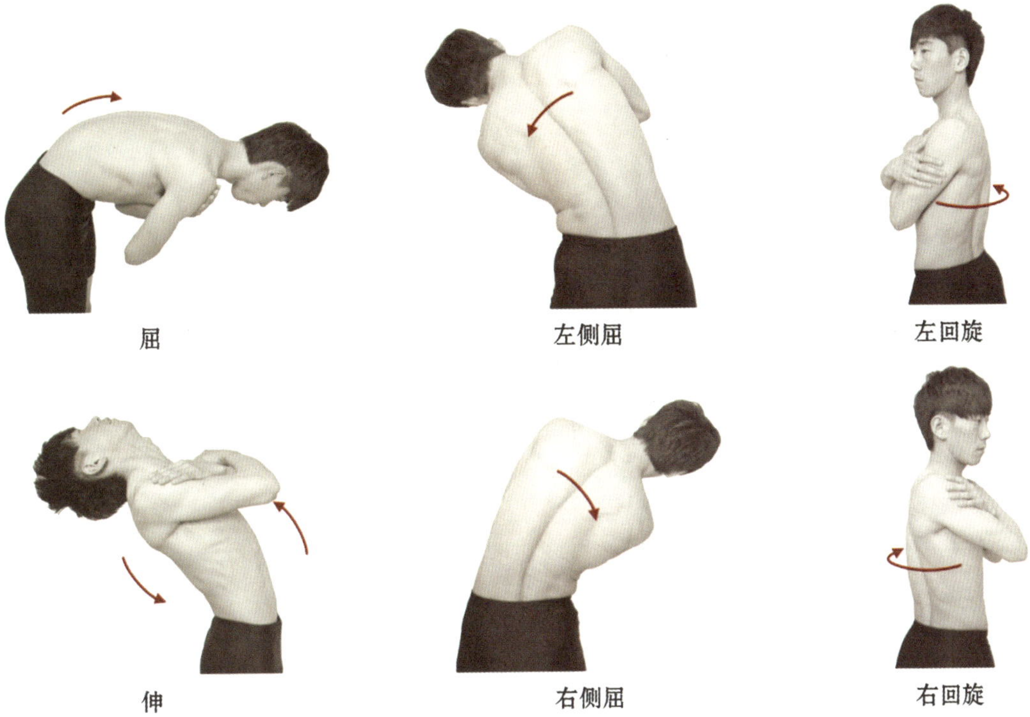

图 5-11　脊柱的运动

运动；绕矢状轴作侧屈运动；绕垂直轴作回旋运动。此外，还可作环转运动（图 5-11）。

脊柱各段的运动形式和范围不同，这主要取决于关节突关节的方位、椎间盘的厚度、韧带的位置及厚薄等。同时也与年龄、性别和锻炼程度有关。在颈部，颈椎关节突的关节面略呈水平位，关节囊松弛，椎间盘较厚，故屈伸和回旋运动的幅度较大。在胸部，胸椎与肋骨相连，椎间盘较薄，关节突的关节面呈冠状位，棘突呈叠瓦状，这些因素均限制了胸椎的运动，因此活动范围较小。在腰部，椎间盘最厚，屈伸运动灵活；但关节突的关节面几乎呈矢状位，限制了回旋运动。由于颈、腰部运动灵活，所以损伤也较多见。

二、胸　廓

胸廓是由 12 块胸椎、12 对肋和 1 块胸骨借软骨、韧带和关节连结而成，包括肋椎关节和肋胸连结。

（一）肋椎关节

肋骨向后与胸椎相连，其包括肋头与椎体之间构成的肋头关节及肋结节与横突之间构成的肋横突关节（图 5-12）。

1. 肋头关节

由肋头的关节面与相邻胸椎椎体侧面的肋凹构成，属于微动的平面关节。

2. 肋横突关节

由肋结节关节面与相应椎体的横突肋凹构成，属于微动的球窝关节。

肋头关节和肋横突关节在功能上是联合关节，运动时肋骨沿肋头至肋结节的轴线旋转，

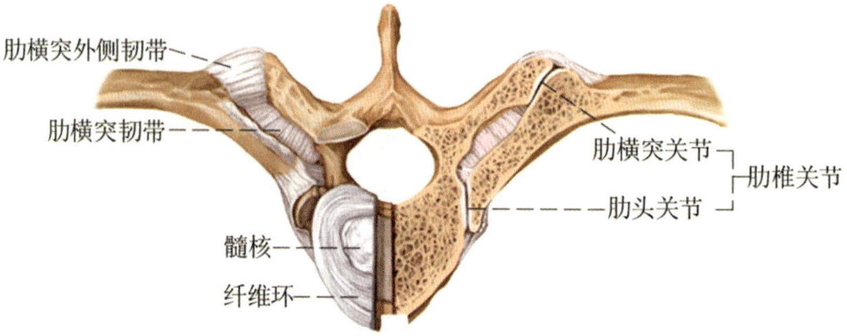

图 5-12 肋椎关节

使肋上升或下降，以增加或缩小胸廓的前后径和横径，从而改变胸腔的容积，有助于呼吸。

（二）肋胸连结

肋骨的前端借肋软骨与胸骨相连结（图 5-13）。第 1 肋软骨与胸骨柄肋切迹形成第 1 肋胸软骨结合；第 2~7 肋软骨分别与胸骨肋切迹构成胸肋关节，为微动关节；第 8~10 肋软骨的前端不直接与胸骨相连，而是依次与上位肋软骨形成软骨间连结，由此在两侧各形成一个

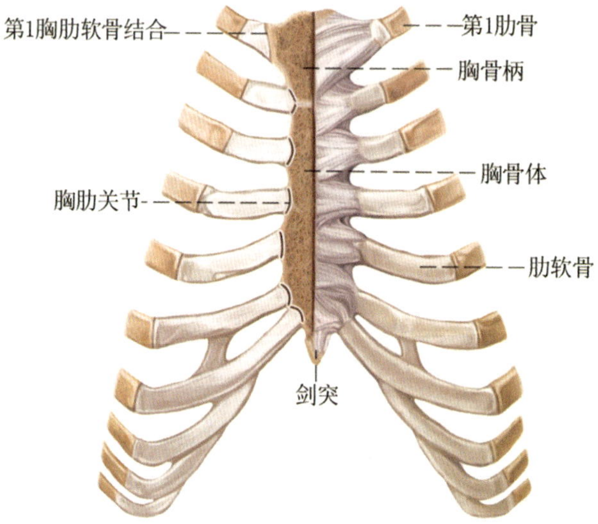

图 5-13 肋胸连结

肋弓；第 11 和 12 肋软骨的前端亦不与胸骨相连，游离于腹壁肌肉之中。

（三）胸廓的整体观、功能及其运动

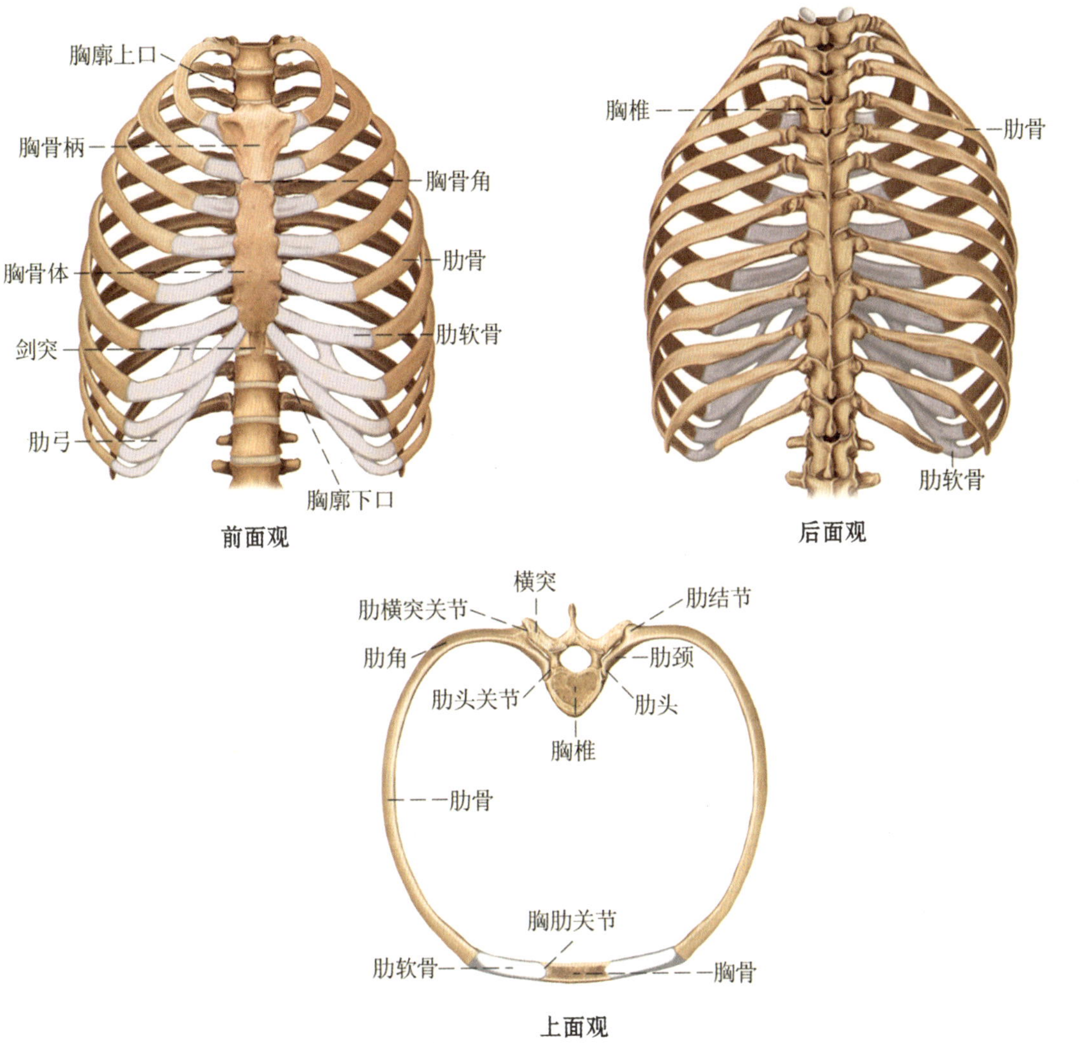

图 5–14　胸廓的整体观

肋骨的前端借肋软骨与胸骨相连结，向后借关节与胸椎相连，构成胸廓（图 5–14）。

1. 胸廓的整体观

成人胸廓近似圆锥形，容纳胸腔脏器。胸廓有上、下两口和前、后、外侧壁。胸廓上口较小，由胸骨柄上缘、第 1 肋和第 1 胸椎椎体围成，是胸腔与颈部的通道。胸廓下口宽而不整，由第 12 胸椎、第 12 及第 11 对肋前端、肋弓和剑突围成，膈肌封闭胸腔底。两侧肋弓在中线构成向下开放的胸骨下角。胸廓前壁最短，由胸骨、肋软骨及肋骨前端构成。后壁较长，由胸椎和肋角内侧部分的肋骨构成。外侧壁最长，由肋骨体构成。相邻两肋之间称肋间隙。胸廓还有 3 个径，即横（左右）径、矢状（前后）径和垂直（上下）径。与动物有别，人类胸廓的横径大于矢状径，这是由人类直立、内脏重力转向腹部盆腔所致。

胸廓形状的个体差异显著，其与年龄、性别、健康状况、从事的职业以及运动等因素有关。新生儿的胸廓，横径较小，肋平举，呈桶状。此后随年龄的增长及呼吸运动的增强，肋逐渐下降，横径逐渐增大。13~15 岁时，外形与成人相似，开始出现性别差异。女性胸廓短而钝圆，胸骨较短，上口更为倾斜，胸廓容积较男性小。老人胸廓因肋软骨钙化，弹性减小，运动减弱，胸廓下塌而变扁变长。

佝偻病儿童，因缺乏钙盐而骨组织疏松，易变形，致胸廓前后径增大，胸骨明显突出，形成“鸡胸”。慢性支气管炎、肺气肿和哮喘病患者，特别是老年人，长期咳嗽，胸廓各径增大而成“桶状胸”。

2. 胸廓的功能与运动

胸廓围成胸腔，具有支持与保护内脏器官、缓冲外力、为肌肉提供附着以及运动等功能。

胸廓的运动主要为参与呼吸运动。吸气时，在肌肉作用下，肋的前部抬高，伴以胸骨上升，从而加大了胸腔的矢状径。肋上提时，肋体向外扩展，加大胸腔的横径，使胸腔容积增大。呼气时，在重力和肌肉作用下，胸廓作相反的运动，使胸腔容积减小。胸腔容积的改变，促成了肺呼吸（图 5–15）。因此，胸式呼吸运动主要发生在肋椎关节和胸肋关节。

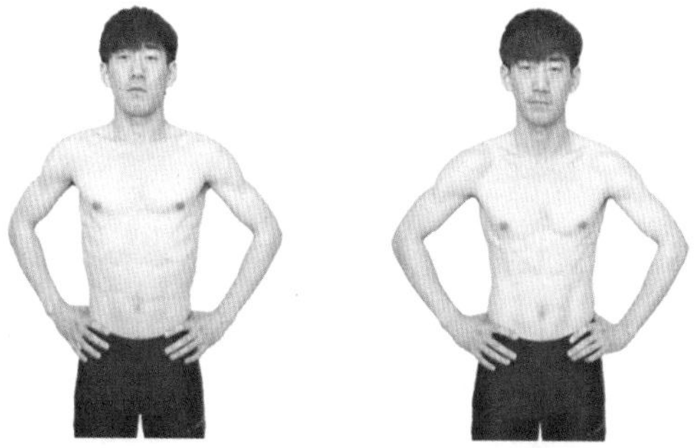

图 5–15　胸廓的运动

适宜的体育锻炼和运动训练对胸廓具有促进胸廓正常发育、胸腔容积增大和呼吸功能增强等良好作用。不同项目运动员的胸廓形状亦有差异，如从事举重、游泳和投掷等项目的运动员，因其上肢运动负荷较大，而使其胸围指数（胸围/身高×100）较大，而中长跑、跳高和艺术体操等项目运动员的胸围相对指数则较小。

第三节　颅骨的连结

颅骨的连结可分为纤维连结、软骨连结和关节等 3 种。

一、颅骨的纤维连结和软骨连结

各颅骨之间借缝、软骨和骨相连结，彼此之间结合较为牢固。

颅骨大部分是以缝的形式连结，缝内留有薄层结缔组织膜，如冠状缝、矢状缝、人字缝和蝶顶缝等。随着年龄的增长有些缝可发生骨化。

在颅底部，各骨之间借软骨相连，如蝶枕、蝶岩和岩枕等之间的软骨结合。随着年龄的增长这些软骨连结亦可发生骨化。

二、颅骨的关节

颅骨的连结中以关节形式相连的有颞下颌关节和听小骨的砧锤与砧镫关节，后者详见感觉器官——耳部分。

颞下颌关节（图 5-16），又称下颌关节，由下颌骨的下颌头与颞骨的下颌窝和关节结节构成。其关节面表面覆盖的是纤维软骨。关节囊松弛，囊外有外侧韧带加强。关节腔内有纤维软骨构成的关节盘，呈椭圆形，与关节结节和下颌窝的形状相对应，可使两个关节面更为适合。

因有关节盘的存在，颞下颌关节属于拥有 3 个运动轴的似球窝关节；同时两侧的颞下颌关节还属于联合关节。所以下颌骨可作上提、下降、前进、后退和侧方运动。由于关节囊的前部较薄弱，故当张口运动不当时可致下颌头向前脱位。

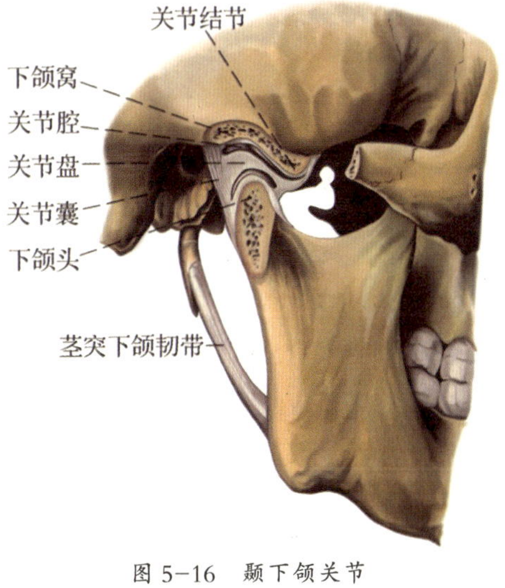

图 5-16　颞下颌关节

第四节 上肢骨连结

上肢骨的连结包括上肢带骨的连结和自由上肢骨的连结（图 5-17）。人类由于直立，上肢获得了适于抓握和操作的很大活动度，因而上肢关节以灵活运动为主要特征。

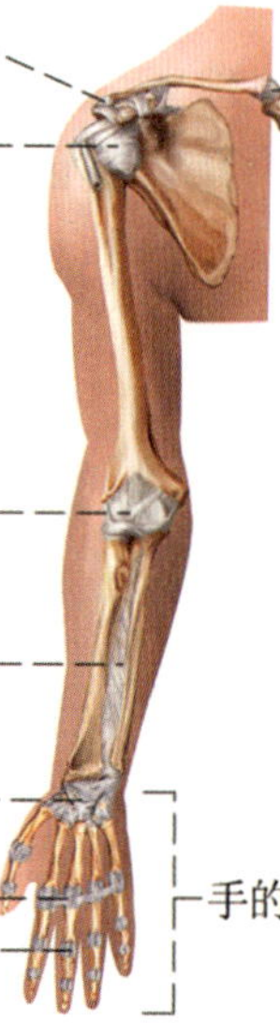

图 5-17 上肢骨连结

一、上肢带骨的连结

上肢带骨的连结（亦称肩带）包括胸锁关节和肩锁关节。

（一）胸锁关节

胸锁关节是上肢与躯干连结的唯一关节（图 5-18）。

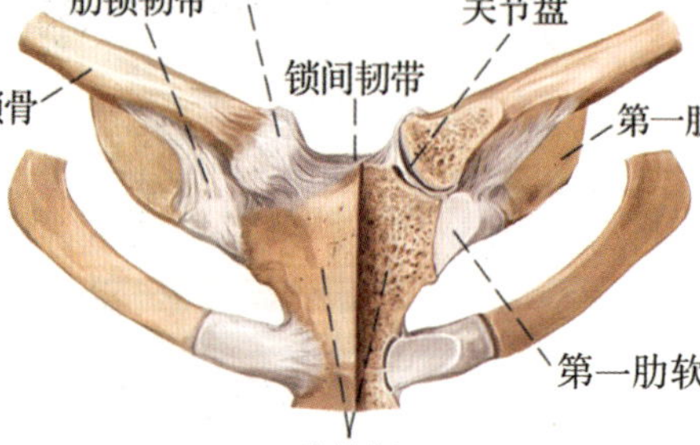

图 5-18 胸锁关节

1. 主要结构

关节头为锁骨的胸骨端关节面，关节窝为胸骨柄的锁切迹及第 1 肋软骨上面，关节面上均覆盖一层纤维软骨，关节囊坚韧。

2. 辅助结构

包括韧带和关节盘。

韧带：在关节囊的前、后面分布有胸锁前韧带和胸锁后韧带，可防止关节前后脱位及锁骨过度上举的作用；在两侧锁骨之间有锁间韧带加固，可限制锁骨外侧端过度下降；还有位于关节下方的肋锁韧带。这些韧带均可使胸锁关节更加稳固。

关节盘：关节腔内有由纤维软骨构成的关节盘，其可使关节头和关节窝彼此更为适应，阻止锁骨向内上方脱位。同时关节盘的存在还将此关节的形状改变成近似球窝关节，即多轴关节。

3. 运　动

胸锁关节有 3 个运动轴的运动，即锁骨绕其矢状轴，外侧端可作上、下运动；锁骨绕其垂直轴，外侧端可作前、后运动；绕其额状轴（锁骨本身的长轴），可作前、后回旋运动。此外，还可作环转运动。胸锁关节的运动幅度虽小，但由于锁骨向后外侧支撑肩部，大大地扩大了上肢的活动范围。

（二）肩锁关节

肩锁关节由锁骨的肩峰端关节面与肩胛骨的肩峰关节面构成，为平面关节，其活动度非常小，属于微动关节（图 5-19）。

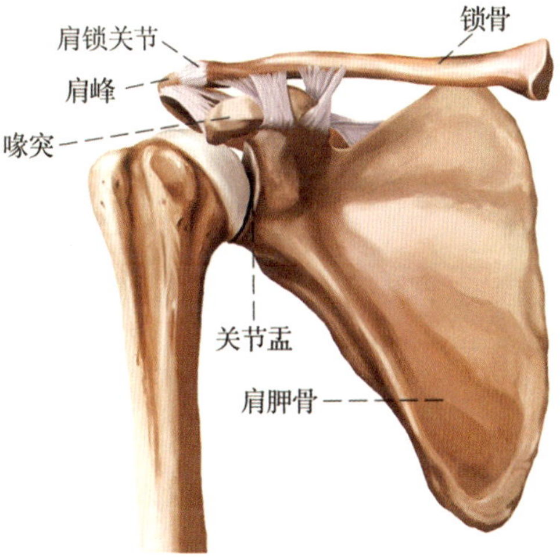

图 5-19　肩锁关节

（三）上肢带的整体运动

由于肩胛骨和锁骨在肩锁关节处连结紧密，所以可将肩胛骨与锁骨视为一个整体，共同绕胸锁关节的各个轴运动。因为肩胛骨的运动较为明显，故常以肩胛骨的运动来表示上肢带的运动。肩胛骨的运动有（图 5-20）：

1. 上提、下降

为肩胛骨在额状面内向上、下的移动。向上移动称为上提，如耸肩动作；向下移动称为下降，如耸肩之后的松肩动作。

2. 前伸、后缩

为肩胛骨顺肋骨向前的移动，其内侧缘远离脊柱称为前伸或外展，如含胸动作；反之，称为后缩或内收，如扩胸动作。

3. 上回旋、下回旋

为肩胛骨在额状面内绕矢状轴的旋转，肩胛骨关节盂向上、下角转向外上方称为上回旋，如举杠铃等动作；反之称为下回旋，如自由泳的划水动作。

上肢带的各种运动，对增大肩关节的运动幅度和加大其灵活性有着重要作用，并且肩胛骨的运动可使关节盂与肱骨头始终在方向上保持一致，有利于控制肱骨在空间的位置和运动。

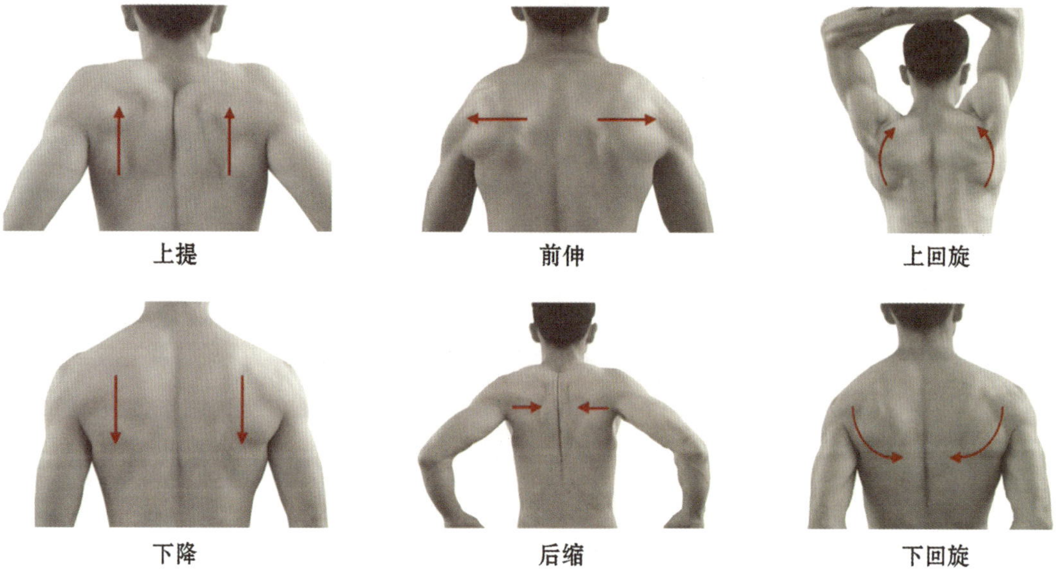

图 5-20　肩胛骨的运动

二、自由上肢骨的连结

自由上肢骨的连结包括肩关节、肘关节、前臂骨连结和手的关节等。

（一）肩关节

1. 主要结构

肩关节的关节面是由肱骨头与肩胛骨的关节盂构成（图 5-21），关节囊薄而松弛，关节腔较大。肩关节亦称盂肱关节。

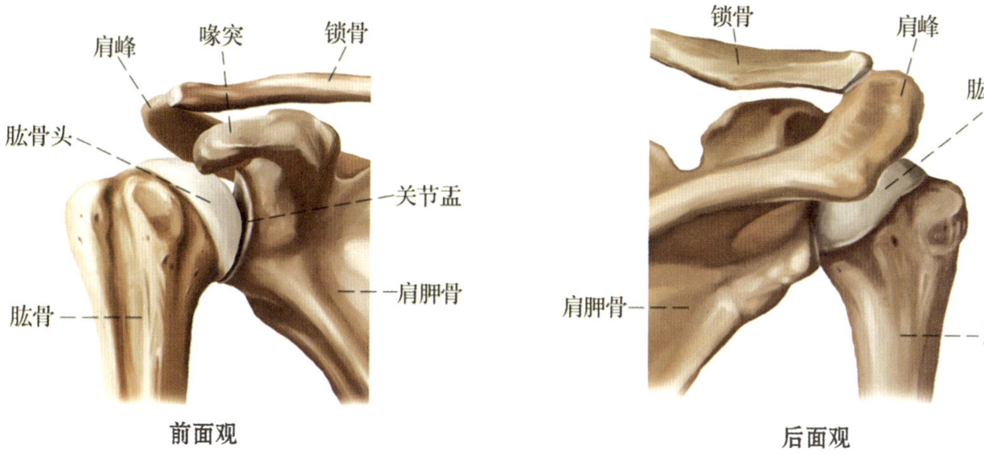

图 5-21 肩关节的组成

2. 辅助结构

包括关节唇、韧带和滑膜囊等（图 5-22）。

(1) 关节唇：是附着在关节盂周缘的环形纤维软骨，可加深、加大关节窝，进而加固关节。

(2) 韧带：肩关节的韧带少且弱，主要有：

肱二头肌长头腱：由于该肌腱起于肩胛骨盂上结节，并从肩关节囊壁内通过，故其也起着韧带的作用，对肩关节有加固、防止肱骨头向上脱位的作用。在横跨结节间沟的上方，连于大小结节之间，还有一条肱骨的固有韧带，即肱骨横韧带，主要起固定肱二头肌长头腱的作用。

喙肩韧带：为起于喙突止于肩峰的三角形韧带，其形成“喙肩弓”横架于肩关节的上方，可防止肱骨头向内上方脱位。

喙肱韧带：位于关节囊前上方，起于喙突根部，向外分成两束，止于肱骨大、小结节。部分纤维编织于关节囊的上部，具有增强关节囊上部、防止肱骨头向上脱位的作用。

盂肱韧带：位于关节囊前壁内面，起自关节盂的上、前和下缘，止于肱骨小结节和解剖颈下部，具有加强关节囊前壁、防止肱骨头向前脱位的作用。

(3) 滑膜囊：在肩胛下肌的深面有肩胛下肌滑膜囊，在肱二头肌长头腱自关节囊穿出后也有结节间滑膜囊包裹，这些滑膜囊均可减少摩擦，利于肌腱的活动。

3. 运 动

肩关节为典型的球窝关节，上臂能够绕 3 个相互垂直的基本轴进行运动，即绕额状轴做屈、伸运动，如两臂前平举动作；绕矢状轴做内收、外展运动，如两臂侧平举动作；绕垂直轴做旋内、旋外运动，掰手腕动作；此外还可做环转和水平屈伸运动（图 5-23）。

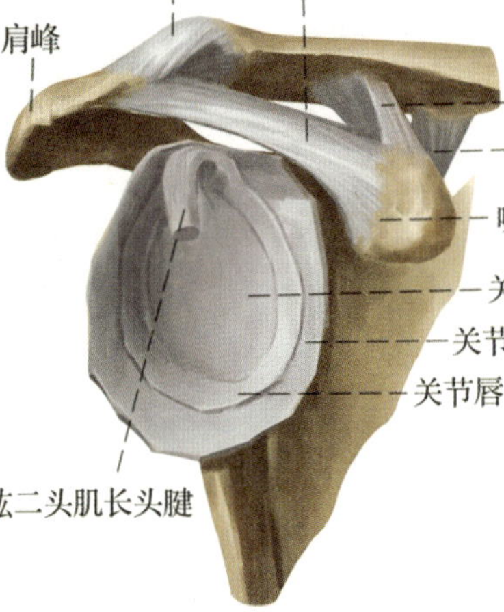

外侧面观（关节囊打开，去肱骨）

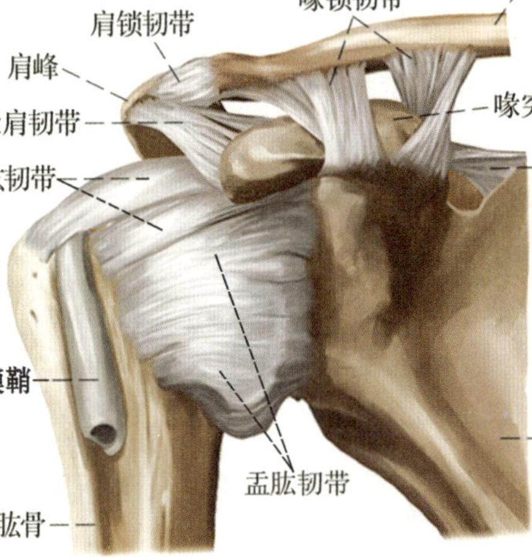

前面观

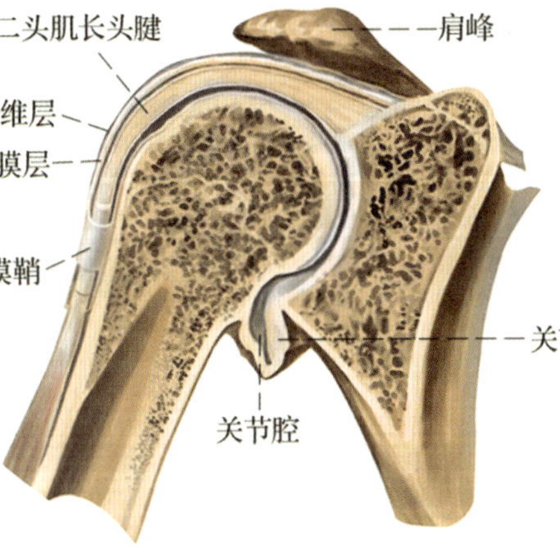

前面观（额状切面）

图 5-22　肩关节的辅助结构

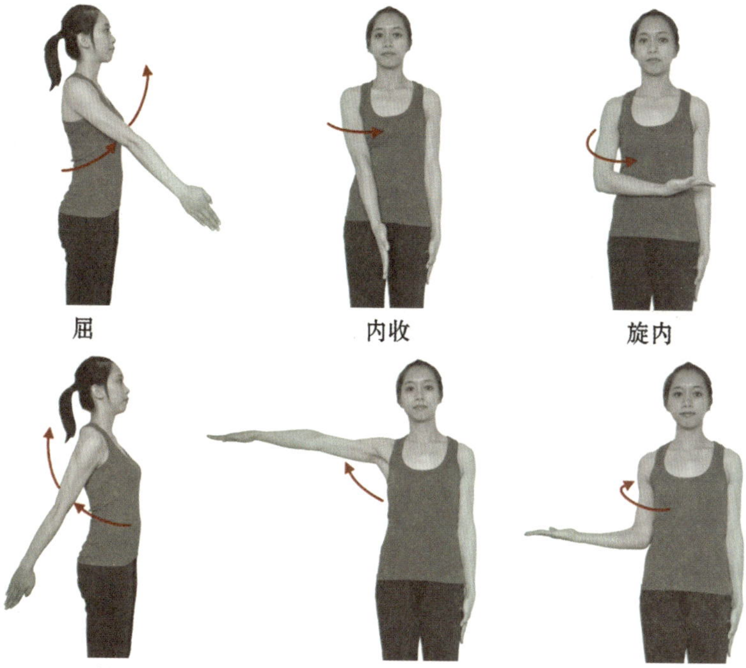

图 5-23　肩关节的运动

肩关节是灵活性好而稳固性差的关节，其形态学基础为：第一，该关节为球窝关节，能进行三轴性广泛的运动；第二，关节盂小，仅为关节头的 1/3~1/4，使关节面面积之差较大；第三，关节窝（即关节盂）浅，活动时对关节头的阻挡、限制作用较小；第四，关节囊薄而松弛，关节腔大而宽，加固的韧带相对薄弱。可见，肩关节的稳定性在很大程度上取决于关节周围众多肌肉的主动收缩。但因肩关节前下方的肌肉较少，关节囊薄弱，使得临床上常见的肩关节脱位中，以前脱位居多。对此，应加强对肩关节的体育锻炼，增强肩关节的辅助结构和周围的肌肉，这样才能使肩关节既灵活又稳固。

（二）肘关节

1. 主要结构

肘关节是由肱骨的远侧端和桡、尺骨的近侧端构成（图 5-24），其中每两块骨所构成的单关节都能单独运动，故属于典型的复关节。其结构上包括 3 个关节：

（1）肱尺关节：由肱骨滑车与尺骨的滑车切迹构成，为滑车关节。

（2）肱桡关节：由肱骨小头与桡骨头关节凹构成，为球窝关节。

（3）桡尺近侧关节：由桡骨的环状关节面与尺骨的桡切迹构成，为圆柱关节。

上述 3 个关节共同包绕在一个关节囊内，关节囊前、后薄而松弛，两侧紧厚，并有韧带加强。囊的后壁最薄弱，所以常见桡、尺两骨向后脱位，移向肱骨的后上方。关节腔较大。

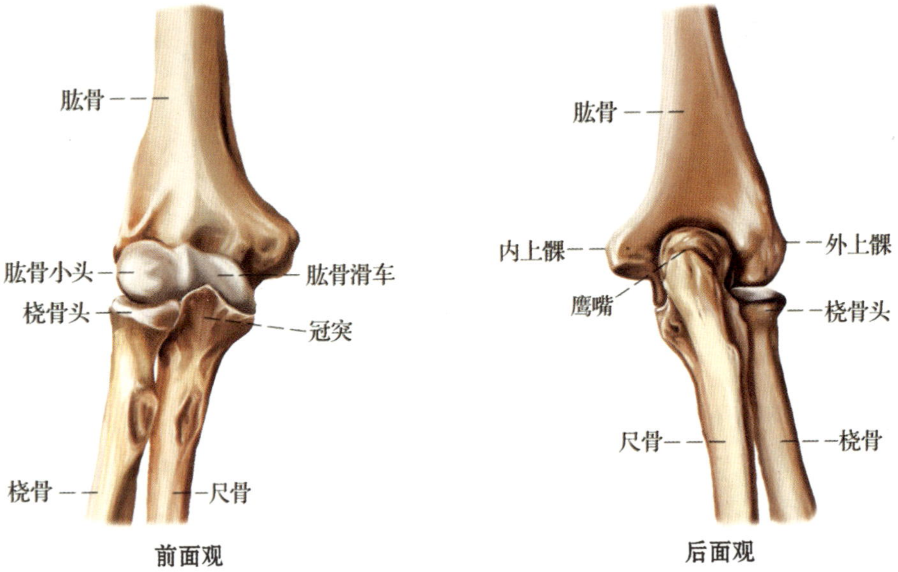

图 5-24 肘关节的组成

2. 辅助结构

肘关节有 3 条韧带加固（图 5-25），即：

桡侧副韧带：位于肘关节外侧，起自肱骨外上髁，止于桡骨环状韧带，可防止肘关节被动内收运动和桡骨小头向外、下方脱位。

尺侧副韧带：位于肘关节内侧，起于肱骨内上髁，呈扇形止于尺骨滑车切迹内侧缘，可防止肘关节的被动外展运动。

桡骨环状韧带：位于桡骨环状关节面的周缘，两端附着于尺骨桡切迹的前、后缘，并与之共同围成一个上口大、下口小的骨纤维环，容纳桡骨头，防止桡骨头脱出。但 4 岁以下幼儿，因桡骨头尚在发育之中，环状韧带松弛，在肘关节伸直位猛力牵拉前臂时，桡骨头易被环状韧带卡住，或环状韧带部分夹在肱骨与桡骨之间，从而发生桡骨小头半脱位。

所有肘关节的韧带均不附着于桡骨，从而保证了桡骨能绕垂直轴做回旋运动。

3. 运　动

肘关节为复关节。由于肱尺关节为滑车关节，限制了肱桡关节绕矢状轴的内收与外展运动，故从整体上讲，肘关节只能绕两个基本轴运动，即绕额状轴做屈、伸运动，由肱尺关节和肱桡关节共同完成，如哑铃弯举等动作；绕垂直轴做旋内和旋外运动，由肱桡关节和桡尺近侧关节以及前臂骨连结中的桡尺远侧关节共同完成，如乒乓球运动中的正手击球动作和反手挑打动作（图 5-26）。

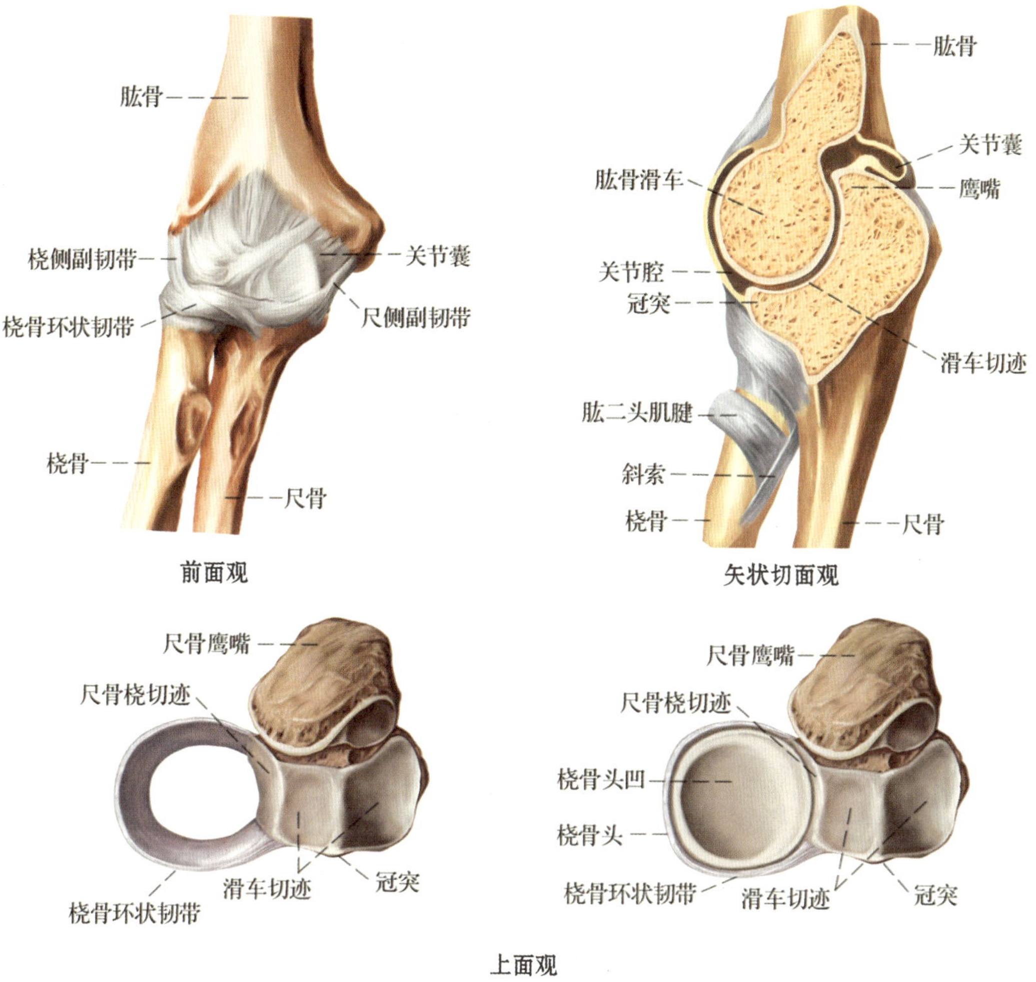

图 5-25　肘关节的关节囊及韧带

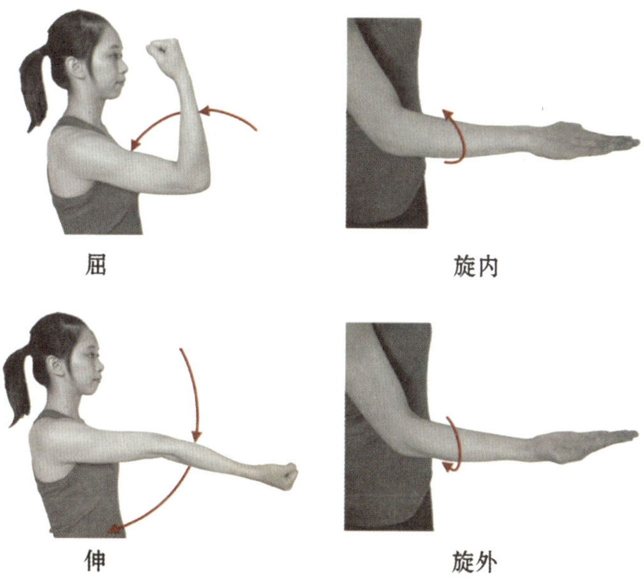

图 5-26　肘关节的运动

（三）前臂骨连结

前臂桡骨与尺骨之间借助桡尺近侧关节、前臂骨间膜和桡尺远侧关节相连结（图 5-27）。

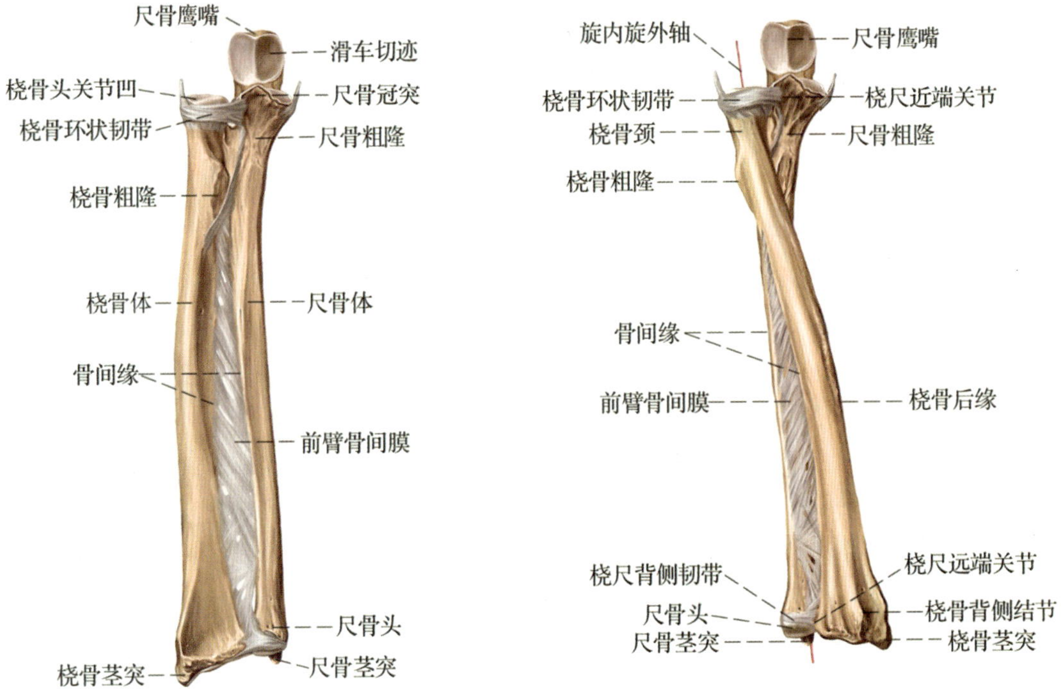

图 5-27　前臂骨间连结

1. 前臂骨间膜

为坚韧的纤维膜，自桡骨的骨间缘斜向下内达尺骨的骨间缘。

2. 桡尺近侧关节

（见肘关节）。

3. 桡尺远侧关节

由尺骨小头环状关节面构成关节头，由桡骨的尺切迹和由其下缘连至尺骨茎突根部的关节盘共同构成关节窝，为圆柱关节。此关节盘为三角形纤维软骨板，将桡尺远侧关节与桡腕关节的关节腔分隔开。关节囊松弛，附着于桡骨和尺骨关节面的上方和软骨盘周缘。

前臂可以绕肱尺关节和肱桡关节做屈伸运动，绕肱桡关节、桡尺近侧关节和桡尺远侧关节做回旋运动。其中，桡尺近侧关节和桡尺远侧关节是圆柱关节，二者与肱桡关节联合运动，使前臂可绕垂直轴做旋内与旋外运动，其旋转轴为通过桡骨头中心至尺骨头中心的连线。运动时，桡骨头在原位自转，而桡骨的远侧端连同关节盘围绕尺骨头旋转。前臂的回旋实际上只是桡骨作回旋运动。当桡骨转至尺骨前方并与之相交叉时，手背向前，称为旋内（以往称之为旋前）；与此相反的运动，即桡骨转回到尺骨外侧，称为旋外(以往称之为旋后)。

（四）手的关节

手的关节包括桡腕关节、腕骨间关节、腕掌关节、掌骨间关节、掌指关节和指骨间关节等（图 5-28）。

1. 桡腕关节

（1）主要结构：由手的舟骨、月骨和三角骨的近侧面作为关节头，桡骨的腕关节面和三角软骨板的远侧面作为关节窝连结构成。因为上述 3 块近侧列腕骨之间由韧带直接连结，可看成一块骨；而尺骨亦因有关节盘所隔，不参与桡腕关节的构成，所以桡腕关节是单关节。此外，关节囊前后松弛，有利于手作屈伸运动。

（2）辅助结构：桡腕关节的前、后与两侧均有韧带加固（图 5-29）。桡腕掌侧韧带与桡腕背侧韧带分别位于关节前后两面，并连于桡骨远侧端和舟骨、月骨及三角骨的掌面与背面；腕尺侧副韧带位于关节的内侧，起于尺骨茎突而止于豌豆骨和三角骨；腕桡侧副韧带位于关节的外侧，起于桡骨茎突而止于舟骨、大多角骨和头状骨。在上述韧带中，桡腕掌侧韧带最为坚韧，故伸腕比屈腕的运动范围小。

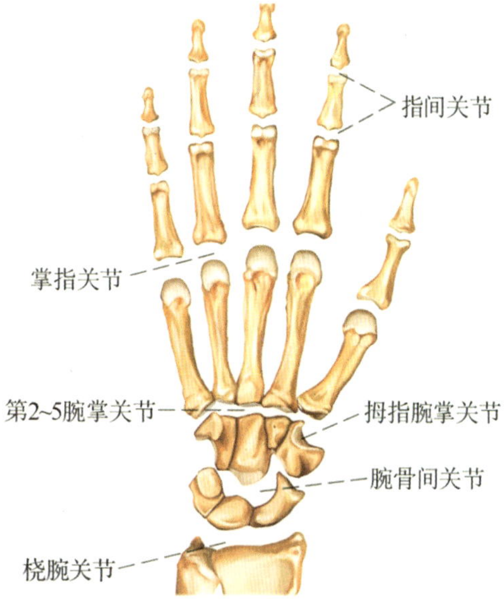

图 5-28 手的关节组成（右手掌侧面观）

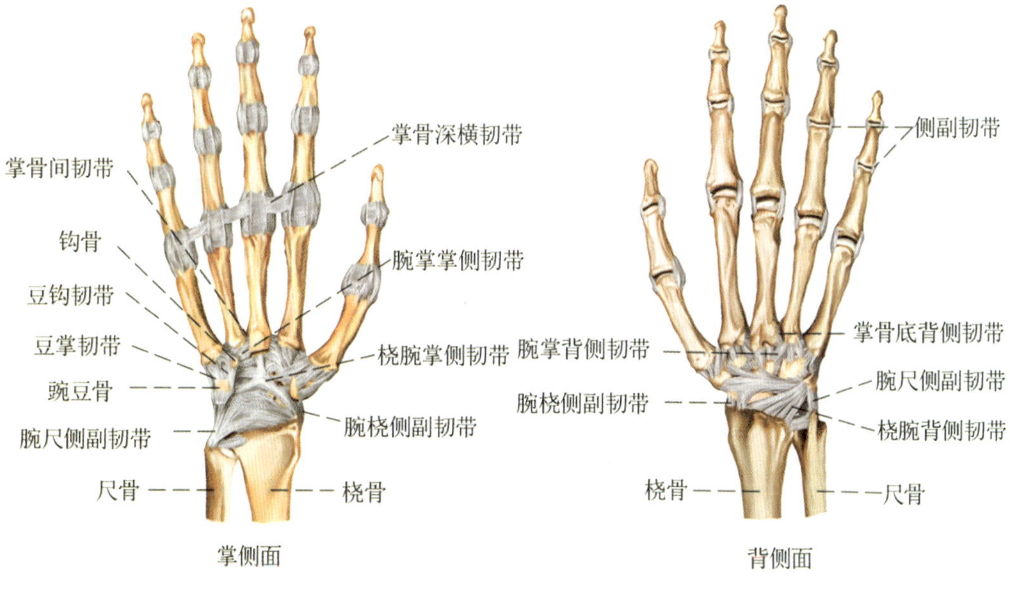

图 5-29 手的关节周围韧带

(3) 运动：桡腕关节是一个典型的椭圆关节，可绕两个基本轴运动。绕额状轴可作屈伸运动，绕矢状轴可作内收和外展运动。还可作环转运动（图 5–30）。

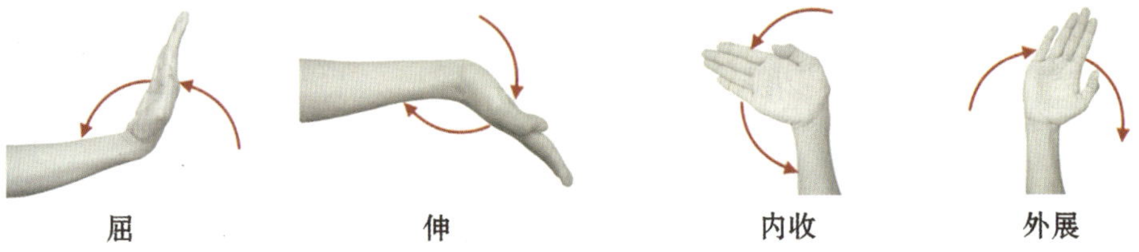

图 5–30　桡腕关节的运动

2. 腕骨间关节

为相邻各腕骨间相连结构成。其中腕中关节由近侧列的 3 块腕骨（豌豆骨除外）与远侧列的 4 块腕骨构成，在掌侧和背侧均有韧带加固。腕骨间关节在构造上独立，但运动时与桡腕关节一起进行，并受相同肌肉的作用。

因此，从机能角度出发，可将桡腕关节和腕骨间关节合称为手关节；在此关节中，舟骨、月骨和三角骨起骨性关节盘作用；手围绕手关节可做屈与伸、内收与外展以及环转等运动。

此外，8 块腕骨不在一个平面上排列，形成背侧隆起的“腕穹窿”和掌侧凹陷的“腕骨沟”，腕横韧带横架于腕骨沟上，附着于腕尺侧隆起和腕桡侧隆起，组成腕管（图 5–31）。该拱形结构具有缓冲和保护从腕管内通过的肌腱、血管和神经的功能。

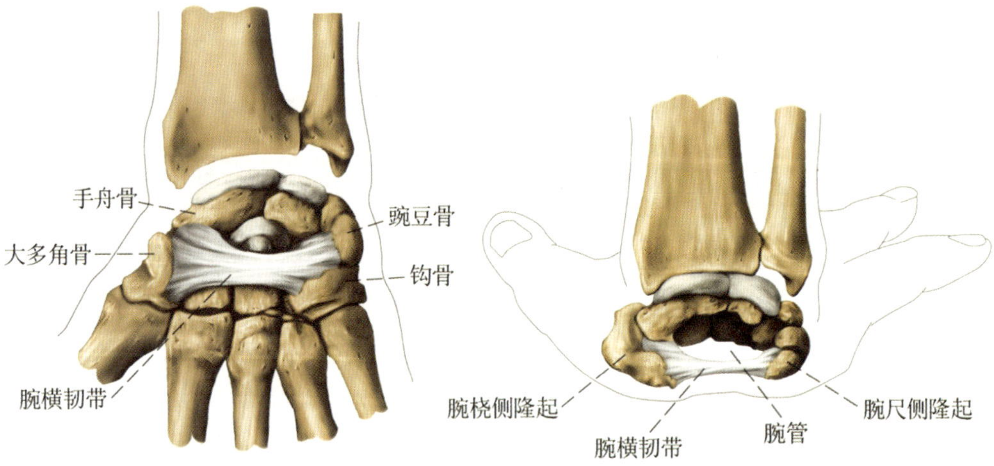

图 5–31　腕横韧带和腕管

3. 腕掌关节

由远侧列腕骨与 5 块掌骨底构成（图 5–32）。

第 1 腕掌关节（即拇指腕掌关节）由大多角骨与第 1 掌骨底构成，为典型的鞍状关节，能够进行屈伸、内收外展、环转以及对掌运动。由于第 1 掌骨向掌侧旋转近 90°，使其与其他掌骨不在一个平面内，故拇指的运动轴亦不同于其他掌骨。拇指的屈、伸运动发生在额状面上，即拇指在手掌平面上向掌心靠拢为屈，离开掌心为伸；而拇指的内收与外展运动则发生在矢状面上，即拇指在与手掌垂直的平面上远离示指为外展，靠拢则为内收。对掌运动是指拇指向掌心方向、使拇指尖与其余 4 指的掌侧面相接触的运动。这一运动是人类及灵长目动物所特有的运动，其可加深手掌的凹陷，使手具有了抓握的能力，为人类能够灵活、牢固地抓握器具和精细操作提供了有利条件。

第 2~5 腕掌关节属于平面关节，包在一个关节囊内，只能作微小的滑动。

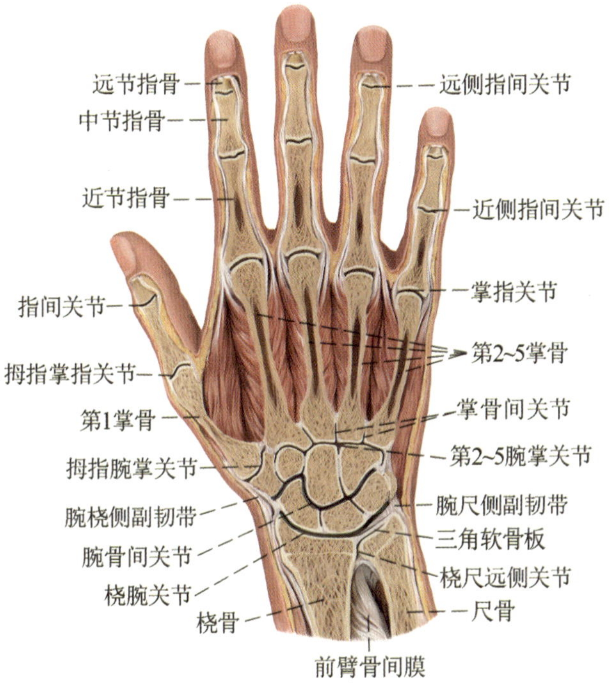

图 5-32　右手背侧面观（额状切面）

4. 掌骨间关节

一侧共有 3 个，是第 2~5 掌骨底相互之间的平面关节，各关节的关节腔均与腕掌关节腔相通（图 5-32）。

5. 掌指关节

一侧共有 5 个，由掌骨头和近节指骨底构成（图 5-32），关节囊薄而松弛，前后与两侧均有韧带加强，其中侧副韧带在屈指时紧张，而伸指时松弛。该关节近似球窝关节，但因无回旋肌及受两侧韧带的限制，其仅可作屈、伸、内收、外展及环转运动。手指的收、展是以通过中指的正中线为准的，向正中线靠拢为收，远离正中线为展。此外由于侧副韧带的限制，当掌指关节处于屈位时，仅允许手指做屈、伸运动（图 5-33）。

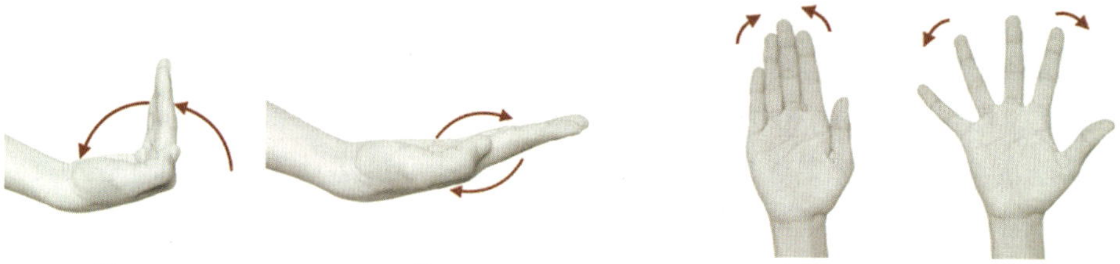

图 5-33　掌指关节的运动

6. 指骨间关节

一侧共 9 个，由各指相邻两节指骨的底和滑车构成（图 5-32），关节囊松弛，两侧有韧带加强。该关节属典型的滑车关节，只能做屈、伸运动。

第五节　下肢骨连结

下肢骨的连结包括下肢带骨的连结和自由下肢骨的连结（图 5-34）。人类由于直立，下肢主要起支持体重、运动以及维持身体直立姿势与重心稳定等功能。因而相对上肢关节而言，下肢关节则以结构稳固为主要特征。

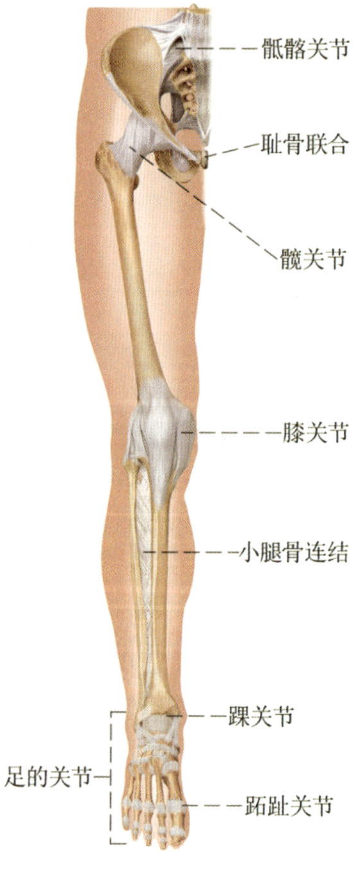

图 5-34　下肢骨连结

一、下肢带骨的连结

下肢带骨的连结（亦称盆带）包括骶髂关节、髋骨与脊柱间的韧带连结和耻骨联合等。

（一）骶髂关节

骶髂关节是由骶骨和髂骨的耳状面相关节而成（图 5-35）。关节面凸凹不平，彼此结合十分紧密，关节囊紧张，并有强有力的韧带加固。由于重力经此关节传至髋臼，故骶髂关节在构造上非常牢固。

在关节的后上方有坚韧的骶髂骨间韧带，其连于骶粗隆和髂粗隆之间，以加固关节并防止骶骨向前下方移位。在关节的前后方，还分别有骶髂腹侧、背侧韧带加固。

骶髂关节属于平面关节，运动幅度很小。妊娠妇女其活动度可稍增大。在跳跃或自高处跳下着地时，该关节还可起到缓冲冲击力及吸收震荡的作用。

（二）髋骨与脊柱间的韧带连结

髋骨与脊柱之间借助下列韧带连结与加固（图 5-35）：

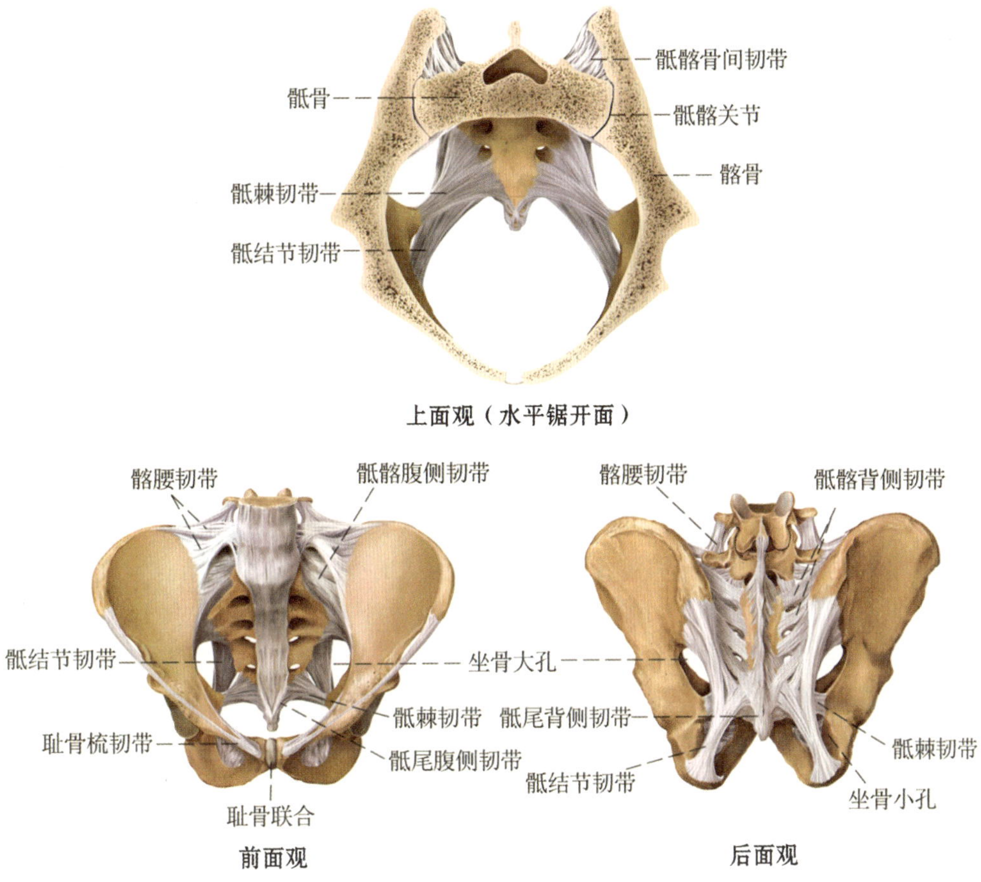

图 5-35 骶髂关节的组成及韧带

1. 髂腰韧带

强劲肥厚，连结第 5 腰椎横突与髂嵴，可防止腰椎向下脱位。

2. 骶结节韧带

位于骨盆后方，起自骶、尾骨的侧缘，止于坐骨结节内侧缘。

3. 骶棘韧带

位于骶结节韧带的前方，起自骶、尾骨的侧缘，止于坐骨棘。

在重力作用下，骶骨有向前下方转动的趋势，髂腰韧带、骶结节韧带、骶棘韧带以及骶髂骨间韧带等，具有防止骶骨转动和移位的作用。此外，骶结节韧带与坐骨大切迹围成坐骨大孔，骶棘韧带、骶结节韧带和坐骨小切迹围成坐骨小孔，二者内有肌肉、血管和神经自盆腔进入臀部与会阴等处。

（三）耻骨联合

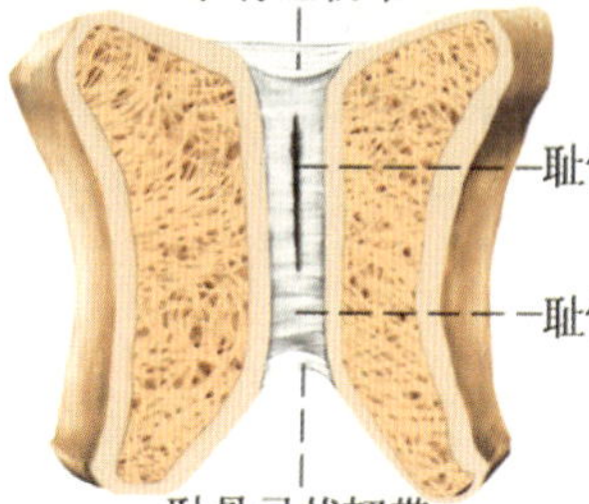

图 5-36 耻骨联合（额状锯开面）

耻骨联合由两侧的耻骨联合面借纤维软骨板构成的耻骨间盘及韧带连结而成（图 5-36）。耻骨间盘中往往出现一个矢状位的纵行裂隙，女性较男性的厚，裂隙也较大。在耻骨联合的上下方分别有耻骨上韧带和耻骨弓状韧带等连结。

耻骨联合活动甚微，但其在女性分娩过程中可轻度分离，以增大骨盆的径线，有利于胎儿娩出。耻骨联合还具有缓冲震荡、传导力及加固骨盆等功能。

（四）骨盆的形态结构、功能及其运动

骨盆是由 2 块髋骨、1 块骶骨和 1 块尾骨以及连结它们的关节、韧带和软骨构成的骨性环状结构。

1. 骨盆的形态结构

骨盆以骶骨岬和两侧的弓状线、耻骨梳、耻骨结节及耻骨联合上缘为界，分为界口上方的大骨盆和界口下方的小骨盆。大骨盆由第 5 腰椎和髂骨翼组成，其前壁不完整，由腹壁软组织补充。而小骨盆则是由骶骨和髂、耻、坐 3 骨围成的完整骨环，包括骨盆上口、骨盆下口和骨盆腔。骨盆上口即为大、小骨盆的分界线，骨盆下口不平整，由尾骨尖、骶结节韧带、坐骨结节、坐骨支、耻骨下支和耻骨联合下缘围成，呈菱形；两侧坐骨支与耻骨下支连成耻骨弓，它们之间的夹角称为耻骨下角；小骨盆的内腔称为骨盆腔，其内有直肠、膀胱和部分生殖器官，分娩时胎儿由此娩出（图 5-37）。

人体正常站立时，小骨盆上口平面与水平面之间存在一定角度（图 5-38），即骨盆倾斜角，其可因身体姿态和性别而异。男性骨盆倾斜角为 50~55°，女性约为 60°左右。骨盆倾斜角度过大或过小皆可导致脊柱畸形。

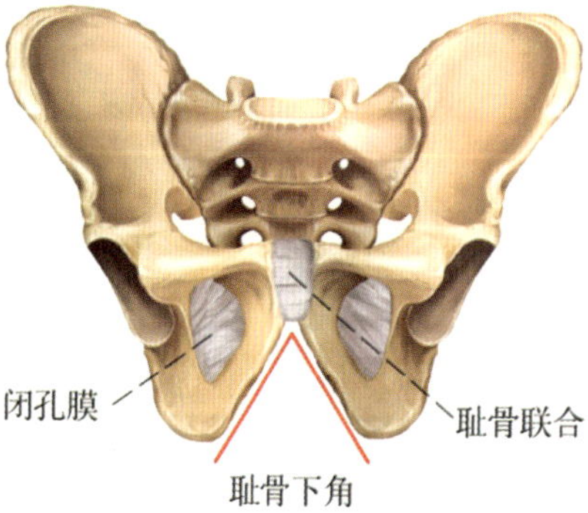

图 5-37 骨 盆

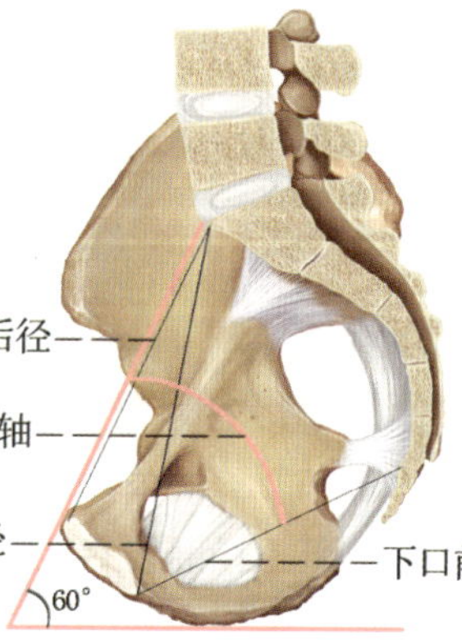

图 5-38 大小骨盆分界线及骨盆倾斜度

此外，男女骨盆具有明显性别差异（图 5-39），具体表现在骨盆整体形态、耻骨角大小和小骨盆入口形状等方面。虽然这些差异与男女内分泌功能不同、运动以及生活劳动特点有别等因素有关，但更主要的是女性骨盆的特征需要与其分娩功能相适应。

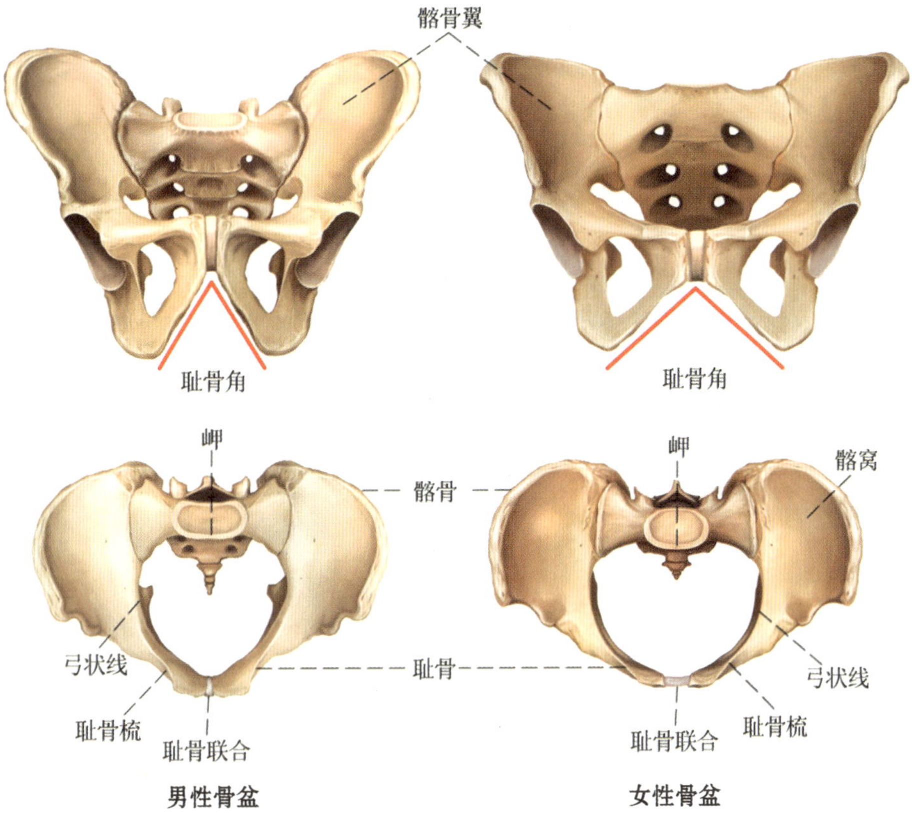

图 5-39 骨盆形态结构的性别差异

2. 骨盆的功能

骨盆是躯干与自由下肢之间重要的连接结构，起着支持体重、缓冲震动、传导重力、参与运动、保护脏器、肌肉附着以及参与形成胎儿娩出的通道等作用。

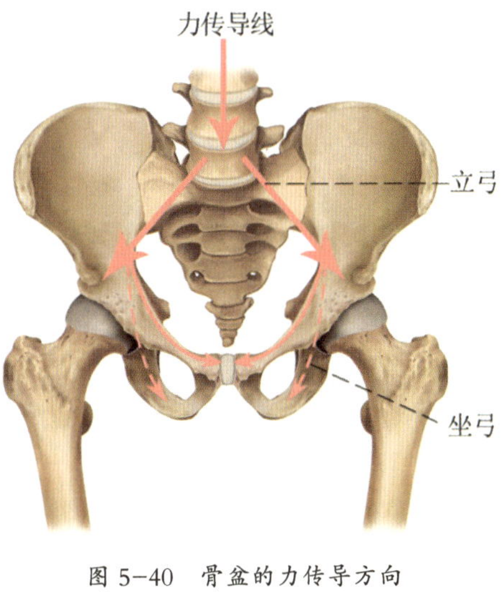

图 5-40 骨盆的力传导方向

骨盆形似拱形结构，其既坚固又节省材料，还能承受较大载荷又可缓冲震动。为实现重力的传递，骨盆在人体直立过程中形成了 4 对骨弓。站立时，重力经第 5 腰椎传至骶骨，经骶髂关节分至两侧的髋骨，再经髋臼传至股骨并向下到达下肢，这种力的传递曲线称为股骶弓，即“立弓”；坐位时，重力由骶髂关节传导至两侧的坐骨结节，此种力的传递曲线称为坐骶弓，即“坐弓”（图 5-40）。与此同时，骨盆的前部还形成两条约束弓，一条为在耻骨联合处连结两侧耻骨上支的约束弓，其可对抗站立姿势时作用于髋臼和骨盆侧壁上被迫挤压趋势；另一条为在两侧坐骨支和耻骨下支连成的耻骨弓，其可约束坐位时坐骨结节被迫分离趋势。

由于骨盆具有上述材料力学特性，使其在走、跑、跳跃等各种运动中既能承受来自躯干与上肢的负荷，又可有效地向上或向下传导作用力和运动，进而使人体的运动成为一个整体，显著提高了人体运动的观赏性。

3. 骨盆的运动

骨盆作为一个运动环节，借腰骶关节与脊柱相连，借髋关节与下肢相连。因此，骨盆可以这些关节为支点，进行前倾与后倾、侧倾、回旋以及环转运动。

以髋关节为支点进行运动：绕两侧髋关节共同的额状轴，可做前倾（如体前屈或仰卧起坐动作）和后倾（如体后伸或下桥动作）运动；绕一侧髋关节的矢状轴，可做侧倾运动（如上下台阶的动作）；绕一侧髋关节的垂直轴，可做回旋运动（如跑步时增大步幅的动作）；此外还可以做环转运动（如武术中涮腰动作）（图 5-41）。

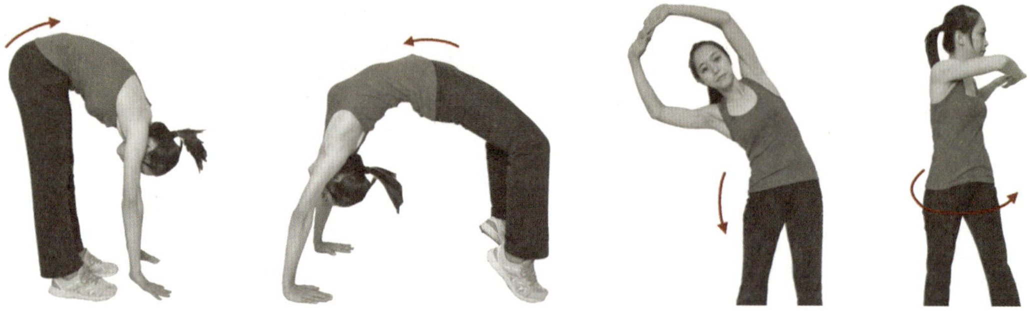

前倾　　后倾　　侧倾　　回旋

图 5-41　骨盆的运动

在人体运动时，骨盆还常与下肢一起相对脊柱（即以腰骶关节为支点）进行运动：绕额状轴可做后倾（如仰卧收腹举腿动作）、前倾（如双杠支撑后摆动作）；绕矢状轴可做侧屈运动（如鞍马的单腿摆越动作）；绕垂直轴可做回旋运动（如双杠的前摆转体 180°动作）；此外还可做环转运动（如鞍马托马斯全旋动作）。

二、自由下肢骨的连结

自由下肢骨的连结包括髋关节、膝关节、小腿骨连结和足的关节等。

（一）髋关节

1. 主要结构

髋关节的关节面是由股骨头与髋骨的髋臼构成（图 5-42）。其中，髋臼的关节软骨覆盖于月状面上，月状面中央的凹陷处为脂肪组织所填充，

髋臼切迹由髋臼横韧带封闭。关节囊坚韧致密，其深层纤维绕股骨颈作环形增厚所形成的轮

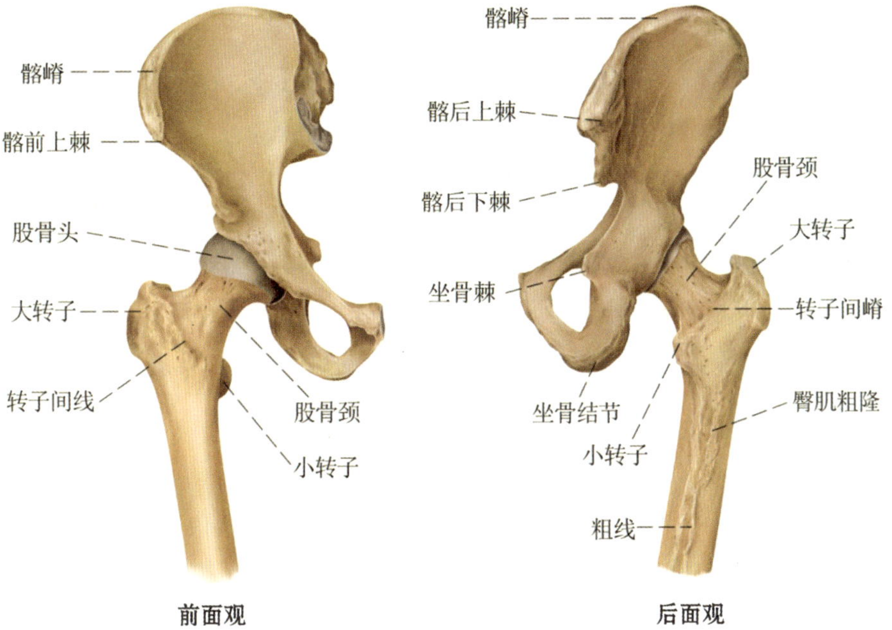

图 5-42　髋关节的组成

匝带，尚可约束股骨头向外脱出。

2. 辅助结构

包括髋臼唇和韧带等（图 5-43）。

（1）髋臼唇：是附着在关节窝周缘的环形纤维软骨，以增加髋臼的深度并缩小其周缘的口径，从而紧抱股骨头，使关节更加稳固。

（2）韧带：髋关节的韧带强劲有力，主要有：

髂股韧带：为人体中最强有力的韧带之一，起自髂前下棘，呈人字形向下经关节囊的前方止于转子间线。可限制大腿过伸，对维持人体直立姿势有很大作用。

耻股韧带：位于关节囊的前内侧，起自耻骨上支，斜向外下方与关节囊融合。可限制大腿的外展和旋外运动。

坐股韧带：位于关节囊的后方，起自坐骨体，斜向外上方与关节囊融合，止于大转子根部。可限制大腿的内收和旋内运动。

股骨头韧带：位于关节内，连于股骨头凹和髋臼横韧带之间，为滑膜所包裹，内有滋养股骨头的血管通过。此韧带有加固髋关节和营养股骨头的功能。

3. 运　动

髋关节亦为典型的球窝关节，大腿能够绕 3 个相互垂直的基本轴进行运动，即绕额状轴做屈、伸运动，如向前后踢腿动作；绕矢状轴做内收、外展运动，如向内外侧踢腿动作；绕垂直轴做旋内、旋外运动，如直腿时足做内外八字动作；此外还可做环转和水平屈伸运动（图 5-44）。

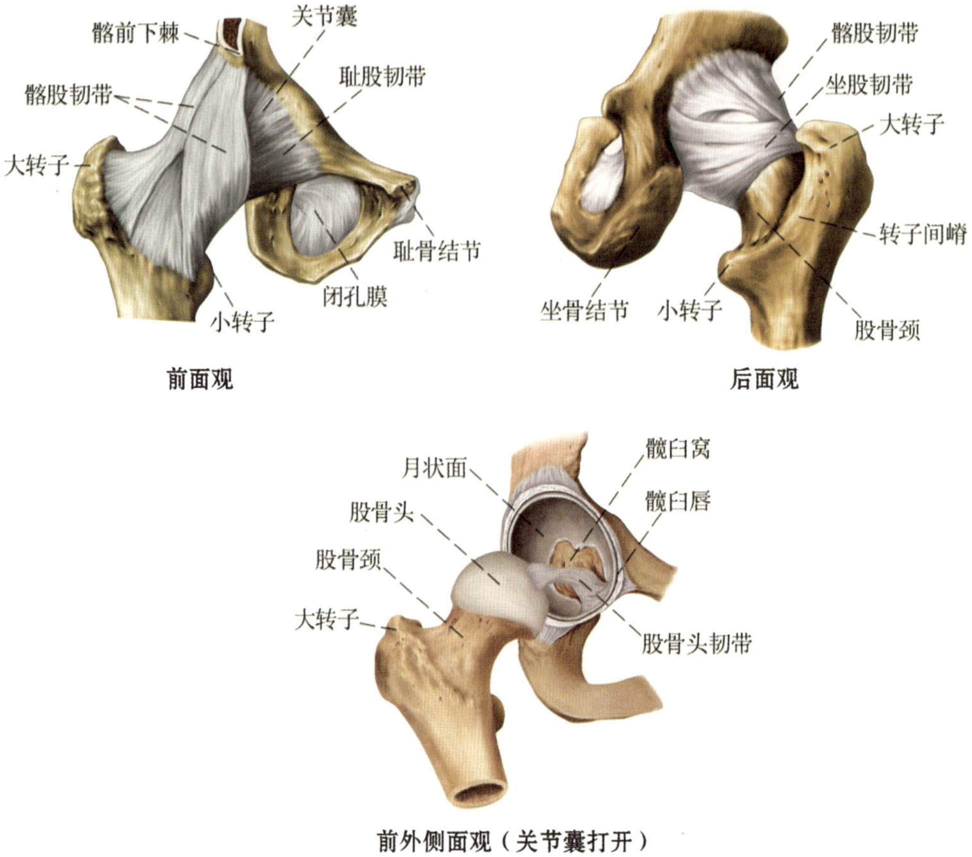

图 5-43　髋关节的辅助结构

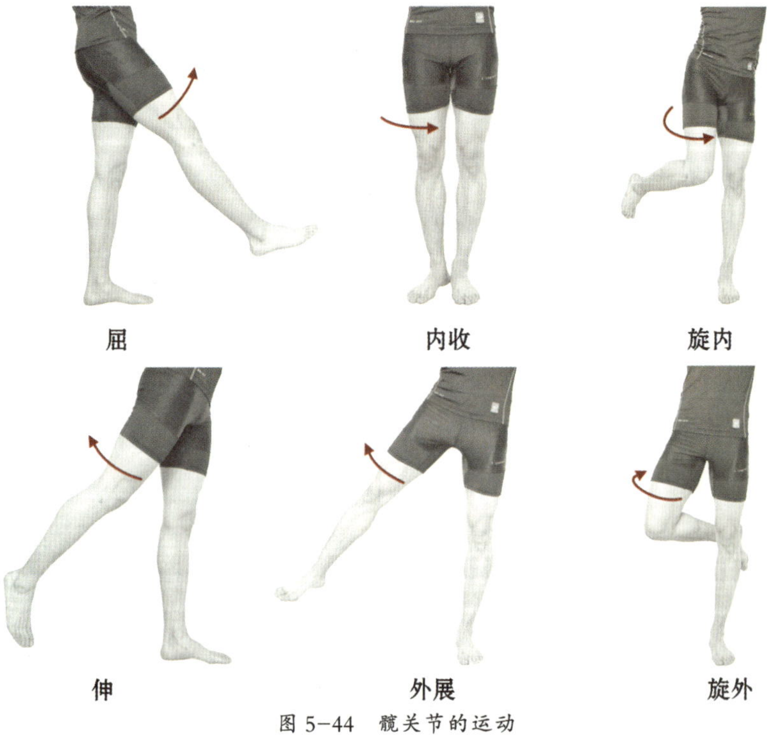

图 5-44　髋关节的运动

与肩关节相比，髋关节虽同属球窝关节，但由于二者的功能不同，故在构造上亦有显著差异。具体为：第一，股骨头深陷于髋臼中，后者可限制股骨头的运动幅度；第二，关节囊紧张而坚韧；第三，受多条韧带强劲有力的加固；第四，髋关节周围的肌肉数量多且收缩有力。因此，髋关节则是稳固性好而灵活性相对较差的关节。但因髋关节后下方的关节囊薄弱，股骨头有时可从后下部脱出，形成髋关节后脱位。

（二）膝关节

1. 主要结构

膝关节是由股骨的远侧端、髌骨和胫骨的近侧端构成（图 5-45），是人体中最大、最复杂的关节。由于构成关节的各块骨均能单独运动，故膝关节亦属于复关节。其结构上包括 2 个关节：

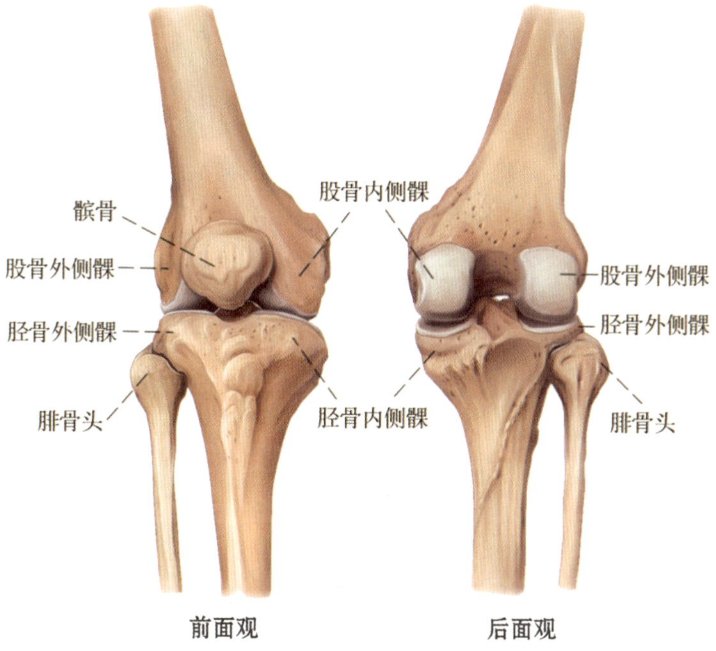

图 5-45　膝关节的组成

(1) 胫股关节：由股骨的内、外侧髁与胫骨的内、外侧髁构成，为椭圆关节。

(2) 髌股关节：由股骨的髌面与髌骨的后面构成，为滑车关节。

上述 2 个关节共同包绕在一个关节囊内，关节囊薄而松弛，但很坚韧。因股骨髁为突起形，胫骨髁是平的（亦称胫骨平台），致使股胫关节关节面形状不相吻合，故关节腔亦较宽大。

2. 辅助结构

膝关节内外有多种辅助结构，包括：

(1) 半月板：为由纤维软骨构成的关节内软骨，内、外各一，垫在股骨内外侧髁与胫骨内外侧髁关节面之间，分别称为内侧半月板和外侧半月板（图 5-46）。

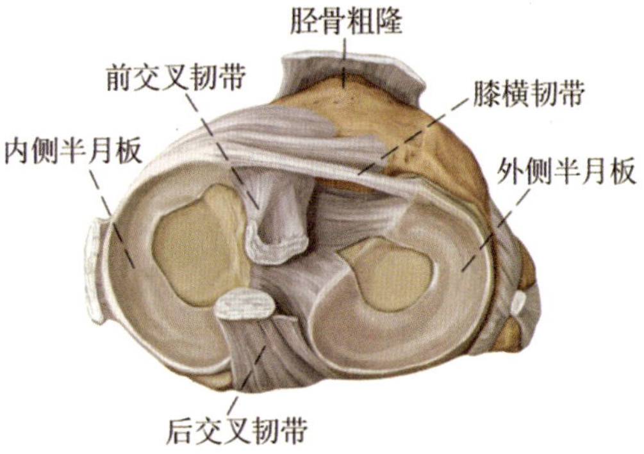

图 5-46　膝关节的半月板（右侧）

内侧半月板较大，呈“C”形，外缘与关节囊及胫侧副韧带紧密相连；外侧半月板较小，呈“O”形。半月板的外缘厚而内缘薄；上面凹陷，与股骨髁关节面相适应，而下面平坦，与胫骨平台相适应；前后两端借韧带附着于胫骨髁间隆起。

半月板的功能为：使不相适应的股骨与胫骨髁关节面彼此相互适应；可缓冲压力、吸收震荡，起弹性垫的作用；可增大关节窝的深度，进而加强了关节稳固性；还可随关节的运动而移动，有平衡关节内压力的作用。

半月板的位置可随膝关节的运动而改变。屈膝时，半月板滑向后方，伸膝时，半月板滑向前方；屈膝回旋时，一侧半月板滑向前，另一侧则滑向后。运动中，膝关节在进行屈曲、回旋状态下突然伸直的急骤强力动作时，此刻半月板恰好处在股、胫骨内外侧髁的突起部位中间，可因受到强烈冲击、挤压而容易造成损伤。由于内侧半月板与胫侧副韧带紧密相连，所以内侧半月板的损伤机会较多。因此，运动时为了有效预防半月板受损伤，必须做好充分的准备活动，运动中保持正确合理的膝关节姿势，并加强膝关节周围肌肉力量的锻炼。

(2) 韧带：膝关节内外有一系列韧带加固，以增加关节的稳固性（图 5-47、图 5-48）。

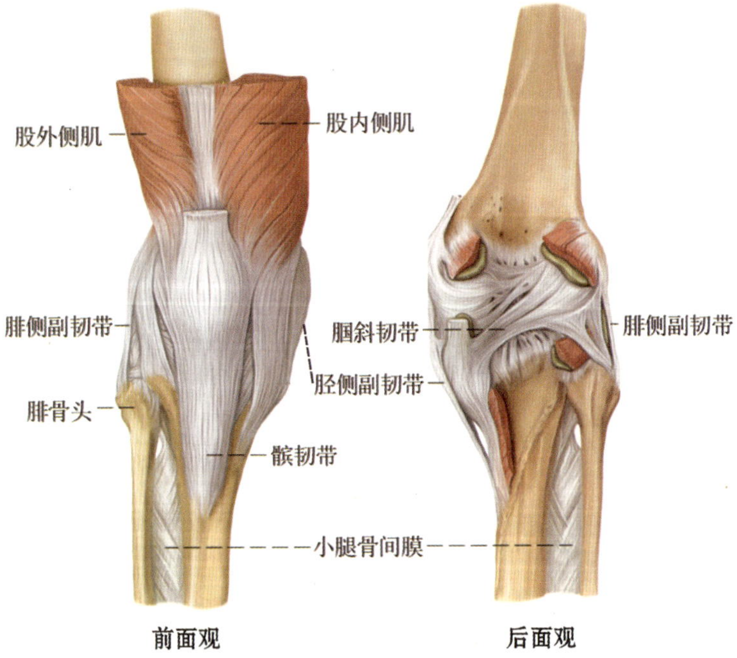

图 5-47　膝关节的韧带（1）

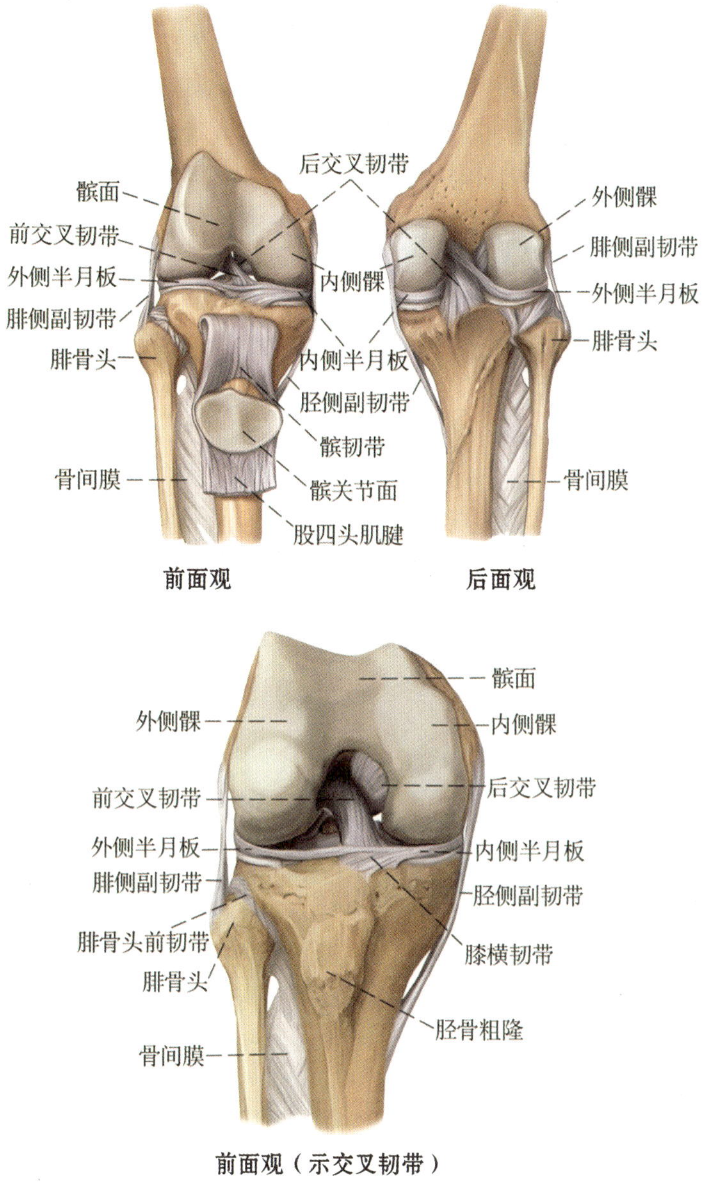

图 5-48　膝关节的韧带（2）

髌韧带：为股四头肌肌腱的延续部分，起自髌骨，止于胫骨粗隆。从前方加固关节和限制膝关节过度屈，并防止髌骨向侧方脱位。

胫侧副韧带：呈宽扁束状，位于膝关节内侧偏后，起自股骨内上髁，止于胫骨内侧髁。从内侧加固关节，并限制膝关节过伸。

腓侧副韧带：位于膝关节外侧稍后方，起自股骨外上髁，止于腓骨头。从外侧加固关节，并限制膝关节过伸。

腘斜韧带：为半膜肌腱纤维的延续，起自胫骨内侧髁，斜向外上方，止于股骨外上髁，部分纤维与关节囊融合，从后方加固关节。

膝交叉韧带：位于关节囊内，为连结股骨与胫骨之间的强韧韧带，可分为前后两条，彼此相互交叉。前交叉韧带起于胫骨髁间前窝，斜向后外上方，止于股骨外侧髁的内侧面；后交叉韧带较前交叉韧带短而强韧，起自胫骨髁间后窝，斜向前内上方，止于股骨内侧髁的外面。膝交叉韧带牢固地连结股骨和胫骨，可防止股骨和胫骨前、后移位。在屈膝过程中，前交叉韧带拉动股骨，使股骨髁向后滚动的同时向前滑动，由此限制了股骨髁向后移动，避免股骨相对于胫骨向后脱位；而在伸膝过程中，后交叉韧带拉动股骨，使股骨髁向前滚动的同时向后滑动，由此限制了股骨髁向前移动，避免股骨相对于胫骨向前脱位。

此外，膝交叉韧带与胫侧副韧带、腓侧副韧带共同作用，可防止在伸膝位时胫骨旋内。

（3）滑膜襞：由于膝关节内空隙较多，多由含有脂肪组织的滑膜襞来填充（图 5–49）。在髌骨下方正中线两侧各有一个滑膜襞，称为翼状襞。其具有填充并垫稳关节、缓冲震动及调节关节内压力等作用。

（4）滑膜囊：膝关节周围有许多滑膜囊（图 5–49），有的与关节腔相通，如髌上囊，位于股四头肌深面，可达髌骨上缘以上 5cm；有的不与关节腔相通，如位于髌韧带与胫骨上端之间的髌下囊。这些囊均可减少肌肉或肌腱与骨之间的摩擦。

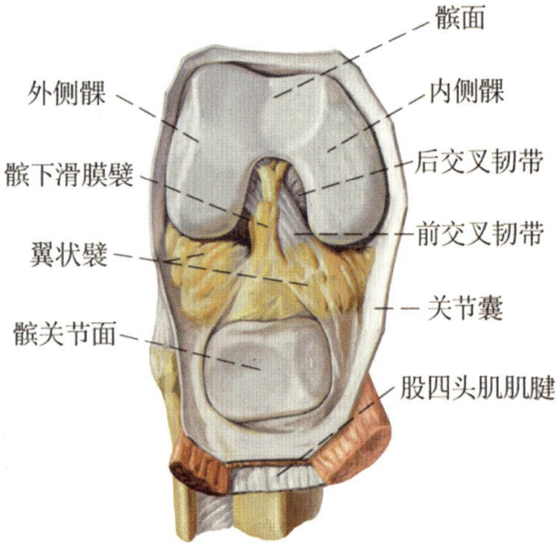

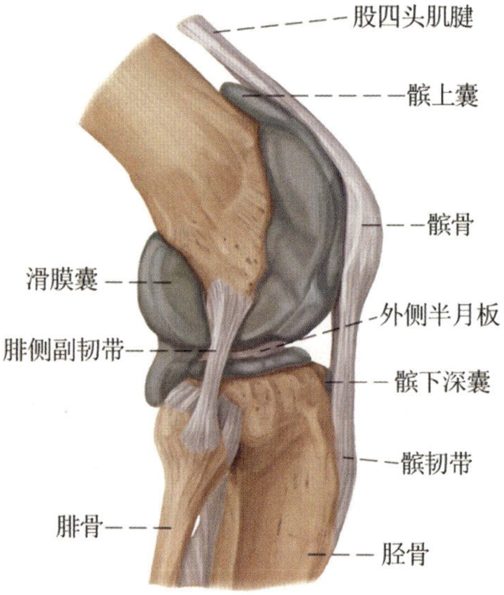

图 5–49　膝关节的滑膜襞和滑膜囊

3. 运　动

膝关节为椭圆–滑车关节，具有 2 个基本轴的运动，但以屈伸运动为主，即大腿和小腿绕额状轴均可作屈、伸运动，如正足背踢球等动作；而在膝关节半屈位时，因胫侧副韧带和腓侧副韧带松弛，小腿和大腿还可绕垂直轴做微小的回旋运动，如踢毽子等动作（图 5–50）。

由于膝关节关节面形状不相吻合，同时在走、跑、跳等动作中又需要承受非常大的负荷，因此，膝关节容易发生损伤。然而，股骨和胫骨以宽大的内、外侧髁关节面增大了关节的接触面积，可提高关节的稳固性并减小了压强。同时膝关节以翼状襞及半月板等众多辅助

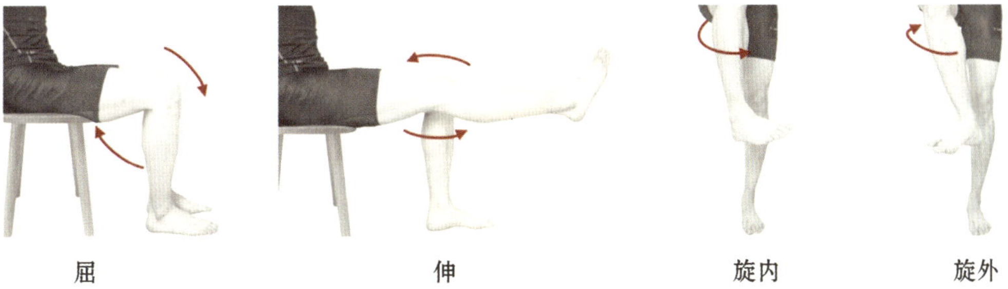

图 5-50　膝关节的运动

结构，进一步提高了关节的稳固性，也改善了应力在膝关节面上的分布。

（三）小腿骨连结

小腿胫骨与腓骨之间的连结包括近侧端的胫腓关节、小腿骨间膜和远侧端的胫腓韧带连结（图 5-51）。

1. 胫腓关节

为由胫骨外侧髁与腓骨头构成的平面关节，关节囊紧，其前后均有韧带加固，故只能微动。

2. 小腿骨间膜

为坚韧的纤维膜，连结于胫、腓骨的骨间缘之间。

3. 胫腓韧带联合

由腓骨外踝和胫骨的腓骨切迹借胫腓前、后韧带牢固连结而成。

由于上述结构的限制，胫骨与腓骨之间的活动度甚小。

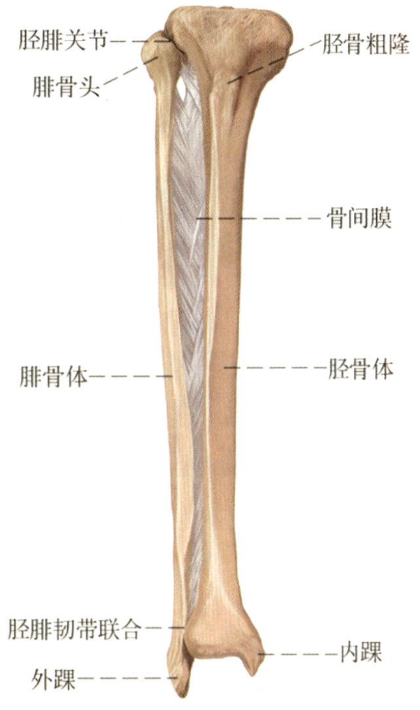

图 5-51　小腿骨间连结

（四）足的关节

足的关节包括踝关节、跗骨间关节、跗跖关节、跖骨间关节、跖趾关节和趾骨间关节等(图5-52)。

1. 踝关节（又名距小腿关节或距上关节）

（1）主要结构：由胫骨下关节面、内踝关节面和腓骨的外踝关节面构成叉形的关节窝，距骨上部及两侧的滑车关节面作为关节头共同形成。关节囊前、后薄而松弛，两侧较紧张而厚。因重力由此关节垂直下传至足部，所以组成关节的各骨较紧密砌合。

（2）辅助结构：踝关节的两侧有韧带加固，即三角韧带：位于踝关节内侧，有限制足过度外翻及过伸的作用；距腓前韧带、跟腓韧带和距腓后韧带：分别位于踝关节外侧的前、中、后部，有防止小腿骨移位和限制足过度内翻的功能（图 5-53）。

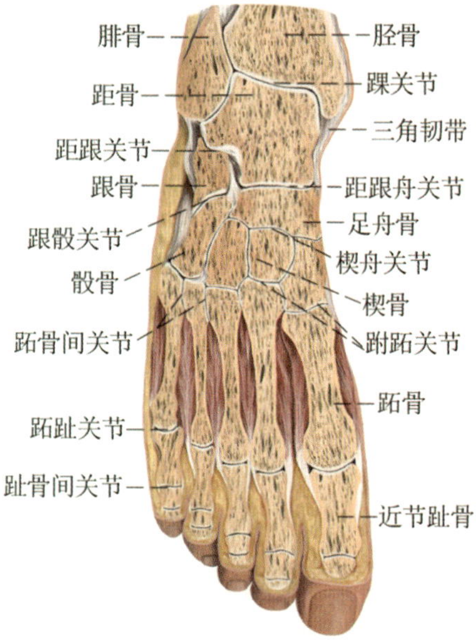

图 5-52　足的关节（额状及足背切面）

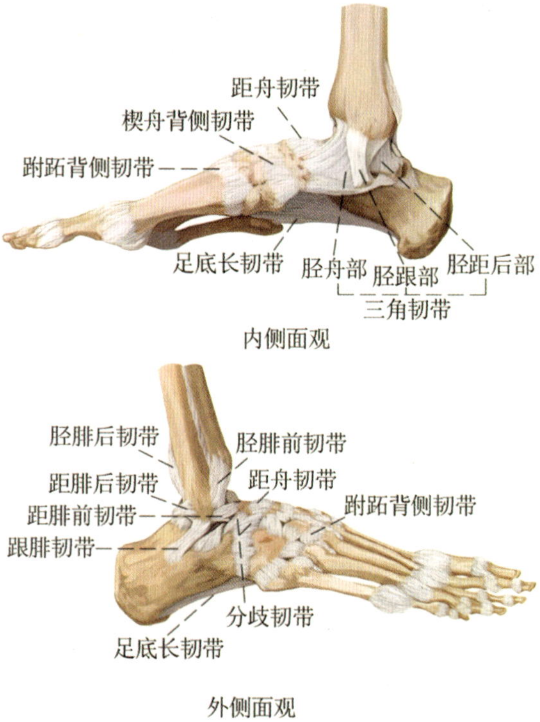

图 5-53　足的关节周围韧带

（3）运动：踝关节属于滑车关节，足和小腿均可围绕其额状轴做屈（跖屈）和伸（背屈）运动。

由于距骨滑车前宽后窄，当足伸时，较宽的滑车前部嵌入关节窝内，关节较稳定；但在足屈时，由于较窄的滑车后部进入关节窝内，此时足可有轻微的侧向活动，关节不够稳定，因此踝关节扭伤多发生在足处于跖屈（如下山、下坡或下楼梯时）的位置。

2. 距下关节

由距跟关节和距跟舟关节组成。距跟关节由距骨和跟骨的后关节面连结而成；距跟舟关节则是由舟骨、跟骨及距骨相对应的关节面连结而成。距跟关节和距跟舟关节在功能上是联合关节，可以使足绕一个不典型的斜矢状轴做内翻（足内侧缘提起、外侧缘下降，足底转向内侧）和外翻（足外侧缘提起、内侧缘下降，足底转向外下方）运动。

因此，从机能角度出发，可将踝关节（距上关节）和距下关节合称为足关节，在此关节中距骨起骨性关节盘作用。当二者联合运动时，足围绕足关节可做屈、伸和内翻、外翻运动，而且往往是踝关节屈时伴有足内翻，踝关节伸时伴有足外翻；此外还可以使足完成环转运动（图 5-54）。

3. 跗骨间的其他关节

在跗骨之间除距下关节外，还有跟骰关节和跗横关节（由跟骰关节与距跟舟关节联合构成）等关节，并有跟舟足底韧带及分歧韧带等强劲的韧带连结于跗骨各骨之间，它们对维持足弓均有重要作用。

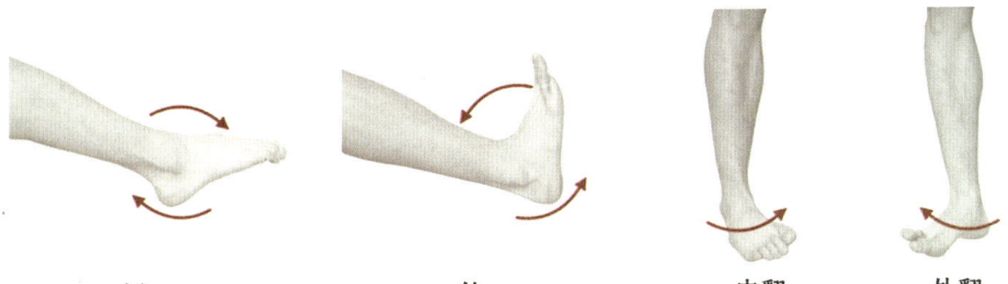

图 5-54　足关节的运动

4. 跗跖关节

由 3 块楔骨和骰骨的前端与 5 块跖骨底构成，属平面关节，可有微小活动。内侧楔骨和第 1 跖骨间的关节腔独立，活动性稍大，可作轻微的屈、伸运动。

5. 跖骨间关节

位于第 2~5 跖骨底的毗邻面之间，属平面关节，活动甚微。

6. 跖趾关节

由跖骨头与近节趾骨底构成，可作轻微的屈、伸与内收、外展运动。

7. 趾骨间关节

由各趾相邻的两节趾骨的底与滑车构成，可作屈、伸运动。

（五）足　弓

由跗骨、跖骨以及足底的韧带和肌腱共同组成一个凸向上方的弓形结构，称为足弓（图 5-55）。足弓是动态的，其与肌肉、韧带一起构成了不可分割的复合体。通常将足弓分为前后方向的内侧纵弓、外侧纵弓和内外方向的横弓（图 5-56）。

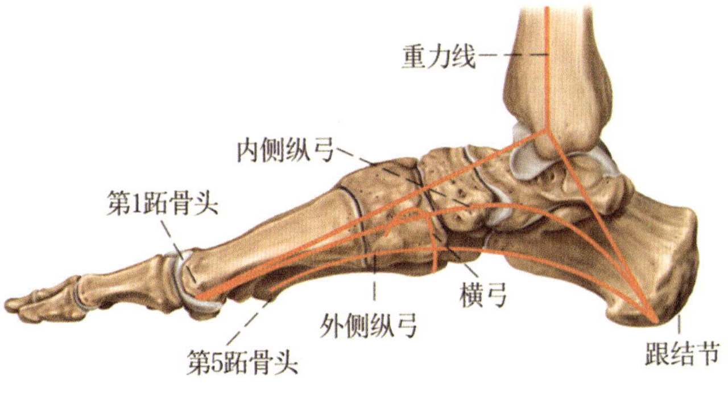

图 5-55　足　弓

内侧纵弓由跟骨、距骨、舟骨、3 块楔骨和内侧 3 块跖骨组成，弓的最高点为距骨头。内侧纵弓曲度大、弹性好，缓冲能力强，又称弹性足弓。

外侧纵弓由跟骨、骰骨和外侧 2 块跖骨构成，弓的最高点在骰骨。外侧纵弓的运动幅度非常有限，曲度小、弹性差，主要是支持体重和传递重力与反作用力，又称支撑足弓。

横弓由骰骨和 3 块楔骨组成，弓的最高点在中间楔骨。横弓呈半穹窿形，当两足并拢时，此弓更完整。

足弓可使重力从踝关节经距骨向前、后分散到第 1、第 5 跖骨头和跟骨，从而保证了人体直立时足底呈三角架着地支撑的稳定性；且具有弹性，可缓冲足部在走、跑及跳跃时的震动，减少地面对身体的冲击，保护体内脏器，特别是大脑免受震荡；同时，足弓还可保护足底的血管、神经免受压迫。良好的足弓有助于运动能力提高，特别对跑跳等项目的运动员更为重要。

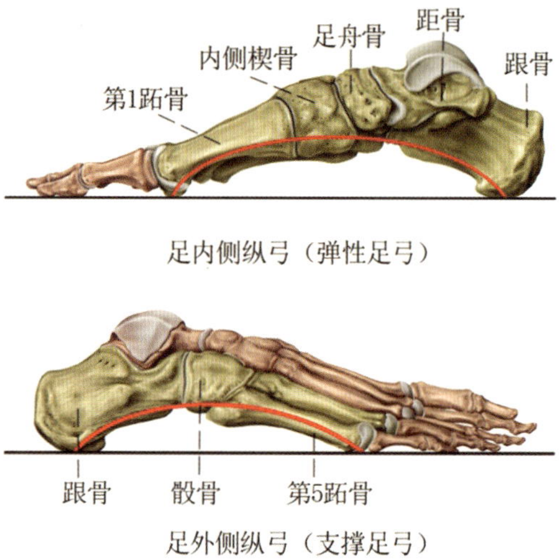

图 5-56　足内侧纵弓和外侧纵弓

足弓的维持除了依靠各骨的连结之外，足底的韧带（跟舟足底韧带、跟骰足底韧带和足底长韧带等）（图 5-57）以及足的长短肌腱的牵引对维持足弓亦起着重要作用。如果足骨、足底韧带或肌肉发育异常，或因足部结构受到损伤而使足弓塌陷，称为扁平足。有扁平足的人，一般走、跑及跳跃功能减弱，小腿和足易产生疲劳，甚至疼痛。

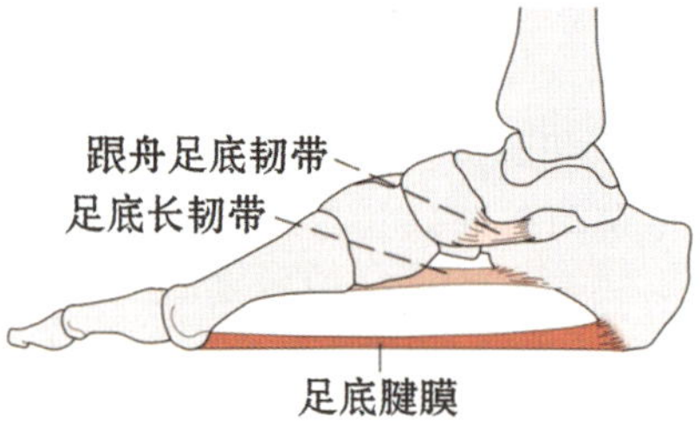

图 5-57　足底韧带示意图

O 思考题

通过本章的学习，对于体育教育和运动训练等专业的学生，请思考：

1. 人体各关节的结构特点是如何与其运动方式相适应的。
2. 影响关节灵活性和稳定性的因素有哪些，在运动训练中如何处理二者之间的关系？

通过本章的学习，对于运动人体科学和运动康复等专业的学生，除上述问题外，还请思考：

1. 依据人体关节主要结构与辅助结构间的关系，在运动训练中，提高关节柔韧素质应注意哪些问题？
2. 脊柱、骨盆和足弓的组成及结构特点，并说明这些结构与运动的关系。

第六章　骨骼肌

人体的肌肉绝大多数附着于骨骼上，故称为骨骼肌。全身肌肉呈对称分布，共有约 600 余块，其数目可因统计方式不同而有所差异。每块肌肉均为一个器官，都具有一定的形态结构、丰富的血液供应和神经支配，并执行一定的功能。

第一节　骨骼肌概述

肌肉收缩时牵动骨骼，在神经系统的支配下引起人体的各种随意运动。各种体育动作都是由许多肌肉协同工作而实现的。同时，体育运动又明显地改善和提高了肌肉的形态结构和功能。

在运动动作中常用的肌肉约有 75 对，其他一些肌肉则与面部表情、咀嚼、吞咽、呼吸和发音等活动有关。此外，尚有大量与躯体运动有关的小块肌肉。成年男性肌肉约占体重的 40%，女性为 35%。四肢肌约占全身肌肉总重量的 80%，其中下肢肌约占 50%，上肢肌约占 30%（图 6–1、图 6–2）。

一、肌肉的构造

（一）肌肉的大体结构

大多数骨骼肌借肌腱附着在骨骼上，每一肌肉就是一个器官，大体上主要由肌腹、肌腱、血管和神经构成（图 6–3）。

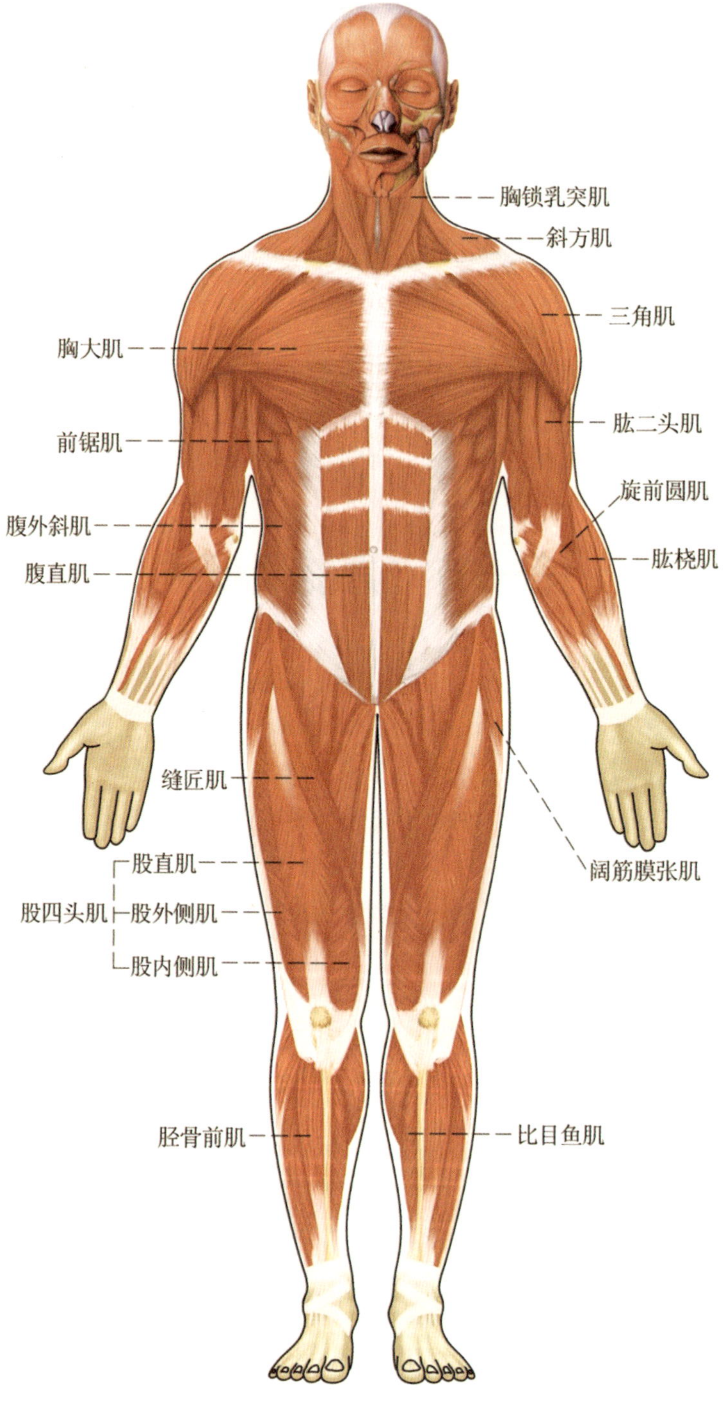
胸锁乳突肌
斜方肌
三角肌
胸大肌
肱二头肌
前锯肌
旋前圆肌
腹外斜肌
肱桡肌
腹直肌
缝匠肌
阔筋膜张肌
股直肌
股四头肌
股外侧肌
股内侧肌
胫骨前肌
比目鱼肌

图 6-1 人体肌肉前面观

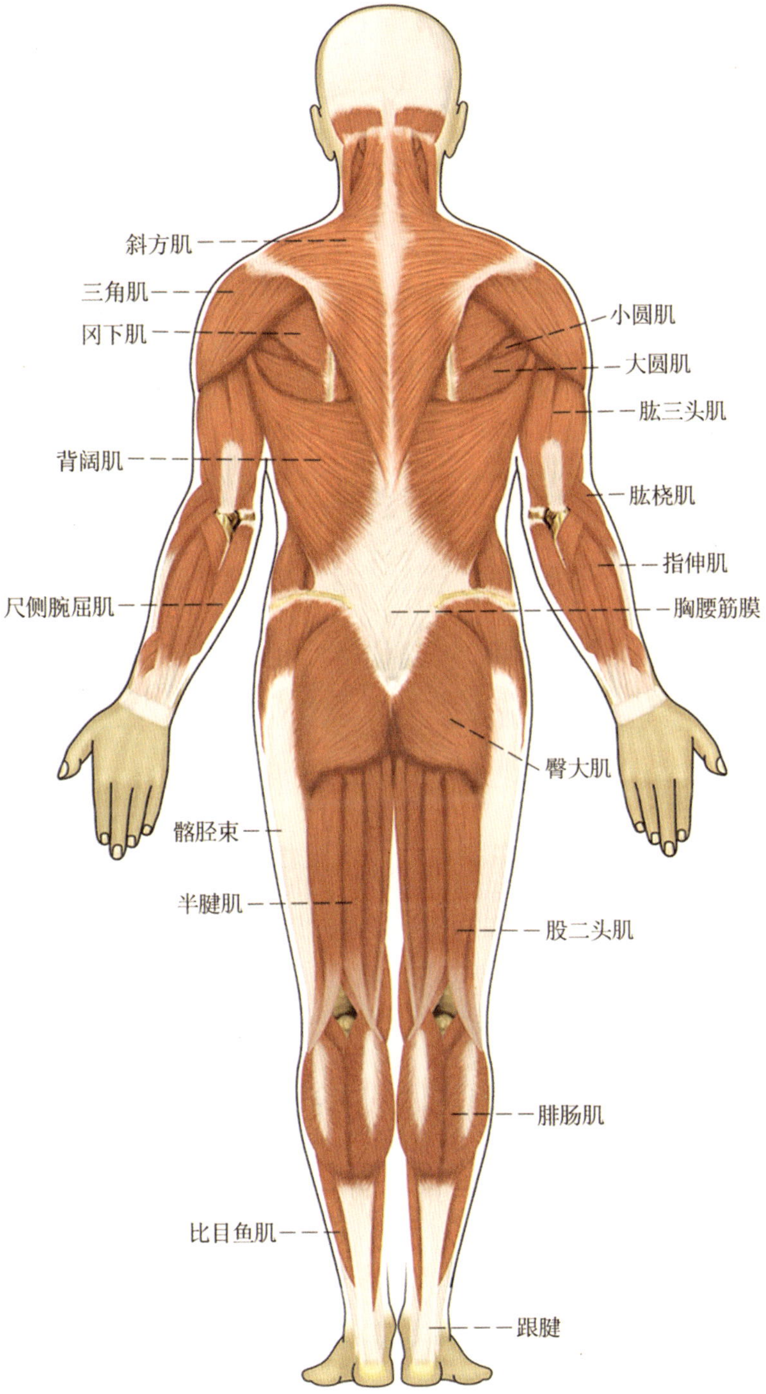
斜方肌
三角肌
冈下肌
小圆肌
大圆肌
肱三头肌
背阔肌
肱桡肌
指伸肌
尺侧腕屈肌
胸腰筋膜
臀大肌
髂胫束
半腱肌
股二头肌
腓肠肌
比目鱼肌
跟腱

图 6-2 人体肌肉后面观

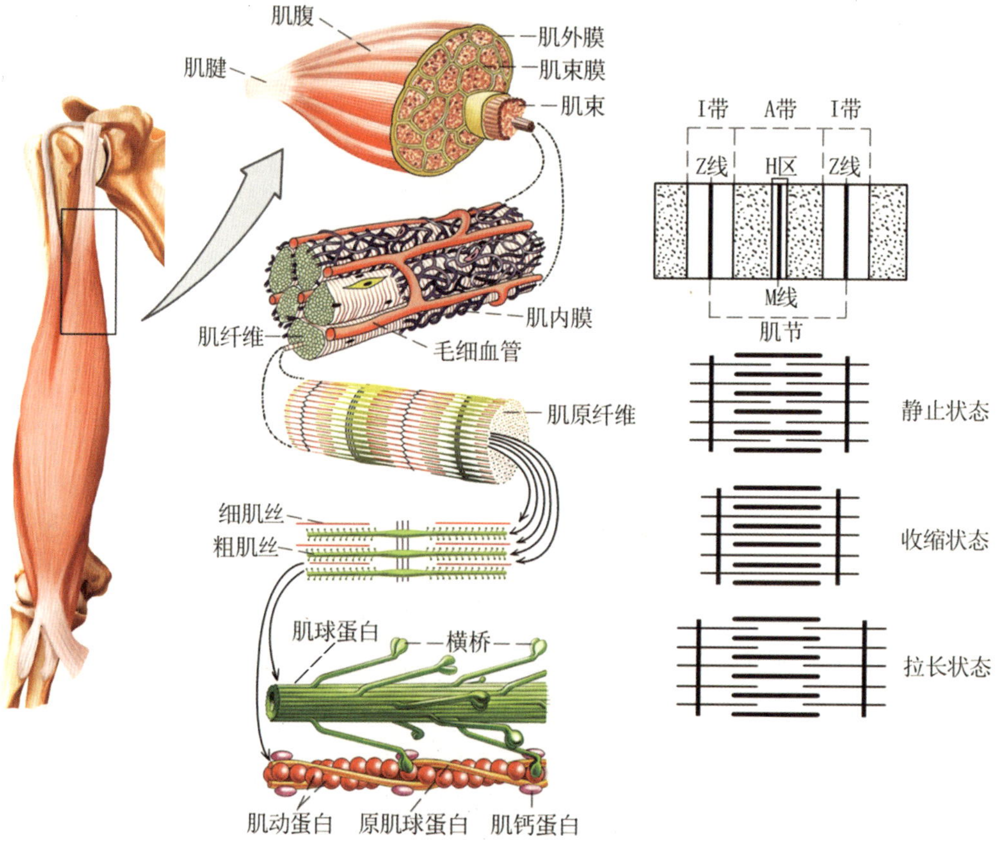

图 6-3　肌肉的构造

1. 肌　腹

肌腹为居于肌肉中部的较肥厚部分，由许多肌纤维（肌细胞）借结缔组织结合而构成。其主要功能是通过肌纤维的收缩和舒张，来产生和调节人体运动的动力。

肌纤维为肌腹的实质部分，每条肌纤维长度在 1~150mm 之间。较长的肌肉是由若干肌纤维连接而成。每条肌纤维的外面均包有一层结缔组织膜，称肌内膜。由 100~150 条肌纤维集合在一起形成肌束，外面包有肌束膜。由若干肌束集合成整块肌腹，外面包有肌外膜。

由结缔组织构成的肌内膜、肌束膜和肌外膜是肌肉的支持组织，血管和神经沿其伸入肌肉内。各层结缔组织膜除有支持、连接、营养和保护肌纤维的作用外，对单条肌纤维的活动、乃至对肌束和整块肌肉的肌纤维群体活动也起着调节作用。

2. 肌　腱

肌腱为肌肉两端的呈银白色的部分，主要由大量的胶原纤维束构成，非常坚韧，一端连于肌腹，另一端附着于骨。长肌的腱多呈条索状，扁肌的腱呈薄膜状，称腱膜。

肌腱的构造与肌腹相似，由腱纤维、腱纤维束、腱束膜和腱外膜等构成。肌腱内胶原纤维相互交织成辫状的腱纤维束，均沿肌肉长轴方向走行，在靠近骨膜处的腱纤维束交织成网状。肌腱的一端与肌内膜、肌束膜和肌外膜相移行，另一端与骨膜紧密结合，并逐步过渡进入骨结构中。

肌腱没有收缩能力，却有很强的坚韧性和抗张力性能，故不易疲劳。它可以将肌腹产生的收缩力传导至骨，以产生杠杆运动。

3. 肌肉中的血管

肌肉中含有丰富的血管，尤其是毛细血管特别丰富。据统计，在人的肌肉中，每平方毫米约有毛细血管 3000 条，全部肌肉毛细血管长度约为 10 万公里。在安静时，肌肉中毛细血管并不是全部都开放，一般每平方毫米只约有 100 条毛细血管开放。而在激烈运动时，肌肉中的毛细血管才有可能全部开放（表 6–1）。

表 6 –1　安静和运动时肌肉中毛细血管的变化

状态	每平方毫米肌肉中毛细血管开放数（条）	每平方厘米肌肉中开放毛细血管的表面积（cm^2）	开放毛细血管容积/肌容积（%）	毛细血管直径（μm）
安静	31 ~ 85	3. 0 ~ 8. 0	0. 02 ~ 0. 06	3
按摩	1400	200	2. 8	4. 6
运动	2500	360	5. 5	5
最大运动	3000	750	15	8

（依克洛夫 1992）

4. 肌肉中的神经

肌肉中分布的神经有躯体运动神经、躯体感觉神经和内脏运动神经等三类。

躯体运动神经支配肌肉的运动。一个运动神经元以及它所支配的肌纤维构成一个运动单位。运动单位是肌肉的基本机能单位。运动单位的大小取决于运动神经元所支配的肌纤维数目。一个运动神经元平均支配约 150 根肌纤维，较大的运动单位则有 1000~2000 条肌纤维，而较小的则只有 6~12 条肌纤维。运动单位愈大，收缩力愈强，反之亦然。体积较大的肌肉由大运动单位构成。

躯体感觉神经起于肌梭和腱梭等本体感受器，主要向神经中枢传导肌肉的张力状态，另外，还传导肌肉的痛觉、温度觉、触觉和压力觉等一般感觉。

肌肉中还分布着内脏运动神经中的交感神经，可以调节肌肉中血管的开放状态，来调控肌肉的血液供应。

（二）肌肉的辅助结构

具有保护和辅助肌肉活动作用的结构，称为肌肉的辅助结构，包括有筋膜、腱鞘、滑膜囊、籽骨和滑车等。它们均由肌肉周围的结缔组织转化而来，分别具有保护肌肉、保持肌肉的位置、减少运动时的摩擦以及提高运动效率等功能。

1. 筋　膜

筋膜为包在肌肉周围的结缔组织膜（图 6–4），分为浅筋膜和深筋膜。

浅筋膜位于皮下，又称皮下筋膜，由疏松结缔组织构成。浅筋膜内含有脂肪、血管和神经等，对肌肉有保护作用，并有助于维持体温。

深筋膜又称固有筋膜，位于浅筋膜深面，由致密结缔组织构成。深筋膜包裹肌肉或肌群，形成各块肌肉或各层肌肉的肌鞘，约束肌肉的牵引方向，分隔各块肌肉或肌群，保证每块肌肉或肌群能单独活动，互不干扰。深筋膜还可以成为肌肉的附加支撑点，扩大肌肉的附着面积，利于增强肌肉收缩时的力量。在四肢，深筋膜插入肌群之间并附于骨，形成肌间隔，分隔肌群；而在腕、踝部，深筋膜增厚形成支持带，支持约束深部的肌腱；另外，深筋膜包绕血管和神经形成血管神经鞘。由深筋膜形成的各鞘管，在病理情况下具有限制炎症扩散的作用。

2. 腱　鞘

腱鞘是包在长肌腱周围的结缔组织鞘，主要分布于手、足等活动性较大的部位。

腱鞘呈双层套管状，由外层和内层组成（图 6-5）。外层厚而韧，称腱纤维鞘。内层称腱滑膜鞘，其又分为壁层和脏层，脏层贴于肌腱表面，壁层贴于腱纤维鞘内面，内、外两层在鞘的两端互相移行，形成一个密闭的腔隙，内含少量滑液，可减少肌腱活动时与骨面之间的摩擦，并具有固定肌腱的作用。

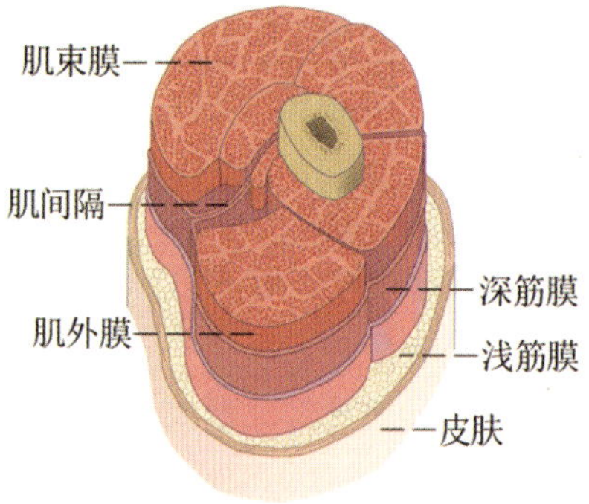

图 6-4　筋膜

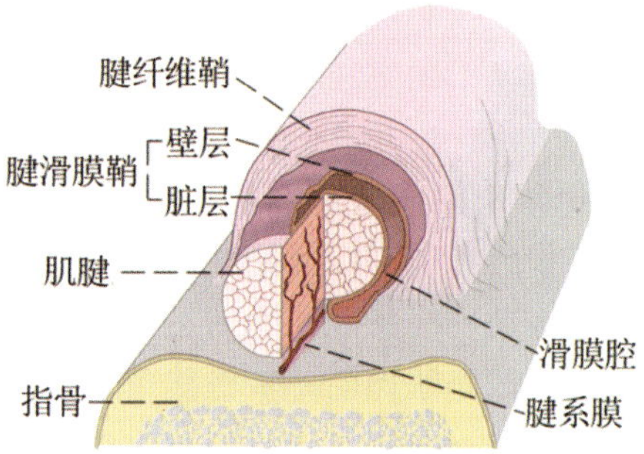

图 6-5　腱鞘

在腱滑膜鞘脏层和壁层的移行处，形成腱系膜，供应腱的血管、神经由此出入。

3. 滑膜囊

滑膜囊为扁形封闭的结缔组织小囊，内含有滑液，多位于肌肉或韧带和骨面接触处，可减少两者间的摩擦，有肌下滑膜囊、腱下滑膜囊和皮下滑膜囊等（图 6-6）。滑膜囊有的密闭，单独存在；有的邻近关节，并与关节腔相通。滑膜囊炎症时可致局部疼痛和功能障碍。

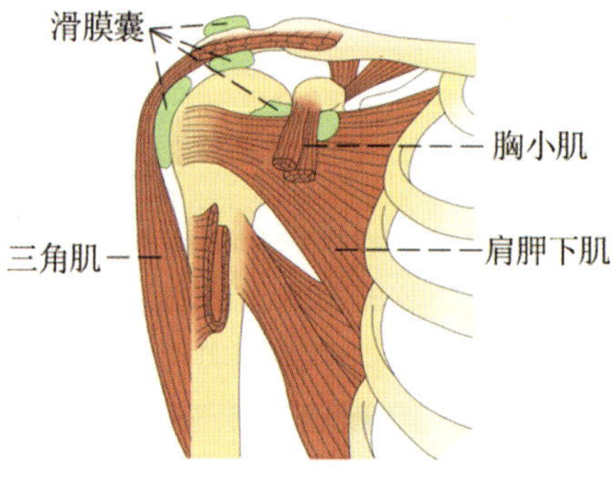

图 6-6　滑膜囊

4. 籽　骨

籽骨由肌腱骨化而成，通常位于肌肉止点腱与骨之间。例如，髌骨就是股四头肌止点腱与股骨髌面之间的籽骨。籽骨可以增大肌肉的肌拉力角，从而加大了肌肉工作的力臂，有利于提高肌肉工作的效率。

5. 滑　车

滑车有两种：一种是骨性滑车，即骨性槽，滑车表面覆以软骨，有肌腱或籽骨在此滑动。如股骨下端前面的髌面，就是骨性滑车，髌骨在此滑动。还有足骨的内、外踝等处都有骨性滑车存在。另一种滑车是由结缔组织构成的环，有肌腱从环中通过。滑车的作用也有两个：一个是防止肌腱向旁边移位；另一个是肌腱通过滑车后往往会改变拉力方向。

二、肌肉的分类和命名

（一）肌肉的分类

肌肉有多种分类方法（图 6-7）。

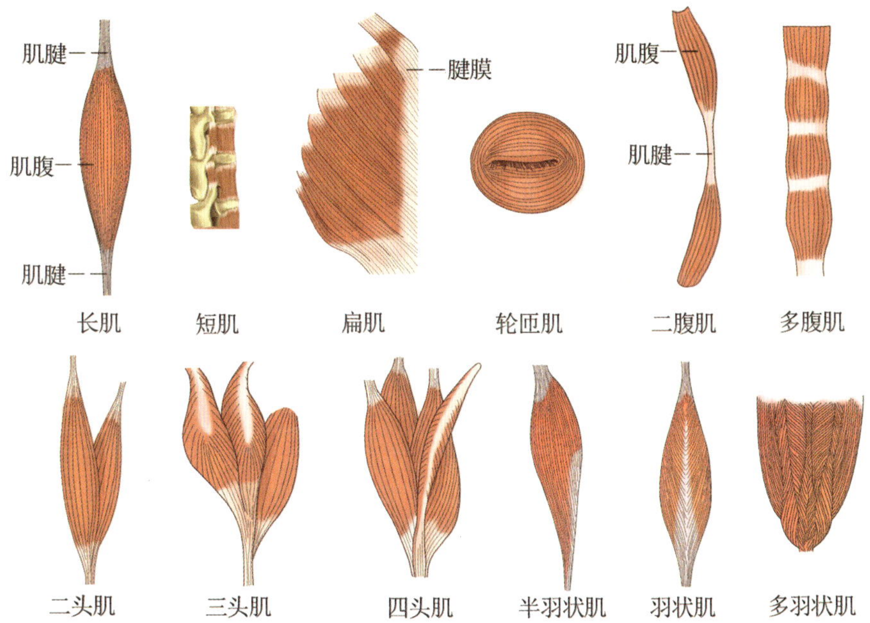

图 6-7　肌肉的各种形态

1. 根据肌肉形状分类

肌肉的形态多种多样，按外形可分为长肌、短肌、扁肌和轮匝肌等。长肌呈棱形或带状，主要分布于四肢，收缩时可产生较大幅度的运动。短肌短小，主要分布于躯干部深层，收缩时运动幅度较小。扁肌扁薄宽阔，多分布于胸、腹壁，收缩时除运动躯干外，还有保护和支持体腔内器官等作用。轮匝肌呈环形，分布于孔、裂的周围，收缩时可关闭孔裂。

2. 根据肌头和肌腹的数量分类

肌头是指肌肉的起点腱，根据肌头的多少可分为二头肌、三头肌和四头肌。大多数肌肉为单头肌。

根据肌腹的数量可分为单腹肌、二腹肌和多腹肌。肌腹与肌腹之间以腱相连，如腹直肌为多腹肌。大多数肌肉为单腹肌。

3. 根据肌纤维排列方式分类

根据肌纤维排列的方向，肌肉可分为直肌、斜肌和横肌等。根据肌束与肌肉长轴的关系，还可分为梭形肌、单羽状肌、双羽状肌和多羽状肌。

4. 根据肌肉的运动机能分类

根据运动机能，肌肉可分为屈肌、伸肌、展肌、收肌、旋前肌、旋后肌、括约肌、开大肌、提肌和降肌等。

5. 根据肌肉跨过的关节数目分类

根据跨过关节的数目多少，肌肉可分为单关节肌、双关节肌和多关节肌。跨过一个关节的肌肉，称为单关节肌，跨过两个关节的肌肉，称为双关节肌，跨过二个以上关节的肌肉，称为多关节肌。

（二）肌肉的命名

肌肉的命名与其形态、位置、起止点和功能有关。如斜方肌和三角肌等是按其形状命名的，冈上肌和冈下肌等是按其位置命名的，而肱桡肌和胸锁乳突肌等是按起止点命名的，大收肌和肩胛提肌等是按功能命名的等。

三、肌肉的工作术语

（一）肌肉附着点的区分

肌肉一般以两端附着于骨面上，中间越过一个或几个关节。这样，肌肉收缩发力时，才会牵引骨环节绕关节运动。对肌肉附着点有以下分类：

1. 起点和止点

起点通常是指靠近身体正中面或在四肢上处于近侧端的附着点。止点是指远离身体正中面或在四肢上处于远侧端的附着点（图 6-8）。

肌肉起止点是固定不变的，主要用于确定肌肉在身体上的位置和作用。

2. 定点和动点

肌肉收缩时，大多数动作是其附着的某一块骨的位置相对固定，而其附着的另一块骨相对移动。肌肉收缩时相对固定的一端附着点称为定点，肌肉

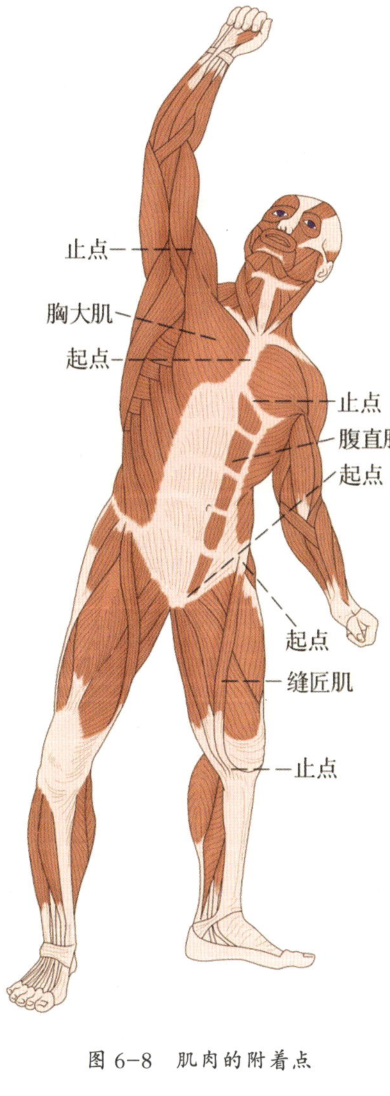

图 6-8　肌肉的附着点

收缩时相对移动的一端附着点为动点。

由于运动动作的复杂多样，肌肉的定点和动点在一定条件下可以相互转换。例如，肱肌两端分别附着于上臂的肱骨和前臂的尺骨，在手持哑铃弯举动作中，上臂的肱骨相对地固定，定点在肱骨；肱肌收缩引起前臂绕肘关节向上臂运动，动点在肱骨。相反，在完成引体向上动作中，前臂相对地固定，定点在尺骨；肱肌收缩引起上臂绕肘关节向前臂运动，动点在尺骨。

（二）肌肉的工作条件

1. 近固定和远固定

在四肢肌肉收缩时，肌肉的近侧端附着点相对固定的工作条件称近固定（或近侧支撑），而肌肉的远侧端附着点相对固定的工作条件称远固定（或远侧支撑）。例如，手持哑铃在肘关节处做屈的动作时，前臂向上臂靠拢，肱二头肌是在近固定条件工作，此时的动点为止点，定点为起点。做“引体向上”动作时，肘关节做屈，上臂向前臂靠拢，此时的肱二头肌

图 6–9 肌肉的近固定和远固定工作

是在远固定条件下工作，此时的动点为起点，定点为止点（图 6–9）。

2. 上固定和下固定

在躯干和头颈肌肉收缩时，肌肉的上端附着点相对固定的工作条件称上固定（或上支撑），而肌肉的下端附着点相对固定的工作条件称下固定（或下支撑）。例如，在做“仰卧举腿”动作时，腹直肌是上固定工作，在做“仰卧起坐”动作时，腹直肌则是下固定工作（图 6–10）。

3. 无固定

在躯干和头颈肌肉收缩时，肌肉两端的附着点都不固定的工作条件称无固定（或无支撑），例如仰卧两头起动作中，腹直肌是无固定工作（图 6–10）。

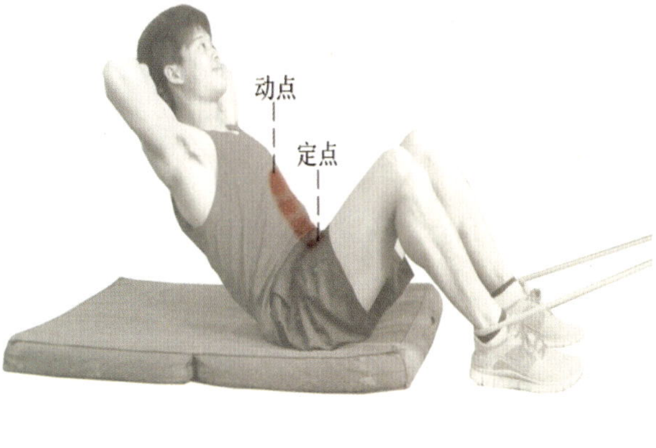

仰卧起坐

仰卧举腿

仰卧两头起

图 6-10 肌肉的上固定、下固定和无固定工作

四、肌肉的物理特性

肌肉的主要物理特性为张力的可变性、伸展性、弹性和粘滞性。

（一）张力的可变性

张力的可变性是肌肉的重要特性，表现为肌肉内部的张力会随着肌纤维的收缩或舒张而产生变化。由肌纤维收缩而导致的肌肉张力的增加构成了人体各种动作的动力来源。肌纤维长度最多可缩短 1/3~1/2。即使在静息状态，也会有少量运动单位轮流收缩，使肌肉保持一定的张力，以维持某种姿势。

（二）伸展性

肌肉在外力作用下可被拉长的特性叫做伸展性。

一块正常的肌肉可延展其安静时长度的 1/3~1/2，也能缩短其安静长度的 1/3~1/2，一块肌肉的伸展长度对缩短长度之比，叫做这块肌肉的振幅比（冲程比），振幅比的大小也反映了肌肉所跨过的关节的允许活动范围。

与其他弹性体一样，在弹性限度内，作用的外力愈大，肌肉长度的伸展也愈大。但是肌肉又显著区别于无机物的弹性体，肌肉在力作用下其长度伸展的情况具有明显的时间效应。把负荷加在肌肉上时，肌肉开始立即延长一定的长度，以后在一个长时间内还会继续延长，快速延长时相历时 1~2 秒，而缓慢延长时相则可持续数小时。

各种肌肉的伸展性有所不同。红肌的伸展性大于白肌；平行纤维的肌肉，其伸展性大于羽状肌。

（三）弹　性

当拉长肌肉的外力作用解除后，肌肉可恢复其原有长度的性质叫弹性。肌肉的弹性取决于肌肉的结缔组织成分。

肌肉的弹性也具有明显的时间效应，最初的恢复非常迅速，历时 1~2 秒，之后则越来越慢，可历时数分钟。在一定的条件下，肌肉可能在一段较长时间内仍略为延长，就是说，肌肉不具有完全的弹性。肌肉的这种残余变形，称为肌肉的可塑性。负荷量小且作用时间短时，肌肉几乎能完全恢复原形；伸展力越大、作用的时间越长，残余变形便越明显。伸展力作用得越久，初期的快速缩短就越微弱。这表明，伸展时间的长短非常重要。

在肌肉发生机能改变时，弹性变化情况有些不同。温血动物的肌肉冻僵后，弹性减退，即受到相同负荷作用时，伸展程度较正常体温时减少，而伸展后恢复原有长度亦较完全。但肌肉疲劳时的伸展程度显著高于非疲劳时，并且越疲劳，伸展越显著。

肌肉的伸展性和弹性与柔韧性密切相关。适当地提高肌肉的伸展性和弹性，对肌肉工作很有利。在体育运动中，有目的、有计划地发展肌肉的伸展性，对于加大运动幅度、增强关节柔韧性和预防肌肉拉伤有着重要的意义。

（四）粘滞性

肌肉的粘滞性是肌肉收缩或被拉长时，其内部各种物质分子之间相互摩擦产生的内部阻力的外在表现。它使肌肉在收缩或被拉长时会受到阻力的作用，并额外消耗一定的能量。

肌肉粘滞性的大小与温度有关。温度低时粘滞性大，反之则小。因此在气温低的季节进行训练与比赛，必须首先做好充分的准备活动，以增加体温，从而降低肌肉的粘滞性，提高肌肉收缩和舒张的速度，这对提高成绩、减少损伤具有重要意义。

青少年和运动员肌肉活动能力强，粘滞性一般较低；而老年人的粘滞性则较大。某些颈肩腰腿痛的病人由于软组织粘连，表现出来的粘滞性就很大。

肌肉的上述物理特性，在运动训练和体育锻炼中应予以注意和应用。

五、研究肌肉功能的方法

研究肌肉功能的方法很多，通常有解剖学分析法、扪触法、电刺激法、肌电图法和临床观察法等。单独使用任何一种方法，都不能获得肌肉在运动中全部准确的知识。

（一）解剖学分析法

这种方法是通过确定肌肉的起点和止点、经过关节的方位和肌束排列的方向，来推断肌肉功能的方法。这是认识肌肉功能的基本方法，也是目前确定深层肌功能的最好方法。缺点是只能分析出肌肉的各种可能作用，但不能确定其在体内实际发挥作用的时相和贡献大小。

人体关节的运动，都是肌肉活动的结果。肌肉对身体某一部分所产生的作用，取决于肌力位于关节运动轴的具体方位和关节转动力矩所指向的方向。解剖学分析法的核心是在人体上，根据上述条件，确定肌力对关节的某一运动轴产生的力矩方向。

（二）扪触法

此法是让受检者作一定的动作，或承受一定的重量，观察和扪触其各肌的收缩情况。此法的缺点是不能了解深层肌的作用，也不能确定每一块肌肉的作用时相。

（三）电刺激法

在肌肉体表投影处给予电刺激，引起肌肉的收缩，可在活体检查单个肌肉的作用，但对深层肌肉较难检查。

（四）肌电图法

当肌肉收缩舒张时，肌纤维的电位发生变化。可将肌电极埋入肌内或放置于身体表面记录其电位的变化，从而获得肌电图。肌电仪可同时记录数块肌肉的活动。在临床上，可用肌电仪诊断神经或肌肉的疾病。

目前，在体育技术动作的研究中较常用的为无损的表面肌电技术，但其缺点是无法精确得出某一特定肌肉的确切工作特点。

（五）临床观察法

观察肌或肌组织瘫痪的患者，可得出有关肌肉作用的信息。但是，周围神经系统损伤的患者，瘫痪肌的作用可能由其他肌肉所代替，使瘫痪程度减轻。

综上所述，目前还不能在错综复杂的人体运动中，准确地认识每一块肌肉在一定运动过程中不同阶段的具体作用。

第二节　躯干肌

若肌肉的主体部分分布于躯干，且至少有一端附着于躯干骨上，则此类肌肉通常称为躯干肌。躯干肌大多扁而阔，按部位分为背肌、胸肌、膈肌、腹肌和盆底肌（图 6–11、图 6–12）。

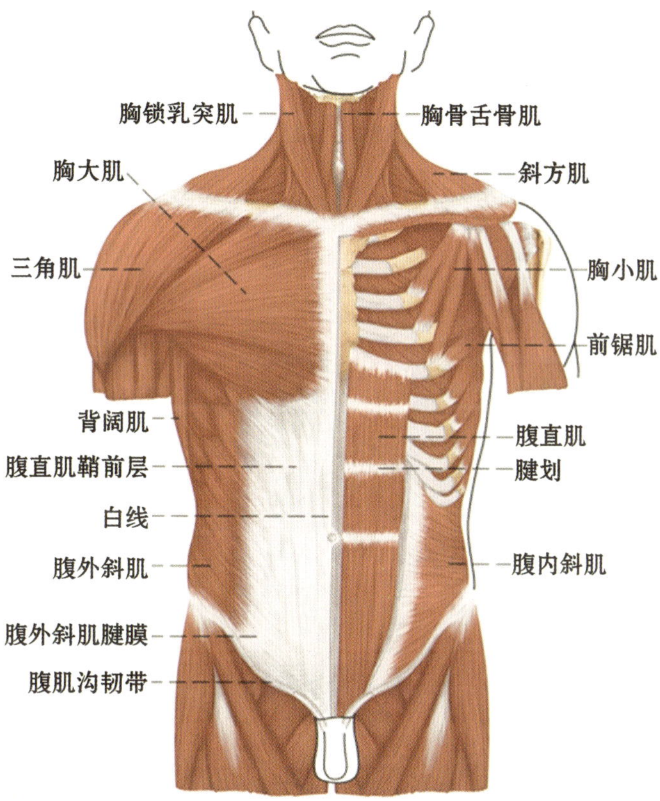

图 6–11　躯干肌前面观

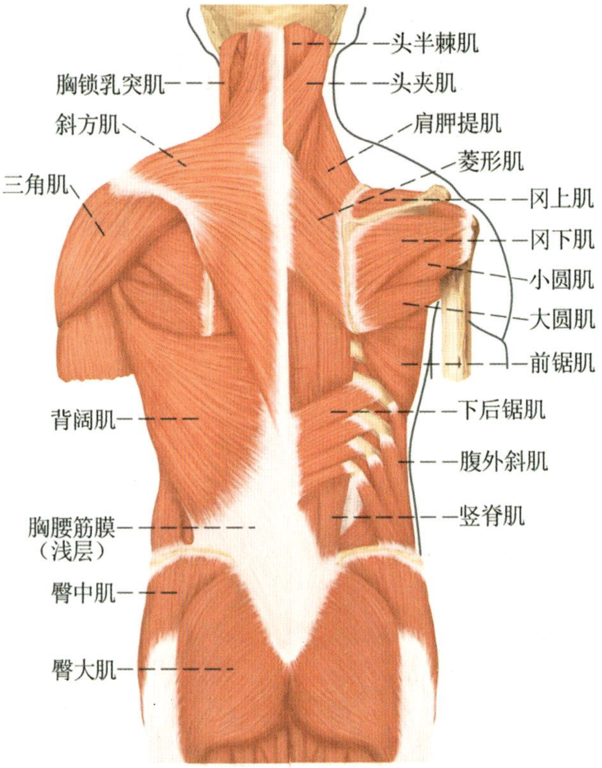

图 6-12　躯干肌后面观

一、背　肌

背肌位于躯干背面，分为浅、深两层。

（一）背浅层肌

背浅层肌位于躯干背面浅层，主要包括斜方肌、背阔肌、肩胛提肌和菱形肌等，它们均起于脊柱，止于上肢带骨或肱骨。

1. 斜方肌（图 6-13）

位置与形态：位于项部和背上部，呈三角形，两侧合在一起为斜方形。肌束分为上、中、下三部分。

起点：枕外隆凸、项韧带和全部胸椎的棘突。

止点：锁骨外侧 1/3、肩峰和肩胛冈。

功能：近固定时，上部肌束的拉力指向内上方，其旋转分力使肩胛骨上提、后缩和上回旋；中部肌束的拉力水平向内，使肩胛骨后缩；下部肌束的拉力指向内下方，其旋转分力使肩胛骨下降、后缩、上回旋。三部肌束同时收缩，使肩胛骨后缩。远固定时，一侧收缩使头和脊柱向同侧屈和向对侧回旋；两侧同时收缩，使头和脊柱颈胸段伸直。因此，在儿童少年时期，可以通过发展斜方肌的力量来预防纠正驼背和含胸。

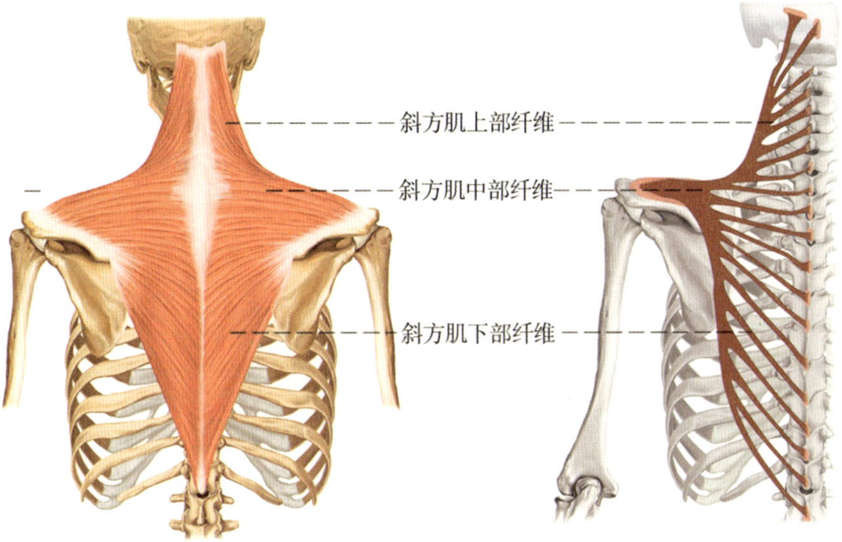

图 6-13 斜方肌

2. 背阔肌（图 6-14）

位置与形态：为三角形扁肌，是全身最大的扁肌，位于腰背部和胸部后外侧，上部被斜方肌覆盖。

起点：以腱膜起于第 7~12 胸椎和全部腰椎的棘突、骶正中嵴、髂嵴后部和第 10~12 肋骨的外侧面。

止点：肌束向外上方集中，经腋窝后壁移向上臂的前内侧，止于肱骨小结节嵴。

功能：近固定时，向后内下方拉引肱骨，使肩关节伸、内收和旋内。远固定，拉引躯干向上臂靠拢（如引体向上动作）或提肋助吸气。

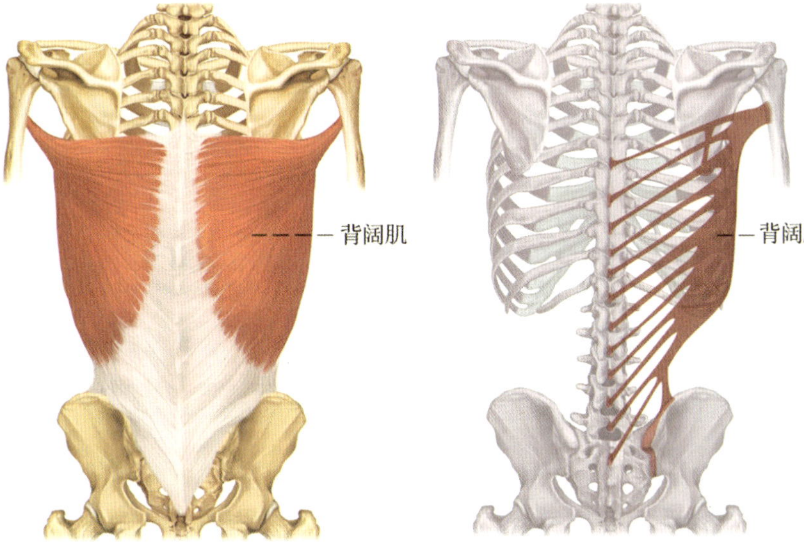

图 6-14 背阔肌

3. 菱形肌（图 6–15）

位置与形态：位于斜方肌深层，肩胛骨内侧缘和脊柱之间，呈菱形。

起点：起于第 6~7 颈椎和第 1~4 胸椎的棘突。

止点：止于肩胛骨的内侧缘。

功能：近固定时，拉力向内上方，使肩胛骨后缩、上提、下回旋。远固定时，两侧同时收缩使脊柱伸。

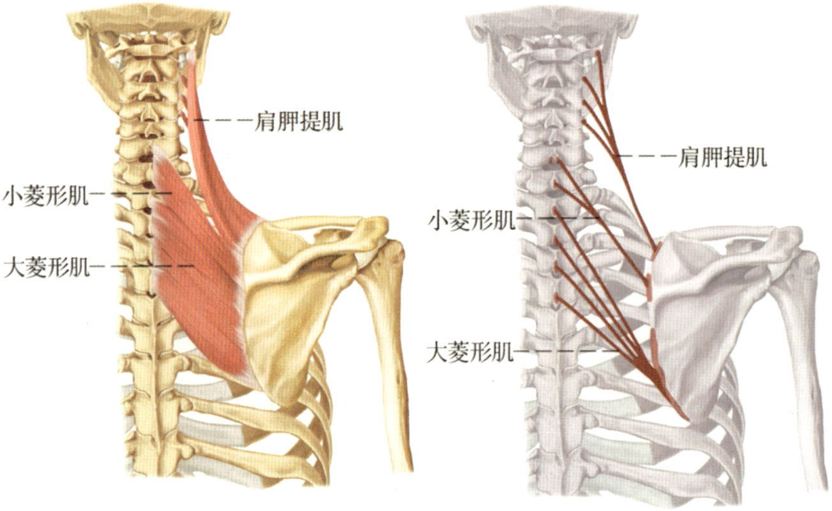

图 6–15　菱形肌和肩胛提肌

4. 肩胛提肌（图 6–15）

位置与形态：位于斜方肌上部深层，为带状长肌。

起点：起于第 1~4 颈椎的横突。

止点：止于肩胛骨的上角。

功能：近固定时，使肩胛骨上提和下回旋。远固定时，一侧收缩使脊柱颈段向同侧侧屈和回旋，两侧同时收缩使脊柱颈段伸。

（二）背深层肌

背深层肌位于躯干背面深层，分布于脊柱两侧的纵沟内，为数众多，其浅层主要是竖脊肌和夹肌，深层为节段性明显的许多短肌。

1. 竖脊肌（图 6–16、图 6–17）

位置与形态：为背肌中最长、最大的肌肉，纵列于躯干背面，脊柱两侧的沟内，分为棘肌、最长肌和髂肋肌三部分。

起点：起于骶骨背面、髂嵴后部、腰椎棘突和胸腰筋膜。

止点：止于颈椎和胸椎的棘突与横突、颞骨乳突和肋骨的肋角。

功能：下固定时，两侧同时收缩，使头和脊柱伸；一侧收缩，使脊柱侧屈。上固定时，

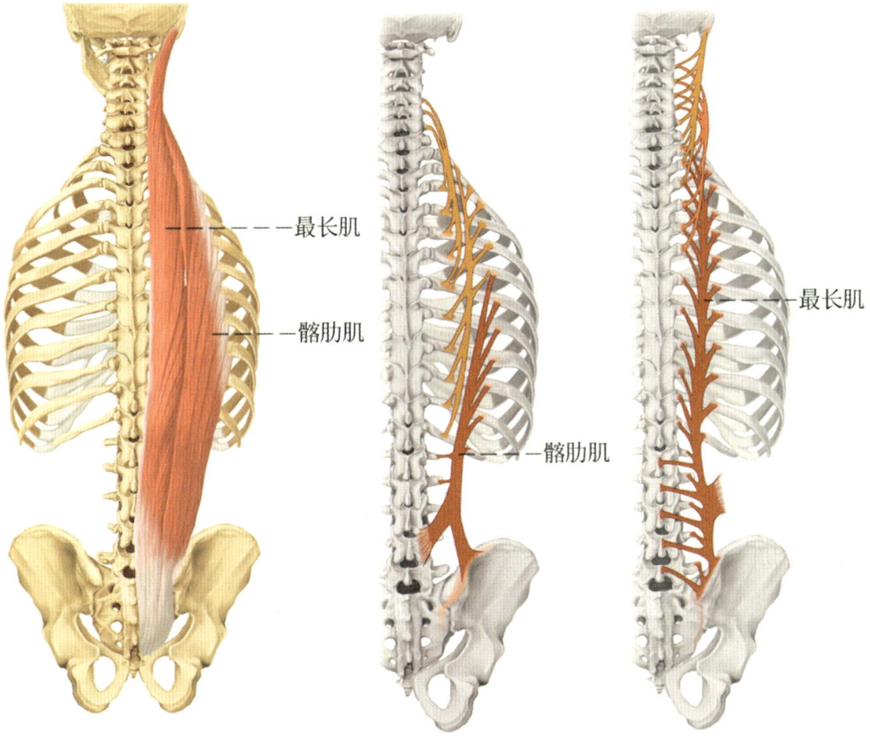

图 6-16　竖脊肌（髂肋肌、最长肌，棘肌见下图）

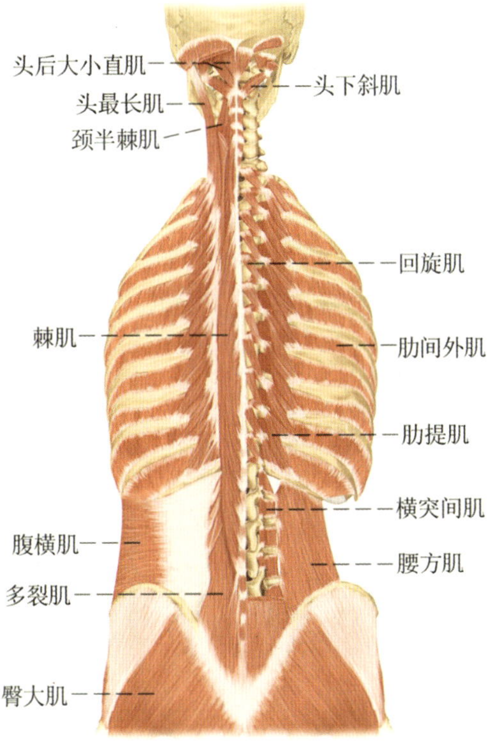

图 6-17　背部深层肌

两侧同时收缩，使脊柱伸并带动下肢后摆；一侧收缩，使脊柱侧屈，完成如鞍马上的侧向摆越动作。

2. 夹　肌

位置与形态：位于背部深层，斜方肌和菱形肌的深面，上位的胸椎和颈椎两侧。

起点：起于第 3~7 颈椎和第 1~6 胸椎的棘突。

止点：纤维向外上走行，止于第 1~3 颈椎横突和颞骨乳突。

功能：下固定时，一侧收缩使头颈向同侧屈和回旋；两侧同时收缩使头颈后伸。

3. 背短肌

背短肌为竖脊肌深部的许多小肌，呈明显的节段性，连于相邻两个椎骨或数个椎骨之间，分为横突棘肌（包括半棘肌、回旋肌和多裂肌等三部分）、棘突间肌和横突间肌，除参与脊柱伸、侧屈和回旋之外，还可加强椎骨之间连结的稳固性和脊柱运动的灵活性（图 6–17）。

二、胸　肌

胸肌分为胸上肢肌和胸固有肌（图 6–11）。

（一）胸上肢肌

胸上肢肌均起自胸廓外面，止于上肢带骨或肱骨，包括胸大肌、胸小肌、前锯肌等。

1. 胸大肌（图 6–18）

位置与形态：位置浅表，覆盖胸廓前壁的大部，呈扇形，宽而厚。

起点：起自锁骨的内侧半、胸骨和第 1~6 肋软骨前面及腹直肌鞘前壁上部。

止点：各部肌束聚合向外，以扁腱止于肱骨大结节嵴。

功能：近固定时，向前内拉引肱骨，使上臂屈、内收和旋内。远固定时，拉引躯干向上臂靠拢，或提肋辅助吸气。

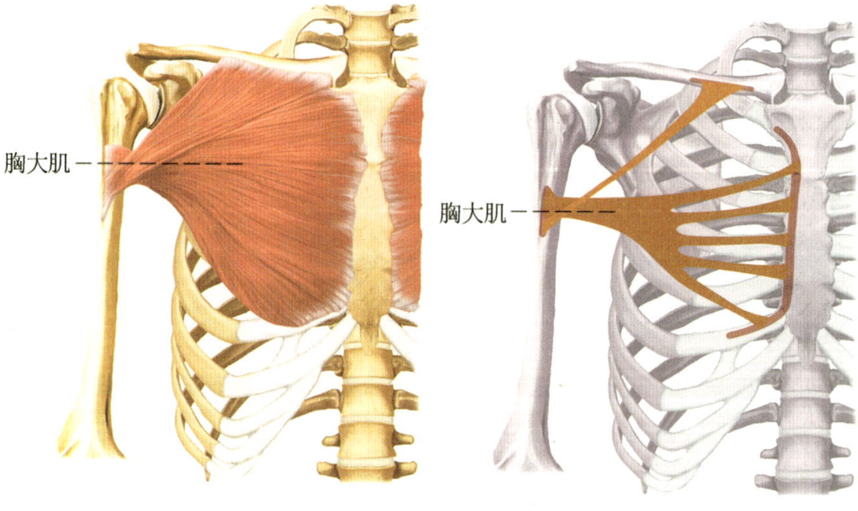

图 6–18　胸大肌

2. 胸小肌（图 6–19）

位置与形态：位于胸大肌深面，呈三角形。

起点：起自第 3~5 肋骨的前面，肌束向外后上方走行。

止点：止于肩胛骨喙突。

功能：近固定时，拉力方向指向前内下方，其旋转分力使肩胛骨下降、前伸和下回旋。远固定时，拉力方向指向后外上方，能提肋辅助吸气。

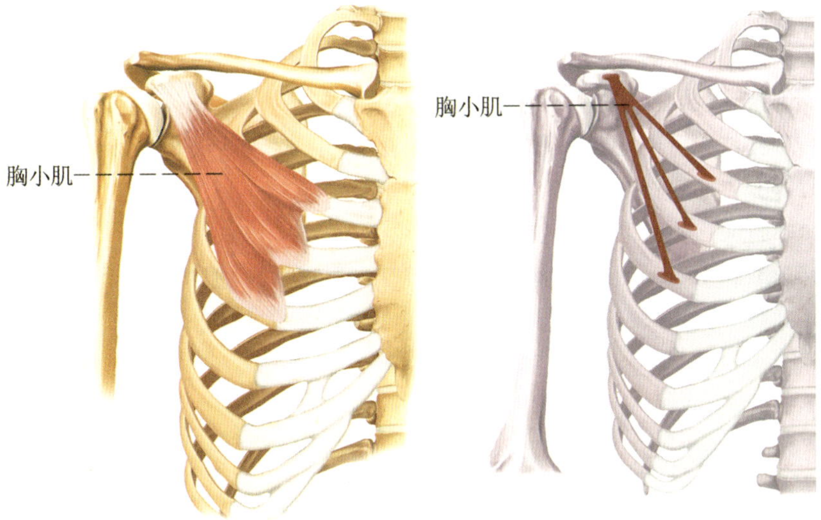

图 6–19　胸小肌

3. 前锯肌（图 6–20）

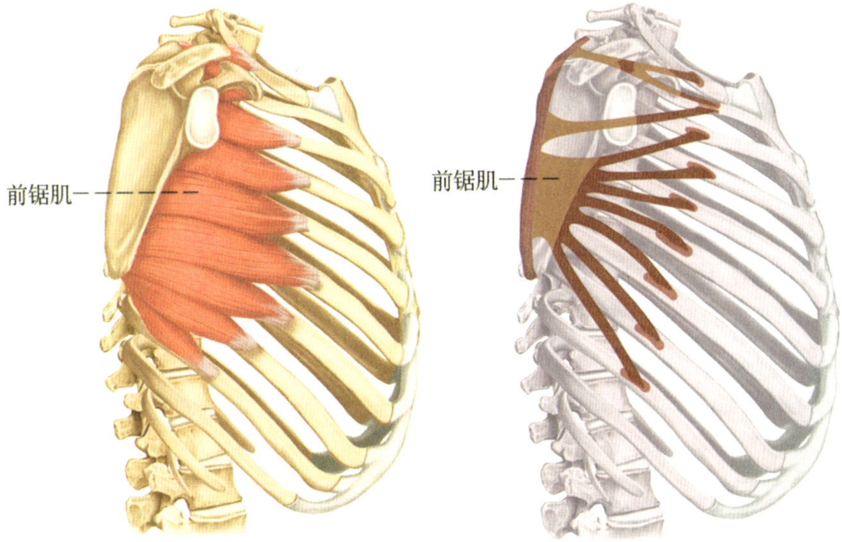

图 6–20　前锯肌

位置与形态：位于胸廓的外侧面浅层，前上部被胸大肌和胸小肌覆盖，为锯齿状的扁肌。

起点：以数个肌齿起自上位 8 或 9 块肋骨的外侧面。

止点：止于肩胛骨内侧缘和下角的前面。

功能：近固定时，使肩胛骨前伸，下部肌束使肩胛骨下降和上回旋。远固定时，能提肋辅助吸气。

（二）胸固有肌

胸固有肌指两端均附着于胸廓表面的肌肉，主要包括肋间外肌和肋间内肌等。

1. 肋间外肌（图 6–21）

位置与形态：位于各肋间隙的浅层，为扁肌，共 11 对。

起点：起自上位肋骨的下缘。

止点：纤维斜向前下，止于下位肋骨的上缘。

功能：仅在上固定时，上提肋骨，参与吸气；且与肋间内肌协同发挥作用。

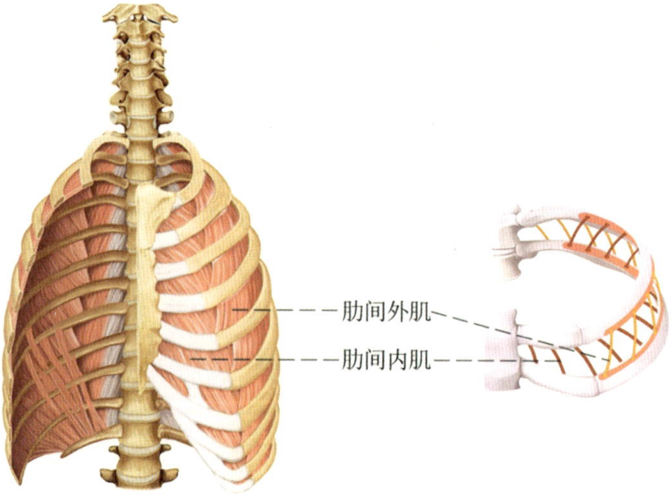

图 6–21　肋间外肌和肋间内肌

2. 肋间内肌（图 6–21）

位置与形态：位于肋间外肌的深面，为扁肌，共 11 对。

起点：起自下位肋骨的上缘。

止点：纤维斜向前上，止于上位肋骨的下缘。

功能：仅在下固定时，使肋骨下降，参与呼气；且与肋间外肌协同发挥作用。

三、膈

膈亦称膈肌（图 6–22）。

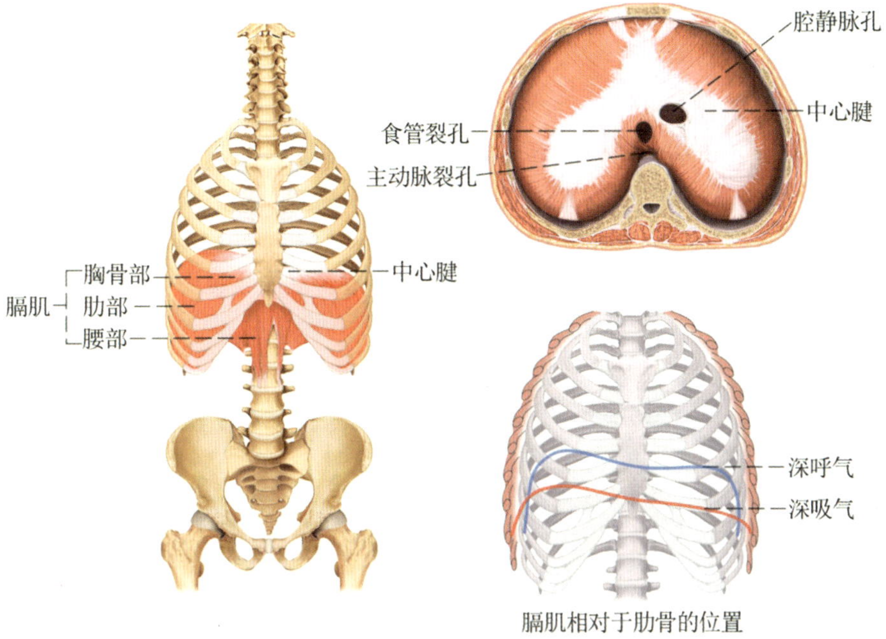

图 6–22　膈　肌

位置与形态：位于胸、腹腔之间，构成胸腔的底和腹腔的顶，为凸向上、穹窿形的扁薄阔肌。膈有 3 个裂孔：在第 12 胸椎前方为主动脉裂孔，有降主动脉和胸导管通过，在主动脉裂孔的左前方，约平第 10 胸椎高度有食管裂孔，食管和迷走神经通过该孔。在食管裂孔的右前方，约平第 8 胸椎高度有腔静脉孔，孔内通过下腔静脉。

起点：起自胸廓下口，即胸骨剑突后面、下 6 对肋的内面以及上位的 3 个腰椎体前面。

止点：肌束向中央汇聚，移行为腱膜，称为中心腱。

功能：膈肌为主要的呼吸肌，收缩时膈穹窿下降，增大胸腔容积以产生吸气；松弛时膈穹窿上升恢复原位，胸腔容积减小以产生呼气。膈肌与腹肌同时收缩，可增加腹压，以协助排便、分娩及呕吐等活动。

四、腹　肌

腹前壁、侧壁和后壁的大部分均为腹肌构成，腹肌上附着于胸廓，下附着于骨盆，腹肌参与构成腹壁，分为前外侧群和后群（图 6–11）。

（一）前外侧群

前外侧群形成腹腔的前外侧壁，包括腹直肌、腹外斜肌、腹内斜肌和腹横肌。

1. 腹直肌（图 6-23）

位置与形态：位于腹前壁正中线的两旁，居腹直肌鞘内，为上宽下窄的带形多腹肌，全长被 3~4 条横行的腱划分成多个肌腹，腱划由结缔组织构成，与腹直肌鞘的前壁紧密结合，可防止腹直肌收缩时移位。

起点：起自耻骨联合上缘。

止点：肌束向上止于胸骨剑突和第 5~7 肋软骨的前面。

功能：下固定时，一侧收缩，使脊柱向同侧侧屈；两侧同时收缩，使脊柱前屈，并可降肋辅助呼气。上固定时，一侧收缩使骨盆向对侧侧倾，脊柱向同侧侧屈；两侧同时收缩，使骨盆后倾。无固定时，使胸廓下口和骨盆上口互相靠近，完成收腹团身动作。

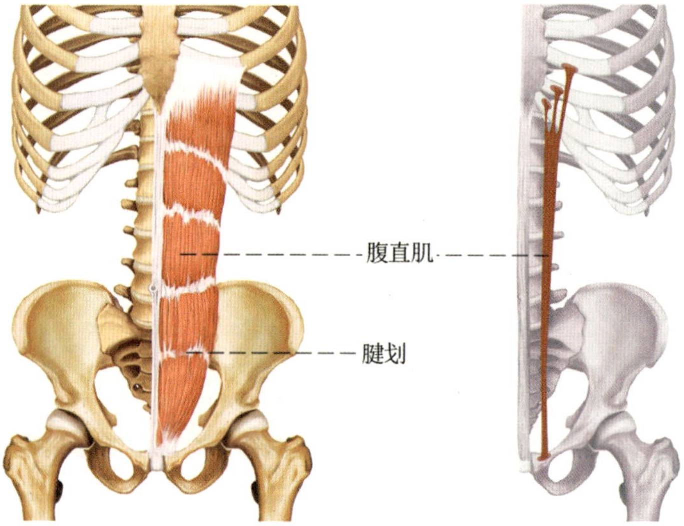

图 6-23 腹直肌

2. 腹外斜肌（图 6-24）

位置与形态：为宽阔扁肌，位于腹前外侧壁的浅层，肌束由外上方向前内下方斜行。

起点：以锯齿状肌束起自第 5~12 肋骨的外侧面。

止点：后部肌束向下，止于髂嵴。前部肌束移行为腱膜，参与形成腹直肌鞘前层，止于腹白线。下缘止于髂前上棘和耻骨结节，形成腹股沟韧带。

功能：下固定时，一侧收缩，使脊柱向同侧侧屈和向对侧回旋；两侧同时收缩，使脊柱前屈，并可降肋辅助呼气。上固定时，一侧收缩使骨盆向同侧回旋及向对侧侧倾，使脊柱向同侧回旋及侧屈；两侧同时收缩，使骨盆后倾。无固定时，使胸廓下口和骨盆上口互相靠近，完成收腹团身动作。

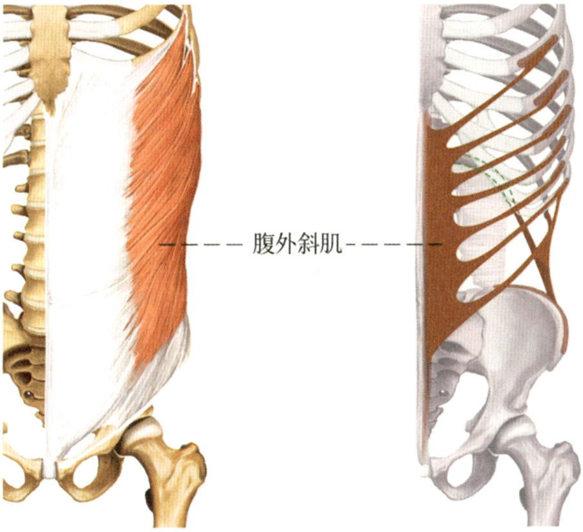

图 6–24　腹外斜肌

3. 腹内斜肌（图 6–25）

位置与形态：亦为宽阔扁肌，位于腹外斜肌的深面，肌束由外下方向前内上方斜行。

起点：起自胸腰筋膜、髂嵴和腹股沟韧带外侧。

止点：后部肌束几乎垂直上升，止于第 10~12 肋骨下缘。前部肌束移行为腱膜，参与形成腹直肌鞘前层和后层，止于腹白线。

功能：下固定时，一侧收缩，使脊柱向同侧侧屈和向同侧回旋；两侧同时收缩，使脊柱前屈，并可降肋辅助呼气。上固定时，一侧收缩使骨盆向对侧回旋及向同侧侧倾，使脊柱向对侧回旋及向同侧侧屈；两侧同时收缩使骨盆后倾。无固定时，使胸廓下口和骨盆上口互相靠近，完成收腹团身等动作。

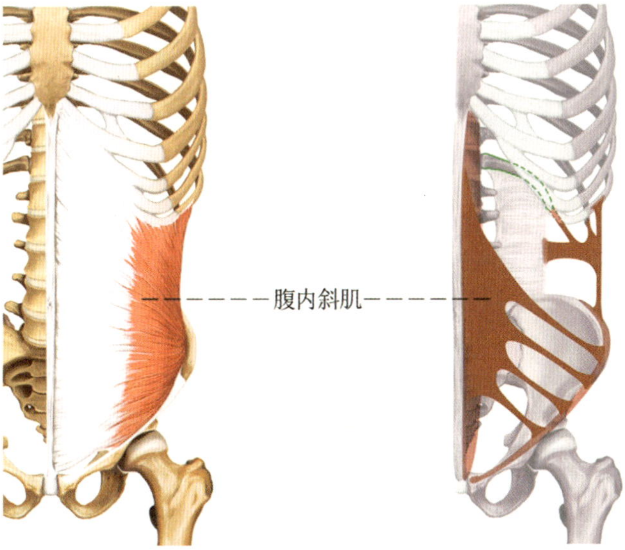

图 6–25　腹内斜肌

4. 腹横肌（图 6-26）

位置与形态：亦为宽阔扁肌，位于腹内斜肌的深面，肌束向前内方横行。

起点：起自胸腰筋膜、第 7~12 肋骨内面、髂嵴和腹股沟韧带外侧。

止点：肌束移行为腱膜，参与形成腹直肌鞘后层，止于腹白线。

功能：收缩时，可增加腹压，协助完成排便、分娩、呕吐和咳嗽等生理功能。

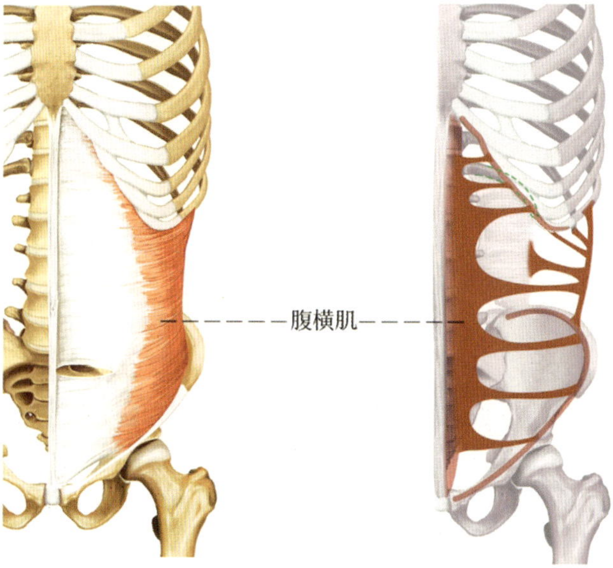

图 6-26　腹横肌

（二）后　群

后群有腰方肌和腰大肌，腰大肌将在下肢肌中叙述。

腰方肌（图 6-27）

位置与形态：位于腹后壁，在脊柱两侧，是呈不规则的四方形扁肌，其后方为竖脊肌，内侧为腰大肌。

起点：起自髂嵴的后部。

止点：向上止于第 12 肋骨和第 1~4 腰椎横突。

功能：下固定时，一侧收缩，使脊柱向同侧侧屈；两侧同时收缩，可下降第 12 肋，辅助呼气，并可增加腹压。

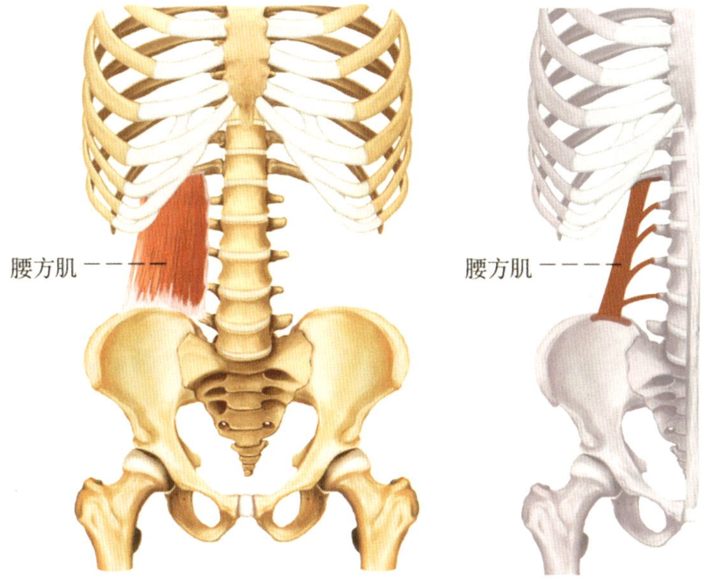

图 6-27 腰方肌

五、躯干的肌间结构

(一) 腹直肌鞘

包绕腹直肌的鞘状结构，称为腹直肌鞘，由腹前外侧壁 3 块扁肌的腱膜构成（图 6-28)。鞘分前、后两壁，前壁由腹外斜肌腱膜与腹内斜肌腱膜的前层愈合而成；后壁由腹内斜肌腱膜的后层与腹横肌腱膜愈合而成。在脐下 4~5cm 处 3 块扁肌的腱膜全部转到腹直肌的前面构成腹直肌鞘的前壁，使后壁缺如，此处以下腹直肌后面与腹横筋膜相贴。腹直肌鞘具有保护、固定腹直肌，以及提供肌肉附着面积等作用。

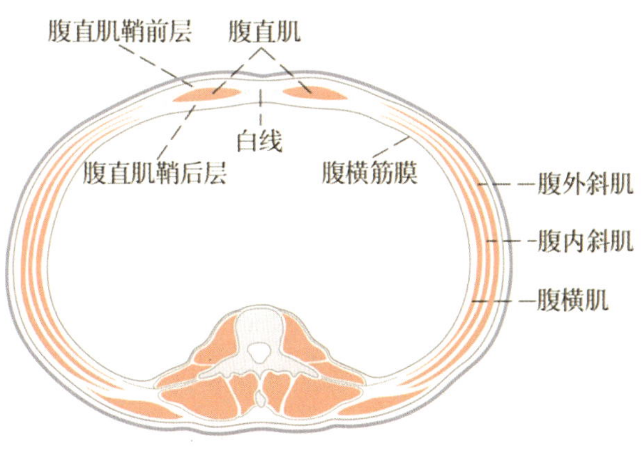

图 6-28 躯干腹部水平切（示腹直肌鞘）

（二）腹白线

腹白线位于腹前壁正中线上，为左、右腹直肌鞘之间的分隔，由两侧腹外斜肌、腹内斜肌和腹横肌腱膜的纤维交织而成，上方起自胸骨剑突，下方止于耻骨联合，可为腹前外侧的肌肉提供附着面积（图 6–29）。

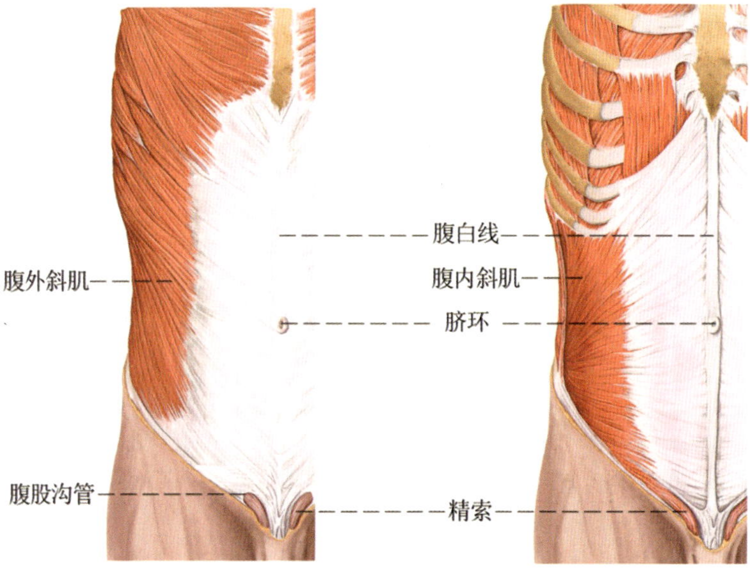

图 6–29　男性腹前、外侧壁（示腹白线和腹股沟管）

腹白线坚韧而少血管，上宽下窄，在其中点处有疏松的瘢痕组织区，即脐环，为腹壁的一个薄弱点，腹腔内容物易由此处膨出，称为脐疝。

（三）腹股沟管

腹股沟管位于腹前外侧壁的下部、腹股沟韧带内侧半的上方，为男性精索或女性子宫圆韧带所通过的一条肌与腱之间的裂隙（图 6–29），由外上斜向内下，长约 4.5cm。内口称腹股沟管深（腹）环，位于腹股韧带中点上方约 1.5cm 处。外口即腹股沟管浅（皮下）环。

体弱者在腹压突然增大时，腹腔内容物易于由腹股沟管和腹白线等腹壁的薄弱区膨出，形成疝。因此，在进行体育运动时，对体弱者及儿童少年应少安排腹压过大的练习。

（四）胸腰筋膜

胸腰筋膜包裹在竖脊肌和腰方肌的周围，在腰部筋膜明显增厚，可分为浅、中和深层，浅层位于竖脊肌的浅面，中层分隔竖脊肌和腰方肌，中层和浅层在外侧会合，构成竖脊肌鞘。深层覆盖腰方肌的前面，三层筋膜在腰方肌外侧缘会合，作为腹内斜肌和腹横肌的起始部。由于腰部活动度大，在剧烈运动中，常可导致胸腰筋膜扭伤，这也是腰背劳损的病因之一。

六、盆底肌

盆底肌是指封闭小骨盆下口处的相应肌肉，包括位于后部的肛提肌和尾骨肌，以及位于前部的会阴浅横肌和会阴深横肌等（图 6-30）。这些肌肉具有承托盆腔器官、括约肛管和阴道以及调节腹压的作用。

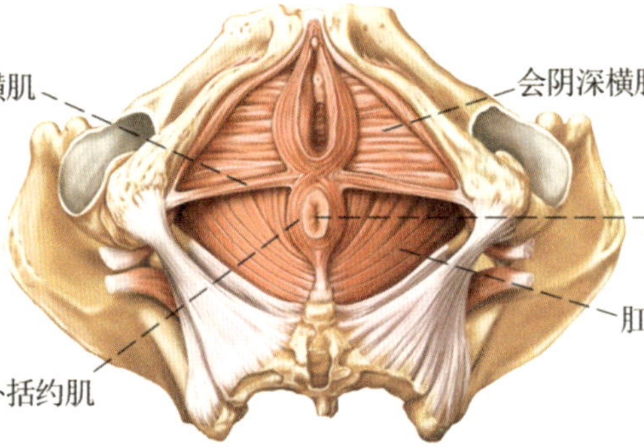

图 6-30　盆底肌

七、腹压肌与腹压

（一）腹压肌

腹压肌是指形成腹腔壁的肌肉，包括腹腔顶部的膈肌，腹腔底的盆底肌，腹腔前壁与外侧壁的腹直肌、腹外斜肌、腹内斜肌与腹横肌，腹后壁的腰方肌等。其中任何一块肌肉收缩都会使腹压发生变化，故称腹压肌。腹压增加，不仅能协助完成咳嗽、呕吐、排便和分娩等生理功能，在做憋气动作时，全体腹压肌和呼吸肌强有力地收缩，有利于体育运动中许多动作的顺利完成。

（二）腹压的功能意义

腹压肌群收缩时对腹腔脏器产生压力，而脏器对这种压力又产生反作用力，这两种力相互作用的结果即形成腹压（图 6-31）。腹压对于固定脏器的正常位置和排出脏器的内含物是非常重要的。

近年来，有研究表明，不同体位移动重物时所增加的腹压可以改变脊柱的负荷。例如举重时，举重者本能地产生一个称之为“瓦尔萨耳瓦”（valsalva）的憋气动作，即声门与全部腹腔出口关闭，此时腹肌与呼气肌收缩使胸腹形成高压封闭腔，使外加的压力转移到脊柱前面刚硬的衍梁般的结构，有学者称之为“可膨结构”，继而向下转移至骨盆与会阴部，向上转移至胸廓。这种压力向可膨结构转移的过程明显地减轻了对脊柱的轴向压力，从而保护了椎骨与椎间盘。

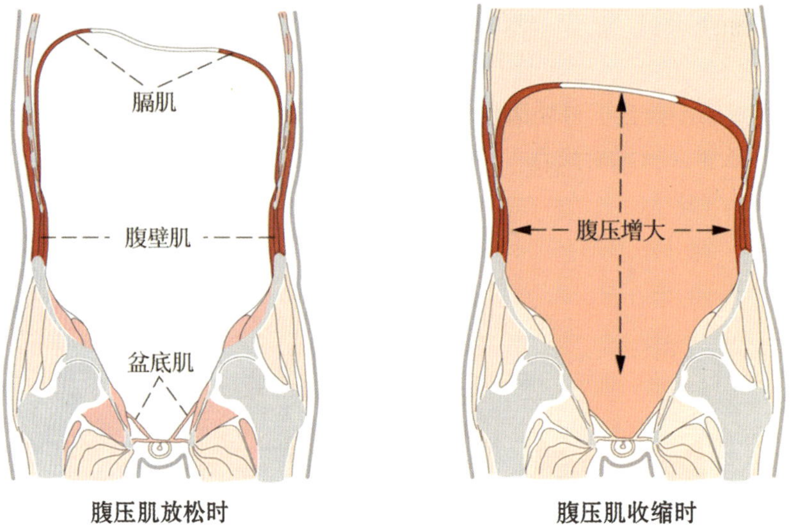

图 6-31　腹压升高示意图

需要指出的是，憋气动作只可维持短暂的片刻，因为它可引起颅静脉高压、静脉回流量减少以及肺循环阻力增加等心血管功能的紊乱，可能增加出现头晕、休克以及心脑血管疾病的风险。

八、躯干肌的功能分群与练习方法

按照运动功能可以将躯干肌分为运动脊柱的肌群和产生呼吸运动的肌群。

（一）运动脊柱的肌群

运动脊柱的肌群其主要功能为使脊柱产生屈伸、侧屈和回旋运动。

1. 使脊柱屈的肌群

这些肌肉的长轴均从脊柱额状轴的前方跨过，因此可使脊柱屈，主要包括腹直肌、腹外斜肌、腹内斜肌、胸锁乳突肌和髂腰肌等。

采用仰卧起坐、悬垂举腿、仰卧两头起、负重体侧屈、负重转体等练习，可以发展脊柱屈肌群的力量；做体操“下桥”动作可发展其伸展性（图 6–32、图 6–33、图 6–34）。

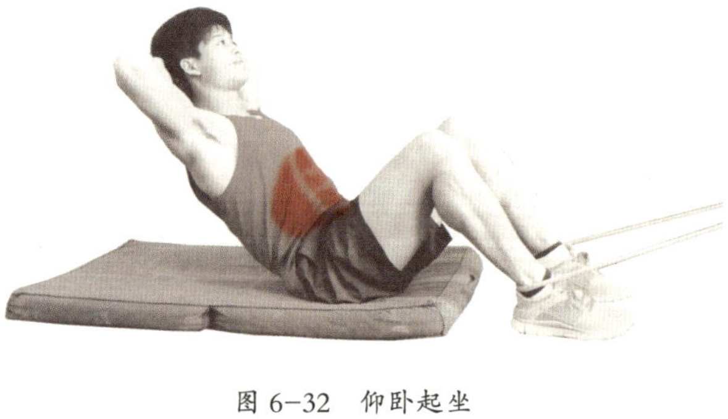

图 6-32　仰卧起坐

图 6-33 悬垂举腿

图 6-34 仰卧两头起

2. 使脊柱伸的肌群

这些肌肉的长轴均从脊柱额状轴的后方跨过，因此可使脊柱伸，主要包括竖脊肌、斜方肌和胸锁乳突肌等。

采用杠铃硬拉、负重体屈伸、背向抛铅球和俯卧臂腿上振等练习可发展脊柱伸肌群的力量；屈体运动和仰卧举腿可发展其伸展性（图 6-35、图 6-36、图 6-37、图 6-38）。

图 6-35 负重体屈伸

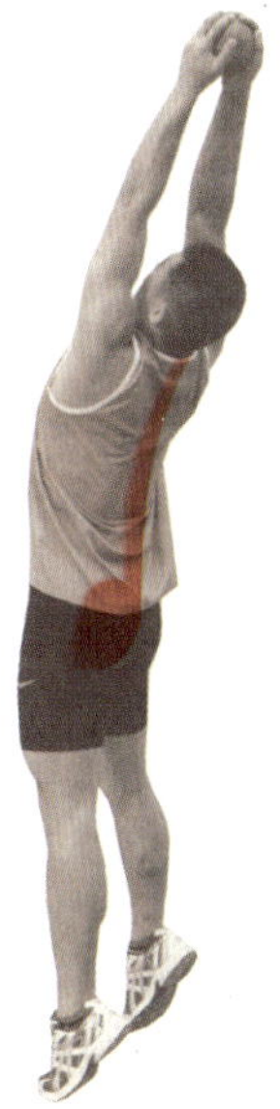

图 6-36 背向抛铅球

图 6-37　俯卧臂腿上振

图 6-38　体前屈

3. 使脊柱侧屈的肌群

这些肌肉的长轴均从脊柱矢状轴的侧方跨过，因此可使脊柱侧屈，主要包括同侧屈、伸脊柱的肌群（胸锁乳突肌、腹直肌、腹外斜肌、腹内斜肌、斜方肌、夹肌、竖脊肌、肩胛提肌、横突棘肌以及腰方肌、髂腰肌等）。

采用侧卧抬上体和直立负重体侧屈等练习可发展脊柱侧屈肌群的力量；坐姿或站姿的体侧屈、侧屈振腰等练习可发展其伸展性（图 6-39、图 6-40、图 6-41）。

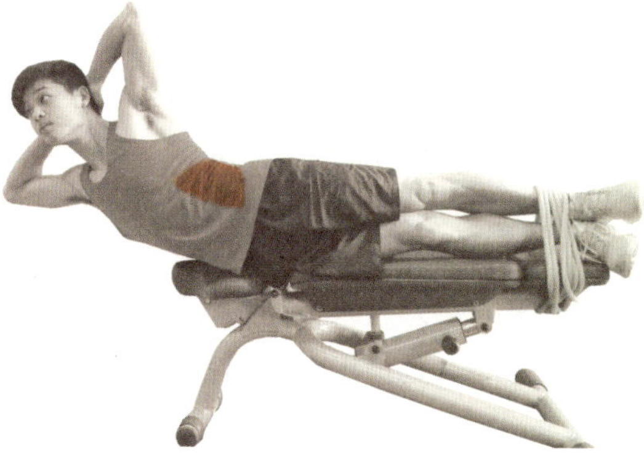

图 6-39　侧卧抬上体（侧屈动作）

图 6-40　直立负重体侧屈

图 6-41　直立体侧屈

4. 使脊柱回旋的肌群

这些肌肉的长轴均从脊柱垂直轴的侧方跨过，因此可使脊柱回旋，主要由同侧的腹内斜肌、肩胛提肌、夹肌、斜方肌上部肌束和对侧的腹外斜肌、胸锁乳突肌等在下固定时协同收缩实现，如投掷标枪的转体动作等；若上固定时则相反。

采用负重转体、下斜仰卧起坐转体等练习可发展回旋脊柱肌群的力量；坐姿或站姿的转体牵拉练习可发展其伸展性（图 6–42、图 6–43）。

图 6–42　负重转体

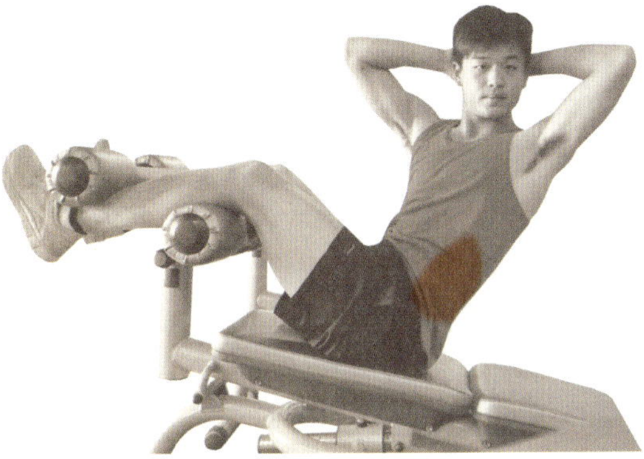

图 6–43　下斜仰卧起坐转体

（二）参与呼吸运动的肌群

1. 固有呼吸肌

固有呼吸肌指专司呼吸，不参与身体其他运动的肌肉，包括膈肌、肋间外肌、肋间内肌和胸横肌等。

2. 辅助呼吸肌

辅助呼吸肌指主要功能为产生身体运动，但又具有提肋、降肋功能，参与呼吸的肌肉，如胸大肌、胸小肌和胸锁乳突肌等肌肉为辅助吸气肌，而腹直肌、腰方肌和髂肋肌等肌肉为辅助呼气肌。

第三节 头颈肌

若肌肉的主体部分分布附着于颅骨和颈椎，并且主要引起头颈部运动，则通常称为头颈肌。头颈肌按部位又分为头肌和颈肌。

一、头 肌

头肌可分为颅面肌和咀嚼肌（图 6–44）。

（一）颅面肌

颅面肌亦称为表情肌，属于皮肌，位置较浅，起自颅骨或筋膜，止于皮肤，主要集中于面部的眼、耳、鼻、口周围。表情肌收缩时，拉紧面部皮肤，改变五官的形状和外观，产生喜、怒、哀、乐等各种表情，对咀嚼、吸吮、吹奏和歌唱等活动也产生作用。包括枕额肌、颊肌、眼轮匝肌、口轮匝肌、鼻肌、耳廓肌等。

（二）咀嚼肌

咀嚼肌主要指一端附着于下颌骨的肌肉，其收缩时可活动下颌骨，产生咀嚼运动。咀嚼肌包括咬肌、颞肌、翼内肌和翼外肌。

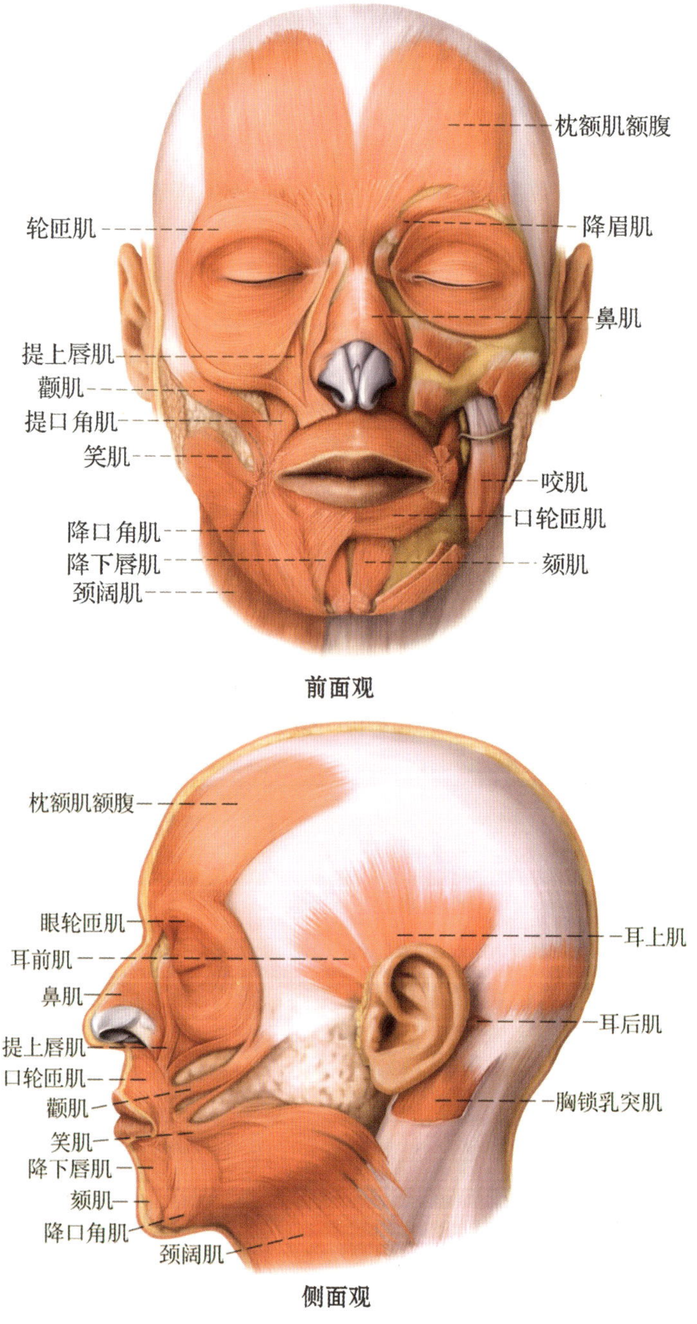

图 6–44 头 肌

二、颈 肌

颈肌可依其所在位置分为颈浅层肌、颈中层肌和颈深层肌。

(一) 颈浅层肌

包括颈阔肌和胸锁乳突肌（图 6–45）。

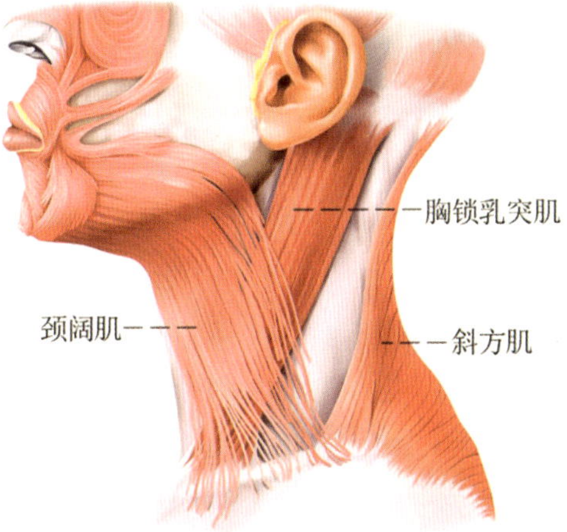

图 6–45 颈浅肌（侧面）

1. 颈阔肌

位于颈部浅筋膜中，薄而宽阔，属于皮肌。起自胸大肌和三角肌上部表面的筋膜，向上内止于口角、下颌骨下缘及面部皮肤。作用：拉口角及下颌向下，做惊讶、恐怖表情，并使颈部皮肤出现皱褶。

2. 胸锁乳突肌（图 6–46）

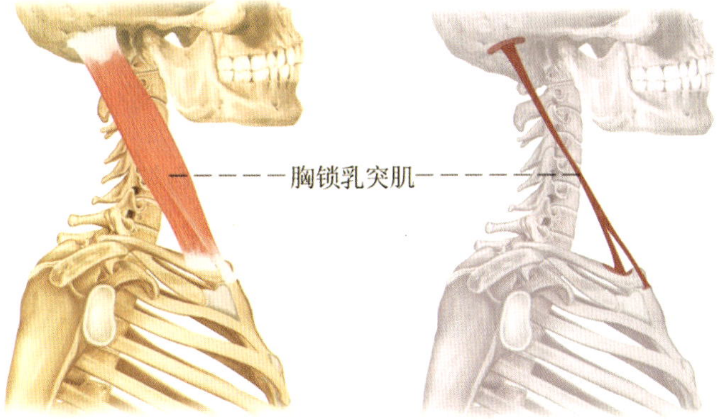

图 6–46 胸锁乳突肌

位置与形态：位于颈部前外侧，粗壮强劲，大部被颈阔肌所覆盖（图 6–45）。左右两侧的胸锁乳突肌形成“V”字形。

起点：胸骨柄前面和锁骨胸骨端。

止点：颞骨乳突。

功能：当下固定时，一侧收缩，可使头向同侧侧屈，并转向对侧；两侧同时收缩时，可使脊柱颈段屈，并根据肌拉力线跨过寰枕关节的前方或后方，决定头屈或伸。上固定时，可上提胸廓，辅助吸气。可采用“负重颈屈伸”等练习发展其力量，采用“头向对侧侧屈并向同侧回旋”的动作发展其伸展性。

（二）颈中层肌

即舌骨肌，附着于舌骨，又分舌骨上、下肌群。参与舌骨和下颌骨活动，配合吞咽和发音（图 6–47）。

（三）颈深层肌

位于脊柱颈段前外侧，使头屈或侧屈（图 6–48）。

1. 外侧群

位于脊柱颈段的两侧，包括前、中和后斜角肌。各肌均起自颈椎横突，其中前、中斜角肌止于第 1 肋，后斜角肌止于第 2 肋。一侧收缩使颈侧屈；两侧同时收缩可上提第 1、2 肋助深吸气。

2. 内侧群

位于脊柱颈段的前方，有头长肌和颈长肌等，合称椎前肌。椎前肌能屈头、屈颈。

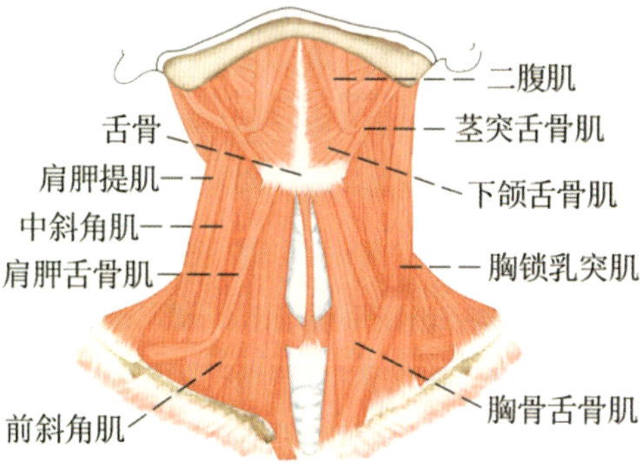

图 6–47　颈中层肌（前面）

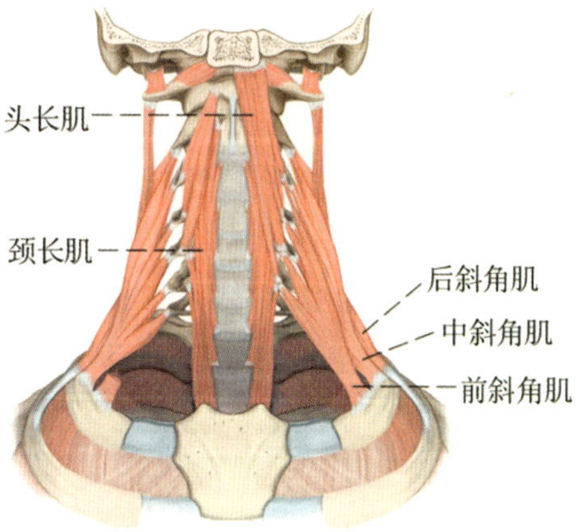

图 6–48　颈深层肌（前面）

第四节　上肢肌

若肌肉的两端均附着于上肢骨表面，则此类肌肉通常称为上肢肌。

上肢肌按部位分为上肢带肌、上臂肌、前臂肌和手肌（图 6-49）。

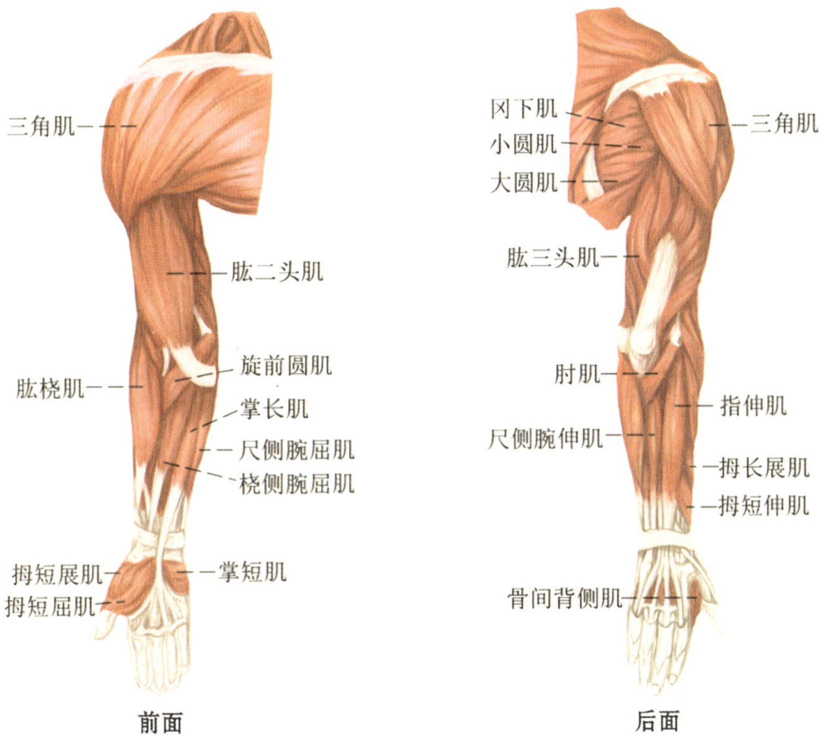

图 6-49　上肢肌

一、上肢带肌

上肢带肌又称肩带肌，均配布于肩关节周围，起自上肢带骨（肩胛骨和锁骨），跨越肩关节，止于肱骨近侧端，能运动肩关节并增强关节的稳定性（图 6-50）。上肢带肌周围滑膜囊较多，是滑囊炎的多发部位。

上肢带肌包括三角肌、冈上肌、冈下肌、小圆肌、大圆肌和肩胛下肌。

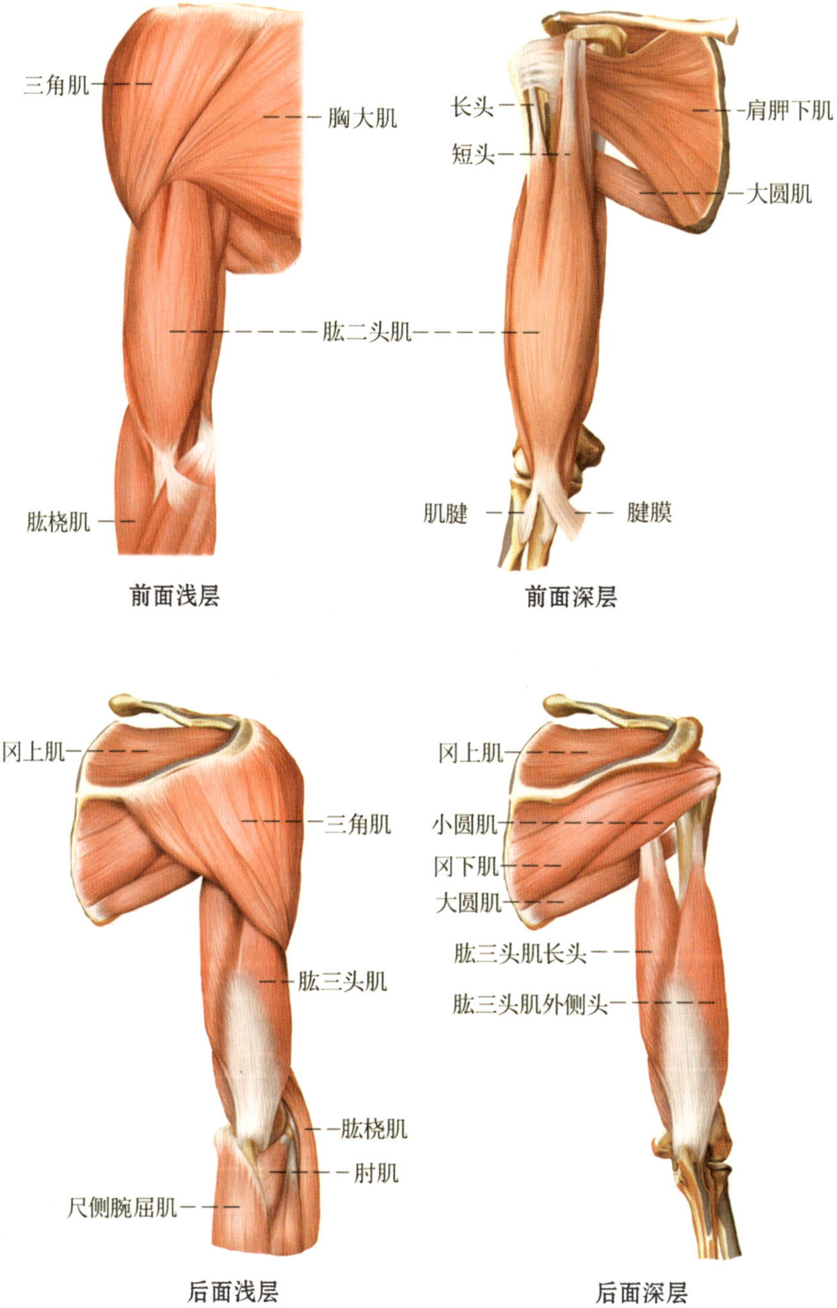

图 6-50　上肢带肌和上臂肌

（一）三角肌

位置与形态：三角肌位于肩部皮下，围绕肩关节周围，呈三角形，分前中后三部。（图6–51）

起点：起自锁骨外侧段、肩峰和肩胛冈。

止点：肌束从前、后、外三面包绕肩关节，止于肱骨体外侧面的三角肌粗隆。

功能：近固定时，前部纤维使上臂屈、内收、旋内；后部纤维使上臂伸、内收、旋外；中部纤维使上臂外展。

三角肌是使肩关节外展的主要肌肉，当上臂处于外展 60°以内位置时，三角肌作用较小，而在 90°~180°之间收缩效果最好。当上臂由下垂位至外展 20°内，三角肌作用较小。

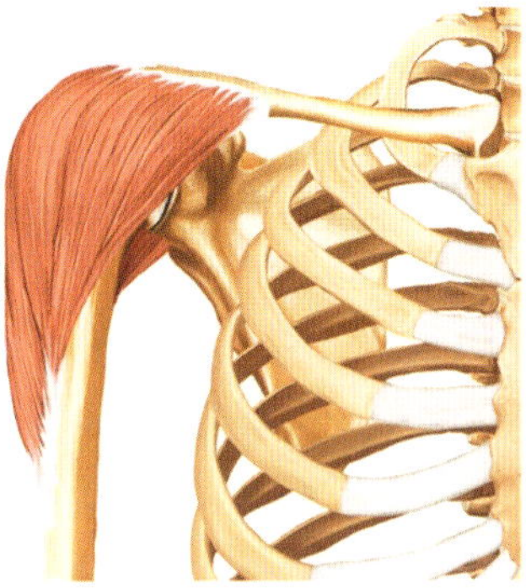

前面观

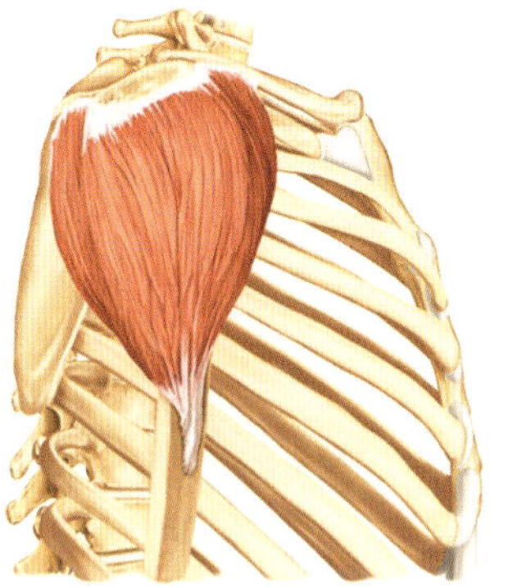

侧面观

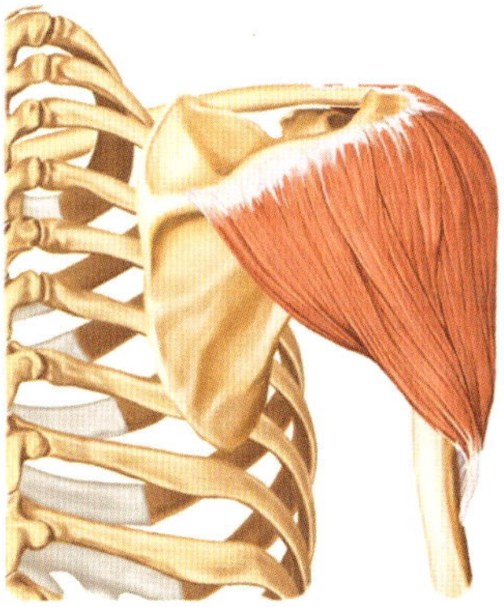

后面观

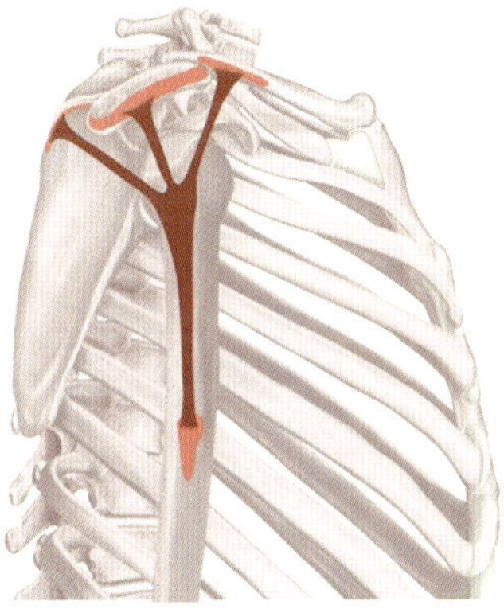

图 6–51　三角肌

（二）冈上肌

位置与形态：冈上肌居于斜方肌的深面，位于肩胛骨冈上窝内，为羽状肌。（图 6–52）

起点：肩胛骨冈上窝。

止点：肌纤维水平向外止于肱骨大结节。

功能：近固定时，使上臂外展。

冈上肌只在肩关节外展的初始阶段起作用，即上臂由下垂位至外展 20°以内，主要由冈上肌作用，因此该肌也称肩关节外展的启动肌。

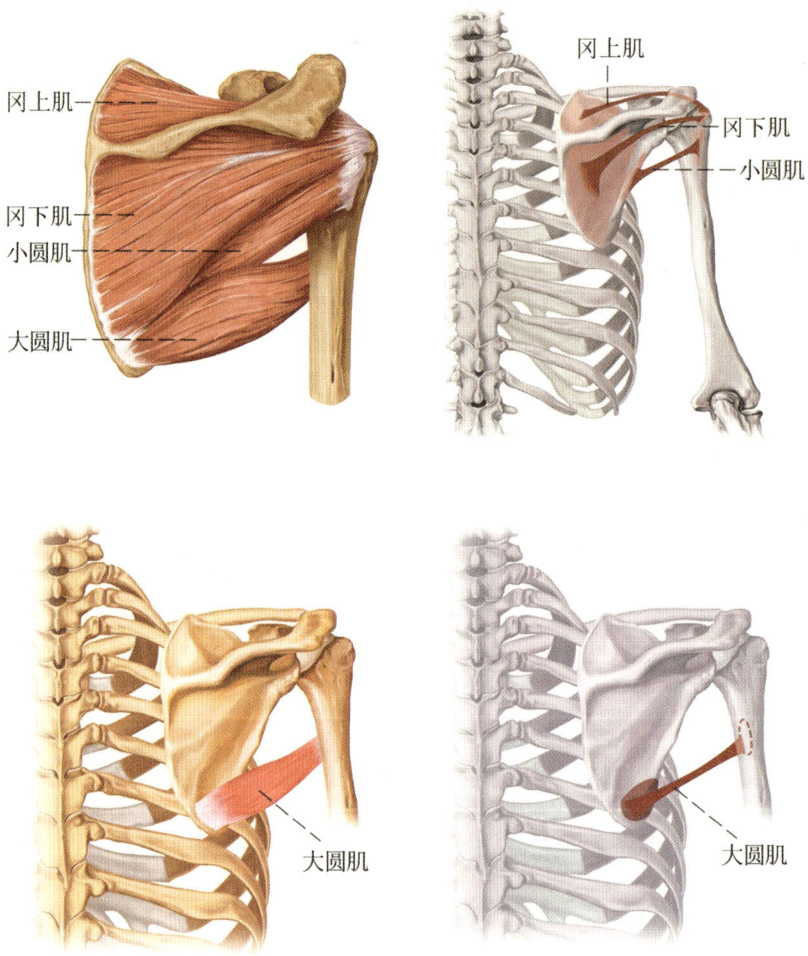

图 6–52　冈上肌、冈下肌、小圆肌和大圆肌

(三) 冈下肌和小圆肌

位置与形态：位于肩胛骨冈下窝内，冈下肌近似为三角形，小圆肌为圆柱形。(图 6-52)

起点：冈下肌起自肩胛骨冈下窝内侧，小圆肌起自肩胛骨外侧缘背面。

止点：两肌肌纤维均向外前上方走行，止于肱骨大结节。

功能：近固定时，两肌均使上臂伸、内收和旋外。

(四) 大圆肌和肩胛下肌

位置与形态：大圆肌 (图 6-52) 位于小圆肌的外侧下方，呈圆形。肩胛下肌 (图 6-53) 位于肩胛骨肩胛下窝内，为多羽状肌。

起点：大圆肌起自肩胛骨下角背侧，肩胛下肌起自肩胛下窝。

止点：两肌均向外前上方走行，从肱骨内侧越过，大圆肌止于肱骨小结节嵴，肩胛下肌止于肱骨小结节。

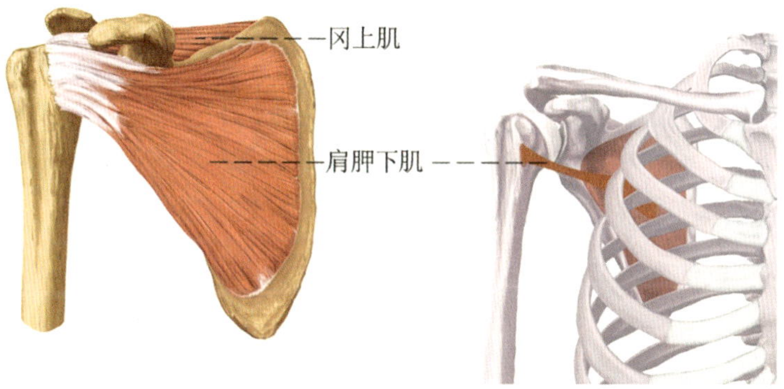

图 6-53 肩胛下肌

功能：近固定时，两肌均使上臂内收和旋内，大圆肌还可使上臂伸。

冈上肌、冈下肌、小圆肌和肩胛下肌的肌腱均附着于肱骨大结节和肱骨解剖颈的边缘，其内面与肩关节囊紧密相连，此肌腱复合体称为肩袖 (又名肌腱袖或旋转袖)。肱骨头的前方为肩胛下肌腱，上方为冈上肌腱，后方为冈下肌腱和小圆肌腱，这些肌腱的运动可导致肩关节旋内、旋外和外展运动，但更重要的是，可将肱骨头稳定于肩胛骨关节盂上，对维持肩关节的稳定起着非常重要的作用。

二、上臂肌

上臂肌分布在肱骨周围，主要作用于肘关节，分前、后两群 (图 6-50)。前群主要是屈肌，包括肱二头肌和肱肌；后群是伸肌，即肱三头肌和肘肌。

（一）前 群

1. 肱二头肌（图 6–54）

位置与形态：位于上臂前面，呈梭形，屈肘时，其轮廓清晰可见。该肌有长、短二头，肌束平行排列，为双关节肌。

起点：长头起自肩胛骨盂上结节，短头起自肩胛骨喙突。

止点：长头穿过肩关节囊经结节间沟下行，于肱骨中部与短头合并形成一纺锤状肌腹，以腱止于桡骨粗隆和前臂筋膜。

功能：近固定时，使上臂在肩关节处屈，使前臂在肘关节处屈和旋外。远固定时，使上臂在肘关节处屈（上臂向前臂靠拢）。此肌收缩时，还可使前臂筋膜和肌间隔紧张，从而为前臂肌形成附加支撑。

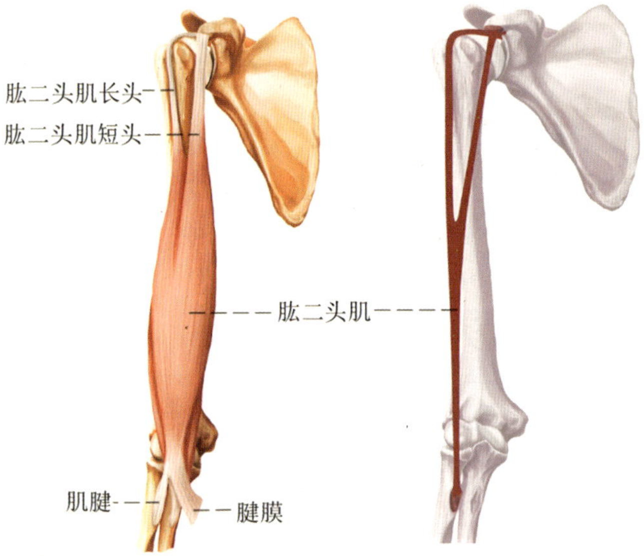

图 6–54　肱二头肌

2. 肱肌（图 6–55）

位置与形态：位于肱二头肌下半的深层，为梭形扁肌。

起点：起于肱骨下半部的前面。

止点：止于尺骨粗隆。

功能：近固定时，使前臂在肘关节处屈。远固定时，使上臂在肘关节处屈（上臂向前臂靠拢）。该肌功能单一，肌收缩力大于肱二头肌，因此肱肌是屈肘的主要作用肌。

3. 喙肱肌（图 6–56）

位置与形态：位于上臂上半部的前内侧，为一块较小的长梭形肌。肌束从喙突斜向下方。

起点：起于肩胛骨喙突。

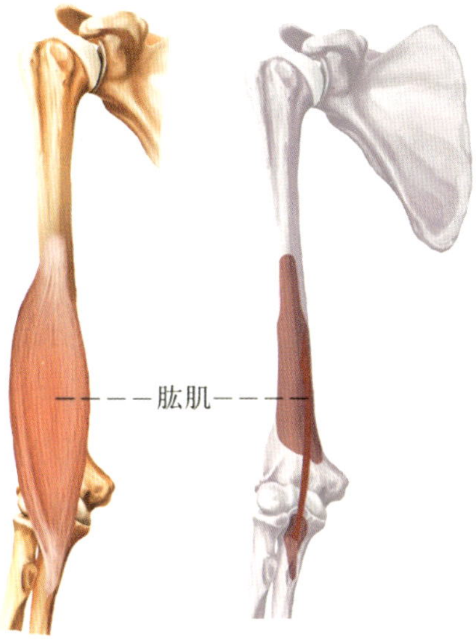

图 6-55　肱　肌

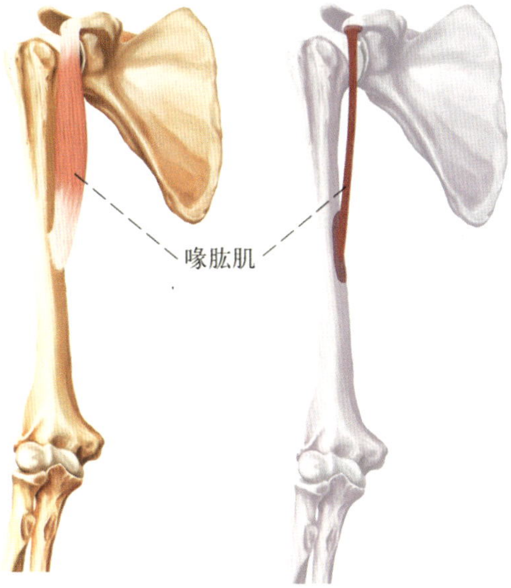

图 6-56　喙肱肌

止点：止于肱骨中部内侧。

功能：近固定时，使上臂屈、内收和旋外。

（二）后　群

1. 肱三头肌（图 6-57）

位置与形态：位于肱骨后面。用力伸肘时，该肌的轮廓清晰可见。该肌分三个头，即长头、内侧头和外侧头。其中长头为双关节肌，内侧头与外侧头为单关节肌。

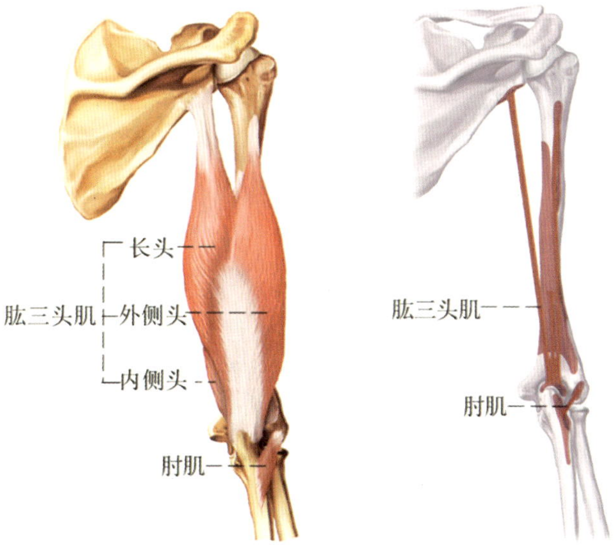

图 6-57　肱三头肌和肘肌

起点：长头起自肩胛骨盂下结节，外侧头起自肱骨体后面桡神经沟外上方骨面，内侧头起自肱骨体后面桡神经沟内下方的骨面。

止点：三头合成一个肌腹，以一个公共腱止于尺骨鹰嘴。

功能：近固定时，长头使上臂在肩关节处伸，三头共同收缩使前臂在肘关节处伸。远固定时，使上臂在肘关节处伸。

2. 肘肌（图 6–57）

位置与形态：位于桡骨近侧端后面皮下，呈三角形。

起点：起于肱骨外上髁后方。

止点：肌束呈放射状行向内侧，止于尺骨背面上部。

功能：近固定时，使肘关节伸并加固肘关节；远固定时，助上臂在肘关节处伸。

三、前臂肌

前臂肌位于桡、尺骨的周围，多数起于肱骨的远侧端，少数起自桡、尺骨及前臂骨间膜。除少数肌外，多数肌的肌腹都位于前臂的近侧部，向远侧端移行为细长的腱，止于腕骨或掌、指骨。前臂肌分前、后两群。前群主要是屈肌和旋前肌；后群主要是伸肌和旋外肌。各肌的功能、位置大致与其名称相一致。

（一）前群肌

前臂肌的前群可分为浅、深两层（图 6–58）。

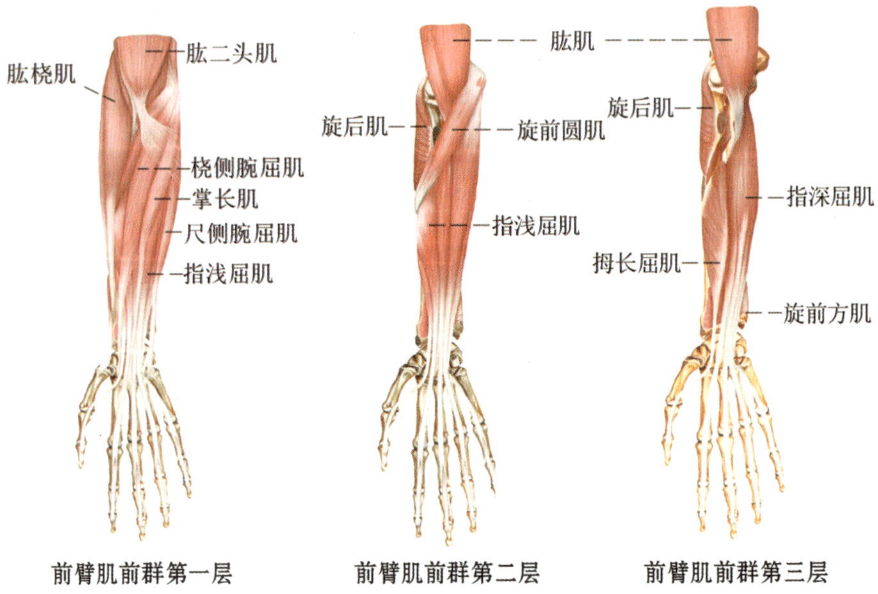

图 6–58 前臂肌（前群）

1. 浅　层

浅层肌由桡侧向尺侧排列依次为肱桡肌、旋前圆肌、桡侧腕屈肌、掌长肌、指浅屈肌和尺侧腕屈肌。

(1) 肱桡肌

位置与形态：位于前臂前面桡侧，为长形梭状肌，用力屈肘时可显现此肌外形。

起点：起于肱骨外上髁上方。

止点：肌束越过肘关节额状轴前方，止于桡骨茎突。

功能：近固定时，使前臂在肘关节处屈。当前臂位于旋内位时，该肌可使其旋外；而前臂位于旋外位时，则该肌有旋内作用。正常情况下，此肌肉使前臂保持“正中”位置。远固定时，可使肘关节屈（上臂向前臂靠拢）。

(2) 旋前圆肌

位置与形态：斜列于肘关节前面，为圆锥状长肌，肌束从内上斜向外下方平行排列。

起点：起于肱骨内上髁和尺骨冠突。

止点：止于桡骨外侧面中部。

功能：近固定时，使前臂旋内（即旋前），辅助屈肘关节。远固定时，助肘关节屈（上臂向前臂靠拢）。

(3) 桡侧腕屈肌

为梭形肌，起自肱骨内上髁和前臂筋膜，止于第 2 掌骨底，近固定时，可使桡腕关节屈，参与手关节外展，辅助屈肘及前臂旋内。

(4) 掌长肌

肌腹短而腱很长。起自肱骨内上髁及前臂筋膜，经腕横韧带浅面连于掌腱膜。近固定时，拉紧掌腱膜。静态抓握时，可使手部神经和血管免受压迫；动态抓握时，可减轻手掌与其他物体间的摩擦。另外，该肌可助屈腕及前臂旋内运动。

(5) 指浅屈肌

起自肱骨内上髁、尺骨和桡骨前面，肌束下行分为四条肌腱，经腕管和手掌分别进入第 2~5 指屈肌腱鞘，各腱在近节指骨中部分二脚，止于中节指骨体两侧。近固定时，可使桡腕关节、掌指关节和近侧指间关节屈。

(6) 尺侧腕屈肌

为长而扁的半羽肌，该肌分两头。肱骨头起自肱骨内上髁和前臂筋膜，尺骨头起自尺骨鹰嘴和尺骨背面上部。二头合并以短腱经腕横韧带深面，附于豌豆骨、第 5 掌骨底。近固定时，可使桡腕关节屈，参与桡腕关节内收。

2. 深　层

深层肌由桡侧向尺侧排列依次为拇长屈肌、指深屈肌和旋前方肌。

(1) 拇长屈肌

为半羽肌，起自桡骨上端前面和骨间膜，以长腱通过腕管止于拇指远节指骨底。近固定时，使第 1 掌指关节和拇指指间关节屈，助桡腕关节屈。

(2) 指深屈肌

为梭形肌。起自尺骨上端前面和骨间膜，肌束下行分四个肌腱行于指浅屈肌深面，入第

2~5 指的屈肌腱鞘，在鞘内穿过，止于远节指骨底。近固定时，使桡腕关节屈，掌指关节、第 2~5 指指间关节屈。

(3) 旋前方肌

为方形小肌，贴在桡骨、尺骨远端前面，起自尺骨，止于桡骨，功能为使前臂旋内。

(二) 后群肌

前臂肌的后群亦可分为浅、深两层（图 6–59）。

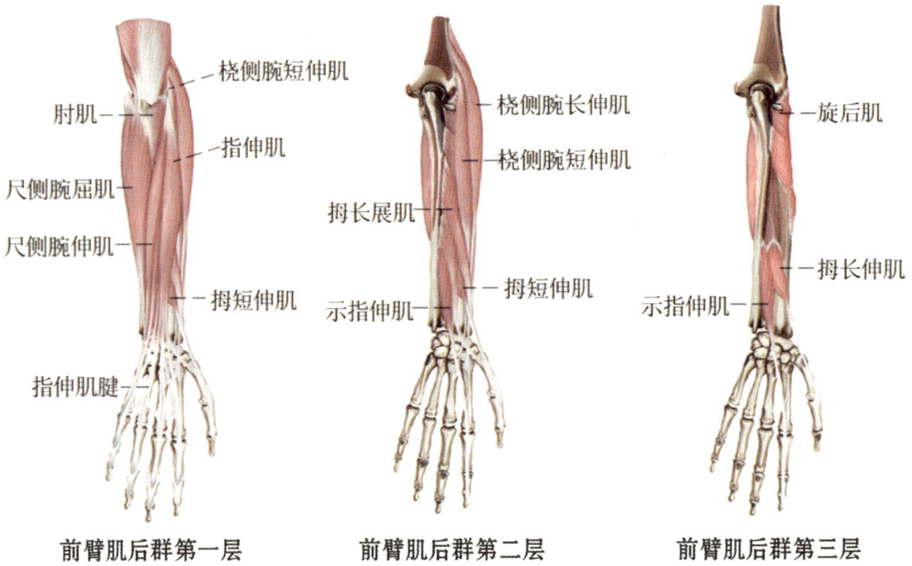

图 6–59 前臂肌（后群）

1. 浅 层

浅层肌由桡侧向尺侧排列依次为桡侧腕长伸肌、桡侧腕短伸肌、指伸肌、小指伸肌和尺侧腕伸肌。

(1) 桡侧腕长伸肌

为梭形肌。起自肱骨外上髁，止于第 2 掌骨底。近固定时，使桡腕关节伸和外展。

(2) 桡侧腕短伸肌

为梭形肌。起自肱骨外上髁，止于第 3 掌骨底。近固定时，使桡腕关节伸和外展。

(3) 指伸肌

为梭形肌。起自肱骨外上髁及前臂筋膜，下行分 4 腱至手背，移行于第 2~5 指的指背筋膜，并向远侧分 3 束，中间束和两侧束分别止于中节和远节指骨底。近固定时，使桡腕关节伸及伸第 2~5 指。

(4) 小指伸肌

是一条细长的肌肉，位于指伸肌内侧，起自肱骨外上髁，止于小指中节、远节指骨底背面，功能为伸小指。

(5) 尺侧腕伸肌

为梭形肌。起自肱骨外上髁、前臂筋膜及肘关节囊，止于第 5 掌骨底。近固定时，使桡腕关节伸和内收。

2. 深　层

深层肌由桡侧向尺侧排列依次为旋后肌、拇长展肌、拇短伸肌、拇长伸肌和示指伸肌。

(1) 旋后肌

位置与形态：位于前臂背面上 1/3 深层，为短而扁的肌肉。

起点：起于肱骨外上髁和尺骨上端后面，肌束由内上斜向外下。

止点：止于桡骨上 1/3 处的后面。

功能：近固定时，使前臂旋外。

(2) 拇长展肌

为梭形肌。起于桡骨、尺骨的后面和前臂骨间膜，止于第 1 掌骨底。近固定时，使拇指外展和伸，参与桡腕关节外展。

(3) 拇短伸肌

为梭形肌。起自桡骨的背面中部及骨间膜，止于近节指骨底。近固定时，伸拇指，参与桡腕关节伸及拇指外展。

(4) 拇长伸肌

起自尺骨背面中部及骨间膜，止于拇指远节指骨底，近固定时，伸拇指，参与桡腕关节伸及拇指外展。

(5) 示指伸肌

起自尺骨背面下部及骨间膜，止于示指（食指）指背腱膜，近固定时，伸食指，参与桡腕关节伸。

四、手　肌

手和手指的用力运动主要来自前臂的长肌，而手的精细的技巧性动作则主要由手肌来完成。手肌是一些短小的肌肉，集中分布于手的掌侧面，主要功能为运动手指，可分为外侧、内侧和中间三群（图 6-60）。

（一）外侧群

外侧群在拇指侧形成一个隆起，称为鱼际，包括 4 块肌，浅层外侧为拇短展肌，内侧为拇短屈肌；深层外侧为拇对掌肌，内侧为拇收肌。各肌功能与名称相同。

（二）内侧群

内侧群在小指侧也形成一个隆起，叫小鱼际，包括 3 块小肌，浅层内侧为小指展肌，外侧为小指短屈肌；深层为小指对掌肌。各肌功能与名称相同。

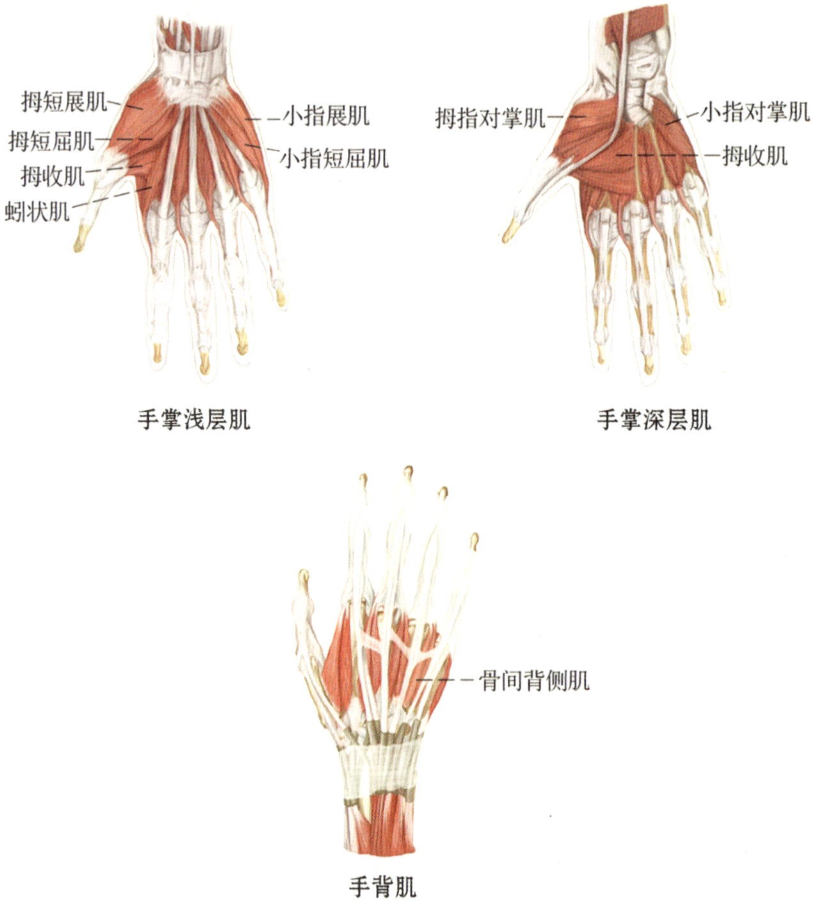

图 6-60　手　肌

（三）中间群

中间群位于手掌中间部分，共包括 11 块小肌。蚓状肌 4 块，可屈第 2~5 掌指关节、伸指间关节，骨间掌侧肌 3 块，可使第 2、4、5 指内收（向中指靠拢），骨间背侧肌 4 块，可使第 2、4、5 指外展（远离中指）。

五、上肢肌的功能分群与练习方法

按照运动功能可以将上肢肌分为运动肩带的肌群、运动肩关节的肌群、运动肘关节的肌群和运动手关节的肌群。

（一）运动肩带的肌群

肩带的运动通常表现为肩胛骨的运动。运动肩带的肌群其主要功能为使肩胛骨产生上提、下降、前伸（外展）、后缩（内收）、上回旋和下回旋运动。

1. 使肩胛骨上提的肌群

主要包括斜方肌上部、菱形肌、肩胛提肌和胸锁乳突肌。

采用负重侧上举、提杠铃耸肩、肩上推举等辅助练习可发展该肌群的力量；向使肩胛骨产生下降动作的方向进行拉伸可发展其伸展性（图 6–61）。

2. 使肩胛骨下降的肌群

主要包括斜方肌下部、胸小肌和前锯肌下部肌纤维。

采用滑轮下拉、下斜卧推、引体向上等练习可发展该肌群的力量；向使肩胛骨产生上提动作的方向进行拉伸可发展其伸展性（图 6–62）。

图 6–61　提杠铃耸肩

图 6–62　引体向上

3. 使肩胛骨前伸的肌群

主要包括前锯肌和胸小肌。

采用平板卧推、仰卧飞鸟、蝴蝶机夹胸（图 6–63、图 6–64、图 6–65）、俯卧撑等练习可发展肩胛骨前伸肌群的力量；向使肩胛骨产生后缩动作的方向进行拉伸可发展其伸展性，如扩胸或单手握肋木向对侧转体等。

图 6–63　平板卧推

图 6-64　仰卧飞鸟

图 6-65　蝴蝶机夹胸

4. 使肩胛骨后缩的肌群

主要包括斜方肌和菱形肌。

采用负重扩胸、俯立划船等练习可发展肩胛骨后缩肌群的力量；向使肩胛骨产生前伸动作的方向进行拉伸可发展其伸展性，如含胸抱肩或单手握肋木向同侧转体等。

5. 使肩胛骨上回旋的肌群

主要包括斜方肌上、下部肌纤维和前锯肌下部肌纤维。

可采用负重侧上举、肩上推举（图 6-66、图 6-67）等练习发展肩胛骨上回旋肌群的力量；向使肩胛骨产生下回旋动作的方向进行拉伸可发展其伸展性。

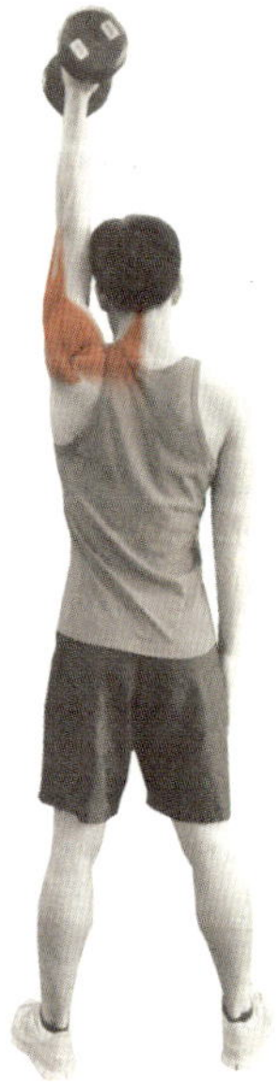

图 6-66　负重侧上举

图 6-67　肩上推举

6. 使肩胛骨下回旋的肌群

主要包括菱形肌、胸小肌和肩胛提肌。

可采用滑轮下拉、爬绳、引体向上等练习发展该肌群的力量；向使肩胛骨产生上回旋动作的方向进行拉伸可发展其伸展性，如悬垂吊肩。

（二）运动肩关节的肌群

运动肩关节的肌群其主要功能为使肩关节产生屈、伸、外展、内收、旋外和旋内运动。

1. 使肩关节屈的肌群

主要包括胸大肌、三角肌前部肌纤维、肱二头肌长头和喙肱肌。

采用卧推、负重前平举、俯卧撑（图 6–68、图 6–69）等辅助练习可发展该肌群的力量；向使肩关节产生伸的运动方向进行拉伸可发展其伸展性，如向后拉肩（图 6–70）。

图 6-68　俯卧撑

图 6-69　负重前平举

图 6-70　向后拉肩

2. 使肩关节伸的肌群

主要包括三角肌后部肌纤维、肱三头肌长头、背阔肌、冈下肌、小圆肌和大圆肌。

采用卧拉（图 6-71）、俯立划船（图 6-72）、负重扩胸等练习可发展该肌群的力量；向使肩关节产生屈的动作方向进行拉伸可发展其伸展性，如含胸抱肩或向前压肩等（图 6-73）。

图 6-71　卧拉

图 6-72　俯立划船

图 6-73　向前压肩

3. 使肩关节外展的肌群

主要包括三角肌和冈上肌。

可采用负重侧平举（图 6-74）、杠铃直立划船、肩上推举等练习发展该肌群的力量；向使肩关节在屈位和伸位产生内收的动作方向进行拉伸可发展其伸展性，如直臂做向前内、后内侧的转肩。

图 6-74 负重侧平举

4. 使肩关节内收的肌群

主要包括肩胛下肌、胸大肌、背阔肌、冈下肌、小圆肌、大圆肌和喙肱肌。

可采用滑轮颈后下拉（图 6-75）、爬绳（图 6-76）、宽握距引体向上等练习发展该肌群的力量；向使肩关节产生外展的动作方向进行拉伸可发展其伸展性，如悬垂吊肩。

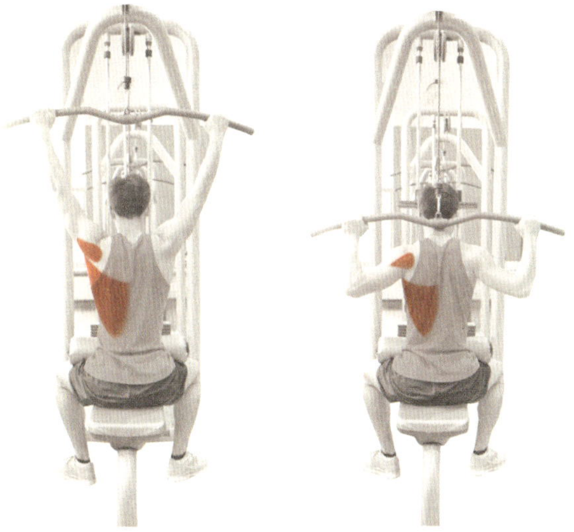

图 6-75 滑轮颈后下拉

图 6-76 爬绳

5. 使肩关节旋外的肌群

主要包括三角肌后部、冈下肌和小圆肌。

采用上臂旋外拉弹力带等练习可发展该肌群的力量；向使肩关节产生旋内的动作方向进行拉伸可发展其伸展性，如含胸抱肩。

6. 使肩关节旋内的主要肌群

主要包括三角肌前部、胸大肌、背阔肌、肩胛下肌和大圆肌。

采用上臂旋内拉弹力带等练习可发展该肌群的力量（图 6–77）；向使肩关节产生旋外的动作方向进行拉伸可发展其伸展性，如肩旋外挺胸。

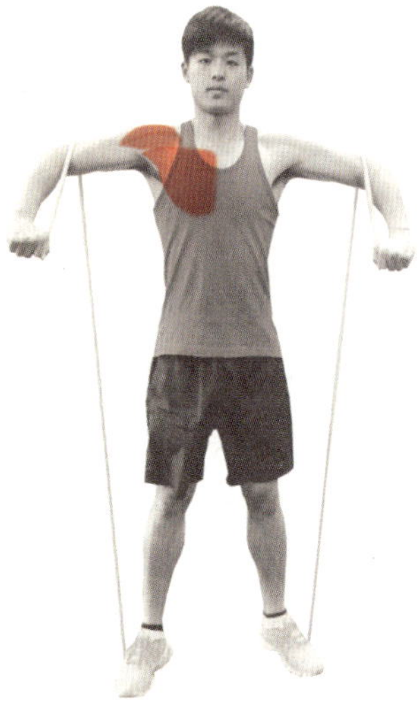

图 6–77　上臂旋内拉弹力带

（三）运动肘关节的肌群

运动肘关节的肌群其主要功能为使肘关节产生屈、伸、旋外和旋内运动。

1. 使肘关节屈的肌群

主要包括肱肌、肱二头肌、肱桡肌和旋前圆肌。

采用负重弯举、引体向上等辅助练习可发展该肌群的力量（图 6–78、图 6–79）；向伸肩和伸肘的运动方向进行拉伸可发展其伸展性，如后压臂。

2. 使肘关节伸的主要肌群

主要包括肱三头肌和肘肌。

采用杠铃颈后弯举（图 6–80）、俯立臂屈伸等辅助练习可发展该肌群的力量；向屈肩和屈肘的运动方向进行拉伸可发展其伸展性，如屈肘臂上举。

3. 使肘关节旋外的肌群

主要包括旋后肌、肱二头肌和肱桡肌（注：后两块肌肉是在前臂旋内情况下产生使其旋外的作用）。

图 6-78 负重弯举

图 6-79 引体向上

图 6-80 杠铃颈后弯举

采用前臂旋外拉弹力带等辅助练习可发展该肌群的力量；向肘关节旋内的运动方向进行拉伸可发展其伸展性，如向后拉肩加前臂旋内的练习。

4. 使肘关节旋内的肌群

主要包括旋前圆肌、旋前方肌和肱桡肌（注：肱桡肌是在前臂旋外情况下产生使其旋内的作用）。

采用前臂旋内拉弹力带等辅助练习可发展该肌群的力量；向肘关节旋外的运动方向进行拉伸可发展其伸展性，如向后拉肩加前臂旋外的练习。

（四）运动手关节的肌群

运动手关节的肌群其主要功能为使手关节产生屈、伸、外展和内收运动。

1. 使手关节屈的肌群

主要包括桡侧腕屈肌、掌长肌、尺侧腕屈肌、指浅屈肌和指深屈肌等。

采用屈腕缠重锤或屈腕弯举哑铃等辅助练习可发展该肌群的力量（图 6-81）；向使手关节产生伸的运动方向进行拉伸可发展其伸展性，如手掌伸位下压。

2. 使手关节伸的肌群

主要包括桡侧腕长伸肌、桡侧腕短伸肌、尺侧腕伸肌、指伸肌和示指伸肌等。

采用伸腕缠重锤或伸腕弯举哑铃等辅助练习可发展该肌群的力量（图 6-82）；向使手关节产生屈的运动方向进行拉伸可发展其伸展性，如手背屈位下压。

图 6-81　屈腕缠重锤

图 6-82　伸腕弯举哑铃

3. 使手关节外展的肌群

主要包括桡侧腕屈肌、桡侧腕长伸肌、桡侧腕短伸肌和示指伸肌等。

采用负重腕外展等辅助练习可发展该肌群的力量；向使手关节产生内收的运动方向进行拉伸可发展其伸展性，如向内压腕。

4. 使手关节内收的肌群

主要包括尺侧腕屈肌和尺侧腕伸肌等。

采用负重腕内收等辅助练习可发展该肌群的力量；向使手关节产生外展的运动方向进行拉伸可发展其伸展性，如向外压腕。

第五节　下肢肌

下肢肌通常指两端均附着于下肢骨表面的肌肉，按部位可分为下肢带肌、大腿肌、小腿肌和足肌（图 6–83）。

与上肢肌相比，下肢肌较粗大有力、数目较少，在人体的支持和位移中起主要作用。

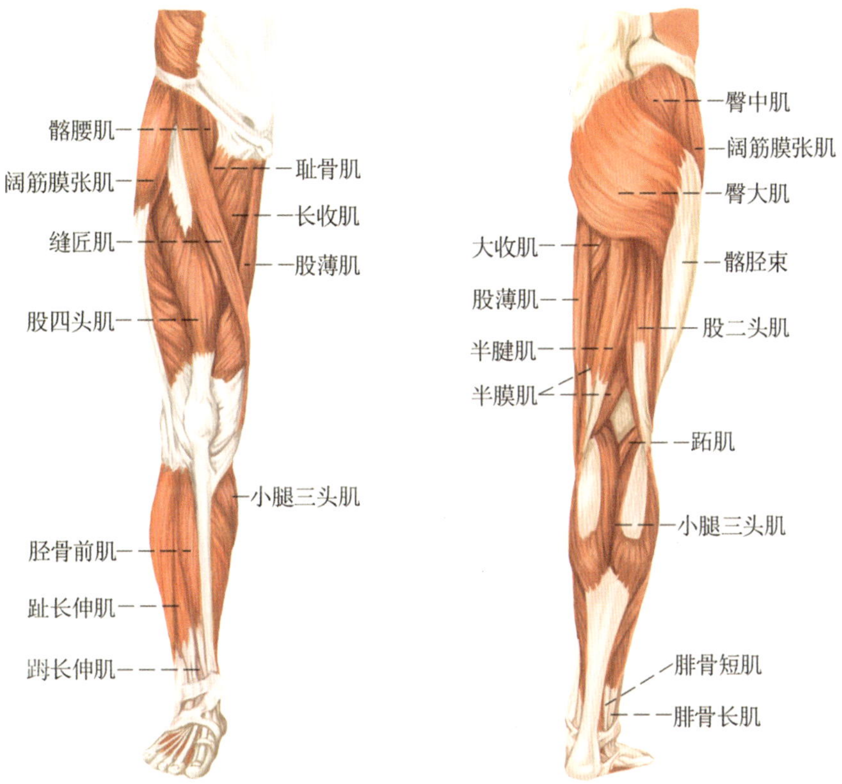

图 6–83　下肢肌

一、下肢带肌

下肢带肌又称盆带肌，主要起自骨盆的内面和外面，跨过髋关节，止于股骨上部，按其所在的部位和功能，可分为前、后两群（图 6–84、图 6–85）。

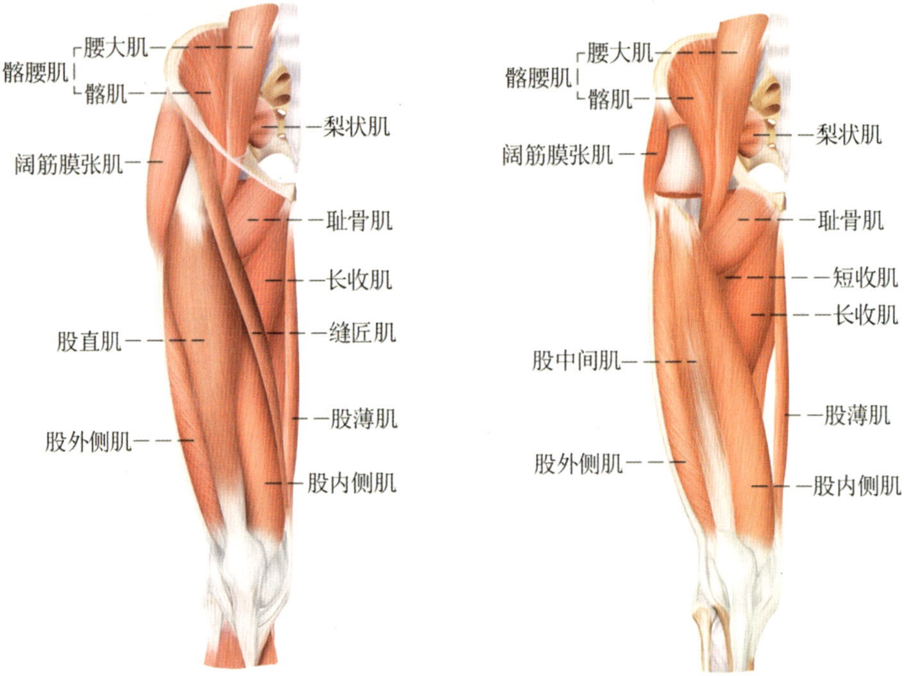

浅层

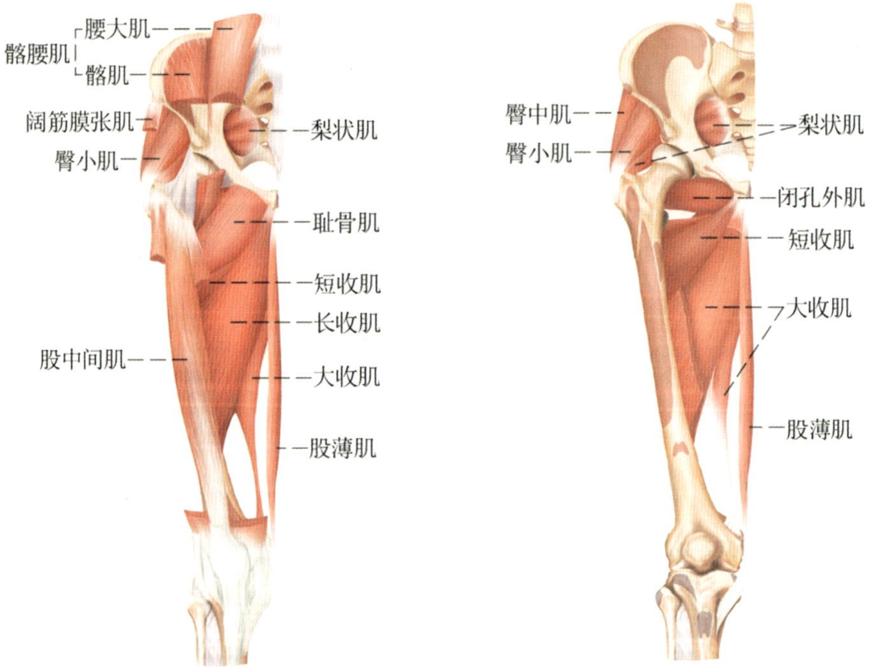

深层

图 6-84　盆带肌和大腿肌（前群）

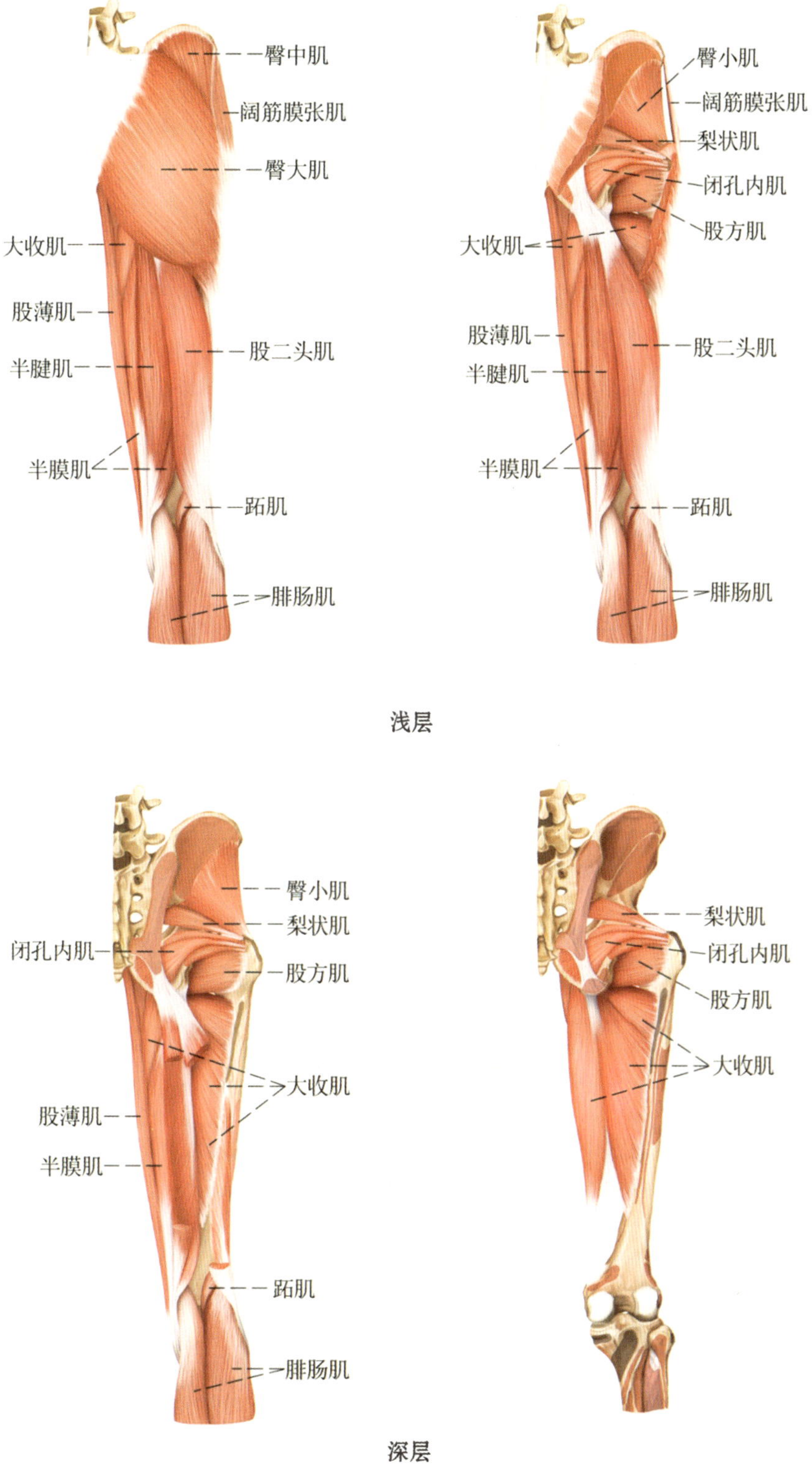

图 6-85　盆带肌和大腿肌（后群）

（一）前群（内侧群）

前群主要包括髂腰肌和梨状肌（图 6–84、图 6–85）。

1. 髂腰肌（图 6–86）

位置与形态：由腰大肌和髂肌组成。腰大肌为单羽肌，位于脊柱腰段两侧，髂肌呈扇形，位于骨盆内侧面。

起点：腰大肌起于第 12 胸椎和第 1~5 腰椎体侧面和横突；髂肌起于髂窝。

止点：两肌向下相互结合，经腹股沟韧带深面和髋关节的前内侧，止于股骨小转子。

功能：近固定时，使大腿在髋关节处屈、旋外。远固定时，一侧髂腰肌收缩使脊柱向同侧屈；两侧同时收缩，使脊柱前屈、骨盆前倾。

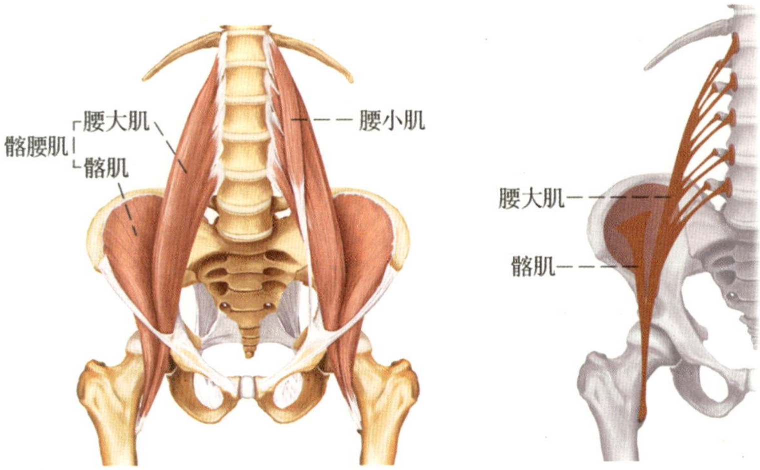

图 6–86　髂腰肌

2. 梨状肌（图 6–85）

位置与形态：位于小骨盆内，呈梨形，向外穿出坐骨大孔至股骨上端。

起点：起于骶骨前侧面。

止点：止于股骨大转子顶端。

功能：近固定时，使大腿外展和旋外。远固定时，一侧收缩，使骨盆向对侧回旋，两侧同时收缩使骨盆后倾。

（二）后群（外侧群）

后群主要包括臀大肌、臀中肌和臀小肌。

1. 臀大肌（图 6–87）

位置与形态：臀大肌位于臀部皮下浅层，是人体中最粗大有力的肌肉，为四方形扁肌，形成臀部膨隆的外形。肌束平行排列，可分为上部肌束和下部肌束。

起点：髂骨翼外面后部和骶骨背面。

止点：肌束斜向外下方，腱呈平板状止于股骨的臀肌粗隆和髂胫束。

功能：近固定时，使大腿在髋关节处伸、旋外；上部使大腿外展；下部使大腿内收。远固定时，一侧收缩使骨盆向对侧回旋；两侧同时收缩使骨盆后倾。

通常认为臀大肌有维持人体直立的作用，但尚有争议。目前认为，在正常站立和行走时，维持骨盆倾斜角度主要依靠股后肌群，此时臀大肌作用不大，但是在骨盆处于更大前倾角度的姿势时，如起跑、上坡、上楼梯时，臀大肌起重要作用，以避免身体向前倾倒。

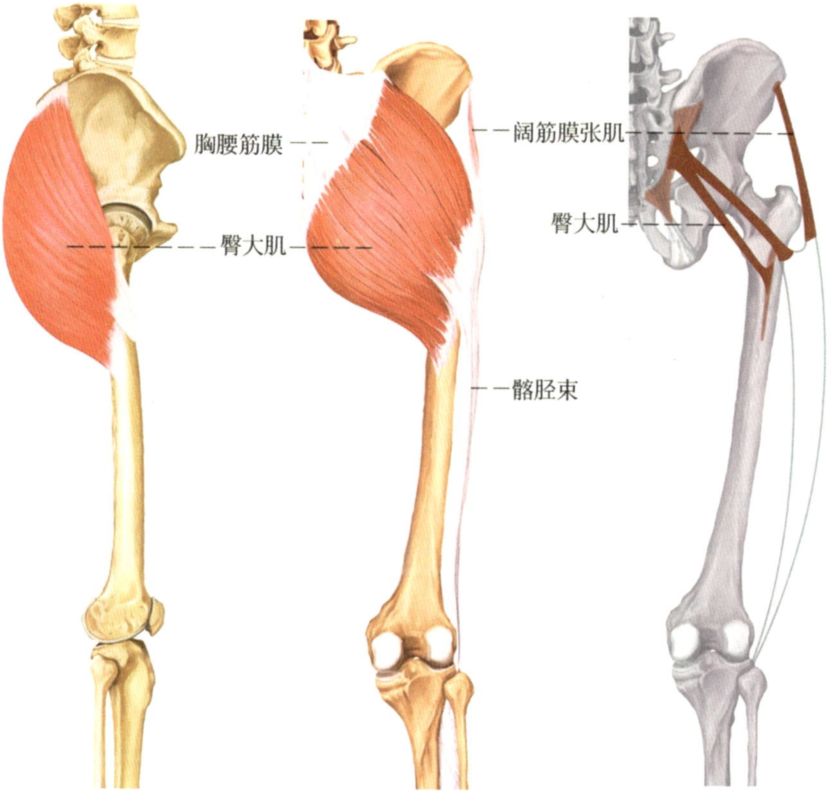

图 6-87　臀大肌和阔筋膜张肌

2. 臀中肌和臀小肌（图 6-88）

位置与形态：位于臀部外上方，大部分被臀大肌所覆盖，臀小肌位于臀中肌深层。两肌呈扇形，二肌肌束均呈放射状排列，分为前、后两部分。

起点：两肌均起于髂骨翼外面。

止点：股骨大转子。

功能：近固定时，使大腿在髋关节处外展；前部使大腿在髋关节处屈和旋内；后部使大腿在髋关节处伸和旋外。远固定时，一侧收缩使骨盆向同侧倾；前部纤维两侧同时收缩使骨盆前倾，一侧收缩使骨盆向同侧回旋；后部两侧同时收缩使骨盆后倾，一侧收缩使骨盆向对侧回旋。

臀中、小肌是正常行走、跑动过程中保持骨盆侧向支撑稳定的重要肌肉。若该肌群无力，不能维持骨盆的侧向稳定，患者表现为上身向患侧弯曲，重力线通过髋关节的外侧，依靠内收肌来保持侧方稳定，并防止骨盆对侧下沉，带动对侧下肢摆动。如果双侧臀中肌均无力，步行时上身左右摇摆，形如鸭子走路，又称鸭步式步态。

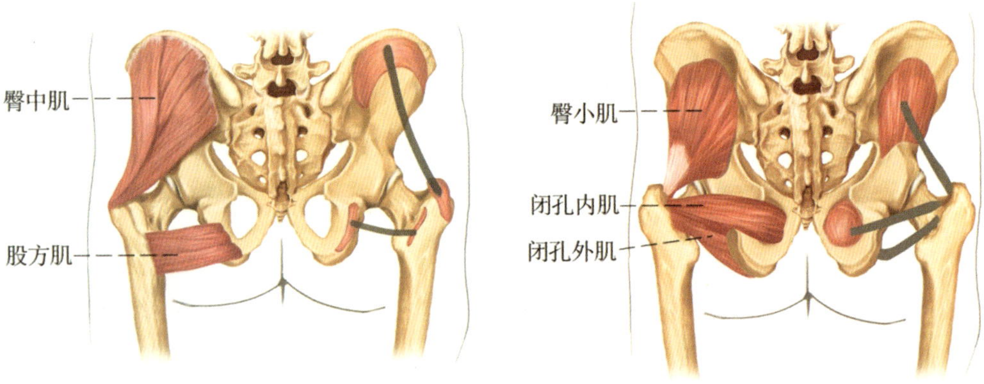

图 6-88　臀中肌和臀小肌

二、大腿肌

大腿肌分布在股骨周围，主要作用于髋关节和膝关节，分前外侧群、后群和内侧群。

（一）前外侧群

包括股四头肌、缝匠肌和阔筋膜张肌。

1. 股四头肌（图 6-89）

位置与形态：位于大腿前面，是人体中体积最大的肌肉之一。该肌共有四个头，即股直肌、股中肌、股外侧肌和股内侧肌。股直肌位于大腿前面皮下，股中肌位于股直肌深层，股外侧肌位于大腿前外侧，股内侧肌位于大腿前内侧。四头均为羽状肌。其中股直肌是双关节肌。

起点：股直肌起于髂前下棘，股中肌起于股骨体前面，股外侧肌起于股骨转子间线外上部至粗线外侧唇，股内侧肌起于股骨转子间线的内下方至粗线内侧唇。

止点：四头下行合并为一腱，包绕髌骨的前面和两侧，继而向下延续为髌韧带，止于胫骨粗隆。

功能：近固定时，使小腿在膝关节处伸，股直肌可使大腿在髋关节处屈；远固定时，使大腿在膝关节处伸，维持人体直立姿势。

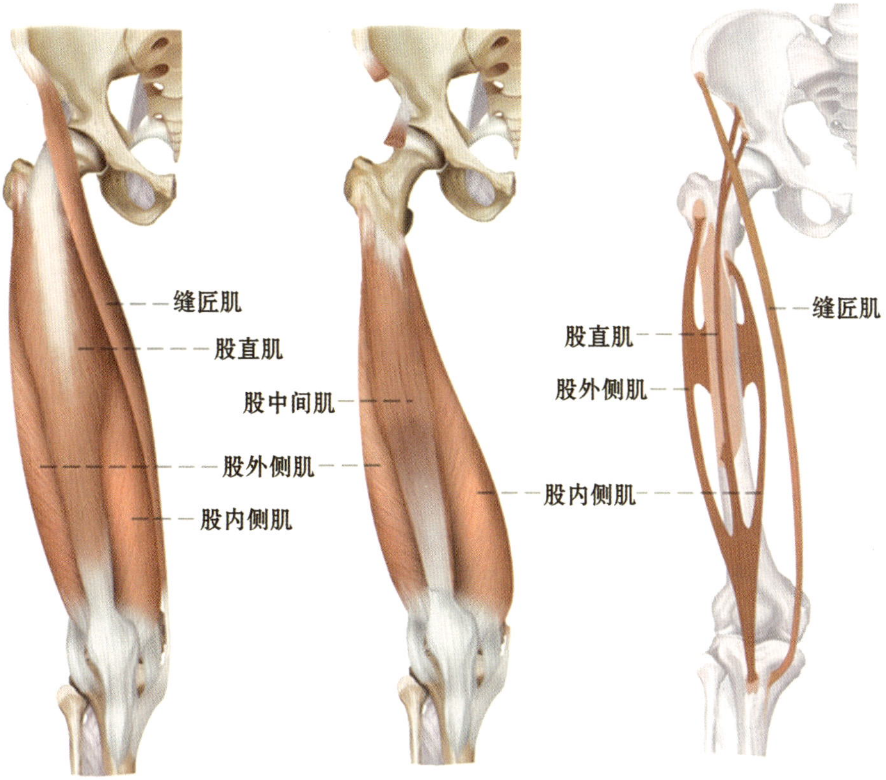

图 6-89 股四头肌和缝匠肌

2. 缝匠肌（图 6-89）

位置与形态：位于大腿前、内侧面皮下浅层，呈扁带状，从大腿外上方向内下方斜行，是全身最长的肌。

起点：起于髂前上棘。

止点：止于胫骨粗隆内侧面。

功能：近固定时，使大腿在髋关节处屈和旋外，并使小腿在膝关节处屈和旋内。远固定时，两侧同时收缩使骨盆前倾。

3. 阔筋膜张肌（图 6-87）

位置与形态：位于大腿上部前外侧，被阔筋膜包裹，为梭形肌。

起点：起于髂前上棘。

止点：向下移行于髂胫束，后者止于胫骨外侧髁。

功能：近固定时，使阔筋膜紧张并使大腿屈、外展和旋内。远固定时，一侧收缩使骨盆向同侧倾，两侧同时收缩使骨盆前倾。

阔筋膜张肌力量虽较臀中肌小，但其力臂比臀中肌长许多，因此其为直立体位中髋关节有力的外展肌，有稳定骨盆的作用。

(二) 后 群

包括股二头肌、半腱肌和半膜肌，合称股后肌群或腘绳肌（图 6-90），均为双关节肌。

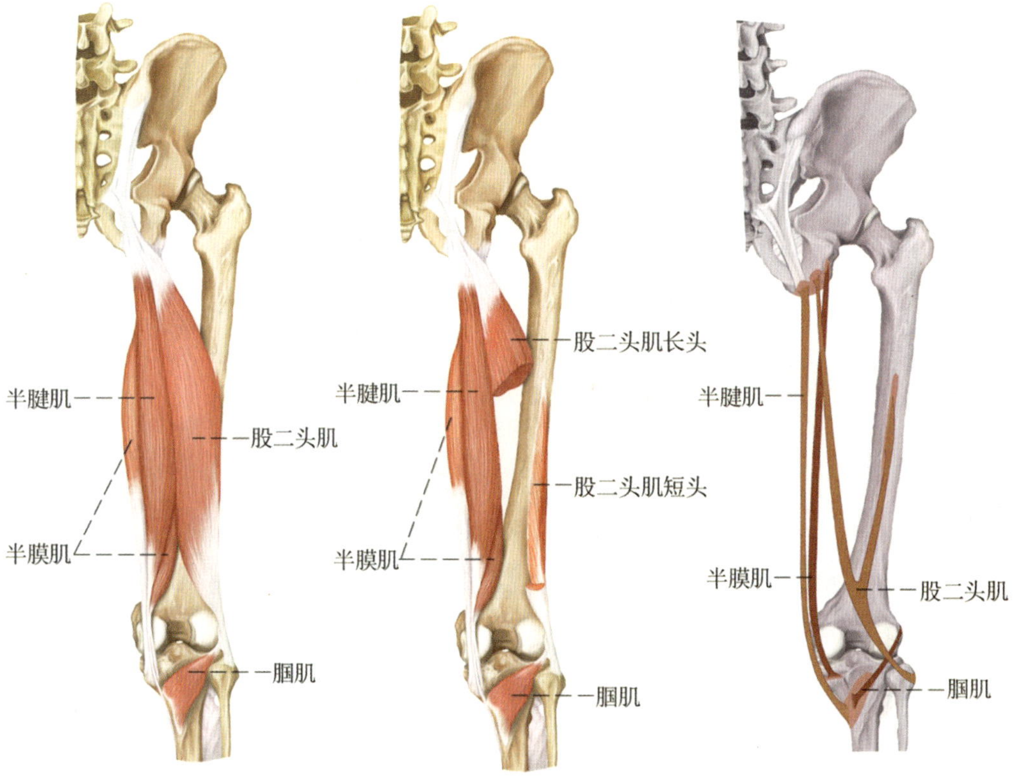

图 6-90　腘绳肌

1. 股二头肌

位置与形态：位于大腿后面外侧，呈梭形，有长、短两个头，肌束平行排列。

起点：长头起于坐骨结节，短头起于股骨粗线外侧唇下部。

止点：两头合并以长腱止于腓骨头。

功能：近固定时，长头使大腿在髋关节处伸；长、短头使小腿在膝关节处屈和旋外。远固定时，两侧同时收缩使骨盆后倾，一侧收缩使大腿在膝关节处屈。

2. 半腱肌和半膜肌

位置与形态：半腱肌位于大腿后面内侧浅层，肌腱细而长，几乎占据肌长的下半段。半膜肌位于半腱肌深层，上半为腱膜。半腱肌和半膜肌均为单羽肌。

起点：以扁薄腱起自坐骨结节。

止点：半腱肌止于胫骨粗隆内侧面，半膜肌止于胫骨内侧髁内侧面。

功能：近固定时，使大腿在髋关节处伸，小腿在膝关节处屈并旋内。远固定时，两侧同时收缩使骨盆后倾，一侧收缩使大腿在膝关节处屈。

（三）内侧群

内侧群包括耻骨肌、长收肌、短收肌、股薄肌和大收肌，位于大腿的内侧，分层排列。浅层自外侧向内侧为耻骨肌、长收肌和股薄肌。在耻骨肌和长收肌的深面，为短收肌。在上述肌的深面有呈三角形的宽而厚的大收肌。

1. 耻骨肌（图 6–91）

位置与形态：位于大腿内侧上部，为长方形短肌。

起点：起于耻骨上支。

止点：止于股骨粗线内侧唇上部。

功能：近固定时，使大腿在髋关节处屈、内收。远固定时，两侧同时收缩使骨盆前倾。

2. 长收肌（图 6–91）

位置与形态：位于耻骨肌内侧，为三角形扁肌。

起点：起于耻骨上支。

止点：止于股骨粗线内侧唇中部。

功能：近固定时，使大腿在髋关节处内收、屈。远固定时，两侧同时收缩使骨盆前倾。

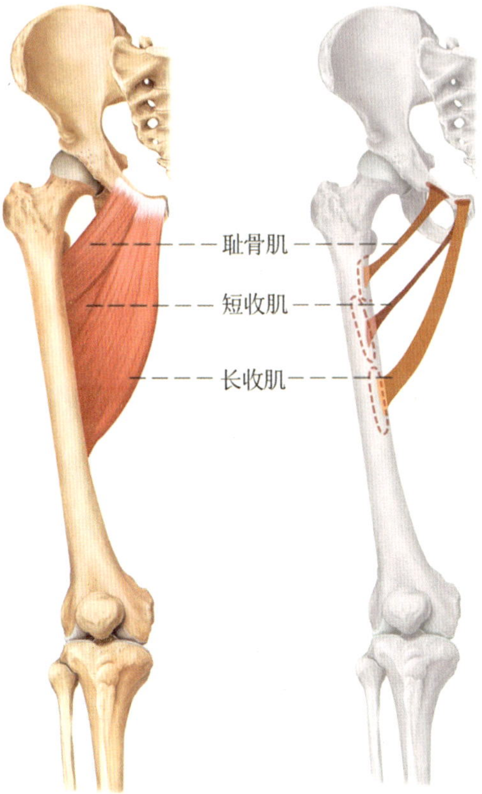

图 6–91　耻骨肌、长收肌和短收肌

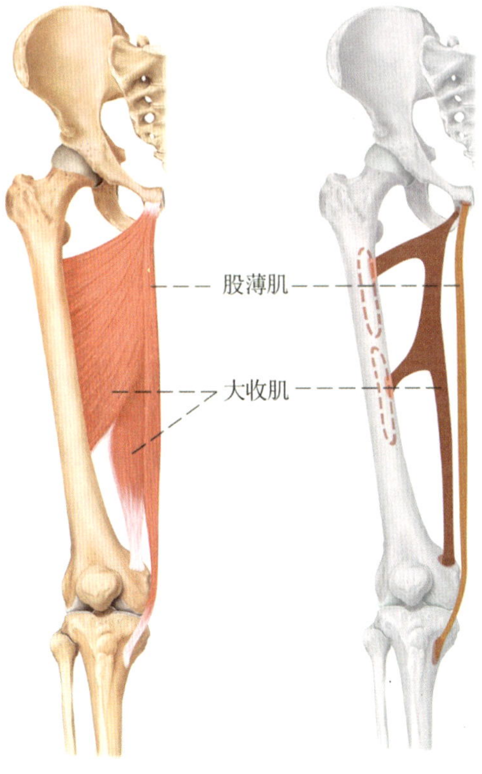

图 6–92　大收肌和股薄肌

3. 短收肌（图 6–91）

位置与形态：位于耻骨肌与长收肌深面，较长收肌短而厚，为三角形扁肌。

起点：起于耻骨下支。

止点：止于股骨粗线内侧唇中部。

功能：近固定时，使大腿在髋关节处内收、屈。远固定时，两侧同时收缩使骨盆前倾。

4. 大收肌（图 6–92）

位置与形态：位于短收肌深层，为最大的内收肌，呈三角形。

起点：起于坐骨结节、坐骨支和耻骨下支。

止点：止于股骨粗线内侧唇上 2/3 处及股骨的收肌结节。

功能：近固定时，使大腿在髋关节处内收、伸。远固定时，两侧同时收缩使骨盆后倾。

5. 股薄肌（图 6–92）

位置与形态：位于大腿内侧浅层，为带状长条肌。

起点：起于耻骨下支，肌束下行自膝关节后方转至前方。

止点：止于胫骨粗隆内侧。

功能：近固定时，使大腿在髋关节处内收，使小腿在膝关节处屈、旋内。远固定时，两侧同时收缩使骨盆前倾。

三、小腿肌

小腿肌分布于胫骨和腓骨周围，其分化程度不如前臂，肌数目较少，但一般比较粗大，参与维持人体的直立姿势和移动。小腿肌可分为三群：前群位于小腿骨间膜的前面，后群位于小腿骨间膜的后面，外侧群分布在腓骨的外侧面。

（一）前　群

前群由内侧向外侧排列，包括胫骨前肌、踇长伸肌和趾长伸肌 3 块肌肉（图 6–93）。

1. 胫骨前肌

位置与形态：位于胫骨前外侧浅层，为三角形的长肌。

起点：起于胫骨外侧面。

止点：肌腱向下经小腿横韧带和交叉韧带深面，过踝关节前方，斜行转至足的内侧缘，止于内侧楔骨及第 1 跖骨底，并与腓骨长肌形成“腱环”，共同维持足横弓。

功能：近固定时，使足在踝关节处伸、内翻。远固定时，使小腿在踝关节处伸。

2. 趾长伸肌

位置与形态：位于胫骨前肌外侧，为羽状肌。

起点：起于腓骨内侧面的上 2/3 和小腿骨间膜。

止点：其长腱通过踝关节前外侧转至足背，分为 4 条肌腱，分别止于第 2~5 足趾的中节和远节趾骨底。由此肌另外分出一个腱，经足背外侧止于第 5 跖骨底，称为第三腓骨肌。

功能：近固定时，使足伸和外翻，并伸第 2~5 趾。远固定时，使小腿在踝关节处伸。

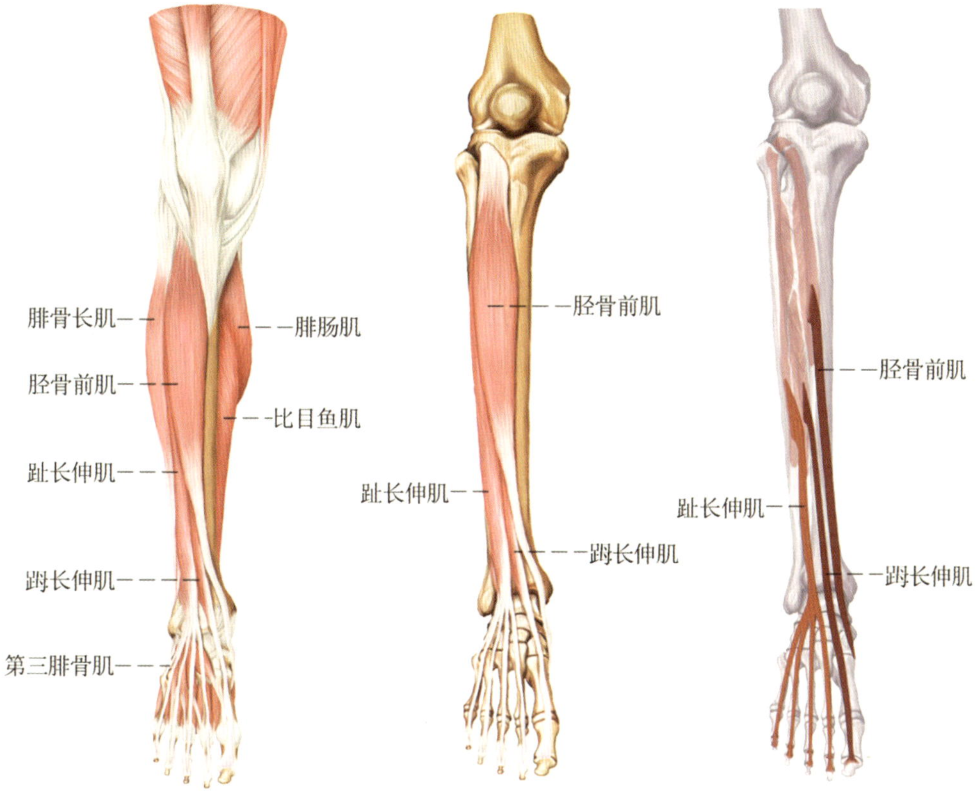

图 6-93 小腿肌（前群）

3. 𧿹长伸肌

位置与形态：位于胫骨前肌与趾长伸肌之间，为单羽状肌。

起点：起于腓骨内侧面的中部和小腿骨间膜。

止点：肌腱经踝关节前方至足背，止于𧿹趾远节趾骨底。

功能：近固定时，使趾伸，并使足伸和内翻。远固定时，使小腿在踝关节处伸。

（二）后 群

后群包括小腿三头肌、趾长屈肌、𧿹长屈肌和胫骨后肌。

1. 小腿三头肌（图 6-94）

位置与形态：位于小腿后面皮下浅层，特别发达，使小腿后部隆起，包括浅层的腓肠肌和深层的比目鱼肌。该肌有 3 个头，腓肠肌两个头为双关节肌；比目鱼肌为羽状肌，是单关节肌。

起点：腓肠肌的内、外两个头分别起于股骨的内、外侧髁后面；比目鱼肌起于胫骨的比目鱼肌线和腓骨上部的后面。

止点：三头会合，在小腿上部形成膨隆的肌腹，向下移行为人体最粗大的跟腱，止于跟结节。

功能：近固定时，使足在踝关节处屈，腓肠肌还能使小腿在膝关节处屈。远固定时，可使小腿在踝关节处屈，腓肠肌可拉大腿下端向后，协助伸膝，以维持人体直立姿势。当膝关节屈至90°以上时，该肌仅有比目鱼肌屈踝关节。

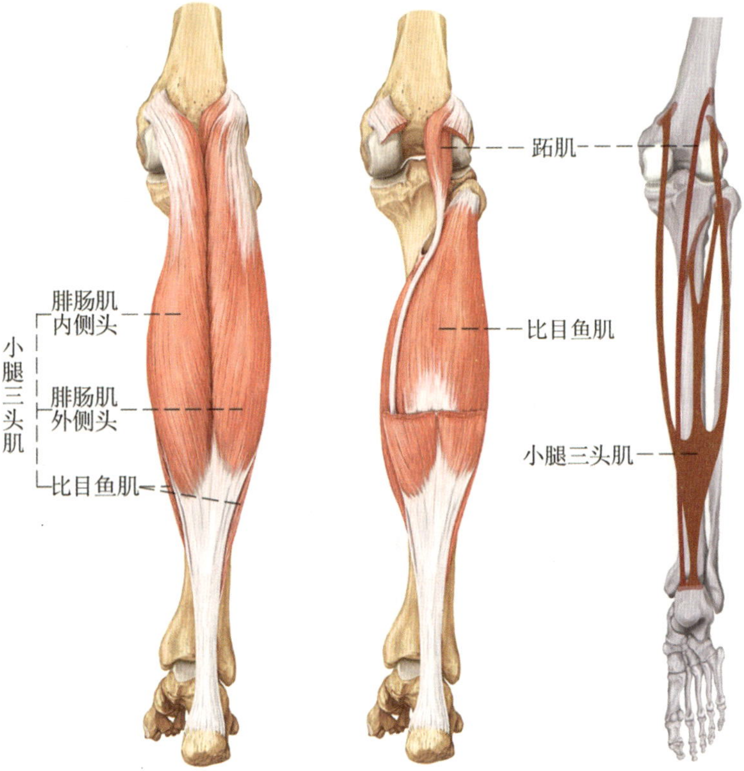

图 6–94　小腿三头肌

2. 趾长屈肌（图 6–95）

位置与形态：位于小腿三头肌深层内侧，为羽状肌。

起点：起于胫骨体后面中部。

止点：肌腱经内踝后方转至足底分为 4 条肌腱，分别止于第 2~5 趾的远节趾骨底。

功能：近固定时，使足在踝关节处屈、屈第 2~5 趾，并协助足内翻。远固定时，使小腿在踝关节处屈，维持足尖站立姿势。该肌还参与维持足弓，防治扁平、外翻足的发生。

3. 踇长屈肌（图 6–95）

位置与形态：位于小腿三头肌深层外侧，为羽状肌。

起点：起于腓骨体后下部。

止点：长腱经内踝之后至足底，止于踇趾远节趾骨底。

功能：近固定时，使足在踝关节处屈，屈趾，并协助足内翻。远固定时，使小腿在踝关节处屈，维持足尖站立姿势。

4. 胫骨后肌（图 6–95）

位置与形态：位于小腿三头肌深层，踇长屈肌和趾长屈肌之间，为羽状肌。

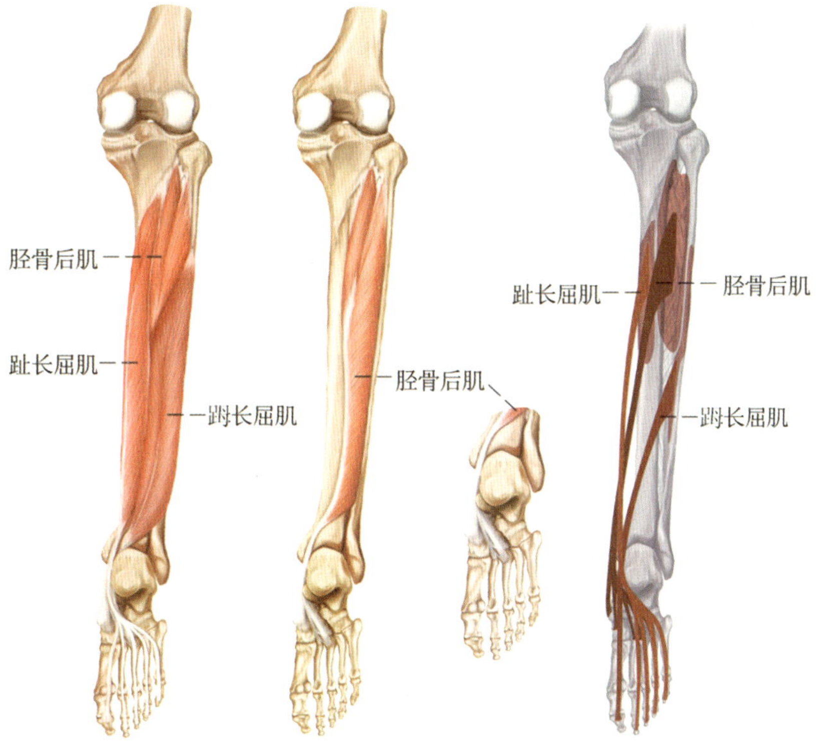

图 6-95　小腿肌（后群深层）

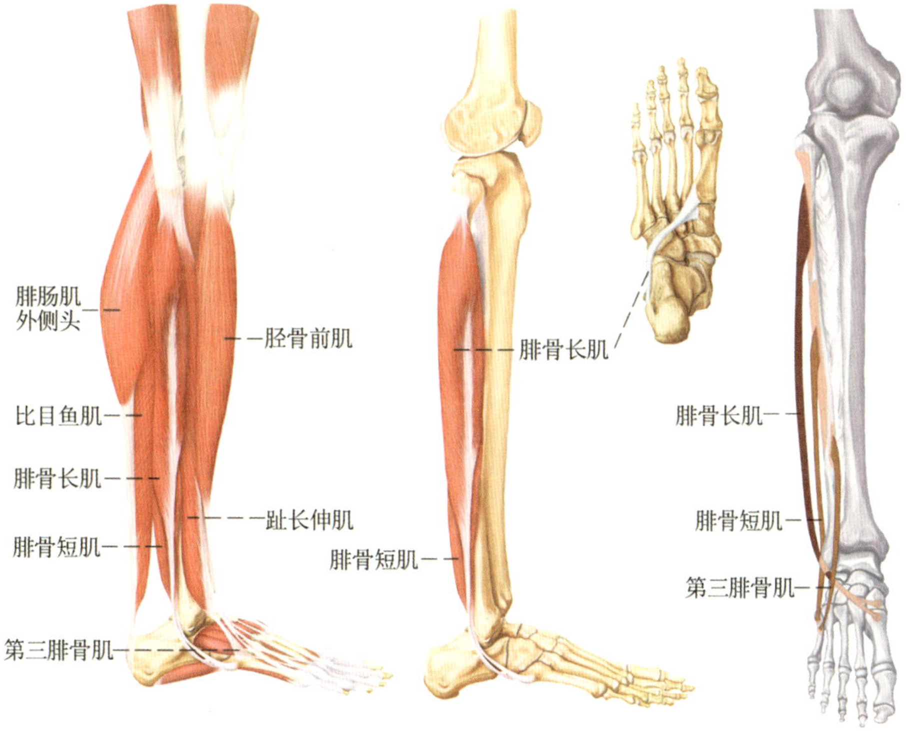

图 6-96　小腿肌（外侧群）

起点：起于胫、腓骨后面和小腿骨间膜。

止点：肌腱经内踝后方转至足底，止于足舟骨和内侧、中间及外侧楔骨。

功能：近固定时，使足内翻，并协助足在踝关节处屈。远固定时，使小腿在踝关节处屈，保持足尖站立。是维持足弓的重要肌肉之一。

（三）外侧群

外侧群包括腓骨长肌和腓骨短肌（图 6–96）。

1. 腓骨长肌

位置与形态：位于小腿外侧浅层，为羽状肌。

起点：起于腓骨外侧面上部，肌腱经外踝后面转至足底。

止点：止于内侧楔骨及第 1 跖骨底。

功能：近固定时，使足外翻，并协助足在踝关节处屈。远固定时，使小腿在踝关节处屈，参与维持站立姿势。此外，腓骨长肌腱和胫骨前肌腱在足底共同形成“腱环”，有维持足横弓及外侧纵弓的功能。

2. 腓骨短肌

位置与形态：位于腓骨长肌深层，为羽状肌，较腓骨长肌短。

起点：起于腓骨外侧面下部，肌腱经外踝后面转至足底。

止点：止于第 5 跖骨底。

功能：近固定时，使足外翻，并协助足在踝关节处屈。远固定时，使小腿在踝关节处屈，参与站立姿势的维持。

四、足　肌

足肌可分为足背肌和足底肌（图 6–97、图 6–98）。

足背肌较弱小，为伸踇趾和第 2~5 趾的小肌。

足底肌的配布和作用与手掌肌相似，也分为内侧群、外侧群和中间群，但没有与踇趾和小趾相当的对掌肌。

内侧群有踇展肌、踇短屈肌和踇收肌；外侧群有小趾展肌和小趾短屈肌；中间群由浅入深排列有趾短屈肌、足底方肌、4 条蚓状肌、3 块骨间足底肌和 4 块骨间背侧肌。多数肌的作用同其名，足底方肌与其他足底肌一起维持足弓，骨间足底肌和骨间背侧肌使踇趾相互靠拢或彼此分开（内收或外展）。

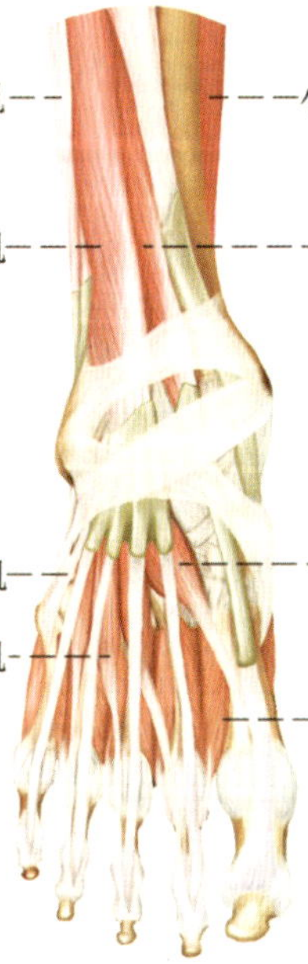

图 6–97　足背肌

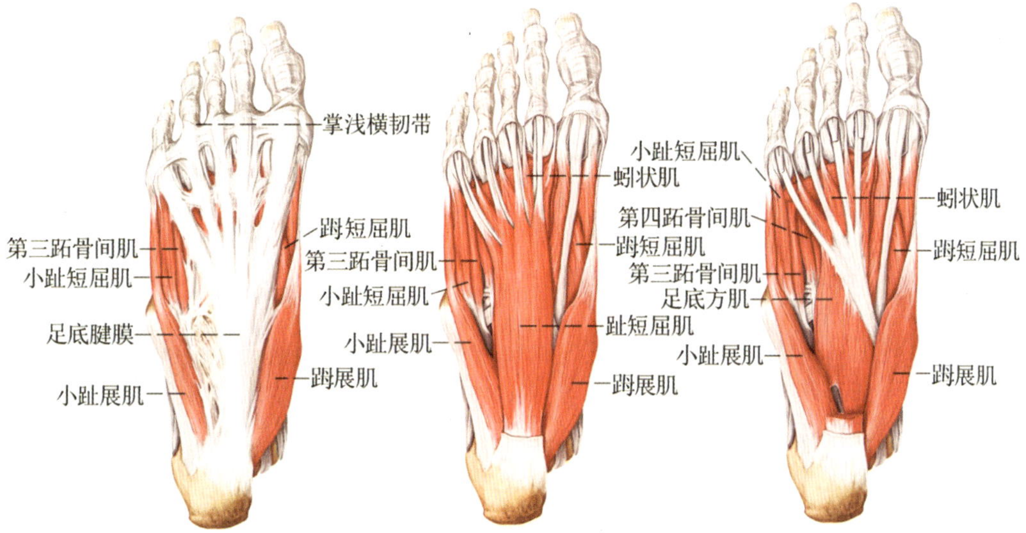

图 6-98　足底肌

五、下肢肌的功能分群与练习方法

按照运动功能可以将下肢肌分为运动髋关节的肌群、运动膝关节的肌群和运动足关节的肌群。

（一）运动髋关节的肌群

运动髋关节的肌群其主要功能为使髋关节产生屈、伸、外展、内收、旋外和旋内运动。

1. 使髋关节屈的肌群

主要包括髂腰肌、股直肌、缝匠肌、阔筋膜张肌和耻骨肌。

采用悬垂举腿、仰卧举腿（图 6-99）、负重高抬腿等练习可发展该肌群的力量；向使髋关节产生伸的运动方向进行拉伸可发展其伸展性，如后压腿、弓箭步压腿、跪撑后倒。

图 6-99　仰卧举腿

2. 使髋关节伸的肌群

主要包括臀大肌、股二头肌、半腱肌、半膜肌和大收肌。

采用负重后摆腿、俯卧背腿（图 6-100、图 6-101）、后蹬跑等练习可发展该肌群的力量；向使髋关节产生屈的动作方向进行拉伸可发展其伸展性，如正压腿、仰卧屈髋等。

图 6-100　负重后摆腿

图 6-101　俯卧背腿

3. 使髋关节外展的肌群

主要包括臀中肌、臀小肌、阔筋膜张肌、臀大肌上部和梨状肌等。

可采用负重侧摆腿、侧卧举腿等练习发展该肌群的力量（图 6-102）；向使髋关节在屈位和伸位产生内收的动作方向进行拉伸可发展其伸展性，如体侧屈等。

图 6-102　负重侧摆腿

4. 使髋关节内收的肌群

主要包括大收肌、长收肌、短收肌、臀大肌下部、股薄肌和耻骨肌等。

可采用抗阻力夹腿（图 6-103）、抗阻力内摆腿等练习发展内收肌的力量；向使髋关节产生外展的动作方向进行拉伸可发展其伸展性，如侧压腿、横劈叉（图 6-104、图 6-105）。

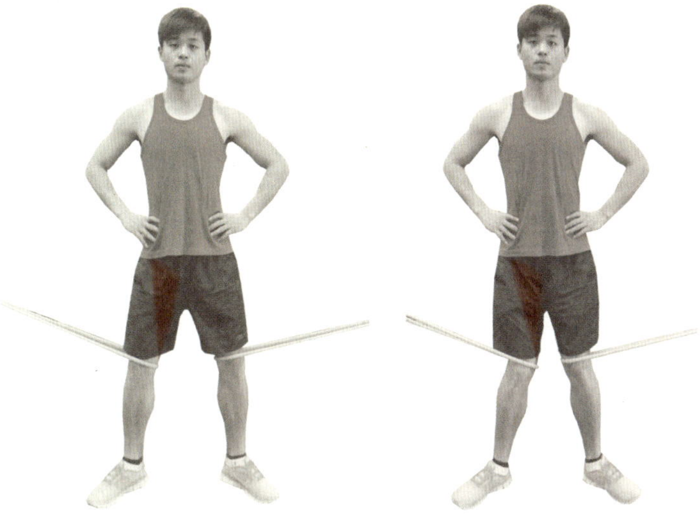

图 6-103　抗阻力夹腿

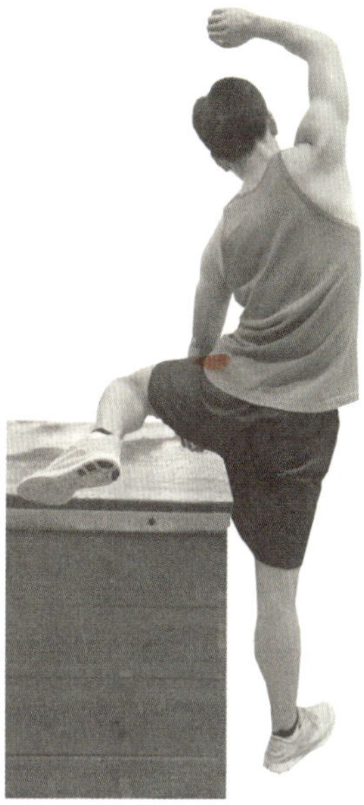

图 6-104　侧压腿

图 6-105　横劈叉

5. 使髋关节旋外的主要肌群

主要包括髂腰肌、臀大肌、梨状肌、臀中肌后部、臀小肌后部和缝匠肌等。

采用大腿旋外拉弹力带等练习可发展该肌群的力量；向使髋关节产生旋内的动作方向进行拉伸可发展其伸展性，如侧卧前压腿。

6. 使髋关节旋内的主要肌群

主要包括臀中肌前部、臀小肌前部和阔筋膜张肌。

采用大腿旋内拉弹力带等练习可发展该肌群的力量；向使髋关节产生旋外的动作方向进行拉伸可发展其伸展性，如侧卧后压腿。

（二）运动膝关节的肌群

运动膝关节的肌群其主要功能为使膝关节产生屈、伸、旋外和旋内运动。

1. 使膝关节屈的主要肌群

主要包括股二头肌、半腱肌、半膜肌、缝匠肌、股薄肌和腓肠肌。

采用俯卧抗阻屈小腿（图 6–106）、后踢腿跑等辅助练习可发展该肌群的力量；向伸膝的运动方向进行拉伸可发展其伸展性，如正压腿（图 6–107）。

2. 使膝关节伸的肌群

主要为股四头肌，另外腓肠肌在远固定条件下可协助伸膝。

采用负重蹲起、坐姿蹬腿、腿举（图 6–108）等辅助练习可发展该肌群的力量；向屈膝和伸髋的运动方向进行拉伸可发展其伸展性，如俯卧反弓展体、跪撑后倒、后压腿（图 6–109、图6–110）。

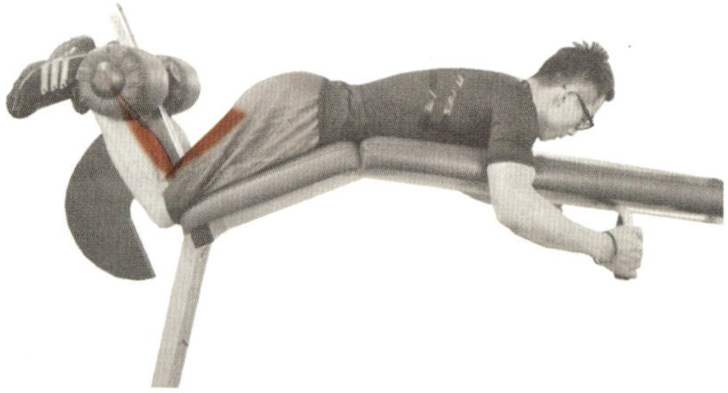

图 6–106　俯卧抗阻屈小腿

3. 使膝关节旋外的肌群

主要包括股二头肌和腓肠肌外侧头。

采用屈膝位小腿旋外拉弹力带等辅助练习可发展该肌群的力量；向膝关节旋内的运动方向进行拉伸可发展其伸展性，如屈膝位小腿旋内的练习。

4. 使膝关节旋内的肌群

主要包括缝匠肌、半腱肌、半膜肌、股薄肌和腓肠肌内侧头。

采用屈膝位小腿旋内拉弹力带等辅助练习可发展该肌群的力量；向膝关节旋外的运动方向进行拉伸可发展其伸展性，如屈膝位小腿旋外的练习。

图 6–107　正压腿

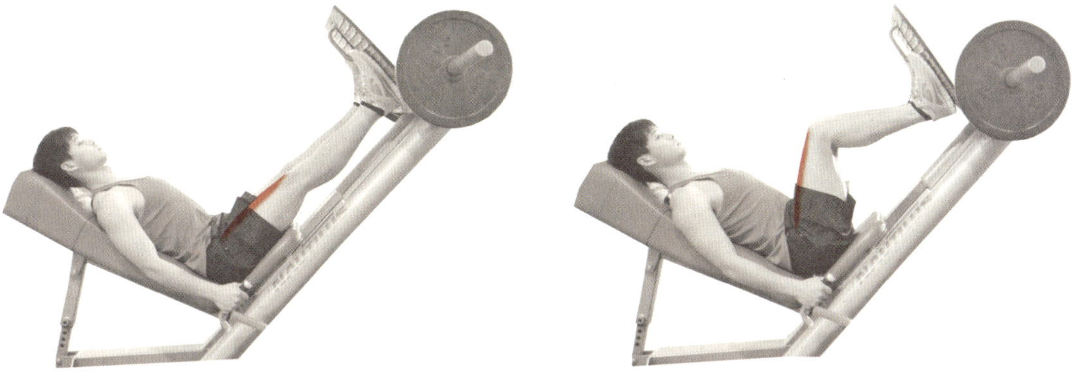

图 6-108　腿举

图 6-109　跪撑后倒

图 6-110　后压腿

（三）运动足关节的肌群

运动足关节的肌群其主要功能为使足关节产生屈、伸、外翻和内翻运动。

1. 使足关节屈的肌群

主要包括小腿三头肌、踇长屈肌、趾长屈肌、胫骨后肌、腓骨长肌和腓骨短肌。

采用负重提踵（图 6-111）、跳绳、脚掌蹬拉弹力带等辅助练习可发展该肌群的力量；向使足关节产生伸的运动方向进行拉伸可发展其伸展性，如勾脚正压腿等。

2. 使足关节伸的肌群

主要包括胫骨前肌、踇长伸肌和趾长伸肌等。

采用脚掌勾拉弹力带等辅助练习可发展该肌群的力量；向使足关节产生屈的运动方向进行拉伸可发展其伸展性，如跪坐压足背。

图 6-111　负重提踵

3. 使足关节外翻的肌群

主要包括腓骨长肌、腓骨短肌和第三腓骨肌。

采用足外翻勾拉弹力带等辅助练习可发展该肌群的力量；向使足关节产生内翻的运动方向进行拉伸可发展其伸展性，如内翻压足背。

4. 使足关节内翻的肌群

主要包括跗长屈肌、趾长屈肌、胫骨前肌和胫骨后肌等。

采用足内翻勾拉弹力带等辅助练习可发展该肌群的力量；向使足关节产生外翻的运动方向进行拉伸可发展其伸展性，如外翻压足背。

O 思考题

通过本章的学习，对于体育教育和运动训练等专业的学生，请思考：

1. 上肢、下肢和躯干主要肌肉的位置、层次及其与相应关节运动轴之间的关系？

2. 根据体育实践中上肢、下肢及躯干动作的结构特点，举例说明发展上肢、下肢和躯干各主要运动肌群力量和柔韧性的方法。

通过本章的学习，对于运动人体科学和运动康复等专业的学生，除上述问题外，还请思考：

1. 人体上、下肢肌在形态、结构和功能方面有哪些异同之处？

2. 人体各部位肌肉的具体功能受到了哪些因素的影响？

第七章
骨骼肌的运动原理

骨骼肌是人体运动的动力来源，深入了解其运动原理，对认识人体的机械运动规律，提高人体运动的效率和表现，改进、完善运动技术和训练方法，增强体质和预防损伤，都具有十分重要的意义。

第一节　骨骼肌的配布规律

全身有数百块肌肉参与躯体的随意运动，而每一块肌肉在运动中发挥着不同的作用。根据对关节运动的作用将肌肉分为屈肌、伸肌、外展肌、内收肌、旋内肌和旋外肌等。这种分法是以具体关节的运动形式为依据的，具有永恒性。例如，肱二头肌是肘关节的屈肌，肱三头肌是肘关节的伸肌，这是固定不变的。

肌肉具有以下一些基本特性：（1）肌肉只能主动收缩发力，具有缩短的趋势，但不能像被压缩的弹簧那样在缩短后再主动使其附着点分离，需要有其他力才能让它们的附着点相互分离。例如，当某块屈肌收缩，使关节完成屈的动作后，这块屈肌不能再使这个关节完成伸的动作；（2）肌肉收缩发力缩短时，它将同样大小的力作用在它所附着的两块或两块以上的骨上，至于最终是导致哪块骨运动，不取决于该肌肉，而取决于其他的客观条件，肌肉只能使它的两端向中心靠拢。

根据这些事实，肌肉在身体上有以下的配布规律：

一、肌肉配布与骨和关节有关

绝大多数肌肉都至少附着在两块或两块以上的骨上，中间必须跨过一个或一个以上的关节，两端都附着在一块骨上的肌肉是没有作用的，因而也是不存在的。跨过一个关节的肌肉为单关节肌，如肱肌、股中肌等。跨过多个关节的肌肉则称为多关节肌，如肱二头肌、指浅屈肌等。许多大关节的周围既配布有单关节肌，又配布有多关节肌，它们互相协作，以完成复杂的随意运动。

二、肌肉配布与关节运动轴有关

环节绕每个运动轴都可做方向相反的两种运动，所以必须配布两组作用相反的肌群。因此，单轴关节必须配布作用相反的两群肌肉；双轴关节应有作用不同的四群肌肉，而多轴关节必然就有作用不同的六群肌肉（表 7–1）。

表 7 –1　肌肉群与关节运动轴的关系

	关节面形状	运动轴	肌群配布
单轴关节	滑车关节	额状轴	屈肌群、伸肌群
	圆柱关节	垂直轴	内旋肌群、外旋肌群
双轴关节	椭圆关节	额状轴	屈肌群、伸肌群
	鞍状关节	矢状轴	内收肌群、外展肌群
多轴关节	球窝关节	额状轴	屈肌群、伸肌群
		矢状轴	内收肌群、外展肌群
		垂直轴	内旋肌群、外旋肌群

三、肌肉配布与直立行走及劳作特点有关

人体各部肌肉的体积、数量及灵活性，都与各肢体所承受的负荷和机能活动有密切关系。由于适应直立行走的缘故，下肢肌较上肢肌发达得多，而且下肢的伸肌比屈肌明显发达。躯干的伸肌也较屈肌发达得多。由于长期劳作的影响，上肢的屈肌较伸肌发达，支配手指运动的肌肉数目多，且都细小而灵活。

第二节　肌肉与关节运动的关系

一、肌拉力作用线的概念

肌拉力作用线（简称肌拉力线）是指连接肌肉起、止点中心且与肌肉的长轴一致的连线，代表该肌的合力作用线。若某些肌肉在跨过关节时或绕过骨时走行方向改变了（如缝匠肌），则走行方向改变前的肌拉力线为动点中心到拐点中心的连线，而肌肉在拐点后部分的肌拉力线则为拐点中心到定点中心的连线(此处拐点视为另一动点)。

另外，有些肌肉的起点或止点范围较广泛，肌肉内部的肌纤维走向很不一致，其肌拉力线的确定应根据具体情况而定。如斜方肌，可根据肌纤维走向的不同，将其分为不同部分，再根据上述方法确定肌肉某一部分具体的起、止点之间的连线，从而得到肌肉不同部分各自的肌拉力线。

比较起、止点中心的相对位置关系（前–后，内–外，上–下），就可分析该肌拉力的具体作用方向。

二、肌拉力的分解和合成

在力学中，常用力作用线来研究力的作用：力的大小用力作用线的长短来表示，力的作用点用力作用线的端点来表示，力的作用方向用力作用线的箭头来表示。在运动解剖学中，也采用了这个方法，前面已经规定了肌拉力作用线是起止点中心的连线，当肌肉走行方向改变时，是动点中心与拐点中心的连线，这是定性分析的定义，其中规定了力的三要素中两要素：作用点和方向，若知道肌拉力的大小，则可进行定量分析了。肌拉力分解与合成的知识可帮助我们进一步了解肌肉的作用。

（一）肌拉力的分解

1. 基本平面内肌拉力的分解

当肌拉力在基本平面内作用时，可用平行四边形法则将肌拉力分解为两个相互垂直的分力（图 7–1），在此，规定几个术语如下：

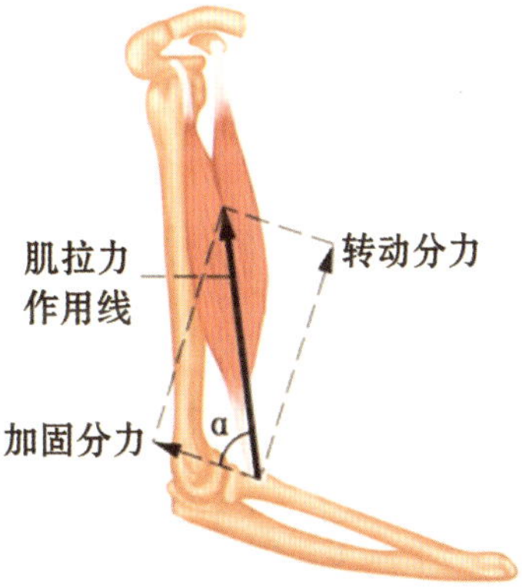

图 7–1　肌拉力作用线

肌拉力角：肌拉力线与动点中心和关节中心连线（有时把这条线叫做骨杠杆）之间的夹角叫肌拉力角，可用拉丁字母 α 来表示。

转动分力：与骨杠杆垂直的分力叫转动分力或切向分力。

加固分力：沿着骨杠杆指向关节中心的分力叫加固分力或叫法向分力。

肌拉力在一个基本平面内作用时，按平行四边形法则就分解成转动分力和加固分力两种。

转动分力=肌力×肌拉力角的正弦，用公式表示为：

$$A=F\times\sin\alpha$$

加固分力=肌力×肌拉力角的余弦，用公式表示为：

$$B=F\times\cos\alpha$$

由分析可知，肌拉力在一个基本平面内作用时，有两个基本作用：一个是把动点所在骨拉向关节，对关节起加固的作用；另一个是使动点所在骨围绕着关节中心转动。通常所说的肌肉在完成一个动作时的力量就是指使动点骨转动的转动分力。

在标准解剖学姿势时，人体肌肉的肌拉力角大多小于 45°，例如臀大肌、腘绳肌、肱肌、肱二头肌和指深屈肌等；少数肌肉的肌拉力角大于 45°，例如腹直肌、小腿三头肌等。当肌肉收缩牵引动点所在骨运动后，肌拉力角也随着改变。因此，肌拉力的两个分力的大小也随着变化。

假设肌力大小在肌肉收缩过程中不变（事实上是变化的），那么，随着肌拉力角由小到大，在达到90°之前，转动分力随之增大，而加固分力随之减小；达到90°时，转动分力等于整个肌拉力，加固分力等于0；超过90°时，转动分力随之减小，加固分力的值会变大，但方向不再是指向关节中心，而是背离关节中心。因此，加固分力不再起加固关节作用，而是成了分离关节的作用了。

由此提示，在运动实践中，肌肉力量的作用是随时变化的。除了上述因肌拉力角变化而引起的肌拉力作用的改变外，肌拉力本身在收缩过程中也会不断变化，即开始收缩时肌拉力最大，随着收缩时间延长而减小，随着肌肉缩短而减小。

肌肉等动力量训练器就是依据上述肌力变化特点而设计的。因此，了解和掌握人体运动时肌力的变化规律，便可解决运动实际中的具体问题。

2. 肌拉力不在基本平面内的分解

当肌拉力不在某一个基本平面内发生作用时，可将肌拉力分解成3个互相垂直的分力，并使其分别与一个人体基本轴平行，然后再根据这些分力来判断这块肌肉所起的作用。例如，臀大肌近固定时的肌拉力线由前外下向后内上，因此，臀大肌的肌拉力可分解成由前向后、由外向内和由下向上的3个分力。由下向上的分力起加固髋关节的作用，由前向后的分力使大腿伸和旋外，由外向内的分力使大腿内收和旋外。

（二）肌拉力的合成

当两块或两块以上的肌肉作用在一块骨上时，这块骨的运动将是按照这两块（或多块）肌拉力的合力作用而运动。根据力学原理，2个力的合力是根据平行四边形法则合成的，即把这2个力作为平行四边形的2条边，画出一个平行四边形，通过这2个力的交点的对角线就是这2个力的合力。如果是3个力，则先合成2个力，求出其合力，再将该合力与第3个力去合成，最后的合力就是这3个分力的合力，有4个、5个力作用时，依此类推。

三、肌拉力线和关节运动轴的关系

只跨过单轴关节的肌肉作用比较简单，跨过双轴或三轴关节的肌肉作用比较复杂，它们对关节的作用就要用肌拉力线与关节运动轴的关系来确定，例如臀大肌近固定时的肌拉力线由前外下向后内上，对矢状轴来说，肌拉力线在它的下方由外向内，使大腿内收；对额状轴来说，肌拉力线由前向后，使大腿伸；对垂直轴来说，在轴的外侧由前向后，使大腿旋外。

另外，对双轴或三轴关节来说，由于环节所处的位置不同，影响了肌拉力线与关节运动轴的关系，肌肉的作用会改变。例如，在直立位置时，大腿内收肌群多数又为屈肌，因为耻骨肌、长收肌、短收肌和股薄肌的止点都在起点的后方，但是，当大腿前屈超过70°时，这些肌肉的止点位置移到了起点的前方，它们再收缩时，作用就不是使大腿屈而是使大腿伸了，这种情况在肩关节等部位也存在。

四、肌肉在关节运动中的协作关系

即便是最简单的动作，也不可能只由一块肌肉收缩发力就能完成，需要多块肌肉的协同配合。根据肌肉在同一动作中的作用不同，可以将其区分为原动肌、对抗肌、固定肌和中和肌。

（一）原动肌

当一块或一组肌肉收缩产生的力是引起环节运动的主要动力来源时，这块或这组肌肉称为原动肌。例如，向前屈大腿时，髂腰肌和缝匠肌等就是原动肌。

当一个动作只包括一个环节的运动时，原动肌只有一组，例如，射击时的扣扳机动作，只有食指的一个环节运动，原动肌就只有一组。当一个动作是由好几个环节运动组成时，那么，每一个环节运动都有一组原动肌，所以，有几个环节运动就有几组原动肌，例如，跑步时的后蹬动作，下肢有骨盆、大腿、小腿、足等几个环节运动。因此，原动肌也分别是引起这几个环节运动的肌肉，一个动作究竟有多少组原动肌应根据实际情况作具体分析。

在一组原动肌中起主要作用的原动肌叫主动肌，起次要作用的肌肉称为副动肌或次动肌，例如，上述向前踢腿动作中，髂腰肌是大腿前屈的主动肌，而缝匠肌、股直肌等则是副动肌或次动肌。

（二）对抗肌

在某一动作中，与原动肌作用相反的肌群称为对抗肌。从相对于关节运动轴的关系来讲，对抗肌位于原动肌的对侧，因此，只要确定了某个动作的原动肌后，对抗肌也就明确了。

例如，在向前踢腿动作中，使大腿屈的髂腰肌是原动肌，那么，位于它的对侧的伸肌——臀大肌、股后肌群等就是对抗肌。

精确、协调地完成一个动作，不仅需要原动肌发力精确（力量大小、收缩速度适宜），而且需要对抗肌的协调配合，特别是在一个动作的开始和结束阶段。另外，对抗肌的协调配合还有防止关节损伤等作用，特别是在一些快速起动、制动等动作中更是明显。

（三）固定肌

如前所述，肌肉主动收缩发力，应具有使它的两端向中心靠拢的作用趋势，但在实际运动中，为保证运动的确定方向，通常不需要这种两端都相向运动的动作。因此，为了充分发挥原动肌对动点骨的作用，必须有其他肌肉来固定原动肌的定点骨，这些固定定点骨的肌肉称为固定肌。例如，在做向前踢腿动作时，为了保持躯干直立姿势，就需要脊柱周围某些肌肉收缩，固定髂腰肌的定点骨。

（四）中和肌

原动肌通常对动点骨有数种作用，例如髂腰肌在近固定收缩时可使大腿屈和旋外，但在实际运动中，多数时只需表现出其中某一个作用，因此就需要通过其他一些肌肉收缩来避免另外一些作用的出现，这种抵消原动肌对动点骨不需要的作用的肌肉称为中和肌。例如，在做正踢腿动作时，不需要出现大腿外旋的动作，就需要具有使大腿内旋功能的肌肉收缩发力，如臀小肌、臀中肌前部收缩，来抵消髂腰肌收缩时可能出现的外旋动作，这时臀小肌、臀中肌前部就起中和肌的作用。

在实践中如何确定中和肌呢？第一步是找出原动肌，第二步根据原动肌对动点骨可能产生的作用，找出在这个动作中原动肌有哪些不需要的功能，第三步就可确定中和肌，即功能与上述原动肌不需要的作用相反的肌肉就是中和肌。

由以上分析可知，虽然原动肌是完成一个动作的动力，但是它需要有对抗肌的协调配合，还需要有固定肌固定它的定点骨，同时还需要有中和肌抵消它对动点骨的不需要的运动。

由此提示，在对人体动作进行肌电研究时，不应只根据某块肌肉有电位活动变化就匆忙断定其是该动作的原动肌，而应深入分析它的作用，正确判断它是起原动肌作用，还是起对抗肌、固定肌或中和肌的作用，以免产生错误的结论。

第三节　肌肉工作的性质

只要肌肉内部有肌纤维收缩，表现为消耗能量、肌张力增加，则无论其是否对运动环节做功，这样的过程都称之为肌肉工作。

根据肌肉工作是否引起运动环节在空间中产生移动，可将肌肉工作区分为两种性质，即动力性工作和静力性工作。

一、动力性工作

动力性工作是指肌肉工作时所产生的力，能够引起运动环节在空间中产生移动，肌肉的长度也发生明显的改变。肌肉进行动力性工作的特点是：肌肉的收缩和舒张交替进行，肌肉的长度和力的作用不断地改变。

根据肌肉做动力性工作时对抗阻力的状况，动力性工作可分为克制工作和退让工作两种类型。

（一）克制工作

若肌肉工作时内部张力增加，肌力矩大于阻力矩，引起环节朝向肌肉拉力的方向运动，肌肉的长度缩短，这种工作称为克制工作。由于此种情况时，肌肉的动点向定点靠拢，所以又称为向心工作。如手持哑铃做屈肘动作，肱肌、肱二头肌是在近固定条件下做克制工作；立定跳远蹬地阶段，股四头肌是在远固定条件下做克制工作。

（二）退让工作

若肌肉工作时内部张力增加，但肌力矩小于阻力矩，引起环节向背离肌肉拉力的方向运动，肌肉的长度增加，这种工作称为退让工作。肌肉进行退让工作，可使外力或阻力对环节产生的加速度减小，使环节运动速度逐渐减慢，以至最终停止，即表现为缓冲、制动的作用。

由于退让工作时，肌肉的动点、定点彼此分离，故又称为离心工作。如两手侧平举后慢慢放下，三角肌是在近固定条件下做退让工作；落地缓冲时，臀大肌、股四头肌是在远固定条件下做退让工作。

二、静力性工作

若肌肉工作时内部张力增加，但肌力矩与阻力矩相等，使环节保持在固定的位置，关节角度不变，肌肉的长度不发生变化，这种工作称为静力性工作。肌肉做静力性工作时的特点是：肌肉较长时间处于持续性的收缩紧张状态，肌肉长度和力的作用比较恒定。

根据肌肉做静力性工作所产生的作用，静力性工作又包括以下三种类型：

（一）支持工作

肌肉保持持续性收缩以平衡阻力（肌力矩等于阻力矩），使运动环节保持固定的姿势，这种肌肉工作称为支持工作。支持工作有两种情况：

第一种：肌肉保持缩短状态的支持工作。如前控腿练习时，屈大腿的肌肉（髂腰肌、股直肌等）做的工作属于缩短状态的支持工作。

第二种：肌肉保持拉长状态的支持工作。如马步站桩，股四头肌做的属于拉长状态的支持工作。

（二）加固工作

关节周围肌肉持续收缩，以防止相邻环节由于外力作用而在关节处互相脱离，肌肉的这种工作称为加固工作。如吊环悬垂时，肩关节、肘关节以及手关节周围的肌肉持续收缩，即为加固工作。

（三）固定工作

作用相反的两群肌肉共同收缩，使受力的环节固定不动，肌肉的这种工作称为固定工作。如进行屈肘的弯举动作时，肩关节周围的肌肉共同收缩使上臂保持不动，可为屈肘肌群进行近固定收缩创造条件。

第四节　多关节肌的功能性特征

跨过一个关节的肌肉称为单关节肌，跨过两个或两个以上关节的肌肉称为多关节肌。例如臀大肌、臀中肌、大收肌等只跨过髋关节，属于单关节肌，而股直肌跨过髋关节和膝关节，属于多关节肌。

一、多关节肌是进化的产物

在人体运动中，有许多动作是多个关节按一定模式组合而成的，例如，上肢在日常生活或劳作中，许多动作要求上肢把物体拉近身体或把物体围抱住，如把食物移向口腔，抱住重物等。但是，碰到危险时，则要求把物体推离身体。在前者，要求上肢各个关节（肩关节、肘关节、桡腕关节及指关节等）都同时屈，在后者，要求上肢各个关节都同时伸，这样，为了便于快速、精确地完成这些各个关节按一定模式组合而成的运动，多关节肌就在进化过程中应运而生了。

上肢的多关节肌大都体现了各关节同时屈或同时伸的特点，例如：肱二头肌使肩关节、肘关节同时屈，肱三头肌使肩关节、肘关节同时伸，前臂屈肌群同时使桡腕关节、腕掌关节和指关节同时屈，而前臂伸肌群使桡腕关节、腕掌关节和指关节同时伸。

下肢的多关节肌表现为另一种特点：同时屈髋伸膝或同时伸髋屈膝，这对下肢完成走、跑及踢腿等一些组合动作是有利的。

深入研究人体多关节肌的配布规律对于理解人体各环节运动之间的相互关系是十分重要的。

二、多关节肌的功能性“主动不足”

多关节肌作为原动肌工作时，其肌力充分作用于一个关节后，就不能再充分作用于其他关节，这种现象叫多关节肌的功能性“主动不足”，其实质是肌力不足。例如，在大腿屈的情况下，再伸直小腿，由于股直肌已在髋关节处屈，要再使小腿伸就感到力量不足，因此，感到较难完成动作。同理，在大腿后伸的情况下再屈小腿，由于股后肌群的主动不足现象，会感到较难完成这个动作。

肌肉收缩产生的张力变化与肌肉的长度变化有关，肌肉在缩短过程中其张力要逐渐降低，直到最后不能再产生张力，在一定范围内，肌肉收缩前的长度越长，肌肉收缩产生的张力越大。根据这个特点，如果要使多关节肌在某个关节上充分发挥其张力，则可让这块肌肉在另外的关节上被拉长。跑动时腿的动作反映了这一原理：在向后蹬地时，髋关节要伸，这时膝关节的伸使股后肌群在膝关节处拉长，有利于它在髋关节处充分发挥张力，使髋关节伸。同理，这一侧下肢在向前摆动时是屈膝的，这就使股直肌在膝关节处拉长，有利于它在髋关节处充分发挥张力，使髋关节屈。

三、多关节肌的功能性“被动不足”

当多关节肌在一个关节处被拉长以后，就不能在其他关节被充分拉长，这种现象叫多关节肌的功能性“被动不足”，其实质是肌肉的伸展性不足。例如，体前屈时（即髋关节屈），如果膝关节伸直，使股后肌群在膝关节处先被拉长，那么，由于股后肌群的被动不足，再做体前屈就会感到股后肌群的伸展性不够，很难使手掌碰地，如果屈膝（这是大多数伸展性欠佳者易犯的毛病），由于股后肌群没有在膝关节处先被拉长，则不出现被动不足的现象。

四、多关节肌功能性特征的规避与利用

多关节肌的功能性“主动不足”和“被动不足”是影响肌肉力量或柔韧素质的因素之一，在比赛中，对动作技术的要求是尽可能地经济、省力，故应采用合理的技术动作或者调整身体各部分的位置，避免多关节肌功能性“主动不足”和功能性“被动不足”现象出现，使多关节肌的力量或伸展性集中作用于一个环节上，以取得较好的运动效果。例如，正足背踢球时，支撑腿的足应该落在球横轴的稍侧方，这样的身体位置可以使股直肌的力量集中作用于伸小腿上，也可避免股后肌群出现“被动不足”，这样踢球更有力。如果足支撑在球横轴后方较远的位置，则可出现股直肌的“主动不足”和股后肌群的“被动不足”，踢球的力量就会明显降低。

但是在平常训练时，则应注意利用多关节肌的功能性特征设计、选择一些练习来增加难度，能更有效地提高肌肉的力量、速度、耐力和柔韧等素质。例如，发展股直肌力量时，可先屈髋关节，再做弹小腿（膝关节伸）的动作；在发展股后肌群力量时，取俯卧位姿势，可先伸髋关节，再做小腿屈的动作。

第五节　身体的杠杆原理及应用

人体运动中，骨的作用相当于杠杆，它在肌拉力的作用下能够绕关节转动，并克服阻力做功，故称其为骨杠杆。骨、关节和肌肉所产生的多数运动是符合杠杆原理的，是可以用杠杆原理加以说明的。

一、骨杠杆的分类

人体内的骨杠杆依照支点、动力点和阻力点三者的位置关系不同，可分为三种类型（图7–2）。

（一）平衡杠杆

这类杠杆的支点在动力点和阻力点之间。人体上的这类杠杆表现为关节中心位于肌肉的动力点与运动环节的阻力点之间。如头在寰枕关节的运动，支点在寰枕关节；肌力点在寰枕

关节的后方，即斜方肌的起点枕外隆突和项韧带；阻力点在寰枕关节的前方，即头的重心形成的向下作用的阻力点。

（二）省力杠杆

这类杠杆的阻力点在支点和动力点之间。人体上的这类杠杆表现为运动环节的阻力点在关节中心与肌肉的动力点之间。如人站立提踵时，足在跖趾关节的运动，支点在跖趾关节，动力点为小腿三头肌在跟骨上的止点，人体重力通过距骨体向下为阻力点。又如股直肌屈大腿时，髋关节为支点，动力点为股直肌的止点胫骨粗隆，阻力点在膝关节上方。

省力杠杆的特点是肌肉工作省力，但杠杆运动速度较慢。

（三）速度杠杆

这类杠杆的动力点在支点和阻力点之间。人体上这类杠杆表现为肌肉的动力点在关节中心与运动环节的阻力点之间。如髂腰肌屈大腿时，髋关节为支点，髂腰肌的止点小转子为动力点，阻力点在膝关节上方。又如肱二头肌屈前臂，股四头肌伸小腿等均是在速度杠杆的条件下工作。速度杠杆的特点是要用较大的力才能克服较小的阻力，不能省力，但可使阻力点移动的速度和幅度增大而获得速度。

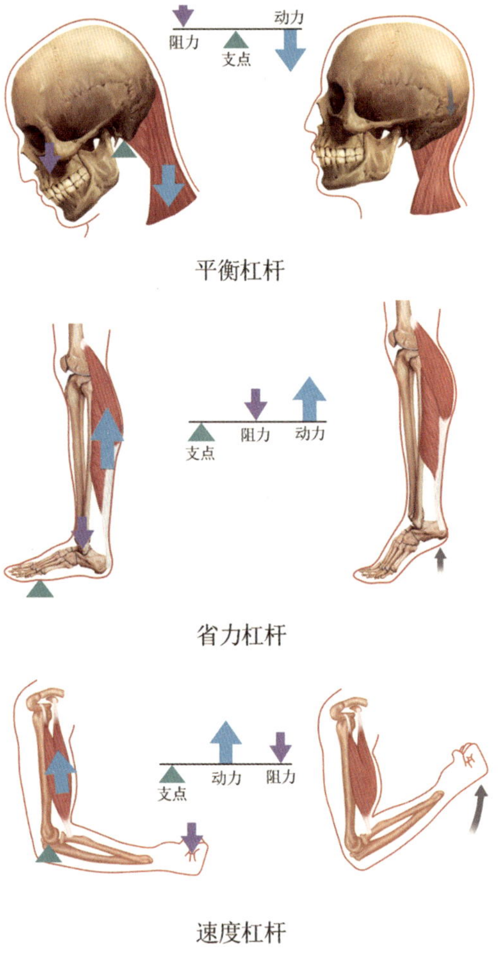

图 7-2　骨杠杆的类型

二、杠杆原理的运用

在体育运动和日常劳作中，可广泛应用杠杆原理以达理想的效果。

（一）利用杠杆原理省力

根据杠杆原理，利用杠杆省力的方法有二：增大动力臂和缩短阻力臂。

在人体骨杠杆中，肌拉力的力臂一般都很短，但通过长期的进化过程，人体可能通过一些特殊的身体结构来增大一些肌肉的力臂，例如，通过某些骨性结构增大肌肉力臂。人体最大的一块籽骨——髌骨增大了股四头肌的力臂，股骨颈和大转子增大了臀中肌的肌力臂。

较短的阻力臂也能达到省力的效果，例如提起重物时，让重物越靠近身体，就越省力。人体在运动时，总是自然地要适应这个规律。例如，在走路时，重心总是要偏向支撑腿侧。

据此，由重力作用线与关节中心之间的关系可以评定身体姿态的优劣。好的姿态，其重力作用线通过多数关节的中心，由于阻力臂变短，故肌肉省力；不好的姿态，其重力作用线通常会离开多数关节的中心，由于阻力臂变长，故肌肉费力。许多身体姿态不良的人，如驼背、脊柱侧弯等，易于感到身体疲劳，原因之一，就是他们在维持身体通常的姿势时，需要更多的肌肉参加工作，同时需要肌肉产生出更大的力。

（二）利用杠杆原理获得速度

利用杠杆可获得速度。缩短力臂、增大阻力臂虽然费力，但能换来较大的杠杆移动距离和获得较大的运动速度。身体上肌肉起、止点一般靠近关节中心，即力臂较短，虽然肌肉较费力，但肌肉一般只要缩短不大的长度，就能使肢体移动较大的范围，完成快速的动作。

（三）利用杠杆原理发展肌肉力量

发展一块肌肉的力量，就需使该块肌肉以一定的速度重复地克服一定的阻力矩。

阻力矩包含二个因素：阻力和阻力臂。首先可通过延长阻力臂来发展肌肉的力量。因阻力臂加大，肌肉的负担量也加大，训练效果也就相应提高。例如，在进行仰卧起坐练习时，可以通过双手置于不同位置，使上半身的重心位置离开髋关节中心的距离（即阻力臂）改变，从而增加或减少动作的难度。同样，在进行仰卧举腿练习时，屈腿和直腿会使下肢重心离开髋关节中心的距离改变，以减少或增加动作的难度。

此外，还要增加阻力。即训练肌肉力量时，要循序渐进地增加阻力负荷，以更好地发展肌肉力量。掌握了这一原理，实践中应用起来就会非常自如。

第六节　影响肌肉力量发挥的解剖学因素

肌肉力量的提高和发展是以人体肌肉的形态、结构、生理生化机制的改变为基础，是以神经中枢的兴奋和抑制过程充分协调为前提，而建立起来的各种用力动作的条件反射的结果。也就是说一个人肌肉力量的大小要受到多种因素制约。从解剖学的角度，影响肌肉力量发挥的因素包括肌肉的生理横断面、初长度、肌纤维类型、肌拉力角、肌肉的起止点、年龄和性别等。

一、肌肉的生理横断面

决定肌肉力量大小最重要的解剖学因素是肌肉发达程度。衡量肌肉发达程度的指标是肌肉的生理横断面。肌肉的绝对肌力取决于该肌肉的生理横断面积。肌肉的生理横断面积愈大，肌肉收缩时产生的力就可能愈大。

（一）肌肉生理横断面的概念

一块肌肉所有肌纤维的横断面之和称为肌肉的生理横断面（图 7–3）。它有别于“解剖横断面”，后者只是简单的沿肌肉纵轴作垂直切面，而前者要横断每一条肌纤维。

梭形肌的肌纤维排列，大致与肌肉纵轴平行。所以梭形肌的生理横断面与解剖横断面相同。而羽状肌的肌纤维斜行排列，因此生理横断面大于解剖横断面。因为在羽状肌中，解剖横断面不能横切所有肌纤维，所以解剖横断面不能作为说明肌肉发达程度的指标。这说明羽状肌的收缩力明显的大于相同体积的梭形肌。因此，下肢主要进行站立、行走、跑、跳等动作，其肌肉配布主要以羽状肌为主，而上肢主要是进行抓握类精细动作，其肌肉配布多以梭形肌为主。

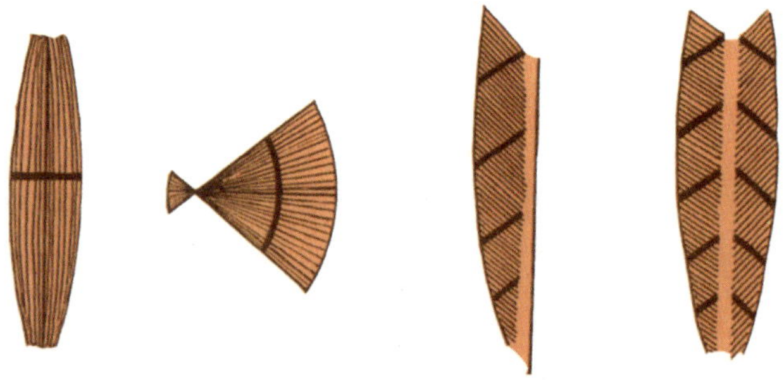

图 7-3　不同类型肌肉的生理横断面

（二）肌肉生理横断面的意义

肌肉生理横断面可说明肌肉中肌纤维的数量和肌纤维的粗细，即代表肌肉的发达程度。肌肉生理横断面说明肌肉绝对力量的大小。

肌肉绝对力=肌肉的生理横断面×比肌力。

单位生理横断面肌肉收缩时产生的最大力量称为比肌力。据前苏联学者的研究，人体肌肉每平方厘米生理横断面可产生 40~170 牛顿力；德国学者认为，人体肌肉每平方厘米生理横断面可产生 60~100 牛顿力；美国学者认为，人体肌肉男子每平方厘米生理横断面可产生 92 牛顿力，女子每平方厘米生理横断面可产生 71 牛顿力。比肌力是常数，只要知道肌肉的生理横断面，便可计算出该肌肉的绝对力。根据肌肉绝对力与生理横断面成正比的关系，表明肌肉愈发达其力量愈大。

多数研究表明，肌肉横截面增大，是由于肌纤维增粗造成的。

二、肌肉的初长度

人的肌力的大小与肌肉收缩前的初长度有关。在一定范围内，肌肉的初长度增加或弹性拉长后，则肌肉收缩时产生的张力和缩短程度就越大。

（一）肌肉初长度的概念

肌肉收缩前的长度称为肌肉的初长度。在生理范围内使肌肉的初长度拉长，除能增加肌肉收缩的速度和幅度外，还能增加肌肉的收缩力量。例如，预先拉长小腿三头肌（使足背屈到 60°）时则收缩力量能从 3840 牛顿增至 5980 牛顿。

运动实践中这种现象很多，如起跳前的预蹲，可以增大起跳的力量、速度，以增大起跳的高度；投掷技术中的“超越器械”，主要是对原动肌进行充分拉伸，创造良好的用力条件，以增大投掷力量、获得更大的器械出手速度。

（二）肌肉初长度影响肌力大小的机理

1. 加大了肌肉的作用幅度

所谓肌肉的作用幅度是肌纤维的最大长度与最小长度之差，又称为肌肉的收缩距离。通常一根肌纤维能够缩短它安静时长度的 30%~40%，也能伸长同样的长度。肌纤维最大长度与最小长度之差，就是它的作用幅度。比如一块长 30cm 的肌肉，可被预先拉长到 40cm，再用力收缩，可缩短到 20cm。那么，这块肌肉的作用幅度就是 20cm。

在生理范围内，肌肉收缩前的初长度越长，肌肉便获得较大的收缩距（s）。根据公式 $a=2s/t^2$，若肌肉的收缩时间不变，那么收缩距越大，肌肉收缩的加速度越大。根据公式 $F=ma$，肌肉收缩的加速度越大，力量越大。

2. 引起牵张反射

快速拉长肌肉，可刺激肌梭，引起牵张反射，反射性地增加了肌肉的收缩力。

3. 储存弹性能

肌肉是粘弹性体，具有拉伸贮能的特性。预先拉长肌肉，在肌肉中贮存了大量的弹性势能，这些非代谢能在后继的向心收缩中可以作为动能而释放出来，以增大肌肉主动收缩力。

4. 为肌肉创造良好的收缩条件

适宜的肌肉初长度可为肌肉创造良好的收缩条件，即粗丝与细丝之间的有效重叠，达到最多的横桥与位点的结合。

三、肌肉的牵拉角度

肌肉牵拉骨骼进行杠杆式的运动，在整个运动过程中，随着骨杠杆的移动，肌肉在不同位置、不同角度上牵拉，其力量效果的大小是不一样的。

从肌肉的动点到关节中心（转动支点）连一直线，该直线与肌拉力线之间的夹角，叫肌拉力角。肌拉力角大，则力臂就大。力臂增大，肌肉的做功效率就高。作为进化的结果，一些大块肌肉通过突起的骨结构，如籽骨、结节、粗隆、嵴等，来增大肌拉力角，这样就增大了肌肉做功的效率，即增大了转动力矩。

四、肌肉的起止点位置

肌肉起止点的位置决定了肌肉在身体上的位置，也决定了肌肉在骨杠杆上的作用点。

研究证明，止点离关节中心远的肌肉，容易启动骨杠杆，但在使骨杠杆转动的速度和幅度方面则较差。止点离关节中心近的肌肉，则使骨杠杆的运动速度快、幅度大。此规律只适用于起动角度小于 180°的条件下。

以屈肘关节的肌肉肱肌和肱桡肌为例，由于肱桡肌止点离肘关节中心远，在近固定屈肘的开始阶段作用明显，但是在整个屈肘过程中，起主要作用的则是止点较近的肱肌。但是当起动角大于180°时，情况正好相反，止点较近的肌肉则易于起动骨杠杆，如冈上肌比三角肌容易起动上臂外展。而三角肌则使上臂外展的速度和幅度增大。

五、不同类型肌纤维在肌肉中的比例

肌纤维通常分为白肌纤维、红肌纤维及中间肌纤维三种类型。肌肉力量的大小取决于不同类型的肌纤维在肌肉中所占的比例。

白肌纤维的无氧代谢能力比红肌纤维大得多。另外支配白肌纤维运动的神经元传导速度快，使白肌纤维达到最大张力的时间只需红肌纤维的1/8，所以白肌纤维又叫快肌纤维，适合于进行短距离、高强度的运动。

红肌纤维又叫慢肌纤维，其有氧代谢的能力强于白肌纤维，故适于强度小、时间长的耐力性运动项目。

人体肌肉中红、白肌纤维的比例受遗传因素的影响，后天无法更改。在不同负荷、不同速度进行运动的条件下，参加肌肉收缩的肌纤维类型也不同。一般规律是：在一定负荷强度下以较慢的速度完成动作，红肌纤维起主导作用；如快速完成动作则是白肌纤维起主导作用。

综上所述，一块肌肉力量的表现，还受到肌肉中白肌纤维的数量多少决定。白肌纤维比例高，则肌肉收缩力大。

六、年龄和性别

肌力的大小，与年龄有一定的关系。研究表明，力量素质发展的敏感期是在13~17岁，13岁时最大力量进入快速增长的第一个高峰期，这个年龄段力量的增长与体重的增长同步，此时肌肉的长度增长比围度增长快，因为此时也正是身高的快速增长期。16~17岁是力量快速增长的第二个高峰，这时肌肉围度增长的速度加快，最大力量和相对力量增长均很快，这是发展力量素质的最重要时期。18~25周岁，力量增长变得缓慢，在30岁左右肌力达到最高峰。此后如不坚持良好的训练，随着年龄的增长力量逐渐下降。然而，如果坚持良好的训练，男子力量增长可达35岁左右。肌力的大小与性别也有一定的关系，女子肌力一般小于男子（表7-2）。

表7-2　男女力量对比表

肌肉群	男子力量	女子力量
前臂屈肌群和前臂伸肌群	100%	65%
躯干屈肌群和伸肌群、手指屈肌群、足伸肌群	100%	60%
手指内收肌群、小腿伸肌群、臂内收肌群	100%	65%
臂外展肌群、手伸肌群和屈肌群、手指外展肌群	100%	75%
大腿屈肌群和伸肌群、小腿屈肌群、咀嚼肌群	100%	80%

第七节 发展肌肉力量和伸展性的解剖学原理

一、发展肌肉力量的解剖学依据与原则

（一）发展肌肉力量的解剖学依据

肌肉力量来源于肌肉收缩，它是人体多数运动形式的基础。从解剖学角度，肌肉收缩所产生的力通常表现为使肌肉附着点彼此接近（克制工作）或有接近趋势（退让工作或静力性工作）。因此，发展肌肉力量的各种练习手段，应能使肌肉附着点彼此接近或有接近的趋势，并施加与肌拉力方向相反的阻力负荷，使肌力与阻力对抗，可提高肌肉收缩时的承载能力，从而促进肌肉力量的增长。这就是肌肉力量性练习的解剖学依据。

（二）发展肌肉力量的解剖学原则

从解剖学角度出发，为了有效地达到增强肌肉力量的目的，在依据“对抗阻力”的原理进行力量练习时，应遵循以下原则：

1. 近固定练习与远固定练习相结合

在体育运动实践中，不同的技术动作对同一块（群）肌肉的工作条件有不同的要求。例如，推铅球出手动作中，肱三头肌是近固定做向心工作；而在双杠臂屈伸推起动作中，肱三头肌是远固定做向心工作。为了使肌肉能适应多种体育动作的不同要求，在力量性练习中，应对近固定练习与远固定练习兼顾安排，同时突出与专项技术动作中肌肉工作条件相同的力量练习手段的应用。

2. 动力性练习与静力性练习相结合

体育动作复杂多样，有动力性动作，如走、跑、跳、投、空翻、转体等；也有静力性动作，如马步站桩、手倒立、双杠直角支撑、燕式平衡等。在完成不同类型的动作中，肌肉工作的性质不同。因此，在发展力量的训练中，不但要重视动力性练习，还要安排一定的静力性练习。这样发展起来的肌肉力量，比较能适应技术动作的实际需要。因为大多数技术动作本身都是动、静结合的，所以，动力性练习与静力性练习相结合，对肌肉功能的全面发展比较有利。

3. 向心收缩练习与离心收缩练习相结合

在完成各种动力性体育动作中，有时要求某些肌肉做向心工作，有时又要求这些肌肉做离心工作。例如，原地纵跳运动，起跳时，臀大肌、股四头肌、小腿三头肌、踇长屈肌、趾长屈肌等是做向心收缩；落地缓冲时，这些肌肉则需做离心收缩。因此，在进行肌肉力量练习时，既要有肌肉向心收缩的练习，如负重蹲起并向上跳；又要有肌肉离心收缩练习，如大重量负重慢下蹲。跨跳、加重俯卧撑等，都是较常用的向心收缩与离心收缩结合的力量性辅助练习。

4. 大肌肉力量练习与小肌肉力量练习相结合

“大肌肉群”和“小肌肉群”是在运动训练领域和健身领域中的习惯性用法，目前对其并没有严格确切的定义，只是一个相对的概念。

在体育运动实践中，人们通常认为一部分肌肉在运动中会产生较大的力量，在运动过程中起着直接、明显的作用，如背阔肌、胸大肌、股四头肌和小腿三头肌等，习惯上这些肌肉被称为大肌肉或大肌群。相对的，所谓的小肌肉群通常指生理横断面（体积）较小的一类肌肉群体，它们通常配布于肢体的远侧端或躯干的末端，如前臂和手部肌群、小腿和足底肌群以及头颈部肌群等，但也可能是分布于躯干深层或肢体近侧端的某些肌肉，如脊柱附近的横突间肌和肩带附近的大、小圆肌等。实际上，所谓小肌肉群在人体运动过程中起到的不仅仅是间接、辅助的作用，其往往发挥着不可忽视的作用，在人体运动中具有非常重要的意义。

在许多体育动作中，都需要大肌肉群和小肌肉群协同用力，互相配合，互相补充。这在上肢的“鞭打式”动作、下肢的踏跳蹬伸等动作中十分明显。如果仅有大肌群的力量，而缺乏小肌群的力量，这类动作是难以完成的，或者即使完成，动作质量也不高。所以，在发展肌肉力量时，应当既练大肌肉，又练小肌肉。大、小肌肉的力量都得到发展，不仅可以提高身体整体的力量水平，保证动作的力度、速度和持续时间，有利于技术动作完成的协调性、准确性，而且有助于防止运动损伤的发生。

5. 保持原动肌与对抗肌力量的平衡

人体肌肉配布均遵循原动肌与对抗肌成对的规律，即几乎所有的肌肉都有与其功能对抗的肌肉存在。

在人体运动中，原动肌与对抗肌不仅相互配合，而且其角色是交替的。原动肌收缩的效果不仅受其对抗肌收缩的影响，而且对抗肌的收缩是原动肌尽快进入其下一轮收缩的前提条件，如跑中后蹬与前摆的相辅相承，因此原动肌和对抗肌功能的协调、力量水平的平衡是与动作频率、稳定性、精确度等方面密切相关的。

力量训练实践中重视某一群肌肉而忽视其对抗肌的现象是存在的，人们总是容易从表象上认定某一肌群是一种运动的原动肌，并且这一肌群是运动成绩的决定因素。如认为短跑中下肢的伸肌是原动肌，同时也是决定成绩好坏的因素，因而十分注意这类肌肉力量的发展，而对下肢屈肌则相对不够重视，结果影响运动成绩的提高。通过对短跑技术的研究，理论界对后蹬与趴地的地位有新的认识，即认为趴地对速度的贡献不小于甚至大于后蹬，国外运动员在技术动作中的优越性也表现在此，而下肢屈肌群在趴地动作中是起主要作用的。

另外，原动肌与对抗肌力量的不平衡是运动中发生运动性损伤的潜在致因。如短跑中大腿后肌群的拉伤是常见的损伤，一个重要原因在于大腿前、后群肌肉力量之比过大。减小这一比值可降低运动中大腿后群肌拉伤的风险。

6. 肌肉力量与伸展性同步发展

肌肉伸展性对于动作幅度、协调性、弹性的提高及运动损伤的预防作用是已被普遍认同的。但从理论及实践上对肌肉的伸展性与力量之间的相互促进作用认识不一定充分。这涉及到一个基本规律，即肌肉初长度的调节规律。肌肉的初长度不同，肌节中肌丝的重叠状态是不一样的，从而导致肌肉的发力条件的改变。在一定范围内，肌肉初长度越长则产生的肌力越大。这是肌肉通过自身调节来提高力量的一种机制，虽然不是主要的机制，但在高水平运动员力量潜力的挖掘中是不可忽视的。

总之，如果发展肌肉力量的同时注意发展伸展性，则不仅可提高肌肉的初长度，而且可提高肌肉的收缩力量和肌肉弹性，从而可多方面提高肌肉力量训练的效果。

7. 兼顾发展同一肌肉的多种功能

这一原则是建立在同一肌肉对运动环节同时有多种作用的基础上的。一块肌肉的多重功能在体育运动中是重要的，它是动作多样性及可塑性的基础。如运动实践中很多技术动作在规范动作的基础上可以是多变的，优秀运动员在非常困难的情况下可以改变正常的身体姿势成功完成技术，这从一定程度上说是得益于其肌肉功能的丰富多样性。发展同一肌肉的多种功能，便为这一多样性的发展提供了可能性。

8. 全幅度练习的原则

全幅度练习是指力量练习从肌肉充分拉长位置开始，并在尽量缩短的位置上结束。这是在关节整个运动幅度内进行的力量练习，是发展肌肉力量和伸展性同步进行的一种方法。这样的训练在增强肌肉力量的同时，又可避免肌肉因单纯力量训练而导致某些软组织挛缩或增生，以致伸展性下降。应当说，采用全幅度练习可将肌肉力量的发展与伸展性的发展较好地结合、统一，从而使肌肉功能更适应多种体育动作的要求。

9. 针对性原则

要提高运动技术水平，必须在对肌肉进行全面训练的基础上进行针对性训练。这是因为不同的运动具有不同的效果，运动者期望获得什么样的运动效果，就应进行能产生那种效果的运动。因此在运动计划中，不同的需求要采用不同的运动内容。例如，要增加上肢肌肉（肱三头肌、胸大肌、胸小肌）的力量，可以采取仰卧推举的运动方式。如果要获得最大的肌力就必须对抗最大的阻力；而要提高肌肉耐力则要采取低阻力、多次数的运动方式。高阻力、少重复的负重训练会明显增强肌肉力量；低阻力、多重复的负重训练则能明显提高肌肉的耐力，而肌肉力量和体积没有多大改变。

另一方面，专项力量素质的发展有其专门性和特殊性。因此，其训练手段应尽量与专项技术结构及专项力量要求相一致，这体现在以下几个方面：

（1）选择与专项技术动作结构一致的力量练习进行训练

体育技术动作是一种复杂的运动，是由各环节按一定运动顺序和运动方向组合而成的，应做到力量练习的动作结构与专项技术的动作结构一致。应该对专项技术动作进行解剖学分析。通过分析，明确哪些肌肉参与完成专项技术动作，从而选择相应的手段对这些肌肉进行训练。例如乒乓球正手攻球和反手攻球的技术动作不一样，参与工作的肌肉群也不一样。负重屈肘练习能发展正手攻球的肌肉力量，但反手攻球的肌肉力量得不到发展。同一道理，负重颈后臂屈伸练习，对乒乓球反手攻球、推铅球的技术动作效果好，而对乒乓球正手攻球、投铁饼的技术动作就难以产生效果。一般说来，在专项技术动作中，环节做屈的运动，辅助练习就应该发展屈肌；环节做伸的运动，辅助练习就应该发展伸肌。

（2）选择肌肉的拉力方向与专项技术动作一致的力量练习进行训练

环节运动时肌肉收缩的拉力方向不同，即同一块肌肉的工作条件不同，肌肉发力所产生的效果是不一样的。这就要求在力量训练中选择训练方法时要对肌肉工作的条件加以考虑。在专项力量训练中，练习动作的肌肉工作条件要尽量与专项技术动作中肌肉的工作条件一致。而在发展非专项力量时，即实施全面性力量素质发展计划时，则要尽量使练习方法中肌肉固定条件多样化。

(3) 选择肌肉的工作类型与专项技术动作一致的力量练习进行训练

鉴于肌肉工作产生的力作用不同，肌肉工作有动力性工作和静力性工作两种，而且训练时肌肉工作类型不一样，对肌肉本身及血管神经系统的影响也不同，所以在选择肌肉力量练习手段时，应使肌肉工作类型与专项技术动作一致，做到练习动作与技术动作紧密结合。

(4) 选择环节的运动幅度与专项技术动作一致的力量练习进行训练

在完成一个技术动作中，或者在进行一个力量练习时，参与动作的肌肉不是固定的，而是随着环节运动幅度的变化而变化。如股四头肌有伸膝的机能，但根据肌电图观察，在远固定条件下，伸膝至135°左右以后，股四头肌的电位活动减弱，而腓肠肌的电位活动加强。

在发展肌肉力量练习中，如果不注意这一点，不仅练非所用，还会使专项技术用不上的肌肉得到发展，增加不必要的体重，反而影响专项技术成绩的提高，例如在各种跑跳运动中，特别是田径的跳高、体操的跳跃，以及篮排球运动中的行进间起跳，起跳时膝关节角都达140°以上。而从事这些专项的运动员，如果负重深蹲练习太多，会导致臀大肌过于发达，体重也随之增大，有材料报道，在其他条件不变的情况下，体重若增加1kg，重心腾起高度则下降2cm，对于以跑、跳为主的运动员来讲，负重深蹲练习不宜过多。

二、发展肌肉伸展性的解剖学依据与原则

（一）发展肌肉伸展性的解剖学依据

肌肉的伸展性就是肌肉（包括肌腹、肌腱）及肌肉周围的筋膜、韧带及软组织被拉长的能力。据组织学研究，肌纤维的极限伸展程度比较高，大约是其原长度的30%~40%，而肌腱、筋膜等致密结缔组织结构的主要成分胶原纤维的抗拉伸力很强，它在适应张力达极点(再超过就会损伤)时，其伸展程度只有原长度的5%左右。

从解剖学角度出发，肌肉受到外力牵拉时通常表现为肌肉附着点彼此分离，因此，发展肌肉伸展性的各种练习手段，应能使肌肉的起点和止点在生理范围内最大限度地分离，如此方可提高肌肉的伸展性。这就是肌肉伸展性练习的解剖学依据。

发展肌肉伸展性的练习方法通常包括静力拉伸法、动力拉伸法和和PNF拉伸法。这三种练习方法的特点，都是在“力”的拉伸作用下，有节奏地逐渐加大动作幅度或多次重复同一动作，使肌肉逐渐地或持续地受到被拉长的刺激。

（二）发展肌肉伸展性的解剖学原则

欲有效地发展肌肉伸展性又不致造成其损伤，应遵循以下原则：

1. 充分热身

肌肉伸展性的训练必须在热身练习后进行。因为肌肉、韧带和关节囊等软组织是粘滞体，具有粘滞性。粘滞性与温度有密切关系，温度越高，粘滞性越小，肌肉的内阻力就越小。

在粘滞性小的情况下拉伸效果好，而且不易受伤。赖特和约翰斯于 1960 年发现肌肉温度升高时其伸展性能提高，如肌肉温度达 45℃时，伸展性约提高 20%；而冷到 18℃时，伸展性会下降 10%~20%。因此可以通过适当提高体温，如充分做热身活动或肌肉按摩，来降低肌肉的粘滞性，然后再进行肌肉伸展性的练习，可以提高效果，并降低损伤的风险。

2. 幅度、力度和持续时间相结合

研究表明，练习者在拉伸肌肉、韧带时，应当迫使被拉伸的软组织达到“酸、胀”的位置并略微超过一点，而且应在感觉到“酸、胀”的位置上保持一定时间（通常 15~20 秒）。

由于人体各部软组织抗拉伸能力差异很大，因此还不能对于伸展性练习的强度、时间等提出明确的定量标准，而必须因人、因部位而异。例如，正压腿时，脊柱屈、骨盆前倾和伸膝、伸足，使股后肌群和小腿三头肌等在被拉长方向上受到力的作用，使其起点和止点之间距离增大，从而使股后和小腿后的肌肉、肌腱以及韧带等的伸展性得到发展。但压腿的高度、压腿的持续时间、重复次数等，都要依练习者的实际水平而定，并且要按照循序渐进的原则，才能逐步提高其伸展性。

3. 主动拉伸与被动拉伸相结合

进行肌肉伸展性练习还应注意主动拉伸与被动拉伸相结合，并以主动拉伸为主。

任何伸展性练习，不论是被动的还是主动的，只要能强制肌肉充分伸展，甚至适当超越已经适应的长度范围，都有提高伸展性的作用。但是，被动拉伸，即利用体外的力量（如助手、辅助器械等）使某些肌肉受到拉伸，拉伸的幅度可能较大，却容易引起牵张反射，使受到拉伸的肌肉同时又产生反射性的收缩，并可能造成肌组织微细的损伤。如果采用主动拉伸，即拉伸的动力来自自身，肌肉在其对抗肌的缓慢收缩的作用下而处于放松状态，便不易被拉伤。这种主动拉伸练习，还促使对抗肌的力量和收缩能力得到发展。因而，一般情况下，应当更多地采用受意识控制的主动拉伸法。

4. 循序渐进

肌肉伸展性的训练必须按照循序渐进的原则进行。循序渐进包括两方面的含义：一是坚持长期和阶段性训练。要经常牵拉，如果肢体不经常活动，会引起肌肉和结缔组织丧失正常的伸展性，一个受伤而被石膏固定的肢体完全不活动，其肌腱、韧带、关节囊的伸展性会大大降低，所以经常牵拉有利于保持和发展柔韧素质。二是在每一次训练中，应按先易后难、逐渐增加难度的方法进行训练。训练方法要柔和，用力要缓慢，切忌无控制的快速用力。这是因为肌腱、韧带、筋膜和关节囊等致密结缔组织的主要成分为胶原纤维，其抗拉性很强，弹性较差，无控制的快速用力易于导致这些结构的拉伤。

5. 动静结合

根据动作的表现形式，拉伸练习可分为静力拉伸和动力拉伸两种方式。

静力拉伸是指通过缓慢的动作，并较长时间使某些环节固定于某一种姿势，拉伸肌腹、肌腱、韧带等软组织的练习方法。该方法具有较多优点：能量消耗少；软组织不致因突然受力或用力过猛而被拉伤；不会引起肌肉牵张反射，即不会引起肌肉主动收缩，故相对安全；拉伸效果比较理想。

动力拉伸是指依靠练习者自身动作，原动肌有节奏地、较快并多次重复的收缩，使与环节运动相反一侧的对抗肌反复被拉伸的练习方法，例如各种大幅度多方向的踢腿以及连续挥臂、转体等。这种练习的优点是接近于某些专项技术动作的要求，既发展了主动肌的力量，又发展了对抗肌的伸展性。但动力性拉伸的速度、幅度不易控制，容易拉伤；同时，快速牵拉，因受牵拉的肌肉产生的张力大，从肌梭传向中枢神经的冲动会引起肌肉的牵张反射，使受牵拉的肌肉紧张。

实践证明，在发展肌肉伸展性的方法上，应该是以静力拉伸为主，“静-动”结合，这样能取得全面的练习效果，有助于防止软组织发生永久性变形而丧失弹性，并避免局部供血不足，影响软组织的新陈代谢。例如发展大腿后群肌肉的伸展性，可采用压腿和耗腿两种方法交替进行，但以后者为主，这样既可提高伸展性，又可提高软组织的弹性。

6. 肌肉伸展性与力量同步发展

肌肉伸展性的练习必须与力量训练相结合，交替进行。因为单纯的力量性训练会降低肌肉的伸展性，而单纯的伸展性训练，又会影响关节的稳固性。所以，两种练习应有机地结合，同步进行，不可偏废。肌肉伸展性的发展应是在肌力增长下的发展，而肌力的增长也决不能因体积的增长而影响关节的活动幅度。

7. 针对性原则

肌肉伸展性练习必须根据专项特点和练习者的具体情况安排，例如，跳跃项目的运动员主要要求腿部和髋部肌肉的伸展性，游泳运动员主要要求踝关节和躯干肌肉的伸展性，体操运动员主要要求肩、髋、腰、腿部肌肉的伸展性。因此，在全面发展身体各部位肌肉伸展性的基础上，要重点练习本专项所需要的几个部位肌肉的伸展性。

另外，练习者的具体情况不一样，在进行肌肉伸展性练习的过程中必须区别对待，突出针对性、应用性，这样才能收到良好的练习效果。

思考题

通过本章的学习，对于体育教育和运动训练等专业的学生，请思考：

1. 肌肉工作的协作关系有哪些？并举例说明其对于运动训练的指导意义。
2. 举例说明肌肉工作的概念与分类，并分析其在肌肉力量训练中的指导意义。
3. 举例说明多关节肌的工作特点及其在训练中的意义。

通过本章的学习，对于运动人体科学和运动康复等专业的学生，除上述问题外，还请思考：

1. 肌肉拉力作用线的概念和功能，并说明其与关节运动轴间的关系。
2. 人体骨杠杆的工作原理及其在体育实践中的应用。

第八章
运动技术动作的解剖学分析

人体运动是通过动作组合实现的，动作是运动的基础，是人体运动的基本表现形式，是运动技术的关键因素。没有动作就没有运动可言。人体动作包括日常生活动作、劳动动作和体育动作等。

运动技术是完成体育动作的方法。由于运动项目特征、动作目的的差异，各种运动技术动作又有各自的特点，符合特定条件下的客观规律。因此，要把握不同技术动作的特征和规律，就需要对技术动作进行有针对性的分析，总结其规律性，以科学地指导训练、比赛和健身活动。

第一节　运动技术动作解剖学分析的内容与方法

无论是人体通过肢体与外界相互作用，而产生自体位移或特定的动作，还是通过身体及其环节的活动操控器械而使器械产生位移，或操控器械进行运动，都是在中枢神经系统的控制下，通过肌肉收缩，拉动骨杠杆围绕关节的运动轴（支点）进行转动来实现，具有一些共性的因素，遵循人体各部分运动环节之间的机械运动规律。因此，从运动解剖学的角度，再复杂的技术动作，也可将其分解、简化为运动环节在人体不同基本面内的简单运动，从而便于分析。

一、动作分析的内容与目的

对运动技术动作进行解剖学分析，涉及的内容可以非常广泛，涵盖人体的运动系统、呼吸系统、脉管系统和神经系统等在动作进行过程中的特征与规律，但其核心主要是分析人体各部分运动环节之间的机械运动规律，即骨、关节和肌肉三者之间相互作用的运动规律。

对运动技术动作进行解剖学分析的目的在于：把握技术动作的基本运动形式，了解完成动作的具体运动环节、关节和肌肉，掌握主要关节的运动形式和肌肉的工作规律，掌握技术动作的关键点和专项特征，为鉴别合理的技术动作提供解剖学方面的依据，并可有针对性地提出一些提高运动技能的辅助练习手段。

二、动作分析的步骤

动作分析的过程一般包括确定动作研究范围、划分动作阶段、不同阶段各运动环节间机械运动规律的分析以及综合评价 4 个步骤。在有条件的情况下，还可借助影像解析、力量测试和肌电采集等高科技手段，获得技术动作的相关参数支持，以助于对其进行更加精确、细致的分析。

（一）划分技术动作的范围

对于技术动作范围的划分，需要找到动作变化的临界点。根据完成技术动作过程的时间序列，来确定动作的开始与结束瞬间，从而技术动作的范围即可确定下来。例如，若分析跳远的起跳动作，起跳脚着地瞬间是起跳动作的开始，起跳脚离地瞬间便是起跳动作的结束；又如，跑步是周期性动作，因此当其一侧脚着地，经过支撑、摆动与腾空至另一脚着地，即为一个跑步动作周期。

（二）划分动作阶段

当动作范围确定后，应划分动作的不同阶段，为分析研究提供方便。例如，跑步动作周期由一个单步组成，而一个单步又可分为支撑与腾空两个阶段。在支撑阶段，依据支撑腿的关节运动趋势，又可分为缓冲与蹬伸两个动作阶段。

动作阶段划分的依据：一个完整复杂的动作由不同形式的简单基本动作组成。把它们相互区分开来，有利于对完整的动作进行分析研究。

由于动作各组成部分的具体情况不同，可参照下述条件对动作进行阶段划分。

1. 关节运动的变化趋势

例如，在做跳跃动作起跳时，支撑腿膝关节屈曲的动作过程称起跳动作的缓冲阶段；膝关节伸展的动作过程称为起跳动作的蹬伸阶段。

2. 动作的发展方向

例如，跑步时上肢相对于人体向前摆动，称前摆阶段；跳高时摆动腿相对于地面主要是向上摆动，称向上摆动阶段；负重蹲起时身体相对于地面下降，称下蹲阶段。

3. 动作的任务与性质

例如，跳远的助跑、起跳、腾空、落地等动作阶段，是依据其动作的任务与性质的不同确定的。

4. 作用力的方向

例如，在跑步时，当人体重心投影点处于支撑点后方，则蹬地力水平反作用力的方向与人体运动方向相反，称为跑步的阻力作用阶段（亦称前蹬阶段）。当人体重心投影点处于支撑点的前方时，水平支撑反作用力方向与人体运动方向一致，称为跑步的动力作用阶段（亦称后蹬阶段）。

划分动作阶段主要是针对动力性运动而提出的。完成静力性动作时，由于上述条件均不发生变化，故可将其作为只包括一个阶段的动作，直接分析其运动环节的机械运动规律即可。

（三）各阶段不同运动环节的机械运动规律分析

此步骤是对技术动作进行分析的核心部分。具体包括：

1. 明确各运动环节在相应关节处的运动。即分别判断出某一运动环节应在哪一关节处产生运动，并且分析出该关节运动的方向（如屈、伸、内收、外展、内旋、外旋及环转）。

2. 明确环节运动方向与外力作用方向间的关系。即确定环节运动方向与外力作用方向是一致的，还是相反的，为确定原动肌创造条件。

3. 根据外力和肌力之间的相互关系，应用环节受力分析的方法确定原动肌。

4. 分析各环节原动肌的工作条件，即确定原动肌工作时的固定条件。

5. 分析各环节原动肌的工作性质。

（四）综合评价

对技术动作进行解剖学分析，在形式上主要是剖析动作结构、确定原动肌及其工作条件和工作性质，但动作分析的真正的目的在于对动作的综合评价。评价的内容包括动作的合理性、影响动作质量的因素、动作的练习效果、改变练习难度的途径、教学和训练方法等。

三、动作分析的方法与原则

对运动技术动作进行分析时，有些内容通过肉眼或借助设备进行观察，再结合运动解剖学的基本理论知识即可完成，如确定关节运动的方向，而有些内容则需要应用到特定的方法和相应的原则进行逻辑推导才可完成，如确定原动肌、判断运动环节转动的支点（关节）所在以及确定肌肉工作条件等内容。

（一）确定原动肌的环节受力分析法

进行动作分析时，需要确定引起运动环节进行某种运动的肌肉——原动肌是什么。如果确定了，就能够分析这个动作对身体的作用、错误动作的原因以及改进这个动作的手段是什么。因此，确定动作原动肌是对运动技术动作进行解剖学分析的最重要的内容，而确定动作原动肌的理论方法就是环节受力分析法。

1. 环节受力分析法的原理

环节受力分析法的实质是经典力学中牛顿第二运动定律在人体环节运动过程中的具体应用形式。

牛顿第二运动定律指出：物体的加速度（a）与物体所受的合力（F）成正比，与物体的质量（m）成反比，加速度的方向与合力的方向相同。其数学表达式为：

$$F=ma$$

由于人体环节运动主要表现为围绕特定关节的转动，所以应用牛顿第二定律的转动形式

(转动定律) 则更为简便。

转动定律可表述为：物体的角加速度 (β) 与物体所受的对于某定轴的合力矩 (M) 成正比，跟物体的转动惯量 (J) 成反比，角加速度的方向与合力矩的方向相同。其数学表达式为：

$$M=J\beta$$

其中J表示转动惯量，是物体绕定轴转动时惯性的度量，与物体质量及质量对转轴的分布有关。β表示角加速度，代表转动速度的变化。

人体关节的运动通常都是转动，而运动环节的转动总是沿着作用于其上的合力矩的方向进行，这个合力矩是由肌拉力矩、作用在该环节上的外力（重力、器械的弹力、摩擦力、对手或同伴的肌力等）的力矩所合成的。因此，用公式可表示为

$$M_{肌}+M_{外}=J\beta$$

其中，M肌为肌拉力矩，M外为外力矩；J为环节绕某一关节的转动惯量，在运动过程中的某一瞬时近似为常量；β为环节的角加速度，可表示环节的运动方向以及转动速度的变化。

多数情况下，环节运动的方向、转动速度的变化和外力矩的方向通过观察或测量可以获得，因此是已知的，只有肌拉力矩方向是未知的。一个方程式可以解一个未知数，所以，根据环节运动方向、转动速度的变化和外力矩方向之间的关系可推断出肌拉力矩的方向，再结合解剖学中关于肌肉位置和功能的基本知识，就能确定出完成这个动作的原动肌。

2. 环节受力分析法的应用

应用环节受力分析法进行原动肌分析，可以分为以下4种情况：

(1) 环节运动方向与外力矩方向相反

这种情况说明肌拉力矩大于外力矩，环节沿着肌拉力矩的方向转动，因此，位于环节运动方向同侧的肌肉是原动肌。

所谓“位于环节运动方向同侧的肌肉”是指环节做屈的运动时，原动肌是屈肌；环节做外展运动时，原动肌就是外展肌，依此类推。

例如，原地向上跳起动作，下肢表现为大腿伸、小腿伸和足跖屈，这些环节的运动是可以用肉眼观察出来的。此时的外力是重力，其作用方向始终垂直向下，指向地心，重力对上述各环节的作用趋势是使大腿屈、小腿屈和足背屈，这是可以分析出来的。可见环节运动方向与外力矩的方向恰好相反，属于第一种情况。因此，位于环节运动方向同侧的肌肉是原动肌，即髋关节伸肌——臀大肌和腘绳肌等，膝关节伸肌——股四头肌，踝关节跖屈肌——小腿三头肌、胫骨后肌、趾长屈肌和拇长屈肌等。

(2) 环节运动方向与外力矩方向一致的减速运动

这种情况时，环节虽沿着外力矩的方向运动，但是，运动速度较单独由外力矩作用时的速度减慢了，说明一定有肌力矩抵消了一部分外力矩，因此，位于环节运动方向对侧的肌肉是原动肌。

所谓“位于环节运动方向对侧”是指环节做屈的运动时，原动肌是伸肌；环节做外展运动时，原动肌是内收肌，依此类推。

例如，从高处跳下的落地缓冲动作，下肢表现为大腿屈、小腿伸和足伸，这时的外力亦

为重力，它具有使上述各环节做同样方向运动的趋势。但是做缓冲动作时，身体的运动速度变慢，最后停止，因此这是属于第二种情况，位于环节运动方向对侧的肌肉是原动肌，即髋关节的伸肌——臀大肌、胭绳肌等，膝关节伸肌——股四头肌，踝关节跖屈肌——小腿三头肌、胫骨后肌、趾长屈肌和踇长屈肌等。

(3) 环节运动方向与外力矩方向一致的加速运动

这种情况时，环节不仅沿着外力矩方向运动，而且运动速度较单独由外力矩作用时的速度更快，说明一定有肌力矩对外力矩起到补充作用，因此，位于环节运动方向同侧的肌肉是原动肌。如当环节做屈的运动时，原动肌是屈肌；环节做外展运动时，原动肌是外展肌，依此类推。

例如网球项目的高压击球动作（图 8-1），上肢表现为肩胛骨下回旋、上臂在肩关节伸，这时的外力为球拍和手臂的重力，它具有使上述环节做同样方向运动的趋势。由于高压击球的动量要达到尽可能大，所以环节运动的速度要更快，即球拍的下落速度要远远快于重力使它下落的速度，这是属于第三种情况，因此位于环节运动方向同侧的肌肉是原动肌，即肩胛骨下回旋肌——菱形肌、胸小肌等，肩关节伸肌——背阔肌、冈下肌、大圆肌和肱三头肌长头等。

图 8-1 网球高压击球

(4) 环节虽受到外力矩作用但仍保持静止状态

这种情况时，环节虽然受到外力矩的作用，但其却未表现出相应的运动，而是保持静止状态，说明一定有肌力矩完全抵消了外力矩的作用，此时肌力矩与外力矩大小相等、方向相反，因此，位于外力矩对环节作用趋势方向对侧的肌肉是原动肌。

例如在进行负重侧平举这样的静力性动作时，上臂在肩关节表现为保持外展 90°，此时的外力为哑铃和手臂的重力，它具有使上臂在肩关节做内收运动的趋势，而环节却在原位置保持静止，这是属于第四种情况，因此位于外力矩对环节作用趋势方向对侧的肌肉是原动肌，即原动肌为肩关节外展肌——三角肌和冈上肌。

（二）确定原动肌工作条件的原则

四肢肌肉的工作条件采用近固定或远固定进行描述，在体情况下通常不存在无固定工作；躯干肌和头颈肌的工作条件通常采用上固定、下固定或无固定进行描述。根据肌肉工作条件的定义，结合人体运动的实际情况，可以归纳出确定原动肌工作条件的应用原则为：

1. 确定上肢肌工作条件的原则

在推、拉、支撑、悬垂以及挥臂等各种上肢动作中，当手未受到器械或支撑面的约束限制，可以在空间中自由移动，上肢肌都是在近固定（肌肉拉力方向指向近侧端）条件下工作；当手被器械或支撑面约束限制，无法在空间中自由移动，则上肢肌都是在远固定（肌肉拉力方向指向远侧端）条件下工作。

如“前臂弯举”时，手在空间中是游离的，可自由移动，此时的肘关节屈肌群为近固定工作。而“引体向上”时，手被单杠约束限制，无法在空间中自由移动，此时肘关节屈肌群为远固定工作。

2. 确定下肢肌工作条件的原则

在走、跑、跳跃、踢打以及支撑等各种下肢动作中，当足未受到支撑面或器械的约束限制，可以在空间中自由移动，下肢肌都是在近固定（肌肉拉力方向指向近侧端）条件下工作；当足被支撑面或器械约束限制，无法在空间中自由移动，则下肢肌都是在远固定（肌肉拉力方向指向远侧端）条件下工作。

如分析跑步的摆动腿动作时，由于足在空间中是游离的，可自由移动，此时的下肢肌均为近固定工作。而跑步的支撑腿动作，由于足被地面约束限制，无法在空间中自由移动，则此时的下肢肌均为远固定工作。

3. 确定躯干肌工作条件的原则

当下肢被支撑面或器械约束限制，无法在空间中自由移动时，躯干肌是在下固定（肌肉拉力方向指向下端）条件下工作；当上肢被支撑面或器械约束限制，无法在空间中自由移动时，躯干肌是在上固定（肌肉拉力方向指向上端）条件下工作；当上、下肢均不受支撑面或器械约束限制，均可以在空间中自由移动时，躯干肌是在无固定（肌肉拉力方向从肌肉的两端指向肌腹中间）条件下工作。

如“屈腿仰卧起坐”时，下肢被约束固定，此时腹肌为下固定工作。“悬垂举腿”时，上肢被约束固定，此时腹肌为上固定工作。“仰卧两头起”时，上、下肢均未被约束固定，此时腹肌为无固定工作。

（三）确定运动环节转动支点（关节）的原则

人体运动时，运动环节既可以其近侧或上端的关节为支点转动，也可以其远侧或下端的关节为支点进行转动。因此，进行动作分析时，需要确定环节转动支点（关节）的位置。

1. 运动链的概念

人体中，相邻两个关节之间的部分称为基本环节，例如上臂就是一个基本环节，另外，手指、脚趾的远节以及头部虽只有一侧有关节，但不再可分，亦为基本环节；两个基本环节连结构成一个运动偶，例如上臂和前臂借肘关节连结就组成了一个运动偶；三个或三个以上的环节连结起来构成一个运动链，例如，肩带、上臂、前臂和手借助肩关节、肘关节和腕关节连结起来，就组成了一个运动链。

2. 在运动链中确定环节转动支点（关节）的原则

在复杂而快速的运动中，由于运动链中每一基本环节都在移动，通过肉眼观察来确定运动环节转动支点（关节）的所在位置是非常困难的，这时需根据运动链支撑点的位置，根据相邻环节的相对运动方向来进行判断，可以归纳出相应原则。

（1）四肢运动链为近侧支撑时环节均围绕其近侧关节进行转动

若肢体运动链以其最近侧端为固定支撑点（近固定或近侧支撑），最远端的环节处于游离状态时，称为开放链。开放链中，每个环节均可表现为在某一方向上向其近侧环节趋近或远离。因此可以确定，运动链表现为近侧支撑时，运动环节的转动支点位于其近侧端，即环节围绕其近侧关节进行转动。如排球的扣球动作，上肢运动链为近侧支撑，故上臂围绕肩关节转动，前臂围绕肘关节转动，等等。

(2) 四肢运动链为远侧支撑时环节均围绕其远侧关节进行转动

若运动链以其最远侧端为固定支撑点（远固定或远侧支撑），则链中的各基本环节首末相连无游离环节，则称为闭锁链。例如，当手固定在器械上时，上肢就与器械组成了闭锁链；当足固定在地面或器械上时，则下肢就成为闭锁链。

在闭锁链中，每个环节均可表现为在某一方向上向其远侧环节趋近或远离。因此可以确定，运动链表现为远侧支撑时，运动环节的转动支点位于其远侧端，即环节围绕其远侧关节进行转动。如负重蹲起动作，下肢运动链为远侧支撑，故骨盆围绕髋关节转动，大腿围绕膝关节转动，小腿围绕踝关节转动，等等。

(3) 中轴运动链为下端支撑时环节均围绕其下端关节进行转动

若身体中轴部位的运动链以其最下端为固定支撑点（下固定或下端支撑）时，链中每个环节均可表现为在某一方向上向其下端环节趋近或远离。因此可以确定，运动环节的转动支点位于其下端，即环节围绕其下端关节进行转动。如仰卧起坐时，脊柱运动链为下端支撑，因此每一脊柱节段均围绕其下端的关节突关节和椎间盘运动。

(4) 中轴运动链为上端支撑时环节均围绕其上端关节进行转动

若中轴部位的运动链以其最上端为固定支撑点（上固定或上端支撑）时，链中每个环节均可表现为在某一方向上向其上端环节趋近或远离。因此可以确定，运动环节的转动支点位于其上端，即环节围绕其上端关节进行转动。如悬垂举腿时，脊柱运动链为上端支撑，故每一脊柱节段均围绕其上端的关节突关节和椎间盘运动。

(5) 中轴运动链的上、下端均无支撑时相邻环节均围绕二者之间的关节转动

若中轴部位的运动链的最上端和最下端均无固定支撑点（无固定或无支撑）时，链中相邻环节均可表现为在某一方向上相互趋近或远离，因此可以确定，相邻环节均围绕二者之间的关节进行转动。如腾空屈体团身时，脊柱运动链为无支撑，因此相邻脊柱节段均围绕其之间的关节突关节和椎间盘相向运动。

（四）确定原动肌工作性质的原则

根据肌肉工作性质的定义，结合人体运动的实际情况，可以归纳出确定原动肌工作性质的应用原则：

1. 如果运动环节在空间中未产生自主移动，关节角度固定不变，此时原动肌的工作性质为静力性工作。

2. 如果运动环节在空间中产生了自主移动，关节角度发生变化，此时原动肌的工作性质为动力性工作。如果运动环节的运动趋势表现为“从无到有，或由慢变快”，则原动肌为克制工作（向心工作）；若运动环节的运动趋势表现为“从有到无，或由快变慢”，则原动肌为退让工作（离心工作）。

第二节　运动技术动作解剖学分析的示例

为便于读者进一步理解和掌握技术动作解剖学分析的理论、方法和原则，从而可以在运动训练、体育教学和健身活动等领域熟练应用，在此特对某些有代表性的技术动作进行分析示例，以供读者参考。

一、动力性动作解剖学分析的示例

（一）上肢动作分析示例

1. 平板卧推（窄握）

（1）描述动作要求及确定动作周期

该动作要求为：仰卧长凳，双手等肩距握杠，将杠铃放在胸部上方，将杠铃垂直上举至两臂完全伸直，再缓慢下放。上举时呼气，下放时吸气。上举时背部、臀部要平贴凳面，两脚用力下踏。

该动作为周期性动作，其动作变化的临界点为杠铃处于胸前最低位置及处于最大上举位置，相邻两次相同动作临界点之间的过程便为一个动作周期。

（2）划分动作阶段

依据环节运动的变化趋势及动作的发展方向，可将平板卧推动作划分为两个阶段，即上举阶段和下放阶段。

（3）分析结果（表 8–1，表 8–2）

表 8－1　平板卧推动作上举阶段的解剖学分析

环节	关节	运动表现	与外力矩关系	原动肌	工作条件	工作性质
肩带	胸锁关节	肩胛骨前伸	相反	前锯肌、胸小肌	近固定	克制工作
上臂	肩关节	屈	相反	三角肌前束、胸大肌、肱二头肌长头和喙肱肌	近固定	克制工作
前臂	肘关节	伸	相反	肱三头肌和肘肌	近固定	克制工作
手掌	桡腕关节	微伸	相反	桡侧腕屈肌、掌长肌、尺侧腕屈肌等	近固定	支持工作
手指	掌指关节 指关节	屈	相反	指浅屈肌和指深屈肌等	近固定	支持工作

表8－2　平板卧推动作下放阶段的解剖学分析

环节	关节	运动表现	与外力矩关系	原动肌	工作条件	工作性质
肩带	胸锁关节	肩胛骨后缩	一致（减速）	前锯肌、胸小肌	近固定	退让工作
上臂	肩关节	伸	一致（减速）	三角肌前束、胸大肌、肱二头肌长头和喙肱肌	近固定	退让工作
前臂	肘关节	屈	一致（减速）	肱三头肌和肘肌	近固定	退让工作
手掌	桡腕关节	微伸	相反	桡侧腕屈肌、掌长肌、尺侧腕屈肌等	近固定	支持工作
手指	掌指关节 指关节	屈	相反	指浅屈肌和指深屈肌等	近固定	支持工作

(4）综合评价

平板卧推的运动过程中，主要表现为运动上肢近侧端环节的肌肉收缩，即前伸肩带、屈肩关节的肌肉，如前锯肌、三角肌前束和胸大肌，其次调动伸肘关节的肌肉、屈桡腕关节的肌肉，如肱三头肌和前臂屈肌群等。实践证明，卧推练习还可以改善神经对肌肉的控制，使人体更加协调地完成动作，从而利于力量发展和肢体功能康复。

在卧推动作的不同负荷与握距条件下，三角肌前束均是最为重要的肌肉，胸大肌和肱三头肌次之。随着握距加宽，卧推动作对胸大肌和三角肌前束的刺激加强，对肱三头肌的刺激减弱，肩、肘关节活动度减小。

采用卧推练习无论是用于力量训练还是肢体功能康复锻炼，若强化三角肌前束、胸大肌，应采用宽握距，而欲强化肱三头肌时，则应采用窄握距，并有意识地收缩目标肌肉。

2. 正握引体向上（窄握）

(1）描述动作要求及确定动作周期

该动作要求为：双手等肩距握住单杠，掌心向后，两脚离地，两臂、身体自然下垂伸直。需要说明的是，由于此种握杠方法中手和前臂的位置符合标准解剖学姿势，故在运动解剖学中命名为正握，可以避免不同握杠动作中命名的歧义，但其与目前体操和健身行业的习惯用法是相反的。

动作过程中，将身体往上拉起，直到单杠触及或接近胸部，然后让身体徐徐下降，直到回复完全下垂，再重复进行。将身体向上拉引时吸气，下降时呼气。

该动作亦为周期性动作，其动作变化的临界点为两臂和身体自然下垂伸直的位置及单杠触及胸部的位置，相邻两次相同动作临界点之间的过程便为一个动作周期。

(2）划分动作阶段

依据环节运动的变化趋势及动作的发展方向，可将正握引体向上动作划分为两个阶段，即上引阶段和下放阶段。

（3）分析结果（表 8-3，表 8-4）

表 8－3　正握引体向上动作上引阶段的解剖学分析

环节	关节	运动表现	与外力矩关系	原动肌	工作条件	工作性质
胸廓	胸锁关节	肩胛骨下回旋（先）	相反	胸大肌、背阔肌菱形肌、胸小肌、肩胛提肌	远固定	克制工作
		后缩（后）	相反	斜方肌和菱形肌	远固定	克制工作
肩带	肩关节	伸	相反	三角肌后束、背阔肌、肱三头肌长头、冈下肌、小圆肌和大圆肌	远固定	克制工作
上臂	肘关节	屈	相反	肱肌、肱二头肌、肱桡肌和旋前圆肌	远固定	克制工作
前臂	桡腕关节	微屈	相反	桡侧腕屈肌、掌长肌、尺侧腕屈肌等	远固定	克制工作
手掌	掌指关节	屈	相反	指浅屈肌和指深屈肌等	远固定	支持工作
手指	指间关节	屈	相反	指浅屈肌和指深屈肌等	远固定	支持工作

表 8－4　正握引体向上动作下放阶段的解剖学分析

环节	关节	运动表现	与外力矩关系	原动肌	工作条件	工作性质
胸廓	胸锁关节	肩胛骨上回旋（先）	一致（减速）	胸大肌、背阔肌菱形肌、胸小肌、肩胛提肌	远固定	退让工作
		前伸（后）	一致（减速）	斜方肌和菱形肌	远固定	退让工作
肩带	肩关节	屈	一致（减速）	三角肌后束、背阔肌、肱三头肌长头、冈下肌、小圆肌和大圆肌	远固定	退让工作
上臂	肘关节	伸	一致（减速）	肱肌、肱二头肌、肱桡肌和旋前圆肌	远固定	退让工作
前臂	桡腕关节	伸	一致（减速）	桡侧腕屈肌、掌长肌、尺侧腕屈肌等	远固定	退让工作
手掌	掌指关节	屈	相反	指浅屈肌和指深屈肌等	远固定	支持工作
手指	指间关节	屈	相反	指浅屈肌和指深屈肌等	远固定	支持工作

(4) 综合评价

等肩宽握距时，正握引体向上练习主要发展肘关节的屈肌群、肩关节的伸肌群及肩胛骨下回旋和后缩肌群在远固定条件下的力量。其较反握引体向上动作难度降低，主要原因在于反握引体向上时前臂和上臂均处于旋内位，使屈肘肌群的止点均向内侧移位，导致向内侧的分力增大，而引起屈肘的向上的分力减小。

握距的变化对肩关节运动的影响较大。若采用宽握距，主要发展肩关节内收肌群的力量，如胸大肌、背阔肌和肩胛下肌；而采用窄握距时，主要发展肩关节伸肌群，如三角肌后束、肱三头肌长头、冈下肌、小圆肌和大圆肌等肌肉。

（二）下肢动作分析示例－负重蹲起动作

1. 描述动作要求及确定动作周期

该动作要求为：将杠铃置于颈后，双手抓握杠铃，躯干挺直，两眼平视前方，两脚同肩宽。屈膝慢慢蹲下至大腿平行地面或稍低于膝，然后蹬腿伸膝至身体直立。下蹲时吸气，向上站起时呼气。

该动作为周期性动作，其动作变化的临界点为身体直立位置及下肢蹲至最低位置，相邻两次相同动作临界点之间的过程便为一个动作周期。

2. 划分动作阶段

依据环节运动的变化趋势及动作的发展方向，可将负重蹲起动作划分为两个阶段，即下蹲阶段和向上蹲起阶段。

3. 分析结果（表 8–5，表 8–6）

表 8－5　负重蹲起动作下蹲阶段的解剖学分析

环节	关节	运动表现	与外力矩关系	原动肌	工作条件	工作性质
骨盆	髋关节	前倾（屈）	一致（减速）	股后肌群、臀大肌、臀中肌后部等	远固定	退让工作
大腿	膝关节	屈	一致（减速）	股四头肌	远固定	退让工作
小腿	踝关节	伸	一致（减速）	小腿三头肌、胫骨后肌、趾长屈肌、踇长屈肌等	远固定	退让工作
足跗部	跖趾关节	伸直位	相反	趾短屈肌、踇短屈肌等	远固定	支持工作

表 8－6　负重蹲起动作向上蹲起阶段的解剖学分析

环节	关节	运动表现	与外力矩关系	原动肌	工作条件	工作性质
骨盆	髋关节	后倾（伸）	相反	股后肌群、臀大肌、臀中肌后部等	远固定	克制工作
大腿	膝关节	伸	相反	股四头肌	远固定	克制工作
小腿	踝关节	屈	相反	小腿三头肌、胫骨后肌、趾长屈肌、踇长屈肌等	远固定	克制工作
足跗部	跖趾关节	伸直位	相反	趾短屈肌、踇短屈肌等	远固定	支持工作

4. 综合评价

负重蹲起主要发展下肢伸膝、伸髋肌群在远固定条件下的力量，如股四头肌、股后肌群和臀大肌，并可发展竖脊肌和斜方肌上部等肌肉的静力性力量。

练习时要保持挺胸直腰的身体姿态，以保护脊柱。不应蹲得过深，因为膝关节角度小于90°时，膝关节内的压力会极其显著地增加，易导致损伤。而且较深的蹲起练习，对臀大肌的刺激更大。

（三）躯干动作分析示例 - 屈腿转体仰卧起坐动作

1. 描述动作要求及确定动作周期

该动作要求为：屈膝仰卧，两脚平放于地，双手置于头后，身体中轴逐节段前屈，同时用一侧肘部够向对侧膝部，然后缓慢回到起始位置，交换方向，重复练习。向上屈体时呼气，向下还原时吸气。

该动作为周期性动作，其动作变化的临界点为身体仰卧于垫上、一侧肘部触及对侧膝部，相邻两次相同动作临界点之间的过程便为一个动作周期。

2. 划分动作阶段

依据环节运动的变化趋势及动作的发展方向，可将屈腿转体仰卧起坐动作划分为两个阶段，即向上转体坐起阶段和向下还原阶段。

3. 分析结果（表 8–7，表 8–8）

表 8 –7　屈腿转体仰卧起坐动作向上转体坐起阶段的解剖学分析（以向左侧转体为例）

环节	关节	运动表现	与外力矩关系	原动肌	工作条件	工作性质
脊柱各节段	其下端的椎间盘和关节突关节	屈	相反	腹直肌、腹外斜肌、腹内斜肌；胸锁乳突肌和颈前肌	下固定	克制工作
		左回旋	相反	左侧的腹内斜肌和右侧的腹外斜肌；右侧的胸锁乳突肌、斜方肌和菱形肌	下固定	克制工作
骨盆	髋关节（左侧）	微前倾	相反	髂腰肌、股直肌和耻骨肌等	远固定	克制工作
		左回旋	相反	右侧的臀大肌、梨状肌	远固定	克制工作

表 8－8　屈腿转体仰卧起坐动作向下还原阶段的解剖学分析（以向右侧还原为例）

环节	关节	运动表现	与外力矩关系	原动肌	工作条件	工作性质
脊柱各节段	其下端的椎间盘和关节突关节	伸	一致（减速）	腹直肌、腹外斜肌、腹内斜肌；胸锁乳突肌和颈前肌	下固定	退让工作
脊柱各节段	其下端的椎间盘和关节突关节	右回旋	一致（减速）	左侧的腹内斜肌和右侧的腹外斜肌；右侧的胸锁乳突肌、斜方肌和菱形肌	下固定	退让工作
骨盆	髋关节（左侧）	微后倾	一致（减速）	髂腰肌、股直肌和耻骨肌等	远固定	退让工作
骨盆	髋关节（左侧）	右回旋	一致（减速）	右侧的臀大肌、梨状肌	远固定	退让工作

4. 综合评价

屈腿转体仰卧起坐主要发展使脊柱回旋、屈的肌群以及使骨盆前倾（屈髋）及回旋肌群在下（远）固定条件下的力量，如腹直肌、腹外斜肌、腹内斜肌、髂腰肌、股直肌和梨状肌等。

该动作通过屈腿姿势使骨盆相对固定，减小了在动作过程中骨盆的运动幅度，故降低了对髂腰肌、股直肌等使骨盆前倾肌肉的负荷刺激，增加了对腹直肌、腹外斜肌和腹内斜肌等使脊柱回旋、屈的肌群负荷刺激，故此动作对腹肌的锻炼效果较好。

（四）整体动作分析示例

1. 途中跑

（1）描述动作要求及确定动作周期

该动作要求为：头部位置正直，躯干稍前屈，双臂自然、有力地前后摆动；下肢支撑腿快速蹬离地面后大小腿折叠前摆至最高点，然后大腿积极向后下方运动，足部完成“趴地”动作，着地后支撑腿迅速屈膝缓冲，使身体重心快速前移，以进行下一周期的动作。

该动作为周期性动作，因此当其一侧足着地，经过支撑、摆动与腾空至另一足着地，为一个跑步动作周期。

（2）划分动作阶段

由于跑动时头和躯干姿势保持相对稳定，因此此处仅分析一侧下肢和其对侧上肢的运动状况。

依据环节运动的变化趋势及动作的发展方向，可将一侧下肢的周期运动分为四个阶段：后蹬、折叠前摆、下压和着地缓冲，分别对四个阶段进行分析。同时，一侧上肢的周期运动可以被分为两个阶段：前摆和后摆，分别对两个阶段进行分析（图 8–2）。

图 8-2　途中跑动作周期示意图

（3）下肢动作的分析结果（表 8-9，表 8-10，表 8-11，表 8-12）

表 8-9　途中跑下肢动作后蹬阶段的解剖学分析（以右侧下肢为例）

环节	关节	运动表现	与外力矩关系	原动肌	工作条件	工作性质
骨盆	髋关节	右回旋 后倾（伸）	相反 相反	右侧臀中、小肌前部 股后肌群、臀大肌、大收肌	远固定 远固定	克制工作 克制工作
大腿	膝关节	伸	相反	股四头肌	远固定	克制工作
小腿	踝关节	屈	相反	小腿三头肌、胫骨后肌、腓骨长、短肌等	远固定	克制工作
足跗部	跖趾关节	屈	相反	趾长屈肌、拇长屈肌等	远固定	克制工作
足趾	趾关节	屈	相反	趾长屈肌、拇长屈肌等	远固定	克制工作

表 8-10　途中跑下肢动作折叠前摆阶段的解剖学分析（以右侧下肢为例）

环节	关节	运动表现	与外力矩关系	原动肌	工作条件	工作性质
骨盆	髋关节（左侧）	左回旋 前倾（屈）	相反 相反	左侧臀中、小肌前部 左侧股后肌群、臀大肌、大收肌	远固定 远固定	克制工作 支持工作
大腿	髋关节（右侧）	屈	相反	右侧髂腰肌、股直肌、缝匠肌等	近固定	克制工作
小腿	膝关节	屈	相反	股后肌群、腓肠肌	近固定	克制工作
足跗部	踝关节	伸	相反	胫骨前肌、拇长伸肌、趾长伸肌	近固定	克制工作
足趾	跖趾关节、趾关节	微伸	相反	趾长伸肌、拇长伸肌等	近固定	克制工作

表 8－11　途中跑下肢动作下压阶段的解剖学分析（以右侧下肢为例）

环节	关节	运动表现	与外力矩关系	原动肌	工作条件	工作性质
骨盆	髋关节（左侧）	前倾（屈）	相反	左侧股后肌群、臀大肌、大收肌	远固定	支持工作
大腿	髋关节（右侧）	伸	一致（加速）	右侧股后肌群、臀大肌、大收肌	近固定	克制工作
小腿	膝关节	伸	一致（加速）	股四头肌	近固定	克制工作
足跗部	踝关节	屈	一致（加速）	小腿三头肌、胫骨后肌、腓骨长短肌	近固定	克制工作
足趾	跖趾关节、趾关节	微屈	一致（加速）	趾长屈肌、蹞长屈肌等	近固定	克制工作

表 8－12　途中跑下肢动作着地缓冲阶段的解剖学分析（以右侧下肢为例）

环节	关节	运动表现	与外力矩关系	原动肌	工作条件	工作性质
骨盆	髋关节	前倾（屈）	一致（减速）	股后肌群、臀大肌、大收肌	远固定	退让工作
大腿	膝关节	屈	一致（减速）	股四头肌	远固定	退让工作
小腿	踝关节	伸	一致（减速）	小腿三头肌、胫骨后肌、腓骨长短肌	远固定	退让工作
足跗部	跖趾关节	伸	一致（减速）	小胫骨后肌、腓骨长短肌、趾长和蹞长屈肌	远固定	退让工作
足趾	趾关节	微伸	一致（减速）	趾长屈肌、蹞长屈肌等	远固定	退让工作

（4）上肢动作的分析结果（表 8–13，表 8–14）

表 8－13　途中跑上肢动作前摆阶段的解剖学分析（以左侧上肢为例）

环节	关节	运动表现	与外力矩关系	原动肌	工作条件	工作性质
肩带	胸锁关节	肩胛骨略前伸	相反或一致（加速）	前锯肌、胸小肌	近固定	克制工作
上臂	肩关节	屈、略内收	相反或一致（加速）	三角肌前束、胸大肌、肱二头肌长头和喙肱肌	近固定	克制工作
前臂	肘关节	屈	相反	肱二头肌、肱肌、肱桡肌、旋前圆肌	近固定	支持工作
手掌	桡腕关节	伸直位	相反	桡侧腕屈肌、桡侧腕长伸肌、桡侧腕短伸肌和示指伸肌	近固定	支持工作
手指	掌指关节、指关节	微屈	相反	指浅屈肌和指深屈肌等	近固定	支持工作

表 8－14　途中跑上肢动作后摆阶段的解剖学分析（以左侧上肢为例）

环节	关节	运动表现	与外力矩关系	原动肌	工作条件	工作性质
肩带	胸锁关节	肩胛骨略后缩	相反或一致（加速）	斜方肌、菱形肌	近固定	克制工作
上臂	肩关节	伸、略外展	相反或一致（加速）	三角肌后部、背阔肌、大圆肌等	近固定	克制工作
前臂	肘关节	屈	相反	肱二头肌、肱肌、肱桡肌、旋前圆肌	近固定	支持工作
手掌	桡腕关节	伸直位	相反	桡侧腕屈肌、桡侧腕长伸肌、桡侧腕短伸肌和示指伸肌	近固定	支持工作
手指	掌指关节、指关节	微屈	相反	指浅屈肌和指深屈肌等	近固定	支持工作

（5）综合评价

由上分析可知，跑的后蹬、下压和着地缓冲的原动肌主要是臀大肌、半腱肌、半膜肌、股二头肌、股四头肌、小腿三头肌和胫骨后肌、踇长屈肌、趾长屈肌等。而整个摆腿动作的原动肌主要是髂腰肌、半腱肌、半膜肌、股二头肌、胫骨前肌、踇长伸肌和趾长伸肌。在我国以往的训练实践中，偏重于后蹬力量的肌群训练，这当然是重要的，但是对引起快速前摆的肌群——髂腰肌、半腱肌、半膜肌、股二头肌、胫骨前肌、踇长伸肌、趾长伸肌的训练，对引起“趴地”动作的肌群——胫骨后肌、趾长屈肌和踇长屈肌的训练，也不容忽视，尤其是半腱肌、半膜肌和股二头肌的力量和柔韧的训练，在提高跑的成绩中具有不可忽视的作用，更应予以一定重视。

以髋为轴的加速-制动能力非常重要：研究表明，跑速的提高取决于步频和步长的提高，而步频和步长的提高首先取决于骨盆回旋肌肉及髋关节肌肉的力量和用力的协调性，这就是以髋为轴的摆动腿的加速-制动能力。这就提示我们，提高骨盆回旋肌肉及髋关节肌肉的力量，以及相应肌群的运动协调性，是发展跑速最重要的途径之一。

以肩为轴的上肢摆动力量不可忽视：以肩为轴的上肢摆动力量是跑步摆动平动运动系统中十分重要的因素，摆臂的速度、幅度和耐力将直接影响跑的速度和跑的整体运动效果，影响下肢的摆动运动效果。应充分认识到上肢摆动对下肢运动效果的影响，即上肢摆动的主导作用和领先作用。

小腿前侧肌群（胫骨前肌、踇长伸肌、趾长伸肌）力量越好，着地瞬间，脚后跟与地面夹角越大，跑的弹性就越好，因而训练必须加大该肌群力量的训练。

跑步时双臂的反向摆动，可形成绕肩轴的水平转矩，其方向与绕髋轴的水平转矩相反，以维持身体平衡，同时可协同加快下肢各个环节的摆动动作频率，对人体运动能力的发挥产生放大效果的作用。

2. 爬　泳

(1) 描述动作要求及确定动作周期

在游爬泳时，身体俯卧于水面，两腿上下交替打水，两臂轮流划水，动作很像爬行，故称为“爬泳”。大家对“爬泳”这个名称比较陌生，是由于“自由泳”这个比赛项目造成的。因为，在参加自由泳项目比赛时，运动员可以采用任何游泳姿势，而爬泳是当前速度最快的一种游泳姿势，参赛选手都选用爬泳。久而久之，人们已经习惯地将爬泳称为自由泳了。

爬泳技术动作由上肢动作、下肢动作、头和躯干动作等几部分构成，为周期性动作，动作变化的临界点为一侧手入水、出水至再次入水，其间的过程为一个动作周期。

(2) 划分动作阶段

依据爬泳上肢动作的任务与性质，可将其一个周期分为入水、抱水、划水、出水和空中移臂 5 个阶段。

根据爬泳下肢动作的方向变化，可将其分为向上打腿和向下打腿两个阶段。

(3) 上肢动作的分析结果及综合评价

爬泳中使身体前进的最主要动力产生于上肢动作。上肢动作的一个周期包括入水、抱水、划水、出水和空中移臂 5 个不可分割的阶段（图 8-3）。

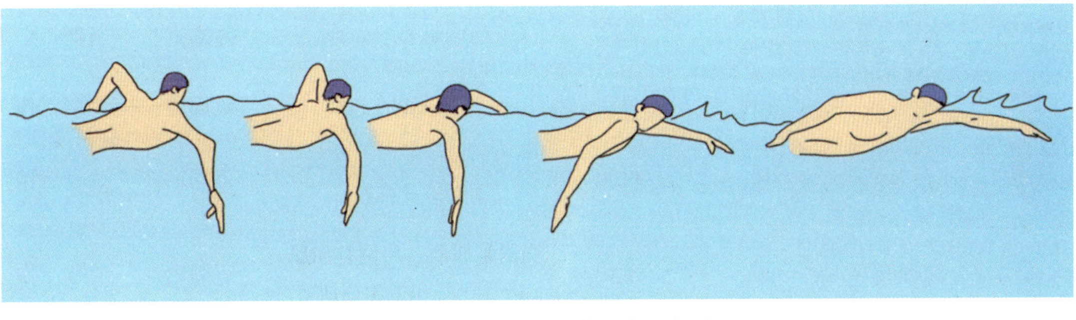

图 8-3　爬泳上肢动作周期示意图

入水阶段

手的入水点一般在身体纵轴和肩关节的前后延长线之间。入水时手指自然伸直并拢，臂内旋使肘关节抬高处于最高点，掌心斜向外下方，使手指首先触水，然后是前臂，最后是上臂自然插入水中。对这一阶段上肢动作的分析结果见表 8–15。

表 8－15　爬泳上肢动作入水阶段的解剖学分析

环节	关节	运动表现	与外力矩关系	原动肌	工作条件	工作性质
肩带	胸锁关节	肩胛骨上回旋	相反	斜方肌上、下部和前锯肌下部	近固定	克制工作
		前伸	相反	前锯肌和胸小肌	近固定	克制工作
上臂	肩关节	屈	相反	三角肌前束、胸大肌、肱二头肌和喙肱肌	近固定	克制工作
		内旋	相反	三角肌前束、胸大肌	近固定	克制工作
前臂	肘关节	伸	相反	肱三头肌、肘肌	近固定	克制工作
		内旋	相反	旋前圆肌和旋前方肌	近固定	克制工作
手	桡腕关节	伸直	相反	尺侧腕屈肌和尺侧腕伸肌等	近固定	支持工作

在此阶段中，斜方肌上、下部和前锯肌收缩引起肩带的前伸和上回旋运动非常关键，可以使入水点更远，以利于获得更大的划水距离。

抱水阶段

上肢入水后，在积极向下方插入的过程中，手掌从向斜外下方转向斜内后方并开始屈腕、屈肘，肘高于手，以便能迅速过渡到较好的划水位置。抱水结束，手掌已经接近对水，肘关节屈至 150 °左右，整个手臂像抱着一个圆球似的为划水作准备。

对这一阶段上肢肌肉运动功效分析结果见表 8–16。

表 8－16　爬泳上肢动作抱水阶段的解剖学分析

环节	关节	运动表现	与外力矩关系	原动肌	工作条件	工作性质
肩带	胸锁关节	肩胛骨前伸	相反	前锯肌和胸小肌	近固定	克制工作
上臂	肩关节	外展	相反	三角肌和冈上肌	近固定	克制工作
前臂	肘关节	屈	相反	肱肌、肱二头肌、肱桡肌和旋前圆肌	近固定	克制工作
手	桡腕关节	屈	相反	桡侧腕屈肌、尺侧腕屈肌、指浅屈肌和指深屈肌等	近固定	克制工作

在此阶段中，前锯肌收缩引起肩带的前伸，三角肌和冈上肌收缩引起上臂外展，肱肌、肱二头肌等收缩引起前臂屈，可以拉长后缩肩带、伸上臂和伸前臂的肌肉，可以为划水创造有利条件。

划水阶段

划水是发挥最大推进作用的主要阶段，其动作过程可分为拉水和推水两个部分。

紧接抱水阶段进入拉水，这时要保持抬肘，并使上臂内旋。同时继续屈肘，使手的动作迅速赶上身体的前进速度，可使主要肌肉群在良好的工作条件下进入推水动作，拉水至肩的垂直平面后，即进入推水部分，这时肘的屈度约 100 °左右。拉水阶段上肢肌肉运动功效分析结果见表 8–17。

表 8 –17　爬泳上肢动作拉水阶段的解剖学分析

环节	关节	运动表现	与外力矩关系	原动肌	工作条件	工作性质
肩带	胸锁关节	肩胛骨下回旋	相反	菱形肌、胸小肌和肩胛提肌	近固定	克制工作
		下降	相反	斜方肌下部、胸小肌和前锯肌下部	近固定	克制工作
上臂	肩关节	伸	相反	三角肌后束、背阔肌、肱三头肌长头、冈下肌、小圆肌和大圆肌	近固定	克制工作
		内旋	相反	三角肌前束、胸大肌	近固定	克制工作
前臂	肘关节	屈	相反	肱肌、肱二头肌、肱桡肌和旋前圆肌	近固定	克制工作
手	桡腕关节	屈	相反	桡侧腕屈肌、尺侧腕屈肌、指浅屈肌和指深屈肌等	近固定	支持工作

推水时上臂保持内旋姿势，带动前臂，用力向后推水。同时，使肩部后移，以加长有效的划水路线。向后推水有一个从屈臂到伸臂的加速过程，手掌从内向上、从下向上的动作路线加速划至大腿旁。推水阶段上肢肌肉运动功效分析结果见表 8–18。

由表 8–17、表 8–18 的分析可见，为了使划水动作获得较好的效果，应加强发展使肩带下降、下回旋和后缩肌群的力量，加强伸肩、屈肘、伸肘和屈腕肌群的力量，同时应加强发展肩带、肩关节和桡腕关节的灵活性。

表 8－18　爬泳上肢动作推水阶段的解剖学分析

环节	关节	运动表现	与外力矩关系	原动肌	工作条件	工作性质
肩带	胸锁关节	肩胛骨后缩	相反	斜方肌和菱形肌	近固定	克制工作
上臂	肩关节	伸	相反	三角肌后束、背阔肌、肱三头肌长头、冈下肌、小圆肌和大圆肌	近固定	克制工作
		内旋	相反	三角肌前束、胸大肌	近固定	支持工作
前臂	肘关节	伸	相反	肱三头肌和肘肌	近固定	克制工作
手	桡腕关节	伸	一致（减速）	桡侧腕屈肌、尺侧腕屈肌、指浅屈肌和指深屈肌等	近固定	退让工作

出水和空中移臂阶段

划水结束后，前臂和手腕放松，提肩提肘使整个上肢出水，动作迅速而不停顿。接着，在肩的转动下，带动整个上肢向前移动，移臂时仍保持高肘屈臂的姿势。出水和移臂动作要放松，使用力划水后的肌肉得到短暂的休息。

(4) 下肢动作的分析结果及综合评价

爬泳下肢的动作是以髋关节为轴，大腿发力带动小腿和足，做向上直腿、向下屈腿的上下交替鞭状打水，可分为向上打腿和向下打腿两个阶段（图 8-4）。

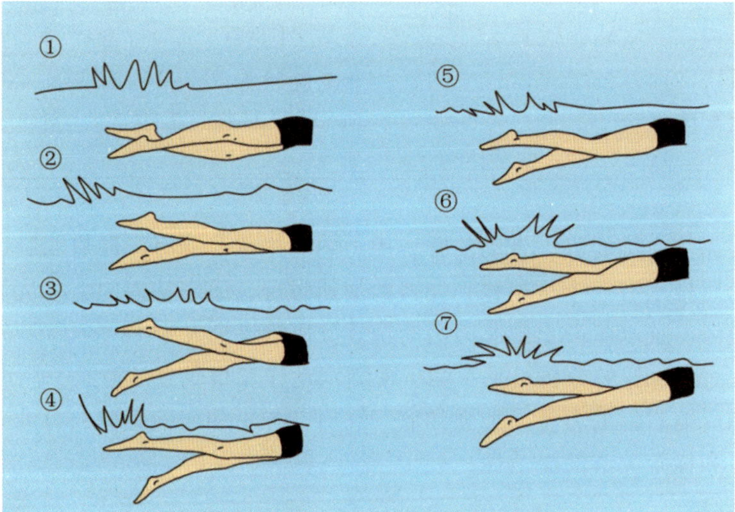

图 8-4　爬泳打腿动作示意图

向上打腿阶段

向上打腿时，腿是伸直的。以髋关节为轴，整个下肢作为半径向上摆动。由于转动半径较长，阻力矩较大，故使大腿在髋关节处伸的肌群，即臀大肌、大收肌、股二头肌、半腱肌和半膜肌等在近固定条件下收缩，以较大的力量做克制工作。维持小腿在膝关节伸、足在踝关节跖屈姿势的相关肌肉，在其他肌群的配合下，做一定紧张的静力性工作。

在向上打腿结束时，大腿在髋关节处于伸位，此时大腿屈肌被拉长，而小腿在膝关节处位于屈位，股四头肌被拉长，这都为向下打腿发力创造了有利条件。

向下打腿阶段

向下打腿时，腿稍屈曲，小腿和足是最有效的打水部位。此时，小腿后群的小腿三头肌、趾长屈肌、胫骨后肌、腓骨长肌和腓骨短肌等以一定的静力性收缩保持足跖屈，使大腿在髋关节处屈的肌群，即髂腰肌、股直肌、缝匠肌、阔筋膜张肌和耻骨肌等，使小腿在膝关节伸的股四头肌，在预先拉长的情况下积极用力进行近固定条件下的克制性工作，完成屈大腿和伸小腿的打水动作。

爬泳下肢产生的推进力要比上肢划水的推进力小得多，但在实践中，其作用是不容忽视的。它在维持身体平衡、使下肢抬高，保持身体良好的流线型，以及协调两臂有力划水方面，都发挥着重要作用。

(5) 头和躯干动作的分析结果及综合评价

在爬泳中，身体应伸直成流线型，几乎水平地俯卧在水面，脸与前额浸入水中，臀部接近水面，身体纵轴与水平面构成3~5°的迎角，眼睛注视前下方。此时，头颈夹肌、竖脊肌等背部肌肉在下固定条件下进行静力性收缩，以维持脊柱的伸直状态。

头和躯干还随着上肢划水动作有节奏的自然转动。转头动作是由划水臂异侧的胸锁乳突肌、斜方肌上部和同侧的头颈夹肌收缩完成的。躯干的转动是与转动方向同侧的腹内斜肌和异侧的腹外斜肌协同收缩的结果。躯干的转动是围绕腰骶关节的垂直轴进行的，但其幅度不可过大，否则使身体摇晃，会影响身体在水中前进的速度。

转动所带来的好处有以下几点：便于手臂的出水和空中移臂，并缩短移臂的转动半径；有助于手臂在水中抱水和划水，使手臂划水的最有力部分更接近于身体中心的垂直投影面；由于骨盆随身体轻度地转动，腿打水时，产生部分侧向打水动作，可以抵消移臂时造成身体侧向偏离的影响，维持身体平衡；便于呼吸。

二、静力性动作解剖学分析的示例——游泳抓台式出发预备动作

(一) 描述动作

游泳比赛的开始称为出发，出发好能形成一种领先的优势。目前世界泳坛常用的出发台出发技术是抓台式和蹲踞式出发，其中又以抓台式常见。

抓台式出发的预备姿势为：两脚位于出发台前部，左右自然开立，脚间距大约与肩同宽，两脚趾紧扣出发台前缘，上体前屈，胸部紧贴大腿，两膝屈成约130°~140°角度（这与

个人的臂长和髋关节的灵活性有很大关系）。两臂伸直，双手在两脚间正面抓台，身体重心置于前脚掌，两眼注视前下方（图 8-5）。

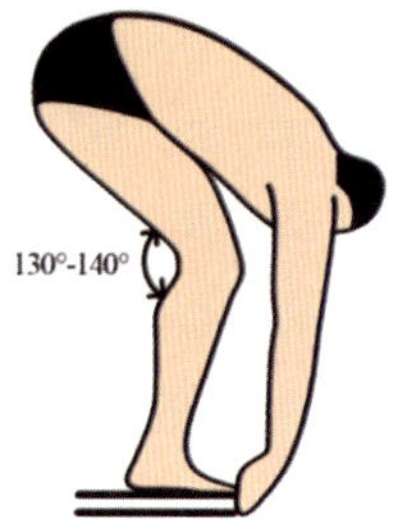

图 8-5　游泳抓台式出发预备姿势示意图

（二）分析结果

游泳抓台式出发预备姿势的解剖学分析见表 8-19。

表 8－19　游泳抓台式出发预备姿势的解剖学分析

环节	关节	运动表现	与外力矩关系	原动肌	工作条件	工作性质
头颈	颈椎各关节	屈	相反	胸锁乳突肌、头颈夹肌	下固定	支持工作
躯干	腰骶连结	前屈	相反	竖脊肌	下固定	支持工作
骨盆	髋关节	前倾（屈）	相反	臀大肌、股后肌群、大收肌等	远固定	支持工作
大腿	膝关节	屈	相反	股四头肌	远固定	支持工作
小腿	踝关节	伸	相反	小腿三头肌、拇长屈肌、趾长屈肌、胫骨后肌等	远固定	支持工作
足跗部	跖趾关节	伸	相反	拇长屈肌、趾长屈肌	远固定	支持工作
足趾	趾关节	伸	相反	拇趾长、短屈肌、拇长、短屈肌	远固定	支持工作
上肢各关节肌肉保持放松状态						

（三）综合评价

好的出发技术要求预备姿势有较高稳定性，这是为适应游泳规则的要求。1998 年游泳规则规定出发犯规由 2 次改为 1 次即取消比赛资格，对游泳出发的稳定性要求提高，对重心靠前的抓台式出发技术要求就更高。

由以上分析可见，抓台式出发技术预备姿势中，为保持躯干前屈、髋关节屈、膝关节屈和踝关节背伸的固定角度，竖脊肌、臀大肌、股后肌群、大收肌、股四头肌、小腿三头肌、拇长屈肌、趾长屈肌、胫骨后肌等均进行拉长后的静力性收缩，这些肌肉的静力性力量对维持身体的稳定性至关重要。另外预备姿势时这些肌肉的拉长可以提高其初长度，为起跳阶段创造良好的条件。因此应充分重视这些肌肉静力性力量的发展，尤其是发展拉长后的静力性工作的能力。

思考题

通过本章的学习，对于体育教育和运动训练等专业的学生，请思考：

1. 结合自己的专项，举例说明运动技术动作的解剖学分析过程，并说明运动技术动作解剖学分析时需要注意的问题。

通过本章的学习，对于运动人体科学和运动康复等专业的学生，除上述问题外，还请思考：

1. 试从运动解剖学角度阐述动作分析的原理和步骤，并举例详细说明。
2. 举例详细说明运动技术动作进行解剖学分析的具体方法。
3. 运动技术动作的解剖学分析方法有哪些优点与不足，在实际应用时需考虑哪些问题。

第九章 体育运动对人体运动器官的影响

运动器官的结构和机能的变化与体育运动有着密切的关系，了解体育运动对人体运动器官的影响，有助于理解运动器官对不同运动负荷刺激所产生的适应机制，从而科学合理地进行体育运动具有极其重要的意义。

一、体育运动对骨的影响

科学合理地进行运动，会使骨产生良性的适应性变化，而不适当或过度的运动则会对骨产生许多不良的影响，甚至引发运动性伤害。

（一）长期、系统、科学的运动对骨的影响

长期、系统、科学地进行体育运动，对骨的形态结构产生的良性适应性变化，主要表现为促进骨的生长发育和改建，改善骨的形态、结构和功能。

1. 科学运动对骨形态结构的影响

长期适当的运动可持续刺激骨骼，使骨在尺度上明显增加，骨密质增厚，骨径变粗，骨面肌肉附着处突起明显，骨小梁的排列按张力和压力的变化更加清晰、规律，骨胶原蛋白含量增加，从而在形态结构上产生良好的适应性变化。随着形态结构的改善，骨的抗折、抗压、抗扭转等方面的物理性能都有所提高。

人体及动物实验结果均表明，不同方式、强度的适宜运动对骨骼的长度、围度、皮质骨厚度等参数的促进效应非常显著，王广新等比较了不同类型运动对近节指骨形态的影响，发现排球运动员用力手第 1、4 近节指骨横径最大，骨髓腔径也随之增大。

2. 科学运动对骨密度的影响

骨密度（BMD）指骨单位面积所含的骨矿物量，它反映人体骨骼代谢状况，体育运动可

以促进骨的新陈代谢，改善局部血液循环，使骨密度发生良性变化。

（1）对不同年龄人群骨密度的影响

Rubin 等对 299 例 6~18 岁的健康儿童和青少年桡骨和脊柱骨骨密度进行测量，结果显示运动可使峰值骨量有一定的提高。Arn 等的研究表明，儿童青少年期增加的骨量在 20 年以后仍与初始骨量密切相关。因此，在生长期获得尽可能高的基础骨量，对提高骨量峰值具有重要的作用。Janz 等研究了 368 名 4~6 岁学龄前儿童活动与骨密度的关系，发现无论是男孩还是女孩，体力活动与骨矿成分和骨密质均有关联。

王玉昕等调查发现，早年参加运动训练并一直坚持运动者，在进入中老年阶段后，其骨矿含量、骨密度显著高于健身组和对照组，提示对骨机械刺激作用越早，可能获得的骨峰值越高，在老年阶段，能维持较高的骨量。杨沛彦等对 246 名 25~45 岁的健康成年人进行非优势前臂远端骨密质测定，发现 25~30 岁年龄组运动者的骨密质显著高于非运动者。Recker 等通过跟踪 156 名健康女大学生证明脊柱及全身骨量在 30 岁时仍可增加。

（2）不同运动方式对骨密度的影响

抗阻训练对骨密度的影响

抗阻训练即力量训练。许多研究表明，力量性运动对骨产生积极的效应。Simkin 等报道，对上肢进行抗阻训练 5 个月后，桡骨远端骨密度增加 3.8%。Sonw-Harter 等对 20 岁左右的女子以 1RM 强度的 75%~85%进行力量练习，每周 3 次，8 个月后腰椎的骨密度增加 1.2%。从以往研究结果可以发现，若抗阻训练频率为每周 3 次，强度大于 1RM 的 60%，可引起骨密度的显著增加，而强度太小则可能不会引起足够的肌肉紧张从而刺激骨密度的增加。

冲击性项目对骨密度的影响

Lima 等对 12~18 岁高加索地区青少年运动员研究发现，高冲击性项目（体操、篮球、网球）运动员的整体骨密度、股骨颈骨密度较对照组高，而非负重项目（游泳、水球）运动员的整体骨密度、股骨颈骨密度低于对照组，结果提示高冲击性项目运动如篮球、网球有利于骨质的增加。

不同运动方案对骨骼产生的作用不同，走、跑产生的最大地面反应力大约是体重的 1~1.5 和 2~3 倍，篮球、体操、摔跤、舞蹈中出现的跑跳合并跳的落地活动，则产生大约为人体体重 7~10 倍的外部力量，高强度的外力作用刺激了骨塑建、重建过程，从而表现为骨密度的增加。

有氧运动对骨密度的影响

大量的研究表明，耐力性运动可以对骨量或骨密度的增加产生有益影响。Lane 等人通过 CT 对男性和女性长跑者第一腰椎骨矿物质含量进行测定，发现同对照组相比长跑者增加约 40%。但是也有研究表明，耐力性锻炼对机体的骨密度无显著影响。如 Krik 等报道，参加长跑训练的绝经女性与同龄对照组之间脊柱矿物质含量无差异。

以上研究结果表明，运动负荷可以使疏松了的骨骼骨量增加，其增加的数量可能不是很多，尚不能补偿因性激素缺乏而造成的骨丢失。如果运动负荷停止，则增加的骨量可以再度丢失，因此长期不断的负荷刺激是至关重要的。

运动负荷量对骨密度的影响

运动强度不同会对骨密度产生不同的影响。Hatori 等观察了不同运动强度对绝经女性骨质的影响，发现 30 分钟/天、3 次/周、持续 28 周且高于无氧阈强度的运动可显著性增强骨密度，而同样方案中低于这一强度的运动对骨密度无影响。

有研究表明，持续 8~12 个月的运动训练只能引起骨密度的少量增加，这是由于骨重塑周期需要持续 4~6 个月。说明运动训练引起骨量在生理上显著增加必须持续一年以上的时间。

以上研究表明，不管是运动强度还是运动频率以及运动持续的时间都需要达到一定的量才能对骨密度产生有利的影响，然而并不是运动负荷量越大对增加骨密度越有利。1984 年 Drinkwater 首次报道女子拳击运动员出现低骨量的变化曾引起人们极大的关注，由此提出只有适宜的时间和强度的体育运动才可能提高峰值骨量，过量的运动反而对增加骨密质不利。

3. 科学运动对骨发育的影响

科学、合理的运动对儿童青少年骨的生长发育有良好的促进作用。Nyska 等研究发现，20 周游泳运动可以显著增加大鼠肱骨近侧端生长板的高度和增殖带中细胞的数量，负重（1%体重）游泳还可以增加骺软骨细胞柱的密度，表明运动对骨的生长发育过程具有良好的促进作用。

4. 运动项目对骨的影响

从事体育运动的项目不同，对人体各部分骨的影响也不同。经常从事以下肢活动为主的项目，如跑、跳等，对下肢骨的影响较大；而从事以上肢活动为主的项目，如举重、投掷等，则对上肢骨的影响较大。

有研究表明，举重运动员肱骨体横径较粗、骨体外侧壁增厚、三角肌粗隆突出明显；而跳跃运动员的下肢骨明显增粗、骨壁显著增厚、踏跳足的第二跖骨横径明显增大，足球运动员的第一跖骨骨密质增厚，芭蕾舞演员的第二、三跖骨的骨密质增厚。

（二）超负荷、不合理运动对骨的影响

1. 过量的运动会加剧骨组织微损伤，导致骨塑建、骨重建频率加快，自我更新修复已缺损组织的能力降低。

2. 当骨与软组织连结的区域因长期承受压力、拉力作用，会造成骨骼出现退行性改变，从而导致骨质增生。

3. 周期性超强度运动训练可导致骨微细结构的破坏，这些骨微损伤随时间不断积累，若得不到改建修复，可导致骨强度下降，甚至发生疲劳性骨折。

4. 青少年女性过量运动训练会导致激素分泌失调，造成与激素相关的骨量与骨密度下降。

5. 过量运动会导致对骨合成代谢的抑制，造成骨量与骨密度下降。

6. 不适当的体育运动会对骨发育产生不利影响，主要表现在骺软骨过早愈合，两侧肢体生长发育不均衡，以及过早出现骨质疏松等。

（三）限制运动对骨的影响

限制运动（制动）是针对运动性损伤的一种常用治疗手段，然而制动在保护受损结构的同时，也会对骨产生诸多不利的影响。

1. 骨钙负平衡

制动1~2天尿钙即开始增高，5~10天内显著增高，7周时达到高峰。由于大量的钙随尿液排出，使血钙降低，低血钙又促进了骨组织中的钙转移至血中，从而产生了高钙血症，最终导致骨钙负平衡。骨钙负平衡在制动早期即可发生，这与肠道吸收减少也有一定关系。在血钙尚未增高之前，尿钙、磷和羟脯胺酸显著增加，导致钙负平衡。尿钙分泌在制动7周时达到高峰。卧床休息30~36周，体钙丢失的总量大约为4.2%。一般认为内分泌与制动所造成的骨钙丢失无关。

2. 骨密度降低

制动使相对或绝对骨质吸收超过骨质形成，特别是骨小梁和骨皮质的吸收增加，使骨密度减低，表现为骨质疏松。

骨密度降低主要发生于身体承重的下肢骨和维持躯干姿势相关的骨，以承重最大的跟骨骨密度减低最明显，其机理是制动导致破骨活动增加，而成骨活动降低。骨密度降低的程度与制动程度有关。

3. 异位骨化

异位骨化是指在软组织中出现成骨细胞，并形成骨组织。异位骨化是长期制动的常见合并症，包括关节周围的异位骨质增生和肌肉中的骨化性肌炎。

短期制动所致的异位骨化可以较快逆转，但长期制动休息所导致的异位骨化的恢复时间比短期制动的恢复时间长数倍。

二、体育运动对关节的影响

与对骨的影响相同，运动亦会对关节产生正反两方面的影响。

（一）长期、系统、科学的运动对关节的影响

长期、系统、科学地进行体育运动，会对关节产生良好的影响，主要表现在以下几个方面。

1. 使骨关节面的骨密质增厚，从而能承受更大的负荷。
2. 关节周围的韧带、关节囊和肌腱增粗增厚，使关节的稳固性加强。
3. 关节周围的肌肉体积增大，收缩力增强，对加固关节有重大意义。
4. 关节面软骨产生良性变化。具体表现为：

（1）运动对关节软骨发育的影响

Arokoski等研究发现，对于关节软骨而言，在胚胎发育期，如果胚胎肢体缺乏活动，正常关节结构的形成就会受到抑制，如关节软骨和关节腔的形成。而且运动对幼年动物关节软骨的发育也有影响，在成年期则对维持关节软骨的正常状态和功能具有重要作用。

缺乏运动对关节软骨发育的影响已经在动物实验中得到证明，但由于伦理学和相关检测手段的限制，在人体的研究则相对较少。Jones等认为运动对青少年的关节软骨发育有好处，而且提出青春期前和青春期的前几年是较合适的运动锻炼时间，可以促进关节软骨的发育。

(2) 运动对关节软骨量与厚度的影响

关节软骨的量与厚度在不同的部位是不同的，这种差异性可能是由作用于不同部位的不同负荷所引起。长期的运动能够增加关节软骨的量与厚度。早在 1981 年，Palmoski 等人就发现，将犬后肢固定 6 周后，其膝关节软骨的厚度变薄。有研究表明，对于儿童而言，早期的运动是与关节软骨的增厚相关的。平时运动少的儿童与运动较多的儿童相比，其膝关节软骨量要少 22%~25%，而软骨量的减少则可能增加以后发生骨性关节炎的几率，因为软骨丢失是骨性关节炎发生的一个重要原因。

(3) 运动对关节软骨成分的影响

关节软骨属于透明软骨，主要由软骨细胞和细胞外基质组成。力学刺激可以影响关节软骨细胞的形状及其生成，并能改变软骨细胞的生物化学特性和基质代谢。

不同强度的运动对关节软骨细胞的作用是有差异的。对于经常接受高强度运动刺激的关节软骨，其软骨细胞数量增多，而蛋白多糖的合成则降低。而非高强度的运动则使兔膝关节软骨过渡层和深层的软骨细胞及其核增大，而未见软骨细胞数量的增加。短期的运动可以增加关节软骨蛋白多糖的含量，而长期的运动则能降低其含量。

运动对关节软骨各成分的影响是多层面的，因运动的强度和持续时间而有所差异。短期、中等强度的运动可以增加软骨细胞的数量和蛋白多糖的合成，而长期或高强度的运动则会带来负面的影响。这对于临床工作者针对不同人群进行相关的运动疗法具有指导意义。

5. 柔韧性训练可增加关节囊周围肌腱、韧带和肌肉的弹性和伸展性，进而增加关节的运动幅度，灵活性也大大增加。

(二) 超负荷、不合理运动对关节的影响

超负荷、过量的运动或者逆关节结构的动作会导致关节损伤。以篮球项目为例：

1. 慢性劳损：作膝半蹲位发力时，使股髌关节的运动轨迹改变，产生弧形运动及捻转运动，久之致伤。

2. 髌骨软化症：髌骨受直接顶撞或膝突然的内、外翻，可引起软骨骨折，晚期呈现软化症状。

3. 膝伤痛或关节不稳：由于反射性保护改变了膝的正常支撑力学关系，久之致伤。

4. 髌腱腱围炎与髌尖末端病（又称篮球膝）：髌腱腱围炎是指引起髌尖下髌腱附着点及髌腱、腱围部疼痛的创伤性病变。从运动生物力学角度分析，伸膝动作是由股四头肌通过髌骨与髌腱实现的。篮球运动员起跳时髌尖髌腱承受巨大牵拉力，据 William 等研究，在起跳瞬间，最大垂直力可达 300kg。这和发病有直接关系。

5. 半月板损伤：在篮球运动中半月板损伤尤为常见，因为无论是教学、训练还是比赛当中，运动员经常在违反人体正常解剖结构的状态下完成技术动作，其损伤机制为：膝关节由屈位伴随小腿内、外旋或内、外翻位骤然产生蹬伸，导致半月板的损伤；膝过伸或过屈动作；长期磨损。

（三）限制运动对关节的影响

1. 关节挛缩

制动可导致关节周围的软组织、韧带和关节囊的病变，使关节活动范围严重受限，产生关节挛缩。例如：下肢骨关节挛缩的典型改变是髋关节和膝关节的屈曲畸形，踝关节跖屈畸形。上肢骨关节挛缩的典型改变是指间关节、肘关节和腕关节屈曲畸形，肩关节内旋畸形。

2. 关节退行性变

主要与骨承重应力改变而引起的关节囊挛缩、关节软骨面受压、关节软骨含水量下降、透明质酸盐和硫酸软骨素减少等一系列改变有关。由于关节周围韧带的刚度降低，强度下降，能量吸收减少，韧带附着点处变得脆弱，易于发生韧带断裂。

三、体育运动对肌肉的影响

运动亦会对肌肉产生正反两方面的影响。

（一）长期、系统、科学的运动对肌肉的影响

长期、系统、科学的运动对肌肉的影响相当明显，可引起肌肉的适应性改变。

1. 肌肉体积增大

通过体育锻炼和训练，明显的变化是肌肉体积增大，主要表现在各种围度的增加，不同专项运动对不同部位肌肉体积增大的影响不同。

肌肉体积的增大是由于肌纤维增粗所导致的，其实质是肌肉收缩蛋白合成增加，因而肌肉生理横断面增大，肌肉重量增加，肌力得到增大。Luthi 发现，力量训练使肌原纤维绝对体积增加了 10%。正常人骨胳肌重量约占体重的 40%，而运动员可达 50%~60%，特别是举重等力量性项目运动员的肌肉体积明显大于一般常人，这说明体育锻炼和运动训练可以使肌肉体积增大。肌纤维直径增加，被认为与训练时间密切关系。不过肌纤维的增粗还包括细胞内含物的增多和增大。

2. 肌纤维中线粒体数目增多、体积增大

线粒体是细胞的供能中心，参与细胞内物质氧化和形成 ATP。在耐力性练习如长跑、自行车运动中，快缩肌纤维和慢缩肌纤维线粒体数量都有所增加，其中以前者更为明显。线粒体的增加，为肌肉提供更多的能量，以适应耐力运动的需要。Kiessling 曾对 14 名专门受过耐力训练的 18~25 岁男青年进行研究，在进行长跑训练前、训练第 14 周以及第 28 周时，在股外侧肌三次活体取样，结果表明，随训练时间的延长，每 100 平方微米的线粒体个数及线粒体体积均持续增加，第 28 周线粒体的数目、大小接近优秀运动员。

3. 肌肉中脂肪减少

耐力训练使肌纤维中的脂滴和肌膜上的脂肪相应减少，脂肪的减少使肌肉收缩时的粘滞阻力变小，肌肉的收缩效率相应提高。

4. 肌肉中结缔组织增多

在运动中，肌肉收缩的反复牵拉，促使肌腱和韧带中的细胞增殖，亦使肌外膜、肌束膜

和肌内膜增厚，肌肉变得坚实，抗张强度提高，从而增强了肌肉抗牵张能力。研究表明，力量练习肌膜增厚，抗张强度提高比速度训练更为明显。

5. 肌肉内化学成分发生变化

经常进行体育运动，肌肉中肌糖原、肌球蛋白、肌动蛋白、肌红蛋白和水的含量增加。肌球蛋白和肌动蛋白是肌肉收缩的基本物质，它们的增加可使肌肉的收缩能力提高。同时运动还提高了肌肉中三磷酸腺苷（ATP）酶的活性，促使ATP加快分解释放出能量，以及时供给肌肉运动的需要。肌糖原含量增多，可增加肌肉内能源贮备。肌红蛋白含量增多，使肌肉中贮氧能力也大大提高，为肌肉用力收缩提供更多的氧。

6. 肌肉中毛细血管增多及其分支吻合增多

运动可以使骨骼肌内的毛细血管不论在数量上或是形态上都有所改变。肌纤维之间的毛细血管平均配布数量在长期运动后增多，其中静力性运动条件下，毛细血管数量增多较动力性运动条件下明显。静力性运动促使骨骼肌内毛细血管具有明显迂曲和丰富的分支吻合，同时毛细血管分支处出现扩张。动力性运动，如跑步和游泳运动，主要促进毛细血管分支吻合，对毛细血管形态的影响不明显。

肌肉的这些变化改善了骨骼肌的血液供给情况，从而提高肌肉的运动能力，有利于肌肉持续长时间运动。

7. 使神经–肌肉控制能力加强

肌肉力量训练在神经控制方面的适应上主要体现在运动单位的动员数量、运动单位动员的同步性程度即肌内协调性，以及肌肉之间的协调性即肌间协调性程度。动物实验研究表明，系统的运动训练可能使肌肉中运动终板直径相应增大，运动终板数量明显增多，有利于提高神经–肌肉控制能力。

对于力量训练的初级阶段，肌肉力量的提高主要体现在肌肉的结构性适应，而对于较高训练水平的运动员，如举重运动员，其力量的提高主要体现在肌肉的神经控制能力、肌肉之间的协调以及用力的技能等方面的提高。

（二）超负荷、不合理运动对肌肉的影响

超负荷、过量的运动会对肌肉产生相对不良的影响，甚至导致肌肉损伤。

过度运动可造成骨骼肌收缩机能下降，物质代谢改变甚至肌肉超微结构损伤，肌肉持续酸痛。

许多研究表明，如果运动时间过长或运动强度过大，如力竭运动等，超过了骨骼肌本身的适应和代偿能力，电镜下可见骨骼肌肌原纤维排列不规则、肌丝卷曲、萎缩、肌膜溶解、肌核肿胀和固缩、肌小节结构紊乱、Z线异常，线粒体体积增大，内质网肿大，毛细血管增生或出现破裂等一系列失代偿的表现，还可导致肌肉细胞内钙离子水平紊乱，钙离子浓度增高，引起自由基增加，脂质过氧反应增加，线粒体膜通透性发生改变，从而危害了骨骼肌细胞的结构和功能。

过度运动还可造成肌腱损伤。

（三）限制运动对肌肉的影响

1. 肌代谢障碍

在制动的最初几个小时内，肌蛋白的合成速度便开始下降。制动30天，肌细胞胰岛素受体对胰岛素的敏感性下降。制动45天，肌线粒体密度减小、氧化酶活性降低、总毛细血管密度降低、毛细血管长度缩短，导致肌局部的血流量减少。

2. 肌萎缩

制动可造成废用性肌萎缩，以神经性瘫痪引起的肌萎缩最为明显。肌萎缩速度为非线性的，即制动早期肌萎缩最快，呈指数下降趋势。快肌纤维横截面积减少超过慢肌纤维，伸肌萎缩的程度要重于屈肌。

3. 肌力下降

由于肌萎缩、支配肌运动的神经兴奋性下降、运动单元募集减少等因素，导致肌力下降。肌力下降的速度要比肌萎缩的速度快。肌力下降和神经功能障碍又是造成步态不稳和运动协调性下降的主要原因。

4. 肌性挛缩

制动会导致肌膜的胶原纤维发生改变，使肌膜硬化、弹性下降。由于肌膜的限制作用，将会使整块肌丧失其伸展性，造成肌性挛缩。

O 思考题

通过本章的学习，对于体育教育和运动训练等专业的学生，请思考：

1. 体育运动可对人体运动器官产生哪些良好影响？如何更好地避免运动对运动器官的不良影响？

通过本章的学习，对于运动人体科学和运动康复等专业的学生，除上述问题外，还请思考：

1. 谈谈哪些运动可以促进儿童青少年骨的发育，并请说明运动中应注意哪些问题。
2. 超负荷或不合理的运动可对肌肉造成哪些不良影响，请举例说明。

内　脏

内脏是指主要位于胸腔、腹腔和盆腔内，有管道直接或间接与外界相通的器官，包括消化系统、呼吸系统、泌尿系统和生殖系统。消化系统从摄入的食物中吸取营养物质，并将食物残渣形成粪便排出体外；呼吸系统从空气中摄取 O_2，并将体内产生的 CO_2 排出体外；泌尿系统将机体在物质代谢过程中所产生的代谢产物，以尿液的形式排出体外；生殖系统能产生生殖细胞和分泌性激素，并进行生殖活动，借以繁殖后代。此外，内脏各系统中的许多器官还具有内分泌功能，可产生多种激素，参与对机体多种功能的调节活动。

第十章　内脏概述

内脏由消化系统、呼吸系统、泌尿系统和生殖系统组成，此四个系统在形态结构、位置和功能上，皆具有密切的联系和某些相似之处。

在形态结构上，内脏各系统皆由一套连续的管道和一个或几个实质性器官组成，由于它们具有摄取或排出某些物质的功能，因此各系统均有孔道直接或间接地与外界相通。

在位置上，内脏大部分器官位于胸腔、腹腔和盆腔内。消化与呼吸两个系统的部分器官则位于头颈部，而泌尿、生殖及消化系统的部分器官位于会阴部。

在功能上，内脏器官的主要功能是参与人体的物质代谢和繁殖后代。

一、内脏的一般结构

内脏各器官形态多样，但依其基本构造，可分为中空性器官和实质性器官两大类。

（一）中空性器官

此类器官呈管状或囊状，内部均有空腔。中空性器官的管壁由数层组织构成，消化道（管）各器官的管壁均由四层组织构成，而呼吸道、输尿管道和生殖管道各器官的管壁均由三层组织构成。以消化道（管）为例，由内向外依次为：黏膜、黏膜下层、肌层和外膜（图10-1）。

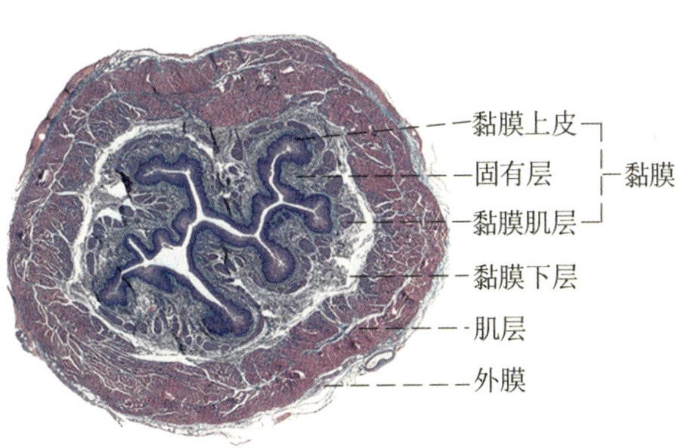

图 10-1　消化管壁的一般结构

1. 黏　膜

位于最内层，由上皮、固有层和黏膜肌层构成。黏膜向腔内突出，形成环行或纵行的皱襞。上皮有两种，口腔、咽、食管和肛门处为复层扁平上皮，其余部分为单层柱状上皮；固有层为结缔组织，胃、小肠（十二指肠除外）和大肠的固有层内有腺体，可分泌消化液和黏液；黏膜肌层为薄层平滑肌，其收缩可促进腺体分泌物排出和血液运行。

2. 黏膜下层

由疏松结缔组织构成，其内含有丰富的血管、淋巴管、淋巴组织和神经，食管和十二指肠的黏膜下层还有腺体。

3. 肌　层

主要由平滑肌（口腔、咽、食管上段和肛门周围为骨骼肌）构成。通常分为内环、外纵两层（胃分为内斜、中环、外纵三层）。环行肌和纵行肌交替收缩，使消化管壁蠕动，推动管腔内容物向前移动。

4. 外　膜

由薄层结缔组织构成者称为纤维膜，主要分布于食管和大肠末段，与周围组织相连；由薄层结缔组织外覆一层间皮共同构成者称浆膜，见于胃、大部分小肠与大肠，其表面光滑，利于胃肠蠕动。

（二）实质性器官

此类器官内部没有特定的空腔，多属于腺组织，外表面包以结缔组织的被膜。结缔组织被膜深入器官实质内，将器官的实质分割成若干个小叶。如肝、胰、肾、睾丸和卵巢等。分布于实质性器官的血管、神经和淋巴管，以及该器官的导管等出入之处，常有一凹陷，称此处为该器官的门，如肺门、肝门和肾门等。

二、胸部标志线和腹部分区

内脏大部分器官在胸、腹、盆腔内虽占据相对固定的位置，但可因体型、性别、体位变化、功能活动以及病理等因素的影响而发生一定的变化。为了描述和学习的方便，通常在胸、腹部体表确定一些标志线和划分一些区域（图 10–2），其对描述与确定内脏各器官的正常位置、体表投影，以及临床诊断检查，皆具有重要实用价值。

（一）胸部的标志线

前正中线：沿身体前面正中线所作的垂直线。

胸骨线：沿胸骨最宽处的外侧缘所作的垂直线。

锁骨中线：经锁骨中点向下所作的垂直线。

胸骨旁线：经胸骨线与锁骨中线之间连线的中点所作的垂直线。

腋前线：沿腋前襞向下所作的垂直线。

腋后线：沿腋后襞向下所作的垂直线。

腋中线：沿腋前、后线之间连线的中点所作的垂直线。

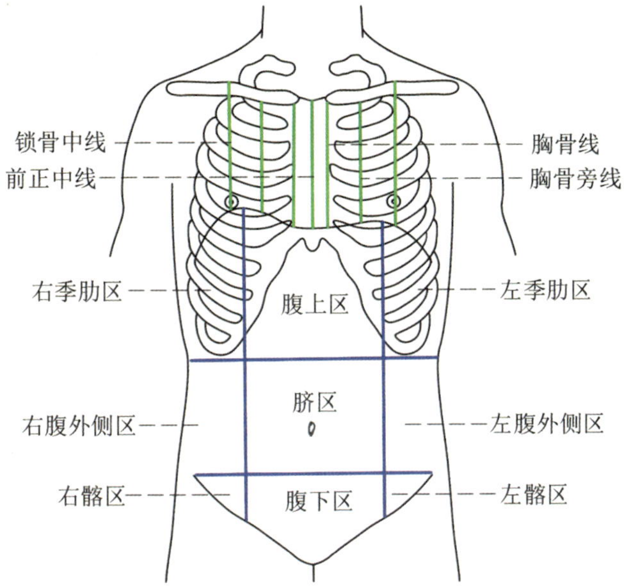

图 10-2　胸腹部的标志线及分区

肩胛线：经肩胛骨下角所作的垂直线。

后正中线：经身体后面正中线（即沿各椎骨棘突）所作的垂直线。

（二）腹部的分区

为便于描述腹腔脏器的位置和体表投影，通常将腹部分成若干区域。最常用的分区方法是九分法（图 10-2），即通过两侧肋弓最低点（第 10 肋的最低点）所做的肋下平面和通过两侧髂结节所作的结节间平面，将腹部分成上腹部、中腹部和下腹部三部，再由经两侧腹股沟韧带中点所作的两个矢状面，将腹部分成三部九区（图 10-3），即：

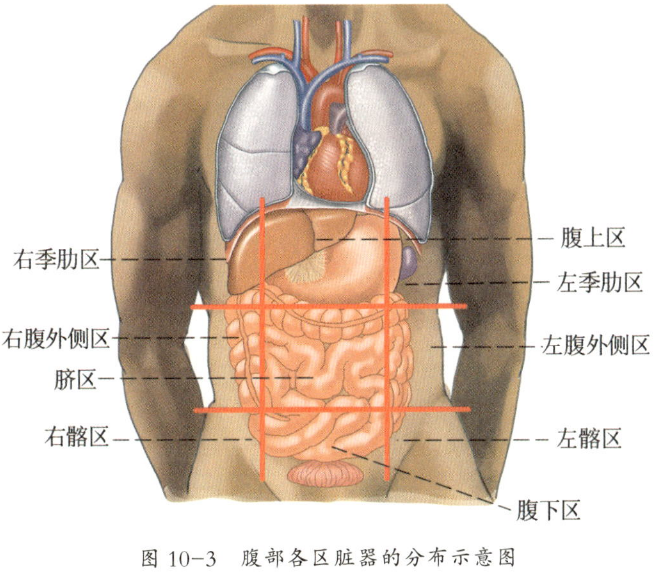

图 10-3　腹部各区脏器的分布示意图

1. 上腹部

中间为腹上区，左侧为左季肋区，右侧为右季肋区。

2. 中腹部

中间为脐区，左侧为左腹外侧区（左腰区），右侧为右腹外侧区（右腰区）。

3. 下腹部

中间为腹下区（耻区），左侧为左腹股沟区（左髂区），右侧为右腹股沟区（右髂区）。

临床上，常用的简便方法是通过脐作一水平面和矢状面，将腹部分为左上腹、右上腹、左下腹和右下腹等四个区。

O 思考题

通过本章的学习，对于体育教育和运动训练等专业的学生，请思考：

1. 中空性器官和实质性器官的结构特点是什么？如何理解结构与功能是相适应的。

通过本章的学习，对于运动人体科学和运动康复等专业的学生，除上述问题外，还请思考：

1. 内脏器官的结构特征如何，如何鉴别内脏器官？
2. 胸部标志线和腹部主要分区有哪些？每个分区内都有哪些器官？

第十一章　消化系统

消化系统包括消化管和消化腺两大部分（图 11–1）。

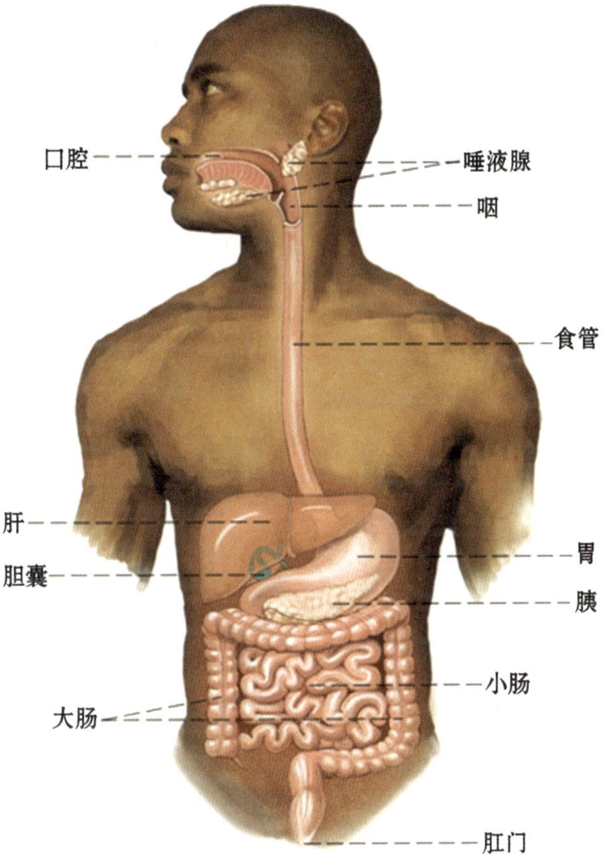

图 11–1　消化系统模式图

消化系统的基本功能是摄取和消化食物，吸收营养物质，排出食物残渣。消化是指食物在消化道内被分解为小分子的过程。消化有两种方式，一种为物理性消化（机械性消化），是指通过消化管将食物磨碎，使之与消化液充分混合，并将食物不断地向消化道远端推送的过程；另一种为化学性消化，是指消化腺分泌的消化液将消化管内的食物分解成可被吸收的小分子物质的过程。两种消化方式同时进行，互相配合。食物经过消化分解成的小分子物质，透过消化道黏膜，进入血液和淋巴循环的过程，称为吸收。

此外，口腔、咽等还与呼吸、发音等功能活动有关。

第一节　消化管

消化管是指从口腔到肛门的管道，其各部的功能不同，形态各异，可分为口腔、咽、食管、胃、小肠（包括十二指肠、空肠和回肠）和大肠（包括盲肠、结肠和直肠）。通常把从口腔到十二指肠的这部分管道称为上消化道，空肠以下的部分称为下消化道。

一、口　腔

口腔是消化管的起始部，由前壁（上、下唇），侧壁（颊），上壁（腭）和下壁（口腔底）围成（图 11-2）。口腔向前经口裂通向外界，向后经咽峡与咽相通。整个口腔借上、下牙弓和牙龈分为前外侧部的口腔前庭和后内侧部的固有口腔。口腔前庭是上、下唇和颊与上、下牙弓和牙龈之间的狭窄空隙；固有口腔是上、下牙弓后内侧和牙龈所围成的空间，其顶为腭，底由黏膜、肌和皮肤组成。口腔内有牙、舌等重要器官，并有唾液腺（详见消化腺）的开口。

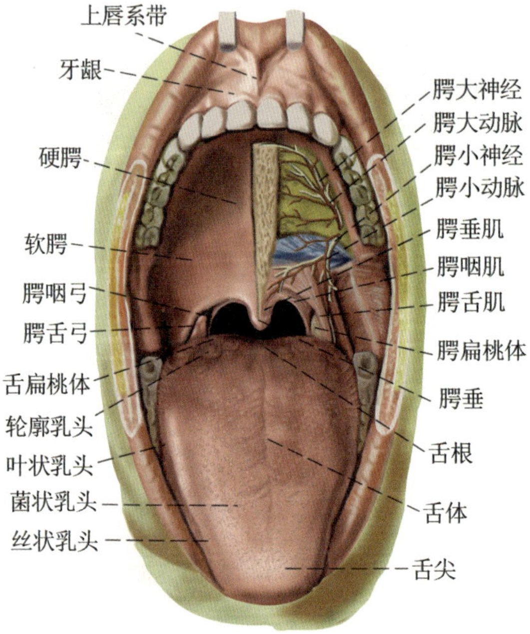

图 11-2　口腔及咽峡

（一）口　唇

口唇分上唇和下唇，外面为皮肤，中间为口轮匝肌，内面为黏膜。在上唇外面中线处有一纵行浅沟称人中，为人类所特有。在上唇的外面两侧与颊部交界处，各有一浅沟，称鼻唇沟。口裂两侧，上、下唇结合处为口角。在上、下唇内面正中线上，分别有上、下唇系带从口唇连于牙龈基部。

（二）颊

颊是口腔的两侧壁，其构造与唇相似，即由黏膜、颊肌和皮肤构成。在上颌第 2 磨牙牙冠相对的颊黏膜上有腮腺管乳头，其上有腮腺管的开口。

（三）腭

腭是口腔的上壁，分隔鼻腔与口腔。腭分硬腭和软腭两部分。

硬腭位于腭的前 2/3，主要由骨腭表面覆以黏膜构成。黏膜厚而致密，与骨膜紧密相贴。

软腭位于腭的后 1/3，主要由肌肉和黏膜构成。软腭的后部游离，其中部有垂向下方的突起，称腭垂或悬雍垂。悬雍垂两侧分别形成两条黏膜皱襞，前方的一对为腭舌弓，延续于舌根的外侧，后方的一对为腭咽弓，向下延至咽侧壁。两弓间的三角形凹陷区称扁桃体窝，窝内容纳腭扁桃体。腭垂、软腭后缘、两侧的腭舌弓及舌根共同围成咽峡，它是口腔和咽之间的狭窄部，也是两者的分界（图 11–2）。软腭在静止状态时垂向下方，当吞咽或说话时，软腭上提，贴咽后壁，从而将鼻咽与口咽隔离开来。

（四）牙

牙是人体内最坚硬的器官，嵌于上、下颌骨的牙槽内，分别排列成上牙弓和下牙弓（图 11–3）。

人的一生中，先后有两组牙发生。第一组称乳牙，一般在出生后 6 个月时开始萌出，到 3 岁左右出齐，共 20 个，上、下颌各 10 个。第二组称恒牙，一般在 6 岁左右乳牙开始脱落时，恒牙逐渐长出。除第 3 磨牙外，其他各恒牙约在 14 岁左右出齐。恒牙全部出齐共 32 个，上、下颌各 16 个。唯有第 3 磨牙萌出时间最晚，通常到 17 岁以后才萌出，故又称迟牙或智牙，有的人此牙终生不萌出。

根据牙的形状和功能，乳牙和恒牙均可分切牙、尖牙和磨牙三种。但是恒

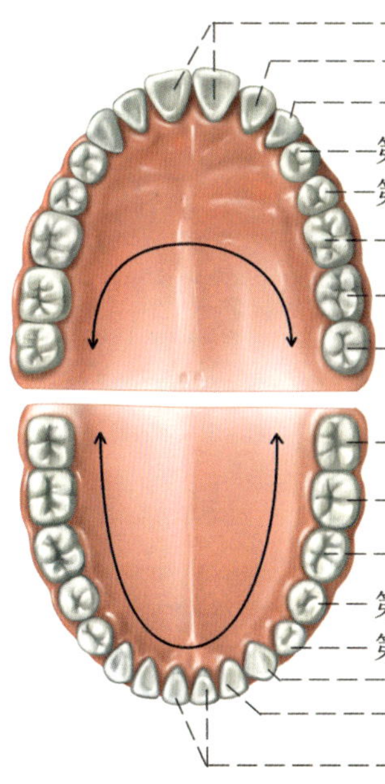

图 11–3　恒牙的名称及萌出时间

牙又有磨牙和前磨牙之分。切牙、尖牙分别用以咬切和撕扯食物，磨牙和前磨牙则有研磨和粉碎食物的功能。此外，牙还具有辅助发声的作用。

恒牙的名称及排列顺序如图 11–4 所示。恒牙在上、下颌的左、右半侧各 8 个。临床上，为了记录牙的位置，常以被检查者的方位为准，以"十"记号划分成 4 区，并以阿拉伯数字 1~8 标示恒牙，如"5十"表示右下颌第 2 前磨牙。

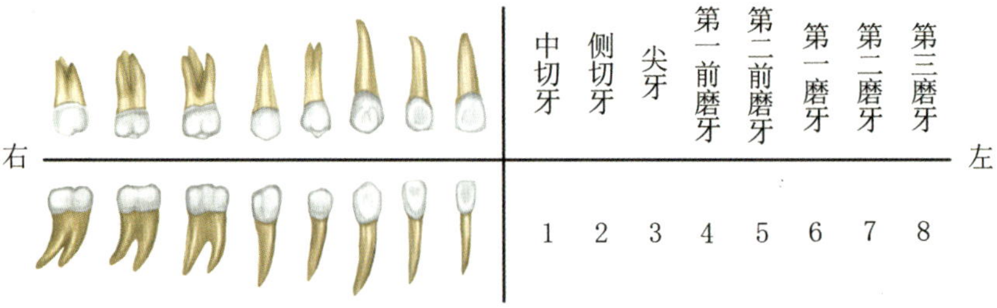

图 11–4　恒牙的名称及符号

在形态上，牙可分为牙冠、牙根和牙颈三部分（图 11–5）。牙冠是露在口腔内的部分。牙根是嵌在牙槽内的部分。牙颈是牙冠与牙根之间的部分，在牙颈周围有牙龈包绕。

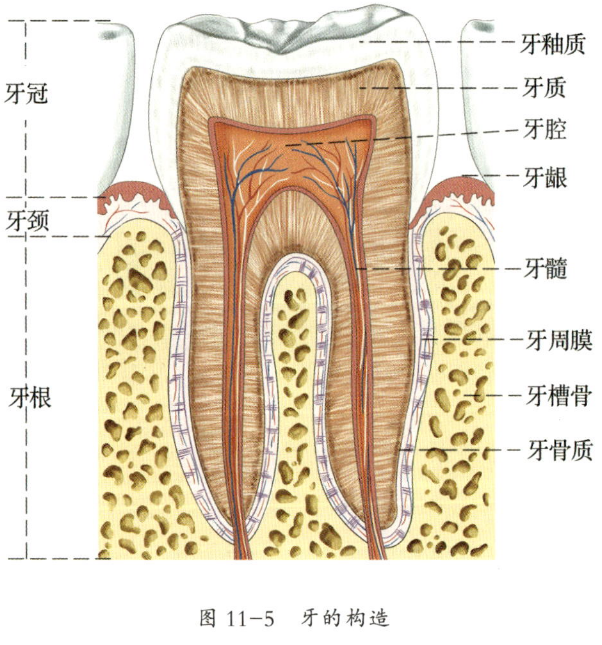

图 11–5　牙的构造

在构造上，牙是由釉质、牙骨质、牙质和牙髓构成。牙质构成牙的大部分。牙冠部的牙质外面覆盖着一层坚硬而光亮的釉质，为人体内最坚硬的组织。在牙颈和牙根部的牙质表面包有牙骨质，结构与骨组织类似。牙内部的空隙称牙腔，腔内为牙髓，由神经、血管和结缔组织共同组成。

（五）舌

舌位于口腔底，是一个表面覆以黏膜的肌性器官，后部（舌根）固定于舌骨上，中部为舌体，前部为舌尖（图 11–2）。具有协助咀嚼、搅拌、吞咽食物、感受味觉和辅助发音等功能。

舌体背面黏膜表面可见许多小突起，统称为舌乳头。舌乳头分为丝状乳头、菌状乳头、叶状乳头和轮廓乳头等四种。丝状乳头，数目最多，体积最小，呈白色，遍布于舌背前 2/3；菌状乳头稍大于丝状乳头，数目较少，呈红色，散在于丝状乳头之间，多见于舌尖和舌侧缘；叶状乳头位于舌侧缘的后部，腭舌弓的前方，每侧为 4~8 条并列的叶片形的黏膜皱襞，小儿较清楚；轮廓乳头的体积最大而数量少，约 7~11 个，排列在舌体与舌根交界处，其中央隆起，周围有环形沟。轮廓乳头、菌状乳头、叶状乳头以及软腭、会厌等处的黏膜上皮中含有味蕾，为味觉感受器，具有感受酸、甜、苦和咸等味觉的功能。由于丝状乳头中无味蕾，故只有一般感觉的功能。

舌根背面黏膜表面，可见由淋巴组织组成的大小不等的丘状隆起，称舌扁桃体。舌下面正中线上，有一黏膜皱襞，称舌系带。在舌系带根部的两侧各有一小黏膜隆起称舌下阜，由舌下阜向口底后外侧延续的带状黏膜皱襞称舌下襞，其深面藏有舌下腺。

舌肌为骨骼肌，分舌内肌（纵肌、横肌和垂直肌）和舌外肌（颏舌肌、舌骨舌肌和茎突舌肌）两部分。舌内肌收缩时，可改变舌的形态。舌外肌收缩时，可改变舌的位置。

二、咽

咽（图 11–6）位于第 1~6 颈椎前方，上端起于颅底，下端约在第 6 颈椎下缘或环状软骨的高度续于食管。咽呈上宽下窄、前后略扁的漏斗形肌性管道，长约 12cm，其内腔称咽腔。咽的前壁不完整，自上向下分别有通向鼻腔、口腔和喉腔的开口，因此，咽可分为鼻咽、口咽和喉咽三部分。咽是消化管与呼吸道的共同通道。

咽壁肌肉包括咽缩肌和咽提肌。当吞咽时，各咽缩肌自上而下依次收缩，即将食团推向食管。咽提肌收缩上提咽和喉，舌根后压，会厌封闭喉口，食团越过会厌，经喉咽进入食管。

鼻咽上壁后部的咽扁桃体、鼻咽两侧壁的咽鼓管扁桃体、腭舌弓与腭咽弓间的腭扁桃体和舌根处的舌扁桃体，共同构成咽淋巴环，对消化道和呼吸道具有防御功能。

三、食　管

食管是一前后扁平的肌性管状器官，是消化管各部中最狭窄的部分，长约 25cm。食管上端在第 6 颈椎体下缘平面与咽相续，下端约平第 11 胸椎体高度与胃的贲门连接（图 11–7）。

食管依其行程可分为颈部、胸部和腹部。食管全长有三处生理性狭窄。第一狭窄为食管的起始处，距中切牙约 15cm；第二狭窄为食管在左主支气管的后方与其交叉处，距中切牙约 25cm；第三狭窄为食管通过膈的食管裂孔处，距中切牙约 40cm。上述狭窄部是食管异物

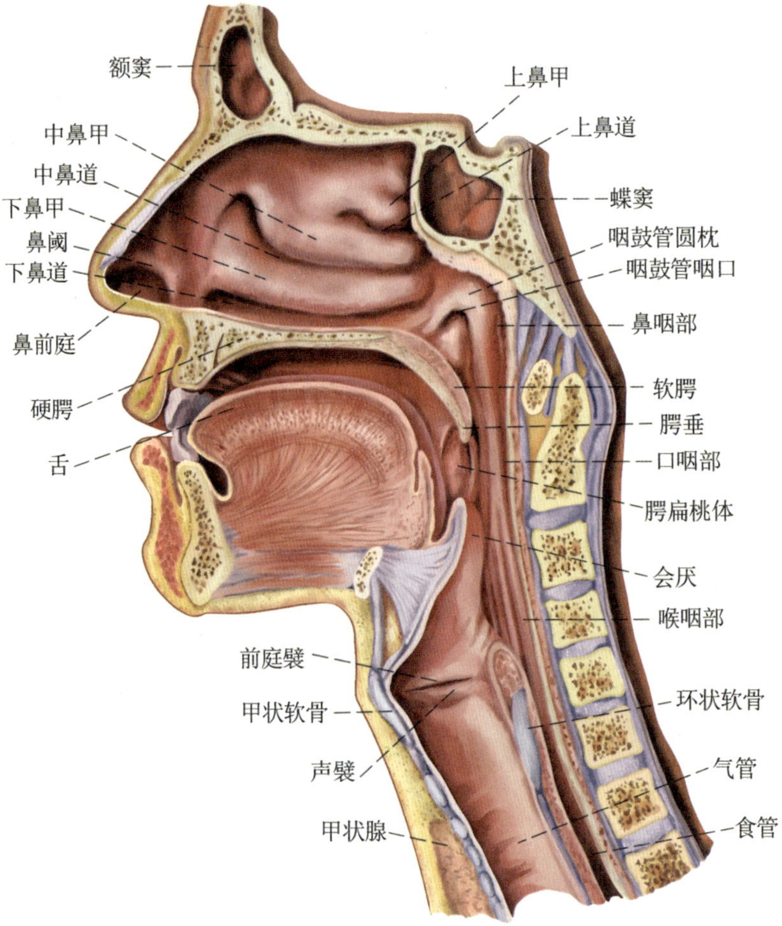

图 11-6　头颈部正中矢状切面

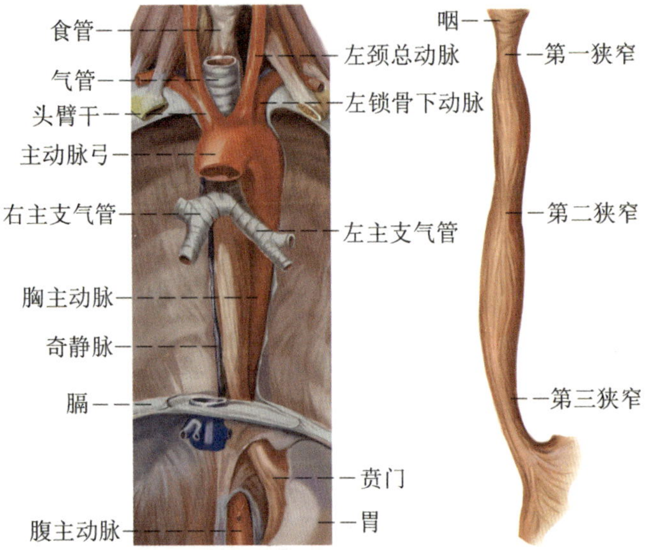

图 11-7　食管（前面观）

易滞留和食管癌的好发部位。

食管壁较厚，具有消化管典型的 4 层结构。黏膜层为未角化的复层扁平上皮，向管腔突出形成纵行皱襞。黏膜下层含有许多较大的血管、神经和淋巴管，及大量的黏液性食管腺。肌层，上 1/3 段为骨骼肌，下 1/3 段属平滑肌，中 1/3 段由骨骼肌和平滑肌混合组成。外膜由疏松结缔组织构成。食管空虚时，前后壁贴近，断面呈扁圆形。食管能使食物向胃推进。

四、胃

胃是消化管各部中最膨大的肌性囊状器官，上端接食管，下端连十二指肠。

（一）胃的位置

胃的位置常因体型、体位和充盈程度不同而有较大变化。通常，胃在中等程度充盈时，大部分位于左季肋区，小部分位于腹上区。

（二）胃的形态和分部

胃的形态可受体位、体型、年龄、性别和胃的充盈状态等多种因素的影响。胃在完全空虚时略呈管状，高度充盈时可呈球囊形。

胃有前壁和后壁，胃大弯和胃小弯，入口（贲门）和出口（幽门）（图 11–8）。并可分为四部：贲门附近的部分称贲门部；贲门平面左上方膨出的部分称胃底部；幽门附近的部分，称幽门部；胃底部与幽门部之间的部分，称胃体部。

（三）胃壁的结构

胃壁具有消化管典型的四层结构，由内向外分别为黏膜、黏膜下层、肌层和外膜。

1. 黏　膜

黏膜表面被覆单层柱状上皮，主要由表面黏液细胞组成。此细胞分泌含高浓度碳酸氢根的不可溶性黏液，覆盖于上皮表面，形成黏液–碳酸氢盐屏障，对胃黏膜起重要保护作用。胃黏膜表面遍布许多小孔，称为胃小凹，底部为胃腺的开口。胃腺位于黏膜固有层内，按照部位和结构不同，分为胃底腺、贲门腺和幽门腺。贲门腺和幽门腺数量较少，主要分泌黏液。胃底腺是数量最多、功能最重要的腺体。胃底腺的主细胞分泌胃蛋白酶原，壁细胞分泌盐酸，盐酸能激活胃蛋白酶原转变为胃蛋白酶，颈黏液细胞分泌可溶性酸性黏液。

胃空虚时形成许多皱襞，充盈时变平坦。幽门处的黏膜形成环形的皱襞称幽门瓣，有阻止胃内容物进入十二指肠的功能。

2. 黏膜下层

黏膜下层由疏松结缔组织构成，内有丰富的血管、淋巴管和神经丛，当胃扩张和蠕动时起缓冲作用。

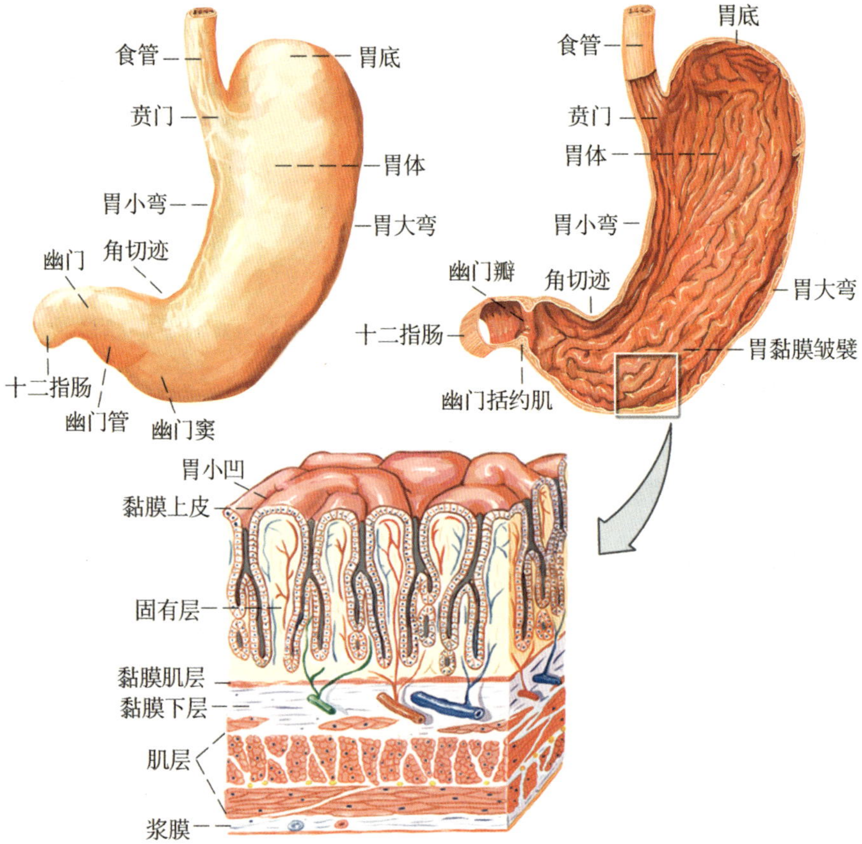

图 11-8　胃的形态和分部

3. 肌　层

肌层较厚，由外纵、中环、内斜三层平滑肌构成（图 11-9）。其中中层的环行肌较发达，在贲门处增厚形成贲门括约肌，防止胃内容物逆流至食管；在幽门处增厚形成幽门括约肌，有延缓胃内容物排空和防止肠内容物逆流至胃的作用。

4. 外　膜

胃的外膜为浆膜，可减少胃蠕动时产生的摩擦。

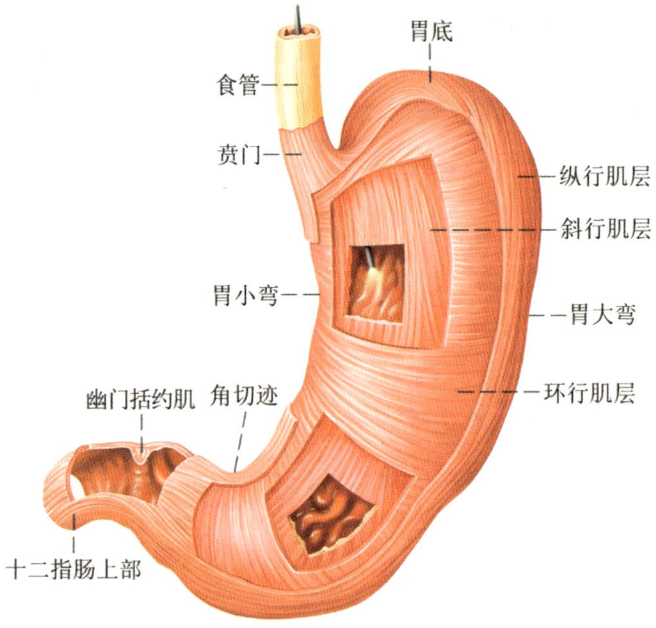

图 11-9　胃壁肌层

（四）胃的功能

胃作为消化管各部中最膨大的部分，其首要功能是暂时贮存食物。胃除具有机械性消化作用外，胃液中的胃蛋白酶还可以分解食物中的蛋白质。胃所吸收的食物很少，只吸收酒精和少量水分。胃壁的内分泌细胞还可以分泌激素，调节胃酸的分泌，如肠嗜铬样细胞分泌的组胺和G细胞分泌的胃泌素都可促进胃酸分泌，D细胞分泌的生长抑素则可抑制胃酸分泌。

五、小 肠

小肠是消化管中最长的肌性管道器官，成人全长约5~7m。上端接胃的幽门，下端连盲肠。

（一）小肠的分段

小肠分为十二指肠、空肠和回肠三段（图11-10）。

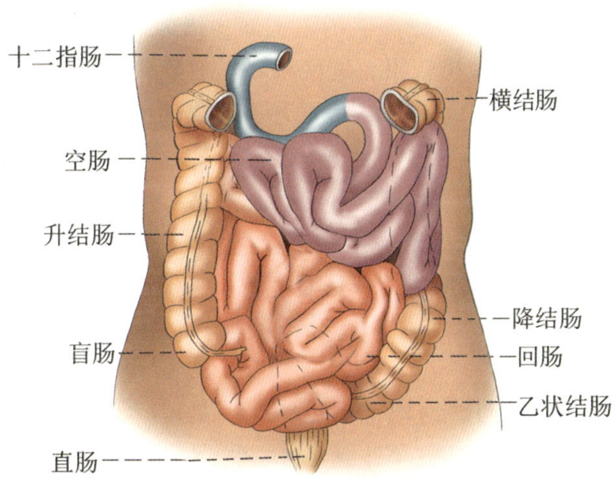

图11-10 小肠的位置和分段

1. 十二指肠

十二指肠介于胃与空肠之间，全长约25cm。十二指肠仅在其起始部和末端被腹膜包裹，具有较大的活动度，其余大部分均被腹膜覆盖而固定于腹后壁。十二指肠整体上呈“C”型，包绕胰头（图11-11），可分上部、降部、水平部和升部等四部分。

在十二指肠降部中部的后内侧壁上有一圆形隆起称十二指肠大乳头，为胆总管和胰管的共同开口处。在大乳头上方（近侧）1~2cm处，有时可见到十二指肠小乳头，是副胰管的开口处。

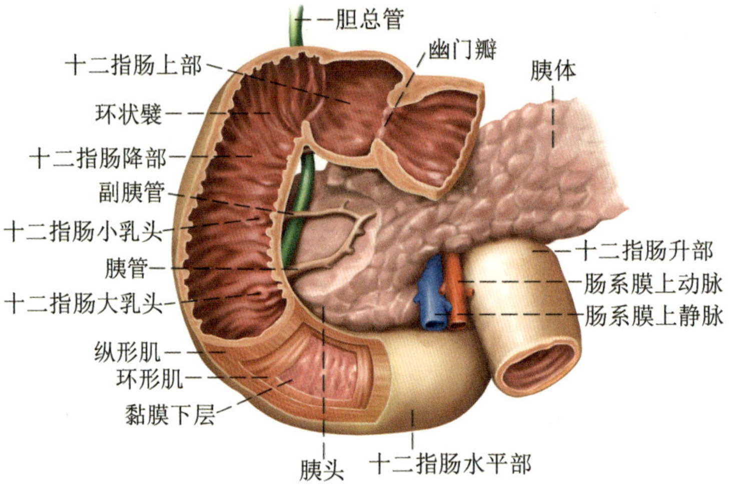

图 11-11 十二指肠分段和内部构造

2. 空 肠

空肠起于十二指肠末端，主要位于腹腔的左上部，约为空肠和回肠（即系膜小肠）全长近侧的 2/5。从外观上看，空肠管径较粗，管壁较厚，血管较多，颜色较红，呈粉红色。从组织结构上看，空肠除形成环形皱襞外，内表面还有密集的绒毛。

3. 回 肠

回肠起于空肠末端（界限不明显），下端与盲肠连接，主要位于腹腔的右下部，约为空肠和回肠全长远侧的 3/5。从外观上看，回肠管径较细，管壁较薄，血管较少，颜色较浅，呈粉灰色。从组织结构上看，回肠形成的环形皱襞较少，绒毛较少而短。

（二）小肠壁的结构

小肠壁具有消化管典型的四层结构，由内向外分别为黏膜、黏膜下层、肌层和外膜（图11-12）。

1. 黏 膜

小肠黏膜和黏膜下层共同向肠腔突起形成环形皱襞，皱襞表面有由黏膜上皮和固有层形成的指状突起称为小肠绒毛。小肠绒毛长 0.5~1.5mm，形状不一，以十二指肠和空肠头段最发达。环形皱襞和绒毛可使小肠内表面积扩大约 30 倍。

黏膜表面覆以单层柱状上皮，主要由吸收细胞组成，其间散在有杯状细胞和少量内分泌细胞。吸收细胞分泌的肠致活酶，具有激活胰蛋白酶原，促进蛋白质消化的作用。

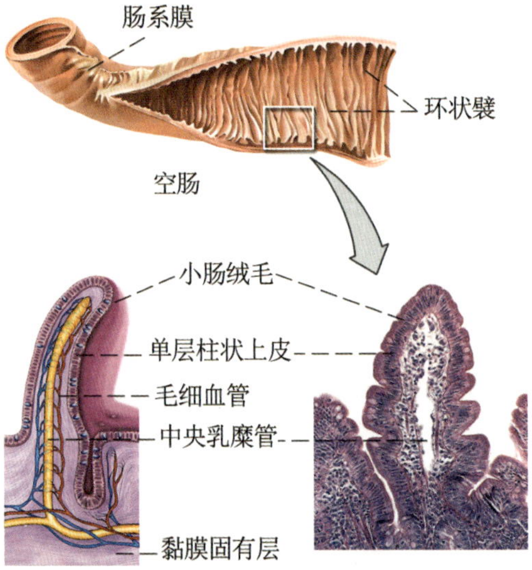

图 11-12 小肠壁的结构

吸收细胞表面有大量微绒毛。微绒毛可使小肠内表面积扩大约 20 倍。

绒毛内部结缔组织中含有丰富的毛细血管和 1~2 条毛细淋巴管（中央乳糜管），上皮吸收细胞吸收的单糖、氨基酸等水溶性物质主要经此处的毛细血管进入血液；上皮吸收细胞吸收的小分子脂类物质，以乳糜微粒释出，入中央乳糜管后进入淋巴；绒毛内有少量平滑肌细胞，其收缩使绒毛变短，利于淋巴和血液运行。

固有层结缔组织中有小肠腺（十二指肠腺位于黏膜下层内）、大量散在淋巴细胞和淋巴小结。小肠上皮和小肠腺的分泌物统称小肠液，为一种弱碱性液体，pH 约为 7.6，可以稀释消化产物，降低其渗透压，有利于吸收过程。淋巴细胞和淋巴小结具有免疫作用。

2. 黏膜下层

黏膜下层由疏松结缔组织构成，内有丰富的血管和淋巴管，当小肠扩张和蠕动时起缓冲作用。十二指肠的黏膜下层有大量十二指肠腺，分泌黏稠的碱性液体，pH 为 8.2~9.3，可保护十二指肠免受胃酸侵蚀。

3. 肌　层

肌层由内环、外纵两层平滑肌构成。小肠平滑肌收缩和舒张可引起两种运动：一种是以环形肌为主的节律性收缩和舒张，即分节运动，促使食糜与消化液充分混合，并挤压肠壁促进血液及淋巴液的回流；一种是小肠的蠕动，有助于将其内容物向大肠推送。

4. 外　膜

除部分十二指肠外，其余均为浆膜。浆膜仅在小肠的一侧延伸形成小肠系膜固定于腹后壁，故使小肠的活动度较大。

（三）小肠的功能

小肠是消化食物和吸收营养物质的主要场所。来自胃的食糜进入小肠后，除受到小肠的机械性消化外，主要在胰液、胆汁和小肠液的共同作用下，糖被分解成葡萄糖，蛋白质被分解成氨基酸，脂肪被分解成甘油和脂肪酸。分解产生的可吸收小分子物质、维生素和水等，在吸收细胞的作用下，经绒毛内的毛细血管和中央乳糜管吸收，并把食物残渣推送到大肠。此外，小肠内分泌细胞还可分泌激素，调节胰腺和胆囊的活动，如 I 细胞产生的胆囊收缩素-促胰酶素，可促进胰腺腺泡分泌胰酶和促进胆囊收缩、胆汁排出，S 细胞分泌的促胰液素，可促进胰腺导管上皮细胞分泌水和碳酸氢盐，导致胰液分泌量增加。

六、大　肠

大肠是消化管的末段，全长约 1.5m，围绕于空、回肠的周围，近端接回肠，终止于肛门（图 11-10）。

（一）大肠的分段

大肠分为盲肠、结肠和直肠三部分（图 11-13）。

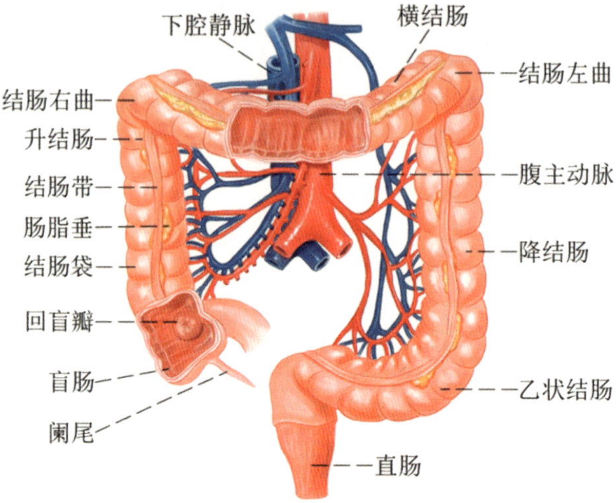

图 11-13 结肠的分段和结构特征模式图

1. 盲 肠

盲肠是大肠的起始部，长约 6~8cm，其下端为盲端，上续升结肠，左侧与回肠相连接。盲肠各面均有腹膜被覆，因无系膜或仅有短小系膜，故其位置相对较固定。

回肠末端向盲肠的开口，称回盲口。此处肠壁内的环行肌增厚，并覆以黏膜而形成上、下两片半月形的皱襞称回盲瓣，此瓣的作用为阻止小肠内容物过快地流入大肠，以便食物在小肠内充分消化吸收，并可防止盲肠内容物逆流回小肠。

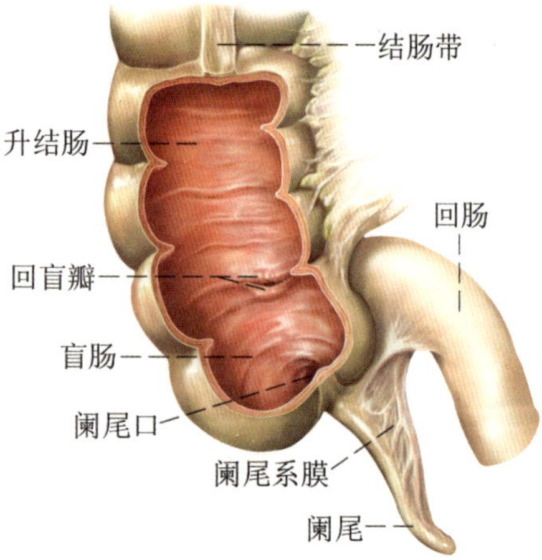

图 11-14 盲肠和阑尾

盲肠下端后内侧壁向外延伸出一条细管状器官，称为阑尾（图 11-14），因外形酷似蚯蚓，故又称引突。一般长约 5~7cm。阑尾根部较固定，多数在回盲口的后下方约 2cm 处开口于盲肠，称此口为阑尾口；阑尾尖端为游离盲端，移动性大。成人阑尾的管径多在 0.5~1.0cm 之间，管腔狭小，排空欠佳，易引发阑尾炎。

阑尾根部的体表投影点，通常在右髂前上棘与脐连线的中、外 1/3 交点（McBurney 点）。有时也以左、右髂前上棘连线的右、中 1/3 交点（Lanz 点）表示。由于阑尾的位置常有变化，所以诊断阑尾炎时，确切的体表投影位置并不十分重要，而在右下腹部有一个局限性压痛点更有诊断意义。

2. 结 肠

结肠介于盲肠与直肠之间，整体呈方框状包绕于空、回肠周围。结肠分为升结肠、横结肠、降结肠和乙状结肠四部分。

升结肠长约 15cm，起自盲肠上端，向上升至肝右叶下方，转折向左前下方移行于横结肠，转折处的弯曲称结肠右曲。升结肠活动性很小。横结肠长约 50cm，起自结肠右曲，先行向左前下方，后略转向左后上方，在脾下方折转成结肠左曲，向下续于降结肠。横结肠活动度较大，其中间部分可下垂至脐或低于脐平面。降结肠长约 25cm，起自结肠左曲，沿左肾外侧缘下行，至左髂嵴处续于乙状结肠。降结肠活动性很小。乙状结肠长约 40cm，在左髂嵴处起自降结肠，沿左髂窝转入盆腔内，全长呈“乙”字形弯曲，至第 3 骶椎平面续于直肠。乙状结肠活动度较大。

3. 直　肠

直肠是消化管位于盆腔下部的一段，全长约 10~14cm。直肠起自乙状结肠，沿骶、尾骨前面下行，下端终于肛门。其可分为直肠的盆部和肛部两部分（图 11–15）。

在直肠盆部，其上端与乙状结肠交接处管径较细，向下肠腔显著膨大，称直肠壶腹。直肠内面有三个直肠横襞，由黏膜及环行肌构成，具有阻挡粪便下移的作用。

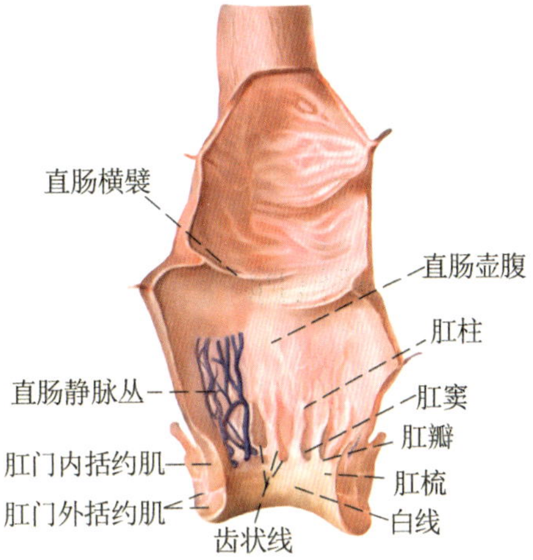

图 11–15　直　肠

直肠的肛门部也称为肛管。肛管被肛门括约肌所包绕，平时处于收缩状态，有控制排便的作用。肛管内面有 6~10 条纵行的黏膜皱襞称肛柱。各肛柱下端彼此借半月形黏膜皱襞相连，此襞称肛瓣。通常将连接各肛柱下端与各肛瓣边缘的锯齿状环行线称齿状线（或肛皮线）。在齿状线下方有一宽约 1cm 的环状区域称肛梳（或称痔环）。肛梳部的皮下组织和肛柱部的黏膜下层内含有丰富的静脉丛，有时可因某种病理原因而形成静脉曲张，向肛管腔内突起，称为痔。

肛门是肛管的下口。肛管周围有肛门内、外括约肌。肛门内括约肌是由肠壁环行肌增厚形成的平滑肌管，环绕肛管上 3/4 段（其下界为白线），有协助排便的功能，但无括约肛门的功能。肛门内括约肌外侧、下方还有由骨骼肌围成的环形肌管，为肛门外括约肌。肛门外括约肌受意识支配，有较强的控制排便功能。

（二）大肠壁的结构

外观上看，除直肠与阑尾外，结肠和盲肠具有 3 种特征性结构，即结肠带、结肠袋和肠脂垂（图 11–13）。3 条结肠带沿大肠的纵轴平行排列，汇集于阑尾根部。结肠袋是由横沟隔开向外膨出的囊状突起。肠脂垂是沿结肠带两侧分布的许多小突起。

大肠壁的组织结构，也是由黏膜、黏膜下层、肌层和外膜四层组成。与小肠壁相比有以下不同：大肠黏膜表面光滑，没有绒毛；固有层内有稠密的大肠腺，主要功能是分泌黏液以保护黏膜；内环肌节段性局部增厚，形成结肠袋，外纵肌局部增厚形成三条结肠带；外膜结缔组织中的脂肪细胞聚集构成肠脂垂。

（三）大肠的功能

大肠的主要功能为吸收水分、维生素和无机盐，并将食物残渣形成粪便，排出体外。大肠液中的黏液蛋白对肠黏膜具有保护作用，并具有润滑粪便的作用。

第二节　消化腺

消化腺按体积的大小和位置不同，可分为大消化腺和小消化腺两种。大消化腺位于消化管壁外，成为一个独立的器官，所分泌的消化液经导管流入消化管腔内，如大唾液腺、肝和胰。小消化腺分布于消化管壁内，位于黏膜层或黏膜下层，如小唾液腺（唇腺、颊腺、舌腺和腭腺等）、食管腺、胃腺和肠腺等。此处仅介绍大消化腺。

一、大唾液腺

唾液腺位于口腔周围，能分泌并向口腔内排泄唾液。大唾液腺有三对，即腮腺、下颌下腺和舌下腺（图 11-16）。

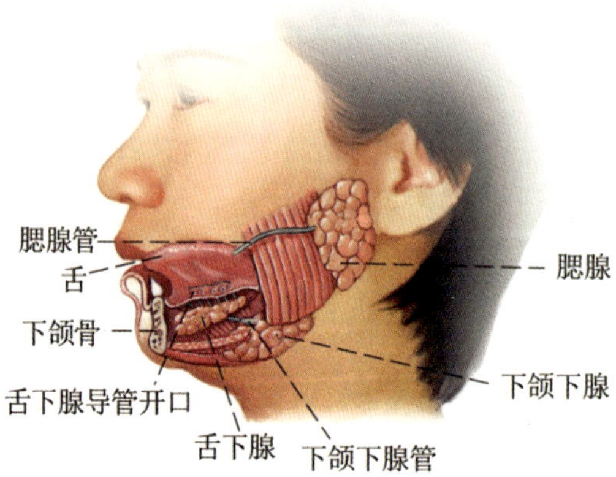

图 11-16　大唾液腺

（一）腮　腺

腮腺位于外耳道前下方皮肤深面，重 15~30g，是唾液腺中最大的一对。腮腺管向前横越咬肌表面，至咬肌前缘处弯向内侧，斜穿颊肌，开口于平对上颌第 2 磨牙牙冠处的颊黏膜上。腮腺为纯浆液性腺，分泌物稀薄，内含唾液淀粉酶。副腮腺出现率约为 35%，其组织结构与腮腺相同，分布于腮腺管附近，但形态及大小不等。其导管汇入腮腺管。

（二）下颌下腺

下颌下腺位于下颌骨体下缘的内侧，呈扁椭圆形，重约 15g。其导管自腺的内侧面发出，沿口腔底黏膜深面前行，开口于舌下阜。下颌下腺为混合性腺，分泌物含唾液淀粉酶和黏液。

（三）舌下腺

舌下腺位于口腔底舌下襞的深面，重约 2~3g。舌下腺导管有大、小两种，大管有一条，与下颌下腺管共同开口于舌下阜，小管约有 5~15 条，短而细，直接开口于舌下襞黏膜表面。舌下腺为混合性腺，以黏液性腺泡为主，故分泌物以黏液为主。

唾液腺分泌的唾液，95%以上来自大唾液腺。唾液中的水分和黏液起润滑口腔的作用，唾液淀粉酶可使食物中的淀粉分解为麦芽糖。唾液中的某些成分还具有一定的防御作用，如溶菌酶和干扰素，能抵抗细菌和病毒的侵入。

二、肝

肝是人体内最大的腺体，也是体内最大的消化腺。成年人肝的重量约 1100~1450g，肝的血液供应十分丰富，故活体的肝呈棕红色。肝的质地柔软而脆弱，易受外力冲击而破裂，从而引起腹腔内大出血。

（一）肝的位置

肝大部分位于右季肋区和腹上区，小部分位于左季肋区。肝的膈面前部分被肋所掩盖，仅在腹上区的左、右肋弓之间，有一小部分露出于剑突之下，直接与腹前壁相接触。

（二）肝的形态

肝呈不规则的楔形，可分为上、下两面，前、后、左、右四缘。肝上面膨隆，与膈相接触，故又称膈面。肝膈面有矢状位的镰状韧带附着，借此将肝分为左、右两叶。肝左叶小而薄，肝右叶大而厚。肝下面凹凸不平，邻接一些腹腔器官，又称脏面。肝脏面中部有略呈“H”形的 3 条沟。其中横行的沟位于肝的脏面正中，有肝管（肝左管和肝右管）、肝固有动脉、肝门静脉和肝的神经及淋巴管等由此出入，故称肝门。出入肝门的这些结构被结缔组织包绕，构成肝蒂。左侧的纵沟较窄而深，沟的前部内有肝圆韧带通过。右侧的纵沟较宽而浅，沟的前部为一浅窝，容纳胆囊；后部为腔静脉沟，容纳下腔静脉（图 11–17）。

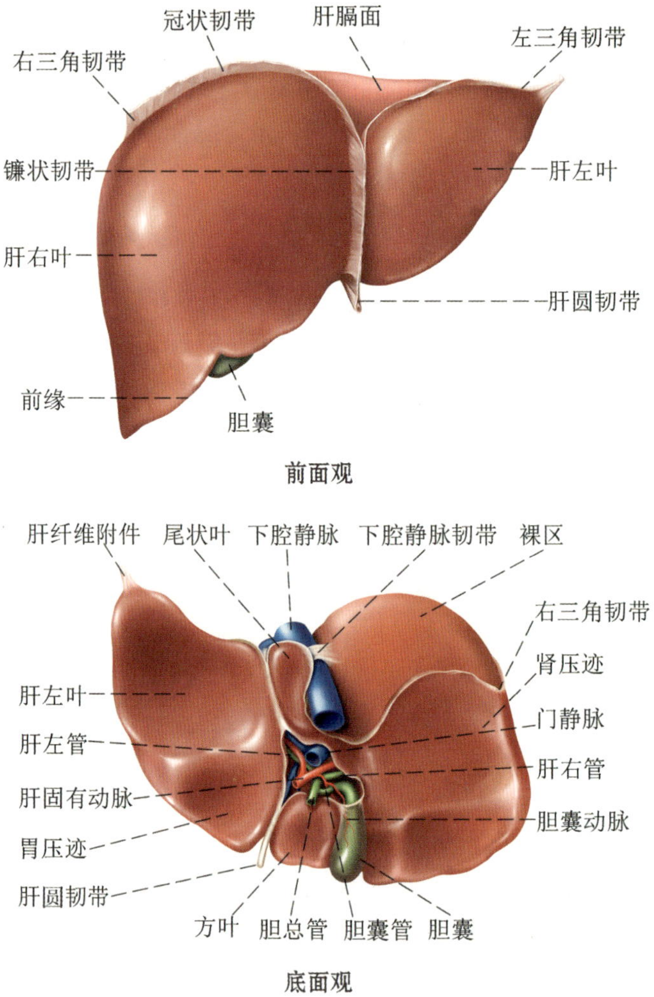

图 11-17　肝

（三）肝的构造

肝表面覆以致密结缔组织被膜，肝门部的结缔组织伸入肝实质，将实质分成许多肝小叶。肝小叶之间为门管区，有小叶间动脉（肝动脉的分支）、小叶间静脉（门静脉的分支）和小叶间胆管（图 11-18）。

肝小叶是肝的基本结构和功能单位，呈多角棱柱体，长约 2mm，宽约 1mm，成人肝有 50~100 万个肝小叶。肝小叶主要由中央静脉、肝板、肝血窦、窦周隙和胆小管组成。

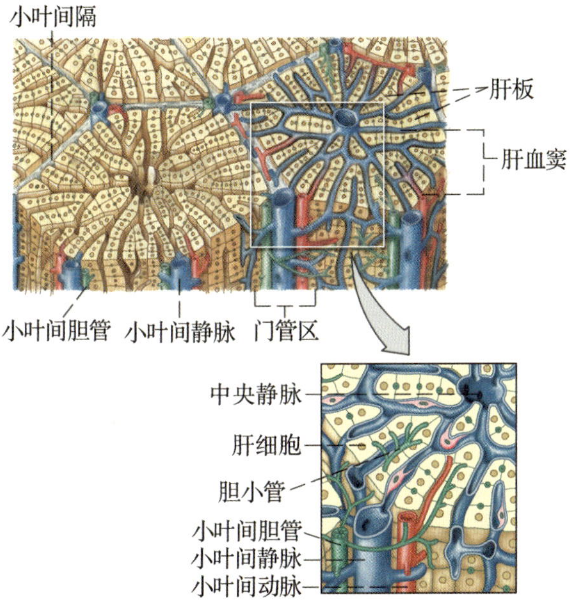

图 11-18　肝小叶构造模式图

1. 中央静脉

走行于肝小叶的中央，周围是大致呈放射状排列的肝板和肝血窦。中央静脉收集肝血窦中的血液，汇成小叶下静脉入肝静脉。

2. 肝　板

是由肝细胞单层排列成的凹凸不平的板状结构。相邻肝板吻合连接，形成迷路样结构。肝细胞占肝内细胞总数的 80%。肝细胞内各种细胞器均很丰富，因此可以分泌胆汁、参与物质代谢、进行生物转化、合成血浆蛋白等。

3. 肝血窦

是指位于肝板之间的窦状毛细血管。小叶间动脉和小叶间静脉的血液都注入到肝血窦，所以此处的血液富含营养物质和氧。由于血窦内血流缓慢，血浆得以与肝细胞进行充分的物质交换，然后汇入中央静脉。

4. 窦周隙

是肝血窦内皮与肝板之间的狭窄间隙。由于肝血窦内皮通透性大，故窦周隙充满血浆。窦周隙是肝细胞和血液之间进行物质交换的场所。

5. 胆小管

是相邻两个肝细胞之间局部细胞膜凹陷形成的微细管道，在肝板内连接成网。肝细胞分泌的胆汁通过胆小管汇到小叶间胆管，再通过肝左、右管，汇入肝总管。

（四）肝的血管分布特点

肝的功能的执行离不开血液。肝内分布有两套血管：一套为营养性血管，由入肝的肝固有动脉与出肝的肝静脉组成；另一套为功能性血管，由入肝的肝门静脉与出肝的肝静脉组成。两套血管均以肝静脉出肝。

肝固有动脉进入肝门前分为肝左支和肝右支分别进入肝左叶和肝右叶，逐级分支至小叶间动脉，小叶间动脉入肝小叶分支汇入肝血窦。其中的血液为富含氧的动脉血，血量占肝总血量的 1/4，是肝的营养血管。

门静脉入肝后逐级分支至小叶间静脉，小叶间静脉入肝小叶分支进入肝血窦。其中的血液为富含营养物质的静脉血，血量约占肝血总量的 3/4，它为肝脏的合成和分泌功能提供原料，是肝的功能血管。

肝小叶内血液是由周边向中央流动的，肝血窦内是门静脉和肝动脉的混合血。肝血窦汇入中央静脉，中央静脉出肝小叶汇入小叶下静脉，再逐级汇入肝静脉出肝。

（五）肝外胆道系统

肝外胆道系统是指肝门之外将肝分泌的胆汁输送到十二指肠的管道。包括胆囊、肝左管、肝右管、肝总管和胆总管（图 11–19）。

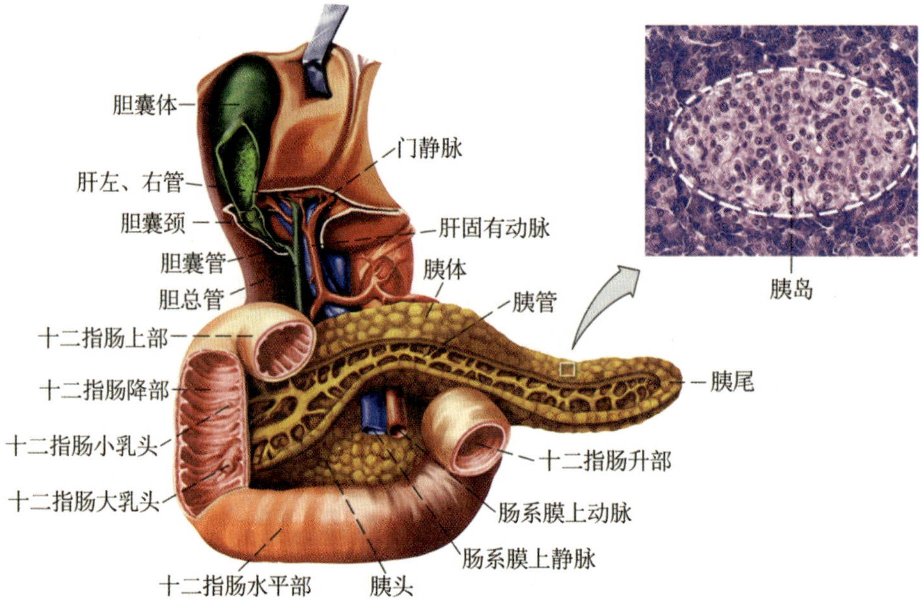

图 11–19　胆囊、十二指肠和胰腺

1. 胆　囊

胆囊为呈长梨形的囊状器官，位于肝脏面的胆囊窝内，其上面借结缔组织与肝相连，下面覆以浆膜。

胆囊分底、体、颈和管四部分，胆囊底是胆囊突向前下方的盲端。胆囊体是胆囊的主体部分。胆囊体向后逐渐变细，移行为胆囊颈。胆囊颈向下移行于胆囊管。胆囊壁由黏膜、肌层和外膜三层组成。

胆囊的功能是贮存和浓缩胆汁。胆囊上皮细胞能主动吸收胆汁中的水和无机盐，使胆汁浓缩。胆囊的容量为40~60ml，从肝排出的胆汁流入胆囊内贮存，进食（尤其高脂食物）后，胆囊收缩将胆汁排出。

2. 肝管与肝总管

肝左管和肝右管分别由肝左叶和肝右叶的小叶间胆管逐渐汇合而成，出肝门后汇合成肝总管。肝总管长约3cm，下行于肝十二指肠韧带内，与胆囊管汇合成胆总管。

3. 胆总管

胆总管长4~8cm，由肝总管和胆囊管汇合而成。胆总管下行至十二指肠后内侧壁内与胰管汇合，形成一略膨大的共同管道称肝胰壶腹，开口于十二指肠大乳头。在肝胰壶腹周围有肝胰壶腹括约肌包绕。肝胰壶腹括约肌平时保持收缩状态，胆囊内贮存的胆汁，进食（尤其高脂食物）后，在神经体液因素调节下，胆囊收缩，肝胰壶腹括约肌舒张，使胆汁自胆囊经胆囊管、胆总管、肝胰壶腹、十二指肠大乳头，排入十二指肠腔内。

（六）肝的功能

肝的功能极为复杂，它是机体新陈代谢最活跃的器官，具体功能如下：

1. 分泌胆汁

成人每日分泌量约500~1000ml。胆汁中没有消化酶，但对脂肪的消化和吸收具有重要作用。

2. 参与物质代谢

肝参与多种物质代谢，如糖代谢、蛋白质代谢、脂肪代谢、维生素代谢和激素代谢等。

3. 解　毒

肝脏能将吸收入体内的毒物、药物或机体代谢过程中产生的有毒物质转化为无毒或毒性较小的物质，加速其排泄，以保护机体免受毒害，维持正常生理功能。

4. 防　御

肝血窦内富含吞噬细胞（即Kupffer细胞），能清除进入肝的抗原异物，清除衰老的血细胞和监视肿瘤等，是机体防御系统的重要组成部分。

5. 造　血

胚胎时期的肝具有造血功能。

三、胰

胰是人体内重要的消化腺，在食物的消化过程中发挥主要作用（图11-19）。

（一）胰的位置与形态

胰是位于腹后壁的一个狭长腺体，质地柔软，呈灰红色。其右端被十二指肠环抱，左端抵达脾门。

胰可分头、体、尾三部分。胰头为胰右端膨大部分，在胰头右后方与十二指肠降部之间常有胆总管经过。胰体位于胰头与胰尾之间，占胰的大部分，略呈三棱柱形。胰尾较细，在脾门下方与脾的脏面相接触。

胰管位于胰实质内，其走行与胰的长轴一致，从胰尾经胰体走向胰头，沿途接受许多小叶间导管，最后于十二指肠降部的壁内与胆总管汇合成肝胰壶腹，开口于十二指肠大乳头。在胰头上部常可见一小管，行于胰管上方，称副胰管，开口于十二指肠小乳头。

（二）胰的构造与功能

胰表面覆有结缔组织被膜。结缔组织伸入腺内将实质分隔为许多小叶。胰实质由外分泌部和内分泌部组成。

1. 外分泌部

胰外分泌部占胰的绝大部分，由腺泡和导管组成。腺泡细胞分泌多种消化酶，如胰蛋白酶原、胰淀粉酶和胰脂肪酶等。导管由最细的闰管逐级汇合至小叶间导管，最后汇成胰管（也可有副胰管），开口于十二指肠。导管上皮细胞可分泌水和碳酸氢盐等多种电解质。

胰外分泌部分泌的碱性溶液称为胰液。成年人每日分泌量为 1~2L。胰液中的碳酸氢盐，可中和进入十二指肠的胃酸，为小肠内多种消化酶的活动提供最适宜的碱性环境，并保护肠黏膜免受酸的侵蚀。胰液中的多种消化酶，可分解糖、脂肪和蛋白质三种营养物质，因而是消化液中最重要的一种。

2. 内分泌部

胰内分泌部是分布于腺泡之间的球形细胞团，也称胰岛，没有导管，分泌的激素直接进入血液循环。胰岛细胞主要有 A、B、D 和 PP 四种细胞。

A 细胞分泌胰高血糖素，能促进肝细胞的糖原分解为葡萄糖，使血糖升高，满足机体活动的能量需要；B 细胞分泌胰岛素，主要促进肝细胞、脂肪细胞等吸收血液内的葡萄糖，合成糖原或转化为脂肪贮存，使血糖降低。胰高血糖素和胰岛素的协同作用可保持血糖水平处于动态平衡。若胰岛发生病变，B 细胞退化，胰岛素分泌不足，可致血糖升高，并从尿中排出，即为糖尿病。

D 细胞分泌生长抑素，抑制 A、B 和 PP 细胞的分泌活动；PP 细胞分泌胰多肽，抑制胃肠运动、胰液分泌和胆囊收缩。

第三节　消化系统与体育运动的关系

消化系统与体育运动有密切关系。消化系统可以为运动的肌肉提供能源物质，而运动对消化系统也有一定的影响。

一、消化系统对体育运动的制约

运动时肌肉活动需要的营养物质，主要靠运动前消化系统吸收和储存于体内的营养物质供应。消化系统功能的好坏，决定着运动所需营养物质的供应。因此，消化系统功能障碍或有疾患者，其运动必然会受到影响。

消化管中，胃是囊状器官且活动度较大，小肠的活动度也较大。在饱食后立即进行剧烈运动，由于胃肠充满食物，对肠系膜牵拉力较大，有时会造成腹痛。长期如此还可引起胃下垂。

二、体育运动对消化系统的影响

运动对消化系统的影响，其程度可因运动强度、运动量和运动时间等因素的不同而有所差异。经常性的循序渐进的体育活动，能提高消化系统的功能。但也有些人因为运动时间安排不当（如饱食后立即进行剧烈运动），或者因为运动量和运动强度过大等，反而对消化系统的功能产生了不良的影响。

（一）适宜的体育运动提高消化系统功能

运动时，机体会适应性地对全身血液进行重新分配。消化系统供血量的减少，对肌肉活动时供血量的增加是有益的。

经常从事体育运动，可增加人体能量物质的消耗，可反射性地提高胃肠道的消化和吸收机能。如肝脏储存的肝糖原分解入血，补充运动时糖的消耗，随着肌肉活动的减弱或停止，消化系统的活动和供血量逐渐恢复并超过运动前安静时的水平，因为运动时消耗的大量营养物质需要补充，并有超量恢复的趋势，所以可以反射性地引起消化腺分泌活动和胃肠蠕动的加强，供血改善。

运动时呼吸加深，膈肌上下大幅度地移动和腹肌的大量活动，对消化器官能起到一种按摩作用，这对增强胃肠等的消化功能也有良好的影响。

运动导致的胃肠蠕动加强，能预防和改善胃食道反流，并促进肠道内消化废物的排出，预防和改善便秘。

体育运动还可以预防和治疗消化系统疾病。如长期运动锻炼能使固定肝、胃、脾和肠等内脏器官的韧带得到加强，有效地防治胃肠下垂病症；脂肪肝可以在运动锻炼的作用下得到有效的防治；采用体育疗法，对消化不良、胃肠神经官能症和溃疡病等也具有一定疗效。

（二）不适宜的体育运动影响消化系统功能

大强度运动骨骼肌血管扩张、血流量增加，内脏器官血管收缩、血流量减少。胃肠道血流量明显减少（约较安静时减少 2/3 左右），导致消化腺分泌消化液量下降。

运动应激可致急性胃肠综合征，即剧烈运动后出现恶心呕吐，头痛头昏，面色苍白等。甚至发生胃出血。

运动与进餐间隔时间太短，会影响消化系统功能。饱餐后，胃肠道需求血液量较多，此时立即运动，由于血液重新分配，对消化腺的分泌活动和胃肠的蠕动产生影响，从而影响到胃肠的消化和吸收，甚至可能因食物滞留造成胃膨胀，出现腹痛、恶心、呕吐等症状。剧烈运动结束后，亦应经过适当休息，待胃肠道供血量基本恢复后再进餐，以免影响消化吸收机能。

O 思考题

通过本章的学习，对于体育教育和运动训练等专业的学生，请思考：

1. 根据消化系统的组成及其功能，怎样才能处理好消化系统和体育运动的关系。

通过本章的学习，对于运动人体科学和运动康复等专业的学生，除上述问题外，还请思考：

1. 综合描述各类食物在消化管内消化和吸收全过程。
2. 食管、胃、小肠和大肠在结构与功能方面的异同之处。
3. 肝、胰的构造和功能，并思考二者在位置和功能上的联系。

第十二章　呼吸系统

呼吸系统由呼吸道和肺组成（图 12-1）。呼吸系统的主要功能是进行气体交换，即吸入 O_2，排出 CO_2。此外还有发音、嗅觉、协助静脉血回流入心和内分泌等功能。

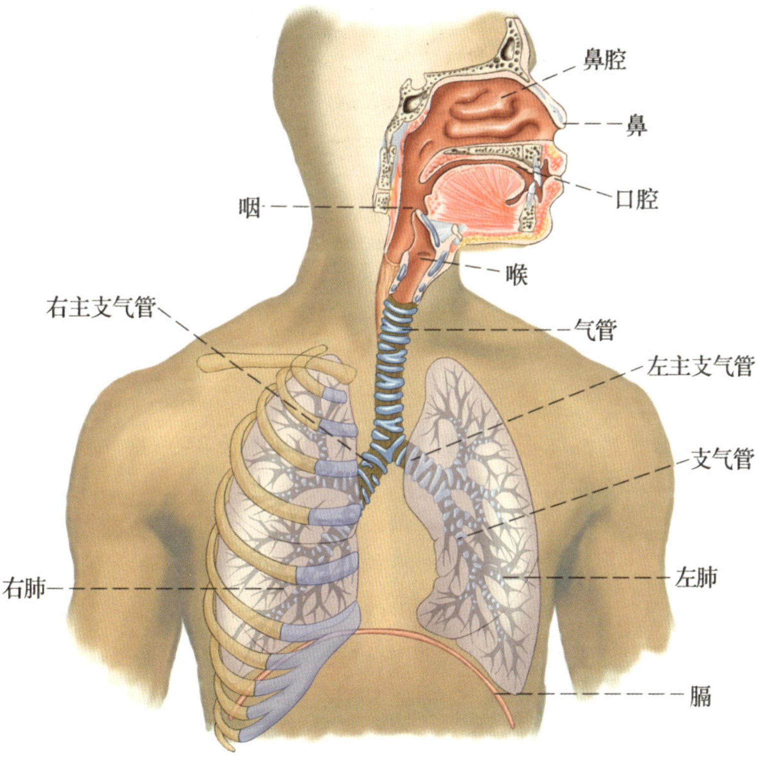

图 12-1　呼吸系统模式图

第一节 呼吸道

呼吸道包括鼻、咽、喉、气管及支气管等。通常称鼻、咽、喉为上呼吸道，气管和各级支气管为下呼吸道。

一、鼻

鼻是呼吸道的起始部，又是嗅觉器官。鼻包括外鼻、鼻腔和鼻旁窦三部分（图 12–2）。

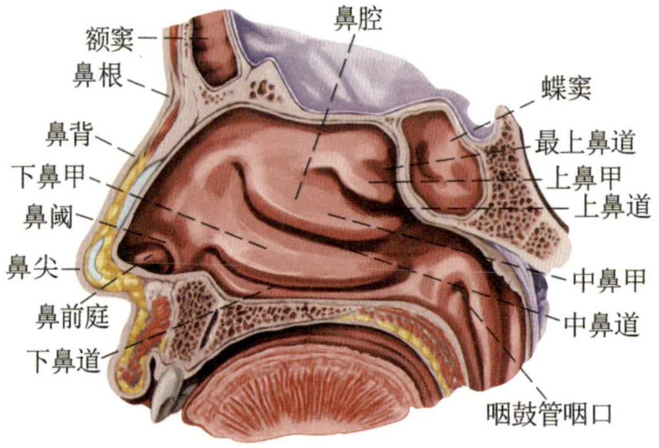

图 12–2 鼻腔外侧壁结构（右侧）

（一）外 鼻

外鼻位于颜面中部，呈锥体形。由鼻骨和鼻软骨作为支架，表面覆以皮肤构成，分为骨部和软骨部。外鼻与额相连的狭窄部称鼻根，向下延续为鼻背，末端称鼻尖，鼻尖两侧扩大称鼻翼。外鼻下方的一对开口叫鼻孔。

（二）鼻 腔

鼻腔是由鼻骨和鼻软骨围成的腔。鼻腔内衬黏膜并被鼻中隔分为左、右两个腔，向前经鼻孔通外界，向后经鼻后孔通咽。鼻腔的前下部分较为宽阔为鼻前庭，鼻前庭壁由皮肤覆盖，生有鼻毛，有滤过和净化空气功能；后部为固有鼻腔，是鼻腔的主要部分，由骨和软骨覆以黏膜构成，其形态与骨性鼻腔基本一致。

在固有鼻腔的外侧壁上，有自上而下向鼻腔内突出的三个鼻甲，分别称为上鼻甲、中鼻甲和下鼻甲。上鼻甲与中鼻甲之间称上鼻道，中鼻甲与下鼻甲之间为中鼻道，下鼻甲下方为下鼻道，在上鼻甲的上方为最上鼻道。

鼻黏膜分嗅区和呼吸区两部分。嗅区位于上鼻甲、鼻中隔上部及鼻腔顶部，呈棕黄色，富含嗅细胞，能感受各种气味的刺激。鼻腔其余部分黏膜区域称为呼吸区，呈淡红色，富含血管和鼻腺，有利于对吸入的空气进行加温和湿润。

（三）鼻旁窦

鼻旁窦是鼻腔周围颅骨内含气的腔，借孔与鼻腔相通。窦壁衬以黏膜，并与鼻黏膜相移行。鼻旁窦有四对，即额窦、筛窦、蝶窦和上颌窦，具有温暖和湿润空气的作用，并对发音产生共鸣（图 12-3）。

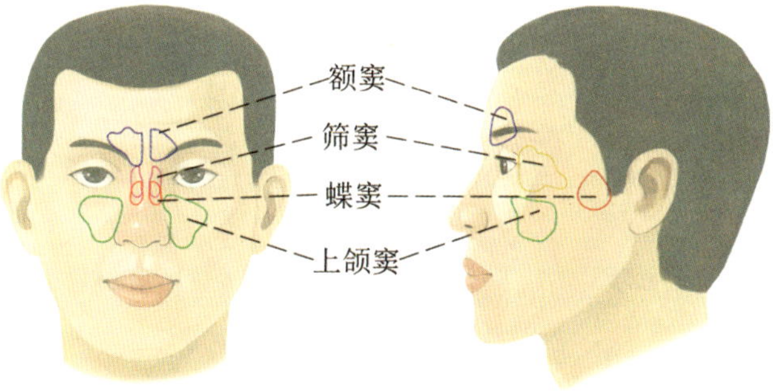

图 12-3　鼻旁窦示意图

二、咽

（参见消化系统）

三、喉

喉向上借喉口通咽，向下与气管相通连。喉既是呼吸道，又是发音器官。

（一）喉的位置

成年人的喉位于第 3~6 颈椎前方。喉的前方有皮肤、颈筋膜和舌骨下肌群等，两侧有颈血管、神经和甲状腺侧叶。

（二）喉的构造

喉以软骨作为支架，借关节、韧带和肌肉连结而成。

1. 喉软骨

喉软骨包括不成对的甲状软骨、环状软骨、会厌软骨和成对的杓状软骨等（图 12-4）。

甲状软骨构成喉的前壁和侧壁，由左、右软骨板组成。软骨板呈四边形，前缘互相愈合。愈合处称为前角，前角上端向前突出，称为喉结，在成年男子尤为明显。左、右软骨板的后缘游离并向上、下发出突起，称为上角和下角。

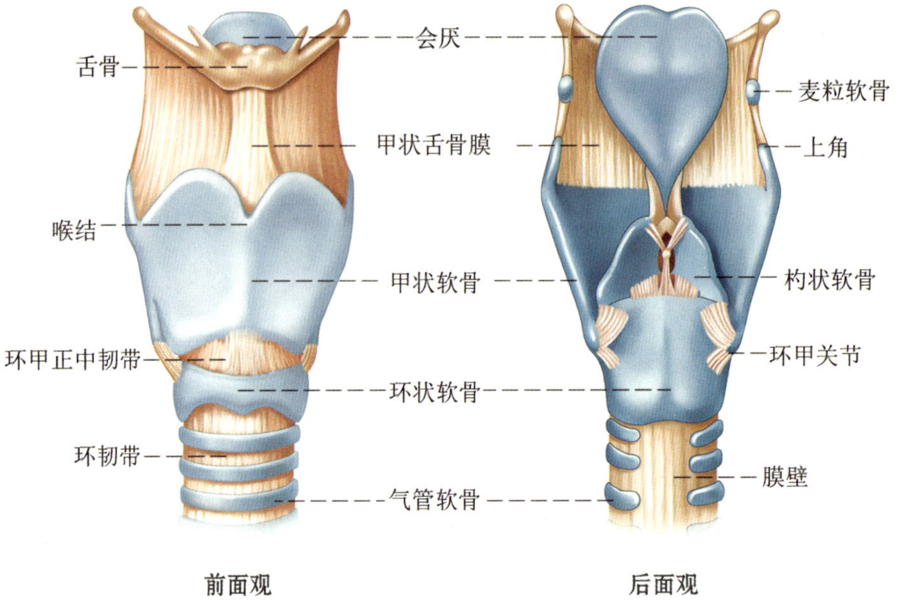

图 12-4 喉软骨及其连结

环状软骨位于甲状软骨的下方，是喉软骨中唯一完整的软骨环。环状软骨对支撑呼吸道、保持其畅通有重要作用。

会厌软骨位于舌骨体后方，上宽下窄呈叶状，下端借甲状会厌韧带连于甲状软骨后下方。会厌软骨被覆黏膜构成会厌，是喉口的活瓣，吞咽时喉上提并向前移，会厌封闭喉口，阻止食团入喉腔。

杓状软骨成对，位于环状软骨后部上方，呈三棱锥体形，大部分喉肌均附着于其上，以开大或缩小声门裂。

2. 喉的连结

喉的连结分为喉软骨间的连结以及舌骨、气管与喉之间的连结。具体连结结构汇总见表12–1。

3. 喉　肌

喉肌系骨骼肌，是发音的动力器官，具有紧张或松弛声带、缩小或开大声门裂以及缩小喉口的作用。喉肌的名称、起止和功能见表 12–2。

4. 喉　腔

喉腔是由喉壁围成的管腔，起自喉口，上与咽腔相通，下与气管腔相通。喉腔侧壁有上、下两对黏膜皱襞，上方的称为前庭襞，又称假声带；下方的称为声襞，即声带。左右声带间的裂隙称为声门裂（即声门），是喉腔最狭窄之处。气流通过声门时，可以冲击声带，使其产生振动而发音。

喉腔分为三部分：前庭襞上方的腔为喉前庭，声襞下方的腔为声门下腔，前庭襞和声襞之间的腔为喉中间腔。声门下腔的黏膜下组织疏松，炎症时易发生喉水肿，尤以婴幼儿更易产生急性喉水肿而致喉梗塞，从而产生呼吸困难（图 12–5）。

表 12－1　喉的连结

	名称	组成	重要结构与功能
关节	环甲关节	环状软骨的甲关节面和甲状软骨下角	关节的运动可使声带紧张和松弛
	环杓关节	环状软骨的杓关节面和杓状软骨底的关节面	关节的运动可使声门缩小或开大
膜或韧带	甲状舌骨膜	舌骨与甲状软骨上缘之间的结缔组织膜	甲状舌骨正中韧带（甲状舌骨膜中部增厚），甲状舌骨外侧韧带（连结甲状软骨上角与舌骨大角）
	方形膜	起始于甲状软骨前角后面和会厌软骨两侧缘，向后附着于杓状软骨前内侧缘	前庭韧带（方形膜下缘）
	弹性圆锥	起自甲状软骨前角后面，呈扇形向后、向下止于杓状软骨声带突和环状软骨上缘的弹性纤维膜	声韧带（上缘增厚，紧张于甲状软骨与声带突之间），声带（声韧带连同声带肌及覆盖的喉黏膜），环甲正中韧带（弹性圆锥中部增厚）
	环状软骨气管韧带	环状软骨下缘和第 1 气管软骨环之间的结缔组织膜。	连结作用

表 12－2　喉肌的名称、起止和功能

名称	起　止	功　能
环甲肌	起于环状软骨弓前外侧面，止于甲状软骨下缘和下角	紧张声带
环杓后肌	起于环状软骨板后面，止于杓状软骨肌突	开大声门裂，紧张声带
环杓侧肌	起于环状软骨上缘和外面，止于杓状软骨肌突	声门裂变窄
甲杓肌	起于甲状软骨前角后面，止于杓状软骨外侧面	内侧部使声带松弛，外侧部使声门裂变窄
杓横肌	肌束横行连于两侧杓状软骨的肌突和外侧缘	缩小喉口及喉前庭，紧张声带
杓斜肌	起于杓状软骨肌突，止于对侧杓状软骨尖	缩小喉口和声门裂
杓会厌肌	起于杓状软骨尖，止于会厌软骨及甲状会厌韧带	拉会厌向后下，关闭喉口

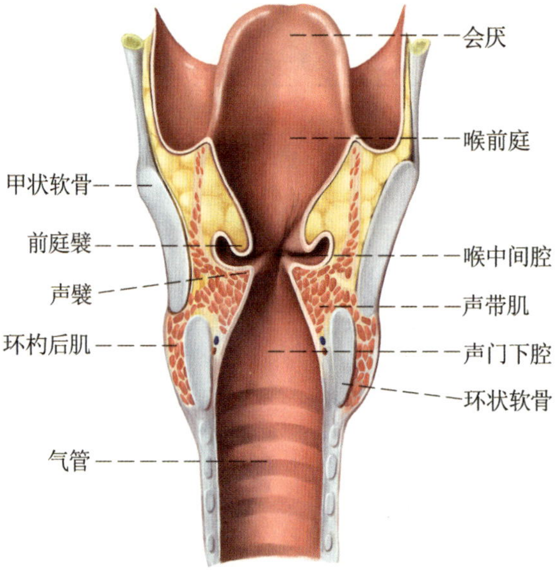

图 12-5 喉（额状切面）

四、气管与支气管

气管上接喉，向下分叉形成左、右支气管，通于肺。

（一）气 管

气管起于环状软骨下缘（约平第 6 颈椎体下缘），向下至胸骨角平面（约平第 4 胸椎体下缘）处，分叉形成左、右主支气管（图 12-6）。

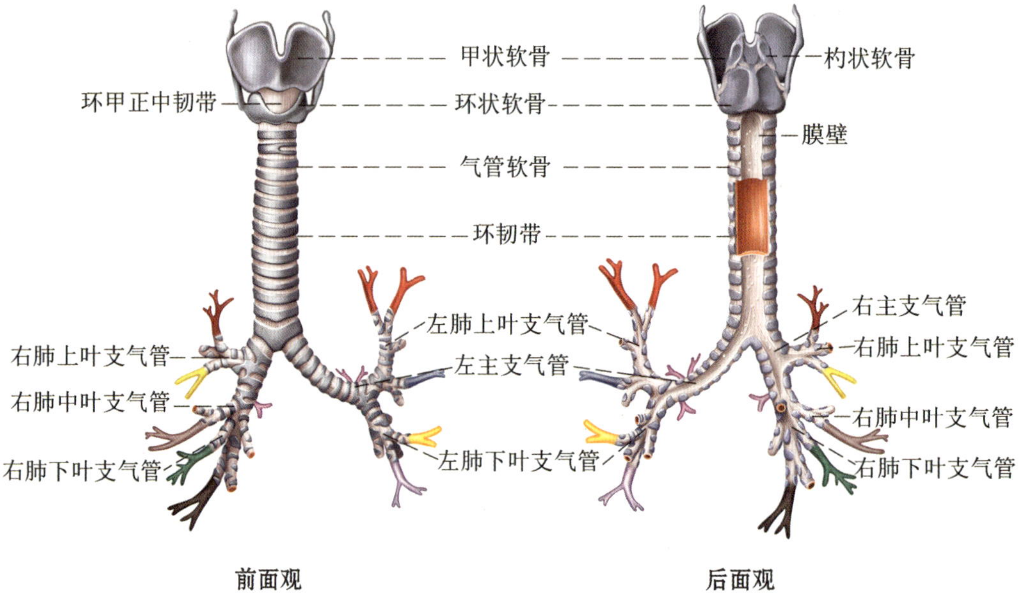

图 12-6 气管与支气管

气管管壁由内向外依次分为黏膜、黏膜下层和外膜三层。黏膜上皮为假复层纤毛柱状，其中的杯状细胞分泌黏液，可粘附空气中的异物颗粒，溶解吸入的 SO_2 等气体；纤毛细胞的纤毛可向咽部定向摆动，将黏液及其粘附的尘埃、细菌等推向咽部咳出，净化吸入的空气。黏膜下层内含较多气管腺，亦可分泌黏液。外膜主要含 16~20 个“C”形透明软骨环。软骨环缺口处为气管后壁，由弹性纤维及平滑肌封闭。咳嗽反射时平滑肌收缩，使气管腔缩小，有助于排出痰液。

（二）支气管

支气管是气管分出的各级分支，其中第一级分支为左、右主支气管。主支气管再分支即进入肺内，形成肺内支气管。

左主支气管细而长，走向倾斜，通常有 7~8 个软骨环；而右主支气管短而粗，走向较陡直，通常有 3~4 个软骨环，经气管坠入的异物多进入右主支气管。

主支气管的管壁结构与气管相似，随着管腔变小，管壁变薄，环状软骨逐渐变成软骨片，平滑肌纤维逐渐增多。

第二节　肺

肺是呼吸系统最重要的部分，为机体与外界进行气体交换的器官。此外，肺还可分泌 5-羟色胺、蛙皮素和降钙素基因相关肽等激素。

一、肺的位置与形态

肺位于胸腔内，在膈肌的上方与纵隔的两侧。肺质地柔软呈海绵状，富有弹性。成人肺的重量，男性平均为 1000~1300g，女性平均为 800~1000g。婴幼儿的肺呈淡红色，随着生长，空气中的尘埃和炭粒等被吸入肺内并沉积，使肺变为暗红色或深灰色。生活在烟尘污染重的环境中的人和吸烟者的肺呈棕黑色。

两肺外形不同，右肺宽而短，左肺狭而长。肺近似圆锥形，包括一尖、一底、三面和三缘。肺尖钝圆，经胸廓上口伸入颈根部。肺底贴于膈肌上面，又称膈面，底部呈半月形凹陷。肺的三个面中除膈面外，还有肋面和纵隔面。肋面与胸廓的内壁相邻；纵隔面亦称内侧面，与纵隔相邻，其中央有椭圆形凹陷，称为肺门。肺门内有支气管、血管、神经和淋巴管等出入，它们被结缔组织包裹，统称为肺根。肺的三缘分别为前缘、下缘和后缘。前缘为肋面与纵隔面在前方的移行处，前缘角锐利，左肺前缘下部有心切迹；后缘为肋面与纵隔面在后方的移行处；下缘为膈面与肋面、纵隔面的移行处，其位置随呼吸运动而显著变化（图 12-8）。

肺借叶间裂分叶。左肺的叶间裂为斜裂，由后上斜向前下，将左肺分为上、下两叶；右肺的叶间裂为斜裂和水平裂，将右肺分为上、中、下三叶（图 12-7）。

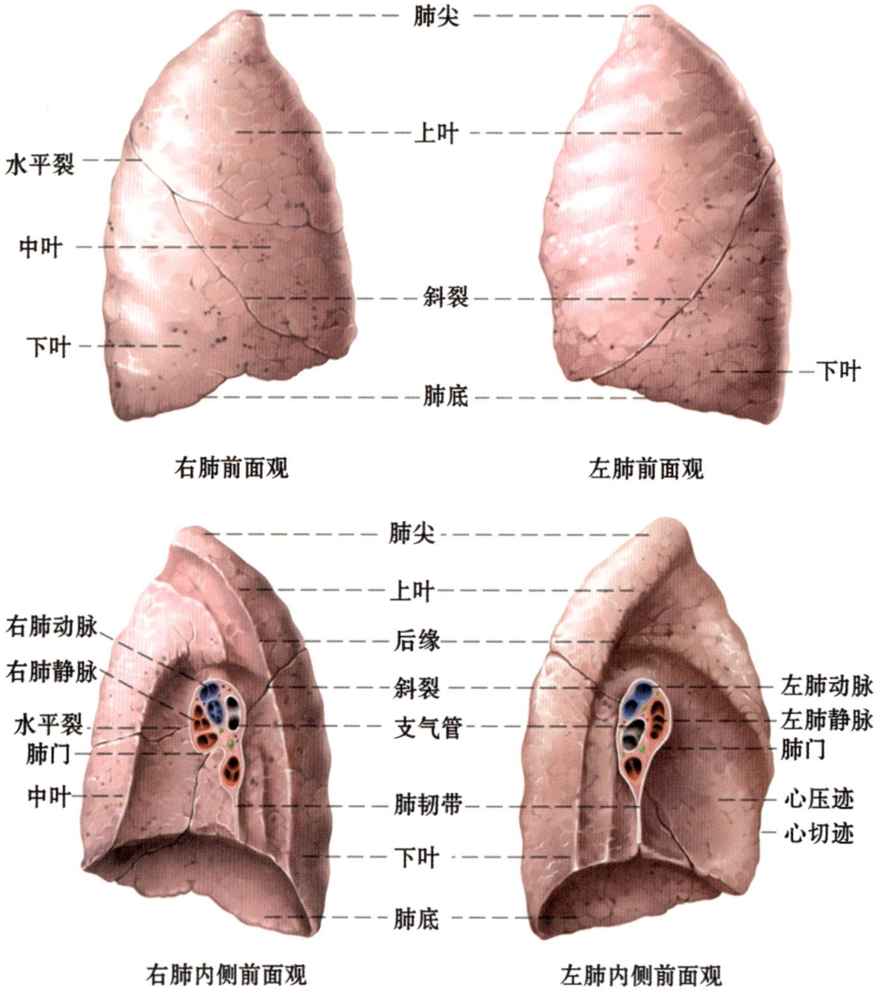

图 12-7 肺

二、肺的基本结构

肺表面被覆浆膜（胸膜的脏层）。肺组织由实质和间质组成，实质即肺内支气管的各级分支及其终末的大量肺泡，间质包括结缔组织、血管、淋巴管和神经等。

主支气管经肺门进入肺内后，顺序分支为叶支气管、段支气管、小支气管、细支气管、终末细支气管、呼吸性细支气管、肺泡管、肺泡囊和肺泡。因主支气管的反复分支呈树枝状，故称支气管树（图 12-8）。其中，从叶支气管到终末细支气管为肺的导气部，呼吸性细支气管以下各段为肺的呼吸部。每一细支气管连同他的分支与肺泡，组成一个肺小叶。肺小叶是肺的结构和功能单位。

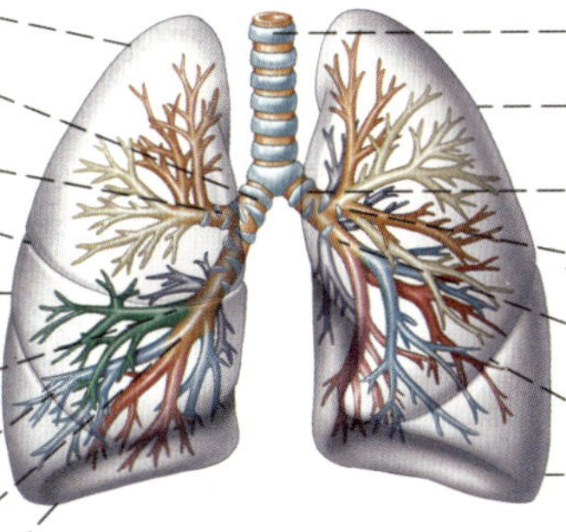

图 12-8　支气管树整体观

(一) 肺导气部

肺的导气部包括叶支气管、段支气管、小支气管、细支气管和终末细支气管。肺导气部只能输送气体进出，没有气体交换功能。导气部各级管壁结构变化特点见表 12-3。

表 12-3　肺导气部各级分支的管壁结构特点比较

名称	叶-段-小支气管	细支气管	终末细支气管
管径	逐渐变小	逐渐变小	逐渐变小
黏膜上皮	假复层纤毛柱状	单层纤毛柱状	单层柱状
杯状细胞	逐渐减少	更少或消失	消失
腺体	逐渐减少	更少或消失	消失
软骨片	逐渐减少	更少或消失	消失
平滑肌	逐渐增多，不成层	逐渐增多，环形更明显	形成完整环形

(二) 肺呼吸部

肺呼吸部包括呼吸性细支气管、肺泡管、肺泡囊和肺泡。肺呼吸部是肺进行气体交换的部位。呼吸部各级管壁结构变化特点见表 12-4。

表 12-4　肺呼吸部各级分支的管壁结构特点比较

名称	呼吸性细支气管	肺泡管	肺泡囊	肺泡
管壁	不完整，出现少量肺泡开口	管壁结构很少，有许多肺泡开口	无管壁，为若干肺泡的共同开口	肺泡壁
上皮	单层立方	单层立方或扁平	单层扁平	单层扁平，为肺泡上皮细胞
平滑肌	环形，少	环形，少	无	无

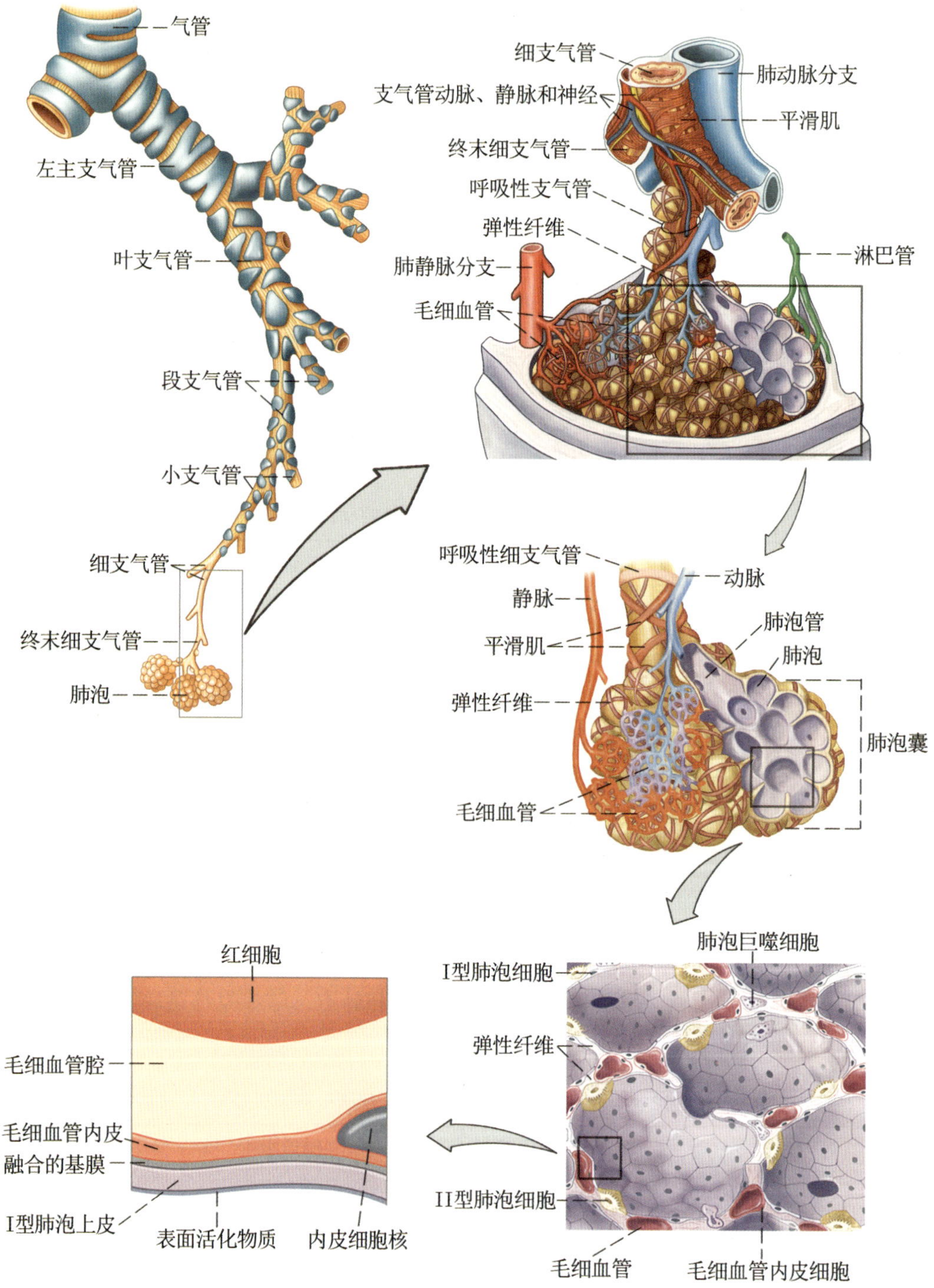

气管
左主支气管
叶支气管
段支气管
小支气管
细支气管
终末细支气管
肺泡
细支气管
支气管动脉、静脉和神经
终末细支气管
呼吸性支气管
弹性纤维
肺静脉分支
毛细血管
肺动脉分支
平滑肌
淋巴管
呼吸性细支气管
静脉
平滑肌
弹性纤维
毛细血管
动脉
肺泡管
肺泡
肺泡囊
肺泡巨噬细胞
I型肺泡细胞
弹性纤维
II型肺泡细胞
毛细血管
毛细血管内皮细胞
红细胞
毛细血管腔
毛细血管内皮
融合的基膜
I型肺泡上皮
表面活化物质
内皮细胞核

图 12-9　肺小叶和肺泡

肺泡为半球形小囊，开口于肺泡囊、肺泡管和呼吸性细支气管，是肺进行气体交换的部位。构成肺泡壁的肺泡上皮由I型肺泡细胞和II型肺泡细胞组成。I型肺泡细胞呈单层扁平，覆盖肺泡95%的表面积，参与构成气–血屏障，进行气体交换；II型肺泡细胞呈立方或圆形，散在分布于I型肺泡细胞之间，可分泌表面活性物质，具有降低肺泡表面张力，稳定肺泡大小的作用。

肺泡腔内气体与肺泡周边毛细血管内血液中气体进行交换所通过的结构，称为气–血屏障（图12–9）。气–血屏障很薄，包括肺泡上皮及其基膜、薄层结缔组织、毛细血管基膜及其内皮。有的部位无结缔组织，两层基膜融合。

三、肺的血液供应

供应肺的血管有两套：功能性血管和营养性血管。其中肺动脉和肺静脉为肺的功能性血管，完成气体交换；左、右侧的支气管动脉和支气管静脉为肺的营养性血管，营养各级支气管及肺内其他结构。

肺动脉从右心室发出，在主动脉弓下方分支为左、右肺动脉，在肺门处入肺，在肺内的分支多与支气管的分支伴行，直至分支进入肺泡隔，包绕肺泡壁形成肺泡毛细血管网，在此处进行气体交换后逐级汇合，经肺静脉流回左心房。

支气管动脉发自胸主动脉或肋间后动脉。在肺门处支气管动脉互相吻合，广泛交通成网。进入肺内紧密伴随支气管走行，最终分别在支气管壁的外膜和黏膜下层形成供应支气管的毛细血管网，营养各级支气管；此后逐级汇合，经支气管静脉汇入上腔静脉。

第三节　胸膜与纵隔

一、胸　膜

胸膜是衬覆于胸壁内面、膈上面、纵隔两侧面和肺表面等处的一层浆膜。被覆于胸壁内面、纵隔两侧面和膈上面及伸至颈根部等处的胸膜部分称为壁胸膜，覆盖于肺表面的称为脏胸膜，壁、脏两层胸膜在肺根表面及下方互相移行，两层胸膜之间形成密闭、狭窄的腔隙称为胸膜腔。胸膜腔左右各一，互不相通，呈负压。脏胸膜与壁胸膜相互贴附在一起，腔内含少量液体，可减少呼吸时二者之间的摩擦（图12–10）。

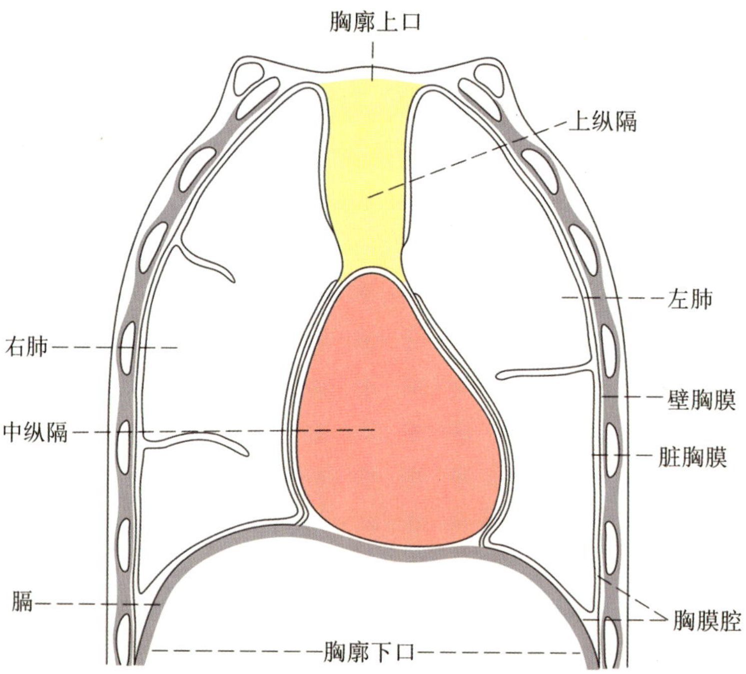

图 12-10　胸膜、胸膜腔和纵隔模式图

二、纵　隔

纵隔是两侧纵隔胸膜之间全部器官、结构和结缔组织的总称。纵隔稍偏左，上窄下宽、前短后长。其前界为胸骨，后界为脊柱胸段，两侧为纵隔胸膜，上界是胸廓上口，下界是膈。

解剖学常用四分法区分纵隔。在胸骨角水平面将纵隔分为上纵隔和下纵隔；下纵隔又以心包为界，又分为前、中、后纵隔。

（一）上纵隔

上纵隔上界为胸廓上口，下界为胸骨角至第 4 胸椎体下缘的平面，前方为胸骨柄，后方为第 1~4 胸椎体。其内自前向后有胸腺、左和右头臂静脉、上腔静脉、膈神经、迷走神经、主动脉弓及其三大分支，以及后方的气管、食管和胸导管等。

（二）下纵隔

下纵隔上界为上纵隔的下界，下界是膈，两侧为纵隔胸膜。下纵隔分三部，即：

1. 前纵隔

位于胸骨体与心包之间，非常狭窄，容纳胸腺或胸腺遗迹、纵隔前淋巴结、胸廓内动脉纵隔支、疏松结缔组织及胸骨心包韧带等。

2. 中纵隔

在前、后纵隔之间，容纳心脏及出入心的大血管，如升主动脉、肺动脉干、左右肺动脉、上腔静脉根部、左右肺静脉以及心包、膈神经和淋巴结等。

3. 后纵隔

位于心包与脊柱胸部之间，容纳气管杈、左右主支气管、食管、胸主动脉及奇静脉、胸导管、交感干胸段和淋巴结等。

第四节　呼吸系统与体育运动的关系

呼吸系统与体育运动有密切关系。呼吸系统可以为运动的肌肉提供氧气，并排出二氧化碳，而运动对呼吸系统也有一定的影响。

一、呼吸系统对体育运动的制约

由于肺本身没有自动扩张的能力，因而必须借助胸廓的扩大和缩小来完成呼吸运动。安静时，吸气是主动的，呼气是被动的。而运动时，吸气和呼气都是主动的。因此，呼吸肌的强弱直接影响到运动的强度和持续时间。

动物实验表明，随着运动强度的增加，肺泡形态有正常——扩大——破裂的变化趋势，气-血屏障厚度有正常——变薄——破裂的变化趋势，肺泡孔出现增多、扩张和加大的现象，这些变化皆可影响肺泡的气体交换功能。

运动时采用何种形式的呼吸，应根据有利于技术动作的运用而又不妨碍正常呼吸为原则，灵活转换。通常有些技术动作需要胸-肩带部的固定，才能保证正确的动作姿势，那么呼吸形式应采用腹式呼吸方式。如体操中的手倒立、肩手倒立、头手倒立、吊环十字悬垂以及“桥”等动作，若采用了腹式呼吸，则可使完成这些动作的主要肌肉收缩产生的力量不被分散；而另一些技术动作需要腹部的固定，则应采用胸式呼吸方式，如在双杠直角支撑、马步站桩和仰卧起坐等动作中，使用胸式呼吸有助于腹部动作的保持和完成。

呼吸的时相应与技术动作相配合。通常非周期性的运动要特别注意呼吸的时相，且需根据人体关节运动的解剖学特征与技术动作的结构特点来实现吸与呼的变换。一般在完成两臂屈、外展、外旋、扩胸、提肩、展体或反弓动作时，采用吸气比较有利；而在完成两臂后伸、内收、内旋、收胸、塌肩、屈体或团身等动作，采用呼气比较顺当。如宽握的卧推杠铃练习：杠铃放下过程（臂外展、扩胸）应采用吸气，杠铃推起过程（臂内收、收胸）应采用呼气；仰卧起坐练习：仰卧过程（展体）采用吸气，起坐过程（屈体）采用呼气；俯卧撑练习：俯卧过程（两臂外展、胸扩展）采用吸气，撑起过程（两臂内收、胸内收）采用呼气。但有例外时（如杠铃负重蹲起时的展体，改为呼气较好），以立足完成技术动作为基础，然后再考虑吸气与呼气的时相协调。

在许多运动项目中，有不少动作需要屏息（闭气）或憋气，如举起杠铃、吊环十字支撑、推铅球时的最后用力、排球的起跳扣球以及爬吊绳等动作，都会伴有憋气现象。憋气是在用力吸气之后，紧闭声门裂，然后腹肌和呼气肌紧张用力呼气，而肺内气体又无法呼出的一种特殊动作。憋气可为直接完成动作的肌肉建立稳固的支撑，有利于肌肉力量的发挥，以便更有效地完成动作。但是，由于憋气时胸内压、肺内压和腹内压皆有明显升高，这对血液循环是不利的。运动新手或久病刚愈者，在做时间稍长、强度较大的憋气动作时，往往由于血液循环受到障碍，引起大脑缺氧而出现头晕现象；但有训练的健康者，则不会出现头晕现象。正确运用憋气的方法是，在做憋气动作的前、后应做深呼吸，以便调整呼吸和血液循环。

屏息是指呼吸时有意识地关闭声门裂，既不吸气，也不呼气的现象。如射击扣扳机的瞬间，声门裂紧闭，只是依靠喉部许多小块肌肉收缩完成的，即为屏息（闭气）。

二、体育运动对呼吸系统的影响

经常从事体育运动，对呼吸器官的构造和机能都会产生良好的影响。有训练者的胸围较大；骨性胸廓和呼吸肌得到良好的发展。由于膈肌的收缩和放松能力提高，呼吸深度加深，肺活量大，尤其是游泳和划船等项目的运动员肺活量增大更为显著。安静时的呼吸频率降低。肺通气量增大，有训练的运动员，肺通气量可以达到120~140L，最大氧吸收量（即氧极限）可达6L左右。而未受过训练的人，氧极限只有2~3L。这说明人体组织对氧的利用率，有训练者比一般人高。同时，有训练者的呼吸与运动能够协调配合，在定量工作时，呼吸机能表现出节省化现象，能够较长时间保持工作能力，并具有很大的机能储备力，能够适应和满足剧烈运动对呼吸系统机能的要求。

O 思考题

通过本章的学习，对于体育教育和运动训练等专业的学生，请思考：

1. 根据呼吸系统的组成及其功能，怎样才能处理好呼吸系统和体育运动的关系？

通过本章的学习，对于运动人体科学和运动康复等专业的学生，除上述问题外，还请思考：

1. 气体交换的结构基础。
2. 试述气管的结构特点。若气管内有异物，容易坠入哪一侧主支气管？为什么？
3. 肺内支气管分支特点及肺的血管分布特点。

第十三章　泌尿系统

泌尿系统由肾、输尿管、膀胱和尿道组成。其主要功能是排出机体新陈代谢中产生的废物和多余的水，保持机体内环境的平衡和稳定。肾生成尿液，输尿管输送尿液至膀胱，膀胱为储存尿液的器官，尿道将尿液排出体外（图 13-1）。

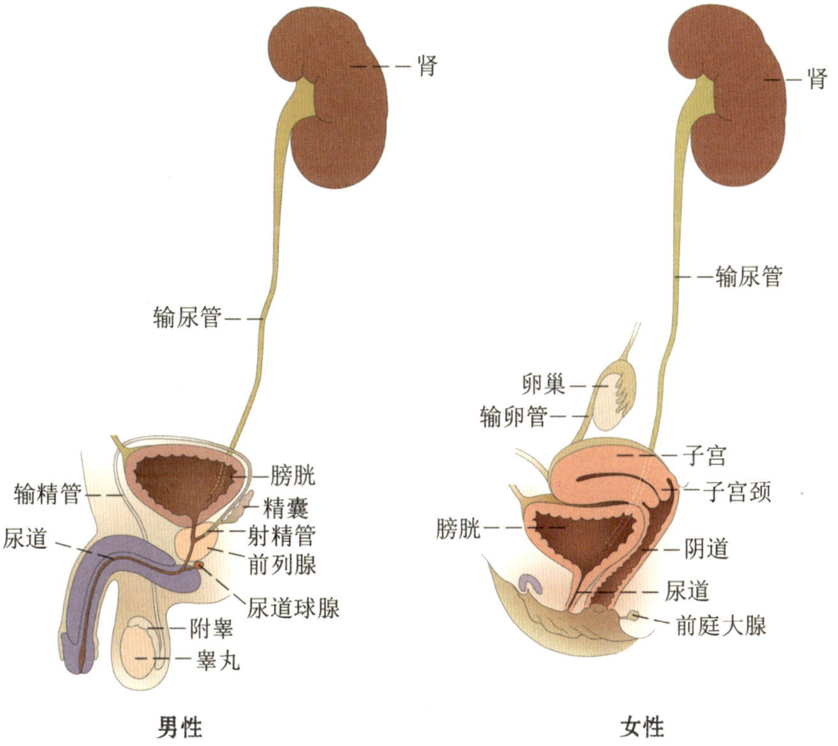

图 13-1　泌尿生殖系统

第一节 肾

肾是实质性器官，左、右各一，成年男性平均重量约为 120~150g，女性略轻。

一、肾的位置

肾位于腹后壁，脊柱两侧。左肾比右肾位置稍高，左肾在第 11 胸椎体下缘至第 2~3 腰椎间盘之间；右肾则在第 12 胸椎体上缘至第 3 腰椎体上缘之间（图 13–2）。

在腰背部，肾门的体表投影点在竖脊肌外缘与第 12 肋的夹角处，称肾区。肾病患者触压和叩击该处可引起疼痛。

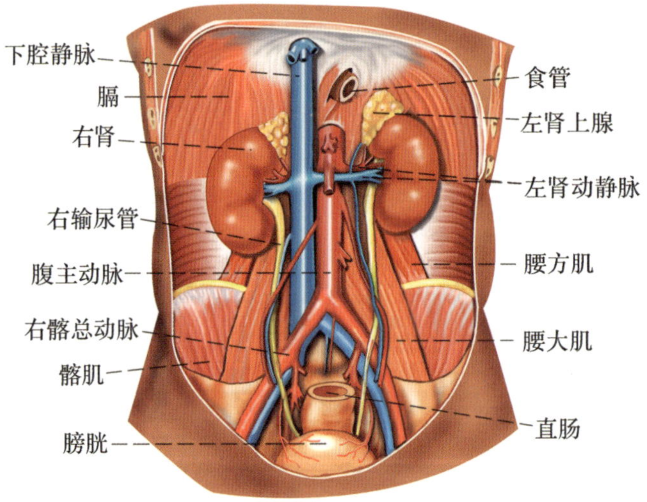

图 13–2 肾的位置

二、肾的形态

肾形似蚕豆，呈红褐色。肾分内、外侧两缘、前后两面及上下两端。内侧缘中部呈四边形的凹陷称肾门，内有肾的血管、神经、淋巴管及肾盂等通过。这些出入肾门的结构被结缔组织包裹称肾蒂。肾的前面凸向前外侧，后面紧贴腹后壁，上端宽而薄，下端窄而厚。

三、肾的结构

肾在冠状切面上，可分为肾窦和肾实质两部分。

（一）肾　窦

由肾门伸入肾实质的凹陷称肾窦，内含肾血管、肾小盏、肾大盏、肾盂和脂肪等组织结构。肾门是肾窦的开口，肾窦是肾门的延续。

（二）肾实质

肾实质外面覆盖着由结缔组织构成的膜，称为肾被膜，通常将肾被膜分为三层：即由内向外依次为纤维囊、脂肪囊和肾筋膜。纤维囊为坚韧而致密的、包裹于肾实质表面的薄层结缔组织膜，由致密结缔组织和弹性纤维构成。脂肪囊是位于纤维囊外周、包裹肾脏的脂肪层。肾筋膜位于脂肪囊的外面，包被肾上腺和肾的周围，由它发出的一些结缔组织小梁穿过脂肪囊与纤维囊相连，具有固定肾脏的功能。

肾实质可分位于浅层的肾皮质和深层的肾髓质。

1. 大体结构

肾皮质的新鲜标本呈红褐色，富含血管并可见许多红色点状细小颗粒（肾小体）。肾髓质色淡红，约占肾实质厚度的2/3，可见15~20个肾锥体，肾锥体呈圆锥形，光泽致密，有许多颜色较深的放射状条纹。部分伸入肾锥体之间的皮质称肾柱。肾锥体的底朝向皮质，尖钝圆突向肾窦，称肾乳头，肾乳头顶端有许多小孔称乳头孔，通向肾小盏。肾小盏呈漏斗形，其边缘包绕肾乳头，承接由乳头孔流出的尿液。2~3个肾小盏合成一个肾大盏，再由2~3个肾大盏汇合形成一个肾盂。肾盂离开肾门向下弯行，逐渐变细，移行为输尿管（图13-3）。

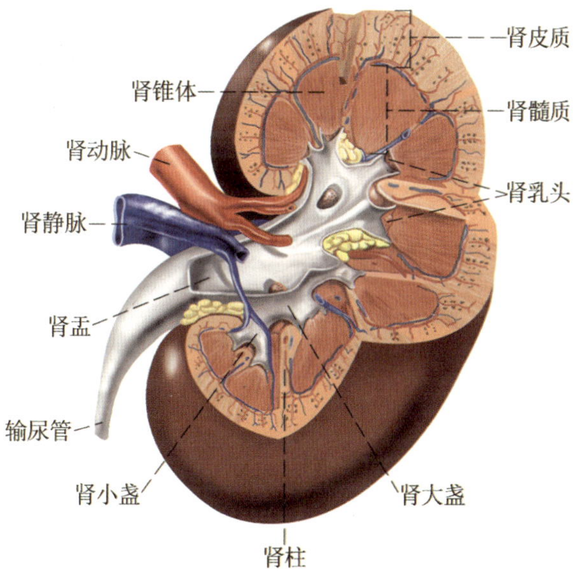

图13-3　肾的结构

2. 微观结构

在显微镜下观察，肾实质由大量的肾单位和集合管构成。每个肾单位包括一个肾小体和一条与它相连的肾小管。肾小管汇入集合管。肾小管和集合管合称泌尿小管（图13-4）。

- 泌尿小管
  - 肾单位
    - 肾小体
      - 肾小球
      - 肾小囊
    - 肾小管
      - 近端小管
        - 近曲小管
        - 近直小管
      - 细段
      - 远端小管
        - 远直小管
        - 远曲小管
      - 髓袢（近直小管、细段、远直小管）
  - 集合管
    - 弓形集合管
    - 直集合管
    - 乳头管

图 13-4　肾实质的组成

肾单位是肾的结构和功能单位，由肾小体和肾小管组成。每个肾约有 150~200 万个肾单位，它们与集合管共同行使泌尿功能。

(1) 肾小体

肾小体是肾单位的起始部，呈球形，直径约 200μm，由肾小球和肾小囊组成（图 13–5）。

肾小球：是入球微动脉和出球微动脉之间的一团蟠曲的毛细血管，亦称血管球，被肾小囊所包裹。一条入球微动脉进入肾小囊后，分成 4~5 支，每支再分出袢状的毛细血管，毛细血管又互相吻合成网，最终汇合形成一条出球微动脉离开肾小囊。因此，肾小球是一种独特的动脉性毛细血管网。入球微动脉较出球微动脉粗，使得毛细血管内血压较高。电镜下，毛细血管为有孔型，基膜完整，内皮上有孔，孔上多无隔膜（图 13–5）。

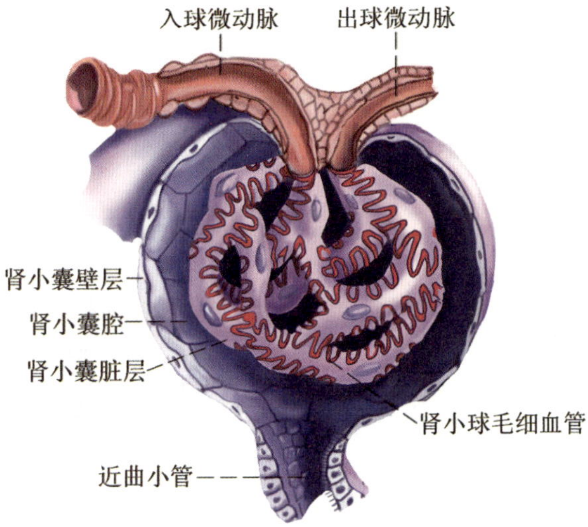

图 13–5　肾小体构造模式图

肾小囊：是肾小管起始部膨大凹陷而成的杯状双层上皮囊。两层囊壁之间的狭窄腔隙为肾小囊腔。囊的外层称壁层，为单层扁平上皮，延续于肾小管；内层称脏层，由足细胞组成，足细胞紧包血管球内皮基膜的外面。足细胞胞体较大，凸向肾小囊腔，从胞体发出几个初级突起，从初级突起上再发出大量次级突起，次级突起互相嵌合成栅栏状，紧贴在毛细血管基膜外面。次级突起之间的裂隙称为裂孔，孔上覆盖着一层薄膜，称为裂孔膜。

当血液流经肾小球的毛细血管时，管内压力较高，促使血液中的部分小分子物质经有孔内皮、基膜和足细胞裂孔膜滤入肾小囊腔中。小分子物质通过的这三层结构统称为滤过屏障或滤过膜（图 13–6）。滤入肾小囊腔的液体称为原尿。原尿中除不含大分子蛋白质外，其成分与血浆相似。

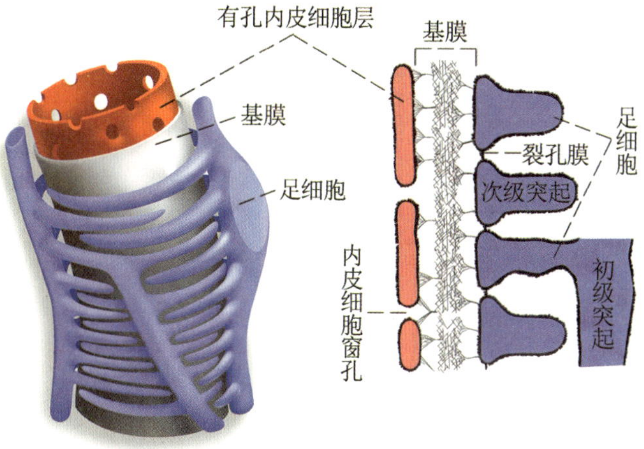

图 13–6　滤过屏障结构模式图

（2）肾小管

肾小管是续接于肾小囊壁层的细长管道，由单层上皮细胞构成。根据肾小管各段的结构特征，肾小管可分为近端小管、细段和远端小管三部分。

近端小管是肾小管中最长最粗的一段。近端小管起始部在肾小体周围盘曲的部分称近曲小管，近端小管径直向髓质延伸的部分称近直小管。近端小管管壁上皮细胞为单层立方或锥形，其主要特点是：管腔不规则，腔面有整齐排列的微绒毛（刷状缘），扩大腔面表面积；基部和侧面分别有发达的质膜内褶与许多侧突，可扩大二者的表面积。上述结构特点使近端小管具有良好的吸收功能，是重吸收原尿成分的主要场所。原尿中几乎所有的葡萄糖、氨基酸、蛋白质以及大部分水、离子和尿素等均在此重吸收。

细段是介于近端小管和远端小管之间的一段“U”形管道，管径细，管壁为单层扁平上皮，有利于水和离子的重吸收。同时，细段可使近端小管内的原尿流动缓慢，有助于营养物质的充分重吸收。

远端小管续接细段时走行较直，称远直小管，行至肾小体附近时出现盘曲，称为远曲小管。远端小管上皮为单层立方上皮，比近端小管的细胞小，管腔大而规则，腔面无刷状缘，基部质膜内褶发达。远端小管具有吸收水、Na^+和排出 K^+、H^+、NH_3 等功能。

上述结构中，近直小管、细段和远直小管构成 U 形的髓袢。

（3）集合管

集合管续接远曲小管，分为弓形集合管、直集合管和乳头管三段。弓形集合管很短，呈弧形与直集合管相通。直集合管行至肾乳头处改称乳头管，开口于肾小盏（图 13–7）。直集合管沿途有许多弓形集合管汇入。直集合管的管径由细变粗，管壁上皮由单层立方增高为单层柱状，至乳头管处成为高柱状。集合管能进一步重吸收水和交换离子，使原尿进一步浓缩。

经乳头管排入肾小盏的液体为最终形成的浓缩的终尿，仅占原尿的 1%左右。

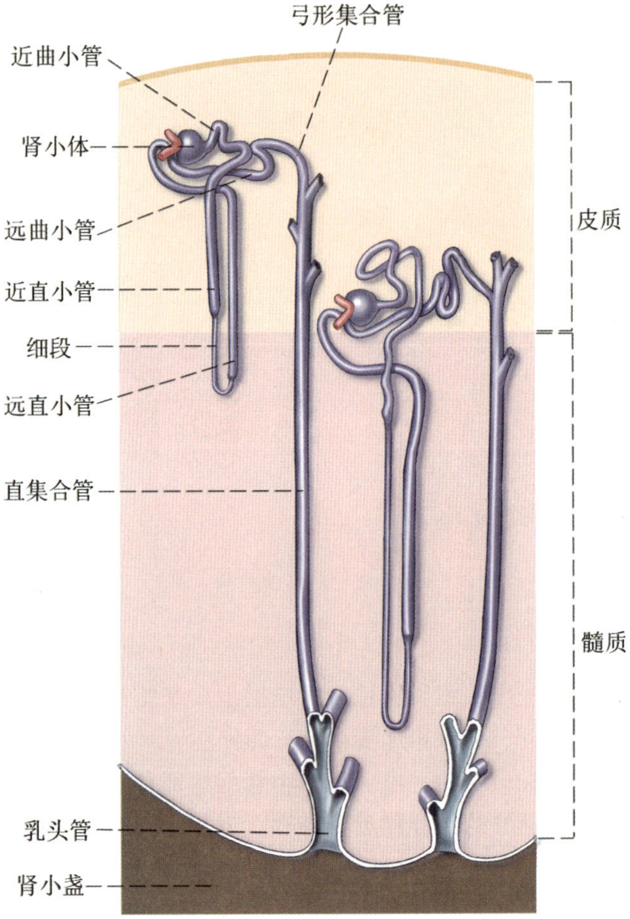

图 13-7 肾泌尿小管模式图

四、肾的血液供应

肾动脉和肾静脉既是肾的营养性血管，又是功能性血管。肾动脉不仅口径比较粗，其分支也有其特异性。

肾动脉自腹主动脉发出，经肾门入肾后分为数支叶间动脉，在皮、髓质交界处横向分支为弓形动脉，弓形动脉分出若干小叶间动脉，小叶间动脉沿途发出许多入球微动脉进入肾小体，形成血管球，继而汇合称出球微动脉。出球微动脉离开肾小体后，又分支形成球后毛细血管网，再依次汇合成小叶间静脉、弓形静脉和叶间静脉，它们与相应动脉伴行，最后形成肾静脉出肾（图 13-8）。有些出球微动脉还发出分支伴行 U 形髓袢形成血管袢。

肾的血液循环与肾功能密切相关，其特点是：（1）血流量大，流速快，这是由于肾动脉直接发自腹主动脉，短而粗；此外，肾内血管走行较直，血液能很快抵达血管球。（2）90%的血液供应皮质，且进入肾小体后被滤过。（3）入球微动脉较出球微动脉粗，使血管球内压较高，有利于滤过。（4）两次形成毛细血管网，即入球微动脉分支形成血管球，出球微动脉分布在肾小管周围再次形成球后毛细血管网。由于血液流经血管时大量水分被滤出，因此球后毛细血管内血液的胶体渗透压很高，有利于肾小管上皮细胞重吸收的物质进入血液。（5）U 形血管袢与髓袢伴行，有利于肾小管和集合管的重吸收和尿液浓缩。

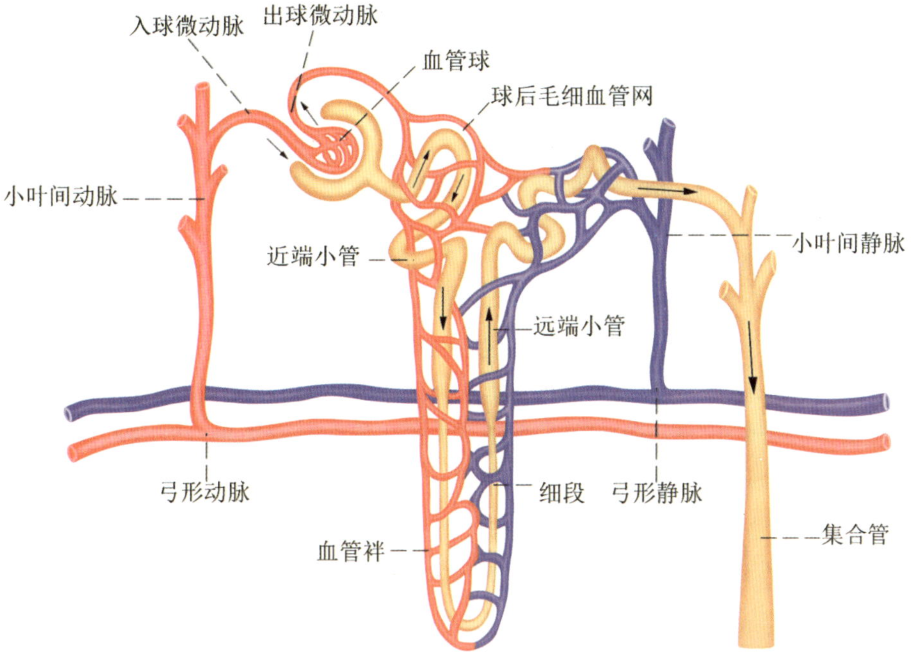

图 13-8　肾单位及血管分布模式图

五、肾的功能

肾的主要功能是泌尿和排尿，尿的生成是一个复杂的过程。当血液沿着肾动脉及其分支流到肾小体时，血浆中的废物、部分营养物质和水，过滤到肾小囊腔内，称为原尿。正常成人一昼夜可形成原尿约 180L，但每天排出的尿量仅为 1~2L，这是因为原尿流经肾小管和集合管时，其中全部的葡糖糖、氨基酸、小分子蛋白和绝大部分的水、离子被重吸收入血，多余的水、尿酸、肌酐以及 H^{+}、NH_3 等，最终形成终尿。因此，肾在泌尿过程中不仅排出了机体的代谢废物，而且对维持机体水盐平衡和内环境的稳定起重要作用。

此外，肾还有内分泌功能，能产生促红细胞生成素、肾素以及羟胆钙化醇等物质。

第二节　输尿管道

一、输尿管

输尿管是一对连于肾与膀胱之间的肌性管道（图 13–1、图 13–2），起自肾盂末端，下行终于膀胱，长约 20~30cm。输尿管全长可分三部分，即输尿管腹部、输尿管盆部和输尿管壁内部。

输尿管管壁由黏膜、肌层和外膜组成。黏膜由变移上皮和固有层结缔组织构成；肌层上 2/3 段为内纵、外环两层平滑肌，下 1/3 段增厚为内纵、中环和外纵三层平滑肌；外膜为疏松结缔组织。

此外，输尿管全程有 3 处狭窄：①上狭窄：位于肾盂与输尿管移行处；②中狭窄：位于骨盆上口、输尿管跨越髂血管处；③下狭窄：在输尿管穿越膀胱壁处。这些狭窄处常是输尿管结石滞留的部位。

二、膀　胱

膀胱是储存尿液的肌性囊状器官，其形状、大小、位置和壁的厚度随尿液充盈程度而异。一般正常成年人的膀胱容量为 350~500ml。新生儿膀胱容量约为成人的 1/10，女性的容量小于男性，老年人因膀胱肌张力低而容量增大。

膀胱位于骨盆内，耻骨联合后方，空虚时其顶端不超过耻骨联合上缘（图 13–1）。空虚的膀胱呈三棱锥体形，分尖、体、底和颈四部分。膀胱尖朝向前上方。膀胱的后面朝向后下方，呈三角形，为膀胱底。膀胱尖与底之间为膀胱体。膀胱的最下部称膀胱颈（图 13–9）。

膀胱壁也由黏膜、肌层和外膜组成。黏膜由变移上皮和固有层结缔组织构成，当膀胱壁收缩时，黏膜聚集成皱襞称膀胱襞；肌层为内纵、中环和外纵三层平滑肌，其中环形肌在尿

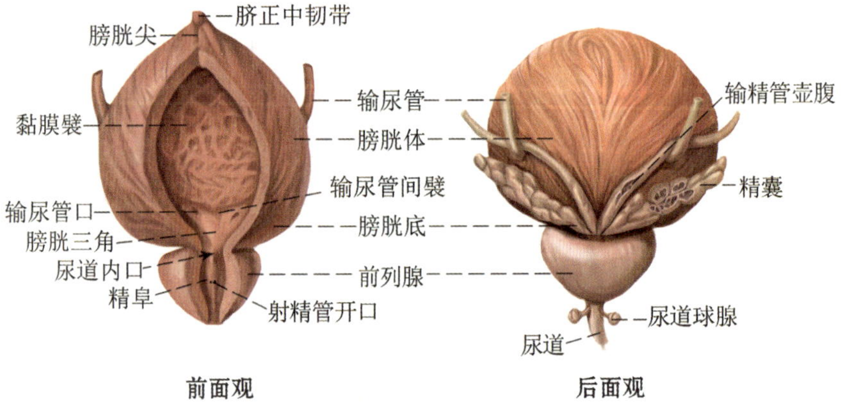

图 13–9　膀胱

道内口处增厚，形成括约肌；外膜除膀胱顶部为浆膜外，其余部分为纤维膜。在膀胱底的内面，两个输尿管口和尿道内口形成的三角形区域称为膀胱三角，此处因缺少黏膜下层组织而使黏膜与肌层紧密连接，黏膜始终保持平滑，其是膀胱炎症、肿瘤的好发之处。

三、尿　道

尿道是由膀胱通到体外的管道，男女有所不同。

男性尿道兼有排尿和排精的功能。起自膀胱的尿道内口，开口于阴茎头的尿道外口，成人尿道长 16~22cm。尿道全长分为三部分：前列腺部、膜部和海绵体部（图 13–10）。

女性尿道仅有排尿的功能。起自膀胱的尿道内口，开口于阴道前庭的尿道外口，长约 3~5cm。女性较男性尿道短、宽而直（图 13–11），且其后方临近肛门，因而易患尿路感染。

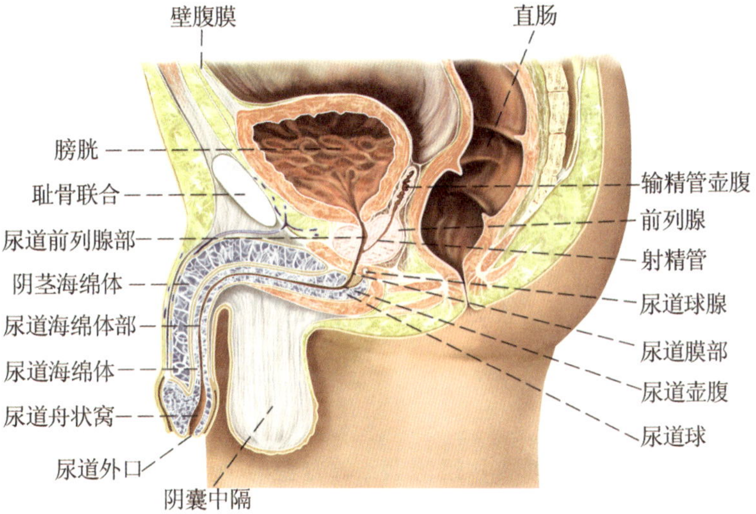

图 13–10　男性尿道

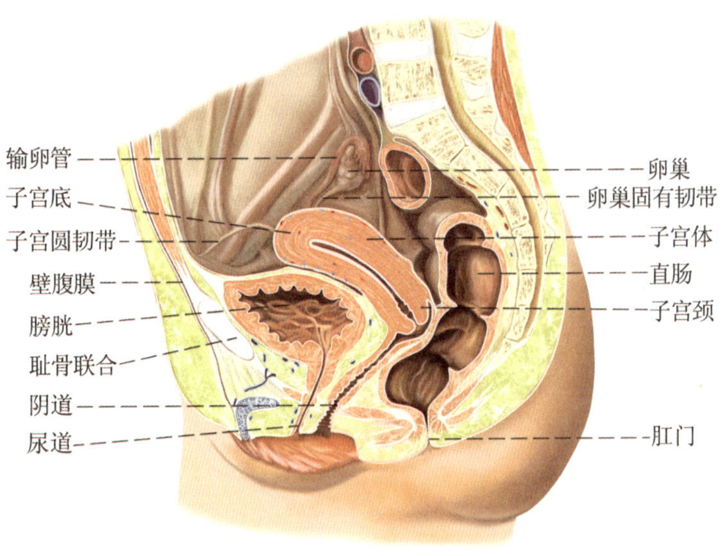

图 13–11　女性尿道

第三节　泌尿系统与体育运动的关系

在体育运动中，一般地说泌尿系统的机能活动减弱，供血量减少。泌尿系统减少的那部分血量用于肌肉活动，以保证肌肉活动血液的充分供应。运动时，体内代谢产生的废物多以汗的形式排出体外，因此排尿量减少。运动后，泌尿系统的机能活动和供血量逐步恢复到运动前安静时的状态，并有加强的趋势，以便清除体内积蓄的代谢废物，维持水、盐及酸碱平衡，使人体内环境保持相对恒定。

人体在进行极大运动负荷的训练时，由于肾血管收缩，引起肾脏缺血、缺氧和乳酸增多，使肾小体滤过屏障的通透性加大，造成大分子的蛋白质、乳酸和血细胞等被滤过；而肾小管又不能重吸收这些大分子的物质和血细胞，再加上运动时肾小管的重吸收机能下降，对小分子的蛋白质吸收率也降低，因此它们只有随尿排出，形成运动性蛋白尿、血尿（肉眼血尿或尿潜血）和乳酸尿。这些现象在一般性的体育运动中不会出现，只出现在中等强度和大强度的运动项目中。因此，运动性蛋白尿、血尿和乳酸尿，可以作为评定运动负荷大小的客观指标。

经常进行科学的体育锻炼，可对泌尿器官的形态结构和机能产生良好的影响。同时在进行竞技训练中，可通过监测泌尿系统的机能及体内代谢指标的变化状况，来了解人体的机能能力和评定运动量的大小，以便更加科学地指导体育运动的开展。

O 思考题

通过本章的学习，对于体育教育和运动训练等专业的学生，请思考：

1. 根据泌尿系统的组成及其功能，怎样才能处理好泌尿系统和体育运动的关系？

通过本章的学习，对于运动人体科学和运动康复等专业的学生，除上述问题外，还请思考：

1. 原尿、终尿有何区别？并说明尿液生成的结构基础和排出途径。
2. 肝、肺和肾的血管分布的相同与不同之处。

第十四章　生殖系统

生殖系统由内生殖器和外生殖器组成。内生殖器由产生生殖细胞的生殖腺、输送生殖细胞的生殖管道和附属腺组成；外生殖器是裸露于体表，显示性别差异和实现两性生殖细胞结合的器官。生殖系统的主要功能是繁殖后代，分泌性激素，形成并保持第二性征。

第一节　男性生殖系统

男性生殖系统包括男性的内生殖器和外生殖器。内生殖器包括睾丸、附睾、输精管、射精管、男性尿道、精囊、前列腺和尿道球腺（图 14–1）。外生殖器包括阴囊和阴茎。

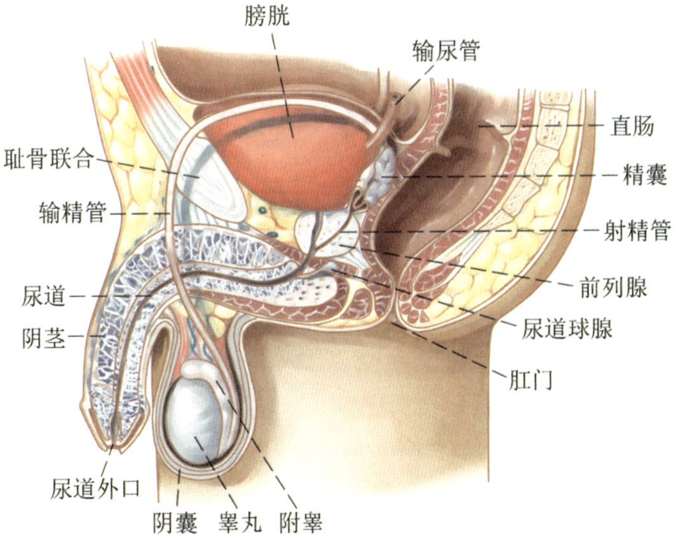

图 14–1　男性生殖器模式图

一、男性内生殖器

(一) 睾　丸

睾丸为男性生殖腺，位于阴囊内，左右各一，一般左侧略低于右侧。睾丸呈微扁的卵圆形，表面光滑，前缘游离，后缘有血管、神经和淋巴管出入，并与附睾和输精管睾丸部相连。性成熟期以前睾丸发育较慢，随着性成熟其迅速生长。成人睾丸约重10~15g。

睾丸表面覆盖浆膜（鞘膜脏层），内有一层坚厚的纤维膜，称为白膜。白膜在睾丸后缘增厚，凸入睾丸内形成睾丸纵隔。从纵隔发出许多睾丸小隔，呈扇形深入睾丸实质，将睾丸实质分为100~200个睾丸小叶。每个小叶内有2~4条盘曲的生精小管。生精小管在接近睾丸纵隔处，变为短而直的直精小管，它们进入睾丸纵隔，相互吻合形成睾丸网。睾丸网发出12~15条睾丸输出小管，出睾丸后缘上部进入附睾。生精小管之间的疏松结缔组织称睾丸间质（图14-2）。

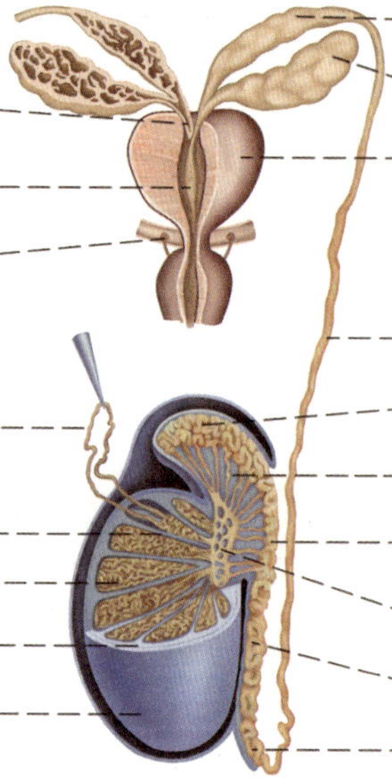

图14-2　睾丸、附睾的结构及排精径路

生精小管的上皮由5~8层生精细胞构成，自生精上皮基底部至腔面，依次有精原细胞、初级精母细胞、次级精母细胞、精子细胞和精子。精原细胞经增殖、分裂，并发生形态变化形成精子（图14-3）。

睾丸间质细胞可合成和分泌雄激素。雄激素可促进精子发生和男性生殖器官发育，以及维持第二性征及性功能。

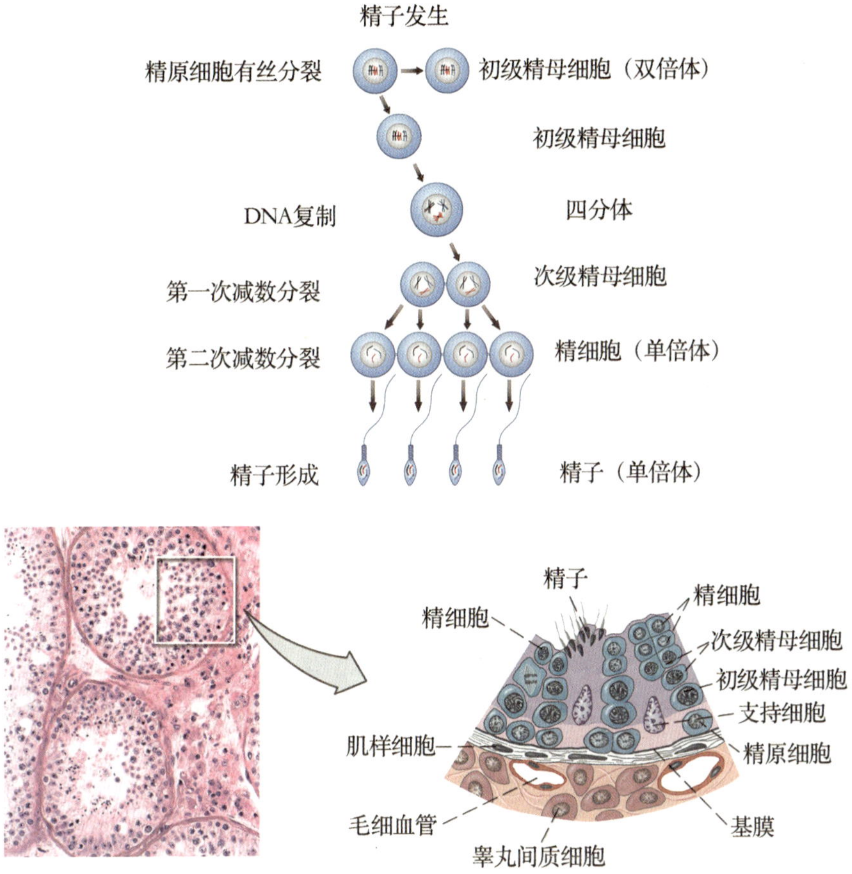

图 14-3 睾丸生精管道

（二）附 睾

附睾紧贴睾丸的上端和后缘略偏外侧，呈新月形，分为头、体、尾三部分（图 14-1、14-2）。输出小管进入附睾后，盘绕形成膨大的附睾头，末端汇合形成一条附睾管。附睾管弯曲盘绕形成附睾体和附睾尾，附睾尾向上弯曲移行为输精管。附睾为暂时储存精子的器官，并分泌附睾液营养精子，促进精子进一步成熟。

（三）输精管

输精管是一条管壁很厚的肌性管道，是附睾管的直接延续，其与血管、神经和提睾肌等结构共同组成精索，上行经腹股沟管进入腹腔（图 14-1、图 14-2）。活体触摸时，输精管呈坚实的圆索状。输精管进入腹腔行至膀胱底部时膨大形成输精管壶腹；壶腹下端变细，穿入前列腺，与精囊的排泄管汇合成射精管。

（四）射精管

射精管是输精管的延续，向前下穿前列腺实质，开口于尿道的前列腺部。

（五）精 囊

精囊又称精囊腺，位于膀胱底后方，呈长椭圆形，精囊分泌的液体参与组成精液。

（六）前列腺

前列腺是不成对的实质性器官，由腺组织和平滑肌组成，形状如栗子，重8~20g。前列腺分泌物是精液的主要组成部分。

（七）尿道球腺

尿道球腺是一对豌豆大的球形腺体，开口于尿道球部，其分泌物参与精液的组成，有利于精子的活动。

二、男性外生殖器

（一）阴 囊

阴囊是位于阴茎后方、耻骨联合下方的囊袋状结构，其内容纳睾丸、附睾和精索等。阴囊的皮肤薄而柔软，颜色较深，皮下浅筋膜内含有平滑肌纤维，可随外界温度的变化而舒缩，以调节阴囊内的温度，有利于精子的发育与生存。

（二）阴 茎

阴茎位于阴囊前，分为头、体和根三部分。阴茎根埋藏于阴囊和会阴部皮肤的深面。中部为阴茎体，呈圆柱形，为可动部。阴茎前端膨大为阴茎头，尖端有裂隙状的尿道外口。头与体交界的狭细处称为阴茎颈。

阴茎外部覆以皮肤，其薄而柔软，富有伸展性，在阴茎颈的前方形成双层游离的环形皱襞，包绕阴茎头，称为阴茎包皮。阴茎的内部主要由两条阴茎海绵体和一条尿道海绵体组成。海绵体内部由许多海绵体小梁和腔隙构成，腔隙与血管相通（图 14–4）。当腔隙充血时，阴茎即变粗变硬而勃起。

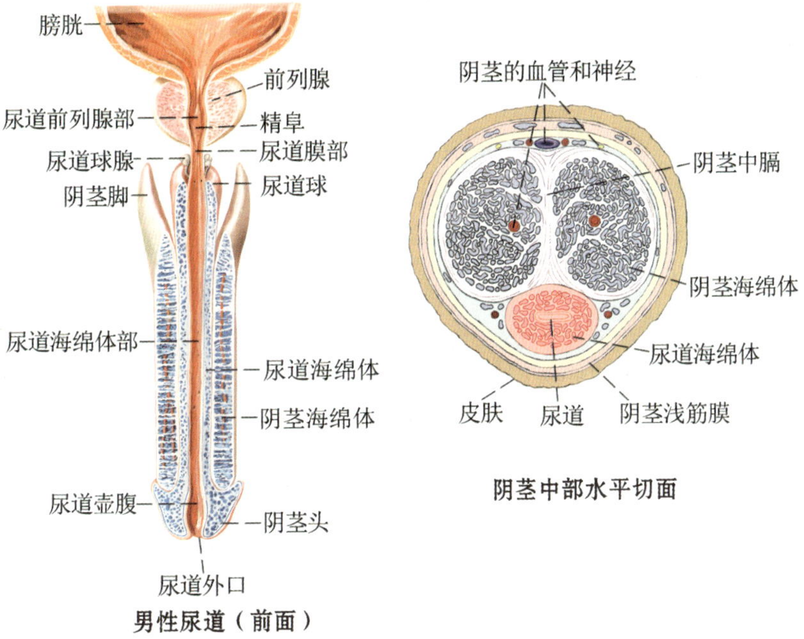

图 14-4　男性尿道和阴茎

第二节　女性生殖系统

女性生殖系统包括女性的内生殖器和外生殖器（图 14-5）。内生殖器包括卵巢、输卵管、子宫、阴道和前庭大腺。外生殖器即女阴，包括阴阜、大阴唇、小阴唇、阴蒂和阴道前庭。

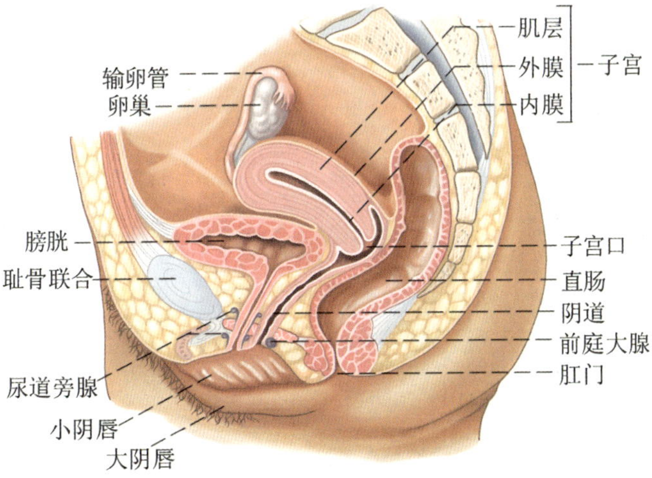

图 14-5　女性盆腔正中矢状切

一、女性内生殖器

（一）卵　巢

卵巢左右各一，位于盆腔侧壁的卵巢窝内（即髂内、外动脉的夹角处），成年女子卵巢呈扁卵圆形，大小如鸽蛋。卵巢一端靠近输卵管伞，另一端由卵巢固有韧带系于子宫两侧。卵巢前面有血管、淋巴管和神经出入之处称卵巢门。卵巢在盆腔内的正常位置主要靠韧带维持，包括卵巢悬韧带和卵巢固有韧带，此外，子宫阔韧带的后层对卵巢也起固定作用。卵巢是产生女性生殖细胞和分泌雌激素的器官。

卵巢表面有生殖上皮，在胚胎时期是卵细胞的发生处。上皮的深面为一层致密的结缔组织，称为卵巢白膜，白膜深部为卵巢实质。实质结构上可分为浅层的皮质和深层的髓质。皮质是卵巢周边的部分，内含有大小不等、数以万计的不同发育阶段的卵泡（胚胎早期由卵巢生殖上皮形成的细胞团）；髓质是卵巢中心部分，内含血管、淋巴管和神经以及结缔组织。

出生时，双侧卵巢约有 100~200 万个原始卵泡，但女性一生中仅有 400~500 个原始卵泡经初级卵泡和次级卵泡时期，最后能够发育为成熟卵泡并排卵（成熟的卵泡经卵巢表面以破溃的方式将卵细胞排至腹膜腔中），其余的卵泡均退化（图 14-6）。每个成熟卵泡内有一个卵细胞，其余为卵泡细胞。成熟卵泡内有卵泡腔，充满卵泡液，内含雌激素。排出卵细胞后的卵泡形成黄体，黄体能分泌孕酮和少量雌激素。如未受孕，黄体逐渐退化，被结缔组织代替，形成白体，其随后消失。

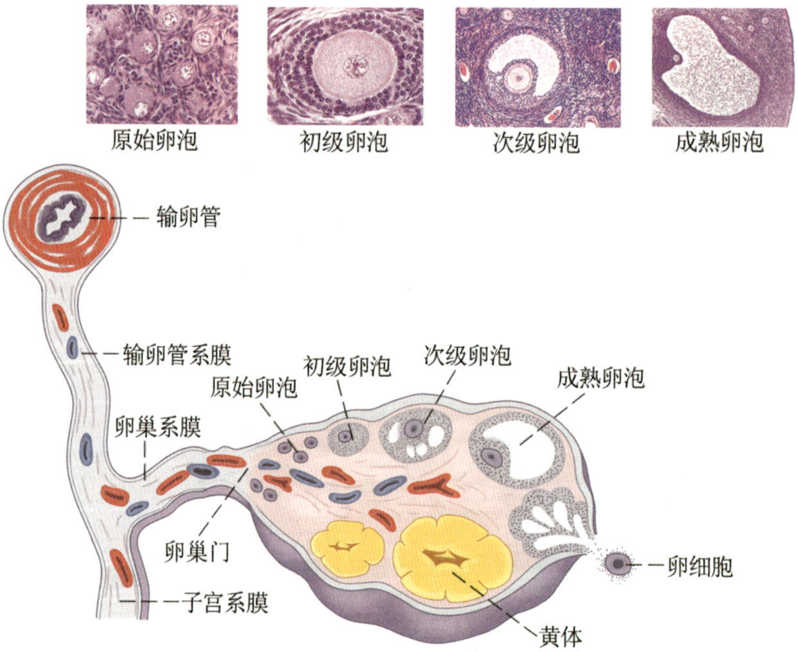

图 14-6　卵巢及不同发育状态的卵泡

(二) 输卵管

输卵管是输送卵子的肌性管道，左右各一，由卵巢上端连于子宫底的两侧（图 14-7）。从内侧向外侧分为四部：输卵管子宫部、输卵管峡、输卵管壶腹和输卵管漏斗。其中，输卵管壶腹粗而长，壁薄腔大，血供丰富，卵子多在此受精。若受精卵未能移入子宫而在输卵管内发育，即成为宫外孕。输卵管漏斗的末端中央有输卵管腹腔口，开口于腹腔，卵巢排出的卵子由此进入输卵管；输卵管末端的边缘形成许多细长的突起，称为输卵管伞，排布在输卵管腹腔口的周围。

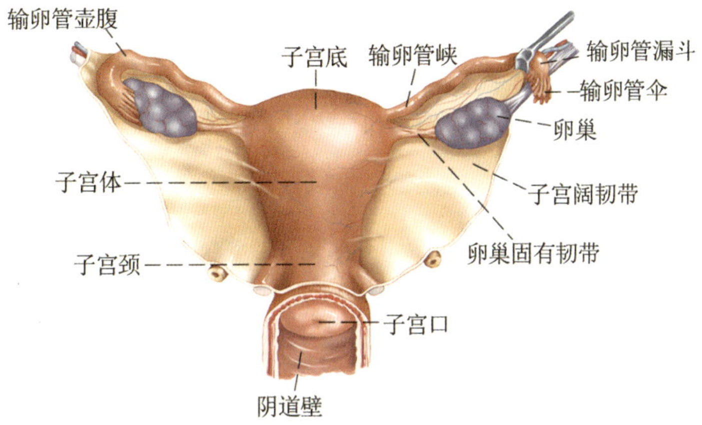

图 14-7　女性内生殖器

输卵管管壁由内向外分为黏膜、肌层和外膜。黏膜上皮为单层柱状上皮，由分泌细胞和纤毛细胞组成。分泌细胞的分泌物可营养卵子并辅助卵子的运行；纤毛细胞有纤毛，其定向摆动及管壁平滑肌的节律性收缩可促使卵细胞向子宫方向输送。肌层由内环与外纵两层平滑肌构成。外膜为浆膜。

(三) 子　宫

子宫是容纳胎儿发育生长的肌性器官，壁厚，腔小，位于盆腔中央，膀胱与直肠之间(图 14-5、图 14-7)。其下端接阴道，两侧有输卵管和卵巢。成人未孕子宫呈前后稍扁的倒置梨形，呈轻度前倾前屈位，可借助韧带（子宫阔韧带、子宫圆韧带、子宫主韧带和子宫骶韧带）、阴道、尿生殖膈和盆底肌等维持其正常位置。

子宫分为底、体、颈三部分。子宫底为输卵管子宫口水平以上的宽而圆凸的部分，两侧与输卵管相通。下端长而狭细的部分为子宫颈，末端突入阴道，其下口通阴道，称为子宫口。子宫底与子宫颈之间的部分为子宫体，子宫体内的空腔称为子宫腔。

子宫壁厚，伸展性大，可分三层，由外向内依次为外膜、肌层和内膜。外膜为浆膜，是腹膜的脏层，由浆膜和纤维膜构成。肌层很厚，由大量平滑肌和少量结缔组织构成；妊娠期子宫肌层增厚，肌纤维长度比平时增长 10 倍，达到 500μm，更富伸展性。内膜为黏膜，即子宫内膜，其上皮为单层柱状上皮，并向固有层凹陷形成许多单管腺，称子宫腺。

子宫内膜可分为表浅的功能层和深部的基底层。功能层较厚，从青春期开始，在卵巢分泌的激素作用下有周期性变化，每隔约 28 天发生一次剥脱和出血的现象，称为月经。

（四）阴　道

阴道为连接子宫和外生殖器的扁形肌性管道，位于小骨盆中央，子宫颈的下方，前有膀胱和尿道，后邻直肠（图 14–5）。其由黏膜、肌层和外膜组成，富有伸展性，是月经排出和胎儿娩出的管道。

此外，在阴道口两侧，还有如豌豆状的前庭大腺，其导管开口于阴道前庭，分泌液有润滑阴道的作用。

二、女性外生殖器

女性外生殖器即女阴，包括阴阜、大阴唇、小阴唇、阴蒂和阴道前庭等（图 14–8）。

（一）阴　阜

阴阜为耻骨联合前方的皮肤隆起，皮下富有脂肪。性成熟期以后，生有阴毛。

（二）大阴唇

大阴唇为一对纵长隆起的皮肤皱襞。大阴唇的前端和后端左右互相连合，形成唇前连合和唇后连合。

（三）小阴唇

小阴唇位于大阴唇的内侧，为一对较薄的皮肤皱襞，表面光滑无毛。

（四）阴道前庭

阴道前庭是位于两侧小阴唇之间的裂隙。阴道前庭的前部有尿道外口，后部有阴道口，阴道口两侧各有一个前庭大腺导管的开口。

（五）阴　蒂

阴蒂由两个阴蒂海绵体组成，后者相当于男性的阴茎海绵体。以阴蒂脚附着于耻骨和坐骨，表面覆以阴蒂包皮，露于表面的为阴蒂头，含有丰富的神经末梢，感觉敏锐。

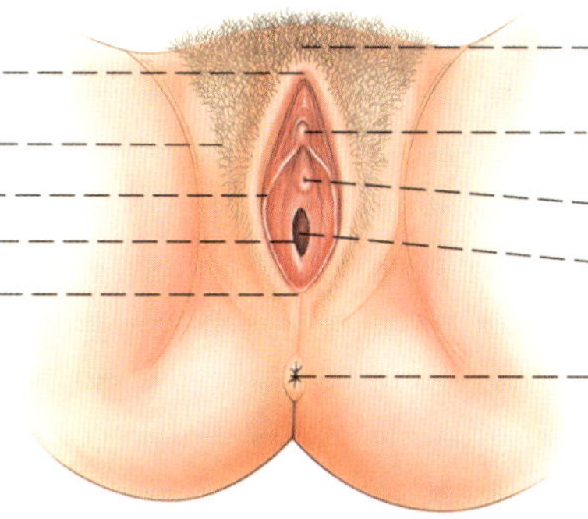

图 14-8 女性外生殖器

第三节 生殖系统与体育运动的关系

人体作为一个有机整体，进行体育运动时与生殖系统表现出一定的密切关系。运动时，生殖系统活动减弱、供血量减少，有利于肌肉活动供血量的增加。运动后，机体逐步恢复到运动前安静的活动状态。由于男、女生殖系统的解剖生理特点各不相同，因此与体育运动的关系也有男、女之别。

一、生殖系统对体育运动的制约

女性生殖系统的突出特点是青春期开始有月经来潮，由此引发身体结构和生理机能发生一系列变化。对一般体育爱好者来说，月经期间参加适当的体育活动是有益的，适当体育活动可以改善盆腔的血液循环，加上腹肌、盆底肌的收缩与放松对子宫起到的柔和按摩作用，有助于经血的排出。但应避免做剧烈、大强度的或震动较大的跑跳动作，也不要做腹压过大的运动和力量性练习，以免引起月经流血过多或子宫位置改变。月经期不宜游泳，因为这时候子宫口开放，子宫内膜破裂出血，游泳时病菌可侵入内生殖器官，引起炎症性病变。如果出现月经紊乱或痛经，应停止体育活动。

男性生殖系统器官供血和回血的血管行程远而迂曲，特别是睾丸动、静脉细长而迂曲，因此，运动时睾丸的供血和回血受阻较大，特别是回心血的阻力较大。运动时应穿合体裤，固定睾丸以免其晃动增加供血和回心血量，预防发生运动性高位静脉曲张。

二、体育运动对生殖系统的影响

运动性月经失调是女运动员常见的征象，频繁剧烈的运动会对女性性激素水平带来明显影响，主要表现为月经初潮推迟、黄体功能不全（月经周期过长/过短）以及月经过少及闭经。正常女子的月经初潮在12~14岁，但在初潮前进行运动项目训练，如跳跃、短跑、长跑，以及排球、篮球、曲棍球的运动员，其月经初潮可比正常情况推迟1~2年，有的甚至可推迟至17岁左右。女运动员中出现月经紊乱，其中有的是由于运动负荷安排不当，经调整后月经可恢复正常；有的是因为训练和比赛环境的改变，中枢神经系统和内分泌机能暂时不稳定，经过一段时间往往会自行恢复。不能恢复正常者应到医院妇科检查治疗。

月经期间参加训练和比赛的问题，要根据每个运动员的具体情况区别对待。如果月经正常，无特殊反应，月经期间可参加训练，如果平时就有经期参加训练的习惯，训练水平很高的运动员，月经期间也可参加比赛。训练水平差者不宜参加比赛，易引起内分泌机能失调，导致月经紊乱、痛经或闭经。女运动员的竞技水平受月经周期性雌性激素分泌量的变化及由此而带来月经的症状轻重所左右。综合各种报道，出现本人最好成绩与月经周期的关系大体是：大多数运动员在月经结束后第一周或第二周会出现较好成绩，高达60%以上；其次是月经中比例约10%；最差的月经前的一段时间，尤其以投掷类选手为甚。

研究显示，锻炼身体时过于消耗体力，会影响男性的生殖能力，表现为运动后精子浓度，一次射精量以及其他一些精子质量指标都有所下降，训练结束后一定时间内这些指标都会回到正常水平，但是年纪越大恢复越慢。

三、体育运动中生殖系统异常的影响

在发育过程中生殖器官发生变异，出现与正常男性和女性生殖器官不同的器官，称为两性畸形人，亦称为阴阳人。科学研究发现，世界上至少已知极少部分人不属于我们通常意义上的“男”或者“女”。有些人一出生就会发现，有些则到青春期才发现，更多的人也许一辈子都不知道。一般女性具有的染色体为XX，但有些人会有XXY或者XXX；一般男性具有的染色体为XY，而有些人会多一个或两个X，为XXY或XXXY。

生殖系统与体育专业招生和运动员选材关系密切。上海体育科学研究所曾凡辉等通过研究制定了用睾丸、阴毛、乳房的分度方法来推导男、女少年骨龄，确定发育程度的标准与图谱，以此预测发育高潮持续时间长短，用作基层教练员选材时的参考。正确诊断真两性畸形和假两性畸形，对此类人能否参加体育比赛，具体参加男性还是女性的比赛皆有实际意义。

O 思考题

通过本章的学习，对于体育教育和运动训练等专业的学生，请思考：

1. 根据生殖系统的组成及其功能，怎样才能处理好生殖系统和体育运动的关系？

通过本章的学习，对于运动人体科学和运动康复等专业的学生，除上述问题外，还请思考：

1. 食管、气管、输尿管和输精管或输卵管同属中空性器官，四者在构造上有何区别？
2. 什么是阴阳人，阴阳人如何鉴定？

第十五章　腹膜

一、概　述

腹膜为覆盖于腹、盆腔壁内和腹、盆腔脏器表面的一层薄而光滑的浆膜（图 15-1），由少量结缔组织和间皮构成，呈半透明状。

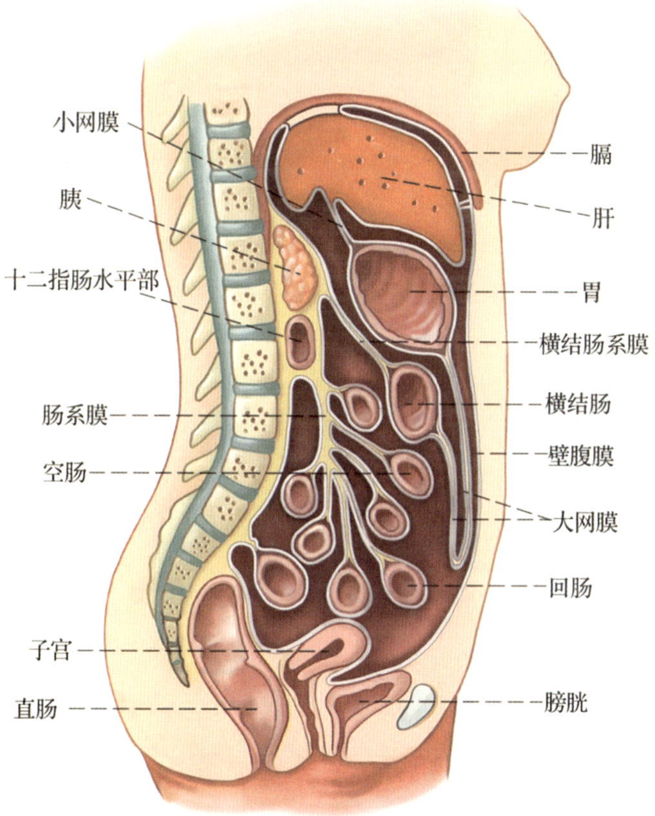

图 15-1　腹膜腔结构模式图（女性正中矢状切面）

衬于腹、盆腔壁的腹膜称为壁腹膜，由壁腹膜返折并覆盖于腹、盆腔脏器表面的腹膜称为脏腹膜。壁腹膜和脏腹膜互相延续、移行，共同围成不规则的潜在性腔隙，称为腹膜腔。腹膜腔在男性为一封闭的腔隙，在女性则借输卵管、子宫、阴道与外界相通。壁腹膜较厚，与腹、盆腔壁之间有一层疏松结缔组织，称为腹膜外组织。脏腹膜紧贴脏器表面，从组织结构和功能方面都可视为脏器的一部分，如覆盖于胃、肠表面的脏腹膜即为该器官的外膜。

腹膜具有分泌、吸收、保护、支持、修复等功能。具体为：（1）分泌少量浆液，润滑和保护脏器，减少摩擦。（2）支持和固定脏器。（3）吸收腹腔内的液体和空气等。一般认为，上腹部，特别是膈下区的腹膜吸收能力较强，这是因为该部的腹膜面积较大，腹膜外组织较少，微血管较丰富，腹膜孔（为淋巴孔的一种）较多，以及呼吸运动的影响较明显。（4）防御功能。腹膜和腹膜腔内浆液中含有大量的巨噬细胞，可吞噬细菌和有害物质。（5）腹膜有较强的修复和再生能力，所分泌的浆液中含有纤维素，可促进伤口的愈合和炎症的局限化。

二、腹膜与腹、盆腔脏器的关系

根据脏器被腹膜覆盖的范围大小，可将腹、盆腔脏器分为三类，即腹膜内位、间位和外位器官（图 15–1）。

（一）腹膜内位器官

表面几乎完全被腹膜所覆盖的器官为腹膜内位器官，包括胃、十二指肠上部、空肠、回肠、盲肠、阑尾、横结肠、乙状结肠、脾、卵巢和输卵管等。

（二）腹膜间位器官

表面大部分被腹膜覆盖的器官为腹膜间位器官，包括肝、胆囊、升结肠、降结肠、子宫、充盈的膀胱和直肠上段等。

（三）腹膜外位器官

仅一面被腹膜覆盖的器官为腹膜外位器官，包括肾、肾上腺、输尿管、空虚的膀胱、十二指肠降部、下部和升部、直肠中、下段以及胰等。这些器官大多位于腹膜后间隙，又称腹膜后位器官。

三、腹膜形成的结构简介

壁腹膜与脏腹膜之间，或脏腹膜之间互相返折移行，可形成网膜、系膜和韧带等结构（图 15–1），这些结构不仅对器官起着连接和固定的作用，也是血管、神经等进入脏器的途径。

（一）网　膜

网膜是与胃小弯和胃大弯相连的双层腹膜皱襞，其间有血管、神经、淋巴管和结缔组织等。

1. 小网膜

是由肝门向下移行于胃小弯和十二指肠上部的双层腹膜结构。小网膜的左侧部分连于肝门和胃小弯之间，称为肝胃韧带。小网膜的右侧部分连于肝门和十二指肠上部之间，称为肝十二指肠韧带。小网膜的右缘游离，其后方为网膜孔，经此孔可进入网膜囊。

2. 大网膜

由四层腹膜组成，形似围裙覆盖于空、回肠和横结肠的前方，其左缘与胃脾韧带相连续。胃大弯和十二指肠上部的两层腹膜向下延伸，形成大网膜的前两层，后者降至脐平面稍下方，然后向后返折向上，形成大网膜的后两层，包绕横结肠并叠合成横结肠系膜，贴于腹后壁。连于胃大弯和横结肠之间的大网膜前两层则形成胃结肠韧带。

3. 网膜囊和网膜孔

网膜囊是小网膜和胃后方的一个扁窄间隙，又称小腹膜腔，为腹膜腔的一部分。网膜孔为网膜囊与腹膜腔之间的通道，成人可容1~2指通过。

（二）系 膜

由于壁、脏腹膜相互延续移行，形成的将器官系连固定于腹、盆壁的双层腹膜结构称为系膜，其内含有出入该器官的血管、神经及淋巴管和淋巴结等。主要的系膜有：

1. 肠系膜

是将空肠和回肠系连固定于腹后壁的双层腹膜结构，面积较大，整体呈扇形。肠系膜的肠缘系连空、回肠，长达5~7m，由于肠系膜根和肠缘的长度相差悬殊，因此有利于空、回肠的活动，对消化和吸收有促进作用。肠系膜的两层腹膜间含有肠系膜上血管及其分支、淋巴管、淋巴结、神经丛和脂肪等。

2. 阑尾系膜

呈三角形，将阑尾系连于肠系膜下方。阑尾的血管走行于系膜的游离缘，故阑尾切除时，应从系膜游离缘进行血管结扎。

3. 横结肠系膜

是将横结肠系连于腹后壁的横位双层腹膜结构。横结肠系膜内含有中结肠血管及其分支、淋巴管、淋巴结和神经丛等。

4. 乙状结肠系膜

是将乙状结肠固定于左下腹的双层腹膜结构。该系膜较长，故乙状结肠活动度较大。系膜内含有乙状结肠血管、直肠上血管、淋巴管、淋巴结和神经丛等。

（三）韧 带

腹膜形成的韧带是指连接腹、盆壁与脏器之间或连接相邻脏器之间的腹膜结构，多数为双层，少数为单层腹膜构成，对脏器有固定作用。有的韧带内含有血管和神经等。

1. 肝的韧带

肝脏面有肝胃韧带、肝十二指肠韧带和肝圆韧带裂内的肝圆韧带；肝上面有镰状韧带、冠状韧带和左、右三角韧带。

2. 脾的韧带

包括胃脾韧带、脾肾韧带和膈脾韧带。

3. 胃的韧带

包括肝胃韧带、胃脾韧带、胃结肠韧带和胃膈韧带。

此外，在膈与结肠左曲之间还有膈结肠韧带。

（四）腹膜襞、腹膜隐窝和陷凹

腹、盆壁与脏器之间或脏器与脏器之间腹膜形成的皱襞（皱褶）称为腹膜襞，其深部常有血管走行。在腹膜襞之间或腹膜襞与腹、盆壁之间形成的凹陷称为腹膜隐窝，较大的隐窝称为陷凹。

1. 腹后壁的腹膜襞和隐窝

在胃后方、十二指肠、盲肠和乙状结肠周围有较多的腹膜襞和隐窝。常见的腹膜襞和隐窝有：十二指肠上襞、十二指肠上隐窝、十二指肠下隐窝、十二指肠下襞、盲肠后隐窝、乙状结肠间隐窝和肝肾隐窝。

2. 腹前壁的腹膜襞和隐窝

腹前壁内面有五条腹膜襞，均位于脐下，即脐正中襞，一对脐内侧襞，一对脐外侧襞。在腹股沟韧带上方，上述五条腹膜襞之间形成三对浅凹，即膀胱上窝、腹股沟内侧窝和腹股沟外侧窝。

3. 腹膜陷凹

主要的腹膜陷凹位于盆腔内，为腹膜在盆腔脏器之间移行返折形成。男性有直肠膀胱陷凹。女性有膀胱子宫陷凹和直肠子宫陷凹。

O 思考题

通过本章的学习，对于体育教育和运动训练等专业的学生，请思考：

1. 腹膜的概念，并思考腹膜有什么功能。

通过本章的学习，对于运动人体科学和运动康复等专业的学生，除上述问题外，还请思考：

1. 根据腹膜与腹盆腔脏器的关系，可将腹盆腔脏器分为哪几类?每种类型举出5个以上的脏器。

脉管系统

脉管系统包括心血管系统和淋巴系统，心血管系统内流动着血液，淋巴系统内流动着淋巴液，是一套封闭的连续性管道系统，分布于人体各部。该系统的功能相当于人体内的运输部门，通过血管、淋巴管以及其内部流动的血液与淋巴液这些载体，将全身消化与吸收、呼吸、内分泌、代谢所需物质或产生的产物，运送到相应的部位，保持人体各部器官、组织和细胞生命活动的需要。此外，脉管系统还具有内分泌功能，如心肌细胞、血管平滑肌和内皮细胞可分别产生和分泌心房钠尿肽、内皮素和血管紧张素等多种生物活性物质，参与机体多种功能的调节。脉管系统的血流动力学变化对人体的稳态产生重要影响。

第十六章　心血管系统

第一节　心血管系统概述

心血管系统由心脏和血管组成，其主要功能是将消化管吸收的营养物质和肺吸收的 O_2 及内分泌腺和分散在体内各处的内分泌组织所分泌的激素与生物活性物质经血管运送到全身器官的细胞、组织和相应的靶器官，实现对人体的功能调节；同时将细胞和组织的代谢产物、多余的水及 CO_2 等运送到肾、肺和皮肤等器官排出体外，以保证机体新陈代谢的不断运转，维持人体内环境的动态平衡，保证生理活动的正常进行。

一、心血管系统的组成

心血管系统由心脏、动脉、毛细血管和静脉组成，是一套封闭的连续性的管道系统，血液在其中循环流动（图 16–1）。

（一）心　脏

心脏是中空性的肌性器官，主要由心肌构成，是心血管系统的动力装置，并且还具有内分泌功能。在神经和体液的调节下，心脏有节律地搏动，像“水泵”一样将血液从静脉血管中抽回心房，再由心室射向动脉血管，使血液周而复始的运动。

（二）动　脉

动脉起自心室，终于毛细血管的动脉端，是运送血液离心的管道。动脉在行程中不断分支，根据分支管径的大小分为大、中、小动脉和微动脉，最后移行为毛细血管。

（三）毛细血管

毛细血管是连于动、静脉末梢间的管道，数量多，相互交织成网，分布广泛。毛细血管内血流缓慢，是血液与血管外组织液进行物质交换的场所。

态平衡。

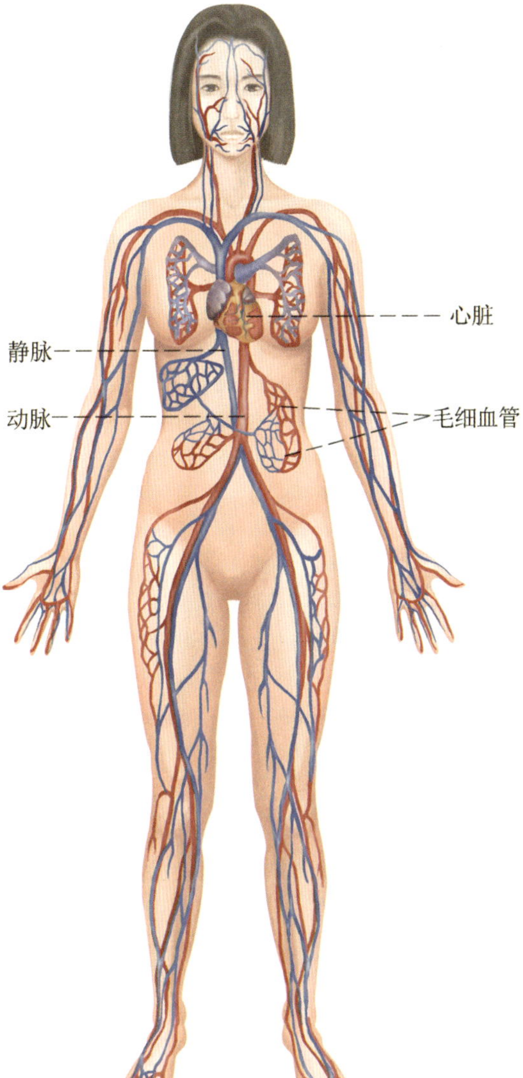

图 16-1　心血管系统模式图

(四) 静　脉

静脉起自毛细血管的静脉端，终止于心房，是引导血液回心的血管。小静脉由毛细血管汇合而成，在向心回流过程中不断接受属支，逐渐汇合成中静脉、大静脉，最后注入心房。静脉内血流速度虽较动脉慢，但静脉血管的数量较同行动脉多，从而保证心脏内血流量的动态平衡。

二、血液循环的途径

血液由心室射出，经动脉各级分支流至全身毛细血管进行物质交换，再经各级静脉的属支返回心房，周而复始地循环流动称为血液循环。

人体的血液循环，根据其循环途径和功能的不同，可以分为体循环和肺循环（图 16–2），这两种循环同时进行，血流量相等。

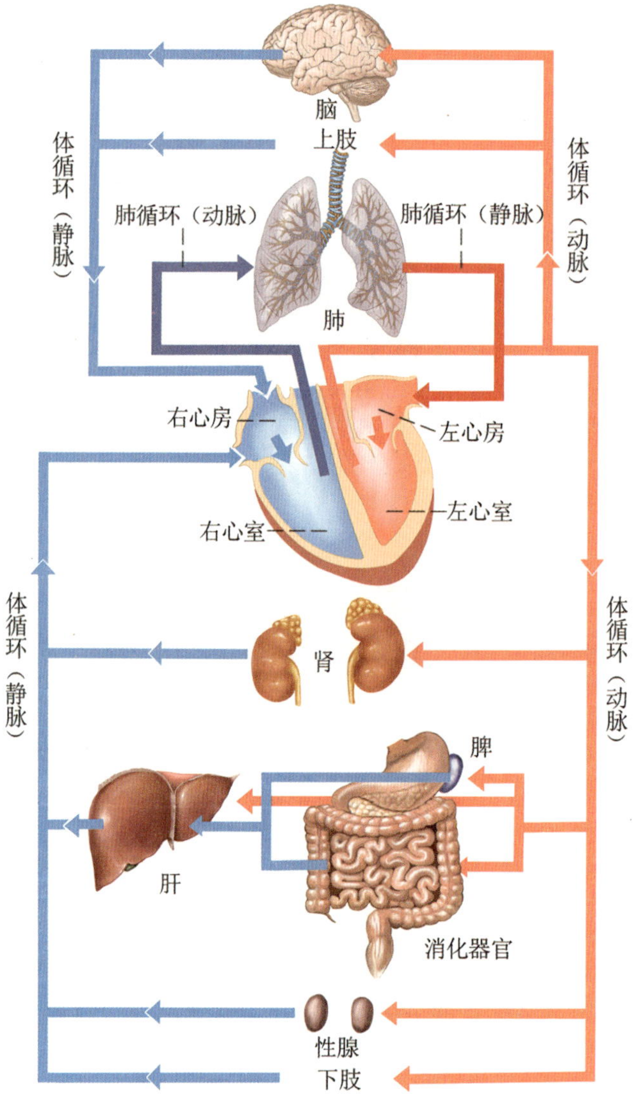

图 16–2 血液循环示意图

（一）体循环

当心室收缩时，含营养物质和 O_2 较多的动脉血由左心室搏出，经主动脉及其各级分支到达全身毛细血管，血液在此与周围的组织、细胞进行物质和气体交换，将代谢产物和 CO_2 等带回血液，血液变成静脉血，再通过各级静脉属支，最后经上、下腔静脉及心脏冠状窦返回右心房，这一循环途径称体循环。

体循环的主要特点是循环途径长，流经范围广，以动脉血滋养全身各部，而将代谢终产物以静脉血运回心脏，因此又称大循环。

（二）肺循环

当右心室收缩时，体循环回流的静脉血由右心室搏出，经肺动脉干及其各级分支到达肺泡毛细血管进行气体交换，再经肺静脉各级属支汇合成肺静脉进入左心房，这一循环途径称肺循环。

肺循环的特点是循环路程较短，流经范围小，主要功能是使含 CO_2 的静脉血转变成含 O_2 丰富的动脉血，故又称小循环。

人体的体循环和肺循环虽然路径不同功能各异，但都是人体整个血液循环的一个组成部分。血液循环路径中，任何一部分发生病变都会影响血液循环的正常进行。

三、血管吻合及其功能意义

人体的血管除经动脉–毛细血管–静脉相通连外，在动脉与动脉之间，静脉与静脉之间、动脉与静脉之间，可借血管支（吻合支或交通支）彼此连结，形成血管吻合（图 16–3）。

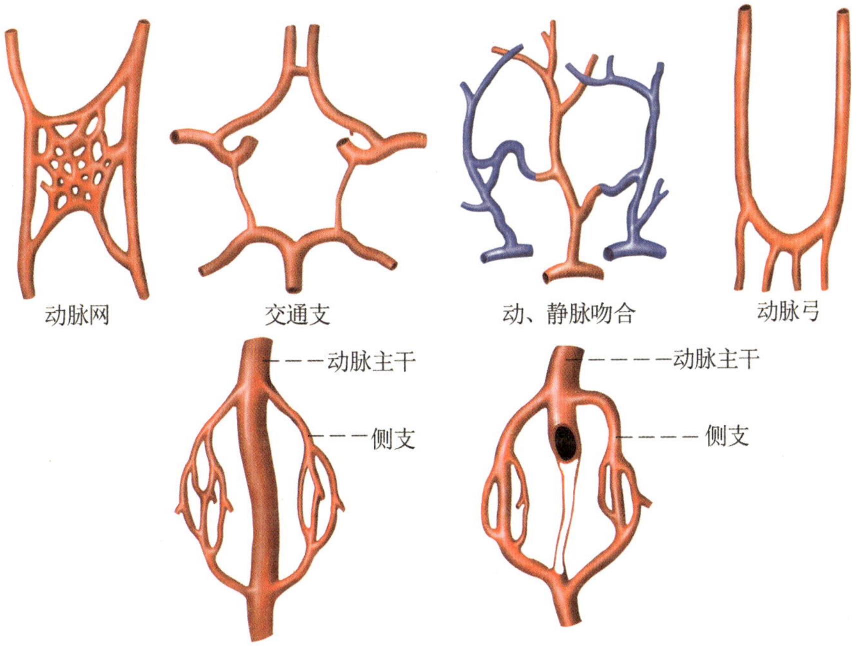

图 16–3 血管吻合和侧支循环示意图

（一）动脉间吻合

两条动脉干之间借交通支相连所构成的血管连接方式称动脉间吻合，如脑底动脉之间。在经常活动或易受压部位，相邻近的多条动脉分支常互相吻合成动脉网，如关节网。在时常改变形态的器官，两动脉末端或其分支可直接吻合形成动脉弓，如掌深弓、掌浅弓和胃小弯动脉弓等。这些吻合都有缩短循环时间和调节血流量的作用。

（二）静脉间吻合

两条静脉干之间借交通支相连所构成的血管连接方式称静脉间吻合。静脉吻合比动脉丰富，除具有和动脉相似的吻合形式外，常在脏器周围或脏器壁内形成静脉丛，以保证在脏器扩大或腔壁受压时血流通畅。

（三）动静脉吻合

动静脉吻合是指小动脉和小静脉间以吻合血管直接连结的血管连接形式。体内的许多部位，如指尖、趾端、唇、鼻、外耳皮肤和生殖器勃起组织等，小动脉和小静脉之间可借血管支直接相连，形成小动静脉吻合。这种吻合具有缩短循环途径，调节局部血流量和体温的作用。

（四）侧支吻合

有的血管主干在行程中发出与其平行的侧副支，它与同一主干远端发出的侧副支彼此吻合，称侧支吻合。正常状态下侧副管比较细小，但当主干阻塞时，侧副管逐渐增粗，血流可经扩大的侧支吻合到达阻塞以下的血管主干，使血管受阻区的血液循环得到不同程度的代偿恢复。这种通过侧支建立的循环称为侧支循环或侧副循环。侧支循环的建立显示了血管的适应能力和可塑性，对于保证器官在病理状态下的血液供应有重要意义。

（五）微循环

微循环是指微动脉和微静脉之间微细血管中的血液循环，主要由微动脉、微静脉、毛细血管前微动脉、真毛细血管、中间微动脉、直捷通路等部分组成，是血液循环的基本功能单位（图 16–4）。

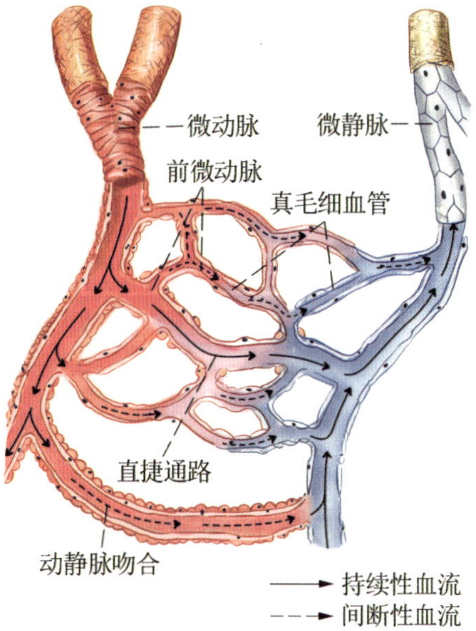

图 16–4　微循环示意图

第二节　心　脏

心脏是中空性、肌性器官，主要由心肌组织构成。通过心传导系的调控，心室肌和心房肌交替收缩与舒张，把心室内的血液“泵”到动脉血管，把静脉血管内的血液“抽”到心房，从而形成血液循环的主要动力系统。同时，心脏还是一个重要的内分泌器官，其分泌的激素参与人体各种功能的调节。

一、心脏的位置和外形

（一）心脏的位置

心脏是血液循环的动力器官，周围由心包包被，斜位于胸腔下纵隔的中纵隔内。其约2/3位于正中线的左侧，1/3位于正中线的右侧，前方对向胸骨体和第2~6肋软骨；大部分被肺和胸膜遮盖；后方平对第5~8胸椎，邻食管、迷走神经和胸主动脉；两侧与胸膜腔和肺相邻；上方与出入心脏的升主动脉、肺动脉和上腔静脉相连；下方邻膈（图16–5）。

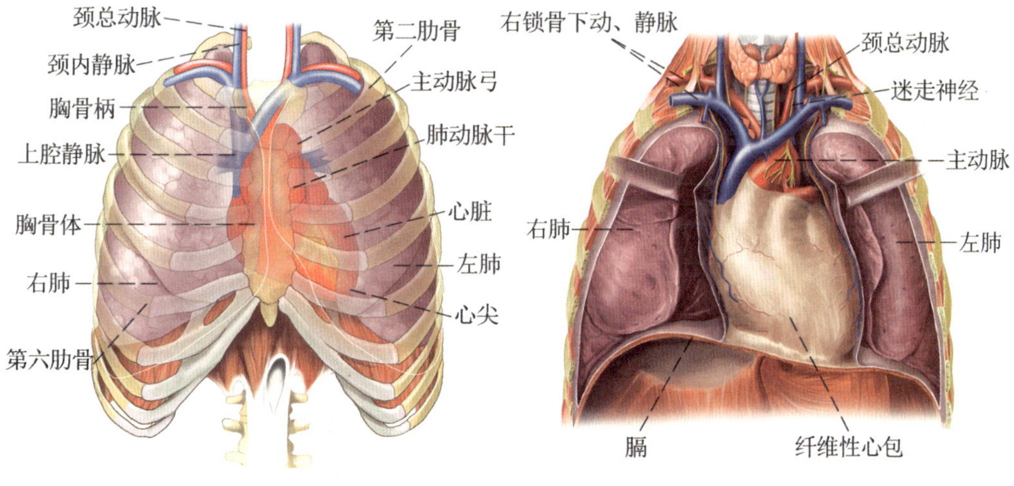

图16–5　心脏的位置和毗邻

（二）心脏的形态

心脏形似倒置的、前后稍扁的圆锥体，大小相当于本人拳头，成年男性正常心脏重量约284±50g，女性258±49g。心脏可分为一尖、一底、两面和三缘，表面有四条沟（图16–6）。

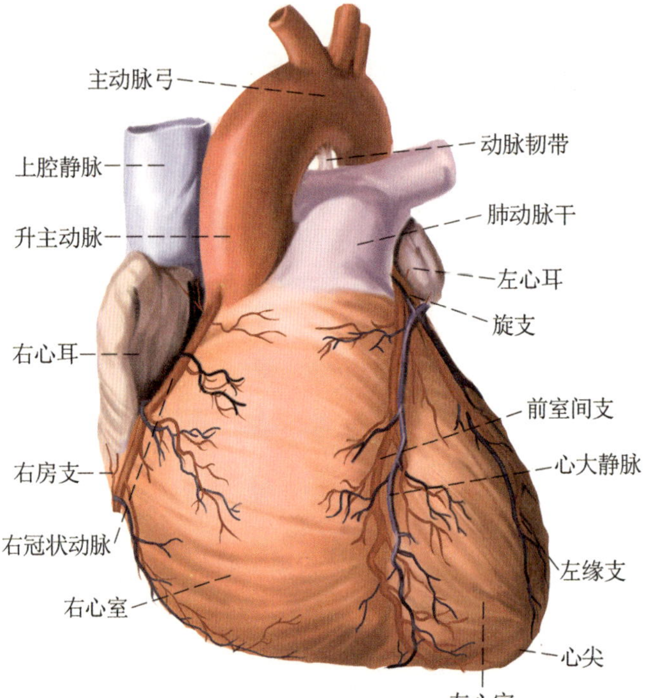

前面观

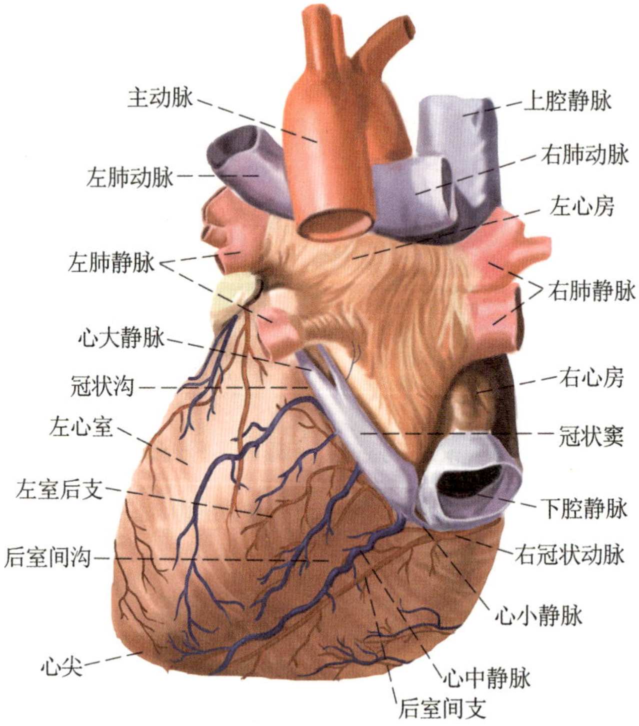

后面观

图 16-6　心脏的外形和血管

1. 心　尖

由左心室构成，圆钝、游离，朝向左前下方，在左侧第 5 肋间隙锁骨中线内侧 1~2cm 处，可扪及心尖搏动。

2. 心　底

主要由左心房和小部分的右心房构成，朝向右后上方。上、下腔静脉分别从上、下方注入右心房；左、右肺静脉分别从左、右侧注入左心房。

3. 两　面

包括胸肋面（前面）和膈面（下面）。前者朝向前上方，大部分由右心房和右心室构成，一小部分由左心耳和左心室构成；后者几乎呈水平位，朝向下方并略朝向后，大部分由左心室，一小部由右心室构成。

4. 三　缘

包括左缘、右缘和下缘。其中下缘（锐缘）介于膈面与胸肋面之间，接近水平位，由右心室和心尖构成；左缘（钝缘）居胸肋面与肺之间，绝大部分由左心室构成；右缘不明显，由右心房构成。

5. 四条沟

心脏表面有冠状沟（房室沟）、前室间沟、后室间沟和后房间沟等四条沟可作为心腔的表面分界。

（1）冠状沟（房室沟）：几乎呈冠状位，近似环形，前方被肺动脉干所中断，该沟将右上方的心房和左下方的心室分开。

（2）前室间沟：从冠状沟走向心尖的浅沟，与室间隔的前缘一致，为左、右心室在胸肋面的表面分界。

（3）后室间沟：亦是从冠状沟走向心尖的浅沟。与室间隔下缘一致，为左、右心室在膈面的表面分界。

前、后室间沟在心尖右侧的汇合处稍凹陷，称心尖切迹。冠状沟和前、后室间沟内被冠状血管和脂肪组织等填塞。在心脏表面，沟的轮廓不是很清晰。

（4）后房间沟：位于心底部，右心房与右上、下肺静脉交界处的浅沟称后房间沟，是左、右心房在心表面的分界。

后房间沟、后室间沟与冠状沟三者的相交处称房室交点，是心表面的一个重要标志。也是左、右心房与左、右心室在心后面相互交汇部位，其深面有重要的血管和神经等结构。

二、心　腔

心脏是一个中空的肌性器官，由心壁围成的腔，称心腔。心腔被房间隔和室间隔分成右心房、右心室和左心房、左心室四个腔，同侧心房和心室借房室口相通。右心房和右心室构成右心，左心房和左心室构成左心；左、右心之间互不相通。

由于心脏在发育过程中出现沿心纵轴的轻度向左旋转，故左心位于右心的左后方。

(一) 右心房

右心房（图 16–7）位于心脏的右后上部，壁薄而腔大，接受全身流回心脏的静脉血，收缩时将血压入右心室。

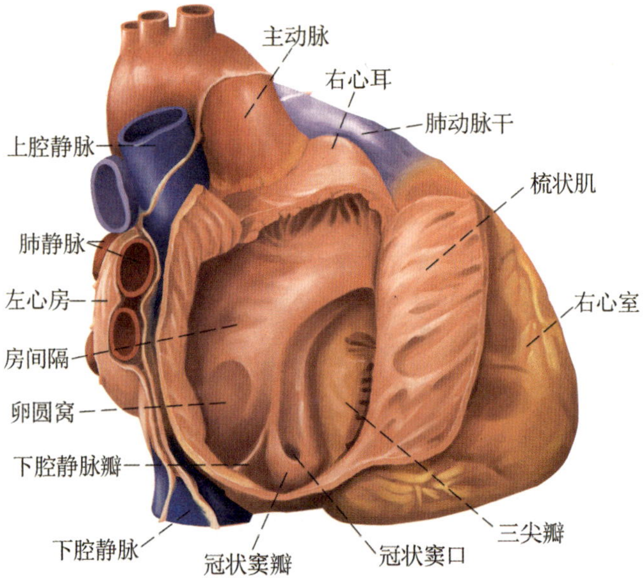

图 16–7　右心房内面观

右心房可分为前部的固有心房和后部的腔静脉窦两部分。两者表面以上、下腔静脉口前缘和右心房上、下纵行的浅沟，即界沟分界；内部则以与界沟相对应的纵行肌隆起，即界嵴为界。

1. 固有心房

固有心房构成右心房的前部，其内面有许多起自界嵴、行向前外侧大致平行排列的梳状肌。右心房的左前方突出部分称右心耳，在心耳处，肌束交错呈网，似海绵状。当心功能发生障碍时，心耳处血液更为缓慢，易淤积形成血栓。

2. 腔静脉窦

腔静脉窦位于右心房的后部，内壁光滑，无肌性隆起。内有三个入口和一个出口，入口为上腔静脉口、下腔静脉口和冠状窦口；出口为右房室口。

上腔静脉口开口于腔静脉窦的上部，下腔静脉口开口于腔静脉窦的下部。在下腔静脉口的前缘有胚胎时残留的下腔静脉瓣。冠状窦口位于下腔静脉口与右房室口之间，相当于房室交点的深面。窦口后缘有冠状窦瓣。心脏大部分静脉血回流至冠状窦。此外，在右心房的许多部位还可见一些直径小于 0.5mm 的小孔，为心腔最小静脉的开口。

右心房内侧壁的后部主要由房间隔形成。房间隔右侧面中下部有一卵圆形凹陷，称卵圆窝，为胚胎时期卵圆孔闭合后的遗迹，此处薄弱，是房间隔缺损的好发部位。

右心房的冠状窦口前内缘、三尖瓣隔侧尖附着缘和 Todaro 腱之间的三角区，称考克

(Koch) 三角。Todaro 腱为下腔静脉口前方心内膜下可触摸到的一个腱性结构，向前经房间隔附着于中心纤维体（右纤维三角），向后与下腔静脉瓣相延续。

右心房的出口为右房室口，右心房的血液由此流入右心室。

（二）右心室

右心室（图 16-8）位于右心房的前下部，构成心脏胸肋面的大部分。接受由右心房流入的静脉血，收缩时将血液压入肺动脉。

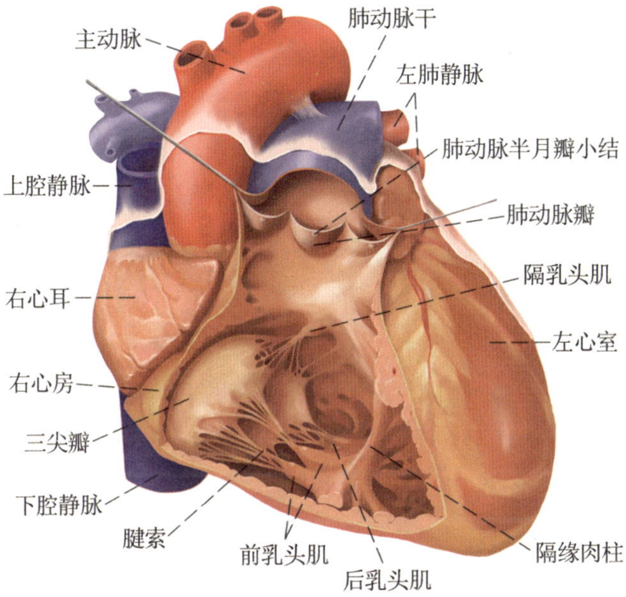

图 16-8　右心室内面观

右心室腔被右房室口与动脉口之间的弓形肌性隆起，即室上嵴分成后下方的右心室流入道（窦部）和前上方的流出道（漏斗部）两部分。

1. 右心室流入道

右心室流入道又称固有心腔或窦部，从右房室口延伸至右心室尖，呈卵圆形。室壁有许多纵横交错的肌性隆起，称肉柱，故腔面凸凹不平。基部附着于室壁，尖端突入心室腔的锥体形肌隆起，称乳头肌。右心室乳头肌可分为前、后和隔侧 3 群。在隔侧一个较大的圆锥状（锥状）乳头肌的后下方有心传导系房室束的右束支通过。前乳头肌根部有一条肌束横过室腔至室间隔下部，称隔缘肉柱（又称节制索）为右心室流入道的下界，有防止心室过度扩张的功能。

右心室流入道的入口为右房室口，呈卵圆形，其周围由致密结缔组织构成的三尖瓣环（即纤维环）围绕。三尖瓣又称右房室瓣，基底附着于三尖瓣环上，瓣膜游离缘垂入心室腔。瓣膜被 3 个深陷的切迹分为三片类似三角形的瓣叶，依据位置分别称前尖、后尖和隔侧尖。三尖瓣的游离缘和心室面借腱索连于乳头肌。当心室收缩时，由于三尖瓣环缩小以及血液推动，使三尖瓣关闭，乳头肌收缩和腱索牵拉，使瓣膜不致翻向心房，从而防止血液倒流入右心房。三尖瓣环（纤维环）、三尖瓣、腱索和乳头肌在结构和功能上是一个整体，密切关联，共同保证血液的单向流动，称三尖瓣复合体。

2. 右心室流出道

右心室流出道，又称动脉圆锥或漏斗部，位于窦部左上方，内壁光滑无肉柱，呈锥体状，其上端借肺动脉口通向肺动脉干。肺动脉口周缘有3个彼此相连的半月形纤维环称为肺动脉瓣环，环上附有3个半月形的肺动脉瓣，瓣膜游离缘朝向肺动脉干方向，其中点的增厚部分称为半月瓣小结。肺动脉瓣与肺动脉壁之间的袋状间隙称肺动脉窦。当心室收缩时，血液冲开肺动脉瓣进入肺动脉干；当心室舒张时，肺动脉窦被倒流的血液充盈，使3个瓣膜相互靠拢，肺动脉口紧密关闭，阻止血液反流入心室（图16–9）。

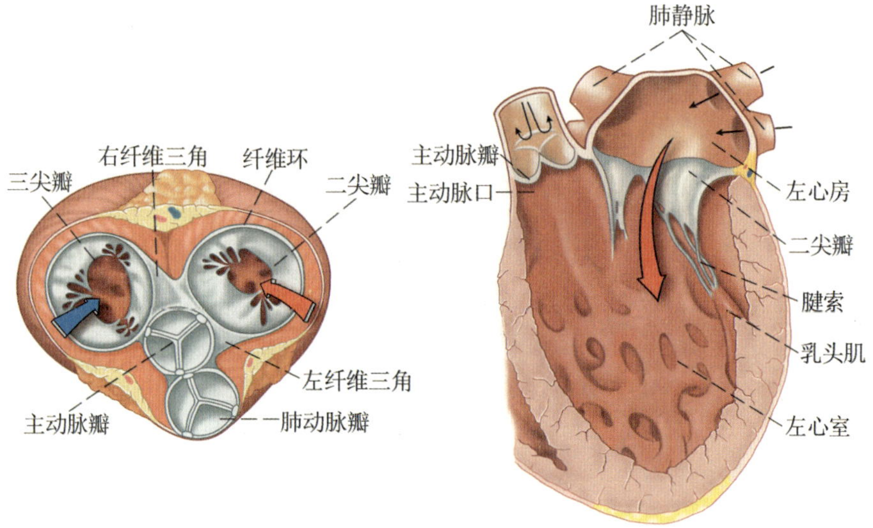

心房收缩，房室瓣开放，血液流向心室

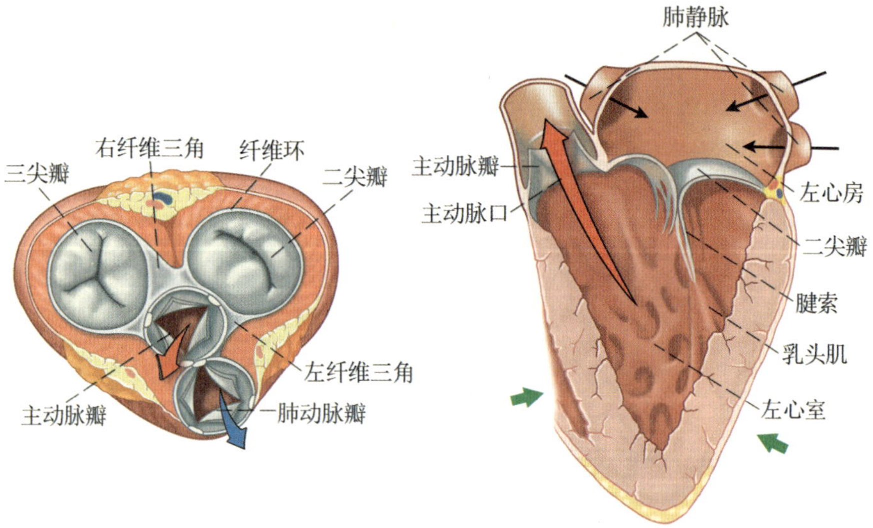

心室收缩，动脉瓣开放，血液流向主动脉和肺动脉

图16–9　心瓣膜和纤维环（上面观）

（三）左心房

左心房（图 16–10）位于右心房的左后上方，构成心底的大部，是四个心腔中最靠后的部分。前方有升主动脉和肺动脉，后方与食管相毗邻。接受肺部流回心脏的动脉血，收缩时将血液注入左心室。左心房可分为前部的左心耳和后部的左心房窦。

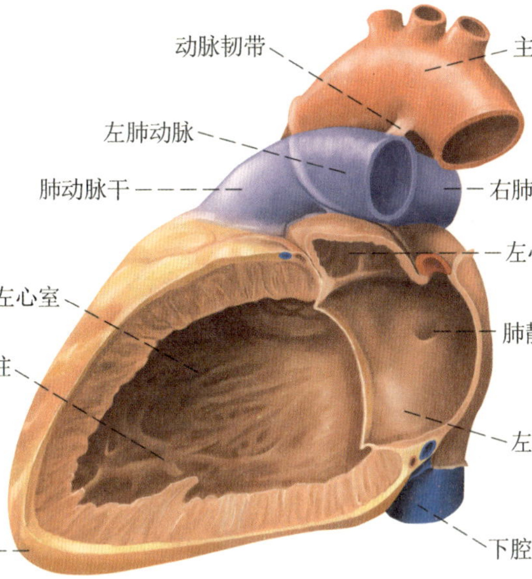

图 16–10　左心房和左心室内面观

1. 左心耳

左心耳是左心房前部向右前方突出的部分，较右心耳狭长。内壁有梳状肌而凹凸不平，但梳状肌不如右心耳发达且分布不匀。

2. 左心房窦

左心房窦又称固有心房。腔面光滑，有五个开口，流入口是四个肺静脉口，位于其后壁两侧，左、右各一对，开口处无静脉瓣，但心房肌可围绕肺静脉延伸 10~20mm，称心肌袖，具有括约肌的功能。流出口一个即左房室口，通左心室。

（四）左心室

左心室（图 16–11），位于右心室的左后方，腔面近似圆锥形，室壁厚约 9~12mm，约为右室壁厚度的 3 倍。接受由左心房流入的动脉血，收缩时将血液压入主动脉。

左心室腔以二尖瓣前尖为界分为左后方的流入道（窦部）和右前方的流出道（主动脉前庭）两部分。

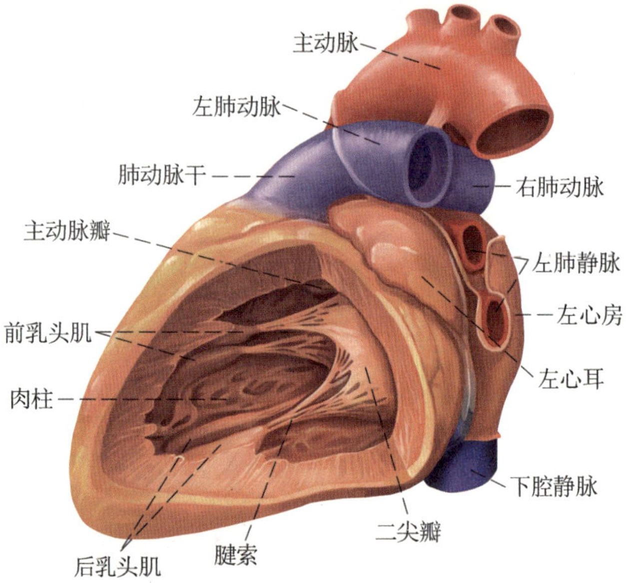

图 16-11　左心室内面观

1. 左心室流入道

左心室流入道，又称为左心室窦部，位于二尖瓣前尖的左后方，是左心室左下方较大的区域。入口为左房室口，口周围有致密结缔组织环二尖瓣环（即纤维环），此环较三尖瓣环略小。环上有两片近似三角形的瓣膜，称二尖瓣又称左房室瓣（图 16-9）。二尖瓣分前尖和后尖两个瓣膜，二者借助腱索附着于乳头肌上。二尖瓣环、二尖瓣、腱索和乳头肌在结构和功能上是一个整体，彼此密切关联，共同保证血液的单向流动。当心室收缩时，由于二尖瓣环缩小以及血液的推动，使二尖瓣紧闭，因乳头肌收缩和腱索牵拉，瓣膜不至于翻向心房，从而防止血液不至于倒流入左心房。

2. 左心室流出道

左心室流出道，又称主动脉前庭或主动脉圆锥，是左心室的前内侧部分，室壁光滑无肉柱，缺乏伸展性和收缩性。流出道的上界为主动脉口，位于左房室口的右前方，口周围的纤维环称主动脉瓣环，环上附有 3 个半月形的瓣膜，称为主动脉瓣。每个瓣膜相对的主动脉壁向外膨出，半月瓣与主动脉壁之间的袋状间隙为主动脉窦。

冠状动脉口一般位于主动脉窦内主动脉瓣游离缘以上。当心室收缩主动脉瓣开放时，瓣膜未贴附窦壁，进入窦内的血液形成小涡流，这样不仅有利于心室射血后主动脉瓣立即关闭，还可保证无论在心室收缩或舒张时都不会影响足够的血液流入冠状动脉，从而保证心肌有充分的血液供应。

三、心脏的构造

（一）心纤维性支架

心纤维性支架，又称心纤维骨骼，位于左、右房室口、肺动脉口和主动脉口的周围，由致密结缔组织构成，质地坚韧而富有弹性，为心肌纤维和心瓣膜提供了附着处，在心肌运动中起支持和稳定作用。

心纤维性支架包括四个瓣的纤维环（肺动脉瓣环、主动脉瓣环、二尖瓣环和三尖瓣环）、左与右纤维三角、圆锥韧带、室间隔膜部和瓣膜间隔等。其中右纤维三角（又称中心纤维体）位于二尖瓣环、三尖瓣环和主动脉右后瓣环之间；左纤维三角位于主动脉左瓣环与二尖瓣环之间，其与右纤维三角发出的纤维带共同形成二尖瓣环。二尖瓣环、三尖瓣环和主动脉瓣环彼此靠近；而肺动脉瓣环位于较高平面，借圆锥韧带与主动脉瓣环相连。室间隔膜部位于室间隔上部，心房与心室交界部位。

（二）心　壁

心壁由心内膜、心肌层和心外膜三层结构组成。

1. 心内膜

心内膜是被覆于心房与心室内面的一层滑润的膜，由内皮和内皮下层构成。内皮与大血管的内皮相延续，心瓣膜是由心内膜向心腔内折叠而成。

2. 心肌层

心肌层是构成心壁的主要部分，包括心房肌和心室肌（图 16-12）。心房肌和心室肌均附着于心纤维支架，并被其分开而互相不延续，故心房和心室可不同时收缩。

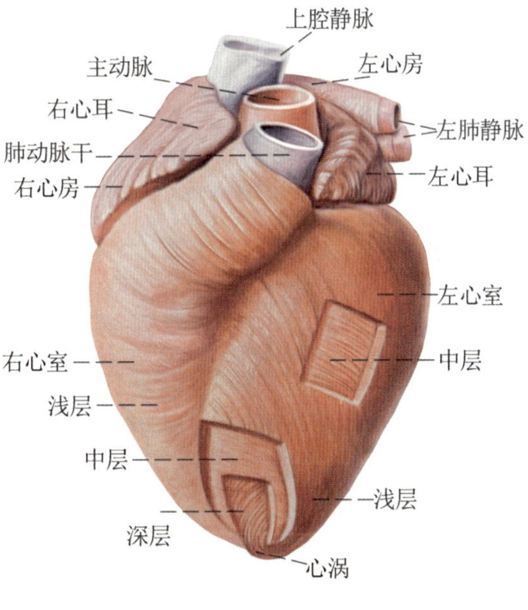

图 16-12　心肌层

3. 心外膜

心外膜，被覆于心肌表面，即浆膜性心包的脏层。表面被覆一层间皮，由扁平上皮细胞组成。间皮深面为薄层结缔组织，在大血管与心脏连通处，结缔组织与血管外膜相连。

（三）心间隔

心间隔把心脏分隔为容纳动脉血的左心和容纳静脉血的右心，二者之间互不相通（图16–13）。

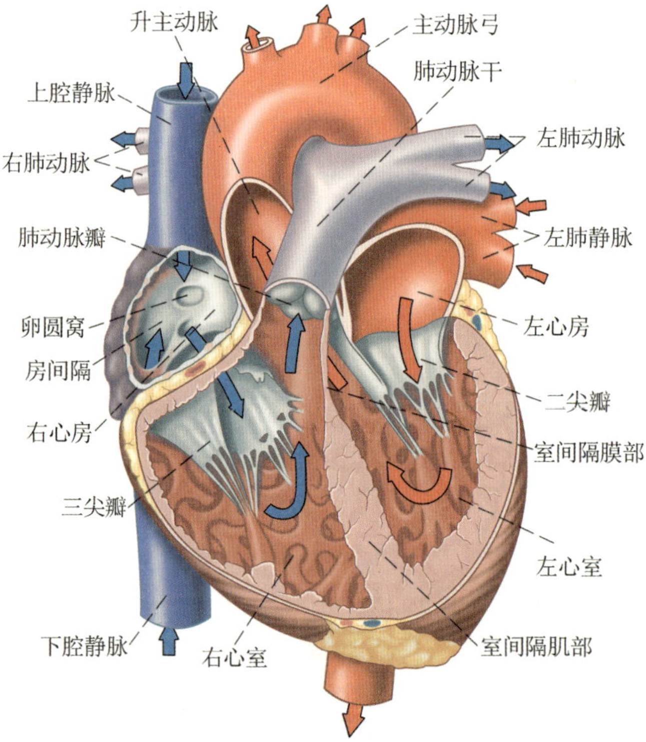

图 16–13　房间隔与室间隔及心脏内血流方向

1. 房间隔

房间隔，又称房中隔，位于左、右心房之间，由两层心内膜中间夹以结缔组织和少量心肌纤维构成。

2. 室间隔

室间隔，又叫室中隔，位于左、右心室之间与房间隔方向一致。室间隔上方中部为膜部，是室间隔上部中缺乏肌质的卵圆形薄膜；下方为肌部，占据室间隔的大部分，由肌组织覆盖心内膜而成。

3. 房室隔

房室隔为房间隔和室间隔之间的过渡、重叠区域，其右侧面全部属于右心房，左侧面则属左心室流入道后部和流出道前部。

四、心传导系

心传导系（图 16–14）是由特殊分化的心肌细胞构成，具有自律性和传导性，其主要功能是产生和传导冲动，控制心的节律性活动。心传导系包括：窦房结、结间束、房室交界区、房室束、左、右束支和浦肯野氏纤维网（purkinje）。

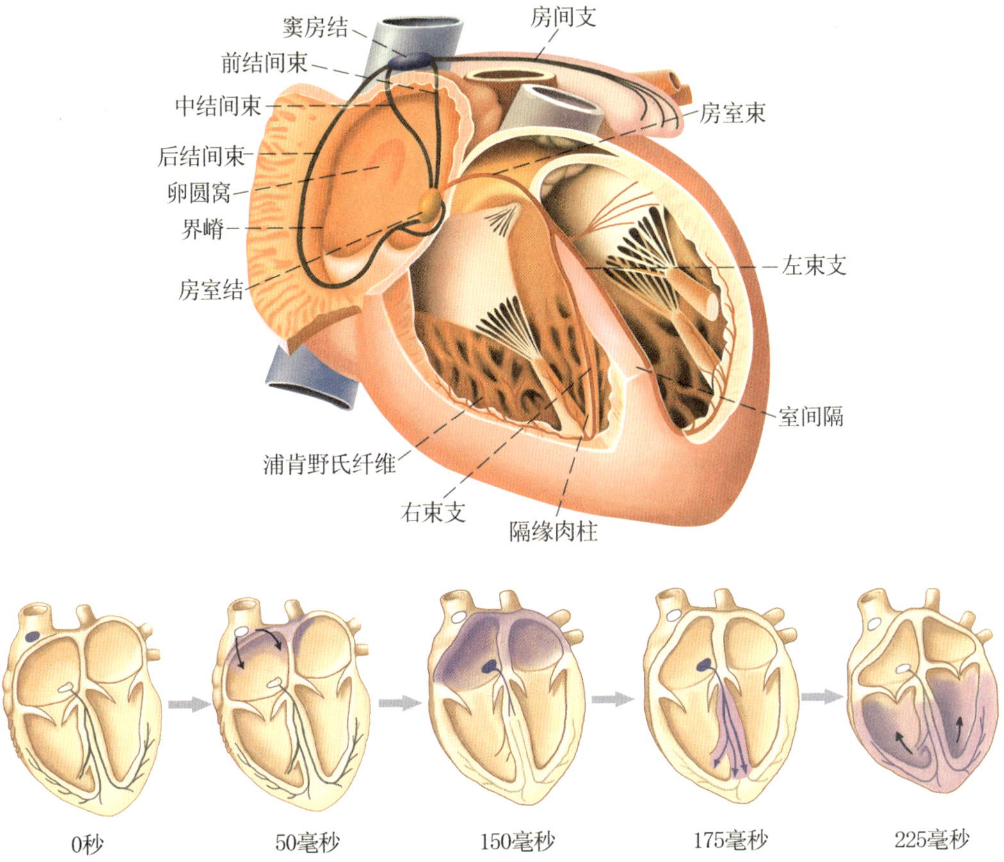

图 16–14　心传导系模式图

（一）窦房结

窦房结是心脏的正常起搏点。窦房结呈长梭形（或半月形），位于上腔静脉与右心房交界处的界沟上 1/3 的心外膜深面，窦房结内的细胞主要有起搏细胞和过渡细胞。

（二）结间束

关于窦房结产生的冲动如何传至左、右心房和房室结，长期以来一直未有定论。20 世纪 60 年代初，James 等提出窦房结和房室结之间有特殊传导束相连，结间束有前、中、后 3 条，左、右心房之间亦有房间束相连，但这些纤维束迄今尚无公认的显示方法。

（三）房室结

房室结呈椭圆形，位于冠状沟口与右房室口之间、Koch 三角的尖端。房室结及其相邻结构（房室结的心房扩展部和房室束的近侧部）合称房室交界区，是心传导系在心房与心室互相连接部位。房室交界区将来自窦房结的兴奋延搁并下传至心室，使心房和心室肌依照先后顺序分别收缩，故其为兴奋从心房传导至心室的必经之路，且为最重要的次级起搏点。

（四）房室束及左、右束支

房室束，又称 His 束，起自房室结前端，穿右纤维三角，继而走在室间隔肌性部与右纤维三角之间，向前下行于室间隔膜部的后下缘，同时左束支的纤维陆续从主干发出，最后分为右束支和左束支。

1. 左束支

呈扁带状，沿室间隔左侧心内膜下行走，其分支从室间隔上部的前、中、后 3 处分散到整个左室内面，在游离壁互相吻合成 Purkinje 纤维网，相互间无明显界限。

2. 右束支

右束支呈圆索状，起于房室束分叉部的末端，从室间隔膜部下缘的中部向前下弯行，经隔缘肉柱到达右心室前乳头肌根部分支分布至右心室壁。

（五）Purkinje 纤维网

左、右束支的分支在心内膜下交织成心内膜下 Purkinje 纤维网，与大部分心肌纤维相连，支配心肌纤维收缩。

当窦房结的起搏细胞兴奋时，将冲动经结间束传至心房肌和房室结，此时心房肌兴奋并开始收缩；随后房室结兴奋，并将冲动沿房室束及左、右束支传至心室；当左、右心室的 Purkinje 纤维网接到兴奋，并将兴奋传至心室肌时，心房肌舒张，心室肌开始收缩；在心室肌与心房肌共同舒张之后开始启动下一个心房、心室收缩与舒张周期（图 16–14）。

五、心脏的血管和神经

（一）心脏的血管

心脏的血液供应来自左、右冠状动脉；回流的静脉血，绝大部分经冠状窦汇入右心房，一部分直接流入右心房；极少部分流入左心房和左、右心室。心脏本身的血液循环称为冠状循环（图 16–6）。

1. 心脏的动脉

(1) 左冠状动脉：起于主动脉的左冠状动脉窦，经左心耳与肺动脉干之间向左前方行走，然后分为前室间支和旋支。前室间支及其分支分布于左心室前壁、前乳头肌、心尖、右心室前壁一小部分、室间隔的前 2/3 以及心传导系的右束支和左束支的前半。旋支及其分支分布于左心房、左心室前壁一小部分、左心室侧壁、左心室后壁的一部分或大部，甚至可达左心室后乳头肌，约 40%的人分布于窦房结。

(2) 右冠状动脉：起于主动脉的右冠状动脉窦，经右心耳与肺动脉干根部之间，入冠状沟右行，至房室交点处分为后室间支和右旋支。右冠状动脉一般分布于右房、右室前壁大部分、右室侧壁和后壁的全部，左室后壁的一部分和室间隔后 1/3，包括左束支的后半以及房室结（93%）和窦房结（60%）。

2. 心脏的静脉

心脏的静脉可分为浅静脉和深静脉两个系统。浅静脉起于心肌层，大部分由冠状窦收集。深静脉也起于心肌层，直接汇入心腔，以回流入右心房者居多。

冠状窦位于心脏膈面、左心房与左心室之间的冠状沟内，主要由心大静脉（收纳左心室前壁，右心室前壁的小部，左心房前外侧壁、左心耳及大动脉根部的静脉血）、心中静脉（收纳左、右心室后壁，心尖部和部分心室前壁的静脉血）、心小静脉（收纳部分右室前、后壁的静脉血）汇集而成。

此外还有心前静脉（起于右室前壁，注入右心房）和心最小静脉（位于心壁内的小静脉，直接注入各心腔）。

（二）心脏的神经

心脏的神经（图 16-15）包括交感神经、副交感神经和感觉神经。近年来免疫组织化学研究证实，心内有降钙素基因相关肽、神经降压素和 P 物质等多种肽能神经纤维，它们可能参与对心各种复杂功能的调节。

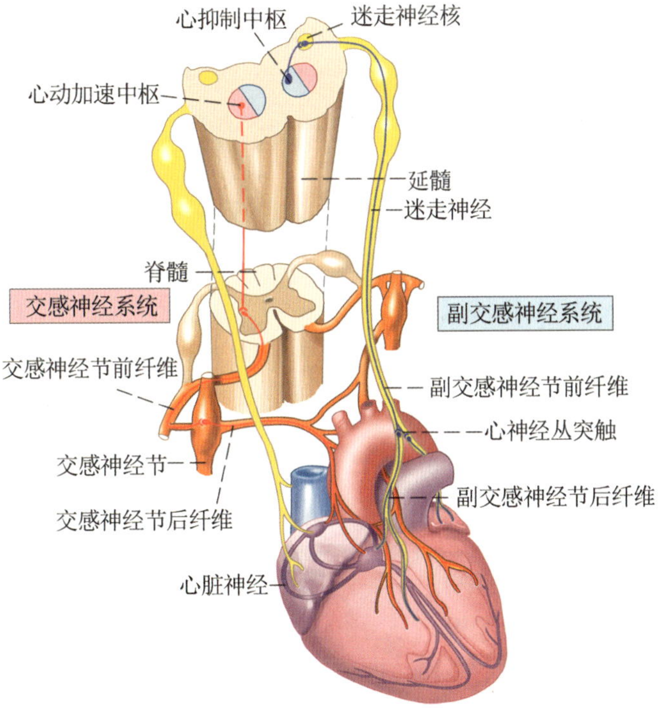

图 16-15 心脏的神经

1. **心脏的交感神经**

分布于窦房结、房室结、冠状动脉及其分支，并随其分支到达心肌。交感神经兴奋使窦房结发出冲动频率增加，房室传导加快，心房和心室收缩力加强，并使冠状动脉扩张。

2. **副交感神经**

分布至窦房结、房室结、心房和心室肌及冠状动脉。副交感神经兴奋，可抑制房室传导，使心跳变慢，降低心房和心室的收缩力，并使冠状动脉收缩。

3. **感觉神经**

传导痛觉的传入纤维与交感神经并行，传至脊髓胸1~4、5节段的灰质后角；传导血压变化和化学刺激等感觉的传入纤维随迷走神经传至延髓孤束核。

六、心　包

心包（图16–16）是包裹在心脏和出入心脏的大血管根部的圆锥形纤维浆膜囊，分内、外两层，外层为纤维心包，内层是浆膜心包。

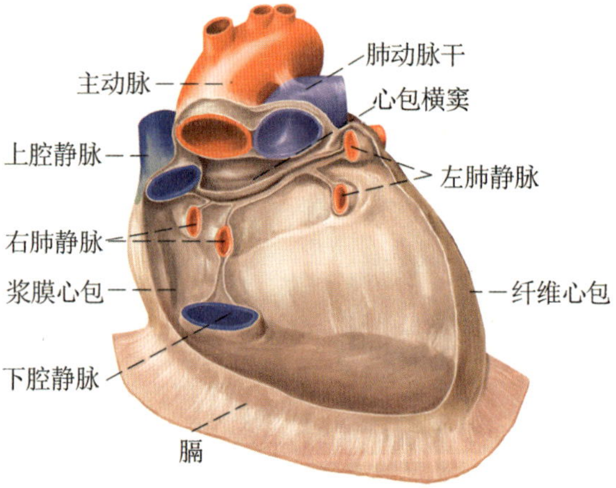

图16–16　心　包

(一)纤维心包

是由坚韧的纤维性结缔组织构成的囊。上方包裹出入心的升主动脉及肺动脉干、上腔静脉和肺静脉的根部，并与这些大血管的外膜相延续；下部附着于膈肌的中心腱上。纤维心包具有保护和限制心脏过度扩张的作用。

(二)浆膜心包

位于纤维心包的内层，薄而光滑，分为脏、壁两层。壁层衬贴于纤维心包的内面，与纤维心包紧密相贴。脏层包于心肌的表面，即为心外膜。脏、壁两层在出入心的大血管的根部互相移行，两层之间的潜在腔隙称为心包腔，内含少量浆液起润滑作用。

七、心脏的体表投影

心脏外形的体表投影的个体差异较大，也可因体位不同而发生变化。通常采用 4 点及其连线的方法来表示心脏在胸前壁的体表投影。即：①左上点：在左侧第 2 肋软骨的下缘，距胸骨侧缘约 1.2cm 处；②右上点：在右侧第 3 肋软骨上缘，距胸骨侧缘约 1cm 处；③右下点：在右侧第 7 胸肋关节处；④左下点：于左侧第 5 肋间隙，距前正中线约 7~9cm 处。

左、右上点连线为心的上界，左、右下点连线为心的下界，右上点与右下点之间微向右凸的弧形连线为心的右界，左上点与左下点之间微向左凸的弧形连线为心的左界。

心脏各瓣膜的体表投影：①肺动脉瓣（肺动脉口）：在左侧第 3 胸肋关节的稍上方，部分位于胸骨之后；②主动脉瓣（主动脉口）：在胸骨左缘第 3 肋间隙，部分位于胸骨之后；③二尖瓣（左房室口）：在左侧第 4 胸肋关节处及胸骨左半的后方；④三尖瓣（右房室口）：在胸骨正中线的后方，平对第 4 肋间隙。

第三节 血 管

一、血管概述

血管是心脏运送血液的管道，包括动脉、毛细血管和静脉。动脉和静脉，其功能虽有所不同，但二者的构造具有共同特点，即管壁均由三层膜构成（图 16-17）。其中内膜较薄，由单层扁平上皮（即内皮）构成，非常光滑，可减少血流阻力；中膜较厚，由平滑肌、弹性纤维和胶原纤维构成；外膜由疏松结缔组织构成，可防止血管过度扩张。毛细血管因其连于微动脉与微静脉之间而具有独特的结构。下文将重点介绍三类血管的构造和分布特点。

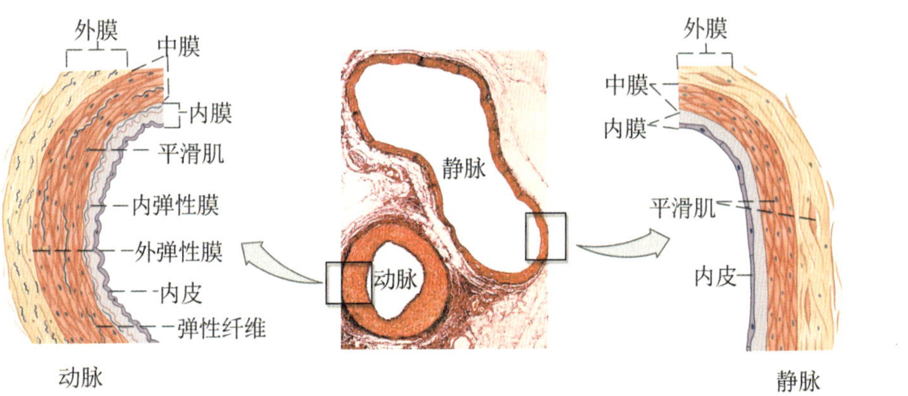

图 16-17 同型动脉和静脉管壁的构造

(一) 动 脉

1. 动脉的构造特点

动脉是从心脏运送血液到全身器官的血管，起于心室，止于毛细血管。动脉包括大动脉、中动脉、小动脉和微动脉四类。其中大动脉包括主动脉、肺动脉及髂总动脉等，管径一般大于 10mm，因其管壁内含有多层弹性膜和弹性纤维，故又称弹性动脉；中动脉是除大动脉以外在解剖学中有确切名称的动脉，管径介于 1~10mm 之间，因其管壁中平滑肌纤维丰富，故又叫肌性动脉；小动脉是管径一般介于 0.3~1mm 的动脉，其也属于肌性动脉；微动脉是管径小于 0.3mm 的动脉。

上述各类动脉，其管壁均可分为内膜、中膜和外膜，且随着管腔逐渐变小，管壁的厚度和组织结构也逐渐发生变化，其中中膜变化最为明显（表 16–1、图 16–18）。

表 16－1　各级动脉的结构特点

名称	内膜	中膜	外膜
大动脉	由内皮和内皮下层构成；内皮下层为疏松结缔组织，内含纵行胶原纤维和少量平滑肌	很厚，含有 40 ~ 70 层弹性膜和大量弹性纤维，弹性膜之间有环形排列的平滑肌和胶原纤维	较薄，由疏松结缔组织构成，含有营养血管
中动脉	由内皮和内皮下层构成；内皮下层薄	由 10 ~ 40 层环形平滑肌构成，平滑肌纤维之间有少量的弹性纤维和胶原纤维	厚度与中膜接近，由疏松结缔组织构成
小动脉	由内皮和内皮下层构成，内皮下层薄	由 3 ~ 9 层环形平滑肌构成	由疏松结缔组织构成
微动脉	由内皮和内皮下层构成，无弹性膜	由 1 ~ 2 层环形平滑肌构成	由疏松结缔组织构成，无弹性膜

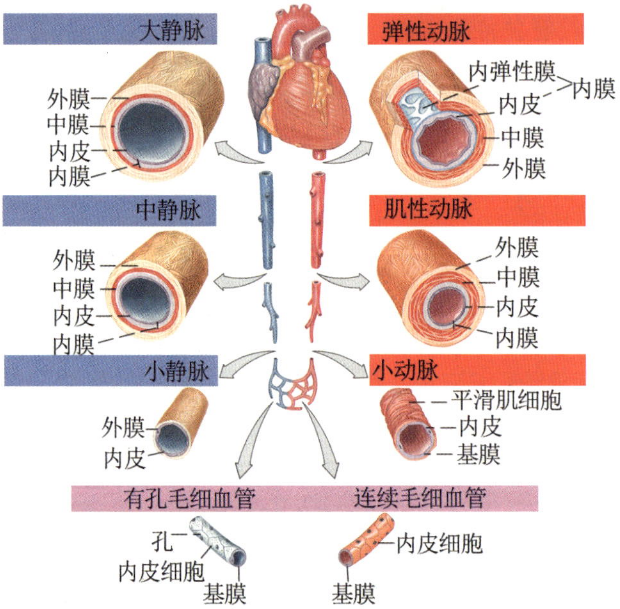

图 16–18　血管的区分和管壁构造模式图

2. 动脉的分布特点

人体的动脉中，由左心室发出的主动脉及各级分支运送动脉血；而由右心室发出的肺动脉干及其分支则输送静脉血。动脉干的分支，离开主干进入器官前的一段称为器官外动脉，进入器官后称为器官内动脉。

动脉在身体内部分布的主要特点为：①人体左、右对称，动脉分支亦有对称性。②每一大局部（如头颈、躯干和上、下肢）皆有1~2条动脉干。③躯干部在结构上有体壁和内脏之分，动脉亦分为壁支和脏支。④动脉常有静脉和神经伴行，构成血管神经束，在四肢的这些血管神经束的行程多与长骨平行。⑤动脉在行程中，多居于身体的屈侧、深部或安全隐蔽的部位，因而不易受到损伤。⑥动脉常以最短的距离到达它所分布的器官，但也有个别的例外，如睾丸动脉。⑦动脉分布的形式与器官的形态有关。容积经常发生变化的器官如胃、肠等，其动脉多先在器官外形成弓状的血管吻合，再分支进入器官内部。一些位置较固定的实质性器官如肝、肾等，动脉常从其凹侧穿入，血管出入的部位常称为“门”。⑧动脉的管径有时不完全取决于它所供血器官的大小，而与该器官的功能有关。⑨器官内动脉的分布与该器官的结构大致相同，如分叶状结构的器官（如肺），其动脉的分支分布与脏器的分叶相似。

（二）毛细血管

毛细血管是管径最细、分布最广的血管，广泛地分布于全身除软骨、角膜、晶状体、毛发、牙釉质和被覆上皮以外的各处。毛细血管之间相互交织成网，口径大小可因血流量和其所分布的器官不同而有差异，管径一般为6~8μm，长度约为0.5~1mm，管壁主要由单层内皮细胞和基膜构成（图16-18）。毛细血管可分为连续性毛细血管、有孔的毛细血管和血窦。毛细血管的管壁薄，通透性大，其内只能容纳1个红细胞通过，所以血液到达毛细血管时，红细胞必须排队通过，血液流速极慢，便于血液与血管外组织液进行物质交换。

（三）静　脉

1. 静脉的构造特点

静脉是运送血液回心的血管，起始于毛细血管，止于心房。根据管径大小和管壁的结构特点，静脉可分为微静脉、小静脉、中静脉和大静脉。微静脉指的是管径小于200μm的血管；小静脉的管径一般小于1mm；中静脉是除大静脉以外凡有解剖学名称的静脉，管径一般小于9mm；大静脉的管径一般大于9mm，如颈外静脉、肺静脉和上、下腔静脉等。静脉管壁亦可以分内膜、中膜和外膜三层，但其管壁的厚度较动脉薄（表16-2、见图16-18）。

此外，管径大于2mm以上的静脉常有瓣膜，称静脉瓣，由内膜突入管腔折叠而成，表面覆以内皮，内部为含弹性纤维的结缔组织。静脉瓣形态上成半月形，其凸缘（根部）附着于血管壁，凹缘（游离缘）深入腔内，指向心脏（图16-19）。瓣膜多成对出现，有时为单瓣。静脉瓣四肢较多，尤其是下肢，其具有防止血液逆流的作用。

表 16－2　各级静脉的结构特点

名称	内膜	中膜	外膜
微静脉	内皮	有散在的平滑肌纤维	薄
小静脉	内皮	一至数层平滑肌纤维	变厚
中静脉	薄，内皮下层含有少量平滑肌，弹性纤维不明显	较相应中等动脉薄，环形平滑肌分部稀疏	较中膜厚，由结缔组织构成，无外弹性膜
大静脉	较薄，内皮下层含有少量的平滑肌纤维，内膜与中膜界限不清晰	不发达，基层排列疏松的环形平滑肌	很厚，结缔组织内含有大量纵行的平滑肌纤维

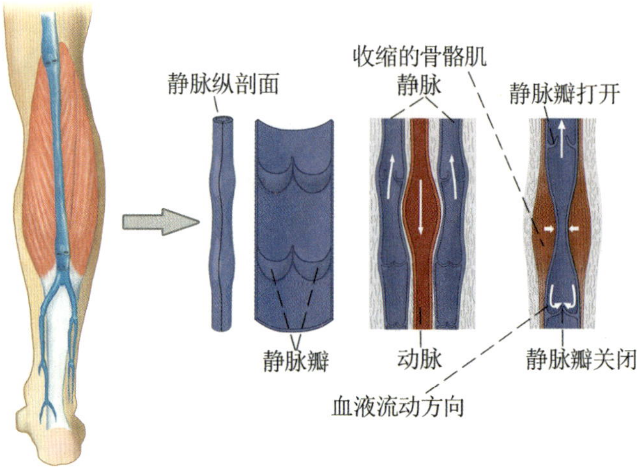

图 16-19　静脉瓣及影响血液回流的因素

2. 静脉的分布特点

与伴行的动脉相比，静脉管壁薄、弹性也小，管腔较大，其内血流速度较慢，所以静脉的数量比动脉多。因此，静脉有如下特点分布：①体循环静脉分浅、深两类。浅静脉位于皮下浅筋膜内，又称皮下静脉；其不与动脉伴行，最后注入深静脉。深静脉位于深筋膜深面，与动脉伴行，其名称和行程与伴行动脉相同。②静脉的吻合比较丰富。浅静脉在手和足等部位吻合成静脉网，深静脉在容积经常变化的脏器（如膀胱、直肠等）周围形成静脉丛，且在浅静脉之间、深静脉之间以及浅、深静脉之间皆有丰富的交通支，保证血流通畅。③有结构特殊的静脉：包括硬脑膜窦和板障静脉。硬脑膜窦位于颅内，无平滑肌和瓣膜，因此外伤时出血难止；板障静脉位于颅骨的板障内，壁薄无瓣膜，借导管与头皮静脉和硬脑膜窦相连。

3. 静脉内血液的回流因素

静脉血液之所以能够始终保持向心方向，主要依靠下列因素：①静脉瓣顺血流开放，逆血流关闭，是保证静脉血回流的重要装置，当静脉瓣由于某种原因而闭锁不全时，即可出现静脉淤血或静脉曲张；②心脏舒张时，心室吸引心房和大静脉的血液回流；③吸气时，胸膜腔负压加大，胸腔内大静脉内压降低，从而促进静脉血回流；④临近静脉的肌肉收缩、脏器运动和动脉搏动等均有助于静脉血回流；⑤体位改变也对静脉血回流产生影响。

二、肺循环的血管

肺循环的血管由肺动脉干及其分支和肺静脉及其属支组成（图 16-20）。其特点为：肺动脉干及其分支中流动的是静脉血，肺静脉及其属支中流动的是动脉血。经过肺循环，完成体内动脉血与静脉血间的转换。

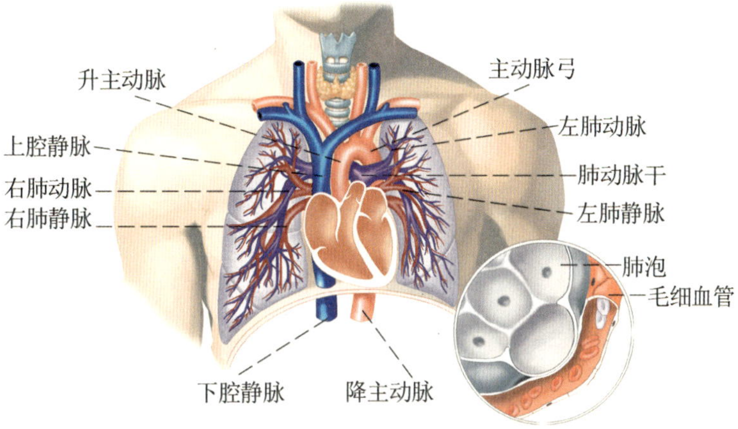

图 16-20　肺循环的血管

（一）肺循环的动脉

肺循环的主干是起自右心室的一条短粗动脉干，称为肺动脉干。其行至主动脉弓下方分为左、右肺动脉。左肺动脉在左主支气管前方横行，分两支进入左肺上、下叶；右肺动脉经升主动脉和上腔静脉后方向右横行，至右肺门处分为 3 支进入右肺上、中、下叶。

肺动脉入肺后反复分支，最后到达肺泡壁，形成肺泡壁毛细血管网，在此透过气血屏障与肺泡进行气体交换，将含 CO_2 较多的静脉血变为含 O_2 丰富的动脉血。

连于主动脉弓下缘与肺动脉干分叉处稍左侧的纤维性结缔组织索，称动脉韧带，是胚胎时期动脉导管闭锁的遗迹。

（二）肺循环的静脉

左、右两肺各两条肺静脉，即左上、左下和右上、右下肺静脉。左肺的上、下静脉分别收集左肺上、下叶的血液，右上肺静脉收集右肺上、中叶的血液，右下肺静脉收集右肺下叶的血液。肺静脉起自肺门，向内穿过纤维心包，注入左心房后部。

三、体循环的血管

体循环的血管由主动脉干及其分支和上腔静脉系、心静脉系、下腔静脉系及其属支组成。其特点为：主动脉干及其分支将含有丰富的 O_2 和营养物质的血液送至全身各部，并将含有较多 CO_2 和代谢产物的血液经各级静脉送回右心房。经过体循环，完成全身各个脏器的物质和气体交换。

（一）体循环的动脉

体循环动脉的主干是主动脉，其从左心室发出，经各级动脉分支，最后到达全身毛细血管。主动脉可分为升主动脉、主动脉弓、胸主动脉、腹主动脉和髂总动脉等部分（图 16-21）。

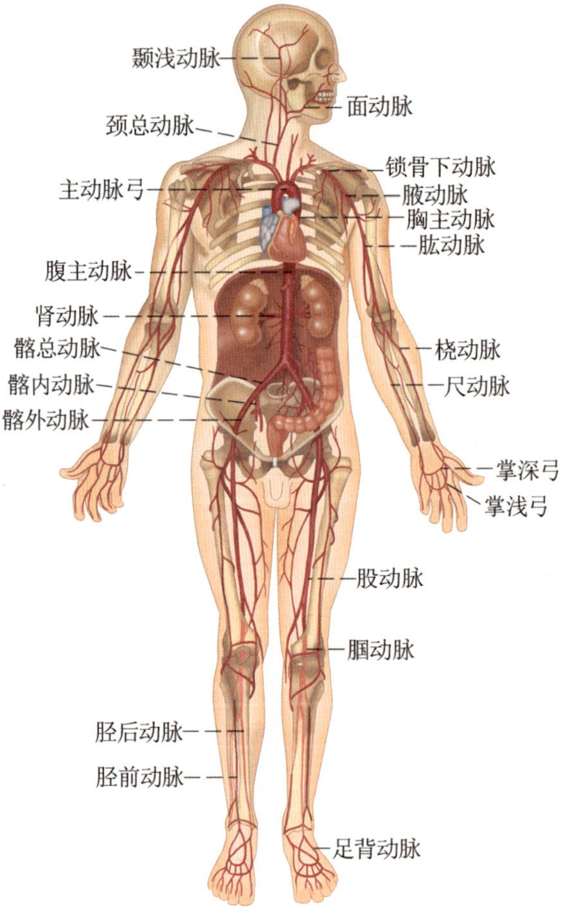

图 16-21　体循环的动脉

1. 升主动脉

升主动脉起自左心室的主动脉口，在心包内行向右前上方，至右侧第 2 胸肋关节后方移行为主动脉弓。在起始部主动脉左、右窦分别发出左冠状动脉和右冠状动脉，营养心脏（见心脏的血管部分）。

2. 主动脉弓

主动脉弓呈弓形弯向左后方，跨过左肺根，至第 4 胸椎体左侧移行为降主动脉。其凸面自右向左依次发出 3 大分支，即头臂干（又称无名动脉）、左颈总动脉和左锁骨下动脉。头臂干短而粗，上行至右侧胸锁关节的后方，分为右颈总动脉和右锁骨下动脉。

主动脉弓壁的外膜下含有丰富的神经末梢，可感受血压的变化，称为压力感受器。在主动脉弓下方靠近动脉韧带处，有 2~3 个粟粒状小体，称为主动脉小球，为化学感受器，可感受血液中 CO_2 和 O_2 分压及 H^+浓度的变化。

（1）头颈的动脉

颈总动脉是头颈部的主要动脉干（图 16–22）。右侧起自头臂干，左侧直接起自主动脉弓。两侧颈总动脉上行至甲状软骨上缘水平，分为颈内动脉和颈外动脉。在颈总动脉的分叉处有两个重要结构，即颈动脉窦和颈动脉小球。

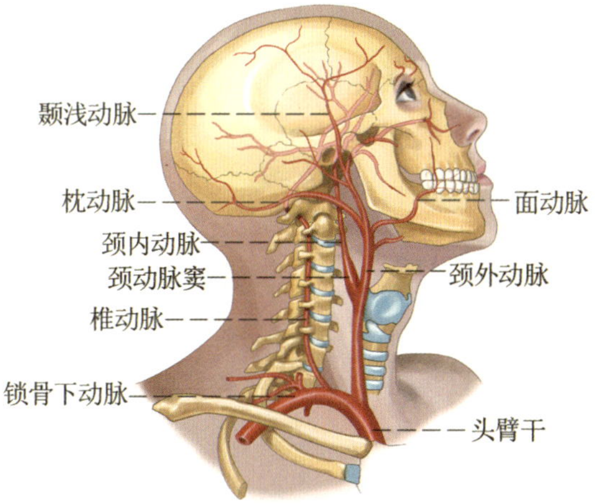

图 16–22　颈总动脉及其分支

颈动脉窦为颈总动脉末端和颈内动脉起始处的膨大部分，窦壁的外膜内含有丰富的游离神经末梢，称为压力感受器。当血压增高时可引起窦壁扩张，刺激此压力感受器，进而反射性地引起心跳减慢和末梢血管扩张，使血压下降。

颈动脉小球是一个扁椭圆形小体，借结缔组织连于颈总动脉分叉处的后方，其与主动脉小球一样，属于化学感受器。可感受血液中 CO_2 和 O_2 分压及 H^+浓度的变化。当血液中 CO_2 分压升高或 O_2 分压降低时，其可反射性地促使呼吸加深加快，以保持血中 O_2 和 CO_2 含量的平衡。

颈总动脉的主要分支有：

颈外动脉：起自颈总动脉，主要分支有甲状腺上动脉、舌动脉、面动脉、颞浅动脉、上颌动脉、枕动脉和耳后动脉等，可分布于颈部、面部、颅骨及硬脑膜等处，营养相应的器官。

颈内动脉：上行达颅底，经颞骨岩部的颈动脉管入颅腔，分布于脑和视器，其是营养脑的两大动脉之一。

(2) 锁骨下动脉及上肢的动脉

锁骨下动脉：右侧起自头臂干，左侧直接起自主动脉弓。均经胸锁关节后方斜向外至颈根部，跨过胸膜顶前方，向外穿斜角肌间隙，行至第1肋外侧缘移行为腋动脉（图16–23）。

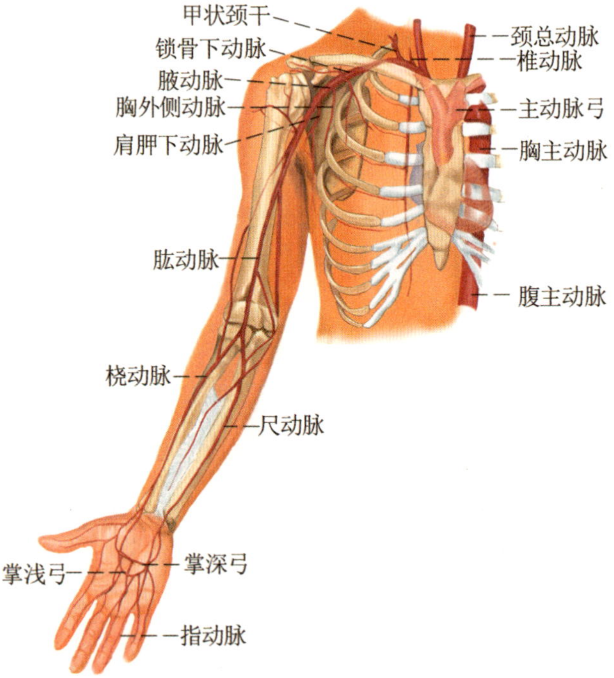

图16–23　锁骨下动脉及其分支

锁骨下动脉主要分支有：椎动脉、胸廓内动脉、甲状颈干和肩胛背动脉等，分支分布于脑和脊髓、胸前壁、乳房、心包、膈、项背部肌肉、颈深部肌肉以及肩带肌等，并在冈下窝处与肩胛上动脉和旋肩胛动脉吻合，形成肩胛动脉网。

腋动脉：是锁骨下动脉的延续，行于腋窝内，至大圆肌下缘移行为肱动脉。主要分支有：胸肩峰动脉、胸外侧动脉、肩胛下动脉和胸上动脉等，分支分布于三角肌、胸大肌、胸小肌、前锯肌、肩关节和乳房等处。

肱动脉：沿肱二头肌内侧沟下行转至肘关节前方达肘窝，约在平桡骨颈高度分为桡动脉和尺动脉。肱动脉的主要分支有肱深动脉、尺侧上副动脉及尺侧下副动脉等，分支分布于肱三头肌和肱骨等，并参与肘关节网的形成。

桡动脉：在桡骨前方与桡骨平行下降，经桡侧腕屈肌腱的外侧下行，绕桡骨茎突，转向手背，穿第1掌骨间隙至手掌深部，分出拇主要动脉后，其末端与尺动脉掌深支吻合成掌深弓。主要分支有掌浅支、拇主要动脉和桡侧返动脉等，分支分布于拇指掌面两侧缘和示指桡侧缘，并参与肘关节动脉网的形成。

尺动脉：斜向内下，在旋前圆肌深面，尺侧腕屈肌与指浅屈肌间下行，经豌豆骨桡侧和腕横韧带浅面至手掌。其末端在掌腱膜深面与桡动脉掌浅支吻合成掌浅弓。尺动脉除沿途发出肌支营养前臂尺侧各骨骼肌外，还有二条主要分支，分别是骨间总动脉和掌深支，其中骨间总动脉还分为骨间前动脉和骨间后动脉，分支分布于前臂肌和桡、尺骨等处。

掌浅弓和掌深弓：在掌腱膜的深面，由尺动脉的末端和桡动脉的掌浅支吻合构成掌浅弓，并由此弓的凸缘发出 3 条指掌侧总动脉和 1 条小指尺掌侧动脉。在屈指肌腱深面，由桡动脉的末端和尺动脉的掌深支吻合构成掌深弓。此弓的凸缘在掌浅弓近侧，可发出 3 条掌心动脉，沿第 2~4 掌骨间隙至掌指关节附近，分别与相应的指掌侧总动脉吻合。

3. 胸主动脉

胸主动脉又称主动脉胸部（图 16-24），约平第 4 胸椎椎体下缘左侧延续于主动脉弓，沿脊柱左侧下行逐渐转至椎体前方，在第 12 胸椎高度穿膈的主动脉裂孔，移行为腹主动脉(亦称主动脉腹部)。其可分为脏支和壁支两部分。

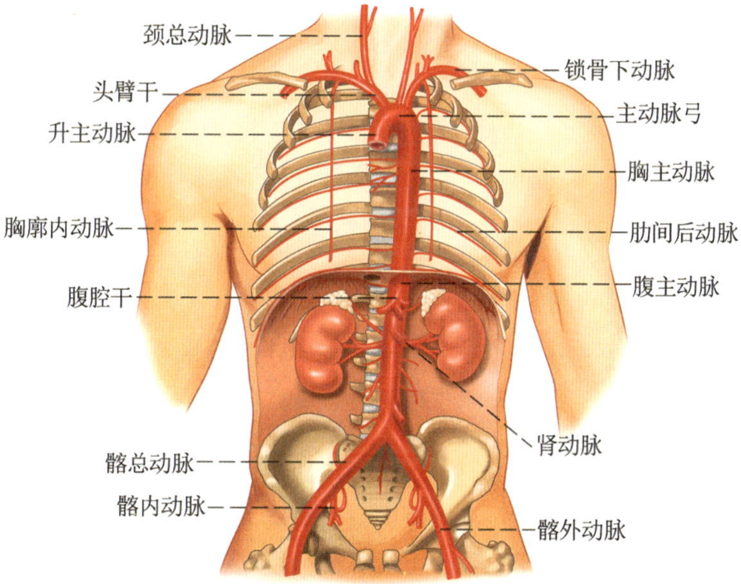

图 16-24 胸主动脉及其主要分支

（1）脏支：细小，包括支气管动脉、食管动脉和心包支等，分支分布于同名器官。

（2）壁支：主要有肋间后动脉、肋下动脉和膈上动脉等，分支分布于胸壁、腹壁、膈肌、脊髓及其被膜和背部皮肤等处。

4. 腹主动脉

腹主动脉又称主动脉腹部（图 16-25），在膈的主动脉裂孔处续于胸主动脉，沿脊柱左前方下降，至第 4 腰椎体下缘前方分为左、右髂总动脉。腹主动脉亦分为脏支和壁支。

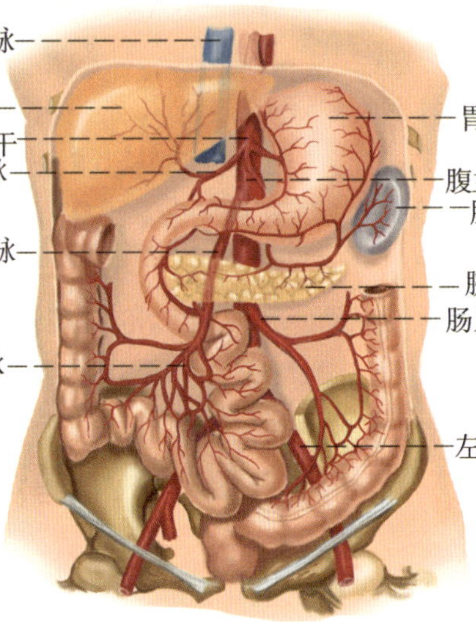

图 16-25 腹主动脉及其主要分支

(1) 脏支：多而粗，可分为成对和不成对两类，分支分布于腹腔和部分盆腔的器官。

成对的脏支包括肾上腺中动脉、肾动脉和睾丸动脉等，分支分布于肾上腺、肾实质、卵巢和输卵管等。

不成对的脏支为粗短动脉干，在主动脉裂孔稍下方起自腹主动脉前壁，随即分为腹腔干（分支分布于食管的腹段、胃、肝、胰和十二指肠等）、肠系膜上动脉（分支分布于十二指肠、空肠、回肠、盲肠、阑尾、升结肠及横结肠等）、肠系膜下动脉（分支分布于降结肠、乙状结肠和直肠等）等。其中，腹腔干是粗而短的动脉干，由胃左动脉、肝总动脉和脾动脉组成，而肝总动脉又分为肝固有动脉和胃十二指肠动脉。

(2) 壁支：起自腹主动脉的后外壁，主要有腰动脉、膈下动脉和骶正中动脉等，分支分布于肾上腺、膈肌、腹壁肌群及皮肤、脊髓及其被膜等处。

5. 髂总动脉及下肢的动脉

髂总动脉：左、右各一，平第 4 腰椎体下缘由腹主动脉分出，沿腰大肌内侧向外下方斜行，至骶髂关节处分为髂内动脉和髂外动脉，分别行至盆部和下肢（图 16-26）。

(1) 髂内动脉：为一短干，沿盆侧壁下行，分出脏支和壁支。脏支包括脐动脉、膀胱下动脉、直肠下动脉、子宫动脉和阴部内动脉等，分支分布于膀胱、精囊、前列腺、阴道、子宫、输卵管、卵巢、肛门、会阴外生殖器以及直肠等处。壁支包括闭孔动脉、臀上动脉和臀下动脉等，分布于大腿内侧肌群、臀部肌群和髋关节等处。

(2) 髂外动脉：沿腰大肌内侧缘向外行至腹股沟韧带中点，穿其深面至股前部移行为股动脉，其在腹股沟韧带稍上方发出腹壁下动脉和旋髂深动脉，分布于腹直肌、腹股沟韧带邻近肌和髂嵴等处。髂外动脉向下移行为股动脉、腘动脉、胫前与胫后动脉以及足底与足背动脉等主要营养自由下肢的血管。

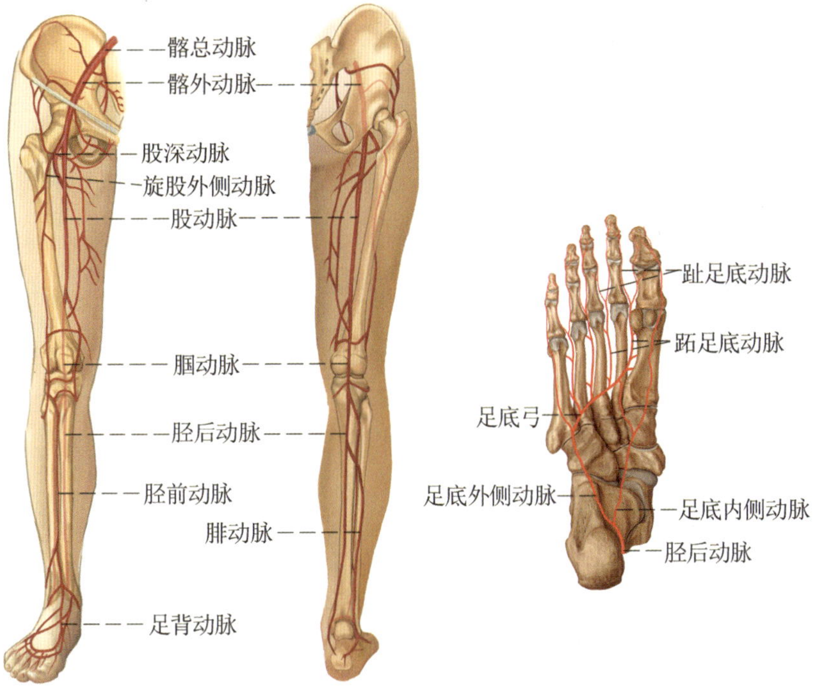

图 16-26　髂总动脉及其分支

股动脉：在腹股沟韧带中点深面续于髂外动脉，其外侧为股神经，内侧为股静脉，在股三角内下行，入收肌管，穿收肌腱裂孔至腘窝，移行为腘动脉。股动脉的主要分支有腹壁浅动脉、旋髂浅动脉和股深动脉，分支分布于腹前壁下部浅筋膜、皮肤、淋巴结、大腿肌和股骨以及髋关节等处。

腘动脉：在收肌腱裂孔处续于股动脉，在腘窝深部，紧靠膝关节囊后壁下行，至腘肌下缘分为胫前动脉和胫后动脉，分支分布于膝关节和附近诸肌，并参与膝关节动脉网的组成。

胫后动脉：沿小腿后面浅、深屈肌间下行，至内踝后方转至足底，分为足底内侧动脉和足底外侧动脉两个终支。其主要分支有腓动脉、足底内侧动脉和足底外侧动脉等，分支分布于腓、胫骨和小腿后群肌、外侧群肌以及足底肌等处。

胫前动脉：是腘动脉的另一终支，穿小腿骨间膜上部裂孔至小腿前群肌深面，经踝关节前方达足背移行为足背动脉，分布于小腿前群肌，并分支参与膝关节动脉网的构成。

足背动脉：在踝关节的前方，内、外踝连线中点前下方续于胫前动脉，其分支分布于足背和第 1~5跗趾等。

综上所述，体循环动脉及其分支与分布可归纳为（图 16-27）。

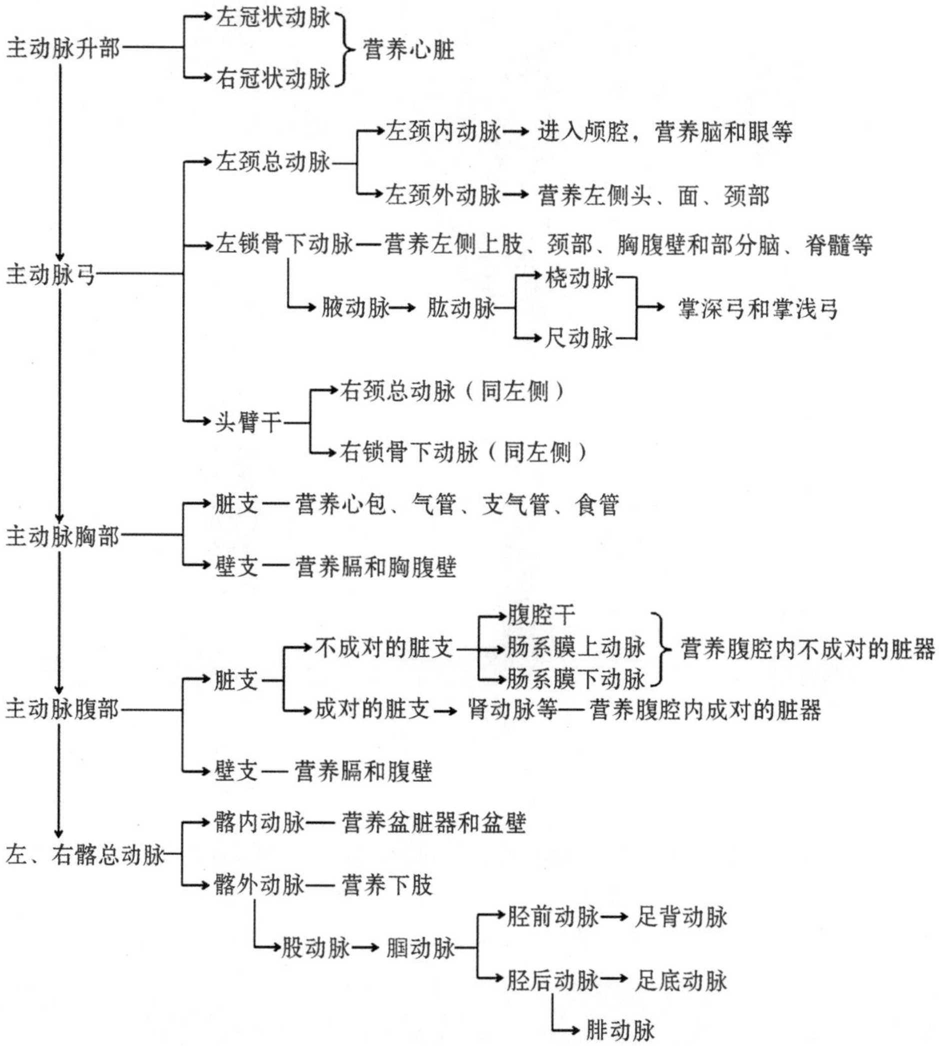

图 16-27　主动脉干及其主要分支分布简图

（二）体循环的静脉

体循环的静脉（图 16-28）包括上腔静脉系、下腔静脉系和心静脉系（见心脏的血管）。

1. 上腔静脉系

上腔静脉系由上腔静脉及其属支组成，收集头颈部、上肢和胸部（心和肺除外）等上半身的静脉血。

（1）头颈部的静脉：头颈部的浅静脉包括面静脉、颞浅静脉和颈前静脉等；深静脉包括颅内静脉、颈内静脉和锁骨下静脉等（图 16-29）。头颈部的静脉大部分汇入到颈内静脉，少数回流入颈外静脉。

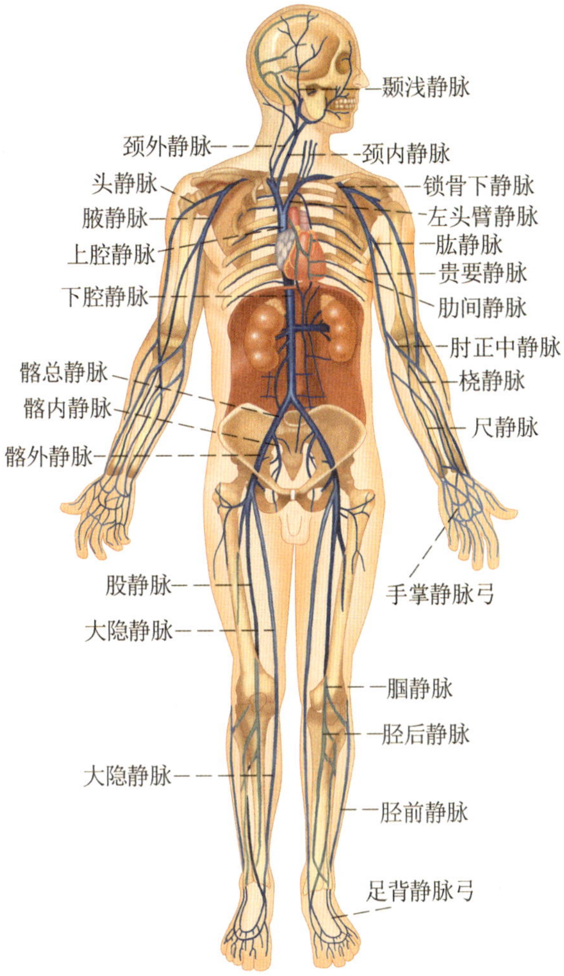

图 16-28 体循环的静脉

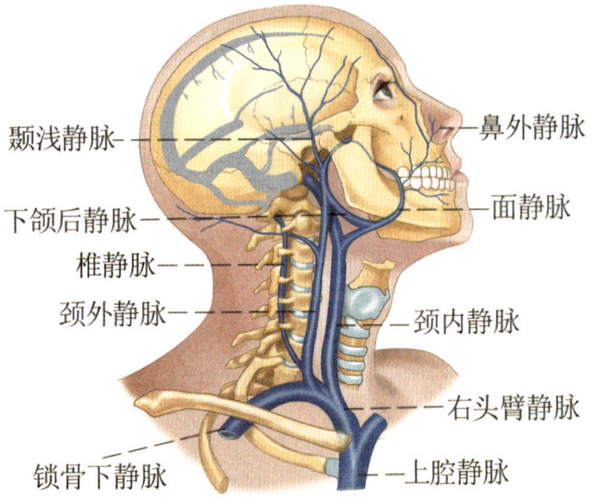

图 16-29 头颈部静脉

颈内静脉：为颈部最粗大的静脉干，至胸锁关节后方与锁骨下静脉汇合成头臂静脉，收集颅骨、脑、面浅部和颈部大部分区域的静脉血液。

锁骨下静脉：自第1肋的外缘续于腋静脉，与颈内静脉汇合形成头臂静脉，两静脉汇合处形成的夹角称静脉角，是淋巴导管注入静脉的部位。其主要属支有腋静脉和颈外静脉等。

颈外静脉：是颈部最粗的浅静脉，由下颌后静脉的后支和耳后静脉等在下颌角处汇合而成，主要收集头皮和面部的静脉血。

(2) 上肢的静脉：可分为浅、深两类静脉，均有丰富的静脉瓣。

上肢深静脉（图16-30）：从手掌到臂部，与同名动脉伴行（即手部静脉、桡静脉、尺静脉、肱静脉），通常成对，沿动脉两侧上行，最终由两条肱静脉在胸大肌下缘汇合成一条腋静脉。收集上肢浅、深静脉及胸外侧静脉的血液。

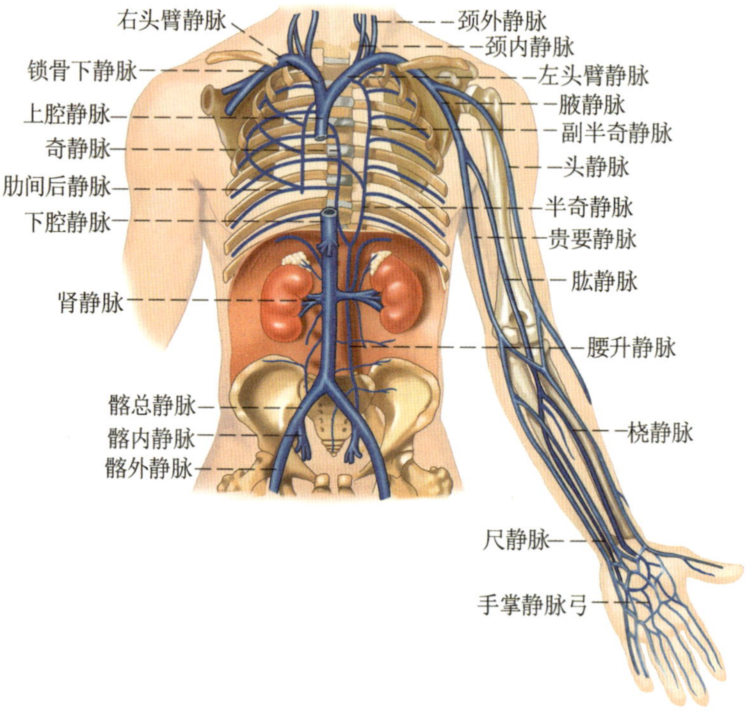

图16-30　上肢及胸、腹部静脉

上肢浅静脉（图16-31）：包括头静脉、贵要静脉和肘正中静脉等，收集手、前臂桡侧和尺侧的浅部静脉血。其中，贵要静脉在回流过程中注入肱静脉中，头静脉注入腋静脉中。

(3) 胸部的静脉：主要包括头臂静脉、上腔静脉、奇静脉及其属支（图16-30）。

头臂静脉又称无名静脉，左右各一，分别由同侧的颈内静脉和锁骨下静脉在胸锁关节后方汇合而成，因上腔静脉偏右，故右头臂静脉短而垂直，左头臂静脉较长而斜向右下。与锁骨下动脉分支伴行的各静脉如椎静脉、胸廓内静脉及甲状腺下静脉等多数注入头臂静脉。

上腔静脉是一条粗大的静脉干，在右侧第1肋软骨与胸骨结合处的后方由左、右头臂静脉汇合而成。其沿升主动脉右侧垂直下降，至右侧第3胸肋关节下缘处注入右心房，入心前接纳奇静脉。

奇静脉：是胸部静脉的主干，起于右腰升静脉，注入上腔静脉。收集右侧肋间后静脉、食管静脉、支气管静脉及半奇静脉和副半奇静脉的血液回流。因此，奇静脉是沟通上、下腔静脉系的重要通道之一。

此外，脊柱的静脉是沿整个脊柱在椎管内、外形成的静脉丛，静脉内无瓣膜，吻合广泛，主要有椎内静脉丛和椎外静脉丛，接受椎骨及邻近肌肉的静脉、脊膜和脊髓回流的血液。

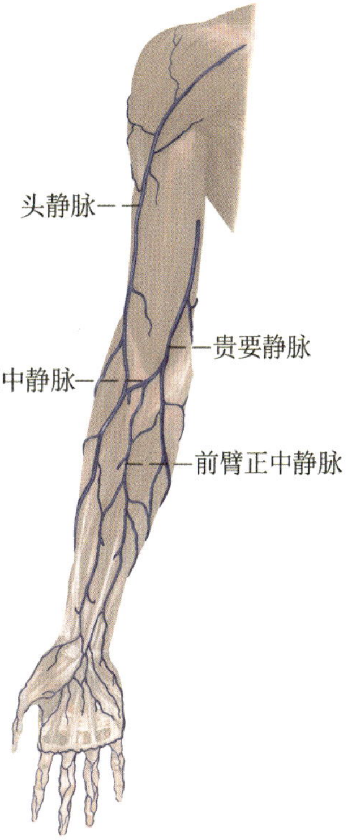

图 16-31　上肢浅静脉

2. 下腔静脉系

下腔静脉系由下腔静脉及其属支组成，收集下肢、盆部和腹部的静脉血。

(1) 腹盆部的静脉：腹盆部的主要静脉有下腔静脉、肝门静脉和髂总静脉（包括髂内静脉和髂外静脉）及其属支。

下腔静脉：是腹部的静脉主干，也是人体中最大的静脉。由左、右髂总静脉在第 5 腰椎的右前方汇合而成，沿腹主动脉的右侧上行，经肝的腔静脉沟、膈的腔静脉孔达胸腔注入右心房。

下腔静脉的属支分为壁支和脏支：壁支包括膈下静脉和腰静脉，腰静脉直接注入下腔静脉；各腰静脉之间相连的纵支称为腰升静脉，其向上分别注入半奇静脉和奇静脉，向下与髂总静脉和髂腰静脉交通。脏支主要包括睾丸（卵巢）静脉、肾静脉、肾上腺静脉和肝静脉等，其中左侧的睾丸静脉和肾上腺静脉先注入左肾静脉，其余皆直接注入下腔静脉。

肝门静脉：由肠系膜上静脉和脾静脉在胰颈的后方汇合而成（图 16-32），在肝门处分左、右两支，分布进入肝左叶和肝右叶。其在肝内反复分支，最后汇入肝血窦。肝血窦含有来自肝门静脉和肝固有动脉的血液，经肝静脉注入下腔静脉。肝门静脉的属支包括肠系膜上静脉、脾静脉、肠系膜下静脉、胃左静脉以及胃右静脉等。

肝门静脉不同于一般的静脉，它是介于两种毛细血管之间的静脉干，而且肝门静脉及其属支内缺少静脉瓣，因此，肝门静脉内压力过高时血液易发生逆流。

肝门静脉及其属支共同组成肝门静脉系，将胃肠道吸收的营养物质输送至肝，在肝内进行合成、分解及贮存（肝糖原），并提供肝分泌胆汁所需的原料。故与含静脉血的一般静脉不同，肝门静脉是肝的功能性血管。

髂总静脉：在骶髂关节前方由髂内静脉和髂外静脉汇合而成，两侧髂总静脉伴随髂总动脉上行至第 5 腰椎椎体右侧汇合成下腔静脉。

髂内静脉：由盆部静脉合成,与髂外静脉汇合成髂总静脉。其属支可分壁支和脏支，二者的属支均与同名动脉伴行。盆内脏器的静脉在器官壁内或表面可形成丰富的静脉丛，如直肠静脉丛、膀胱静脉丛和子宫阴道静脉丛等，其有助于盆内器官扩张或受压时的血液回流。

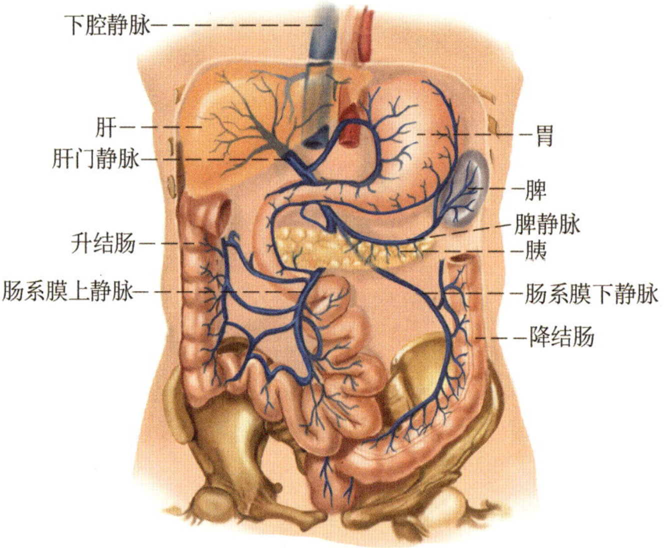

图 16-32 肝门静脉及其属支

髂外静脉：是股静脉的直接延续，收集下肢所有浅、深静脉血液。其主要属支有腹壁下静脉和旋髂深静脉等。

（2）下肢的静脉：亦可分为浅、深两类静脉（图 16-33），均有丰富的静脉瓣。

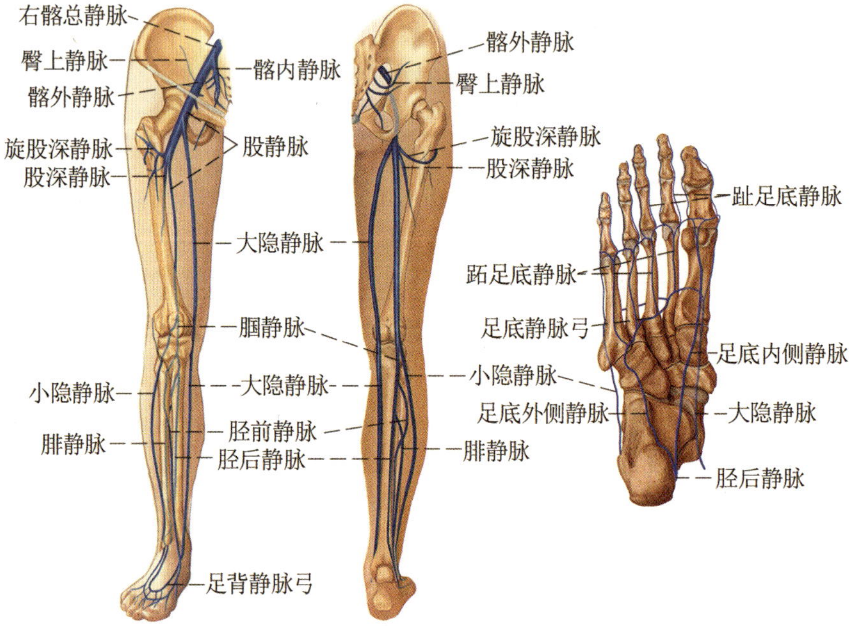

图 16-33 髂总静脉及其属支

下肢深静脉：从足到小腿，每条动脉均有两条深静脉伴行。在腘窝内，胫前静脉和胫后静脉汇合成一条腘静脉，上行穿过收肌腱裂孔后移行为股静脉，经腹股沟韧带深面续为髂外静脉。

下肢浅静脉：包括小隐静脉和大隐静脉及其属支（图 16-34）。小隐静脉起自足背静脉弓，上行至腘窝附近注入腘静脉；大隐静脉是全身最长的静脉，亦起自足背静脉弓，上行时接受股外侧浅静脉、股内侧浅静脉及腹壁浅静脉等属支的注入，至腹股沟附近汇入股静脉。二者共同收集了来自足、小腿和大腿内侧与前部浅层结构的静脉血。

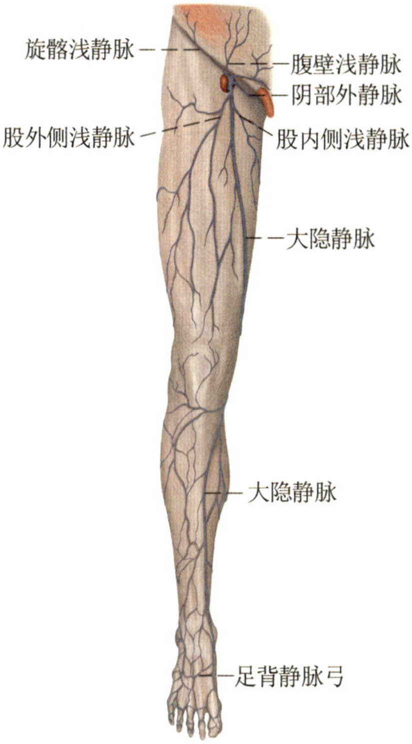

图 16-34　下肢浅静脉

大、小隐静脉之间及其与深静脉之间，均有广泛的交通支，这些交通支也有瓣膜，可以防止血液从深静脉向浅静脉逆流。一旦深静脉回流受阻，交通支瓣膜关闭不全，深静脉血返流入浅静脉，将导致下肢浅静脉曲张。

综上所述体循环静脉及其属支与所收集的区域可归纳为（图 16-35）。

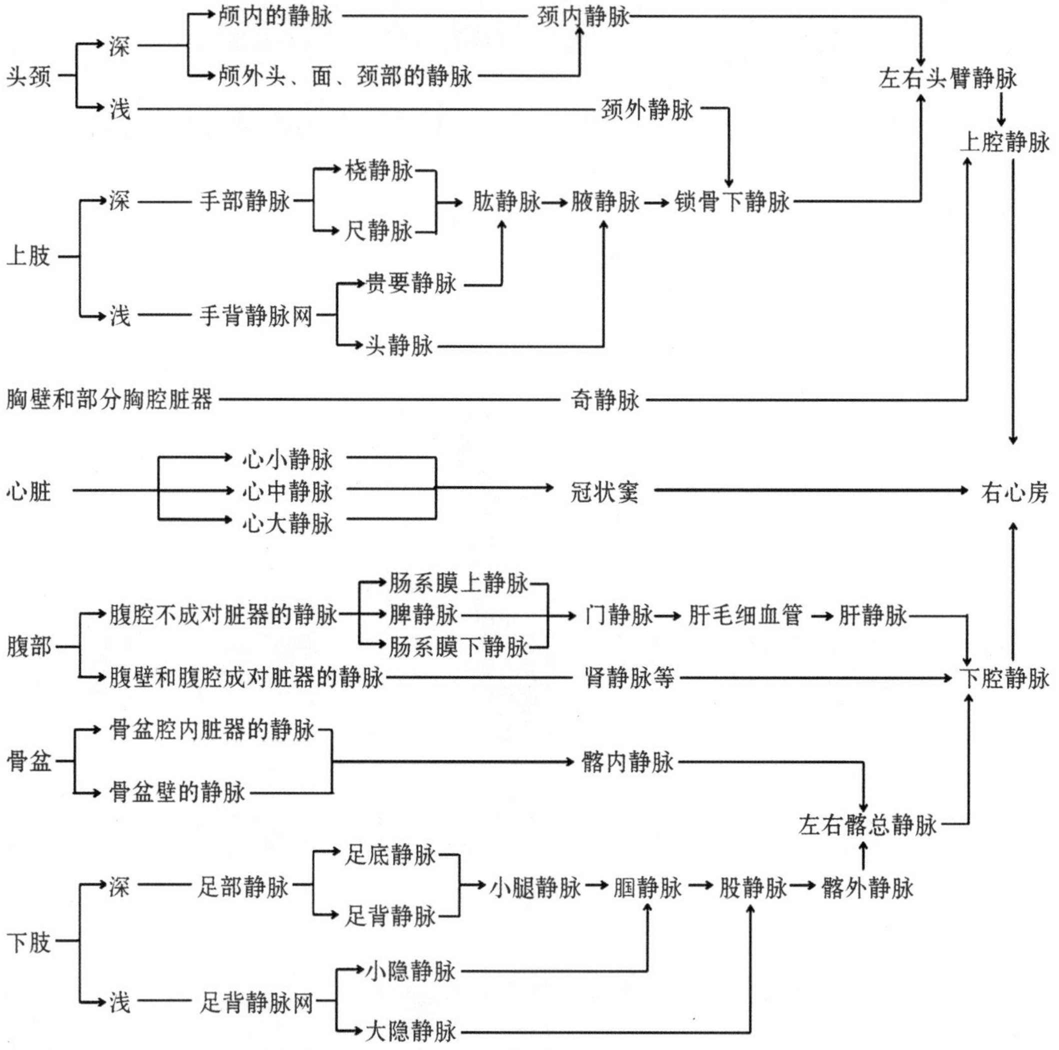

图 16-35　体循环静脉及其主要属支分布简图

第四节　心血管系统与体育运动的关系

心脏是人体血液循环的动力性器官，血管是血液流动的管道，二者的结构与功能状况可直接影响人体所需要的营养物质和氧气以及代谢废物的输送，进而影响人体的基本生命活动。因此，心血管系统对体育运动的制约是不言而喻的。然而，不同的体育运动对心血管系统的结构和功能的影响却有着显著的不同。科学地进行体育锻炼或训练，对心血管的结构和功能可产生良好影响；反之，运动过度或不正确的运动方式则可产生不良影响。

一、适宜的体育运动对心血管系统结构和功能的影响

（一）体育运动对心脏的影响

体育运动对心脏形态结构的影响。长期坚持适宜的体育锻炼或训练，可使心脏的体积和重量增加，表现为心肌纤维增粗，其所含肌红蛋白和肌球蛋白增多。一般人心脏重约300g，而运动员的心脏可达400~500g。这种因适应运动需要所发生的心脏增大是一种功能性增大，称为“运动员心脏”。

从微观结构上看，运动后可引起心肌细胞肥大。心肌细胞内线粒体数目增多且轻度肿胀，基质尚均匀，线粒体膜完整，偶见少量电子密度高的致密体。心肌细胞核增大，核周隙略增宽，偶见核膜皱缩呈齿状。另外，心肌内毛细血管出现大量吻合，弯曲增大。

体育运动对心脏功能的影响。长期体育锻炼能使心脏功能显著改善。如心肌收缩力量增强、收缩期与静息期心壁厚度变化幅度加大、射血分数保持不变或轻度加大。此时的心脏表现为安静时每搏输出量和每分钟输出量增大、心率减慢从而降低心肌耗氧量，心肌细胞最大氧气弥散距离减少，有利于心肌组织内氧气和营养物质的供应。另外，长期运动使机体氧利用率提高、血液循环的效率提高，心率储备增加。不同的运动强度对心血管功能具有不同程度的影响。有学者对几种常见运动形式进行的研究发现，从对心血管功能产生的效果来看，长跑的锻炼效果最优，健身舞次之，太极拳列第三位。

有氧训练不仅可调节和缓冲运动中血压的改变，增加冠状动脉血流量，改善心肌营养，增强心功能与代谢，而且可以调节水、电解质平衡及交感神经兴奋性，维持机体内环境的相对稳定。另有研究发现，耐力训练可使心脏的内分泌功能增强，使心房钠尿肽水平提高，进而有助于扩张血管、降低血压以及利尿与排钠，增强细胞免疫功能。

（二）体育运动对血管的影响

无论是长期有氧耐力训练还是急性有氧运动，一般都能够在改善血管弹性方面发挥积极有效的作用。主要表现为体育锻炼可使动脉管壁中膜增厚，弹性纤维和平滑肌增厚，血管壁的弹性增加，搏动有力，有利于血液流动。运动后血管对缩血管物质的反应性降低和对内皮依赖的舒血管物质的反应性增强，可能是运动防治某些心血管疾病的机理之一。急性运动或运动训练后血管内皮生长因子显著增加，这有利于血管内皮修复或建立代偿性的侧支循环。

体育运动还可以改变毛细血管在器官内的分布和数量。例如，运动使骨骼肌内的毛细血管开放数量增多，口径增大，行程迂曲，分支吻合增多，改善器官的血供，进而增强了器官的功能。

适宜的运动训练能预防并降低心血管疾病的发生，并对其有一定的治疗作用。一般认为，许多心血管疾病，如动脉粥样硬化、冠心病及脑卒中等，多表现为血液供应不足，即血管不同程度的阻塞。如前所述，长期有氧运动对血管内皮功能有良好的改善作用，可在一定程度上防止栓子的形成，保持血管的通畅。现已明确，体力活动过少的确是动脉硬化的一个危险因素，而运动训练有利于改善冠心病的危险因素（包括高血压患者的安静状态血压）。

（三）体育运动对血液指标的影响

研究表明，老年人经一年的有氧运动后，其甘油三酯、总胆固醇和低密度脂蛋白水平明显降低，高密度脂蛋白明显升高，提示长期有氧运动可改善血脂水平，降低心脑血管病发病风险。

二、不适宜的体育运动对心血管系统结构和功能的影响

适度的运动训练可使心脏产生良好的适应性改变，增强心脏功能，而过度的训练则会导致心脏病理性损伤。随着运动强度的增大，这些病理性变化渐趋严重，甚至导致心肌细胞死亡。反复大强度运动可造成心脏某些功能和结构的损伤，如运动性心律失常、心肌组织缺氧损伤等。力竭运动可造成心肌线粒体损伤。研究表明，运动疲劳可诱发小鼠心肌细胞的氧化损伤和 DNA 损伤，且存在一定的时序性特征，其中运动性氧应激是导致心肌细胞 DNA 损伤的机制之一。因此，提高组织的抗氧化能力对保护心肌细胞膜、防止运动性心肌损伤具有重要作用。另外，运动训练强度过大亦可使心脏的毛细血管发生病理性损害。

心肌细胞凋亡在心脏疾病中的作用是不容忽视的。而运动可能通过调节氧化应激、上调热休克蛋白（heat shock protein，HSP）的表达和激活腺苷酸活化蛋白激酶（AMPK）等途径调控心肌细胞凋亡。因而，研究运动对心肌细胞凋亡的影响，对于深入理解运动对各种心血管疾病作用的分子机制，以及寻找对心脏有保护作用的适宜运动方式皆有重要意义。

O 思考题

通过本章的学习，对于体育教育和运动训练等专业的学生，请思考：

1. 根据心血管系统的组成、结构特点及其功能，说明在运动训练和健身中应注意的问题。

通过本章的学习，对于运动人体科学和运动康复等专业的学生，除上述问题外，还请思考：

1. 根据心脏各腔的结构特点，思考左心与右心在结构和功能方面的主要区别及其原因。
2. 心脏内所有瓣膜的构造特点及其防止血液逆流的机理。
3. 举例说明不同的体育锻炼方式对心脏的形态、结构和机能可以产生哪些影响。
4. 依据心壁及血管壁构造特点，阐述心房肌和心室肌、同型动脉和静脉之间的差异，并说明体育锻炼对它们形态、结构和机能的影响？

第十七章　淋巴系统

淋巴系统是脉管系统的一部分，由淋巴管道、淋巴组织和淋巴器官组成（图 17–1）。淋巴管道内流动着淋巴液，简称淋巴。淋巴来源于组织液。血液流经毛细血管动脉端时，一些成分经毛细血管壁进入组织间隙，形成组织液。组织液与细胞进行物质交换后，大部分经毛细血管静脉端入血液，小部分进入毛细淋巴管成为淋巴（图 17–2）。淋巴沿各级淋巴管向心流动，并经过若干淋巴结的滤过，最后汇入静脉，所以淋巴系统可以视为心血管系统的辅助系统，协助静脉引流组织液。此外，淋巴器官和淋巴组织具有产生淋巴细胞、过滤淋巴液、参与免疫应答等功能。

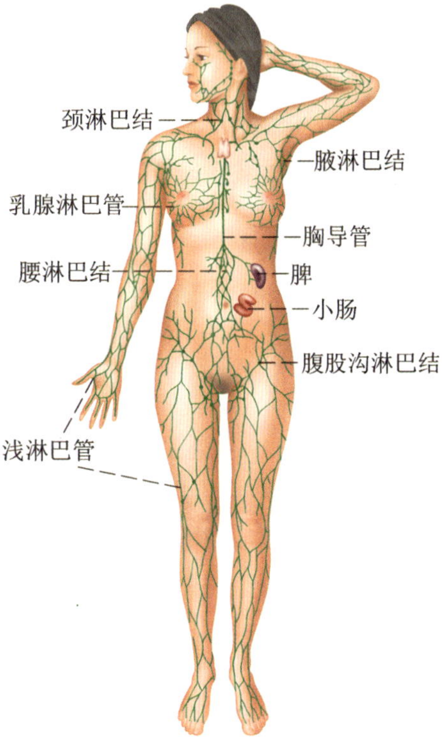

图 17–1　淋巴系统模式图

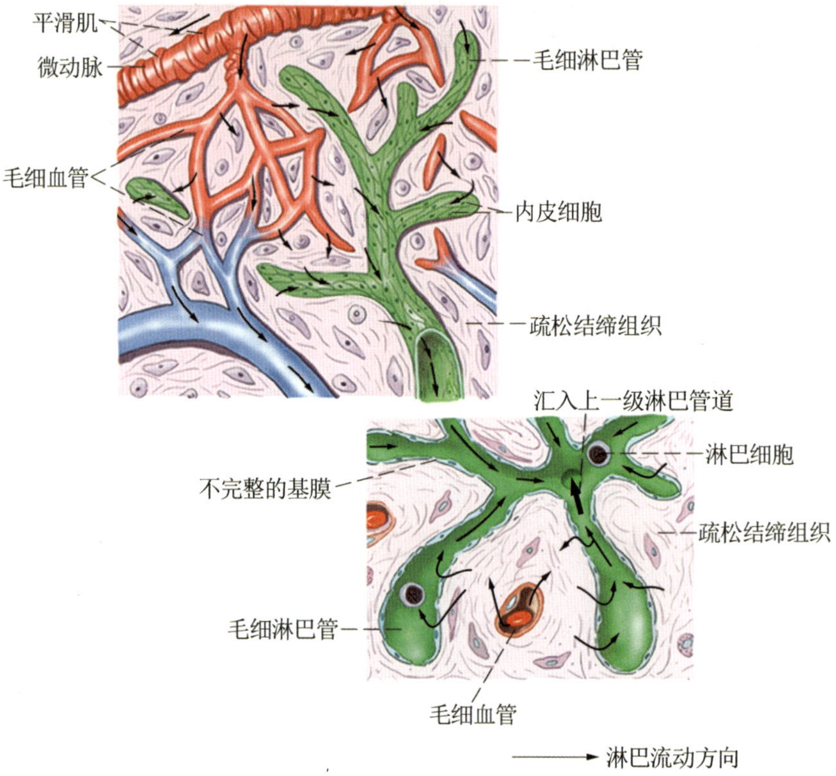

图 17-2 淋巴生成示意图

第一节 淋巴管道

淋巴管道包括毛细淋巴管、淋巴管、淋巴干和淋巴导管。

一、毛细淋巴管

毛细淋巴管以膨大的盲端起始，互相吻合形成毛细淋巴管网，然后汇入淋巴管。毛细淋巴管由内皮细胞构成，内皮细胞之间的间隙较大，基膜不完整，无周细胞。内皮细胞外面有纤维细丝牵拉，使毛细淋巴管处于扩张状态。因此，毛细淋巴管的通透性大于毛细血管，蛋白质等大分子物质、细菌和肿瘤细胞等较易进入。

毛细淋巴管几乎遍布全身各处，但上皮、角膜、晶状体、软骨、脑和脊髓等处无毛细淋巴管。

二、淋巴管

淋巴管由毛细淋巴管汇合而成，管壁结构与静脉相似，由内皮、少量平滑肌纤维和结缔组织组成。淋巴管内瓣膜较多，可防止淋巴逆流。瓣膜附着处的管腔明显扩张，使淋巴管的外观呈串珠状。

淋巴管在向心流动行程中，通常要经过一个或多个淋巴结。淋巴管可分为浅淋巴管和深淋巴管两类。浅淋巴管位于浅筋膜内，与浅静脉伴行，主要引流皮肤和浅筋膜的淋巴；深淋巴管位于深筋膜的深面，多与血管神经伴行，主要引流深筋膜和深部组织的淋巴。浅淋巴管和深淋巴管之间存在丰富的交通支。

三、淋巴干

淋巴管注入淋巴结，由淋巴结发出的淋巴管在膈下和颈根部汇合成淋巴干。全身共有 9 条淋巴干，包括成对的颈干、支气管纵隔干、锁骨下干和腰干以及单一的肠干（图 17-3）。

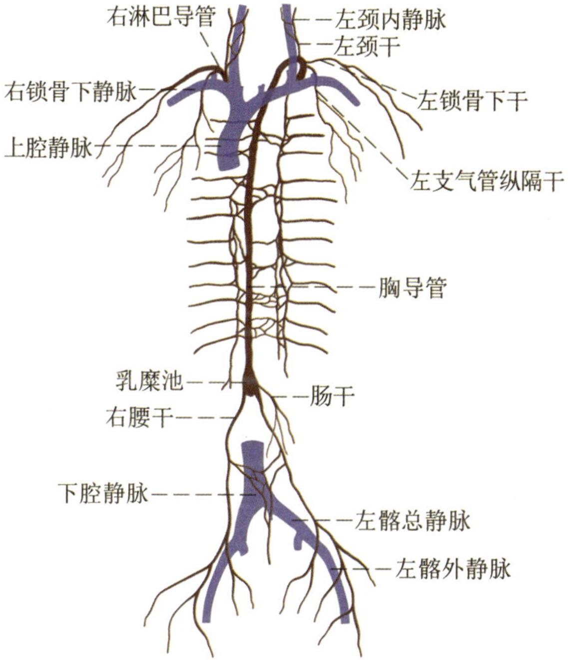

图 17-3　淋巴干和淋巴导管

左、右颈干：引流头颈部的淋巴。
左、右锁骨下干：引流上肢和部分胸壁的淋巴。
左、右支气管纵隔干：引流胸部的淋巴。
左、右腰干：引流下肢、盆部和部分腹腔器官的淋巴。
肠干：引流消化管的淋巴。

四、淋巴导管

全身 9 条淋巴干汇合成两条大的淋巴导管，即左淋巴导管（即胸导管）和右淋巴导管，两者分别注入左、右静脉角。此外，少数淋巴管注入盆腔静脉、肾静脉、肾上腺静脉和下腔静脉。

（一）胸导管

胸导管是全身最大的淋巴管，在平第 12 胸椎下缘高度起自乳糜池，经膈的主动脉裂孔进入胸腔，至第 5 胸椎高度转向左侧，继续上行至颈根部，末端注入左静脉角。在注入左静脉角前，接受左颈干、左锁骨下干和左支气管纵隔干。乳糜池呈囊状膨大，位于第 1 腰椎前方，由左、右腰干和肠干汇合而成（图 17–4）。

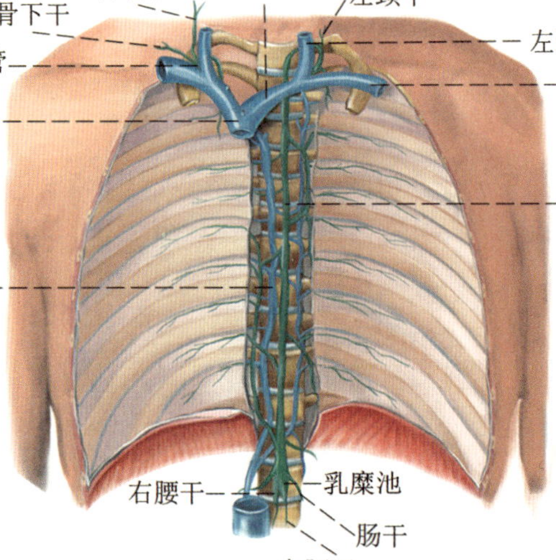

图 17–4　胸导管

胸导管引流下肢、腹部、盆部、左上肢、左胸部和左头颈部的淋巴。全身约 3/4 部位的淋巴均经胸导管回流入血。

（二）右淋巴导管

右淋巴导管长 1~1.5cm，由右颈干、右锁骨下干及右支气管纵隔干汇合而成，注入右静脉角。右淋巴导管引流右上肢、右胸部和右头颈部的淋巴，约占全身 1/4 部位的淋巴回流。右淋巴导管与胸导管之间存在着交通。

五、淋巴的回流及影响因素

淋巴回流起始于毛细淋巴管经过淋巴结群的过滤，最终经淋巴干和淋巴导管汇入静脉，过程比较缓慢。全身淋巴回流详见全身淋巴回流图（图 17–5）。

影响淋巴回流的因素很多。其中，淋巴管周围的动脉搏动，肌肉收缩和胸腔负压，可促进淋巴回流；较大淋巴管壁上的平滑肌收缩和淋巴管内的瓣膜开闭，可推动淋巴向心回流。此外，新淋巴液的产生可帮助毛细淋巴管内的淋巴回流，同时毛细淋巴管的排空也可以促进新淋巴的产生。

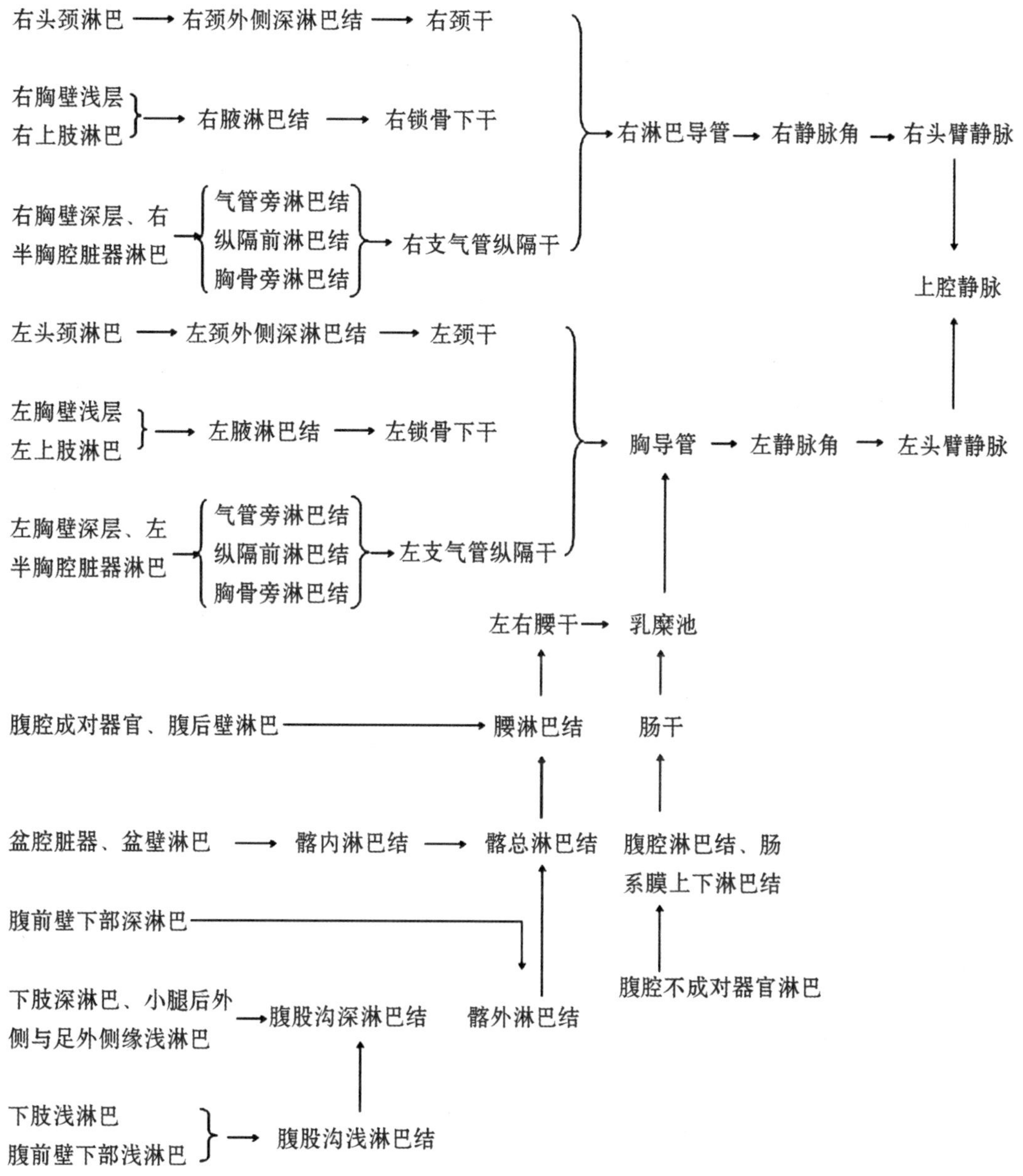

图 17-5　全身淋巴回流简图

第二节　淋巴组织

淋巴组织是指含有大量淋巴细胞及其他免疫细胞的网状结缔组织，主要位于淋巴结和脾等淋巴器官。此外，淋巴组织也分布于消化、呼吸、泌尿、生殖管道及皮肤等处。

淋巴组织分为弥散淋巴组织和淋巴小结两类。前者主要位于消化道和呼吸道的黏膜固有层；后者包括小肠黏膜固有层内的孤立淋巴滤泡和集合淋巴滤泡以及阑尾壁内的淋巴小结等。

第三节　淋巴器官

淋巴器官主要由淋巴组织构成，是机体免疫系统中产生各种淋巴细胞和引起免疫应答的重要结构，又称免疫器官。淋巴器官包括淋巴结、扁桃体、胸腺和脾等（图 17–6）。

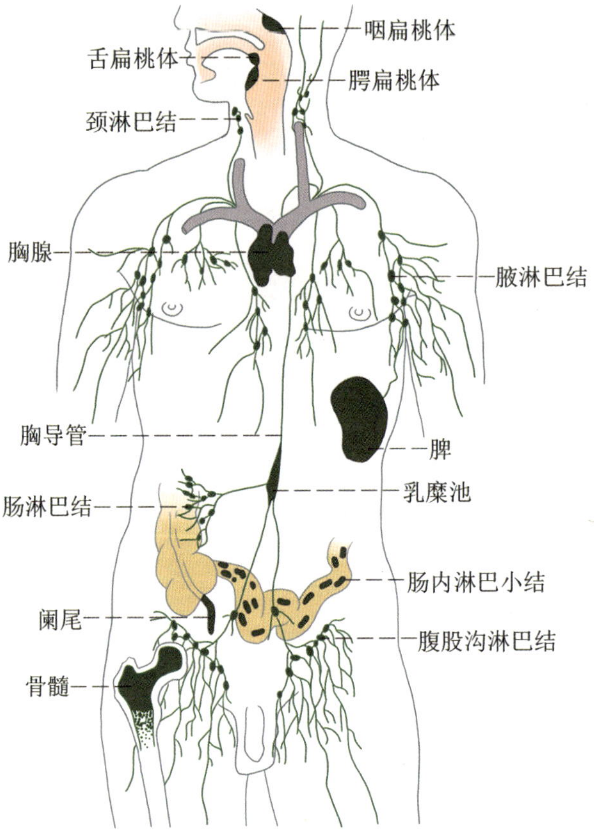

图 17–6　淋巴器官示意图

一、淋巴结

淋巴结为灰红色的圆形或椭圆形小体，大小不一，数目不恒定，多成群分布，是淋巴管行程中经过的器官。淋巴结一侧隆凸，有多条输入淋巴管进入；另一侧凹陷，为淋巴结门，有输出淋巴管、神经和血管出入（图 17-7）。淋巴结的功能是滤过淋巴液，产生淋巴细胞和进行免疫应答。

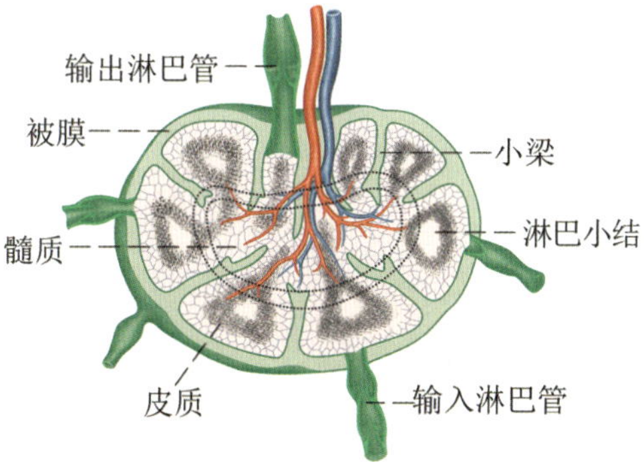

图 17-7　淋巴结构造模式图

淋巴结按分布的位置不同可分为浅淋巴结和深淋巴结。浅淋巴结位于浅筋膜内；深淋巴结位于深筋膜深面。淋巴结多沿血管排列，一般位于关节屈侧和身体较隐蔽处，如腋窝、腘窝和腹股沟等。内脏的淋巴结常位于脏器的门附近和供应该内脏的血管周围。

二、扁桃体

扁桃体包括腭扁桃体、咽扁桃体和舌扁桃体，它们与咽黏膜内分散的淋巴组织共同组成咽淋巴环，构成机体的重要防线。

腭扁桃体是淋巴上皮器官，呈扁卵圆形，位于舌腭弓和咽腭弓之间的扁桃体窝内。其内侧面朝向咽腔，表面覆以复层扁平上皮，上皮向下陷入形成数十个隐窝，此处是细菌易存留的部位，所以扁桃体易于造成感染。

鼻咽部上壁后部的黏膜内有丰富的淋巴组织，称咽扁桃体。舌根背面黏膜表面，可见由淋巴组织组成的大小不等的丘状隆起称舌扁桃体。咽扁桃体无隐窝，舌扁桃体也仅有一个浅隐窝，故较少引起炎症。成人的咽扁桃体和舌扁桃体多萎缩退化。

三、胸　腺

胸腺是中枢淋巴器官，具有培育、选择和向周围淋巴器官（淋巴结、脾和扁桃体）和淋巴组织（淋巴小结）输送 T 淋巴细胞的功能，胸腺还有内分泌的功能（详见内分泌系统章）。

四、脾

脾是人体最大的淋巴器官，长约10~12cm，宽约6~8cm，厚约3~4cm，重约110~200g。位于左季肋区，居胃底与膈之间，第9~11肋的深面，长轴与第10肋方向一致。正常时，在左肋弓下触摸不到脾。脾的位置可随体位不同和呼吸而变化，站立比平卧时低2.5cm。

脾可分为膈、脏两面，前、后两端和上、下两缘。膈面光滑隆凸，脏面凹陷，其血管、神经和淋巴管出入之处，称为脾门（图17-8）。脾上缘前部有2~3个深陷的脾切迹，是触诊时辨认脾的标志。

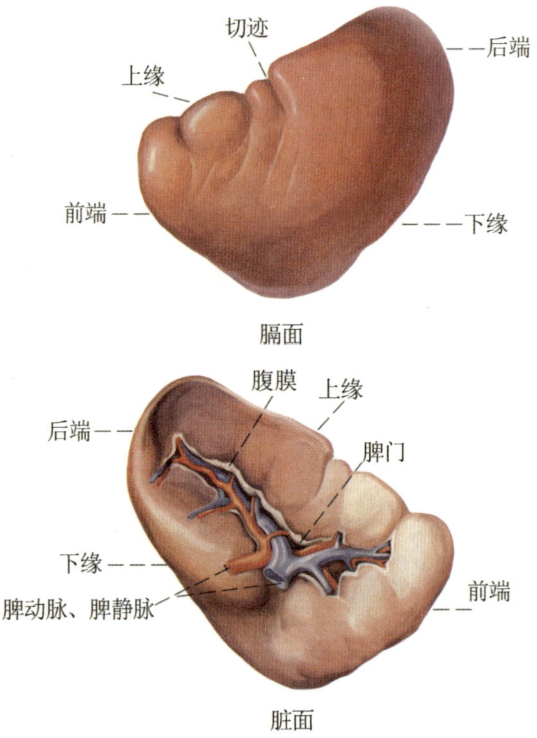

图17-8　脾

脾是人体重要的淋巴器官，具有滤过血液和参与免疫应答的功能。脾在胚胎早期还具有造血功能，成年后不参与造血，但仍有造血潜能。此外，脾还具有储血的功能。

第四节 淋巴系统与体育运动的关系

长期、适量的体育锻炼可提高机体的免疫能力，防止感染性疾病的发生；而激烈、过度运动和比赛后可使运动员出现运动性免疫功能低下，并导致对疾病抵抗能力的削弱，患病率增加。

一、适宜的体育运动对淋巴系统结构和功能的影响

体育运动可对淋巴细胞数目产生影响。多数研究证实，适量运动可促进运动后血液中淋巴细胞数目增加。其数目变化受运动强度、运动持续时间、运动方式、运动对象的年龄和训练水平等各个因素的影响。另外，各种急性运动均可引起 NK 细胞（natural killer，自然杀伤细胞）数量的增加。

体育运动也可对淋巴细胞功能产生影响。较长时间的中小强度的运动或有氧运动可以提高 T 细胞（thymus cell，来源于胸腺）的活性，增强 T 淋巴细胞的功能。有实验发现，短时间大强度运动可使 NK 细胞毒活性明显提高。多数研究认为，运动对 B 细胞（bone marrow cell，来源于骨髓）影响不明显。

二、不适宜的体育运动对淋巴系统结构和功能的影响

大强度运动训练后可引起机体运动性免疫抑制，主要表现为：淋巴细胞数目下降，中性粒细胞 NADPH（nicotinamide adenine dinucleotide phosphate，还原型烟酰胺腺嘌呤二核苷酸磷酸）氧化酶途径产生 ROS（reactive oxygen species，活性氧）进而引起细胞本身的凋亡及 DNA 损伤。运动强度愈大 NK 细胞的变化愈明显，主要表现为外周血 NK 细胞数量与功能的下降。力竭运动或马拉松运动后 NK 细胞活性降低，且其功能呈持续抑制状态。多数研究发现大强度运动特别是长时间大强度运动后 CD4+/CD8+比值、TH1/TH2 和 TC1/TC2 比值下降，表明免疫平衡发生了偏移，导致细胞免疫的减弱。一般认为，大强度、长时间的运动虽然能引起机体暂时的免疫抑制，但是对 B 细胞产生抗体影响不大。

思考题

通过本章的学习，对于体育教育和运动训练等专业的学生，请思考：

1. 根据淋巴系统的组成及其功能，想想怎样才能处理好淋巴系统和体育运动的关系？
2. 人体常见的淋巴器官有哪些？

通过本章的学习，对于运动人体科学和运动康复等专业的学生，除上述问题外，还请思考：

1. 淋巴产生的过程，并说明淋巴系统与心血管系统的关系。
2. 胸导管和右淋巴导管的收纳范围和注入部位。
3. 淋巴系统在人体运动中所起的作用。

感觉器

人体的各种生命活动和运动，都是从感受器或感觉器接受到内、外环境中的各种刺激，并转变为神经冲动开始的。

感觉器是机体接受内、外环境各种刺激的装置，是感受器及其附属结构的总称。

感受器与感觉器两词的含义有所不同。感受器广泛分布于全身各部，其结构和功能各不相同。有的结构非常简单，仅是感觉神经的游离末梢，如痛觉感受器；有的结构则较为复杂，除了感觉神经末梢外，还有数层结构共同形成的各种被囊神经末梢，如接受触觉、压觉等刺激的触觉小体和环层小体等。而感觉器的结构则较感受器复杂，其除包括感受器外，还包括附属结构装置，如视器是由眼球（感受器）和眼副器构成。人体的特殊感觉器有视器、位听器、味器以及嗅器等。

感受器是指接受机体内、外环境的各种不同刺激，并将其转变为神经冲动或神经兴奋的结构。广泛分布于人体全身各部，形态结构各不相同。在正常状况下，一种感受器只能对某一适宜的刺激特别敏感，如对视网膜适宜的刺激是一定波长的光；对听器适宜的刺激是一定频率的声波等。高等动物感受器的高度特化是长期进化过程中逐渐演化而来的，也是随着实践不断完善的。它使机体对内、外环境不同的变化作出精确的分析和反应，从而更加完善地适应其生存的环境。

感受器的种类繁多，形态和功能各异。一般根据感受器所在的部位、接受刺激的来源，可将其分为 3 类。

1．外感受器：分布在皮肤、黏膜、视器和听器等处，感受来自外界环境的刺激，如痛、温度、触、压、光波和声波等物理刺激和化学刺激。

2．内感受器：分布于内脏器官和心血管等处，接受物理刺激和化学刺激，如渗透压、压力、温度及离子和化合物浓度等的刺激。分布于嗅黏膜的嗅觉感受器及舌的味蕾，虽接受的刺激来自外界，但这两种感受器与内脏活动有关，故把它们列入内感受器。

3．本体感受器：分布在肌、肌腱、关节和内耳的位觉器等处，接受机体运动和平衡变化时所产生的刺激。

此外，还可根据感受器特化程度分为一般感受器（如皮肤的痛觉、温觉和粗触觉等）和特殊感受器（如分布在五官的视器、听器和嗅器等）。

第十八章　视器——眼

视器由眼球和眼副器共同构成。眼球的功能是接受光波的刺激，将其转变为神经冲动，经视觉神经传导通路传至大脑皮质视觉中枢，产生视觉。眼副器位于眼球的周围或附近，包括眼睑、结膜、泪器和眼球外肌等，对眼球起支持、保护和运动等作用。

第一节　眼　球

眼球是视器的主要部分，位于眼眶内，呈前部稍前凸的球形，前面有眼睑保护，周围借筋膜与眶壁相连，后部借视神经连于间脑的视交叉。

当眼平视前方时，眼球前、后正中点的连线称为眼轴。而经瞳孔的中央至视网膜黄斑中央凹的连线称为视轴。眼轴与视轴呈锐角交叉。

眼球由眼球壁和眼球的内容物构成（图 18–1、图 18–2）。

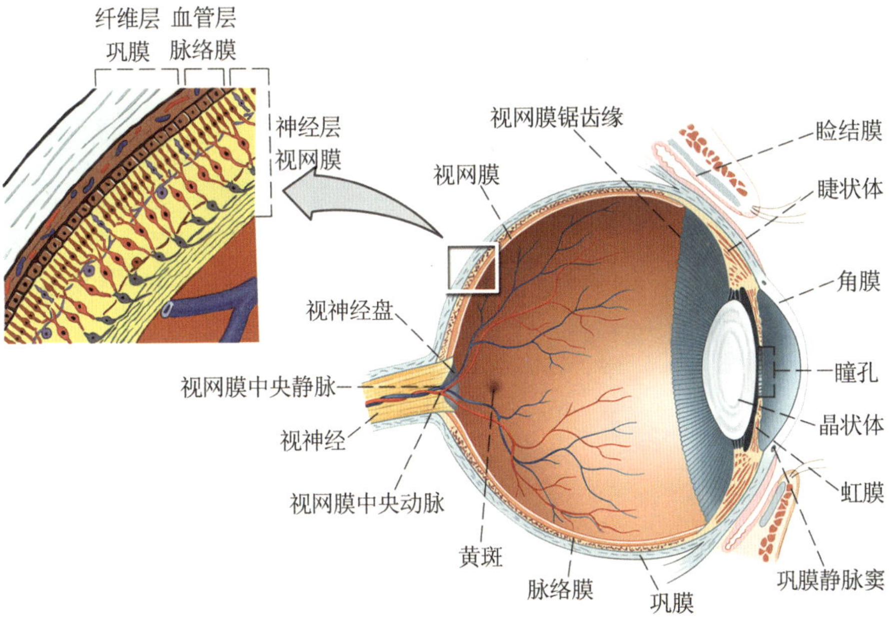

图 18–1　眼球的构造模式图（矢状切面）

- 眼球
  - 眼球壁
    - 外膜（纤维膜）
      - 角膜
      - 巩膜
    - 中膜（血管膜）
      - 虹膜
      - 睫状体
      - 脉络膜
    - 内膜（视网膜）
      - 视部
      - 盲部
        - 虹膜部
        - 睫状体部
  - 折光装置
    - 角膜
    - 房水
    - 晶状体
    - 玻璃体

图 18-2　眼球的构成

一、眼球壁

眼球壁从外向内依次分为纤维膜（外膜）、血管膜（中膜）和视网膜（内膜）三层（图 18-3）。

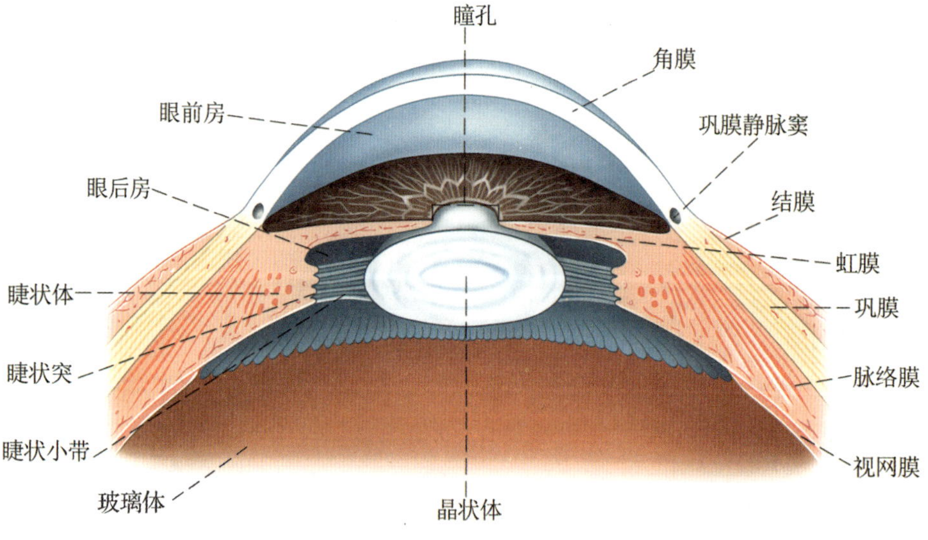

图 18-3　眼球前半部水平切面

（一）纤维膜

眼球纤维膜由致密结缔组织构成，具有支持和保护作用。可分为角膜和巩膜两部分。

1. 角　膜

角膜约占眼球纤维膜的前 1/6，曲度较眼球其他部分大，外凸内凹。无色透明，富有弹性，具有屈光作用。无血管但富有感觉神经末梢，因而感觉灵敏。其营养物质由角膜周围的毛细血管、泪液和房水供应。

2. 巩 膜

巩膜约占眼球纤维膜的后 5/6，为乳白色不透明的纤维膜，厚而坚韧，有保护眼球内容物和维持眼球形态的作用。在靠近角膜缘处的巩膜实质内，有环形的管道称巩膜静脉窦，是房水流出的通道。

巩膜前部露于眼裂的部分，正常呈乳白色，老年人的巩膜可因脂肪组织沉着略呈黄色。

（二）血管膜

眼球血管膜由疏松结缔组织构成，富有血管、神经和色素细胞，又称色素膜，呈棕黑色，具有营养眼球内组织及遮光作用。血管膜由前向后分为虹膜、睫状体和脉络膜三部分。

1. 虹 膜

虹膜位于血管膜的前部，角膜的后方，是呈冠状位的圆盘形薄膜，中央的圆孔称瞳孔。虹膜在晶状体的前方，并将角膜与晶状体之间的腔隙分为较大的眼前房和较小的眼后房，眼前、后房借瞳孔相互交通，内含房水。在虹膜的基质内有两种平滑肌纤维，环绕瞳孔周缘呈环行排列的，称为瞳孔括约肌，由副交感神经支配，在强光下或视近物时收缩，可缩小瞳孔；在瞳孔括约肌外侧，瞳孔周围呈放射状排列的平滑肌，称为瞳孔开大肌，由交感神经支配，在弱光下或视远处物体时收缩，可开大瞳孔。瞳孔的大小变化控制着进入眼球光线的多少。

虹膜的颜色取决于色素的多少，可有黑、棕、蓝和灰色，有种族差异，黄种人的虹膜多呈棕色。

2. 睫状体

睫状体位于巩膜与角膜移行部的内面，其前缘与虹膜相连，后缘连接脉络膜，是血管膜中部最肥厚的部分。呈环带状，在眼球矢状切面上，睫状体呈三角形。其后部较为平坦，为睫状环，前部有许多向内突出呈放射状排列的皱襞，称为睫状突。由每个睫状突发出呈辐射状走向的细丝称睫状小带，与晶状体相连。睫状体内有纵行、放射状和环形排列的平滑肌纤维，称睫状肌，由副交感神经支配。

睫状体有调节晶状体的曲度和产生房水的作用。视近处物体时，睫状肌收缩，睫状小带松弛，晶状体周缘受牵拉力量减弱，使晶状体凸度增加。相反，视远处物体时睫状肌松弛，睫状小带拉紧，晶状体周缘受的牵拉力增加使晶状体凸度减小。另外，睫状体的上皮中除了色素细胞外，其余非色素上皮细胞具有分泌房水的作用。当睫状体内纵行排列的平滑肌收缩和放松时，可开闭巩膜静脉窦，促进房水的循环。

3. 脉络膜

脉络膜位于巩膜和视网膜之间，占血管膜的后 2/3，是有丰富的血管网和色素细胞的薄膜。其主要功能是供应眼球内组织的营养和吸收眼内分散光线以免扰乱视觉。

（三）视网膜

视网膜位于血管膜内面，是眼球壁的最内层。自后向前可分为 3 部分：视网膜脉络膜部、视网膜睫状体部和视网膜虹膜部。视网膜睫状体部和虹膜部贴附于睫状体和虹膜的内面，无感光作用，故又称为视网膜盲部。视网膜脉络膜部最大、最厚，附于脉络膜的内面，为视器接受光波刺激并将其转变为神经冲动的部分，故又称为视网膜视部。视部的后部最厚，愈向前愈薄，在视神经起始处有圆盘形白色隆起，称视神经盘，此处因无视细胞而无感光作用，亦称为生理性盲点。在视神经盘的颞侧稍偏下方有一由密集的视锥细胞构成的黄色小区，称黄斑，其中央凹陷称中央凹，此区无血管，是感光最敏锐处（图 18-4）。

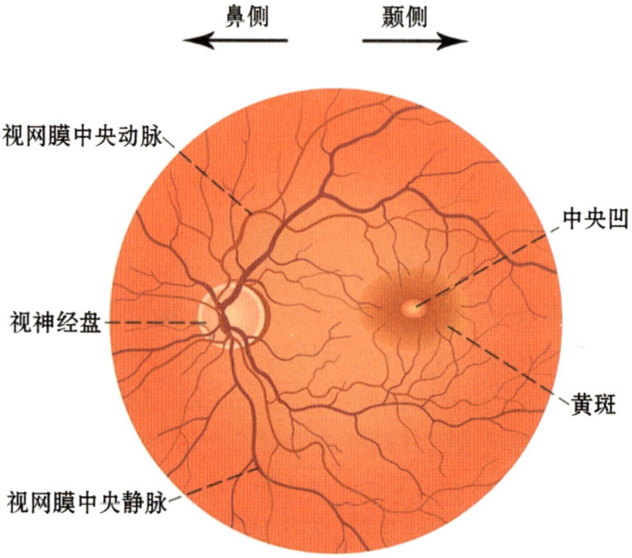

图 18-4 眼 底

视网膜视部主要由 4 层神经细胞组成（图 18-5）。由外向内依次是色素上皮层、视细胞层、双极细胞层和节细胞层。其中后 3 层为神经层，是视网膜的固有结构，色素上皮层和神经层之间有一潜在的间隙，此间隙是造成视网膜的外层与内层容易脱离的解剖学基础，视网膜剥离是指视网膜的神经层与色素上皮层相分离。头部受到冲击比较多的项目对运动员的眼球健康影响较大，如跳水运动等。

1. 色素上皮层

色素上皮层是由色素上皮细胞构成的单层立方上皮，紧贴脉络膜。色素细胞顶部有许多细长的突起伸向视细胞胞间，当强光射入时，胞体内的黑色素颗粒移到突起中吸收过强的光线，保护视细胞。

2. 视细胞层

视细胞层中有视锥细胞和视杆细胞，它们是感光细胞，紧邻色素上皮层。视锥细胞数量多，主要分布在视网膜中央部，能合成感光物质–视紫蓝质，可感受强光和颜色的刺激，在白天或明亮处视物时起主要作用。人类的视锥细胞有 3 种，分别感受蓝、绿和红等颜色。若缺少感受红或绿光的视锥细胞，则不能分辨红或绿色，称为部分色盲；若视锥细胞出现完全性功能障碍，则可发生全色盲。视杆细胞数量相对较少，主要分布于视网膜周边部，能够在维生素 A 的参与下合成感光物质–视紫红质，只能感受弱光，在夜间或暗处视物时起主要作用。当人体维生素 A 供给不足时，视紫红质缺乏导致弱光视力减退，称夜盲症。

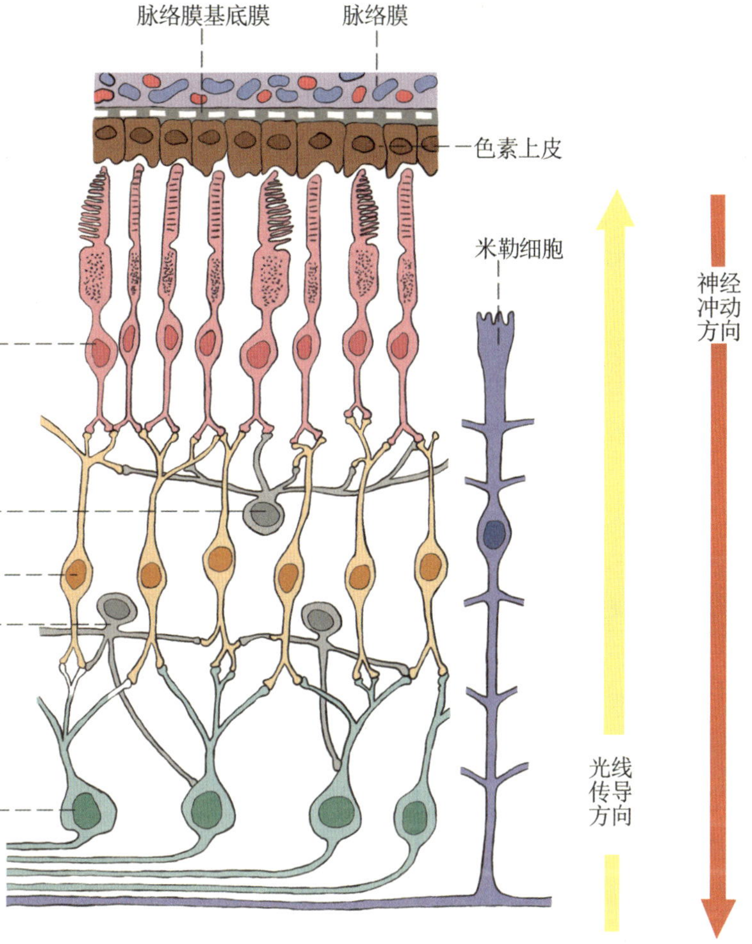

图 18-5　视网膜神经细胞示意图

3. 双极细胞层

双极细胞是神经细胞，其周围突可与一个或多个视细胞形成突触，中枢突与节细胞形成突触，将来自感光细胞的神经冲动传导至内层的节细胞。

4. 节细胞层

节细胞也是神经细胞，位于视网膜的最内层，属于多级神经元。节细胞的树突短而分支多，可与一个或多个双极细胞的中枢突形成突触。其轴突细而长，向视神经盘处汇集，穿过脉络膜和巩膜后构成视神经。

二、眼球的内容物

眼球的内容物包括房水、晶状体和玻璃体（见图 18-1，图 18-3）。这些结构透明而无血管，具有屈光作用，它们与角膜合称为眼的屈光装置。

（一）房　水

房水是由睫状体非色素上皮细胞分泌和毛细血管扩散产生的无色透明的液体，充满在眼房内。房水由睫状体产生后进入眼后房，经瞳孔至眼前房，在虹膜角膜角隙进入巩膜静脉窦，借睫前静脉汇入眼上、下静脉。房水的功能除屈光外，还可为角膜、晶状体、玻璃体和视网膜提供营养，排出代谢废物，并维持正常的眼内压。在某些病理情况下，房水代谢紊乱，造成眼房内房水增加，导致眼内压增高而影响视力，临床上称之为继发性青光眼。

（二）晶状体

晶状体位于虹膜的后方、玻璃体的前方，呈双凸透镜状。前面曲度较小，后面曲度较大，无色透明、富有弹性、不含血管和神经。晶状体由平行排列的晶状体纤维所组成，周围部称晶状体皮质，较软；中央部称晶状体核。晶状体外面包以具有高度弹性的被膜，称为晶状体囊。晶状体若因疾病或创伤而变性混浊，变成白色，称为白内障。

晶状体是屈光系统的主要装置，其曲度随所视物体的远近不同而改变。视近物时，睫状肌收缩牵引脉络膜向前，使睫状突向内移动，睫状小带也向内而变得松弛，因而放松了对晶状体的牵拉，晶状体借助于晶状体囊及其本身的弹性而变凸，增加了晶状体的曲度，屈光力度加强，使进入眼球的光线恰能聚焦于视网膜上，以适应看近物。反之，睫状肌舒张时，使睫状突向外移动，睫状小带张力增大，加强了对晶状体的牵拉，使晶状体的曲度减小，以适应看远物。

若眼轴较长或屈光装置的屈光率过强，则物象落在视网膜前，称之为近视。反之，若眼轴较短或屈光装置屈光率过弱，则物象落在视网膜后，称之为远视。随着年龄的增长，因晶状体的弹性减退及睫状肌逐渐萎缩，可致晶状体改变曲度的调节能力减弱，进而出现老视。

（三）玻璃体

玻璃体填充于晶状体与视网膜之间，约占眼球内腔的4/5。玻璃体是无色透明的胶状物质，本身无血管，代谢能力极低，表面被覆着玻璃体膜。玻璃体的功能除具有屈光作用外，还有支撑视网膜、维持眼球形态的作用。若支撑作用减弱，易导致视网膜剥离；若玻璃体混浊，亦可影响视力。

第二节　眼副器

眼副器包括眼睑、结膜、泪器、眼球外肌、眶脂体和眶筋膜等结构，具有保护、运动和支持眼球等作用。

一、眼　睑

眼睑（图18-6、图18-7）俗称眼皮，位于眼球的前方，分上睑和下睑。上、下睑之间的裂隙称睑裂，睑裂两侧上、下睑结合处分别称为内眦和外眦。睑的游离缘称睑缘，其前缘有睫毛，上、下睫毛均弯曲向前，有防止灰尘进入眼内和减弱强光照射的作用。眼睑由浅至深可分为5层：皮肤、皮下组织、肌层、睑板和睑结膜。眼睑的皮肤细薄，皮下组织疏松，缺乏脂肪组织，故可因积水或出血而发生肿胀。肌层主要是眼轮匝肌睑部，收缩可使睑裂关闭。另外在上睑还有提上睑肌，受动眼神经支配，收缩时可提上睑。眼睑具有防止异物、强光损伤眼球和避免角膜干燥的作用。

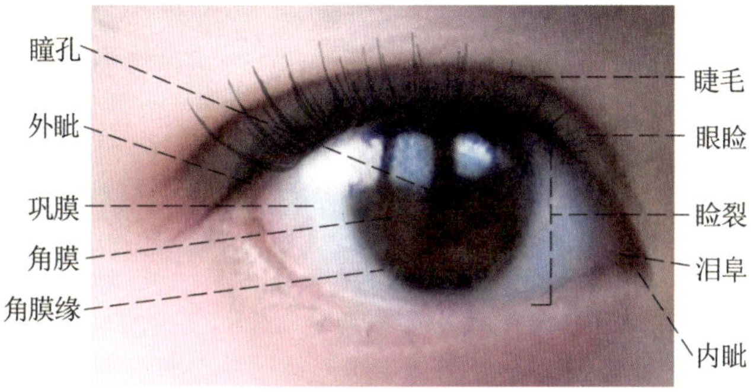

图 18-6　眼外观及其附属结构

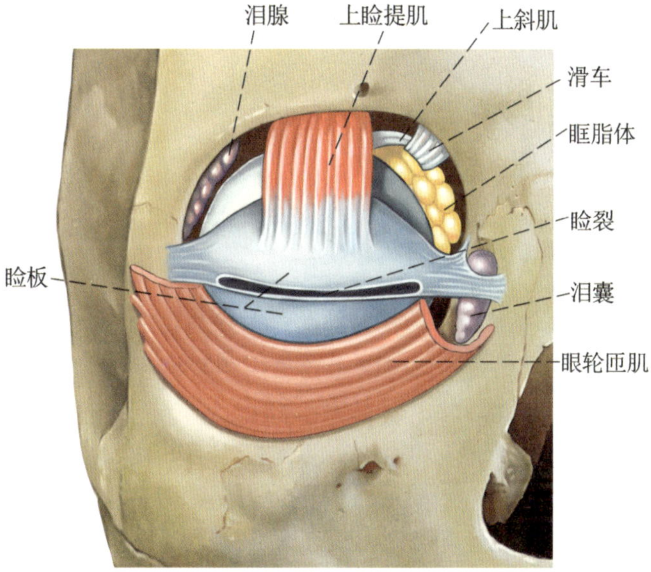

图 18-7　睑　板

二、结　膜

结膜覆盖在眼球的前面和眼睑的后面。可分 3 部：睑结膜，是衬覆于上、下睑内面的部分；球结膜，覆盖在眼球的前面；结膜穹隆，位于睑结膜与球结膜互相移行处。结膜是一层薄而光滑透明、富含血管的黏膜。结膜富有大量黏液细胞，分泌黏液，润滑眼球，以减少结膜之间及与角膜的摩擦。

三、泪　器

泪器由泪腺和泪道组成（图18–8）。泪腺位于眶上壁前外侧部的泪腺窝内，分泌泪液，有10~20条排泄管开口于结膜上穹的外侧部。泪液借眨眼活动涂抹于眼球表面，有防止角膜干燥和冲洗微尘作用，此外因含溶菌酶，具有灭菌作用。泪道包括泪点、泪小管、泪囊和鼻泪管。多余的泪液流向内眦处的泪湖，经泪点、泪小管进入泪囊，再经鼻泪管至鼻腔下鼻道外侧壁的前部。鼻泪管开口处的黏膜内有丰富的静脉丛，感冒时，黏膜易充血和肿胀使鼻泪管下口闭塞，使泪液向鼻腔引流不通畅，所以感冒时常有流泪的现象。

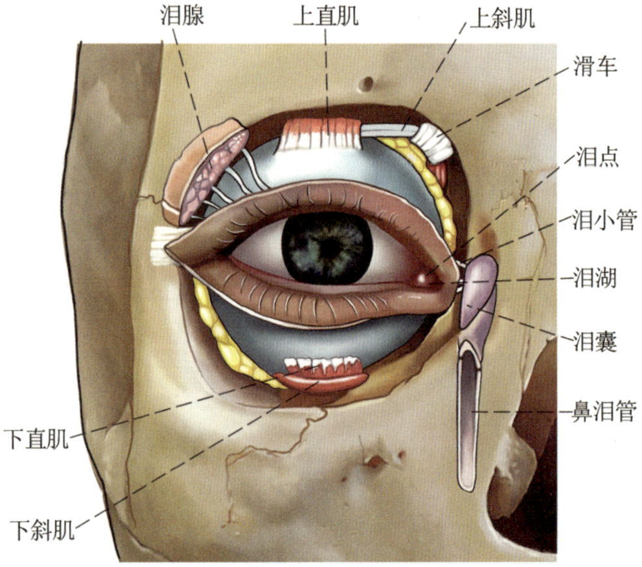

图 18–8　泪　器

四、眼球外肌

眼球外肌（图18–9）共有7块，包括运动眼睑和运动眼球的两组肌肉，均为骨骼肌。

运动眼睑的肌肉仅有上睑提肌。该肌肉起自视神经管前上方的眶壁，止于上睑的皮肤和上睑板。收缩可上提上睑，开大眼裂。

运动眼球的肌肉包括4块直肌与2块斜肌。4条直肌共同起自视神经孔周围的总腱环，各肌肉向前，分别止于眼球前半部巩膜的上、下、内侧和外侧。收缩时分别能使眼球向上、向下、向内、向外转动。上斜肌起于蝶骨体，其腱通过眶内侧壁前上方的滑车，止于眼球后半部的巩膜，该肌收缩使瞳孔转向下外方。下斜肌起自眶下壁的内侧份近前缘处，止于眼球下面赤道后方的巩膜，该肌可使瞳孔转向上外方。

眼球的正常运动，并非单一肌肉的收缩，而是两眼数条肌肉协同作用的结果。如眼向下俯视时，两眼的下直肌和上斜肌同时收缩；仰视时，两眼的上直肌和下斜肌同时收缩；侧视时，一侧眼的外直肌和另一侧眼的内直肌共同作用；聚视中线时，则是两眼内直肌共同收缩的结果。当某一眼肌麻痹时，可出现斜视和复视现象。

五、眶脂体和眶筋膜

眶脂体是填充于眼球、眼球外肌与眶骨膜之间的脂肪组织团块；眶筋膜包括眶骨膜、眼球筋膜鞘、肌筋膜鞘和眶隔。二者的功能是固定眶内各种软组织，对眼球、视神经、血管和泪器等起保护作用。

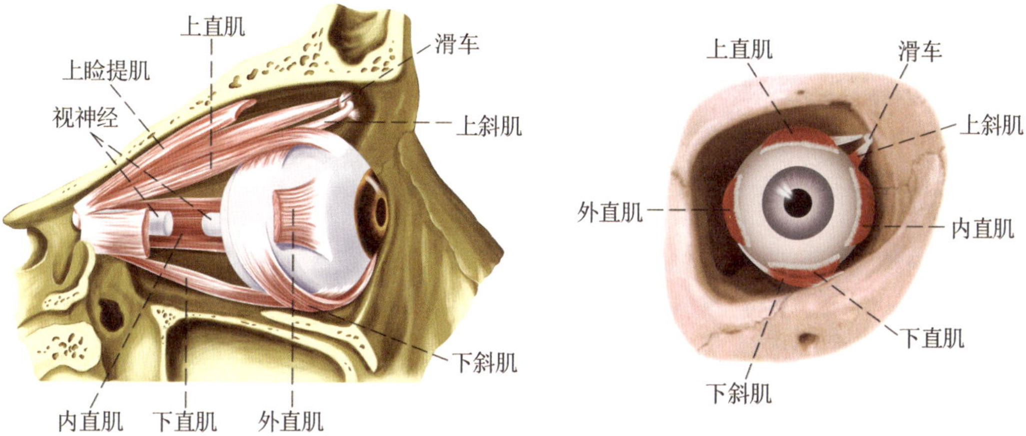

图 18-9 眼球外肌

第三节 视器与体育运动的关系

任何体育运动都是人体整体或局部在空间和时间上产生位移的结果，而身体的运动方向、距离及具体形式均与视觉密切相关。体育运动既受到视器功能状态的制约，亦可对视器形态结构与功能产生影响。

一、视器的形态结构对体育运动的制约

眼睛对体育运动的制约作用是不言而喻的，此处仅以两个特例加以说明。

（一）高度近视对运动的制约

高度近视患者（600 度以上）因从事剧烈运动而发生视网膜脱离的几率较常人高很多。当受到同样外力冲击，高度近视患者视网膜脱离的发生率是正常人眼球的 4~5 倍，是运动眼伤的高危人群。因此，建议高度近视者不要从事“接触性”球类运动（篮球和足球）、拳击等剧烈运动，可以选择一些避免正面对抗、无身体接触的项目进行体育锻炼。戴着框架眼镜上场打球更加危险，剧烈运动撞击后眼镜碎片扎入眼中，可导致严重受伤，所以运动时应选择隐形眼镜或运动防护眼镜。

（二）盲人的体育运动

盲人体育是社会体育的组成部分，是视力丧失以致无光感者进行的身体锻炼活动。因其从事人群的特殊性，活动前要让运动员熟悉运动场地。活动中结合辅助设备器材，以声音和

触觉为导向是主要特点。盲人可以参加的体育活动有体操、田径、游泳、划船、骑马、摔跤、柔道、门球、五人制足球以及乒乓球等。提高机体的灵活性，触觉的灵敏性，发展听觉以补偿视觉的缺陷，提高定向、平衡能力和对自然环境的适应力等措施有助于盲人提高运动成绩。

二、体育运动对视器形态结构和功能的影响

（一）适宜的体育运动改善视器形态和功能

适当的体育运动和户外活动均可改善假性近视者的视力。球类运动中需要参加者注意力高度的集中，并且眼睛始终跟随着球的运动轨迹，以便快速地作出合理的反应。眼睛的这种运动促使眼部周围的血液循环加快，不仅使眼睛部位得到更多的“营养物质”，同时有利于缓解眼睛的疲劳。这使得眼部周围的肌肉群以及韧带得到很好的强化和改善，眼内睫状肌的收缩力和晶状体的弹性也随之增强，从而提高眼的调节能力，使视力得到改善。例如，有研究发现乒乓球运动可使眼睛的睫状肌得到锻炼，可提高调节视力的能力。长期的定时练习，一定程度上可以预防近视。另外也有研究证实运动锻炼可以降低眼压，尽管具体的生理机制尚未完全明确，一般认为，应该鼓励而不是限制青光眼患者进行适宜的运动锻炼。

（二）不适宜的体育运动损害视器形态和功能

不当运动或对抗性运动则有可能造成眼睛的损伤。对抗激烈的球类（特别是“接触性”球类运动，如篮球和足球等）以及拳击等运动是造成眼部损伤的主要项目，所造成的眼部外伤均属钝挫伤，主要由球本身的撞击和运动员间的碰撞造成。常导致视力不同程度下降，亦可造成挫伤性近视，严重者可致眼前房出血、视网膜水肿、角膜擦伤、眼睑损伤以及虹膜损伤等。另外，篮球、排球、羽毛球或人手、肘的直接撞击，以及长期的跳水训练等项目可造成裂孔性视网膜脱离和继发性视网膜脱离，这主要是由于眼球不断受到震动，引起眼玻璃体剧烈震动，进而对其周围的视网膜产生了强烈的牵拉作用。长期强烈的牵拉可造成视网膜裂孔的形成。因此，进行此类易造成眼球受损的运动时，加强科学的防护和采用适当的运动方式是极其必要的。

O 思考题

通过本章的学习，对于体育教育和运动训练等专业的学生，请思考：

1. 眼球壁有哪些结构组成，各起什么作用，眼睛是如何能够看到物体的。

通过本章的学习，对于运动人体科学和运动康复等专业的学生，除上述问题外，还请思考：

1. 视网膜的构造特点如何，黄斑和中央凹处为什么是视觉最敏锐之处？
2. 根据眼球壁中膜的构造特点，说明其是如何进行视力调节的。

第十九章　位听器——耳

位听器又称前庭蜗器，俗称耳，分外耳、中耳和内耳 3 部分（图 19–1）。外耳和中耳是收集和传导声波的装置，是前庭蜗器的附属器。听觉感受器和位觉感受器均位于内耳，二者虽功能不同，但在位置和结构上关系紧密（图 19–2）。

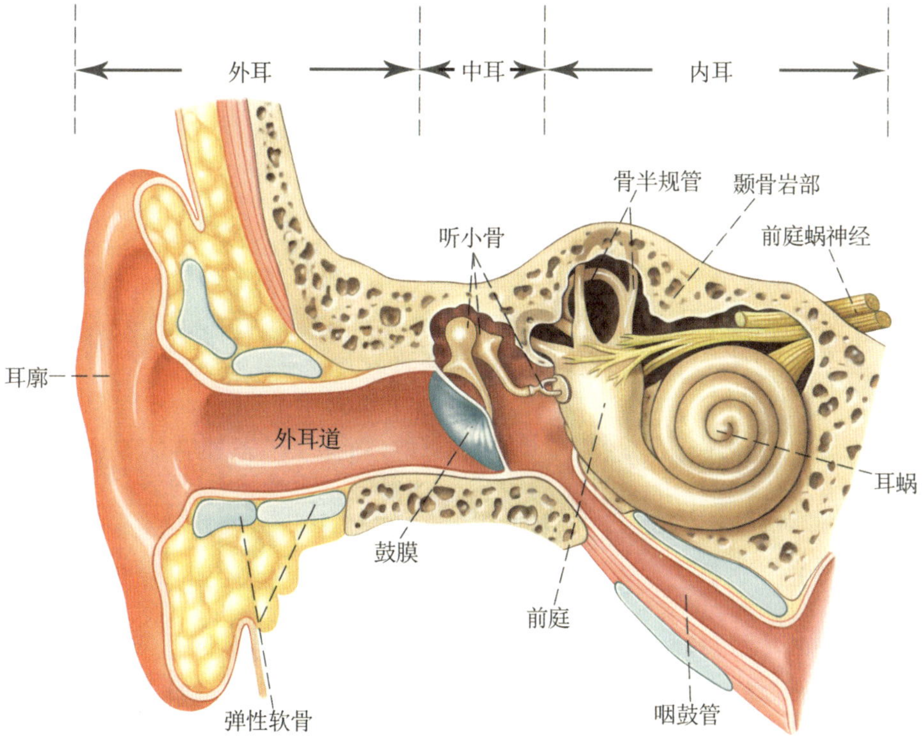

图 19–1　位听器全貌

- 耳
  - 外耳
    - 耳廓
    - 外耳道
    - 鼓膜
  - 中耳
    - 鼓室
    - 咽鼓管
    - 乳突窦、乳突小房
  - 内耳
    - 骨迷路
      - 耳蜗
      - 前庭
      - 骨半规管
    - 膜迷路
      - 蜗管
      - 椭圆囊、球囊
      - 膜半规管

图 19-2　耳的构成

第一节　外　耳

外耳包括耳廓、外耳道和鼓膜 3 部分（图 19-1）。

一、耳　廓

耳廓位于头部两侧，凸面向后，凹面向前，耳廓的上方大部分以弹性软骨为支架，外覆皮肤，皮下组织少，有丰富的血管和神经。耳廓的下方小部分无软骨，仅含结缔组织和脂肪，称耳垂，有丰富的血管、神经，是临床常用的采血部位。

耳廓具有收集声音、传导和放大声波及声源定位的作用。人的耳廓在进化中已趋向退化，故其收集声波和定向作用有所减弱。

二、外耳道

外耳道是外耳门至鼓膜的弯曲管道，成年人长约 2.0~2.5cm。

外耳道外 1/3 为软骨部，是耳廓软骨的延续；内 2/3 为骨性部，由部分颞骨构成。外耳道软骨部具有可移动性，外耳道检查时，向后上方牵拉耳廓，便可观察到鼓膜。

外耳道表面覆盖一层薄皮肤，皮肤与软骨膜及骨膜结合紧密，不易移位。外耳道软骨部的皮肤含有毛囊、皮脂腺和耵聍腺。耵聍腺分泌一种黏稠的液体，称为耵聍。耵聍有润滑皮肤和保护耳道的作用，耵聍与脱落的上皮及尘埃混合后形成耳垢。耵聍干燥凝结成团块可阻塞外耳道，影响听觉。

外耳道是声波传导的主要通道。骨部皮肤较薄，缺乏毛和皮脂腺，皮下组织少，皮肤内感觉神经末梢丰富，因而其在炎症肿胀时疼痛剧烈。

三、鼓　膜

鼓膜位于外耳道和鼓室之间，是一个椭圆形半透明的薄膜。外侧面向外、向下倾斜，与外耳道底约成45°~50°角，鼓膜的直径约1cm，厚约0.1mm。

鼓膜边缘附着于颞骨上，周边较厚，中心逐渐向内凹陷，为锤骨柄末端附着处。鼓膜上1/4的三角区称为松弛部，下3/4坚实而紧张的部分称为紧张部。鼓膜的组织结构分3层：外层为复层扁平上皮，与外耳道的皮肤相续连；中层为纤维层，鼓膜的松弛部没有纤维层；内层为黏膜，与鼓室黏膜相续连。

鼓膜分隔外耳和中耳，起传导声波的作用。鼓膜本身既无固有振动，亦无振动后的残余振动，其与外界声音刺激同始同终。因此，鼓膜可将外界的声音如实地经中耳传至内耳。

第二节　中　耳

中耳位于外耳与内耳之间，向外借鼓膜与外耳道相隔，向内借前庭窗和蜗窗与内耳相邻，向前借咽鼓管通向鼻咽部。中耳包括鼓室、咽鼓管、乳突窦和乳突小房等，为含气的不规则小腔，大部分在颞骨岩部内，是传导声波、且将声波振动转换成机械能的主要部分（图19-3）。

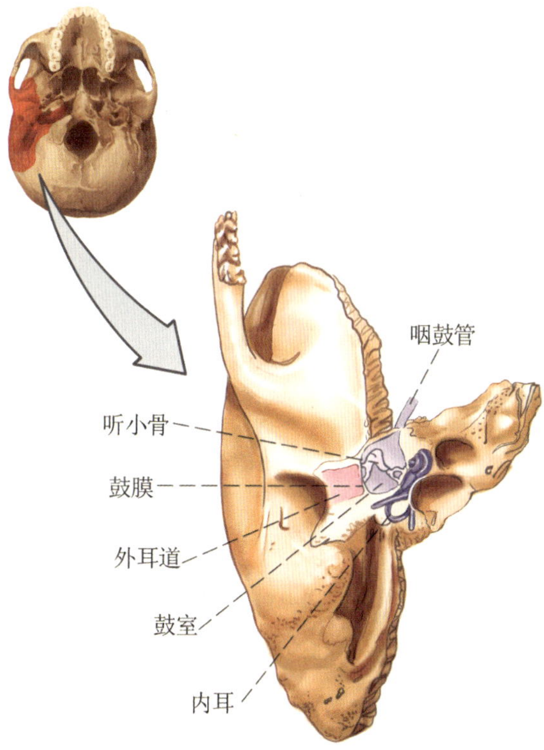

图19-3　中耳和内耳在颞骨岩部的投影

一、鼓　室

鼓室位于鼓膜和内耳外侧壁之间，是颞骨岩部内不规则的含气小腔，内有听小骨、韧带、肌肉、血管和神经等。

（一）鼓室的壁

鼓室有 6 个壁，壁表面均覆盖黏膜，黏膜与咽鼓管和乳突窦、乳突小房的黏膜相续连。其前壁很薄，有咽鼓管的鼓室开口；后壁借乳突窦与乳突小房相通；上壁借颞骨岩部分隔鼓室与颅中窝；下壁借一薄层骨板与颈内静脉相邻；外侧壁的大部分由鼓膜构成；内侧壁与内耳迷路相邻。在鼓室的内侧壁上有两个小孔，一个为卵圆形的称为前庭窗，通向前庭，在活体由镫骨底及其周缘的韧带将前庭窗封闭；另一个为圆形的称为蜗窗，在活体上由膜封闭，亦称第二鼓膜，此膜能缓冲耳蜗内的外淋巴的波动。

（二）鼓室内的结构

鼓室内有 3 块听小骨、两条肌肉、一条神经和与大气压力相等的空气（图 19-4）。鼓室腔面和听小骨表面都覆盖有黏膜，黏膜内含丰富的血管和神经。

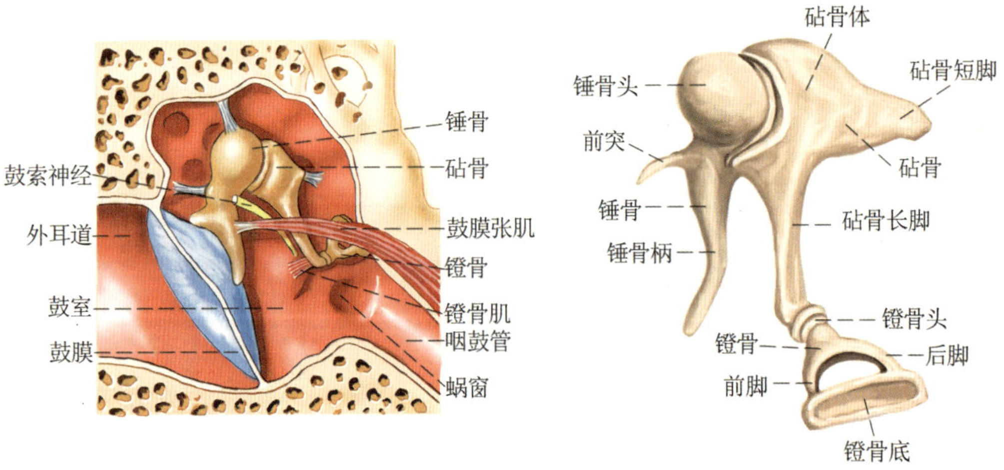

图 19-4　鼓室与听小骨

1. 听小骨

每侧鼓室各有 3 块听小骨，自外向内依次为锤骨、砧骨和镫骨。

锤骨：外形如鼓锤，由头、柄、外侧突和前突等 4 部分组成。锤骨借柄附于鼓膜内面，柄上端有鼓膜张肌附着。

砧骨：外形如砧，分为体和长、短二脚等 3 部分。体与锤骨头形成砧锤关节，长脚与镫骨头形成砧镫关节，短脚以韧带与鼓室后壁相连。

镫骨：形似马镫，分头、颈、前后两脚和一底。镫骨底借韧带和前庭窗周边相连，封闭前庭窗。

2. 运动听小骨的肌肉

鼓膜张肌：收缩时将锤骨柄牵引拉向内侧，使鼓膜内陷，紧张鼓膜。

镫骨肌：收缩时将镫骨头拉向后方，使镫骨底前部离开前庭窗，降低迷路内压，并解除鼓膜的紧张状态。

3. 听骨链

听骨链由锤骨、砧骨和镫骨 3 块听小骨组成，它们彼此以关节相连，组成一个曲折杠杆系统，称为听骨链。听骨链以锤骨前突和砧骨短脚为固定点和运动轴，锤骨柄与砧骨长脚几乎平行。当声波冲击鼓膜时，经听骨链使镫骨在前庭窗上不断摆动，将声波的振动转换成机械能传入内耳。当炎症引起听小骨粘连和韧带硬化时，听骨链活动受到限制，听觉减弱。

二、咽鼓管

咽鼓管是连于鼓室与鼻咽部的通道，全长约 3.5~4cm（图 19–1、图 19–4）。

咽鼓管分软骨部和骨部。骨部为颞骨岩部的咽鼓管，开口于鼓室前壁。软骨部紧邻骨部，经咽鼓管咽口开口于鼻咽部的侧壁。咽鼓管有两个开口，分别为咽鼓管咽口和咽鼓管鼓室口。咽鼓管咽口和软骨部平时处于关闭状态，仅在吞咽或张口时暂时开放，从而平衡鼓室和外界的气压，以利于鼓膜振动。

咽鼓管的功能是使鼓室的气压与外界大气压相等，以保持鼓膜内、外两面的压力平衡。由于咽鼓管与鼻咽部相通，故咽部感染易沿咽鼓管侵入鼓室。小儿咽鼓管短而宽，接近水平位，常因咽部感染引起中耳炎。

三、乳突窦和乳突小房

乳突窦和乳突小房是鼓室向后的延伸。乳突窦位于鼓室上隐窝的后方，向前开口于鼓室后壁上部，向后下与乳突小房相通连，为鼓室和乳突小房之间的交通要道。乳突小房是颞骨乳突部许多相通的含气小腔隙，大小不等，形态不一。乳突小房有吸收声波和降低鼓室内压力的作用，可缓解强声或噪音对内耳感受器的损害。

第三节　内　耳

内耳又称迷路，是位听器的主要部分。位于鼓室内侧、颞骨岩部的骨质内，在鼓室内侧壁和内耳道底之间（图 19–3），其形状不规则，为复杂的弯曲管道，称迷路。迷路由骨迷路和膜迷路两部分组成。骨迷路是颞骨岩内一些相互连通的骨性弯曲小管和小腔；膜迷路为套在骨迷路内的膜性小管和小囊，其形状与骨迷路相似。膜迷路与骨迷路之间充满外淋巴，膜迷路内充满内淋巴，内、外淋巴互不相通。

迷路由前向后分为耳蜗、前庭和半规管，其中前庭是位于耳蜗和半规管之间的空间（图 19–5）。耳蜗内有听觉感受器，前庭和半规管内有位觉感受器。

一、骨迷路

骨迷路是由骨密质围成的腔与管，从前内侧向后外侧沿颞骨岩部的长轴排列，依次为耳蜗、前庭和骨半规管，它们互相通连。

（一）前 庭

前庭位居骨迷路中部，是耳蜗和半规管之间不规则的椭圆形腔隙，内藏膜迷路的椭圆囊和球囊。前庭前部较窄，有一个孔与耳蜗相通；后上部较宽，有 5 个小孔与 3 个半规管相通。

前庭的侧壁即鼓室的内壁，其上有前庭窗和蜗窗，前庭窗处与镫骨底相连接。前庭的内壁是内耳道底，有前庭蜗神经穿过。在内侧壁上有一自前上向后下的前庭嵴，其后上方有椭圆囊隐窝，前下方有球囊隐窝，分别容纳膜迷路的椭圆囊和球囊（图 19–5）。

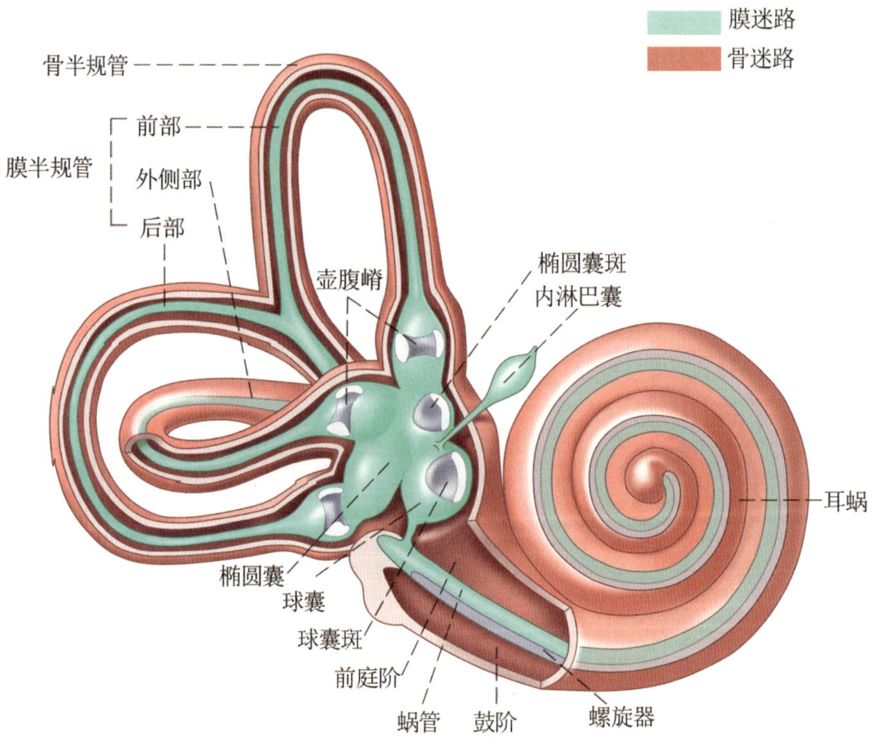

图 19–5 骨迷路和膜迷路

（二）骨半规管

骨半规管位居骨迷路的后部，为 3 个 C 字形的骨性小管，分别位于三个相互垂直的面内，彼此几乎成直角排列（图 19–6），分别称为前骨半规管、后骨半规管和外骨半规管。骨半规管的结构特点详见表 19–1。

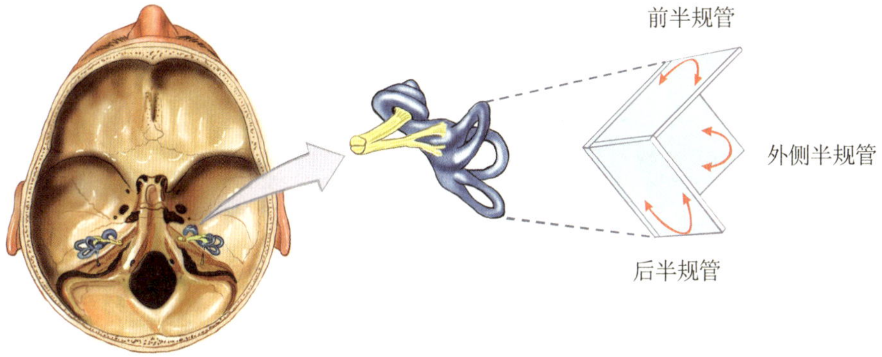

图 19-6　内耳在颞骨岩部的投影和半规管的方位

表 19-1　骨半规管的结构特点

名称	结构特点	共同特点
前骨半规管	前骨半规管弓向上方，埋在弓状隆起深面，与颞骨岩部的长轴垂直	每个骨半规管都有两个骨脚连于前庭，其中一个骨脚膨大，称壶腹骨脚，膨大部称骨壶腹；另一骨脚不膨大，称单骨脚。因前、后骨半规管的单骨脚合并成一总骨脚，因此 3 个骨半规管共有 5 个小孔开口于前庭的后壁上
外骨半规管	外骨半规管弓向后外方，是 3 个半规管最短的一个，形成乳突窦内侧的隆起，叫外半规管凸	
后骨半规管	后骨半规管弓向后上外方，是 3 个半规管最长的一个，与颞骨岩部的长轴平行	

（三）耳　蜗

耳蜗位居骨迷路的前部，形似蜗牛壳。耳蜗的尖朝向前外侧，称蜗顶；底朝向后内侧正对内耳道底，称蜗底。耳蜗由蜗轴和蜗螺旋管构成（图 19-7）。

蜗轴：位于耳蜗中央，是蜗顶至蜗底之间的骨质，呈圆锥形。经蜗轴作一个垂直剖面，可见蜗轴向耳蜗内伸出螺旋状的骨片，称骨螺旋板，骨螺旋板基部有蜗轴螺旋管。蜗轴内含有蜗神经节、神经和血管。

蜗螺旋管：是由骨密质围成的骨管，围绕蜗轴盘曲约两圈半。管腔的底部较大，通向前庭；通向蜗顶的管腔逐渐细小，以盲端终止于蜗顶。骨螺旋板由蜗轴突向蜗螺旋管内，骨螺旋板没有到达蜗螺旋管的外侧壁，末端游离，其空缺处由膜迷路的蜗管填补封闭。蜗螺旋管的腔可分为 3 部分：螺旋板上方的管腔称为前庭阶，与前庭相通；中间是膜性的蜗管；螺旋板下方的管腔称为鼓阶，在耳蜗底部终于蜗窗上的第二鼓膜；前庭阶和鼓阶内充满外淋巴，前庭阶与鼓阶在蜗顶处借蜗孔彼此相通。

二、膜迷路

膜迷路是套在骨迷路内封闭的膜性管或囊，借纤维束固定于骨迷路的壁上。由椭圆囊和球囊、膜半规管和蜗管 3 部分组成（图 19-5）。它们之间互相连通，其内充满内淋巴。

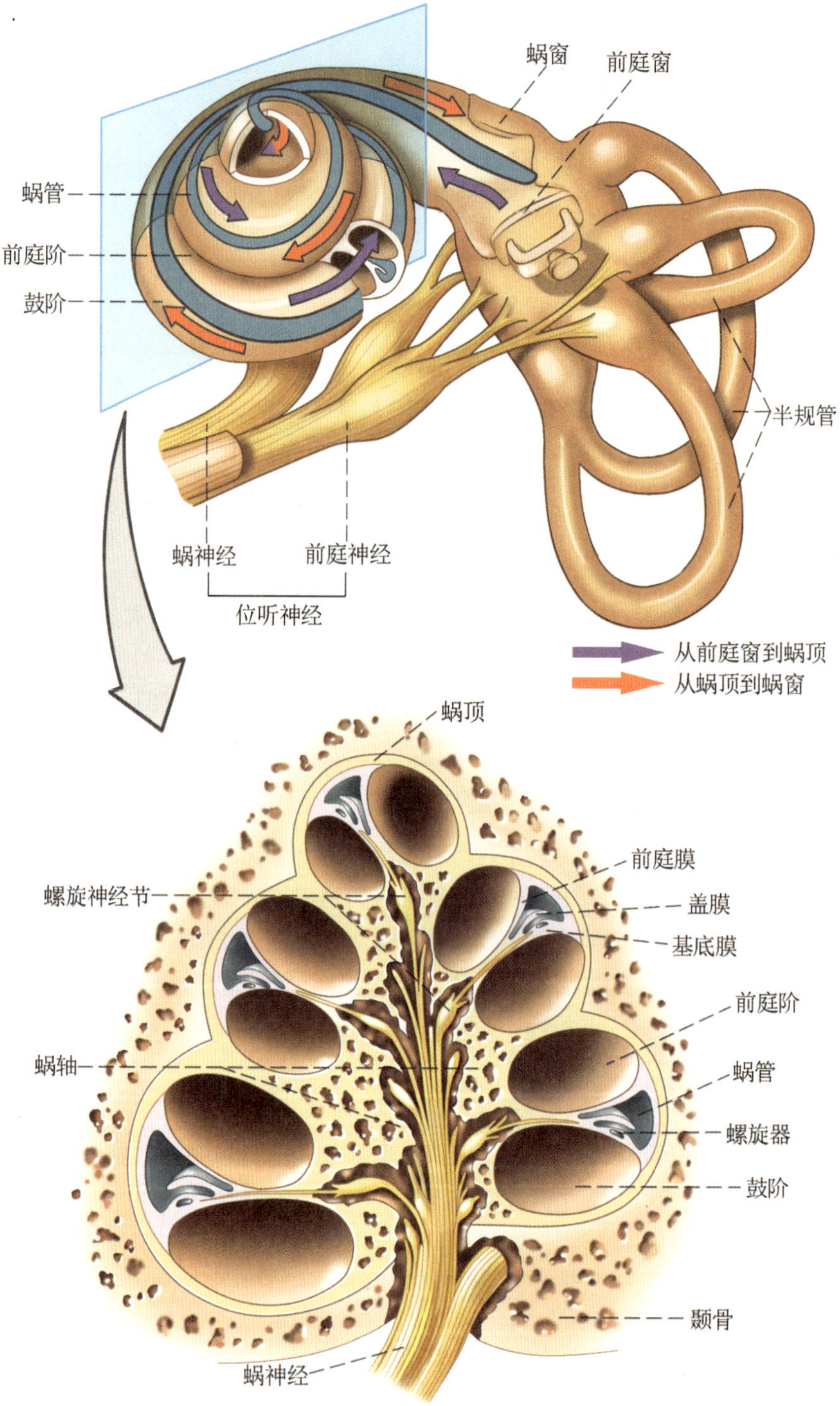

图 19-7　内耳构造模式图

(一) 椭圆囊和球囊

椭圆囊位于前庭后上方椭圆囊隐窝处，呈椭圆形。在椭圆囊的后壁上有 5 个开口与 3 个膜半规管相通。前壁借椭圆球囊管连接球囊和内淋巴管。在椭圆囊上端的底部和前壁上有感觉上皮，称椭圆囊斑，是位觉感受器。

球囊位于前庭前下方球囊隐窝处，比椭圆囊小，圆球形，向下借连合管与蜗管相连，向后借椭圆管及内淋巴导管连接椭圆囊和内淋巴囊。在球囊内的前上壁，有感觉上皮，称球囊斑。

椭圆囊斑和球囊斑分别位于相互成直角的两个平面上，二者由结缔组织、上皮和位觉砂膜（耳石膜）组成。位觉砂膜覆盖在椭圆囊斑和球囊斑上皮表面，其表层含有碳酸钙和蛋白质组成的结晶体，称位觉砂（耳石）（图 19–8）。上皮由支持细胞和毛细胞组成。支持细胞呈高柱状，有支持、营养和分泌位觉砂的作用。毛细胞为感觉上皮细胞，分布在支持细胞之间，细胞形似圆底烧瓶，细胞顶端有许多纤毛，插入囊斑表面的位觉砂膜内。前庭神经的末梢在毛细胞的基部与其形成突触。

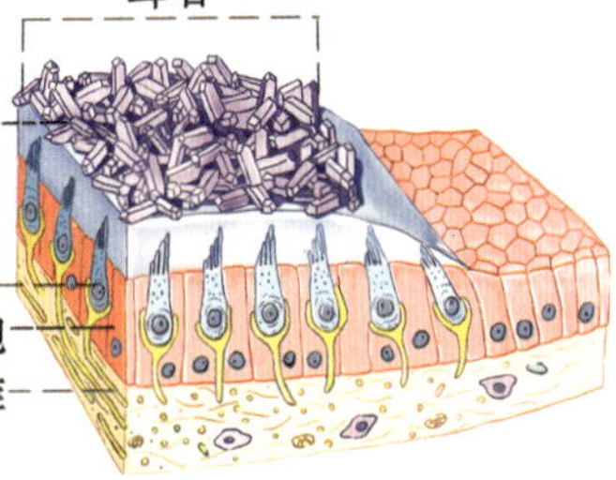

图 19–8　囊斑构造模式图

椭圆囊斑和球囊斑均属于位觉感受器，能感受头部静止的位置和直线变速运动引起的刺激，其神经冲动分别沿着前庭神经的椭圆囊支和球囊支传入。头部或身体位置的改变，可使位觉砂膜移动，由此牵拉刺激毛细胞，使之产生神经冲动，产生位觉和变速感觉；还可向下通过脊髓，反射性地引起肌张力的变化，维持身体平衡。

(二) 膜半规管

膜半规管，位于同名骨半规管内，二者形态相似，靠近骨半规管的外侧壁。膜半规管管径小，约为骨半规管的 1/4~1/3。在 3 个骨壶腹内的膜半规管亦有相应呈球形膨大，称为膜壶腹。膜壶腹壁的上皮局部增厚形成隆突叫壶腹嵴（图 19–9），是位觉感受器，能感受头部变速旋转运动的刺激。壶腹嵴与壶腹的长轴垂直，但不阻塞内淋巴的流动。3 个膜半规管内的壶腹嵴相互垂直，可分别将人体在三维空间中的运动变化转变成神经冲动。

壶腹嵴上亦有支持细胞和毛细胞，且分布着丰富的前庭神经末梢。毛细胞是感觉上皮细胞，表面有较长的纤毛，相互粘集成束。壶腹嵴的表面覆以高圆帽状的胶状物称为终帽。毛细胞的纤毛插入终帽内。当头部旋转变速运动时，膜半规管内的淋巴流动，终帽产生倾斜，导致纤毛弯曲，刺激毛细胞兴奋，由此产生的神经冲动沿前庭神经及平衡觉传导通路传入中枢，反射性地引起肌张力的变化，维持身体平衡。壶腹嵴可感受各种旋转运动开始和终止时的刺激。

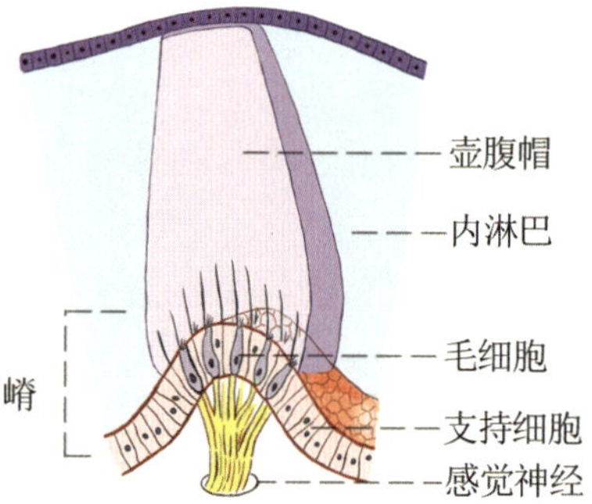

图 19-9　壶腹嵴构造模式图

（三）蜗　管

蜗管（图 19-10）是位于耳蜗内的膜性管道，也旋转两圈半。其顶端为盲端，底部借连合管与球囊相通。在蜗轴的垂直切面上，蜗管被夹在前庭阶和鼓阶的外侧半之间，呈三角形，共有三个壁，分别为上壁、外侧壁和下壁。

1. 蜗管的结构

上壁：为蜗管前庭壁，即前庭膜，膜两侧覆盖以单层扁平上皮，将前庭阶和蜗管分开。前庭膜与水、电解质的运输有关。

外侧壁：是螺旋管内骨膜的增厚部分，有丰富的血管和结缔组织，该处上皮深面富含血管，称血管纹，具有分泌内淋巴，运输离子和水分的作用。

下壁：由骨螺旋板和蜗管基底膜组成，与鼓阶相邻。

2. 螺旋器

蜗管基底膜上部分上皮的突起称螺旋器，又称 Corti 器，是听觉感受器。螺旋器由毛细胞、支持细胞和盖膜组成。毛细胞排列在基底膜上，顶部有纤毛，称听毛。毛细胞的底部分布有蜗神经末梢。毛细胞周围有支持细胞，可支持和营养毛细胞。毛细胞上方有盖膜，悬浮在内淋巴中，并与听毛接触。盖膜与听毛的相对位移对毛细胞的兴奋具有一定的作用。当声波传入内耳时，使内耳的淋巴发生波动，引起盖膜和基底膜振动，进而使盖膜与听毛发生相对移动，刺激毛细胞产生兴奋，并沿蜗神经传入脑，产生听觉。

3. 声波的传导

声波传入内耳的听觉感受器有两条途径：空气传导和骨传导。正常情况下以空气传导为主，但骨传导在听力检查时较为重要。

空气传导：耳廓将收集的声波经外耳道传至鼓膜，引起鼓膜振动，继而引起中耳内 3 块听小骨组成的听骨链随之振动，将声波转换成机械振动并加以放大，经镫骨底板传至前庭窗，引起前庭阶的外淋巴波动。外淋巴的波动先由前庭阶传向蜗顶，再经蜗孔传向鼓阶，最

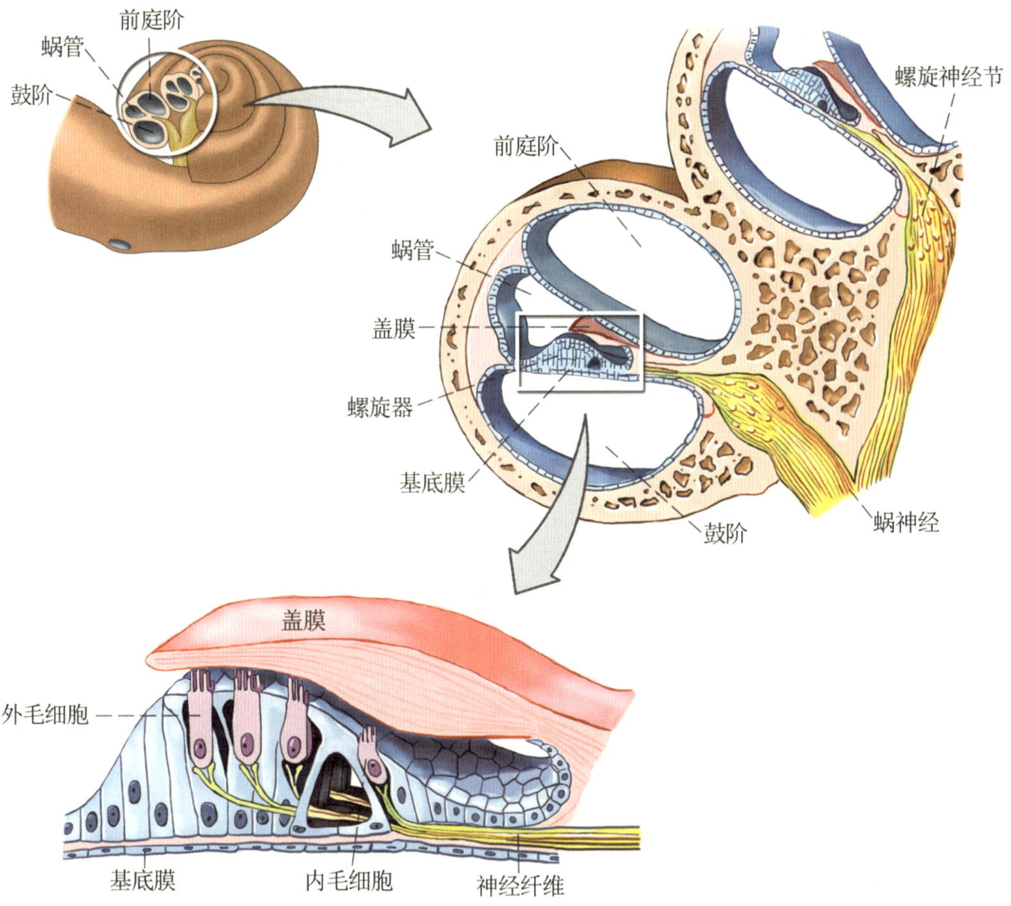

图 19-10 蜗管和螺旋器构造模式图

后到达第二鼓膜，使第二鼓膜外凸而波动消失。外淋巴波动的同时可通过前庭膜引起内淋巴波动，也可直接震动基底膜，使插入盖膜的毛细胞弯曲，毛细胞受到刺激兴奋，引起螺旋神经末梢产生神经冲动，经蜗神经传入大脑听觉中枢，产生听觉。

如果听骨链发生障碍或鼓膜穿孔时，声波可通过中耳鼓室内的空气震动，经第二鼓膜引起鼓阶的外淋巴波动，使基底膜振动，亦可刺激螺旋器。通过此条途径，也能产生一定程度的听觉。

骨传导：骨传导是指声波经颅骨（骨迷路）传入内耳的过程。声波的冲击和鼓膜的振动可经颅骨和骨迷路传入，使耳蜗内的内淋巴流动，刺激基底膜上的螺旋器产生神经兴奋。

外耳和中耳的疾患引起的耳聋称为传导性耳聋。此时空气传导途径阻断，但骨传导还可以部分代偿，所以不会产生完全性耳聋。内耳、蜗神经、听觉传导通路及听觉中枢的疾患引起的耳聋，称为神经性耳聋，此时空气传导和骨传导的途径虽然正常，但不能引起听觉，故称为完全性耳聋。

第四节 位听器与体育运动的关系

位听器在人类的生活中，具有重要的生物学意义。人体运动时，位觉感受器在感受人体的体位变化、直线运动和旋转运动的变化以及保持人体平衡等方面都有重要作用；听觉感受器不仅能感受运动环境的声音变化，还是形成语言思维和思想意识的物质基础之一。

位听器的结构特点和功能直接影响着人们运动技能的发展，影响着人们的活动能力。随着科技和生产力的发展，人类活动的范围越来越大，如乘坐飞机和高铁等高速交通工具或宇宙航行器等，对人体耐受各种加速度的能力提出了更高的要求。同样，运动技术的不断发展，需要运动员完成更高、更复杂的各种变速、旋转和翻腾等高难度动作，也要求人体有更高的平衡和判断方位的能力。

一、听器与体育运动

在体育教学和运动训练中，教师或教练员要用洪亮清晰的口令、通俗易懂的语言讲解动作要领，让教学对象的听觉感受器接受到适宜的刺激，这样才能使学生或运动员正确领会动作要领，更快更准地掌握技术要点，使动作准确到位，提高比赛的竞技能力。在精细运动项目训练时，使用优美的音乐刺激运动员的听觉感受器，能提高情绪、调节生理机能、解除心理紧张，建立较好的音响韵律和节奏感，利于复杂技术动作的学习和掌握，提高教学和训练的效果。

听觉感受器对噪音刺激的感受有一定的生理限度和适应能力。生活中，遇到强烈噪音和吵闹的运动环境，会感到头晕眼花、心烦意乱。有研究表明，强烈噪音会导致听力损伤、位听器官功能失常、大脑皮质兴奋性与抑制过程失调、自主神经功能紊乱。在体育比赛中，那些缺乏在噪音环境下进行过训练的运动员，当突然遇到强烈噪音时会出现运动水平突然下降而导致竞技失败。所以，教练员在平时的体育训练过程中，应该安排适应噪音干扰的训练，提高运动员对强烈噪音环境的适应能力，使他们遇到强烈噪音影响时仍能保持训练的水平和比赛的技能。

二、位器与体育运动

位觉感受器与人类的生活与体育活动亦是息息相关。在日常生活中，有人会出现晕车、晕船现象，说明位觉感受器对所受刺激的强度和时间也有一定的生理限度。当受到车、船的颠簸、震荡等超常频繁的运动刺激时，可产生强烈的神经冲动，传入大脑后反射性地引起全身的肌肉张力关系失调，自主神经功能紊乱，进而出现动作失调、眼球震颤、心率加速或减慢、血压升高或降低、呼吸加快、胃肠蠕动加强、恶心呕吐、面色苍白以及出冷汗和头晕等强烈生理现象，使正常的工作和生活受到影响。

然而，某些体育运动项目如赛艇、划船、跳水、滑雪、体操、铁饼等，对运动员位觉感受器的刺激亦很大，但却很少出现晕车与晕船等现象。原因是多方面的，一是教练员在运动选材中注意选拔前庭器官稳定性较好的运动员参加高水平的训练；二是这些项目的日常训练中让运动员在各种加速或减速、旋转、颠簸、摇摆及震动的器械上做一定时间和强度的运动练习，使前庭器官的功能逐渐改善，稳定性较强，从而克服了上述问题。

因此，经常参加体育锻炼或运动训练，可对前庭器官的稳定性产生良好的影响。如果从幼年开始即接受前庭器官的训练，可促进其动作的稳定性的良好发展，从而获得巨大的运动潜力。前庭器官的稳定性因人而异，不同的个体存在较大差异，这可作为运动员选材的重要依据。

附：其他感受器

一、本体感受器

本体感受器是指位于骨骼肌的肌腹、肌腱、关节囊和韧带等处的感觉神经末梢等装置。它们能够感受肌肉被牵拉的程度以及肌肉收缩和关节伸展的程度，并将感受到的这些刺激转化为神经冲动传入大脑皮质躯体运动中枢，以调节骨骼肌的运动，使人感受到身体在空间的位置、姿势、运动的变化等。本体感受器包括肌梭和腱梭等。

（一）肌　梭

肌梭是位于肌肉中的一种梭形感受器，位于肌纤维之间并与肌纤维平行排列。肌梭广泛分布于全身的骨骼肌内，四肢肌多于躯干肌，在手和足的小肌肉内最多。

肌梭内含有由感觉神经纤维的末梢缠绕6~12条肌纤维，称为梭内肌纤维，外包结缔组织囊；肌梭外的一般肌纤维称为梭外肌纤维。肌梭附着于梭外肌纤维上，并与其平行排列呈并联关系。

肌梭的功能是感受肌肉长度的变化。当肌肉受到牵拉时，肌梭内的感觉神经纤维末梢受到刺激而兴奋，冲动经感觉神经传至中枢，反射性地引起被牵拉的肌肉收缩。

（二）腱　梭

腱梭又称高尔基腱器官或腱器，分布于肌腱胶原纤维之间，与梭外肌纤维串联，是一种张力感受器。腱梭与肌梭结构相似，其也是由感觉神经纤维末梢缠绕数条腱纤维束构成，外包结缔组织囊。

当肌肉收缩张力增加时，腱梭因受到刺激而兴奋，冲动经感觉神经传至中枢，反射性地引起被牵拉的肌肉舒张。

在人体运动时，借助本体感受器，可以感受身体在空间的位置、姿势以及身体各部分的主动与被动运动。因此，本体感受器在感知空间、估计距离以及语言活动等方面都具有重要意义。

二、嗅 器

嗅器位于鼻腔的上部，其黏膜内含嗅细胞，为双极神经元，末端有纤毛。嗅细胞的中枢突汇集成嗅丝（约20条），穿过筛骨的筛板进入颅腔，止于嗅球。嗅器可分别接受不同化学物质的刺激，并将刺激转成冲动传入中枢，产生嗅觉。某些疾病如感冒、鼻炎等可降低嗅觉的敏感度；同时环境因素如温度、湿度以及气压等对嗅觉敏感度也有一定影响。

三、味 器

味器即味蕾。人的味蕾为卵圆形的小体，是上皮细胞特化的一种结构。味蕾嵌于舌的菌状乳头、轮廓乳头和和叶状乳头的上皮内，以菌状乳头和轮廓乳头上的味蕾最多；在软腭、会厌等处的上皮内亦有味蕾分布。

味蕾呈卵圆形，底部抵达基板，神经纤维由此处进入味蕾，顶端借味孔通过口腔。味蕾主要由味细胞构成，味细胞一端朝向味孔，基部有丰富的味觉神经末梢分布。味蕾所接受的刺激主要有酸、甜、苦和咸四种。

O 思考题

通过本章的学习，对于体育教育和运动训练等专业的学生，请思考：

1. 耳有哪些结构组成，各起什么作用，听觉与位置觉是怎样产生的？

通过本章的学习，对于运动人体科学和运动康复等专业的学生，除上述问题外，还请思考：

1. 听觉是如何产生的，并说明声波传导的两条途径？
2. 骨迷路与膜迷路的对应关系如何？位觉感受器有哪些，各起什么作用。

第二十章　皮肤

皮肤覆盖在身体表面，柔软而有弹性，成人皮肤的表面积平均为1.7m²。皮肤直接与外界接触，含有丰富的感觉神经末梢，能感受外界的多种刺激，是人体重要的感觉器官。

第一节　皮肤的基本结构

皮肤由表皮和真皮构成。其深面主要是由疏松结缔组织构成的皮下组织，即浅筋膜。浅筋膜内有丰富的血管、淋巴管和浅淋巴结等。浅筋膜将皮肤和深部组织连接起来（图20-1）。

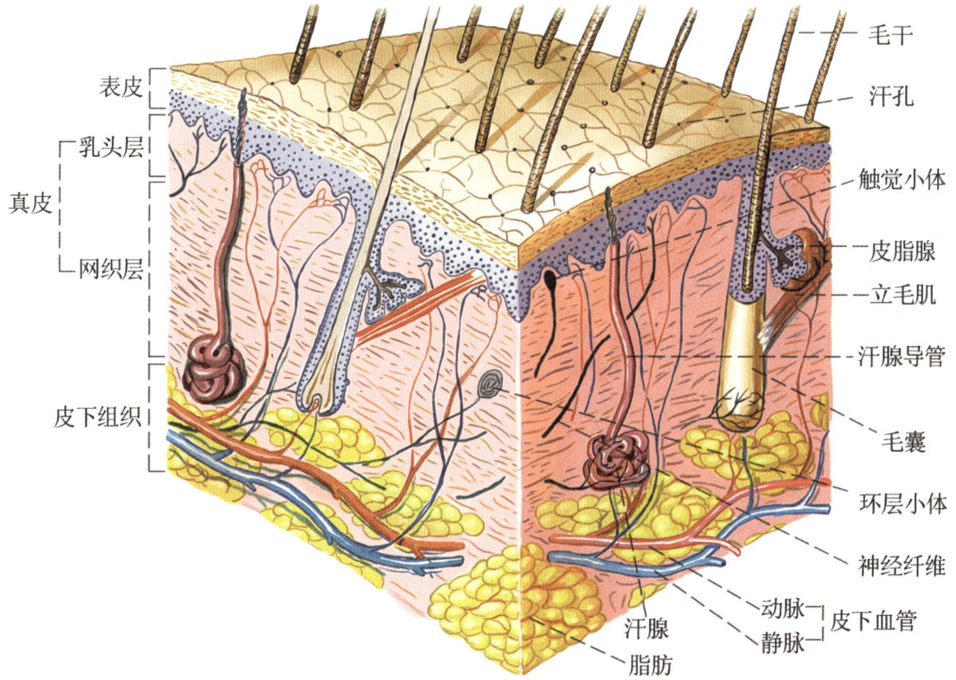

图20-1　皮肤构造模式图

一、表　皮

表皮是皮肤的最外层，由角化的复层扁平上皮构成，无血管分布。表皮细胞分为两大类：一类是角质形成细胞，占表皮细胞的大多数；另一类是非角质形成细胞。

（一）表皮的分层和角化

表皮由 5 层结构组成，由深至浅依次为基底层、棘层、颗粒层、透明层和角质层。

1. 基底层

附着于基膜上，由一层矮柱状基底细胞组成。胞质内富含游离核糖体，且有张力很强的角质蛋白丝。基底细胞是表皮的干细胞，不断分裂，增殖形成的部分子细胞，进入棘层，分化为棘细胞并丧失分裂能力。在皮肤创伤的愈合中，基底细胞具有重要的再生修复作用。

2. 棘　层

由 4~10 层多边形、体积较大的细胞组成。胞质内亦含丰富的游离核糖体，合成功能旺盛。棘层是表皮中最厚的一层。

3. 颗粒层

由 3~5 层梭形细胞组成，核和细胞器退化，胞质内板层颗粒增多，出现许多形状不规则的透明角质颗粒，角蛋白丝可伸入其中。

4. 透明层

由 2~3 层排列紧密而规则的扁平细胞组成，核和细胞器均消失，胞质中颗粒已液化而透明。

5. 角质层

由多层扁平角质细胞构成，细胞完全角化，变得干硬。细胞间隙充满由脂质构成的膜状物。角质层浅表细胞之间的连接松散，脱落后成为皮屑。

表皮由基底层到角质层的上述结构变化，反映了角质形成细胞的增殖、迁移、逐渐分化为角质细胞，然后脱落的过程。

（二）非角质形成细胞

非角质形成细胞散在于角质形成细胞之间，包括黑素细胞、朗格汉斯细胞和梅克尔细胞。

1. 黑素细胞

是生成黑色素的细胞，胞体分散在基底细胞之间，突起深入基底细胞和棘细胞之间。细胞质内含有特征性的小泡状的黑素体，由高尔基复合体形成，内含酪氨酸酶，能将酪氨酸转化成黑色素。黑素体内出现黑色素后，称为黑色素颗粒。肤色的深浅取决于黑色素颗粒的分布、大小及内含黑色素的多少。黑种人的黑色素颗粒多而大，分布在表皮全层；白种人的黑色素颗粒少而小，主要分布在基底层；黄种人介于二者之间。

2. 朗格汉斯细胞

散在于棘层浅部，来源于血液单核细胞，具有捕获皮肤中抗原物质的作用。细胞质内含有伯贝克颗粒，其参与抗原的处理后，细胞游走出表皮，进入毛细淋巴管，随淋巴迁至淋巴结，将抗原提呈给 T 细胞，引起免疫应答。

3. 梅克尔细胞

位于基底层，呈扁圆形，有突起伸入角质形成细胞之间，其基底面可与感觉神经末梢形成突触。该细胞数量虽少，但在指尖处多，可能是接受刺激的感觉细胞。

二、真　皮

真皮位于表皮下方，由致密结缔组织构成，与表皮牢固相连（图 20–1）。结缔组织内分布着各种结缔组织细胞和大量的胶原纤维、弹性纤维。当受到外力牵拉时，仍能保持完整，并在外力去除后恢复原状。人体各部位真皮的厚薄不等，一般为 1~2 毫米。真皮分为乳头层和网织层。

（一）乳头层

乳头层是位于真皮浅层的薄层疏松结缔组织，向表皮突出形成真皮乳头，扩大表皮和真皮的接触面积，有利于两者牢固连接以及表皮从真皮的血管获取营养。乳头内富含毛细血管网和游离神经末梢。在手指掌侧等触觉灵敏的部位常有触觉小体。

（二）网织层

网织层位于乳头层下方，为较厚的致密结缔组织，是真皮的主要成分，含粗大的胶原纤维束和弹性纤维束，纤维束交织成网状，使皮肤有较大的弹性和韧性。网织层内含丰富的血管、淋巴管、神经和神经末梢、汗腺、皮脂腺、毛囊等结构。深层有环形小体，能感受压和震动的刺激。

皮下组织位于真皮的下方，又称浅筋膜，由大量疏松结缔组织和脂肪组织构成，将皮肤与深层组织连接在一起，使皮肤有一定活动性。皮下组织还具有缓冲、保温和能量贮存等作用。皮下组织中脂肪的厚度在同一个体的不同部位以及不同个体、年龄和性别皆有较大差异。

第二节　皮肤的附属器

皮肤的附属器包括毛发、皮脂腺、汗腺、指（趾）甲和乳腺等（图 20–1）。

一、毛　发

人体除了手掌和足底外均有毛发分布。毛发的粗细、长短不一，但基本结构相同。

毛发分为毛干、毛根和毛球三部分。露出皮肤表面称毛干，埋在皮肤内的称毛根，毛根被毛囊包绕，毛根和毛囊下端膨大称为毛球，其是毛和毛囊的生长点，细胞有分裂增殖和分化的能力。毛球底面有结缔组织突入其中形成毛乳头，含丰富的毛细血管和神经，有营养毛球的作用。

毛发附近有一束扁圆柱状斜行的平滑肌，称立毛肌。立毛肌下端附于毛囊，上端止于皮肤的真皮乳头层。立毛肌受交感神经支配，遇冷或感情冲动时收缩，使毛发竖立，产生“鸡皮疙瘩”现象。

二、皮脂腺

皮脂腺位于立毛肌和毛囊之间，是由分泌部和导管组成的泡状腺。分泌部由一个或几个囊状的腺泡组成，其周围是一层较小的干细胞，可不断分裂产生新的腺细胞。腺细胞质中充满脂滴，核固缩。在近导管处，腺细胞解体，成为皮脂，经粗而短的导管排入毛囊上部或直接排到皮肤外。皮脂有润滑皮肤和毛发的作用。性激素可促进皮脂生成，因此在青春期皮脂腺分泌活跃。

三、汗　腺

根据汗腺的分泌形式和分泌物性质将汗腺分为外泌汗腺和顶泌汗腺。

外泌汗腺：是通常所说的汗腺，分布于全身的皮肤中，周围布满丰富的毛细血管，为单管状腺，包括分泌部和导管部。分泌部位于真皮层和皮下组织中，盘曲成团。导管进入表皮后形成弯曲的细孔道，开口于表皮表面，称汗孔。汗腺有排泄废物、湿润皮肤，参与调节体温、调节水盐平衡等功能。

顶泌汗腺：又称大汗腺，分布在腋窝、乳晕、阴部及肛门周围等处。分泌部管粗，管腔大，盘曲成团。细胞质内含有许多颗粒和溶酶体。分泌物为浓稠的乳状液，含蛋白质、糖类、脂类等，被细菌分解后产生特殊气味。该腺体因受性激素的刺激而在青春期分泌较旺盛。

四、指（趾）甲

指（趾）甲由甲体及其周围和下方的几部分组织组成（图 20-2）。露在指（趾）背面的部分为甲体，由多层连接牢固的角化细胞构成；甲体的近端埋藏于皮肤内，称为甲根；甲体下面由非角化的复层扁平上皮和真皮组成的组织称为甲床；甲体周围的皮肤为甲襞；甲根附着处的甲床上皮为甲母质，是甲体的生长区。甲母质新生的细胞发生角化，并向甲体方向推移，构成甲体。指（趾）甲受损或拔出后，如甲母质保留，甲仍能再生。

五、乳　房

乳房为人类和哺乳动物特有的结构。青春期女性乳房开始发育生长，腺组织和脂肪组织显著增生。妊娠和哺乳期的乳房有分泌活动。

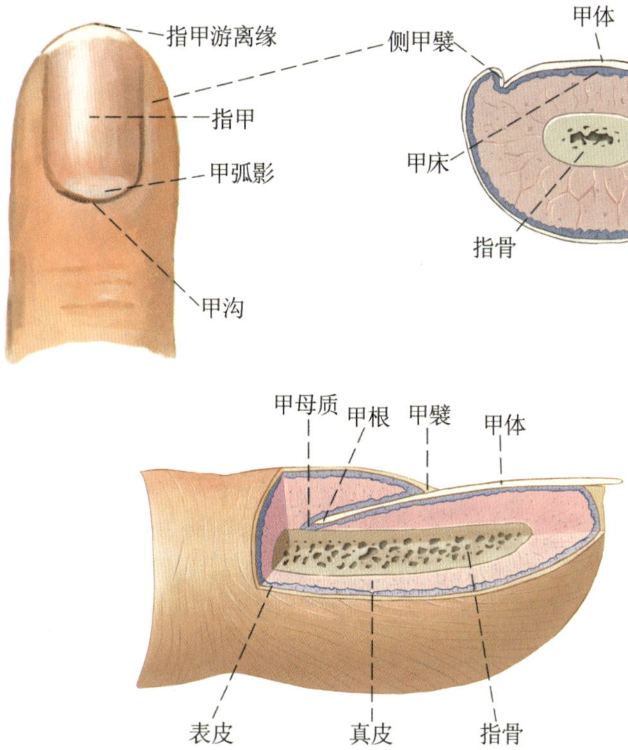

图 20-2 指甲构造模式图

（一）乳房的位置和形态

乳房位于胸大肌和胸筋膜的表面，上起第 2~3 肋，下至第 6~7 肋，内侧至胸骨旁线，外侧达腋中线。

成年未哺乳女性乳房呈半球形，紧张而有弹性。乳房中央有乳头，乳头表面有许多小窝，其内有输乳孔。乳头周围有颜色较深的皮肤环形区称为乳晕。乳晕表面有许多隆起的乳晕腺，分泌脂性物质润滑乳头。哺乳和妊娠期，乳腺增生，乳房增大，乳头和乳晕有色素沉着而变黑；停止哺乳后，乳腺萎缩，乳房变小。更年期后，腺体及脂肪组织萎缩，为结缔组织代替。

（二）乳房的结构

乳房由皮肤、纤维组织、脂肪组织和乳腺等构成（图 20-3）。乳腺被脂肪结缔组织分割成 15~20 个乳腺叶，每叶又分为若干小叶。每一个乳腺叶都有一个输乳管开口于乳头。乳腺叶和输乳管均以乳头为中心呈放射状排列。

胸壁浅筋膜不仅形成乳腺的包囊，而且发出许多小的纤维束，向深层连于胸筋膜，在浅层连于皮肤，称为乳房悬韧带，或 Cooper 韧带。对乳房起支持和固定作用。

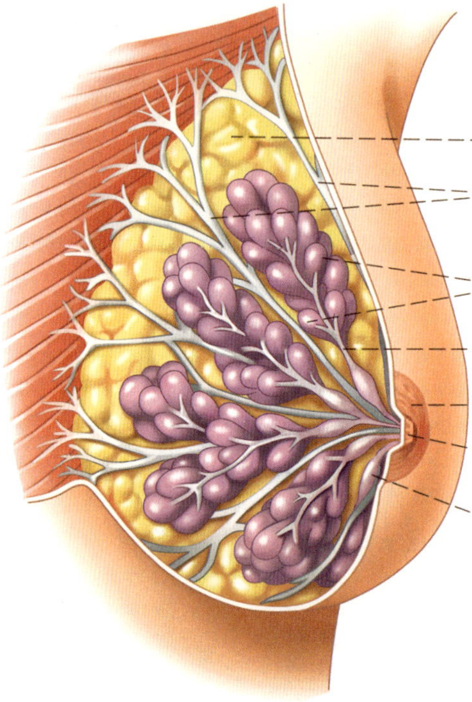

图 20-3　乳腺构造模式图

第三节　皮肤的功能

皮肤位于人体表面，是人体面积最大的器官，其位置和结构特点决定有如下主要功能：

防止体液丧失功能：皮肤直接与外界接触，干硬坚固的角质层细胞赋予表皮对多种物理和化学刺激有很强的耐受力，表皮细胞间隙的脂质膜状物能阻止外界物质透过表皮以及组织液外渗，防止体内液体散失。

预防和监视功能：朗格汉斯细胞在对抗侵入皮肤病原微生物、监视癌变细胞中起重要作用，是机体免疫系统的第一道防线，对机体有保护作用。

排泄废物和调节体温功能：恒定的体温是人体各种生命活动得以正常进行的保障。皮肤通过毛细血管的开放与关闭参与调节体温；皮肤表面还有汗腺开口，通过泌汗来排泄体内代谢产物，进而完成调节体温和水盐平衡等功能。

分泌和保护功能：皮肤内的汗腺分泌汗液，皮脂腺分泌皮脂。皮脂在皮肤表面与汗液混合，在皮肤表面形成一层乳化皮脂膜，滋润保护皮肤和毛发。表皮内黑色素细胞产生的黑色素吸收部分紫外线，保护内部组织不受损伤。

感受各种刺激功能：皮肤内含有丰富的感觉神经末梢（图 20-4），可感受外界的各种刺激，产生各种不同的感觉，如痛觉、触觉、压觉、振动觉、冷觉和热觉等。

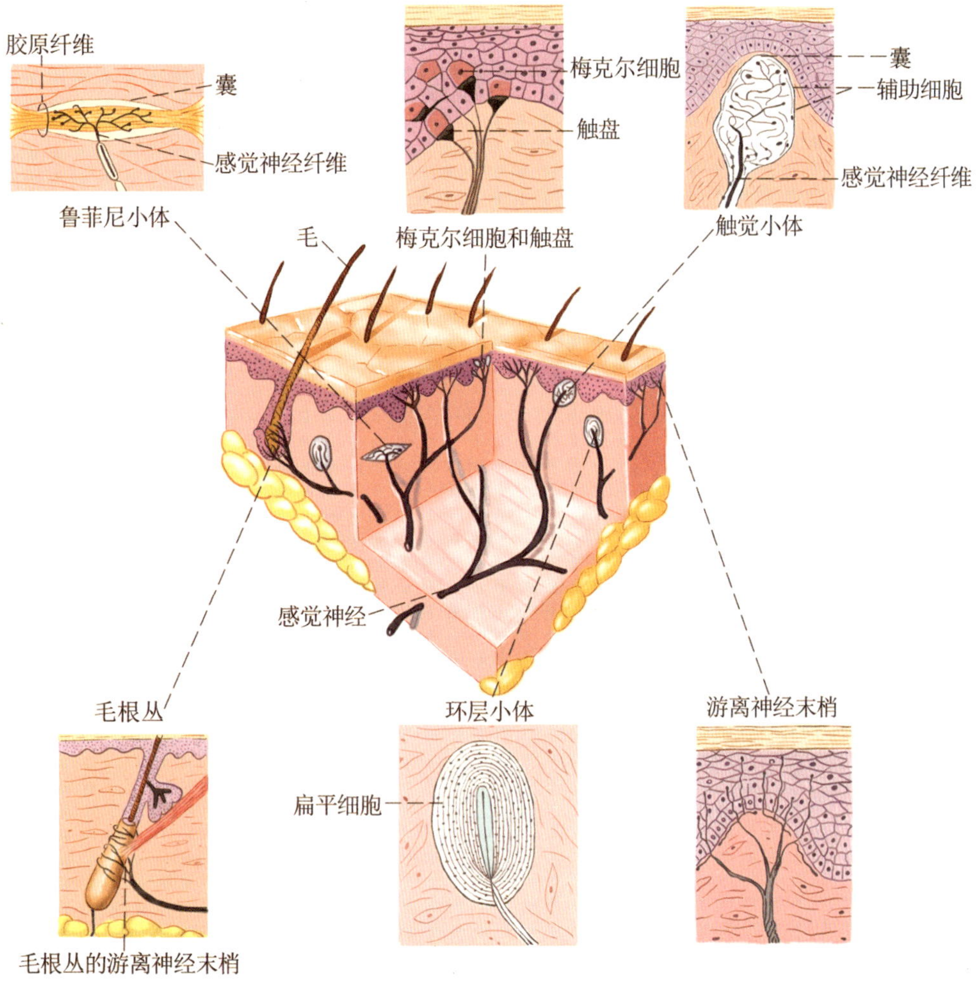

图 20-4 皮肤的感受器构造模式图

呼吸功能：皮肤可通过汗孔、毛孔进行呼吸。人体面部的角质层比较薄，毛细血管丰富，又直接暴露于空气中，其呼吸作用较身体的其他部位更为突出。平时化妆过浓，会影响皮肤的呼吸，对皮肤的健康不利。

吸收功能：皮肤能选择性吸收外界物质，营养物渗透过角质层细胞膜，进入角质细胞内，如少量的大分子及水溶性物质可通过毛孔、汗孔而被吸收；但营养物质则很难被真皮吸收。

再生功能：皮肤再生能力很强。一是生理性再生：身体表皮的复层扁平上皮表面角质层不断地衰老死亡脱落，由基底层细胞不断地分裂、补充。二是补偿性再生：即皮肤受伤后的修复现象。当上皮损伤后，一般由伤口邻近的上皮细胞增殖、分化进行修复。

第四节 体育运动对皮肤的影响

众所周知，身体需要靠运动维持细胞活性、增加血液循环，达到促进新陈代谢、增强身体机能的目的。皮肤亦不例外，但皮肤自己无法运动。当血液循环不佳时，皮肤便无法获得充足的氧和养料，新陈代谢功能降低，肌肤失去原有的弹性和光泽，变得松弛、暗淡。当今社会人们生活节奏快、工作压力大、作息无规律，对皮肤代谢的影响很大。在空闲时间可进行体育锻炼或轻拍、按摩肌肤，改善其血液与淋巴循环，加速新陈代谢，防止皮肤组织中真皮乳头体及结合纤维萎缩而引起皮肤老化，进而增进皮肤弹性，保证正常皮脂和汗腺分泌，预防皮肤过早衰老。

一、体育运动能提高皮肤的调节能力使皮肤健美

经常不参加户外体育锻炼的人，皮肤血液供应差。人体在参加体育运动时，通过下丘脑体温调节中枢，皮肤血管扩张，血流量增加，皮肤内的毛细血管经常受到“收缩与舒张”的锻炼，改善皮肤的营养，增强皮肤弹性。通过辐射、传导、对流和蒸发四条途径，把人体产生的多余热量散发到体外。皮肤中含有脱氢胆固醇，在阳光照射下，能转变为维生素D，后者可促进机体对食物中钙、磷的吸收和利用，而钙、磷是骨骼的主要成分。紫外线有很强的消毒和杀菌能力，对保护皮肤健康有一定作用。在运动中，皮脂腺的营养状况得到改善，皮脂分泌较多，能有效地阻止外界微生物的入侵，消除皮肤毛细血管的淤滞，供应皮肤组织细胞所需的营养，进而可预防皮肤早衰，维护机体健康。

二、体育运动可保证充足睡眠有利于皮肤健康

皮肤的色泽，取决于表皮细胞内黑色素的含量、位置以及皮肤血管收缩扩张的程度。这些因素都受控于神经、体液、内分泌系统的调节，而睡眠对此起着主导作用。睡眠不足会引起皮肤毛细血管淤滞，循环受阻，使皮肤细胞得不到充足营养，皮肤颜色晦暗而苍白。运动有利于睡眠，而睡眠充足后，能改善皮肤末梢循环，使皮肤呈现健康色泽。

三、体育运动与皮肤感觉器官的关系

皮肤是人体重要的感觉器官，能感受外界的多种刺激。触觉小体和环层小体能非常准确地辨别接触物体的大小、形状、硬度以及表面光滑程度等物理性质。在体育运动中体操运动员能感觉到器材表面的光滑程度，单杠的粗细是否符合等；在冷刺激或热刺激不断作用下，温觉会发生变化，对运动员适应温差较大的竞赛环境，保持良好的竞技状态具有重要意义。游离神经末梢感受痛觉，强烈的痛觉刺激，能影响许多感觉器官活动，如肾上腺素的分泌增加，血糖浓度增加、心跳加快，血液循环加速、呼吸暂停、血压升高、骨骼肌紧张性收缩等。痛觉的强度在很大程度上取决于神经系统的状态。意志坚强的人，能忍受较强的痛觉。

综上所述，健康的皮肤有助于人体完成各种形式与各种强度的体育运动，与此同时，适宜的体育运动亦可促进皮肤的结构与功能发生良好的变化。

O 思考题

通过本章的学习，对于体育教育和运动训练等专业的学生，请思考：

1. 皮肤的结构特征和功能。

通过本章的学习，对于运动人体科学和运动康复等专业的学生，除上述问题外，还请思考：

1. 皮肤的辅助结构有哪些？有哪些感受器？

神经系统

神经系统是由位于颅腔内的脑和椎管里的脊髓，以及与脑和脊髓相连的周围神经组成。神经系统在人体各个器官系统中居于主导地位，它控制和协调各个器官系统的活动，使人体成为一个有机整体以适应内外环境的变化。

神经系统在控制和调节有机体的活动过程中，首先是借助各种感受器、接受内外环境的各种刺激信息，经周围神经传至脑和脊髓，经过不同神经中枢的整合后发出相应的神经冲动，再经周围神经传至各种效应器，以产生各种反应。因此，神经系统既能使机体感受到外环境与机体内环境的变化，也能调节机体内环境和内、外环境的相互关系，使机体能及时做出适当的反应，以保证生命活动的正常进行。

人类神经系统的形态和功能是经过长期的进化过程而获得的，它既有与脊椎动物神经系统相似之处，也有其独特之点。人类由于生产劳动、语言和社会生活的发生发展，在大脑皮质中发生了与动物完全不同的飞跃变化，不仅含有与高等动物相似的各种感觉和运动中枢，而且出现了分析语言的中枢，并有了记忆、贮存以及综合分析判断的能力。因此，人类的大脑皮质就成为思维和意识活动的物质基础，远远超越了一般动物的范畴，不仅能被动地适应环境的变化，而且能够主观能动地认识世界和改造客观世界，使大自然为人类服务。

第二十一章 神经系统概述

神经系统的基本结构和功能单位是神经元，人体中各种功能不同的神经元以突触方式相互联系，并借助神经纤维分布于全身各个器官系统，实现对人体各种活动的调节与控制。神经系统的基本活动方式是反射。

一、神经系统的区分

神经系统（图 21–1）在形态和功能上是一个整体，为了便于叙述和学习方便，将其分为中枢部和周围部。中枢部又称中枢神经系统，由脑和脊髓组成。周围部由脑神经和脊神经组成，又称周围神经系统。脑神经与脑相连，脊神经与脊髓相连。

根据周围神经在人体各器官系统中的分布范围不同，又可把周围神经系统分为躯体神经和内脏神经。躯体神经分布于体表、骨、关节和骨骼肌；内脏神经则分布至内脏、心血管、平滑肌和腺体。躯体神经和内脏神经中皆有感觉神经纤维和运动神经纤维成分，感觉神经的冲动是自感受器传向中枢，因此又称传入神经；运动神经的冲动是自中枢传向周围，因此又称传出神经。内脏运动神经又分为交感神经和副交感神经。

二、神经系统的常用术语

在中枢和周围神经系统，神经元胞体和突起在不同部位有着不同的组合构成方式，因而需用不同的术语表示。

灰质和皮质：在中枢神经系统中，由神经元胞体和树突集聚而成的结构，富含血管，在新鲜标本，呈灰暗色，称为灰质，如脊髓内的灰质等。在大脑和小脑，灰质集中于表层，又称皮质。

白质和髓质：在中枢神经系统内，由许多功能不同的有髓神经纤维束聚集而成的结构，髓鞘在新鲜标本中呈白色，称为白质，如脊髓内的白质等。在大脑和小脑，白质位于皮质的深面，又称髓质。

神经核和神经节：形态与功能相似的神经元胞体和树突聚集在一起形成的灰质团块，在中枢神经系统内称为神经核，如大脑内的豆状核、尾状核等；在周围神经系统内称为神经节（图 21–2），如脊神经节和自主神经节等。

神经束或纤维束和神经：在中枢神经系统中，由许多起止、行程和功能相同的神经纤维

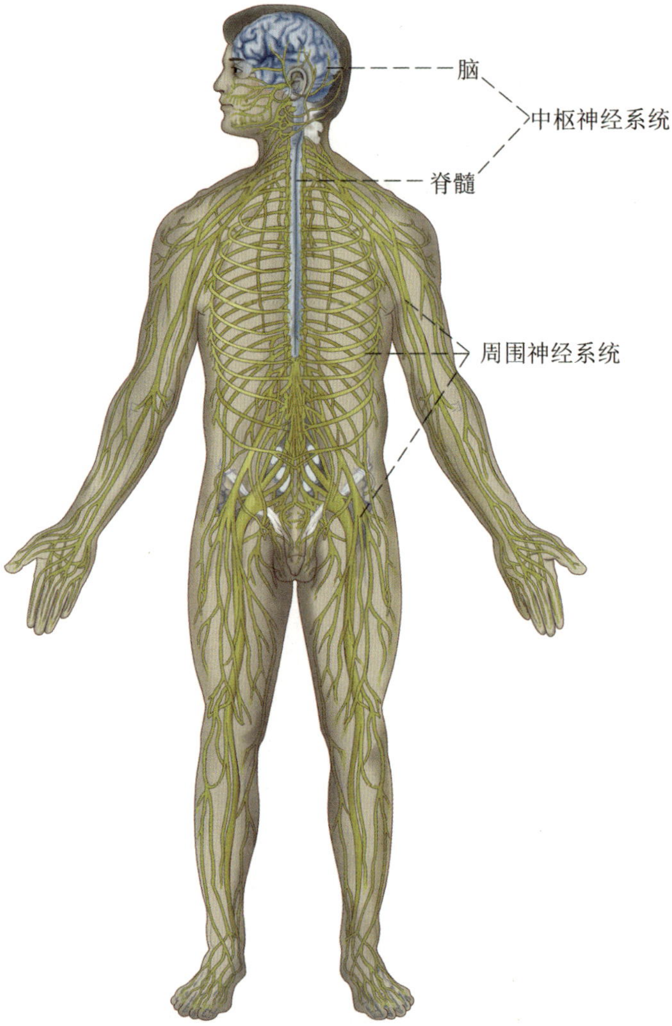

图 21-1　神经系统模式图

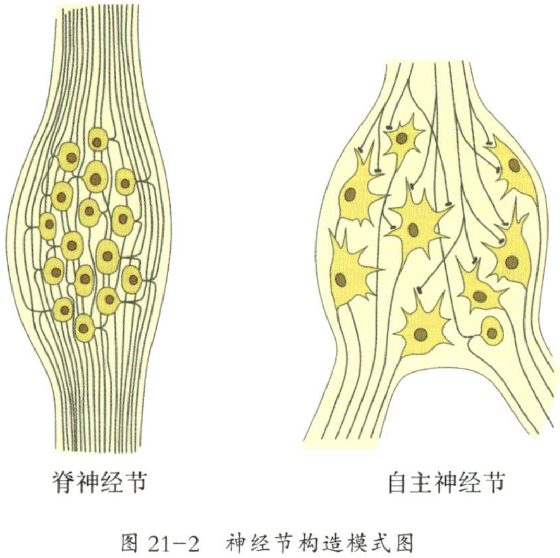

图 21-2　神经节构造模式图

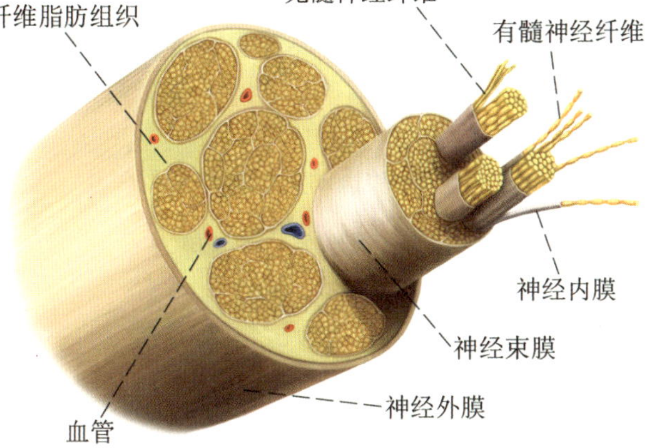

图 21-3 神经构造模式图

集合成束，称为神经束，如皮质脊髓束、脊髓丘脑束、楔束、锥体束等；在周围神经系统中，由许多神经纤维集合成的束，称为神经（图 21-3）。如膈神经、尺神经和坐骨神经等。

网状结构：在中枢神经系统中，由灰质和白质相混杂，而白质的神经纤维交织成网状，灰质块散布在网眼中，故称为网状结构，是神经系统中较古老的结构，如脑干和脊髓内的网状结构。

三、神经系统活动的基本方式

神经系统在调节机体的活动中，对内、外环境的刺激做出适宜的反应，称为反射，其为神经系统活动的基本方式。反射活动的形态学基础是反射弧（图 21-4），由感受器、传入神经、中枢、传出神经和效应器构成。

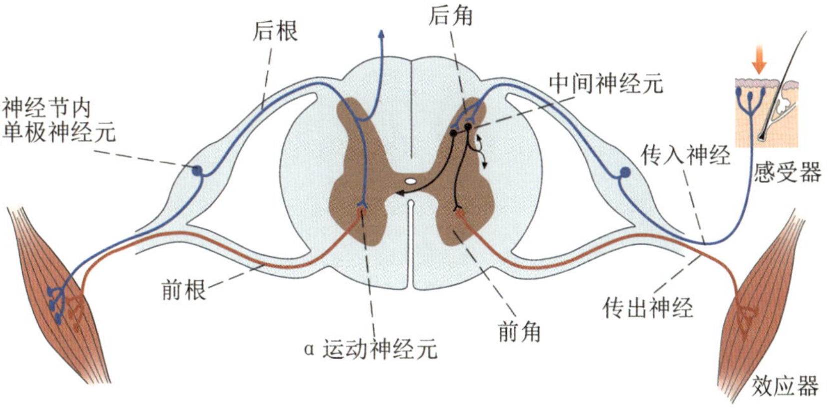

图 21-4 反射弧构成示意图

O 思考题

通过本章的学习，对于体育教育和运动训练等专业的学生，请思考：

1. 何为反射，结合自己的专项，举例说明反射在运动实践中的作用。

通过本章的学习，对于运动人体科学和运动康复等专业的学生，除上述问题外，还请思考：

1. 神经系统是如何区分的？
2. 神经元的结构如何，并说明其是如何与其功能适应的。

第二十二章 中枢神经系统

中枢神经系统由脊髓和脑组成，是神经系统中重要的组成部分。人体各部包括眼、鼻和耳在内的感受器把不断变化着的自身和外界信息通过周围神经的传入部分及时传递到中枢神经系统。经过脑和脊髓对这些信息进行分析整理、综合判断并发出指令，再直接经周围神经的传出部分以及间接经内分泌系统的作用到达效应器，从而使人们能够对身体内外的各种刺激做出相应的行为反应。如在足球点球比赛中，守门员一方面根据经验和对方运动员的特点选择重点防守方向，同时更要根据赛场上的变化瞬间做出判断；再如篮球比赛中激烈对抗时，运动员交感神经兴奋，致使心跳加强加快、呼吸加速、血流量增大、骨骼肌血管舒张等，同时肾上腺髓质激素分泌增多，进一步加剧上述变化。在竞技体育运动中这样的例子不胜枚举。因此，中枢神经系统在人体活动的神经调节中起着主导作用。

第一节 脊 髓

脊髓起源于胚胎时期神经管的后部。与脑相比，脊髓的分化较低，且仍保持着明显地节段性。所以脊髓是中枢神经系统中结构和功能相对简单的部分。尽管如此，脊髓与脑的各部之间存在着广泛的联系，人体许多重要的感觉刺激都是借助脊髓传导至高级中枢，而高级中枢的各种指令亦是通过脊髓传导至效应器，实现脑的各种复杂功能。因此脊髓在人体生命活动中具有重要意义。

一、脊髓的位置与外形

脊髓位于椎管内（图 22–1），呈前后稍扁的圆柱形，外包被膜，它与脊柱的弯曲一致。脊髓上端平齐枕骨大孔处与延髓相连，下端平齐第 1 腰椎下缘（新生儿可达第 3 腰椎下缘平面），长约 40~45cm。脊髓的末端变细，称为脊髓圆锥，自脊髓圆锥向下延续为细长的终丝，其为无神经组织的细丝，终止于尾骨背面（图 22–2）。

脊髓的全长粗细不等，有两个膨大部分：颈膨大，位于颈髓第 4 节至胸髓第 1 节；腰骶膨大，位于腰髓第 2 节至骶髓第 3 节。两个膨大的形成与四肢出现、该节段内神经元和神经纤维增多有关。颈膨大相当于发出臂丛的节段，支配上肢；腰骶膨大相当于发出腰骶丛的节段，支配下肢。

脊髓表面有数条平行的纵沟。前后两条纵沟将脊髓分为左右对称的两半，前面的裂隙明显，称前正中裂，后面的沟较浅，称为后正中沟，两侧各有一条前外侧沟和后外侧沟。前外侧沟是脊神经前根从脊髓发出的位置，后外侧沟则是脊神经后根进入脊髓的地方。每条后根在与前根汇合之前，有一膨大的脊神经节。因为脊髓比脊柱短，腰、骶、尾部的脊神经前后根在通过相应的椎间孔之前，围绕终丝在椎管内向下行走一段较长距离，才能到达各自相应的椎间孔，这些在脊髓末端平面以下下行的脊神经根称为马尾（图 22-3）。

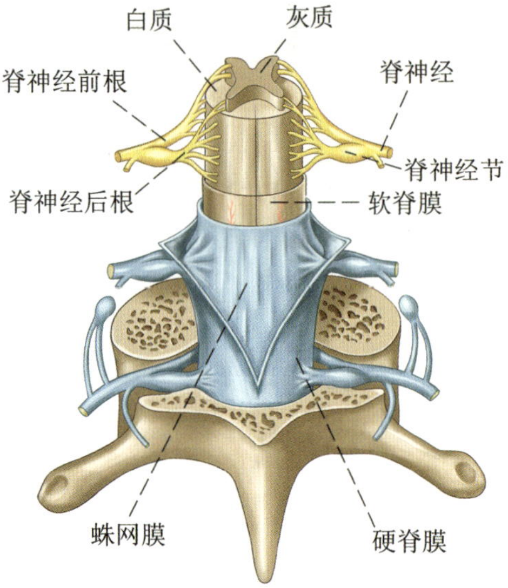

图 22-1　脊髓的位置

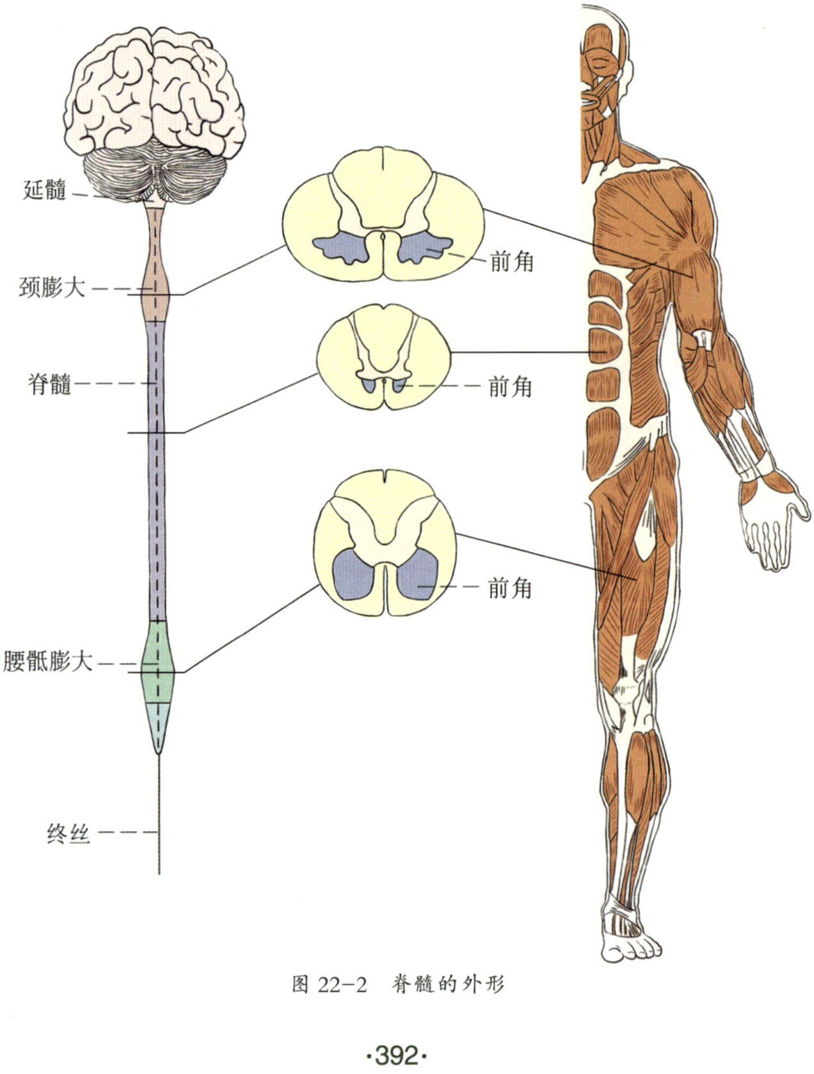

图 22-2　脊髓的外形

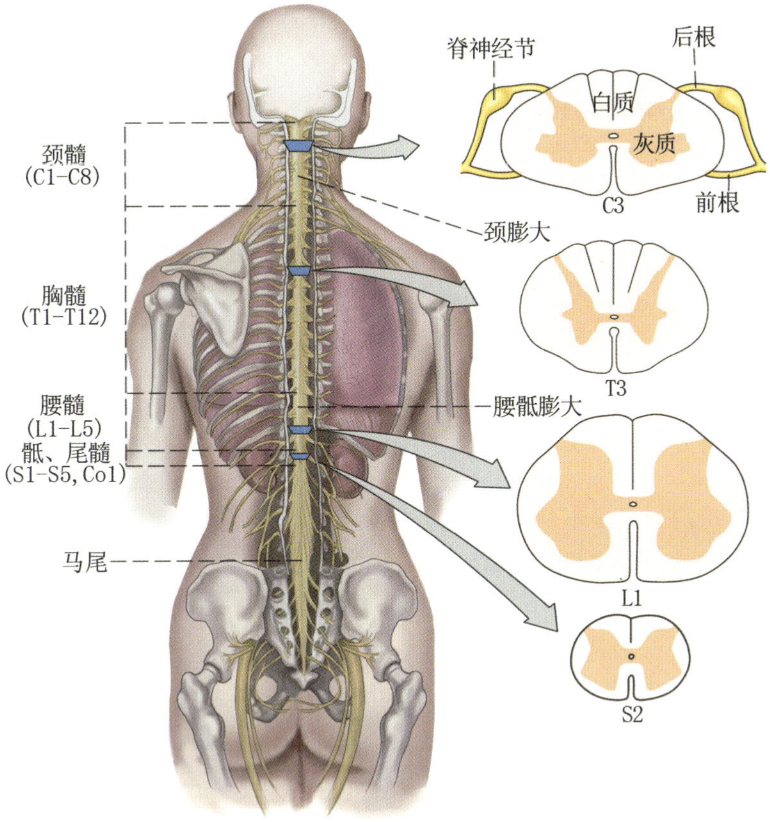

图 22-3　脊髓和脊神经

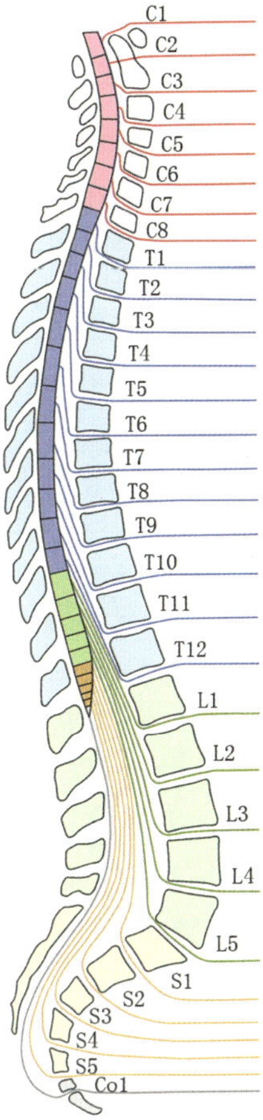

图 22-4　脊髓节段与椎骨的对应关系模式图

脊髓在外形上没有明显的节段性，但每一对脊神经及其前、后根的根丝附着范围的脊髓即构成一个脊髓节段。因此，脊髓则按 31 对脊神经根的出入范围划分为 31 个节段，即 8 个颈节（C）、12 个胸节（T）、5 个腰节（L）、5 个骶节（S）和 1 个尾节（Co）。

胚胎早期，脊柱与脊髓等长，所有脊神经根几乎呈直角自脊髓发出，穿过相应的椎间孔。从胚胎第 4 个月开始，脊髓的生长速度慢于脊柱，因此在成人脊髓与脊柱的长度是不相等的，这也就使得脊髓的节段与脊柱的节段并不完全对应（图 22-4）。了解某节椎骨平对某节脊髓的相应位置很有实用意义。如在创伤中，可凭借受伤的椎骨位置来推测脊髓可能受损的节段。在成人，一般粗略的推算方法（表 22-1）：上颈髓节（C1~C4）大致与同序数椎骨相对应。下颈髓节（C5~C8）和上胸髓节（T1~T4）与同序数椎骨的上 1 节椎体平对，如第 6 颈节平对第 5 颈椎体。中胸部的脊髓节（T5~T8）约与同序数椎骨上 2 节椎体平对。下胸部的脊髓节（T9~T12）约与同序数椎骨上 3 节椎体平对。全部腰髓节约平对第 10 至 12 胸椎范围内，全部骶、尾髓节约平对第 1 腰椎。可见，成人椎管内在相当第 1 腰椎以下已无脊髓而只有马尾。

表 22－1　脊髓节段与椎骨对应关系

脊髓节段	对应椎骨	举　例
上颈髓 C1～4	与同序数椎骨同高	第 3 颈节对第 3 颈椎
下颈髓 C5～8	较同序数椎骨高 1 个椎骨	第 5 颈节对第 4 颈椎
上胸 T1～4	较同序数椎骨高 1 个椎骨	第 3 胸节对第 2 胸椎
中胸 T5～8	较同序数椎骨高 2 个椎骨	第 6 胸节对第 4 胸椎
下胸 T9～12	较同序数椎骨高 3 个椎骨	第 11 胸节对第 8 胸椎
腰髓 L1～5	平对第 10～12 胸椎	
骶髓 S1～5、尾髓	平对第 1 腰椎	

二、脊髓的内部结构

脊髓的各节段中，内部结构的特点虽不尽相同，但总的特征是一致的，即由灰质和白质两大部分组成。在脊髓的横切面上，中央管位于断面中心，其周围是呈“H”形的灰质，灰质的外周是白质。

每侧的灰质，前部膨大为前角，后部狭细形成后角，前后角之间的移行部称为中间带，在胸髓和上部腰髓（L1~3）之间，中间带向外伸出一个侧角（图 22–5）。前角、后角及侧角在脊髓内上下连贯成柱状，分别称为前柱、后柱及侧柱。中央管前、后的灰质分别称灰质前连合和灰质后连合，连接两侧的灰质。在前、后角之间的外侧，灰、白质混合交织，称为网状结构，在颈髓特别明显。每侧白质借脊髓的纵沟分为 3 个索。前正中裂与前外侧沟之间为前索，前、后外侧沟之间为外侧索，后外侧沟与后正中沟之间为后索。在中央管前方，左右前索间有纤维横越，称白质前连合。

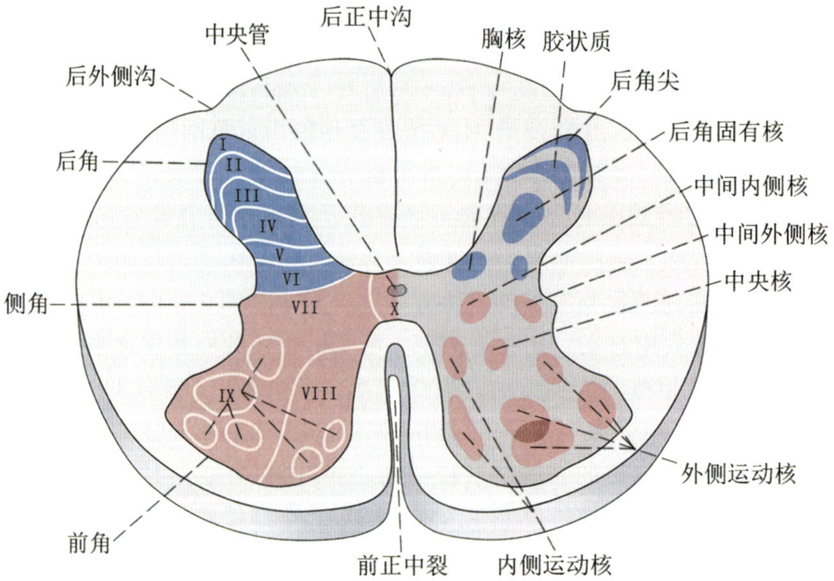

图 22–5　脊髓灰质构造模式图

(一) 灰 质

脊髓的灰质呈灰红色，主要由神经元胞体、纵横交织的神经纤维和神经胶质细胞组成，含丰富的小血管。灰质内含有各种不同大小、形态和功能的神经元，其中大多数神经元的胞体往往聚集成群或成层，称为神经核或板层。在纵切面上，灰质纵贯成柱；在横切面上，这些灰质柱呈突起状称为角。按照 Rexed 分层模式可将脊髓灰质分成 10 个板层（分别用罗马数字Ⅰ~Ⅹ命名）；按照功能分区可将脊髓灰质分成 3 个角，即前角、中间带和后角（图 22-5）。

1. 前 角

主要位于板层Ⅷ~Ⅸ。在前角中有成群排列的大型前角运动神经元，也有许多小型细胞混杂其间。其中大型细胞为 α 运动神经元，其发出的轴突较粗，组成前根，支配跨关节的骨骼肌的梭外肌，直接引起关节运动；小型细胞为 γ 运动神经元，其发出的轴突较细，支配跨关节骨骼肌的梭内肌，对维持肌紧张起重要作用。在前角内还有一种短轴突的抑制性神经元称 Ranshaw 细胞，它接受 α 细胞轴突的侧支，而它的轴突又返回止于 α 细胞，对 α 细胞起抑制作用，形成负反馈环路。

前角运动神经元可分内、外侧两大群。内侧群（即前角内侧核）较小，见于脊髓全长，主要支配躯干肌；外侧群（即前角外侧核）较大，仅见于颈膨大和腰膨大，主要支配四肢肌。二者是躯干、四肢骨骼肌反射的初级中枢，是运动传导通路的下运动单位，是脊髓内各种反射弧（不包括内脏运动）的最后公路。当前角运动神经元受损时，可造成其所支配的骨骼肌瘫痪并发生萎缩，该肌的肌张力和腱反射也会减退或消失。

2. 后 角

主要位于板层Ⅰ~Ⅵ。后角细胞分群较多，由中间神经元和感觉神经元组成。其中主要有：后角固有核，多为大、中型细胞，接受后根传入纤维，发出的轴突经白质前连合交叉至对侧白质内，组成脊髓丘脑侧束和前束，传导躯干、四肢的痛温觉和粗略触觉等；胸核，又称背核，位于后角基底内侧部，由大型细胞构成，仅见于脊髓 C8~L3 节段，接受后根的传入纤维，发出脊髓小脑后束上行至小脑，传导非意识性本体感觉。

3. 中间带

主要位于板层Ⅶ。其内含有大量中间神经元，与前、后角及高级中枢形成广泛联系。在胸髓和上部腰髓（L1~3）之间的侧角内含有交感神经节前神经元胞体，为交感神经的低级中枢所在地，它们的轴突经前根、白交通支入交感干。在第 2~4 骶髓中，虽无侧角，但在相当侧角的部位，含有副交感神经节前神经元胞体，为副交感神经低级中枢所在地，发出的纤维组成盆内脏神经。

此外，在整个脊髓灰质内还含有大量中间神经元，参与建立复杂的神经元环路。

(二) 白 质

脊髓前索、外侧索和后索的白质主要是由有髓神经纤维组成的纵行纤维束（图 22-6）。纤维束又分上行和下行两种（表 22-2）。上行纤维束起自脊髓神经节或脊髓灰质，将各种感觉信息自脊髓传达到脑；下行纤维束起自脑的不同部位，止于脊髓。除上述长距离的上下行纤维束外，紧贴灰质边缘还有一层短距离纤维，它们起于脊髓、止于脊髓，称固有束，主要完成脊髓节段间的反射活动。

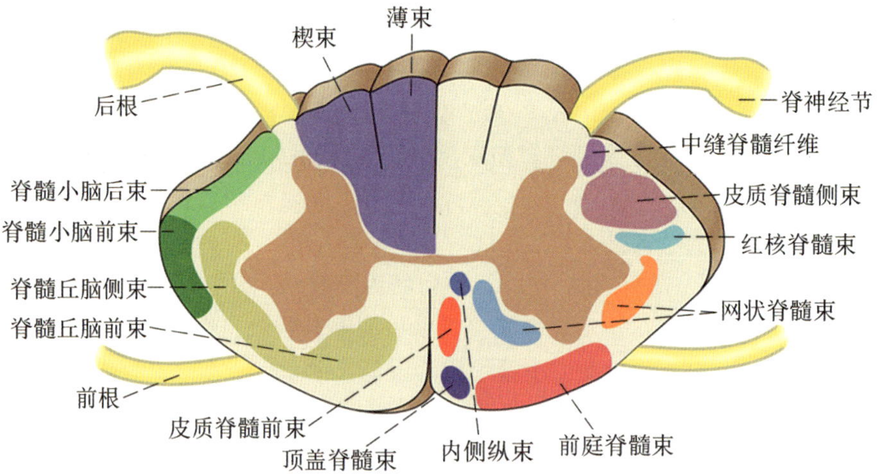

图 22-6　脊髓白质构造模式图

1. 上行纤维束

(1) 薄束与楔束：此两束占据白质后索，是意识性感觉纤维束。内侧称薄束，由中胸部节段以下脊髓神经节细胞的中枢突组成；外侧称楔束，由中胸部节段以上的脊髓神经节细胞的中枢突组成。经延髓、背侧丘脑中继后，最后传至对侧大脑皮层，引起本体感觉（肌、腱、关节的位置和运动觉及震动觉）和精细或辨别性触觉（辨别两点距离和物体纹理粗细等）。

(2) 脊髓小脑束：位于脊髓外侧索的边缘，后方为脊髓小脑后束，前方为脊髓小脑前束，是传导非意识性本体感觉到小脑的纤维束。

(3) 脊髓丘脑束：位于脊髓外侧索前部、脊髓小脑束内侧，可分为脊髓丘脑侧束和脊髓丘脑前束，二者分别是传导痛觉、温觉信息及粗略触觉、压觉信息至大脑的传导束。

2. 下行纤维束

(1) 皮质脊髓束：是人类脊髓中最大的下行束，又称锥体束。它起于大脑皮质中央前回和其他一些皮质区域，下行到延髓形成锥体，纤维大部分交叉到对侧，形成锥体交叉，在脊髓小脑后束内侧下行，叫皮质脊髓侧束；未交叉的小部分纤维沿同侧前索正中裂两侧下行，叫皮质脊髓前束。皮质脊髓束的主要机能是控制骨骼肌的随意运动。

(2) 红核脊髓束：位于皮质脊髓侧束的腹外侧。此束可兴奋屈肌运动神经元，同时抑制伸肌运动神经元。

(3) 前庭脊髓束：位于前索。刺激此束的起始核时，兴奋伸肌运动神经元，抑制屈肌运动神经元，并在调节身体平衡中起重要作用。

此外，在前索和外侧索前方还有顶盖脊髓束、内侧纵束和网状脊髓束等，它们分别与头颈和眼外肌的反射活动、躯干和肢体肌肉的运动有关。

表 22－2　脊髓主要传导束的位置、起止、机能

名称	位置	起始	终止	行走方向	主要机能
薄束	后索	脊神经节细胞	薄束核	上行	传导本体感觉和精细触觉（意识性）
楔束	后索	脊神经节细胞	楔束核	上行	传导本体感觉和精细触觉（意识性）
脊髓小脑前束	外侧索	中间带外侧核	小脑皮质	上行	传导反射性本体感觉（非意识性）
脊髓小脑后束	外侧索	背核	小脑皮质	上行	传导反射性本体感觉（非意识性）
脊髓丘脑束	外侧索、前索	后角固有核	丘脑腹后外侧核	上行	传导痛、温、粗触和压觉
皮质脊髓侧束	外侧索	大脑皮质运动中枢	前角运动神经元	下行	随意运动
皮质脊髓前束	前索	大脑皮质运动中枢	前角运动神经元	下行	随意运动
红核脊髓束	外侧索	中脑红核	前角运动神经元	下行	调节肌张力
网状脊髓束	前索及外侧索	脑干网状结构	前角运动神经元	下行	调节肌张力
顶盖脊髓束	前索	中脑上丘	颈髓上段	下行	协调颈肌运动
前庭脊髓束	前索	脑桥前庭神经核	前角运动神经元	下行	兴奋躯干和肢体的伸肌，调节身体平衡

三、脊髓的功能

（一）传导功能

来自四肢、躯干的躯体感觉和大部分内脏感觉，都通过脊髓的上行纤维束向上传到大脑皮质进行分析与综合；大脑皮质和皮质下中枢的神经冲动，也大部分都通过下行纤维束传到脊髓，然后由脊髓发出的前根到达效应器，实现对全身骨骼肌和大部分内脏活动的调节控制。

（二）反射功能

脊髓灰质内有许多躯体和内脏反射的低级中枢，借脊神经前、后根和固有束，可实现以脊髓为中心的初级的躯体或内脏非条件反射（包括节间和节内反射）。脊髓内最简单的反射弧只有两个神经元组成，如膝反射（图 22–7），其第 1 级神经元为脊神经节，第 2 级神经元为脊髓前角运动细胞。髌腱感受到的刺激经感觉神经传入至脊神经节，脊神经节对此刺激作出判断后直接将冲动传到脊髓前角运动细胞，后者发出冲动传至运动神经支配股四头肌，从而引起伸膝动作。

1. 躯体反射

如骨骼肌被牵拉时，肌肉内的感受器受到刺激，产生兴奋，并通过脊髓能反射地引起该肌收缩，称牵张反射；又如四肢远侧端皮肤受到刺激，通过脊髓能反射性地引起受刺激肢体的屈肌收缩，称屈肌反射。

2. 内脏反射

如脊髓中间带侧角（或侧方）存在着内脏反射的低级中枢如血管运动中枢、瞳孔散大中枢、发汗反射中枢、排尿和排便中枢、勃起反射中枢等，这些中枢受到刺激可反射性地引起血管扩张、血压变化、瞳孔开大、发汗、排尿、排便等活动。

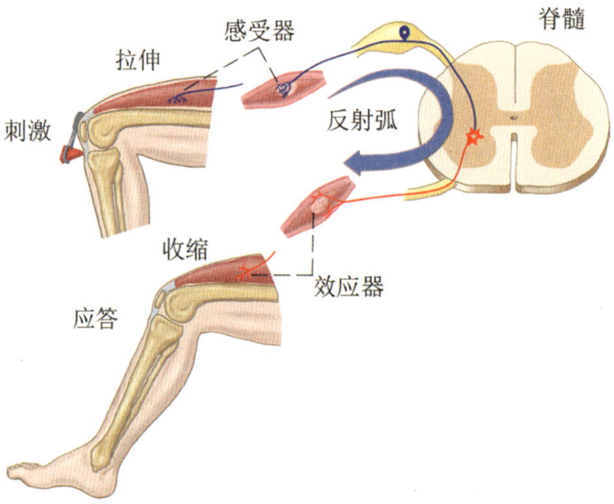

图 22-7　膝反射（牵张反射）模式图

第二节　脑

脑位于颅腔内，形态和功能均较脊髓复杂。脑可分为端脑、间脑、小脑、中脑、脑桥和延髓 6 个部分（图 22-8、图 22-9）。延髓向下经枕骨大孔连接脊髓。通常把中脑、脑桥和延髓合称为脑干。随着脑各部发育，在脑各部的内部形成了一个连续的脑室系统，内含脑脊液。

成人脑的平均重量约为 1400g。新生儿脑重为 455g，至 1 岁末，几乎增加 1 倍。以后脑重的增长显著降低，至 20~25 岁即达最高重量。在正常范围内，人脑的重量可有明显的个体差异，单纯以此差异来衡量人智力的高低是没有科学根据的。与动物相比，人脑的高度发达主要表现在大脑皮质的面积增大，皮质各层细胞的分化程度高和构筑严密，它是人类高级神经活动的物质基础。

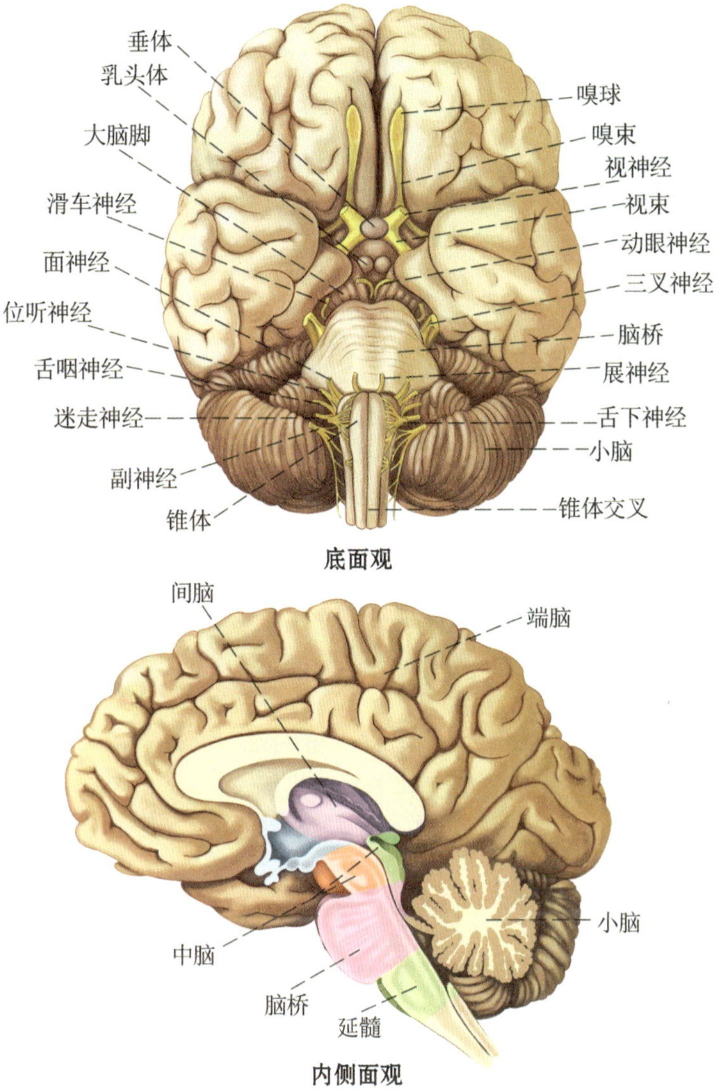

图 22-8　脑的整体观

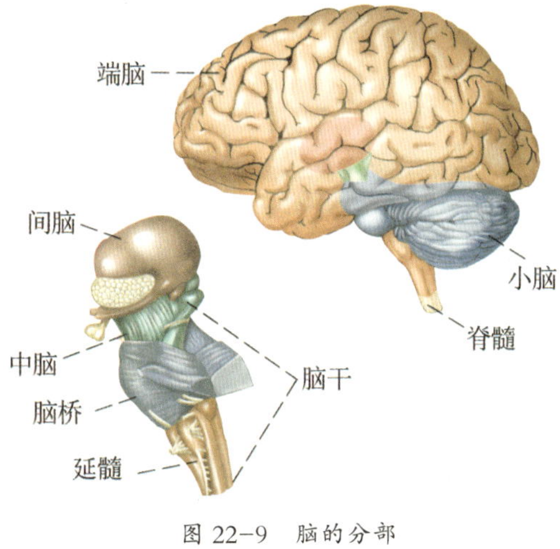

图 22-9　脑的分部

一、脑　干

脑干位于颅后窝前部，由延髓、脑桥和中脑组成，是中枢神经系统内上下联系的枢纽和机体生命中枢。在脑干中，延髓和脑桥的背面与小脑相邻（图 22-9），它们之间的室腔为第四脑室，此室向下与延髓和脊髓的中央管相续，向上连通中脑的中脑水管。

（一）脑干的外形

脑干的腹、背侧面有许多处凹陷和膨隆，其为神经核、神经纤维束所在之处以及脑神经进出之处，并参与构成第四脑室等结构（图 22-10）。

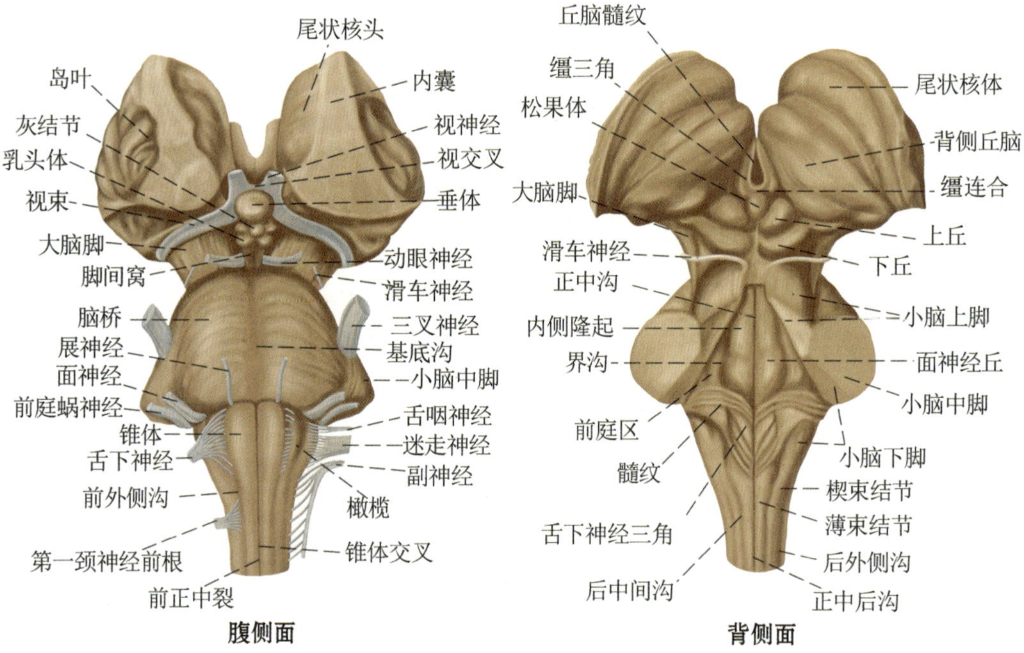

图 22-10　脑干的外形

1. 延　髓

形似倒置的锥体，后上方为小脑，下在枕骨大孔处与脊髓相接。延髓上端与脑桥在腹面以横行的延髓脑桥沟为界，延髓背面则构成菱形窝的下部。

脊髓表面的诸纵行沟裂向上延续至延髓。在延髓腹面，前正中裂两侧各有一纵行隆起称锥体，主要由皮质脊髓束纤维聚成；在锥体下方绝大多数皮质脊髓束纤维左右交叉，形成锥体交叉，阻塞了前正中裂。锥体外侧左右各有一卵圆形隆起称橄榄，锥体和橄榄之间的前外侧沟中有舌下神经（Ⅻ）根丝出脑；橄榄外侧由上向下有舌咽神经（Ⅸ）、迷走神经（Ⅹ）和副神经（Ⅺ）的根丝进出脑。

在背面，延髓下部形似脊髓，后正中沟的两侧各有 2 个突起，内侧一对称薄束结节，外侧一对称楔束结节，它们深面分别有薄束核和楔束核，此二核是薄、楔束终止的核团。在楔束结节的外上方有隆起的小脑下脚，由进出小脑的神经纤维组成。延髓上部中央管敞开为第四脑室，构成菱形窝的下部。

2. 脑　桥

位于中脑与延髓之间，比较宽阔，腹侧为膨隆的基底部，正中线上有一浅沟称基底沟，容纳基底动脉。基底部向两侧逐渐变窄，移行为小脑中脚，由进出小脑的纤维组成，该处有三叉神经（Ⅴ）根相连。脑桥下缘与延髓相接的沟内，由内向外有（外）展神经（Ⅵ）、面神经（Ⅶ）和位听神经（前庭蜗神经）（Ⅷ）进出脑。脑桥背面构成菱形窝的上半部，窝的两侧为小脑上脚，由小脑与中脑相连的白质组成。

3. 中　脑

位于脑桥和间脑之间，其腹上界为属于间脑的视束，下界为脑桥的上缘，两侧是粗大纵行纤维束组成的大脑脚，左右大脑脚之间的凹窝称脚间窝，动眼神经（Ⅲ）自窝内出脑。背面有四个圆形隆起，叫四叠体，上方一对称为上丘，是重要的视觉反射中枢，借上丘臂（为神经纤维）与间脑的外侧膝状体相连；下方一对称为下丘，是重要的听觉反射中枢，借下丘臂（亦为神经纤维）与间脑的内侧膝状体相连。下丘下方有滑车神经（Ⅳ）穿出。

4. 菱形窝

位于延髓上部及脑桥的背面，由延髓和脑桥内中央管后壁展开形成。其与小脑共同围成第四脑室。菱形窝的外上界为两侧的小脑上脚，外下界自内下向外上依次为薄束结节、楔束结节和小脑下脚。在此窝中可见面神经丘、舌下神经三角、迷走神经三角、前庭区和听结节等数个隆起，其深面分别含有相应的神经核团。

5. 第四脑室

由脊髓中央管延伸入延髓、脑桥和小脑之间扩大而成，近似四棱锥形。其底为菱形窝，尖向后上朝向小脑。第四脑室上通中脑水管，下通脊髓中央管，后方通过 2 个外侧孔和 1 个正中孔与蛛网膜下隙相通。第四脑室内分布有脉络丛，可分泌脑脊液。

（二）脑干的内部结构

脑干的内部由灰质和白质构成，其构造较脊髓更加复杂，此处仅简要介绍脑干内部的总体结构及各部分的主要结构。

1. 脑干内部结构的概况

（1）脑干的灰质

脑干的灰质内聚集 3 类神经核：脑神经核，与第 3~12 对脑神经相连；中继核，经过脑干的上、下行纤维束在此中继换元；网状核，位于脑干网状结构中。后两类合称“非脑神经核”。

脑神经核：在生物进化过程中，随着头部出现高度分化的视、听、嗅和味觉感受器，以及由鳃弓演化而成的面部和咽喉部骨骼肌，脑神经的纤维成分发生复杂变化，除了包含与脊神经对应的 4 种成分纤维外，还增加了 3 种不同性质的纤维。由此脑干内部也随之出现了与其相应的 7 种脑神经核团，详见表 22–3、图 22–11。

表 22－3 脑干中脑神经核概况

脑神经核性质	数量(对)	组 成	功 能
一般躯体运动核	4	动眼神经核、滑车神经核、展神经核和舌下神经核	支配由肌节衍化的眼外肌和舌肌的随意运动
特殊内脏运动核	4	三叉神经运动核、面神经核、疑核和副神经核	支配由腮弓衍化而成的表情肌、咀嚼肌、咽喉肌及胸锁乳突肌与斜方肌
一般内脏运动核（亦称副交感核）	4	动眼神经副核、上泌涎核、下泌涎核和迷走神经背核	管理头、颈、胸与腹部的平滑肌和心肌收缩以及腺体的分泌
一般内脏感觉核	1	孤束核下部	接受来自内脏器官、心血管系统的一般内脏感觉纤维
特殊内脏感觉核	1	孤束核上部	接受来自味蕾的味觉传入纤维
一般躯体感觉核	1	三叉神经感觉核(纵贯脑干全长，又分为三叉神经脊束核、三叉神经脑桥核和三叉神经中脑核)	接受来自头面部皮肤和口、鼻粘膜的一般躯体感觉冲动
特殊躯体感觉核	2	前庭神经核、蜗神经腹侧与背侧核	接受来自内耳的平衡觉和听觉纤维

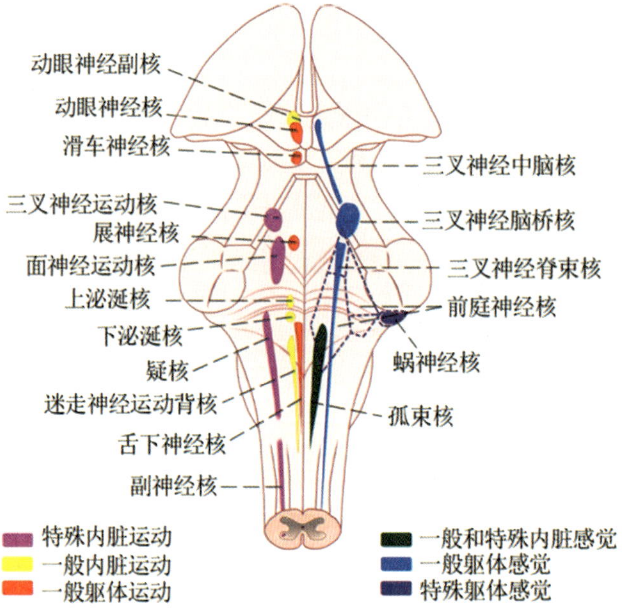

图 22-11 脑神经核在脑干背面的投影示意图

非脑神经核：是脑干内不直接与脑神经相连的神经核团。主要有薄束核、楔束核、脑桥核、上橄榄核、红核及黑质等。它们参与组成多种神经通路和多种反射活动。

(2) 脑干的白质

脑干的白质由长的上、下行神经纤维束和出入小脑的纤维组成。长的上行纤维束主要有内侧丘系、外侧丘系、脊髓丘脑束和三叉丘系等；长的下行纤维束主要有锥体束及红核脊髓束、顶盖脊髓束、前庭脊髓束、网状脊髓束等；出入小脑的纤维主要有脊髓小脑前束、脊髓小脑后束以及小脑中脚、小脑下脚等。

2. 脑干各部分的主要结构

（1）延髓：延髓内部构造与脊髓相似，亦由灰质和白质构成，但灰质不连贯成柱，而往往是功能相同的神经元细胞体集合成神经核，嵌在白质之中（图 22–12）。延髓主要的灰质结构有舌咽神经（Ⅸ）、迷走神经（Ⅹ）、副神经（Ⅺ）、舌下神经（Ⅻ）4 对脑神经核和本体感觉传导通路中第 2 级神经元胞体聚集形成的薄束核、楔束核。由薄束核、楔束核发出的纤维组成弓状纤维，在中央管腹侧左右交叉，称内侧丘系交叉，交叉后的纤维转而上行，在正中线两侧形成内侧丘系。腹侧的锥体内聚集着皮质脊髓束的纤维，它们向下行至延髓下部后约有 70%~90%的纤维交叉到对侧形成锥体交叉，交叉后的纤维组成皮质脊髓侧束，未交叉的纤维垂直下行组成皮质脊髓前束。

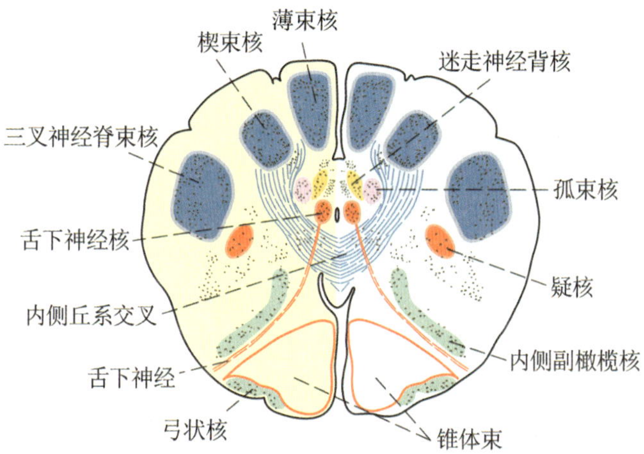

图 22–12　延髓横切面（经内侧丘系交叉）

此外在橄榄上部和中部水平内的网状结构里面存在着许多基本生命活动中枢，如血管运动、呼吸、心跳和呕吐中枢等。所以延髓有“生命中枢”之称。

（2）脑桥：脑桥内部有三叉神经（Ⅴ）、外展神经（Ⅵ）、面神经（Ⅶ）和前庭蜗（位听）神经（Ⅷ）4 对脑神经核（图 22–13）。其中位听神经核包括主管听觉的蜗神经核和主管平衡的前庭神经核，它们是由位觉、听觉传导通路中第 2 级神经元胞体组成。自这 2 个核发出的带状纤维束横行至对侧形成斜方体，将脑桥分为基底和被盖两部分。斜方体的纤维行至被盖部的腹外侧，绕过上橄榄核的外侧折向上行，此时，改称为外侧丘系，其中大部分纤维止于中脑的下丘板层，自下丘核发出的纤维经下丘臂止于间脑的内侧膝状体。

脑桥基底部的纵行纤维束是锥体束（皮质脊髓束和皮质脑桥束）；横行纤维是脑桥行向小脑的纤维。在纵横纤维之间散在许多脑桥核。脑桥核接受来自大脑皮质广泛区域的皮质脑桥束，其发出的纤维交叉到对侧组成粗大的小脑中脚，终于小脑皮质（即脑桥小脑束）。因此，脑桥核是传递大脑皮质向小脑发送信息的最重要的中继站。脑桥被盖部中央是自延髓延续而来的网状结构。

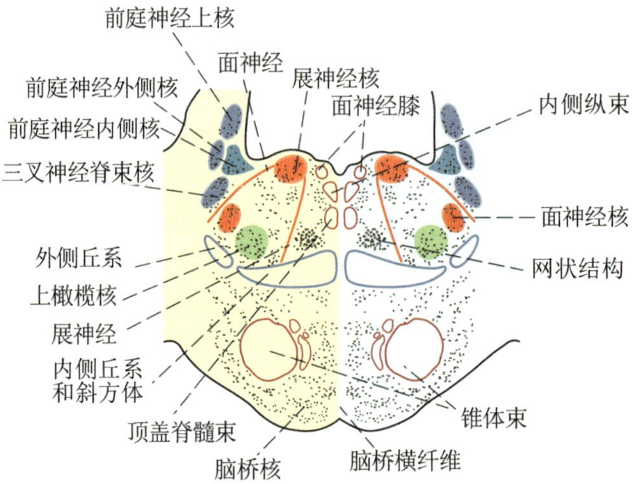

图 22-13 脑桥横切面（经面神经丘高度）

（3）中脑：在中脑横切面上可见一细管，称中脑水管，管的周围为中央灰质，其可将中脑分为背侧的四叠体和腹侧的大脑脚。大脑脚又被黑质分为背侧的被盖部和腹侧的大脑脚底（图 22-14）。

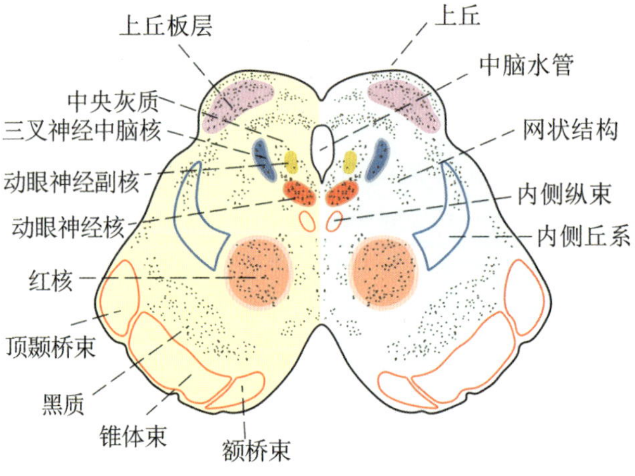

图 22-14 中脑横切面（经上丘高度）

四叠体上丘内部是由浅入深、灰质与白质相间排列的板层结构称上丘板层，为重要的视觉反射中枢，其浅层发出纤维参与两眼的迅速扫描运动；下丘内部含卵圆形细胞团称下丘核，其既是听觉传导通路的重要中继站，同时也是重要的听觉反射中枢。二者发出纤维皆可组成顶盖脊髓束，终于脊髓前角运动细胞，完成视听防御反射。

中央灰质内有动眼神经（Ⅲ）和滑车神经（Ⅳ）等 2 对脑神经核。

被盖部中线两侧圆柱形红色细胞团块称红核，它主要接受小脑和大脑皮质发来的纤维。

来自小脑的纤维经小脑上脚交叉后，一部分纤维止于红核，大部分纤维经过背侧丘脑中继止于大脑皮质额叶的运动皮质；自额叶运动皮质发出皮质红核纤维止于红核。红核的传出纤维主要至脊髓，即红核脊髓束，它们在发出后即交叉到对侧下行，止于脊髓颈段的前角运动细胞，以调节屈肌的张力，协调运动。

黑质位于被盖部与大脑脚底分界处，由大量含有黑色素的神经细胞团组成。仅见于哺乳类，在人类最为发达。研究已证实，黑质细胞含有丰富的多巴胺，它是锥体外系中重要的神经递质，与躯体运动有密切联系。由于某种原因，黑质细胞数目或多巴胺含量减少到一定水平，就会引起震颤麻痹或 Parkinson 病。因此，黑质也是参与运动调节的重要神经核团。

大脑脚底由白质构成。脚底中部 3/5 有锥体束（皮质脊髓束）通过；内侧 1/5 有额桥束通过；外侧 1/5 有顶、枕、颞桥束通过。

中脑主要有协调躯体运动、维持正常姿势（红核和黑质）、参与视觉和听觉的反射活动（四叠体），以及调节眼球运动和瞳孔大小（动眼和滑车神经核）等机能。

3. 脑干的网状结构

（1）脑干网状结构的概念

在脑干中，除了脑神经核、其他境界明确的核团（如薄束核、楔束核、红核和黑质等）以及长的纤维束以外，还存在着纵横交织成网状的神经纤维，其间散在有大小不等的神经细胞团块，此区域即为脑干的网状结构。

网状结构在进化上比较古老，但机能上十分重要。它的结构特点是神经元形态复杂，大小不等，树突分支多且长，一个神经元可与周围多个神经元形成突触联系，刺激一处可引起广泛兴奋。因此，网状结构能接受来自几乎所有感觉系统的信息，而网状结构的传出联系则直接或间接地可达到中枢神经系统各个地方，从而影响脑和脊髓的活动。所以说网状结构是中枢神经系统内一个重要的整合结构。

（2）脑干网状结构的主要核团

根据网状结构内神经核的构筑与所在的位置，其主要神经核团包括：中缝核群——位于脑干中缝的两侧，主要由 5-羟色胺能神经元构成；内侧核群——位于中缝核的外侧，可接受外侧核、脊髓和脑神经感觉核等的传入纤维，亦可发出上、下行传出纤维，构成脑干网状结构的“效应区”；外侧核群——位于内侧核的外侧，大部分为肾上腺素和去甲肾上腺素能神经元，可接受广泛的传入纤维，构成脑干网状结构的“感受区”，发出传出纤维到达内侧核群。上述 3 个核群中均含有向小脑投射的网状核群（图 22-15）。

（3）脑干网状结构的纤维联系及功能

与大脑的联系及上行激动系统：经脑干上行的各种特异性感觉传导路，均可进入脑干网状结构，再由此上行至背侧丘脑的非特异性核团及下丘脑，这就使特异性的感觉信息转化为非特异性的信息，广泛地投射到大脑皮质。这种非特异性的上行投射系统称为上行激动系统。该系统可使大脑皮质保持适度的意识和清醒，对各种传入信息有良好的感知能力。

与脊髓的联系及调节躯体运动：脑干网状结构的内侧核群可发出网状脊髓束，止于脊髓前角的 α 及 γ 运动神经元，可对肌张力产生增强或减弱的调节作用。

脑干内部的联系及调节内脏活动：在脑干网状结构中，存在着重要的生命中枢，如心血管运动中枢、呼吸中枢、血压调节中枢以及呕吐中枢等，外侧核群中的肾上腺素和去甲肾上

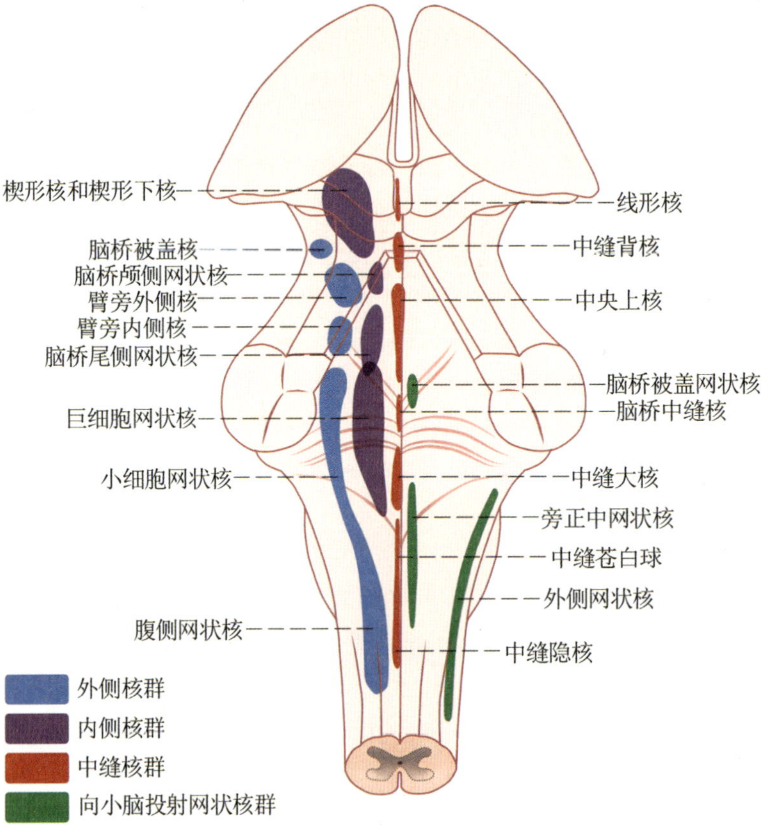

图 22-15　脑干网状结构核团在脑干背面的投影示意图

腺素能神经元可发出纤维投射到相应脑神经核，参与完成胃肠道和呼吸以及心血管、血压和化学感受器等的反射活动。

参与睡眠发生，抑制痛觉传递：中缝核群中的5-羟色胺能神经元，发出上行纤维至大脑皮质，使其受到抑制而产生睡眠作用；发出下行纤维投射到脊髓，参与痛觉和心血管运动的调节。

二、小　脑

小脑是重要的运动调节中枢，位于颅后窝内，大脑枕叶下方，延髓和脑桥的背面。小脑与延髓和脑桥之间为第四脑室。

（一）小脑的形态

小脑上面平坦，下面中部凹陷，两侧隆凸。小脑中部比较狭窄的部分称为蚓部，两侧膨大的部分则为小脑半球（图 22-16）。小脑表面有许多相互平行的浅沟，可将小脑分为3个叶：前叶、后叶和绒球小结叶。

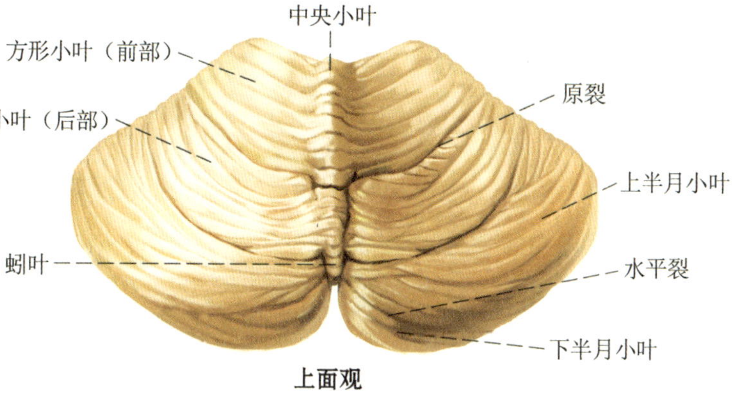

上面观

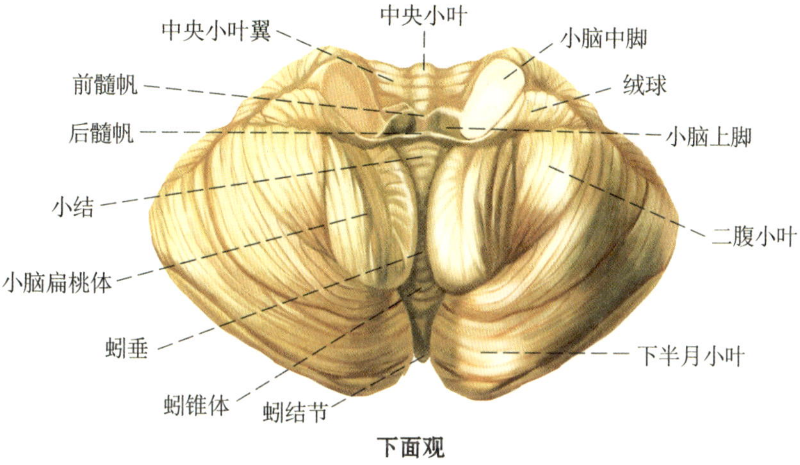

下面观

图 22-16　小脑的外形

绒球小结叶位于小脑下面前方，在种系发生上出现最早，故称原小脑。因其主要与前庭神经及前庭神经核发生联系，又称前庭小脑。

前叶位于小脑上面，为原裂以前的皮质结构，在种系发生上出现较晚，称为旧小脑。因其主要接受脊髓小脑前、后束的纤维，亦称脊髓小脑。

后叶位于原裂以后的大部分小脑皮质结构，在种系发生上出现最晚，与大脑皮质的发生高度相关，称新小脑。此叶主要与大脑皮质的广泛区域发生联系，因此又称大脑小脑。

（二）小脑的内部结构

小脑表层有大量的神经元胞体聚集，形成小脑皮质。小脑皮质的深部是小脑白质，称为髓质。在髓质里还埋着灰质核团，称小脑核或中央核。

1. 小脑皮质

小脑各部皮质的结构是相同的，由数种类型的神经元和树突构成。神经元排列成层，由内向外分别为颗粒层、梨状细胞层和分子层。其中梨状细胞层中的蒲肯野氏细胞接受所有传入小脑的冲动（图 22–17）。

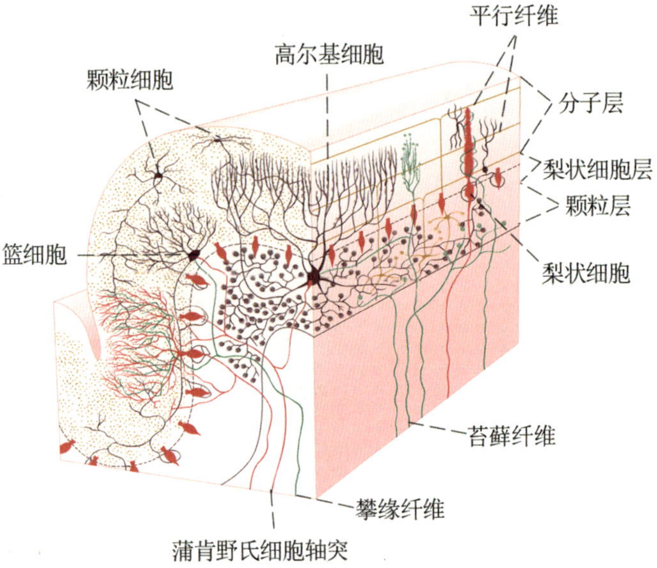

图 22-17　小脑皮质细胞构筑模式图

2. 小脑核

又称小脑中央核，位于小脑内部，埋于小脑髓质内。共有 4 对，由内向外侧依次为顶核、球状核、栓状核和齿状核，其中齿状核和顶核最重要。齿状核最大，接受来自新小脑皮质的纤维，发出的纤维经小脑上脚终止于中脑和丘脑；顶核位于第四脑室顶的上方，接受来自原小脑皮质的纤维，发出的纤维经小脑下脚终止于同侧的前庭神经核和网状结构（图 22-18）。

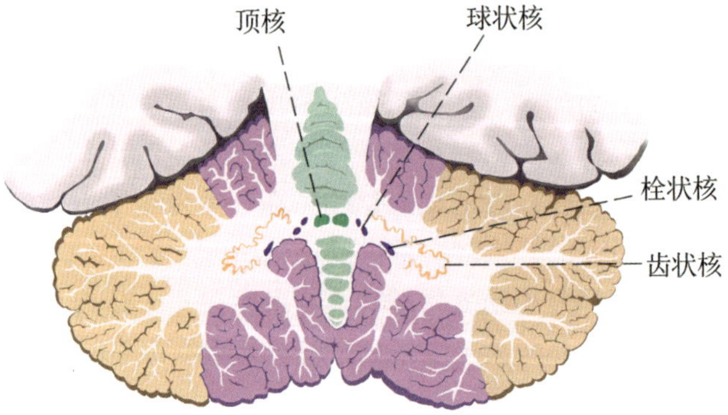

图 22-18　小脑的水平切面（示小脑核）

3. 小脑髓质

由小脑皮质发至小脑中央核的纤维、小脑各叶之间的纤维以及联系小脑和小脑以外其他脑区的传入与传出纤维组成。

小脑借 3 对小脑脚与脑干相连（图 22-19）。小脑下脚（又称绳状体），是由脊髓和延髓与小脑相连的传入和传出纤维组成；小脑中脚（又称脑桥臂），是由脑桥核至小脑的纤维组成；小脑上脚（又称结合臂），连于小脑和中脑、间脑之间，主要成分由小脑中央核发出、终止于红核和背侧丘脑的传出纤维组成；其也接受来自脊髓、顶盖和红核等的传入纤维。

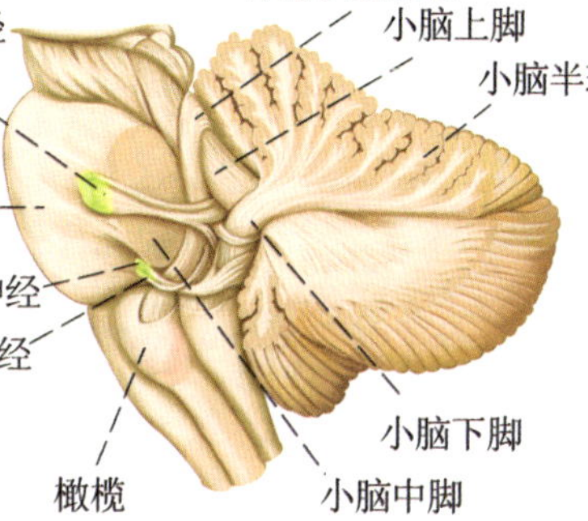

图 22-19　小脑脚示意图

（三）小脑的纤维联系和功能

小脑的 3 个叶，即原小脑、旧小脑和新小脑与其他中枢、小脑中央核之间的纤维联系及功能详见表 22-4。

表 22-4　小脑的分叶与功能

分叶	发生	纤维联系	相关核团	功　能
绒球小结叶	原小脑	前庭	顶核	维持身体平衡、协调眼球运动
前叶	旧小脑	脊髓	球状核、栓状核	控制肌张力、协调肌肉运动
后叶	新小脑	端脑	齿状核	调控骨骼肌的随意、精细运动

归纳起来，小脑主要有 3 种功能：（1）协调躯体运动，（2）调节肌紧张，（3）维持平衡。小脑的损伤不会引起随意运动的丧失（肌肉瘫痪），但会出现姿势、平衡步态和运动控制失调，以及肌张力下降，肌肉松弛等现象，也会出现发音障碍。

三、间　脑

间脑位于脑干和端脑之间，连接大脑半球和中脑，其两侧和背面被大脑半球所掩盖。间脑的内腔为位于正中矢状面的窄隙，称为第三脑室。虽然间脑的体积不足中枢神经系统的 2%，但其结构与功能却非常复杂，是仅次于端脑的中枢高级部位。间脑可分为背侧丘脑、后丘脑、上丘脑、底丘脑和下丘脑等 5 部分。

（一）背侧丘脑

背侧丘脑又称丘脑，占据间脑的大部分，是一对卵圆形灰质团块，左右各一，中间为第三脑室。在背侧丘脑灰质的内部有一个在水平面上呈“Y”字形的、由白质构成的内髓板，将其划分为3大核群，即前核群、内侧核群和外侧核群（图22–20）；此外还有中线核群和丘脑网状核等。上述核群内均含有多个核团，如外侧核群中又包括背外侧核、腹外侧核及腹前核等。

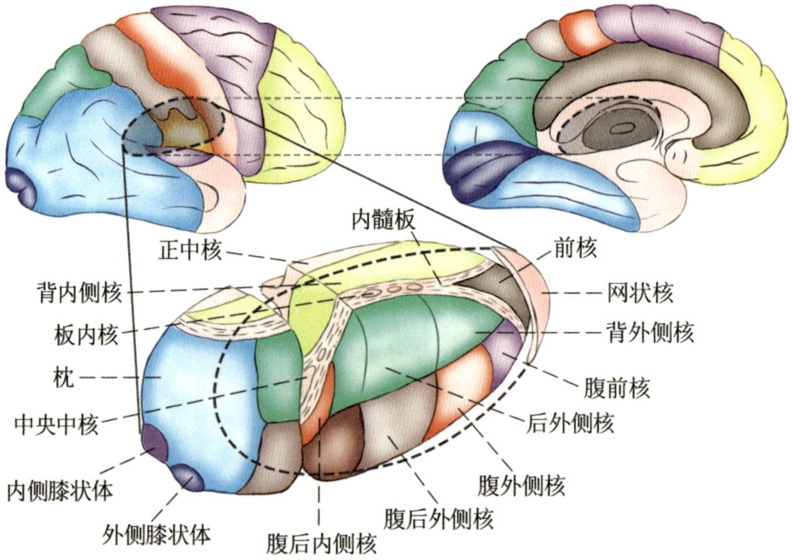

图22–20　间脑位置与背侧丘脑的核团模式图

按进化程序的先后，背侧丘脑还可分为古、旧、新3类核团，虽然在这3类核之间及其与其他脑区之间均有着广泛的联系，但在纤维联系及功能上仍有所侧重（表22–5）。

表22–5　背侧丘脑的神经核团的结构与功能

名称	进化程度	性质	组　成	纤维联系	功　能
古丘脑	比较古老	非特异性投射核团	中线核、板内核及网状核	传入：嗅脑、脑干网状结构 传出：大脑皮质广泛区域	构成上行激动系统，维持机体的清醒状态
旧丘脑	较新	特异性中继核团	腹前核、腹外侧核及腹内侧核	传入：脊髓或脑干等特异性上行传导系统 传出：感觉和运动的大脑皮质特定区	产生意识性的感觉或调节躯体运动
新丘脑	最新	联络性核团	前核、内侧核及外侧核的背侧组	不直接接受上行传导束，但与丘脑其他核团、大脑皮质有着丰富的纤维联系	进入高级神经活动领域，能汇聚躯体和内脏的感觉及运动信息，并伴有情感意识的分辨能力，参与学习与记忆活动

（二）后丘脑

后丘脑位于丘脑后端，包括内侧膝状体和外侧膝状体，二者内部均为灰质团块，分别是听觉和视觉冲动传至大脑皮质中枢的最后一个中继站。内侧膝状体借下丘臂连于四叠体的下丘，是听觉的皮质下中枢；外侧膝状体借上丘臂连于四叠体的上丘，是视觉的皮质下中枢。

（三）上丘脑

上丘脑是间脑背侧部与中脑顶盖区相移行的部分，包括松果体、缰连合、缰三角、丘脑髓纹以及后连合等。其可借助神经核团及纤维，广泛地与端脑基底核、间脑各部以及脑干各部发生联系。松果体是内分泌腺（详见内分泌系统一章），其在 16 岁以后钙化，可作为医学诊断颅内占位病变的定位标志。

（四）底丘脑

底丘脑与中脑相连，是间脑和中脑被盖的过渡地区。其内含有底丘脑核，与黑质、红核及苍白球间有密切的纤维联系，参与锥体外系的功能。

（五）下丘脑

下丘脑位于背侧丘脑下方。其自前向后可分为视前区、视上区、结节区和乳头体区，所包括的结构有视交叉、视束、灰结节、灰结节下方的漏斗、与漏斗相连的神经垂体以及灰结节后方的乳头体等（图 22-21）。在各区中分布有神经核团，如视前核、视上核、室旁核、漏斗核以及乳头体核等。这些神经核团主要由神经内分泌细胞构成，其既具有一般神经元的特点，又具有内分泌细胞特点（能合成和分泌激素）。

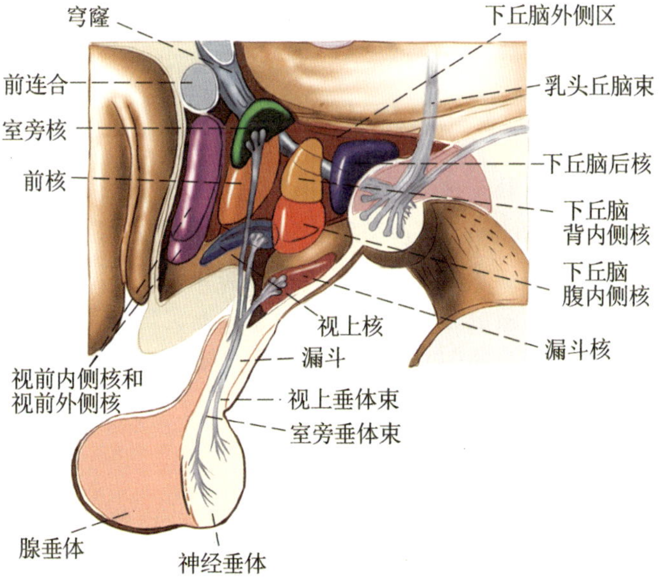

图 22-21　下丘脑的主要核团示意图

下丘脑的纤维联系复杂，与垂体、背侧丘脑、边缘系统以及脑干与脊髓等均有纤维联系。此处仅重点介绍下丘脑与垂体间的纤维联系。

作为神经内分泌的中心，下丘脑与垂体（包括腺垂体和神经垂体两部分）有着密切联系。第一，下丘脑与神经垂体的联系。下丘脑至神经垂体的纤维起自室旁核与视上核，二者可分泌加压素和催产素，并沿轴突输送至神经垂体（即垂体后叶），再通过神经垂体的血管扩散至全身。因此，下丘脑与神经垂体在结构上是相对独立的，但在功能上却是一个有机整体。第二，下丘脑中，漏斗核及基底内侧部的一些神经细胞分泌的神经内分泌物质，如促激素释放或抑制激素等，沿轴突输送至正中隆起的毛细血管丛，再经垂体门静脉运送至腺垂体（即垂体前叶），控制腺垂体的内分泌功能（图 22–22）。

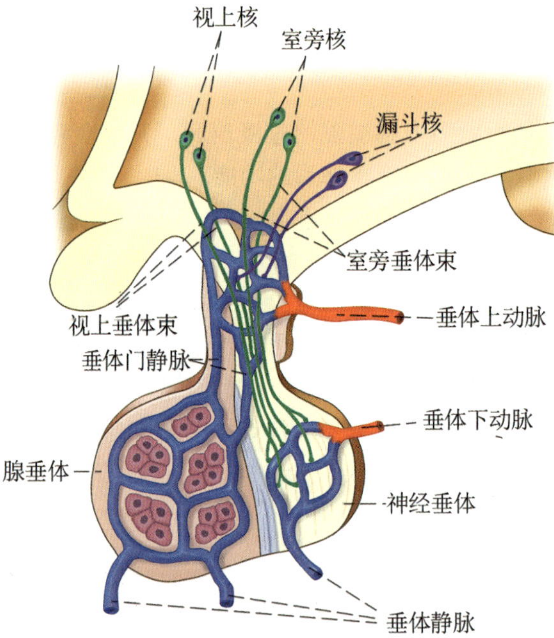

图 22–22　下丘脑与垂体间的关系

下丘脑的功能为：①下丘脑是神经内分泌中心，其通过与垂体的密切联系，将神经调节和体液调节融为一体，调节机体的内分泌活动。②下丘脑也是皮质下自主神经活动高级中枢，对机体体温、摄食、生殖、水盐平衡和内分泌活动等进行广泛的调节。③可直接通过血液接受有关信息，如体温、血液成分的变化等，能有效地实现其调节功能。④下丘脑与边缘系统有密切联系，参与情绪行为的调节。⑤具有调节机体昼夜节律的功能。

四、端　脑

端脑，通常称为大脑，是脑的最大部分和最高级部位。由两侧大脑半球借胼胝体连接而成。端脑最早的分化与嗅觉有关。自高级爬行类开始，端脑出现了嗅觉以外更多的功能，愈高等动物所占面积愈大，称新皮质。新皮质高度发展，占大脑半球皮质的 96%以上，形成左、右大脑半球，包裹间脑和中脑，并将小脑推向后方。

（一）端脑的外形和分叶

在两侧大脑半球之间有大脑纵裂将其分开，纵裂的底为连结左右半球的纤维，即胼胝体。在大脑和小脑之间借大脑横裂隔开（图 22-23）。

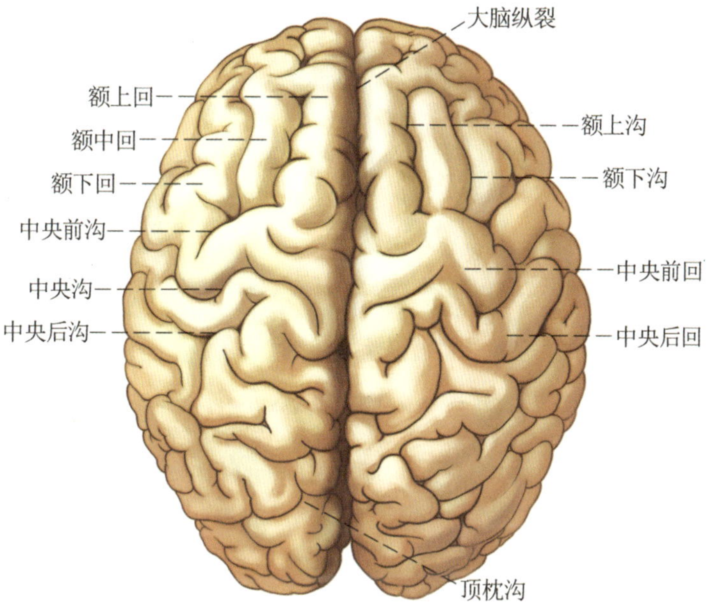

顶面观

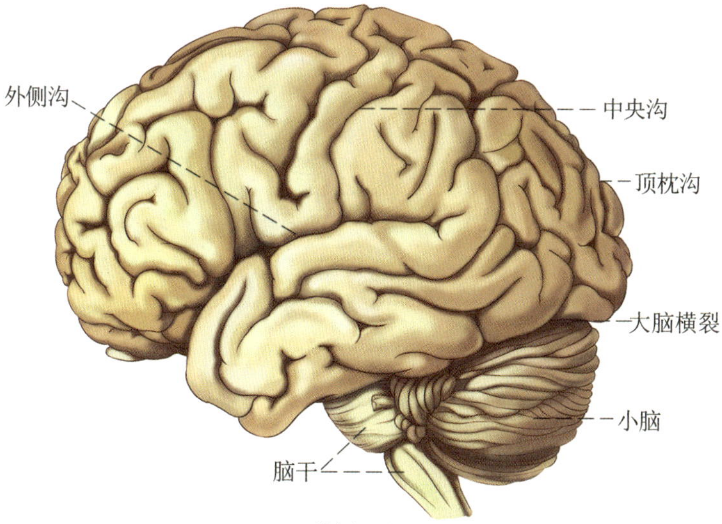

外侧面观

图 22-23　脑的整体观

大脑半球表面呈现许多隆起的脑回和深陷的脑沟。每侧半球以 3 条恒定的沟分为 5 叶(图 22-23、图 22-24)：外侧沟，是半球最深、最明显的沟，起于半球下面，行向后上方，至上外侧面；中央沟，起于半球上缘中点稍后方，斜向前下方，下端与外侧沟隔一脑回，上端延伸至半球内侧面；顶枕沟，位于半球内侧面后部，自下而上，并转至上外侧面。在外侧沟上方和中央沟以前的部分为额叶；外侧沟以下的部分为颞叶；枕叶位于半球后部，其前界在内侧面为顶枕沟；顶叶为外侧沟上方、中央沟后方及枕叶以前的部分；岛叶呈三角形，位于外侧沟深面，被额、顶和颞叶所掩盖。

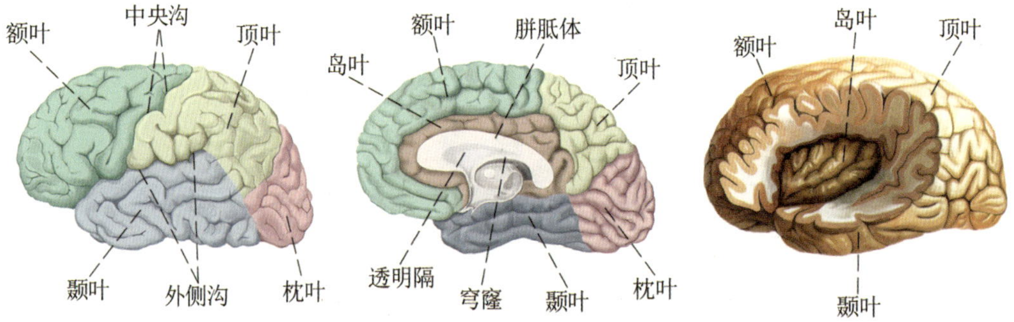

图 22-24　大脑半球的分叶

在大脑半球背外侧面，中央沟的前方，有与之平行的中央前沟，中央沟与中央前沟之间为中央前回。自中央沟向前，有两条与半球上缘平行的沟，为额上沟和额下沟，是额上回、额中回和额下回的分界线。在中央沟后方，有与之平行的中央后沟，此沟与中央沟之间为中央后回。在中央后沟后方，有一条与半球上缘平行的顶内沟，此沟上方为顶上小叶，下方为顶下小叶。顶下小叶又分为包绕外侧沟后端的缘上回和围绕颞上沟末端的角回。在外侧沟的下方，有与之平行的颞上沟和颞下沟。颞上沟的上方为颞上回，内有几条短的颞横回。颞上沟和颞下沟之间为颞中回。颞下沟的下方为颞下回。在大脑半球的内侧和底面，自中央前、后回背外侧面延伸到内侧面的部分称为中央旁小叶。在中部有前后方向上略呈弓形的胼胝体。在胼胝体后下方，有呈弓形的距状沟向后至枕叶后端，此沟中部与顶枕沟相连。距状沟与顶枕沟之间称楔叶，距状沟下方为舌回。

在胼胝体背面有胼胝体沟，此沟绕过胼胝体后方，向前移行于海马沟。在胼胝体沟上方，有与之平行的扣带沟。扣带沟与胼胝体沟之间为扣带回。扣带回向后下转而向前移行的部分称海马旁回（又称海马回），海马旁回的末端呈钩状为钩。在海马沟的上方有呈锯齿状的窄条皮质，称齿状回。从内侧面看，在齿状回的外侧、侧脑室下脚底壁上有一弓形隆起，称海马。扣带回、海马旁回、海马和齿状回等连成一体，围绕在脑干的周边，合称边缘叶。

（二）端脑的内部结构

大脑半球的表面被灰质覆盖，称大脑皮质，其深部的白质又称大脑髓质，位于端脑底部白质内的灰质团块为基底核，大脑半球内的腔隙为侧脑室。

1. 侧脑室

是位于两侧大脑半球内的腔隙，内含脑脊液。两侧侧脑室通过室间孔与第三脑室相通，室腔内有脉络丛（图 22-25、图 22-26）。

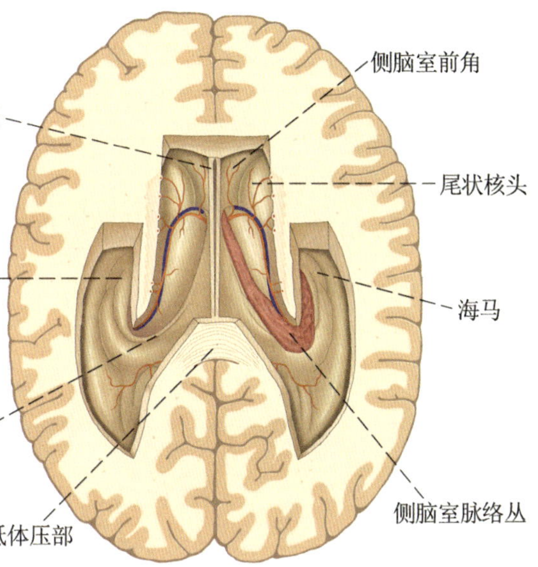

图 22-25　侧脑室

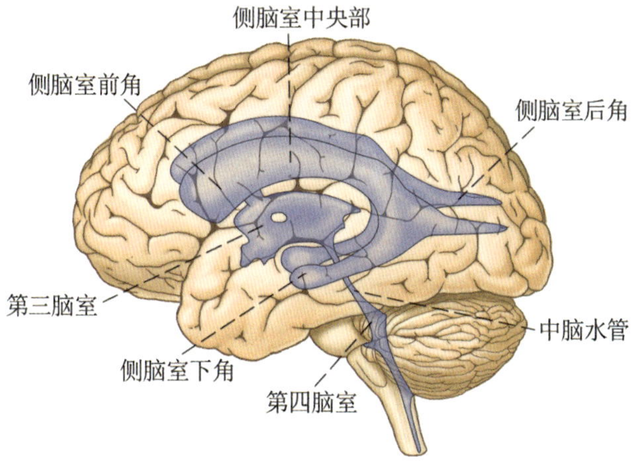

图 22-26　脑室投影图

2. 基底核

为靠近大脑半球的底部，埋在白质中的几个灰质团块，包括尾状核、豆状核、屏状核和杏仁体（图 22-27）。

(1) 纹状体：由尾状核和豆状核组成。尾状核呈“C”形弯曲的蝌蚪状，分头、体、尾三部分，其全长都与侧脑室相邻且围绕豆状核和丘脑。豆状核位于岛叶深部、丘脑外侧，借内囊白质纤维与丘脑和尾状核分隔。豆状核水平切面和额状切面上均呈三角形，并被两个白质薄板分为3个部分，外侧部最大，称壳；内侧的两部分合称苍白球。尾状核头部与豆状核之间借灰质条索相连，外观呈条纹状，故两者合称纹状体。在种系发生上，苍白球为较古老的结构，称旧纹状体；尾状核和壳是较新的结构，合称新纹状体。

纹状体是锥体外系的组成部分之一，是控制人体运动的皮质下中枢。当旧纹状体受到损害时，可出现震颤麻痹症，表现为运动减少，肌张力亢进，肌肉强直，表情呆板，动作迟缓；当新纹状体受损害时，表现为运动过度，出现不随意运动，如手足徐动和舞蹈症。

(2) 屏状核：为岛叶与豆状核之间的薄层灰质，其范围与豆状核的壳相当。此核与大脑皮质之间可能有往返联系，其功能尚不明了。

(3) 杏仁体：位于侧脑室下角前端深面，与尾状核的尾相连，属边缘系统。其功能与行为、内分泌和内脏活动有关。

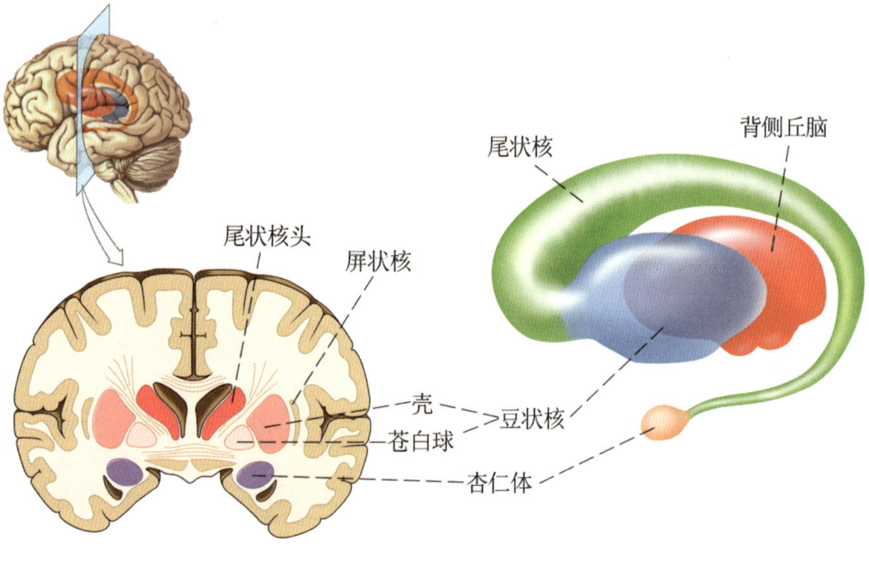

图 22-27　大脑基底核

3. 大脑半球的髓质

大脑半球的髓质由大量神经纤维组成，实现皮质各部之间以及皮质与皮质下结构间的联系，可分为连合纤维、联络纤维和投射纤维等3类。

(1) 连合纤维：是连接左、右大脑半球皮质的纤维，主要结构是胼胝体。人的胼胝体最发达。胼胝体连接两侧半球广大区域的相应部位，纤维向前、后和两侧放射，联系两半球的额、枕、顶、颞叶（图 22-28）。

(2) 联络纤维：是联系同侧半球内各部皮质的纤维，其中短纤维联系相邻脑回称弓状纤维；长纤维则联系本侧半球各叶，如上、下纵束、钩束等（图 22-29）。

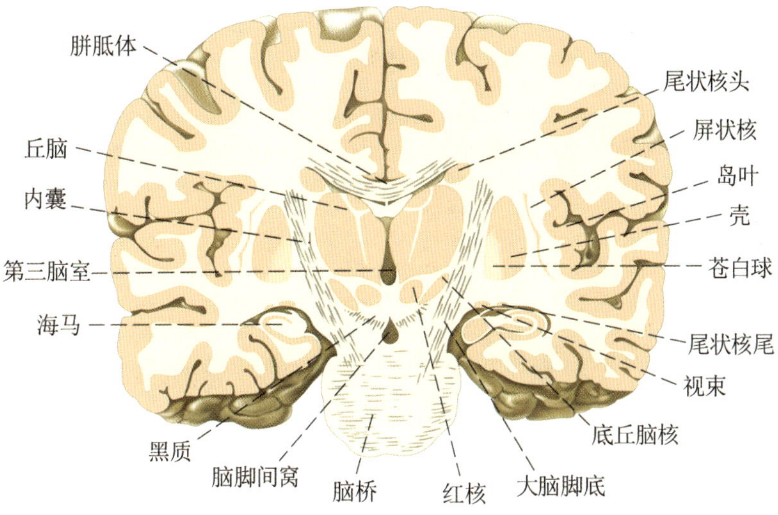

图 22-28　大脑半球的连合和投射纤维

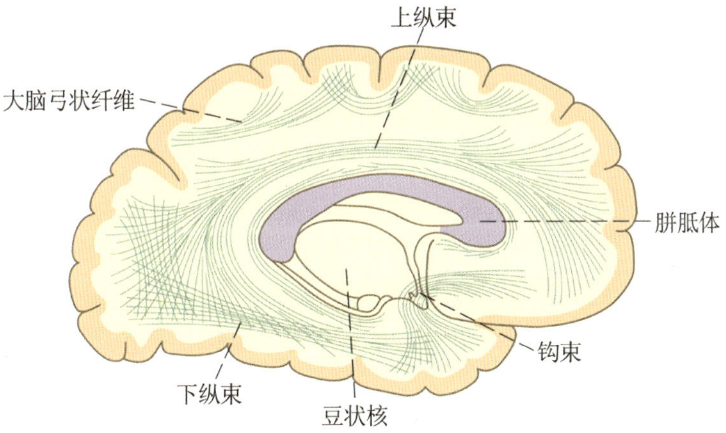

图 22-29　大脑半球的联络纤维

(3) 投射纤维：是联系大脑皮质和皮质下结构（包括基底核、间脑、脑干、小脑和脊髓）的上、下行纤维（图 22-28）。这些纤维束集中地从丘脑与纹状体之间通过，使该处形成致密的白质板层，称内囊（图 22-30）。内囊呈向外开放的“V”形，其中央的顶点称内囊膝部，前方称内囊前肢，后方称内囊后肢。所有上、下行的纤维均在该处通过。因此，当内囊损伤广泛时，患者可出现偏身感觉丧失（丘脑中央辐射受损）、对侧偏瘫（皮质脊髓束与皮质核束受损）和偏盲（视辐射受损）的“三偏”症状。

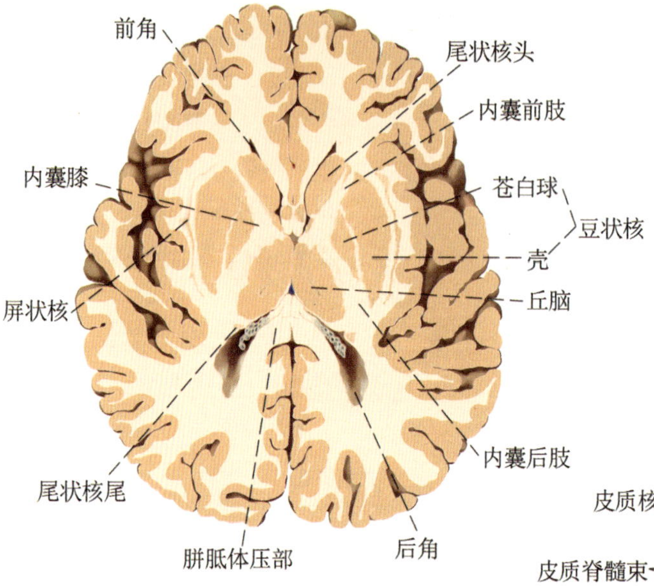

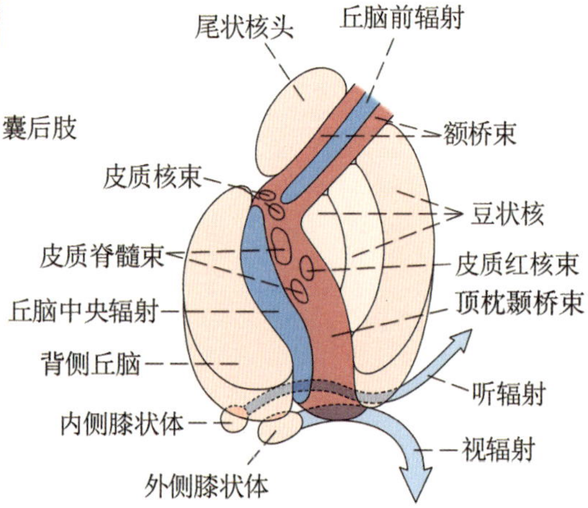

图 22-30 基底核、背侧丘脑和内囊

4. 大脑皮质

是覆盖在大脑半球表面的灰质，也是中枢神经系统发育最为复杂和完整的部位。人类大脑皮质重约 600g，占全脑重量的 40%，约有数十亿个神经细胞，其间有大量的神经胶质细胞填充。人类大脑皮质总面积约为 2200mm^2，仅有 1/3 露于脑表面，2/3 陷于脑沟内，平均厚度为 2.5mm（中央前回达 4.5mm，而枕叶的视区仅 1.5mm）。

根据进化，大脑皮质分为形成海马和齿状回的原皮质、组成嗅脑的旧皮质和占大脑皮质绝大部分的新皮质。原皮质和旧皮质只有 3 层结构；新皮质基本为 6 层结构（图 22-31），即第Ⅰ层-分子层、第Ⅱ层-外颗粒层、第Ⅲ层-外锥体细胞层、第Ⅳ层-内颗粒层、第Ⅴ层-内锥体细胞层以及第Ⅵ层-多形细胞层。大脑皮质中的神经元数量庞大，均为多级神经元。不同的神经元的轴突可组成投射纤维、联络纤维或连合纤维，或者构成局部神经环路，对各种信息进行分析、整合和贮存。通过此过程产生高级神经活动，并由锥体细胞传出，产生相应的反应。

虽然大脑皮质 6 层型的皮质结构为基本型，但不同区域的皮质，各层的薄厚，纤维的疏密以及各种细胞配布的情况都有不同。为了便于形态研究和机能分析，学者们根据细胞构筑和神经纤维的配布对大脑皮质进行分区。现在广为人们采用的是 Brodmann 分区，其将皮质分成 52 区。

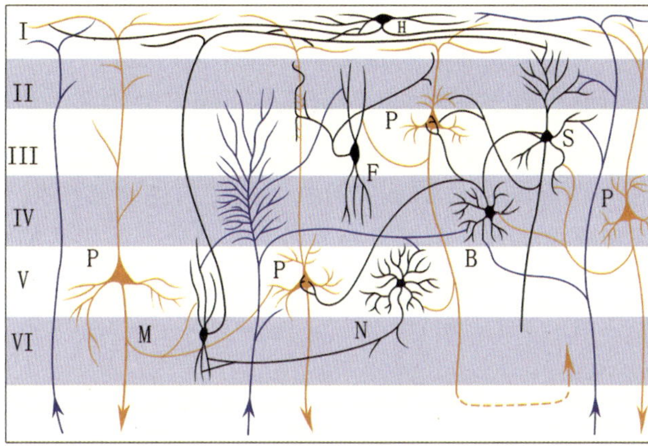

图 22-31　新皮质神经元相互间及与传入纤维间联系的模式图

注：黑色—皮质内固有神经元；橙色—传出神经元；蓝色—传入纤维。右侧和左侧的传入纤维为联络纤维或皮质—皮质联系纤维，中央的传入纤维为特异性感觉纤维。各层有特定的神经元分布，但某些神经元的胞体不局限于一层内。P—锥体细胞；M—马提蒂诺细胞；F—梭形细胞；H—水平细胞；N—神经胶质细胞；B—篮细胞；S—形状细胞。

（三）大脑皮质的功能定位

大量的实验和临床资料表明大脑皮质的各区均有其不同的功能。一般将这些具有一定功能的脑区称为“中枢”。机体的运动、感觉和语言等各种功能在大脑皮质上均有相应的最高中枢部位（图 22-32）。必须指出，这些中枢只是管理某种功能的核心部分，皮质的相邻或其他部分也可有类似功能。如中央前回主要管理全身骨骼肌的运动，但它也接受部分的感觉冲动。所以当大脑皮质某一中枢损伤后，并不能使人永远完全丧失该中枢所管理的功能，经过适当的治疗和功能锻炼，常由其他有关脑区来代偿而使功能恢复到一定程度。由此可见，大脑皮质功能定位的概念是相对的。

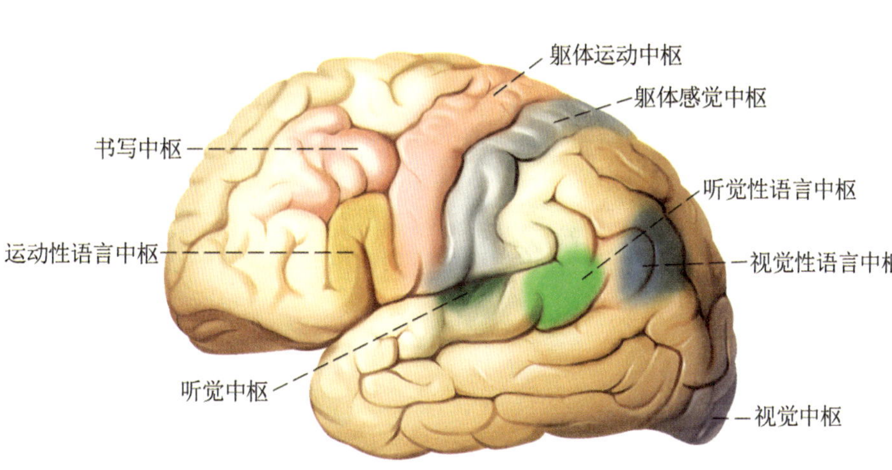

图 22-32　大脑半球的主要机能中枢

1. 运动中枢或第Ⅰ躯体运动区

位于中央前回和中央旁小叶前部。身体各部在此中枢的投影特点为：第一，上下颠倒，但头部是正的。中央前回最上部和中央旁小叶前部与下肢、会阴部运动有关，中部与躯干和上肢的运动有关，下部与面、舌、咽和喉的运动有关。第二，左右交叉，即一侧运动中枢支配对侧肢体的运动。但一些与联合运动有关的肌肉则受两侧运动中枢共同支配，如面上部肌、眼球外肌、咽喉肌和呼吸肌等。第三，身体各部在皮质上投影区的大小是与该部在功能上的重要程度和复杂性有关，如手的代表区比足大得多（图 22-33）。这一区域是躯体骨骼肌运动的最高中枢。

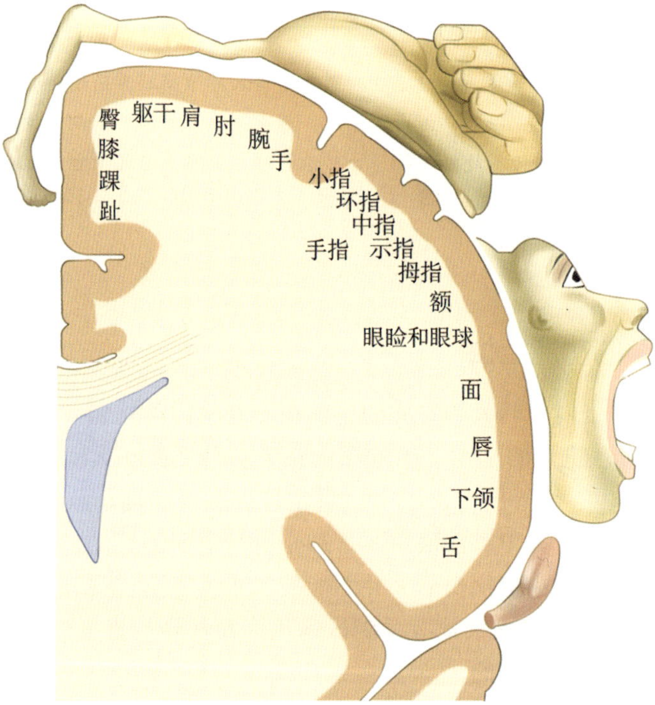

图 22-33　人体各部在第Ⅰ躯体运动区的定位

2. 感觉中枢或第Ⅰ躯体感觉区

位于中央后回和中央旁小叶后部，管理对侧半身痛、温、触、压以及位置觉和运动觉等躯体感觉。它的特点与运动中枢相似，身体各部在此区的投射特点为：第一，上下颠倒，但头部是正的；第二，左右交叉；第三，身体各部在此区投射范围的大小取决于该部位感觉敏感程度，如手指和唇的感受器最密，在感觉区的投射范围则最大（图 22-34）。

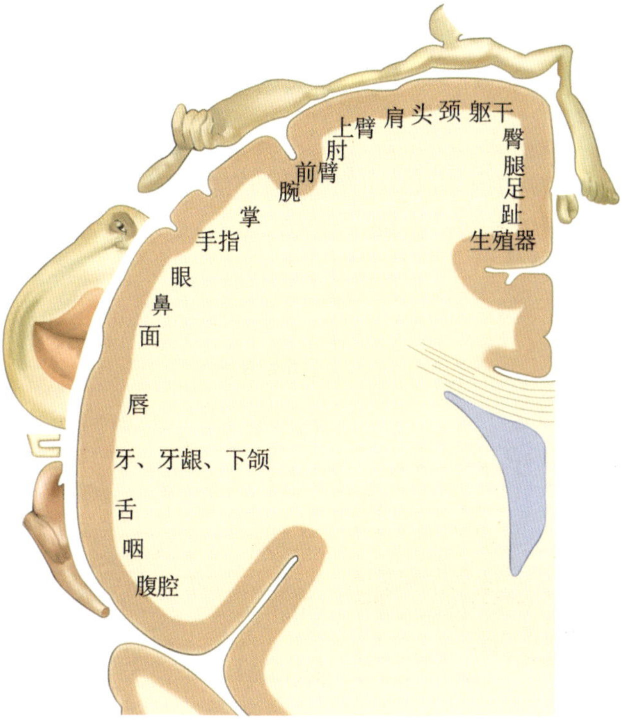

图 22-34　人体各部在第Ⅰ躯体感觉区的定位

3. 视觉中枢

位于枕叶内侧面距状沟上、下方的皮质（楔叶和舌回）。每侧半球的视觉中枢都与两眼视野的对侧一半联系。损伤一侧视觉中枢，可引起双眼偏盲。

4. 听觉中枢

位于大脑外侧沟下壁的颞横回。每侧听觉中枢均可接受来自双耳的听觉冲动。因此，一侧听觉中枢受损，不致引起全聋。

5. 内脏运动中枢

一般认为在边缘叶，它是内脏运动神经功能调节（即自主神经）的重要皮质中枢。在此叶的皮质区可找到呼吸、血压、瞳孔、胃肠和膀胱等各种内脏活动的代表区。

6. 语言中枢

人类大脑皮质与动物的本质区别是进行思维和意识等高级活动，并进行语言表达。因此，在人类大脑皮质上具有相应的语言中枢，如说话、阅读和书写等中枢。

运动性语言中枢（说话中枢）：位于额下回的后部。此中枢受损，产生运动性失语症，即丧失了说话能力，但仍能发音。

听觉性语言中枢：位于颞上回后部。此中枢受损，患者虽听觉正常，但听不懂别人讲话的意思，也不能理解自己讲话的意义，称感觉性失语症。

书写中枢：位于额中回后部，靠近中央前回的上肢代表区。此中枢受损，虽然手部的运动没有障碍。但不能以书写方式表达意思，称为失写症。

视觉性语言中枢：位于角回，靠近视区。此区受损时，视觉正常，但不能理解文字符号的意义，称为失读症。

（四）边缘系统

边缘系统位于大脑半球的内侧面，由边缘叶和有关的皮质及皮质下结构（如杏仁体、下丘脑、上丘脑、背侧丘脑前核等）组成（图 22-35）。边缘系统在进化上是脑的古老部分，它的神经联系十分复杂。

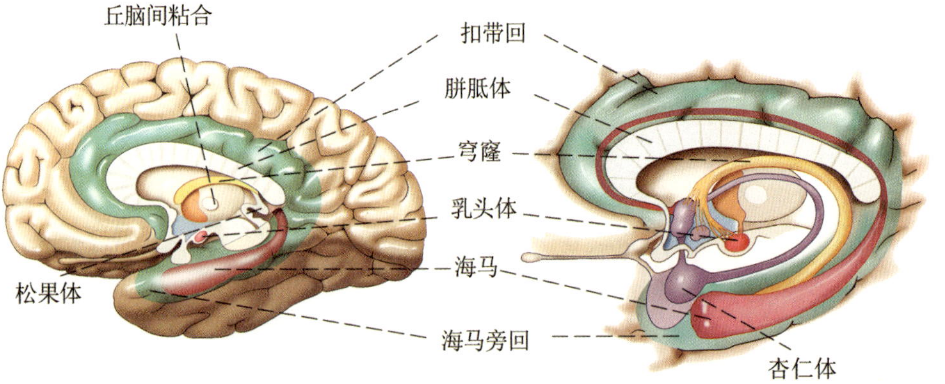

图 22-35　边缘系统

边缘系统与嗅觉和内脏活动有密切关系，参与内脏调节、情绪反应和性活动等，这在维持个体生存（如觅食、攻击和情绪反应等）和种族延续（如生殖行为）方面发挥重要作用；同时，边缘系统特别是海马还与机体的高级精神活动学习和记忆密切相关。

思考题

通过本章的学习，对于体育教育和运动训练等专业的学生，请思考：

1. 试依据脊髓的结构与功能，阐述脊髓虽处于中枢神经系统较低级部位，却对人体生命活动至关重要的原因。
2. 脑的组成、位置及其主要功能。

通过本章的学习，对于运动人体科学和运动康复等专业的学生，除上述问题外，还请思考：

1. 依据脊髓的灰质与白质的结构特点，思考二者的对应关系如何？
2. 脑神经核的性质有哪些？其有什么规律特征？
3. 按照位置、发生和功能联系等特点说明小脑内三部分的关系。
4. 间脑由哪几个部分组成？请思考背侧丘脑和下丘脑的功能特点。
5. 大脑皮质机能中枢的概念，并举例说明大脑皮质主要机能中枢的位置与其功能间的对应关系。
6. 中枢神经系统内，参与肌肉张力调节的具体结构名称、位置和功能。

第二十三章
周围神经系统

周围神经系统是由连于中枢神经系统的脑和脊髓与身体各器官系统内的各种末梢结构之间的神经组成。其中与脑相连的部分称为脑神经；与脊髓相连的部分称为脊神经。若将周围神经系统按照分布对象的不同来区分，其又可分为躯体神经，分布于体表、骨、关节和骨骼肌；内脏神经，分布于内脏、心血管、平滑肌和腺体。躯体神经和内脏神经均需要经脑神经或脊神经与中枢神经系统相连。

通常将周围神经系统分为脊神经、脑神经和内脏神经 3 部分。因为内脏神经的传出神经专门支配不直接受人的主观意识控制的平滑肌与心肌运动以及腺体分泌，故又称其为自主神经系统或植物神经系统。根据其形态和功能等特点，可将内脏运动神经又分为交感神经和副交感神经。

第一节　脊神经

脊神经是指与脊髓相连的周围神经，共 31 对。每对脊神经连于一个脊髓节段。脊神经自上而下分别为：8 对颈神经、12 对胸神经、5 对腰神经、5 对骶神经和 1 对尾神经（图 23–1）。

一、脊神经的构成与纤维成分

每对脊神经借前根和后根分别与脊髓前外侧沟和后外侧沟相连。前根属于运动性的神经纤维，由脊髓前角细胞发出的躯体性运动纤维和侧角细胞发出的自主神经纤维组成。后根主要由属于感觉性的神经纤维（躯体感觉和内脏感觉）组成，后根在靠近椎间孔处有一椭圆形膨大称脊神经节，其内主要由假单极神经元的胞体集成，属于感觉神经节，其中枢突构成脊神经后根，周围突随脊神经分布至感受器（图 23–2）。

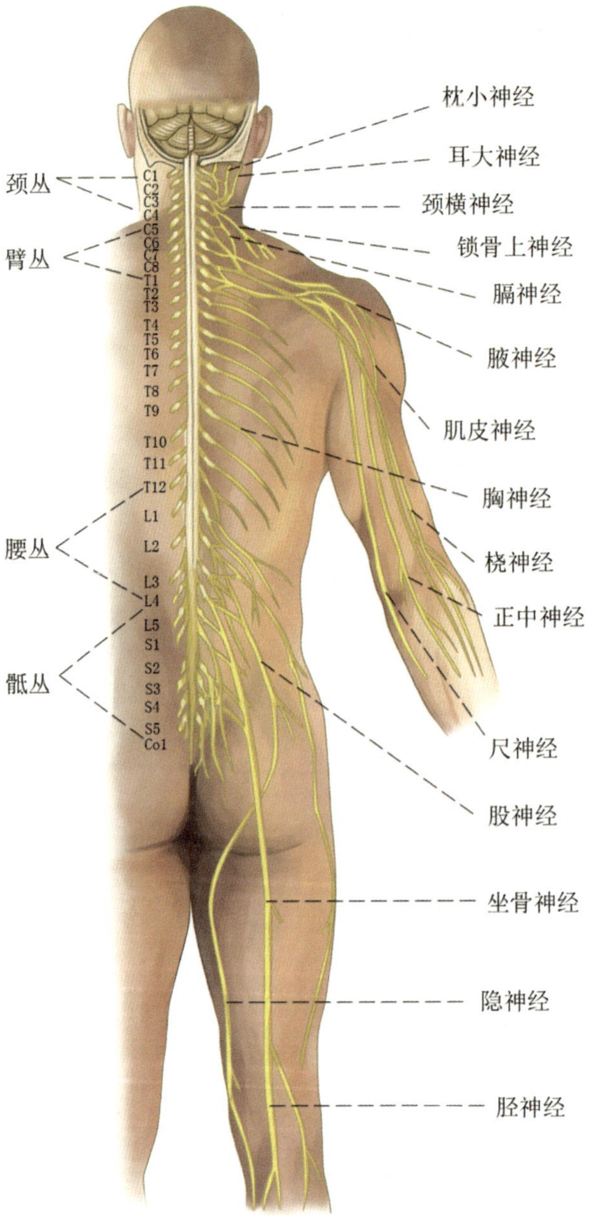

图 23-1　脊神经和神经丛

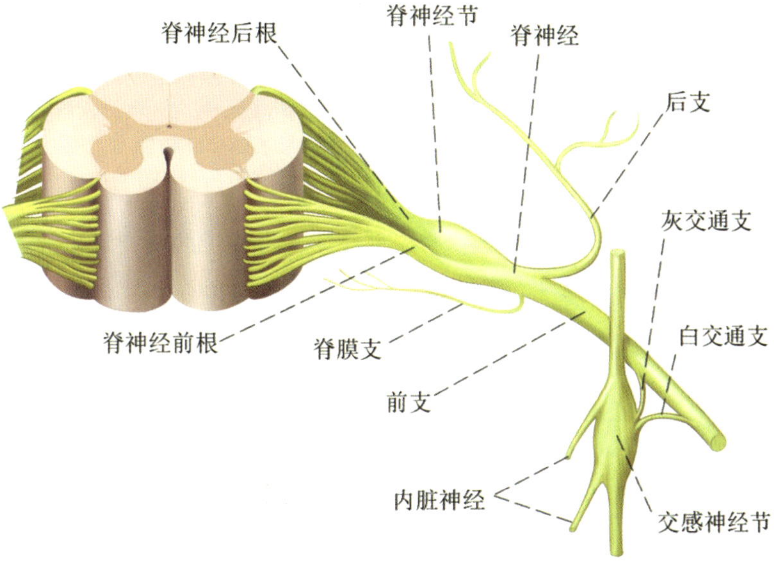

图 23–2　脊神经的组成模式图

前根与后根在椎间孔处合成一条脊神经（图 23–2）。因此，每条脊神经均含有感觉神经纤维和运动神经纤维，均为混合神经。其具体包含有躯体感觉纤维、内脏感觉纤维、躯体运动纤维和内脏运动纤维等 4 种纤维成分（表 23–1），即：

表 23 –1　脊神经的纤维成分

神经纤维成分	起始或终止的神经元	分　布	功　能
躯体感觉纤维	来自脊神经节的假单极神经元	皮肤、骨骼肌、肌腱和关节等处	将皮肤的浅感觉和肌肉、肌腱、关节的深感觉（运动觉和位置觉等）冲动传入中枢
内脏感觉纤维	来自脊神经节的假单极神经元	内脏、心血管和腺体	将内脏、心血管和腺体的感觉传入中枢
躯体运动纤维	发自脊髓前角运动神经元	骨骼肌	支配骨骼肌的随意运动
内脏运动纤维	发自胸腰段的脊髓侧角内脏运动神经元	平滑肌、心肌和腺体	支配内脏和心血管运动及腺体的分泌

二、脊神经的典型分支和分布概况

脊神经起始于前根和后根，在穿过椎间孔时，前根和后根结合成脊神经干，脊神经干出椎间孔后分为 4 支：即前支、后支、脊膜支和交通支（见图 23-2）。

（一）脊膜支

脊膜支亦称窦椎神经。细小，每条脊膜支都接受来自临近的灰交通支或来自胸交感干的分支，然后再经椎间孔返回椎管，分为横支、升支和降支，分布于脊髓的被膜、血管壁、骨膜、韧带和椎间盘等处。

（二）交通支

交通支为连于脊神经与交感干之间的细支。发自脊神经连于交感干的为白交通支，多由有髓神经纤维构成，发自交感干连于脊神经的称为灰交通支，多由无髓神经纤维构成。

（三）后　支

后支为混合性神经，一般较相应的前支细而短，其分布具有明显的节段性。后支在相邻横突之间向后走行，分为内侧支与外侧支，分布于项、背、腰、臀部的皮肤和项、背及腰骶部深层肌肉。其中，第 1 颈神经后支较粗大，称枕下神经，分布于椎枕肌；第 2 颈神经后支的皮支粗大，称枕大神经；第 3 颈神经后支的内侧支穿过斜方肌，称为第 3 枕神经，分布于枕下区皮肤；腰 1~3 脊神经后支的外侧皮神经，穿腰背筋膜，越过髂嵴，分布于臀上部的皮肤，称为臀上皮神经。

（四）前　支

前支为混合性神经，一般均较后支粗大，分布于躯干前、外侧及四肢的皮肤和肌肉。在人类，除胸神经前支保持着明显的节段性分布外，其余脊神经的前支节段性不明显，先分别交织成丛，再由丛发出分支分布到相应的区域。脊神经前支形成的 4 个丛，即颈丛、臂丛、腰丛和骶丛。

1. 颈　丛

颈丛由第 1~4 颈神经前支交织构成。其分支包括：行向表浅的皮支、分布至深层肌肉的肌支、膈神经以及颈丛与其他神经之间的交通支（图 23-3）。

皮支：在胸锁乳突肌后缘中点处自深层浅出。它们向上分布于耳后和枕部的皮肤，向前分布于颈部皮肤，向外下方分布于颈下部和肩部皮肤。

肌支：主要支配颈部深层肌肉、舌骨下肌群和肩胛提肌等。

膈神经（C_3~C_5）：是颈丛中最重要的分支，其中的运动纤维支配膈肌；感觉纤维分布于胸膜、心包及膈下面的部分腹膜。

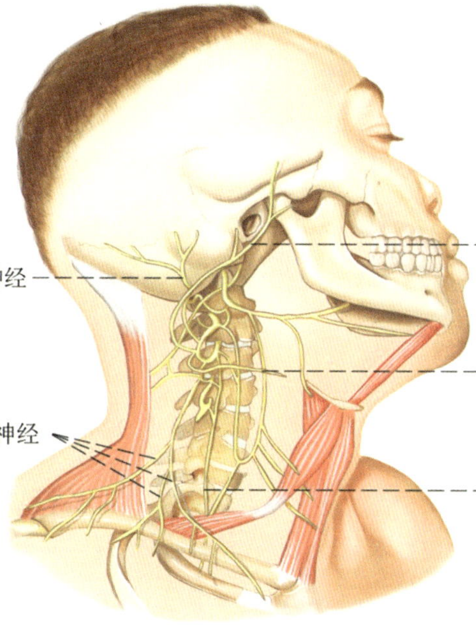

图 23-3　脊神经颈丛

2. 臂　丛

臂丛由第 5~8 颈神经前支和第 1 胸神经前支大部分纤维组成（图 23-4）。其分支比较复杂，主要分布于颈深、背浅、肩、胸、上臂至手等部的肌肉、骨、关节和皮肤（图 23-5、表 23-2）。

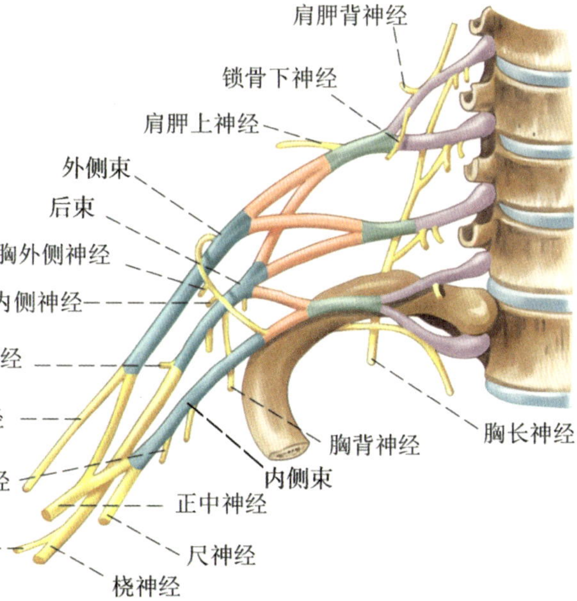

图 23-4　脊神经臂丛的组成

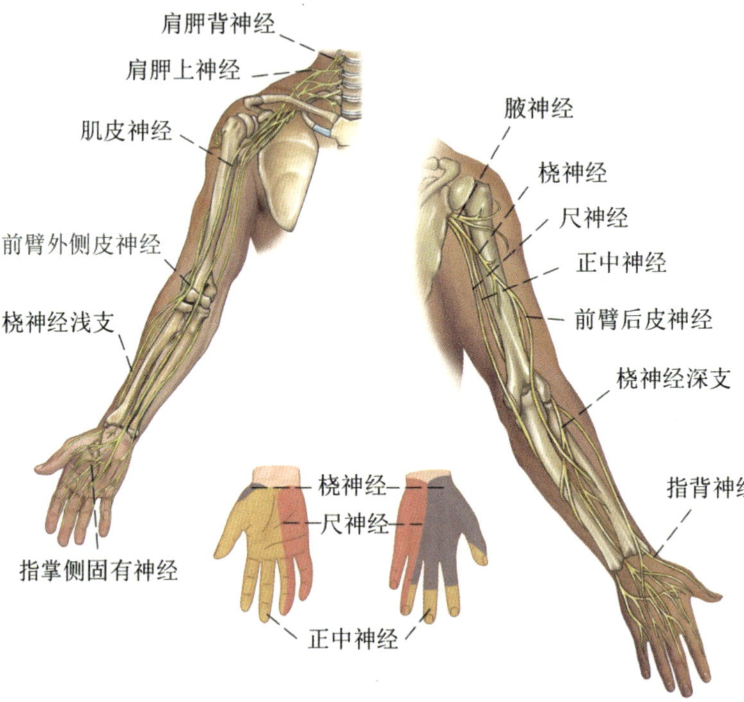

图 23-5　脊神经臂丛的分支

表 23－2　脊神经臂丛的主要分支

名称	脊髓节段	分　布	损伤症状
胸长神经	$C_5 \sim C_7$	前锯肌和乳房	神经受损后，前锯肌瘫痪，形成“翼状肩”
胸背神经	$C_6 \sim C_8$	背阔肌	
胸前神经	$C_5 \sim T_1$	胸大肌和胸小肌	
腋神经	$C_5 \sim C_6$	肌支：三角肌、小圆肌 皮支：肩部、上臂外侧区上部	神经受损后，三角肌萎缩，肩部可失去圆隆的外形
肌皮神经	$C_5 \sim C_7$	肌支：喙肱肌、肱二头肌、肱肌 皮支：前臂外侧皮肤	
正中神经	$C_6 \sim T_1$	肌支：部分前臂与手部的肌肉和关节 皮支：掌心、桡侧3½指掌面以及中节与远节指背面	肌支受损，若发生在前臂，可出现正中神经支配的肌无力；若发生在腕部，可造成鱼际肌肉萎缩，手掌平坦
尺神经	C_8，T_1	肌支：尺侧腕屈肌和指深屈肌；手掌内侧半的肌肉 皮支：小鱼际、小指和环指的尺侧半掌面皮肤；手背尺侧半及尺侧2½指背面	肌支受损，可出现“爪形手” 若尺神经与正中神经合并损伤，可出现“猿掌”
桡神经	$C_5 \sim T_1$	肌支：肱三头肌、肘肌、肱桡肌和前臂伸肌，肘关节和桡尺远侧关节等 皮支：上臂后和下外侧部、前臂后面、手背桡侧半及桡侧2½手指近节背面	肌支受损，可出现“垂腕”

臂丛除上述分支外，还可发出肩胛背神经（支配菱形肌和肩胛提肌）、肩胛上神经（冈上肌、冈下肌和肩关节）、肩胛下神经（支配肩胛下肌和大圆肌）、胸内侧神经（支配胸大肌）、胸外侧神经（支配胸小肌）、臂内侧皮神经以及前臂内侧皮神经等。

3. 胸神经前支

胸神经前支共 12 对，其中第 1 胸神经前支的大部分加入了臂丛，其余部分以及第 2~11 胸神经的前支均行于各自相应的肋间隙中，称为肋间神经；第 12 胸神经前支的小部分参加腰丛，其余部分行于第 12 肋的下方，称为肋下神经（图 23-6）。

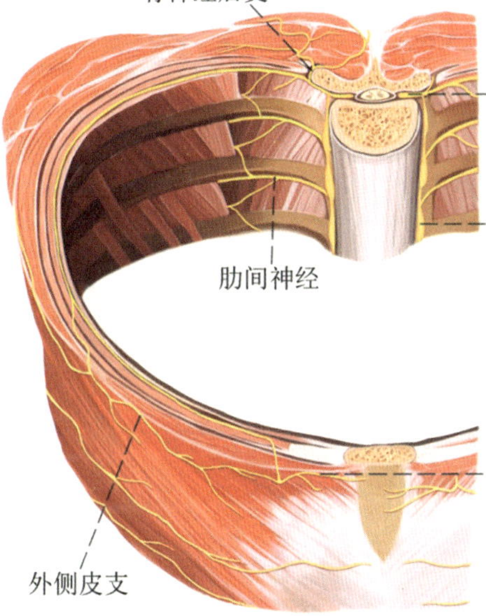

图 23-6 肋间神经走行及其分支

肋间神经和肋下神经的肌支支配肋间肌和腹腔壁各个肌肉，皮支分布于胸、腹壁的皮肤，同时也分布于胸膜和腹膜的壁层。

4. 腰 丛

腰丛是由第 12 胸神经前支一部分、第 1~3 腰神经前支及第 4 腰神经前支的一部分组成（图 23-7）。腰丛除直接发出肌支支配髂腰肌和腰方肌外，还可发出分布于腹股沟区、大腿前部和内侧部等部位的重要分支（表 23-3）。

5. 骶 丛

骶丛由第 4 腰神经前支余部和第 5 腰神经前支合成的腰骶干及全部骶神经与尾神经前支组成，是全身最大的脊神经丛。骶丛分布于盆壁、臀部、会阴、股后部、小腿及足的肌肉和皮肤（图 23-7）。骶丛直接发出短支分布于梨状肌、闭孔内肌和股方肌等，其他分支如下（表 23-4）。

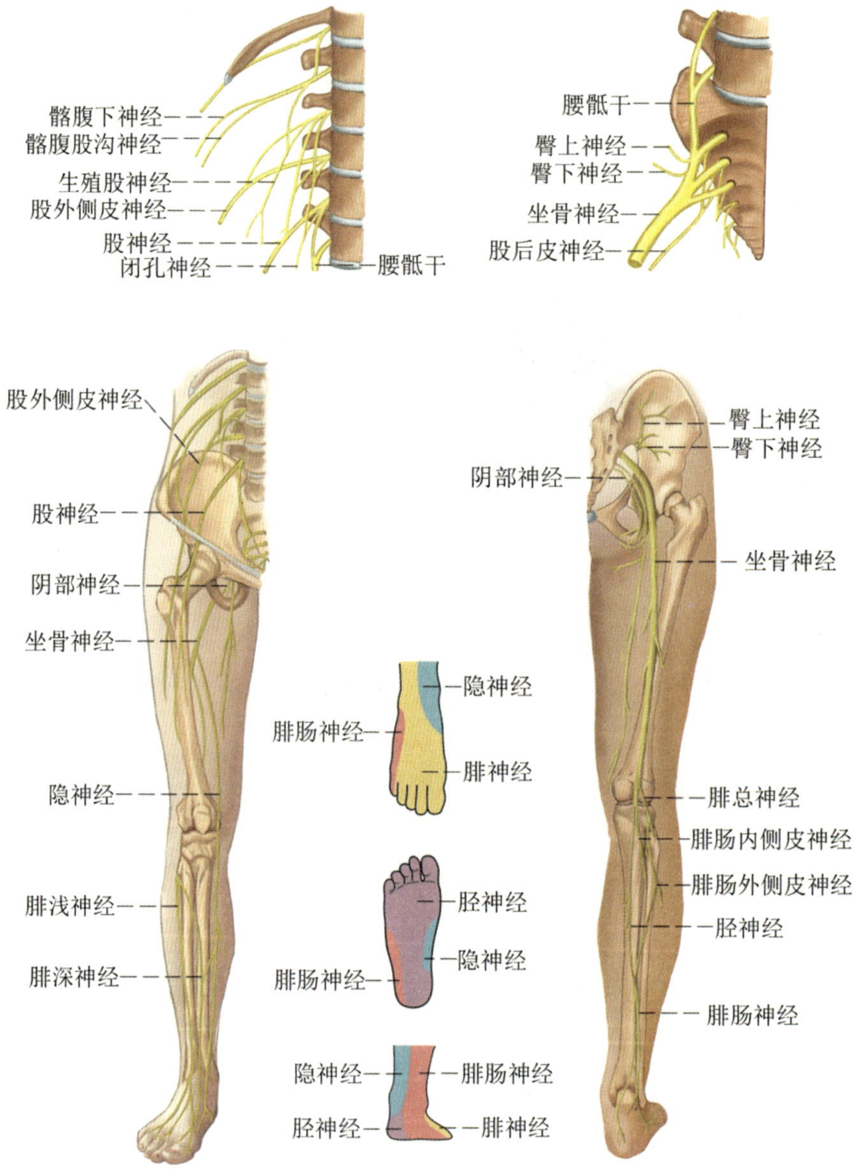

图 23-7 脊神经腰丛（左图）、骶丛（右图）组成及分支

表 23－3 脊神经腰丛的主要分支

名称	脊髓节段	分 布	损伤症状
髂腹下神经	L_1	肌支：腹壁诸肌 皮支：臀外侧区、腹股沟区及下腹部皮肤	
髂腹股沟神经	L_1	肌支：腹壁肌肉 皮支：腹股沟部和阴囊（或大阴唇）的皮肤	
股外侧皮神经	$L_2 \sim L_3$	皮支：大腿前外侧部的皮肤	
股神经	$L_2 \sim L_4$	肌支：髂肌、股四头肌、耻骨肌和缝匠肌 皮支：大腿与膝关节前面的皮肤，隐神经分布于髌下、小腿内侧和足内侧缘皮肤	神经受损后，屈髋无力，坐位时不能伸膝，行走困难，膝跳反射消失
闭孔神经	$L_2 \sim L_4$	肌支：闭孔外肌、大腿内收肌群 皮支：大腿内侧部皮肤	
生殖股神经	$L_1 \sim L_2$	肌支：睾提肌 皮支：阴囊（大阴唇）及其附近皮肤	

表 23－4 脊神经骶丛的主要分支

名称	脊髓节段	分 布	损伤症状
臀上神经	L_4，L_5，S_1	臀中肌、臀小肌及阔筋膜张肌	
臀下神经	L_5，S_1，S_2	臀大肌	
股后皮神经	$S_1 \sim S_3$	臀区、股后区和腘窝处的皮肤	
阴部神经	$S_2 \sim S_4$	会阴部、外生殖器及肛门的肌肉和皮肤	
坐骨神经	L_4，L_5，$S_1 \sim S_3$	全身最粗大、最长的神经，其神经干可发出分支，支配股二头肌、半腱肌和半膜肌以及髋关节（图 23－8） 其神经干向下发出胫神经和腓总神经两大终支。前者再发出足底内侧神经和足底外侧神经；后者再发出腓浅神经和腓深神经	
胫神经	L_4，L_5，$S_1 \sim S_3$	其神经干发出分支支配小腿后群肌肉和足底肌，膝关节和踝关节 足底内侧神经：足底内侧肌群，足底内侧半及内侧 3½趾跖面皮肤 足底外侧神经：足底中间群和外侧肌群，足底外侧半及外侧 1½趾跖面皮肤	神经受损后，足不能跖屈，不能以足尖站立；使足呈背屈、外翻位，可出现“钩状足”畸形
腓总神经	L_4，L_5，S_1，S_2	腓浅神经：腓骨长肌、腓骨短肌，小腿外侧、足背及第 2～5 趾背的皮肤 腓深神经：小腿前群肌肉、足背肌，第 1、2 趾相对缘的皮肤	神经受损后，足不能背屈、趾不能伸，足下垂且内翻，呈“马蹄”内翻足畸形。行走时呈“跨阈步态”

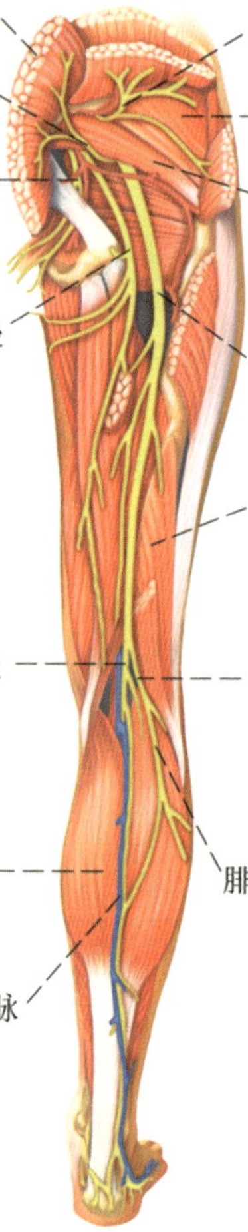

图 23-8　坐骨神经及其分支

三、脊神经损伤定位的相关解剖基础

在人体胚胎发育过程中，每个脊髓节段所属的脊神经皆分布至相应的体节，包括肌节和皮节。此后随着发育过程的进行，肌肉、皮肤有了形态和位置的改变与迁移，但仍然与原来所属的脊神经相联系（图 23-9）。因而，每对脊神经的分布均存在一定规律，尤其是脊神经皮支的分布规律具有一定的临床应用意义。

相邻两条皮神经的分支分布区域有相互重叠的现象。当一条皮神经受损伤时，仅出现皮神经分布区的感觉迟钝；而当两条以上相邻的皮神经损伤时，才出现分布区的感觉完全消失。

在临床实践中，只需检测少数相关肌肉的运动，便可确定神经损伤的部位。上、下肢与定位诊断相关的运动和有关肌肉及其支配神经与脊髓节段详见表 23-5、表 23-6。

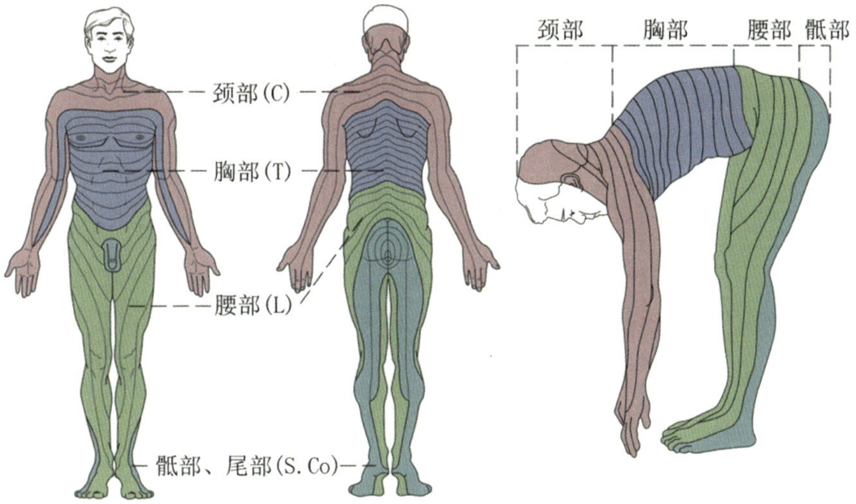

图 23-9　脊神经节段性分区

表 23-5　上肢神经定位诊断时所检测的运动相关肌肉及神经支配

运动	肌肉名称	神经	脊髓节段
肩外展	三角肌	腋神经	C_5
屈肘	肱二头肌	肌皮神经	C_5，C_6
伸腕	桡侧腕伸肌	桡神经	C_6
伸肘	肱三头肌	桡神经	C_7
屈指	拇长屈肌、指深屈肌	正中神经	C_8，T_1
拇指外展	拇短展肌	正中神经	$C_6 \sim T_1$

表 23-6　下肢神经定位诊断时所检测的运动相关肌肉及神经支配

运动	肌肉名称	神经	脊髓节段
屈髋	髂腰肌	股神经	L_1，L_2
收髋	大腿内收肌	闭孔神经	L_2，L_3
伸膝	股四头肌	股神经	L_3，L_4
踝背屈	胫骨前肌	腓深神经	L_4
足内翻	胫骨后肌	胫神经	L_4，L_5
足外翻	腓骨长肌、腓骨短肌	腓浅神经	L_5，S_1
屈膝	股二头肌	坐骨神经	S_1
踝跖屈	小腿三头肌	胫神经	S_1，S_2

第二节　脑神经

脑神经是与脑相连的周围神经，共 12 对。自颅侧向尾侧排列的顺序分别是（其序号通常用罗马字符表示）：Ⅰ嗅神经；Ⅱ视神经；Ⅲ动眼神经；Ⅳ滑车神经；Ⅴ三叉神经；Ⅵ展神经；Ⅶ面神经；Ⅷ位听神经；Ⅸ舌咽神经；Ⅹ迷走神经；Ⅺ副神经；Ⅻ舌下神经（图 23-10）。其中第Ⅰ对脑神经位于端脑额叶下方；第Ⅱ对脑神经连于间脑的视交叉；其余的 10 对脑神经与脑干相连。

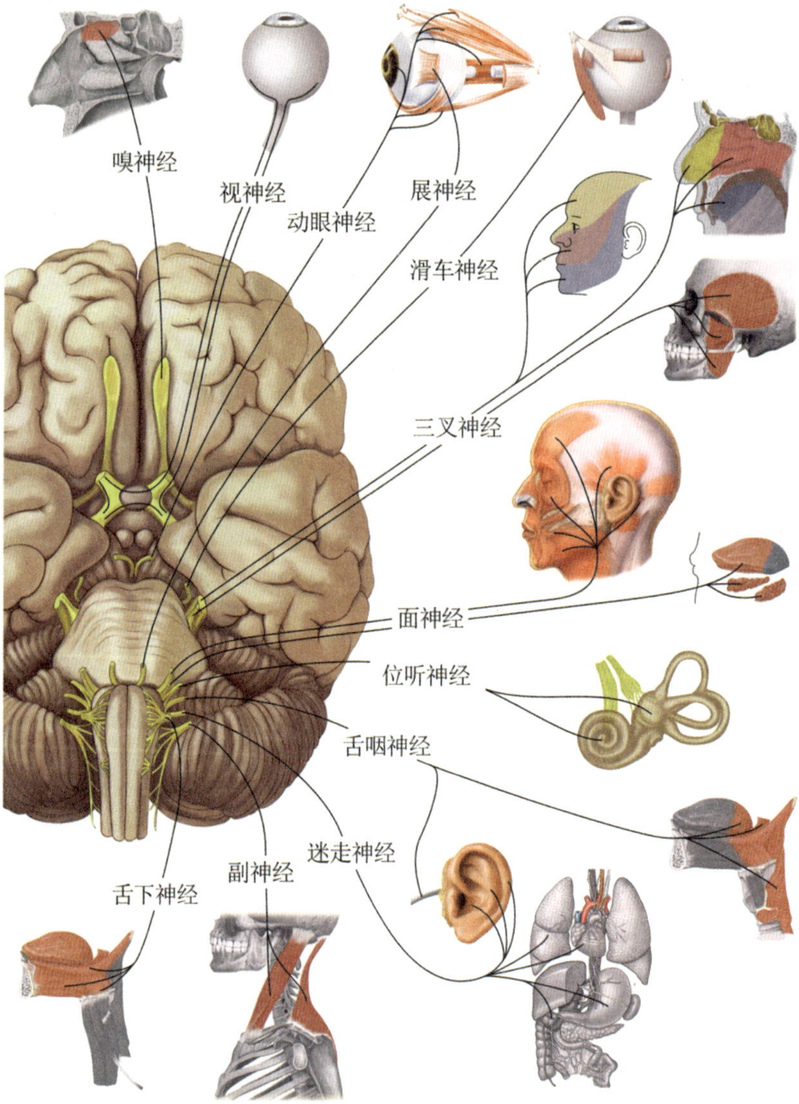

图 23-10　脑神经概观

根据胚胎发生与功能等诸方面的特点，脑神经中可划分为 7 种纤维成分：

1. 一般躯体感觉纤维　分布于皮肤、肌、肌腱和眶内、口、鼻大部分黏膜。

2. 特殊躯体感觉纤维　分布于外胚层衍化来的特殊感觉器官即视器和前庭蜗器。

3. 一般内脏感觉纤维　分布于头、颈、胸、腹的脏器。

4. 特殊内脏感觉纤维　分布于味蕾和嗅器。虽然这些感受器是由外胚层衍化而来，但与进食等内脏机能相关，因此将与它们联系的纤维称为特殊内脏感觉纤维。

5. 一般躯体运动纤维　分布于中胚层衍化来的眼球外肌、舌肌等横纹肌。

6. 一般内脏运动纤维　分布于平滑肌、心肌和腺体。

7. 特殊内脏运动纤维　分布于咀嚼肌、表情肌和咽喉肌等。这些肌虽然都是横纹肌，但却是由消化管前端密切相关的鳃弓衍化而来，故将分布于这些横纹肌的神经纤维称为特殊内脏运动纤维。

根据脑神经所含的纤维成分及功能可分为：感觉性脑神经，仅含感觉纤维的感觉性神经，如Ⅰ、Ⅱ、Ⅷ对脑神经与头部的特殊感觉器官相联系；运动性脑神经，仅含运动纤维的运动性神经，如Ⅲ、Ⅳ、Ⅵ、Ⅺ、Ⅻ对脑神经；混合性脑神经，其既含感觉纤维，又含运动纤维，如Ⅴ、Ⅶ、Ⅸ、Ⅹ对脑神经。上述神经的具体纤维成分、起核或终核以及分布等情况详见表 23-7。

脑神经较脊神经复杂，二者间明显的区别表现在：①与中枢相连的方式：脊神经均匀地连于脊髓的每个节段；而脑神经则分别连于端脑、间脑和脑干，其中有 10 对脑神经连于脑干。②神经纤维成分：脊神经包括了躯体和内脏的 4 种一般纤维成分；而随着进化，脑神经在此基础上又增加了 3 种特殊纤维成分，共计 7 种，并与其相连的脑神经核的性质一致。③神经纤维的性质：每一对脊神经包含的纤维成分相同，皆为混合神经；而脑神经虽总体上包括 7 种纤维成分，但就每一对脑神经而言，其所包含的纤维成分多少却有不同，有些脑神经仅含运动纤维或感觉纤维，有些则既含运动纤维亦含感觉纤维。④分布的区域：脊神经是将脊髓与躯干、四肢及胸腹部器官的感受器和效应器联系起来；而脑神经则是将脑与头颈及胸腹部器官感受器和效应器（一般内脏运动神经主要为副交感神经）联系起来。

表 23－7　脑神经简表

顺序及名称	成分	起核	终核	分布	损伤症状
Ⅰ嗅神经	特殊内脏感觉		嗅球	鼻腔嗅黏膜	嗅觉障碍
Ⅱ视神经	特殊躯体感觉		外侧膝状体	眼球视网膜	视觉障碍
Ⅲ动眼神经	一般躯体运动	动眼神经核		上、下、内直肌，下斜肌、上睑提肌	眼外斜视、上睑下垂
	一般内脏运动（副交感）	动眼神经副核		瞳孔括约肌、睫状肌	对光及调节反射消失
Ⅳ滑车神经	一般躯体运动	滑车神经核		上斜肌	眼不能外下斜视
Ⅴ三叉神经	一般躯体感觉		三叉神经脊束核、三叉神经脑桥核、三叉神经中脑核	头面部皮肤、口腔、鼻腔黏膜、牙及牙龈、眼球、硬脑膜等	头面部感觉障碍
	特殊内脏运动	三叉神经运动核		咀嚼肌、下颌舌骨肌、鼓膜张肌和腭帆张肌等	咀嚼肌瘫痪
Ⅵ展神经	一般躯体运动	展神经核		外直肌	眼内斜视
Ⅶ面神经	一般躯体感觉		三叉神经脊束核	耳部皮肤	感觉障碍
	特殊内脏运动	面神经核		面部表情肌、颈阔肌、茎突舌骨肌和镫骨肌等	额纹消失、眼不能闭合、口角歪向健侧、鼻唇沟变浅
	一般内脏运动	上泌涎核		泪腺、下颌下腺及舌下腺等腺体	腺体分泌障碍
	特殊内脏感觉		孤束核上部	舌前2/3味蕾	舌前2/3味觉障碍
Ⅷ前庭蜗神经	特殊躯体感觉		前庭神经核群	半规管壶腹嵴、球囊斑和椭圆囊斑	眩晕、眼球震颤等
	特殊躯体感觉		蜗神经核	耳蜗螺旋器	听力障碍
Ⅸ舌咽神经	特殊内脏运动	疑核		茎突咽肌	
	一般内脏运动（副交感）	下泌涎核		腮腺	分泌障碍
	一般内脏感觉		孤束核下部	咽、软腭、鼓室、颈动脉窦及颈动脉小球等	咽后与舌后1/3感觉障碍、咽反射消失
	特殊内脏感觉		孤束核上部	舌后1/3味蕾	舌后1/3味觉消失
	一般躯体感觉		三叉神经脊束核	耳后皮肤	分布区感觉障碍
Ⅹ迷走神经	一般内脏运动（副交感）	迷走神经背核		颈、胸、腹内脏平滑肌、心肌和腺体	心动过速、内脏活动障碍
	特殊内脏运动	疑核		咽喉肌	发声困难、声音嘶哑及吞咽障碍
	一般内脏感觉		孤束核下部	颈、胸、腹腔脏器，咽喉黏膜	分布区感觉障碍
	一般躯体感觉		三叉神经脊束核	硬脑膜、耳廓及外耳道皮肤	分布区感觉障碍
Ⅺ副神经	特殊内脏运动	疑核（脑部）		咽喉肌	咽喉肌功能障碍
		副神经核（脊髓部）		胸锁乳突肌、斜方肌	一侧胸锁乳突肌瘫痪，面无力转向对侧；斜方肌瘫痪，肩下垂，提肩无力
Ⅻ舌下神经	一般躯体运动	舌下神经核		舌内肌和部分舌外肌	舌肌瘫痪、萎缩、伸舌时舌尖偏向患侧

第三节　内脏神经系统

内脏神经系统是神经系统的一个组成部分，按照分布部位的不同，可分为中枢部和周围部。周围部主要分布于内脏、心血管、平滑肌和腺体的神经，故名内脏神经。内脏神经和躯体神经一样，按照纤维的性质，可分为感觉和运动两种纤维成分，即内脏运动神经和内脏感觉神经。

一、内脏运动神经

内脏运动神经负责调节内脏、心血管的活动和腺体的分泌，这一功能通常不受人的意志控制，是不随意的，故亦称之为自主神经系统；同时又因为它主要是控制、调节动植物所共有的物质代谢活动，并不支配动物所特有的骨骼肌，所以也称之为植物性神经系统。

内脏运动神经的传出特点为：自高级中枢发出后，内脏运动神经首先在其低级中枢部位换神经元，此神经元称为节前神经元，其轴突称为节前纤维。由低级中枢发出后，该神经在周围部的内脏运动神经节（植物性神经节）处再次交换神经元，此神经元称为节后神经元，其轴突称为节后纤维。因此，内脏运动神经从低级中枢达到所支配的器官须经过两个神经元，且节后神经元的数目较多，一个节前神经元可以与多个节后神经元构成突触；同时，内脏运动神经纤维亦有节前纤维与节后纤维之分。

根据形态结构、功能和药理特点，内脏运动神经又分为交感神经和副交感神经两部分。

（一）交感神经和副交感神经

1. 交感神经

交感神经的低级中枢位于脊髓的 T1~L3 节段的灰质侧角内的中间外侧核。交感神经的节前纤维起自此核内的神经元；交感神经的周围部，包括交感干、交感神经节以及由神经节发出的分支及交感神经丛等（图 23-11）。

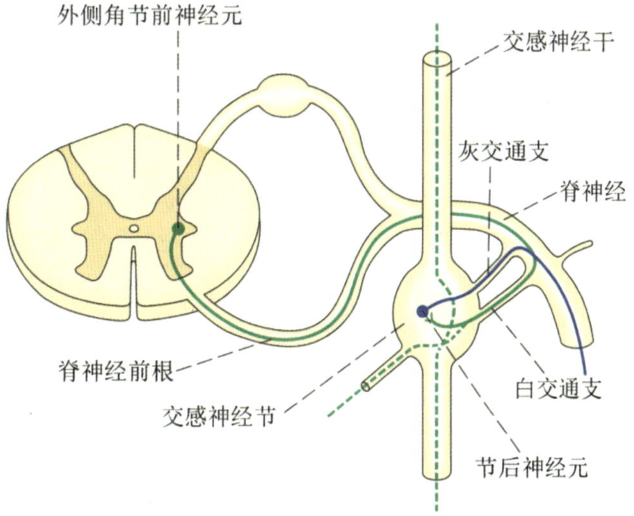

图 23-11　交感神经行走模式图

交感神经节：为位于脊柱前面的椎前神经节及位于脊柱两旁的椎旁神经节。椎前神经节，包括腹腔神经节、肠系膜上神经节和肠系膜下神经节等。椎旁神经节（又称交感干神经节），借节间支，上下连成串珠样结构的交感干。交感干神经节由多极神经元组成，大小不等。部分交感干神经节后纤维起自这些神经元，其余部分起自椎前神经节。

交通支：每个交感干神经节与相应的脊神经之间皆有交通支相连，分为白交通支和灰交通支两种。白交通支连于 T1~L3 各脊神经的前支与相应的交感干神经节之间，主要由有髓鞘的节前纤维组成，呈白色，故称白交通支；灰交通支连于交感干与 31 对脊神经前支之间，由交感干神经节细胞发出的节后纤维组成，多无髓鞘，色灰暗，故称灰交通支。

交感神经节前纤维由脊髓中间外侧核发出进入交感干后，有 3 种去向：①可终止于相应的椎旁神经节，并交换神经元；②在交感干内上行或下行后，终止于上方或下方的椎旁神经节；③穿过椎旁神经节后，至椎前神经节处交换神经元。

由交感神经节发出的节后纤维，亦有 3 种去向：①以灰交通支返回脊神经，支配全身的血管、汗腺和竖毛肌。②形成脏支，直接分布到所支配的脏器。脏支多在脏器附近与副交感神经的分支交织成丛，如心丛、肺丛和食管丛等。③攀附于动脉周围形成相应的神经丛（如腹腔丛、肠系膜上丛），并随动脉分支到达所支配的器官（图 23-12）。

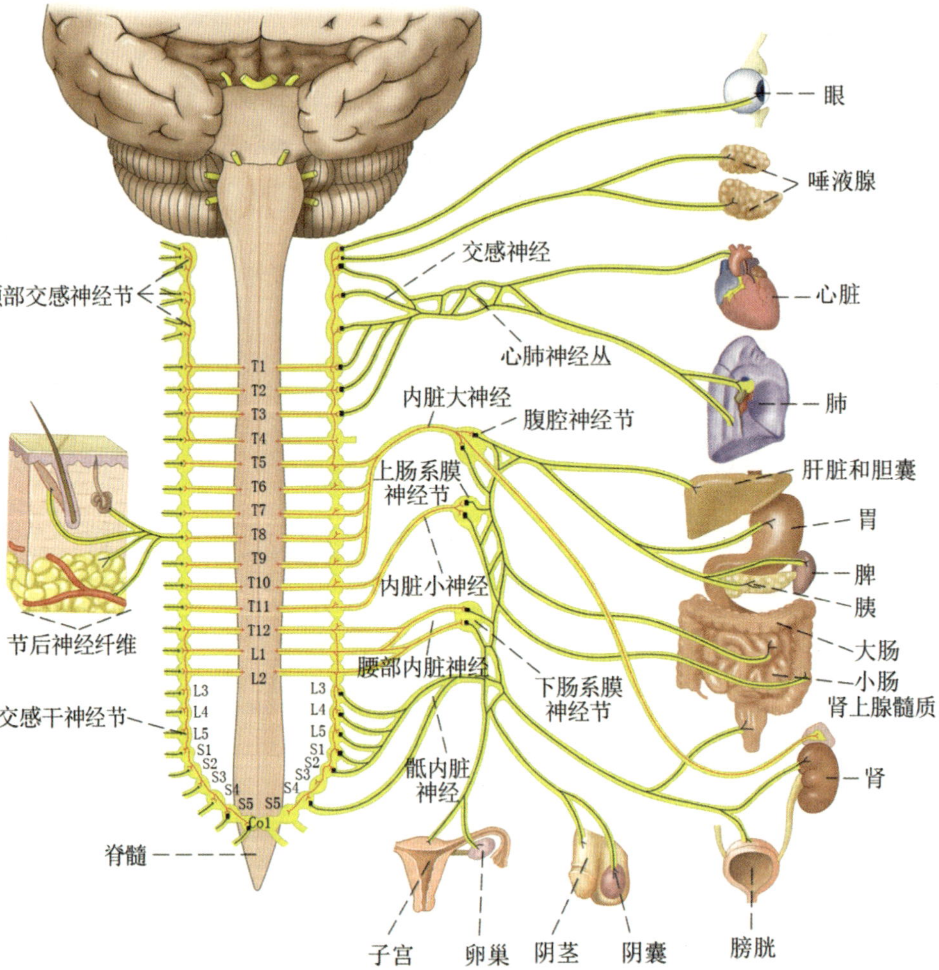

图 23-12　交感神经概括示意图

2. 副交感神经

副交感神经的低级中枢，位于脑干（中脑、延髓）的副交感神经核和脊髓骶部第2~4节段灰质骶副交感神经核，由这些核内的神经元发出的纤维即为节前纤维。周围部的副交感神经节位于器官的周围即器官旁神经节，或器官的壁内即器官内神经节，再由这些神经节发出的节后纤维到达相应器官（图23-13）。

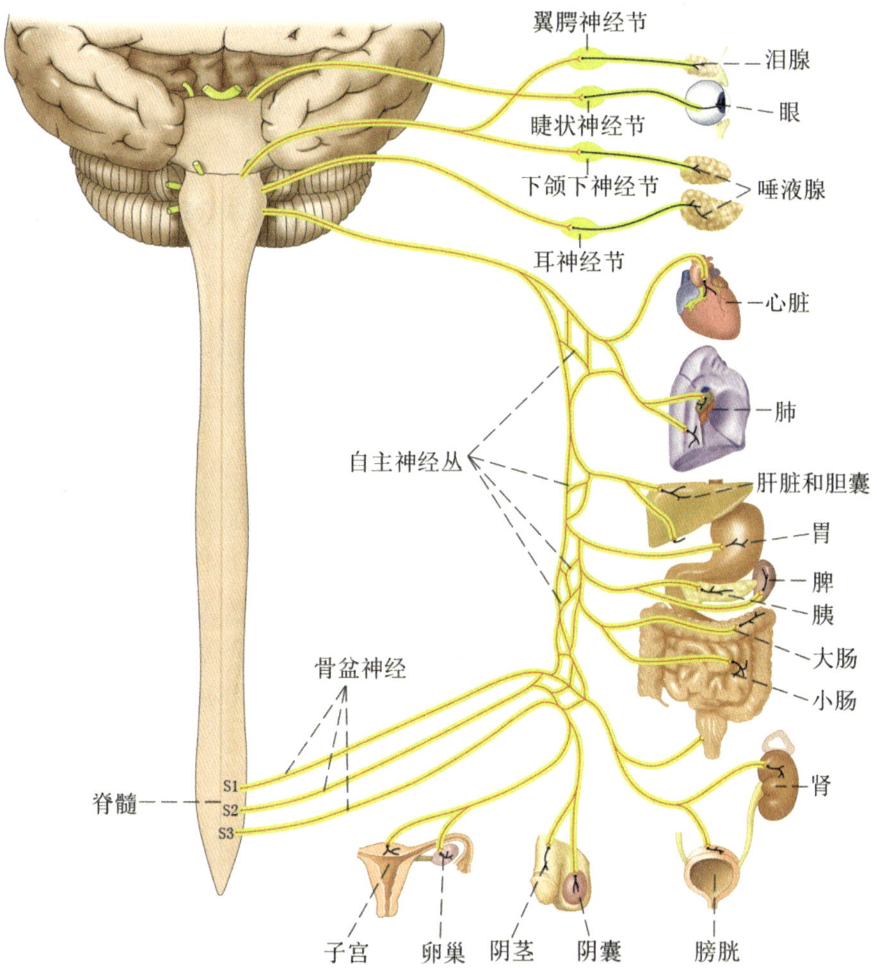

图23-13　副交感神经概括示意图

颅部的副交感神经：副交感神经的节前神经元胞体在脑干内聚集成4对副交感核，即中脑的动眼神经副核、脑桥的上泌涎核、延髓的下泌涎核和迷走神经背核。自这些神经核发出的节前纤维到达所支配器官旁或器官内神经节换神经元，换元之后的节后纤维支配瞳孔括约肌和睫状肌、泪腺和唾液腺以及胸腹腔脏器（除降结肠、乙状结肠及盆腔脏器以外）的平滑肌、心肌和腺体。

骶部的副交感神经：其节前纤维起自骶髓S2~S4阶段内的骶副交感核，随后加入盆丛，其分支到达所支配器官旁神经节或器官内神经节，交换神经元后节后纤维支配结肠左曲以下的消化管和盆部脏器的平滑肌和腺体。

3. 交感神经和副交感神经的主要区别

交感神经和副交感神经都是内脏运动神经，它们常共同支配一个器官，形成对内脏器官的双重神经支配。但在形态结构和机能上，交感与副交感神经又各有自身的特点（表23-8）。

表23－8 交感神经与副交感神经的比较表

结构与功能	交感神经	副交感神经
中枢部位不同	位于脊髓胸腰段	位于脑干和脊髓的骶段
神经节位置不同	位于脊柱两旁和椎体前方，节前纤维短，节后纤维长	位于器官附近和器官壁，节前纤维长，节后纤维短
分布范围不同	分布广泛，几乎遍布全身各个部位	汗腺、立毛肌、肾上腺髓质和大血管中无副交感神经分布
对同一器官的功能不同	机体为了应付环境急骤变化，动员心跳加快，血压升高，血糖上升，呼吸加快加深，瞳孔开大，消化系统活动受抑制，以适应机体代谢活动的需要。	在于维持机体安静状态的活动需要，使心跳减缓，血压下降、瞳孔缩小、消化系统活动增强等，以保存能量。

尽管交感神经和副交感神经对同一器官的作用是相互对立的，但从整体上来看它们又是互相协同的。这是因为在脑的较高级中枢特别是在端脑的边缘叶和下丘脑的调控下，两者相互统一的协调进行。例如，当机体运动加强时，交感神经兴奋性增强，而副交感神经的活动则减弱，于是出现心跳加快加强、支气管扩张、血液循环和呼吸功能加强、瞳孔开大、胃肠活动受抑制。这表明此时的代谢加强，能量消耗加快，以适应环境的剧烈变化；而当机体处于安静或睡眠抑制状态时，副交感神经兴奋加强，交感神经相对抑制，因而出现心跳减弱、瞳孔缩小、血液循环和呼吸活动恢复正常以及消化活动增强等现象，以利于体力的恢复和能量的储存。

4. 内脏神经丛

交感神经、副交感神经和内脏感觉神经在到达所支配的脏器的行程中，常互相交织共同构成内脏神经丛（亦称自主神经丛或植物神经丛），包括心丛、肺丛、腹腔丛（最大的内脏神经丛）、腹主动脉丛和腹下丛等。这些神经丛主要攀附于头、颈部和胸、腹腔内动脉的周围，或分布于脏器附近和器官之内，以接受内脏感觉，并支配其平滑肌、心肌和腺体的活动。

（二）内脏运动神经与躯体运动神经的主要区别

内脏运动神经和躯体运动神经一样，都受大脑皮质和皮质下中枢的控制与调节，两者在功能上互相依存，互相影响，以维持机体内外环境的相对平衡。然而内脏运动神经和躯体运动神经，在形态结构和功能上具有较大的差异（表23-9）。

二、内脏感觉神经

人体各内脏器官除有交感和副交感神经支配外，也有感觉神经分布。内感受器接受来自

表 23－9　内脏运动神经与躯体运动神经的比较表

结构与功能	内脏运动神经	躯体运动神经
支配器官	平滑肌、心肌、腺体，在一定程度上不受意志控制	骨骼肌，受意志控制
神经元数目	从低级中枢至效应器有两个神经元，一个是节前神经元，另一个是节后神经元	从低级中枢到效应器只有一个神经元
神经元的位置	节前神经元位于脑干及脊髓的某些节段，节后神经元位于周围的自主神经节	运动神经元位于脑干至脊髓的全长
神经纤维	节前纤维（有薄髓）和节后纤维（无髓）为细的纤维，传导速度慢	为较粗的有髓纤维，传导速度快
节后纤维分布形式	节后纤维常攀附在血管或脏器表面形成神经丛，由丛再分支至效应器	以神经干形式分布至效应器
神经纤维成分	有交感和副交感两种纤维成分，多数内脏器官同时受这两种神经支配	只有一种纤维成分

内脏的刺激，内脏感觉神经将其转成神经冲动，并将内脏感觉性冲动传至中枢，中枢可直接通过内脏运动神经或间接通过体液来调节各内脏器官的活动。

如同躯体感觉神经一样，内脏感觉神经元的胞体亦位于脑神经节和脊神经节内，也属于假单极神经元。其周围突可以是粗细不等的有髓或无髓纤维，分布于内脏器官及血管等处；其中枢突进入脑和脊髓的中枢。在中枢内，内脏感觉神经纤维可借中间神经元一方面与内脏运动神经元联系以完成内脏-内脏反射，或与躯体运动神经元联系形成内脏-躯体反射；另一方面，则可通过一定的传导途径，将冲动传导到大脑皮质，产生内脏感觉。

内脏感觉神经在结构上虽与躯体感觉神经大致相同，但仍存在某些不同之处，即第一，痛阈较高。内脏感觉纤维的数量少，其中细纤维占多数，故而痛阈较高，对于一般强度的刺激不产生主观感觉。第二，弥散的内脏痛。内脏感觉的传入途径比较分散。即一个内脏器官的感觉纤维可经几对传入神经进入中枢，而一条传入神经又可包含来自几个内脏器官的感觉纤维。因此，内脏疼痛往往是弥散的，而且定位亦不准确。

思考题

通过本章的学习，对于体育教育和运动训练等专业的学生，请思考：

1. 脊神经的组成、结构特点与功能，及其在人体运动过程中所起的作用。
2. 脑神经的分布与功能，及其在人体运动过程中所起的作用。

通过本章的学习，对于运动人体科学和运动康复等专业的学生，除上述问题外，还请思考：

1. 脊神经前支的分布特征及其主要分支的支配范围和功能，以及神经损伤导致的症状。
2. 脑神经与中枢相连的部位、神经纤维成分和功能，以及神经损伤导致的症状。
3. 为什么说脊神经是混合性神经？其与脑神经有哪些区别？
4. 请思考内脏运动神经与躯体运动神经、交感神经与副交感神经的区别。

第二十四章 神经系统的传导通路

人体所接受到的各种内、外环境刺激经周围感受器、传入神经元传至中枢神经系统内，最后传到大脑皮质高级中枢，产生感觉；同时大脑皮质将这些感觉信息分析整合，发出指令，沿传出纤维，经脑干和脊髓的运动神经元到达周围躯体和内脏的效应器，产生效应。因此，在神经系统内存在着两大类传导通路：感觉（上行）传导通路和运动（下行）传导通路。传导通路是复杂反射弧的一部分，一般由多个神经元借突触互相连接成神经元链，且多数要涉及最高神经中枢——大脑皮质。传导通路中的感觉和运动传导通路分别是反射弧组成中的传入和传出部分，但只有不经过大脑皮质的上、下行传导通路才称为反射通路。

第一节 感觉传导通路

感觉传导通路是指从身体各部的感受器至大脑皮质的神经联系，它包括本体感觉、皮肤感觉、视觉和听觉等传导通路。

一、本体感觉传导通路

所谓本体感觉又称深部感觉，是指来自肌、腱、关节等深部的位置觉、运动觉和震动觉。在本体感觉传导通路中除传导深部感觉外，还传导皮肤的精细触觉（如辨别两点距离和物体的纹理粗细等）。此处仅介绍躯干和四肢的本体感觉传导通路，其可分为意识性和非意识性两种。

（一）躯干和四肢意识性本体感觉和精细触觉传导通路

此传导通路是将本体感觉和精细触觉传至大脑皮质，产生意识性感觉，由3级神经元组成（图24-1、图24-2）。

第1级神经元，胞体在脊神经节内。其周围突随脊神经的感觉纤维分布到肌、腱、关节和韧带的本体感受器和皮肤的触觉感受器；中枢突由脊神经后根入脊髓后索上升，形成薄束

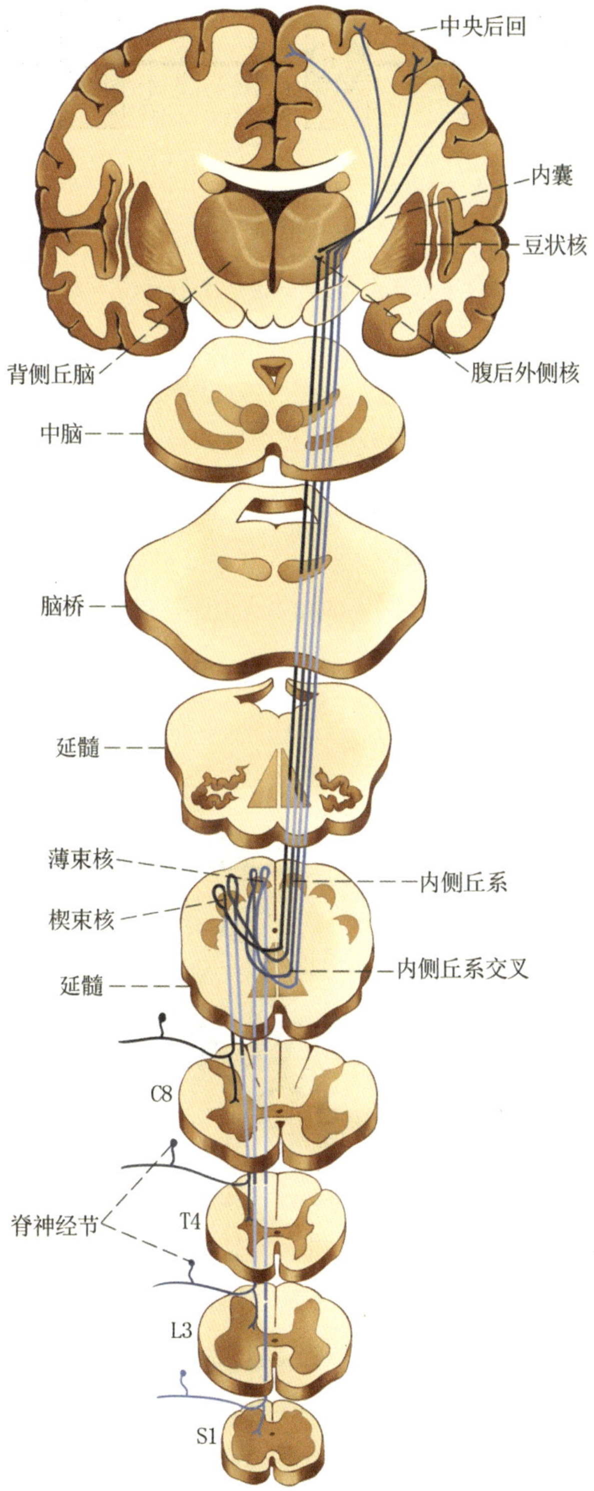

图 24-1　躯干和四肢意识性本体感觉与精细触觉传导通路

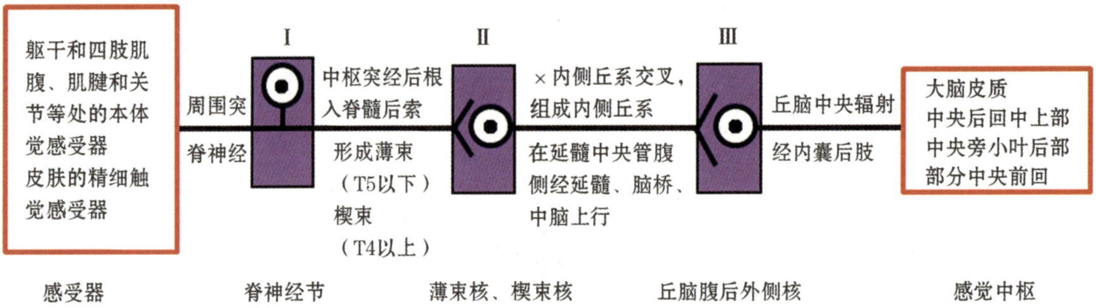

图 24-2　躯干和四肢意识性本体感觉与精细触觉传导通路示意图

(来自第 5 胸节以下的脊神经中枢突，行于后索的内侧部）和楔束（来自第 4 胸节以上的脊神经中枢突，行于后索的外侧部)，终于延髓的薄束核和楔束核。

第 2 级神经元，胞体在延髓的薄束核和楔束核。它们的轴突形成弓状纤维，并于延髓中央管腹侧交叉至对侧，称内侧丘系交叉，交叉后的纤维称内侧丘系。纤维上升，经脑干，终于丘脑腹后外侧核。

第 3 级神经元，胞体在丘脑腹后外侧核。其轴突组成丘脑皮质束，经内囊后肢（即枕部)，投射到大脑皮质中央后回的中、上部和中央旁小叶后部，部分纤维投射到中央前回。

（二）躯干和四肢非意识性本体感觉传导通路

此传导通路是将本体感觉传至小脑、由 2 级神经元组成的上行反射通路，不产生意识性感觉（图 24–3)。

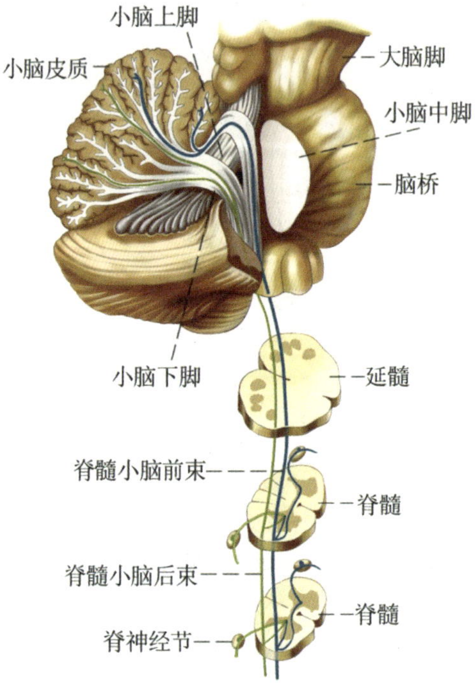

图 24-3　躯干和四肢非意识性本体感觉传导通路

第 1 级神经元，胞体在脊神经节内。其周围突分布于肌、腱、关节和韧带的本体感受器；中枢突经脊神经后根入脊髓，止于脊髓后角。

第 2 级神经元，胞体在脊髓后角，其轴突形成脊髓小脑后束和脊髓小脑前束，向上经小脑下脚和小脑上脚进入小脑皮质。

二、痛温觉、粗触觉和压觉传导通路

该通路又称浅感觉传导通路，由 3 级神经元组成（图 24–4）。

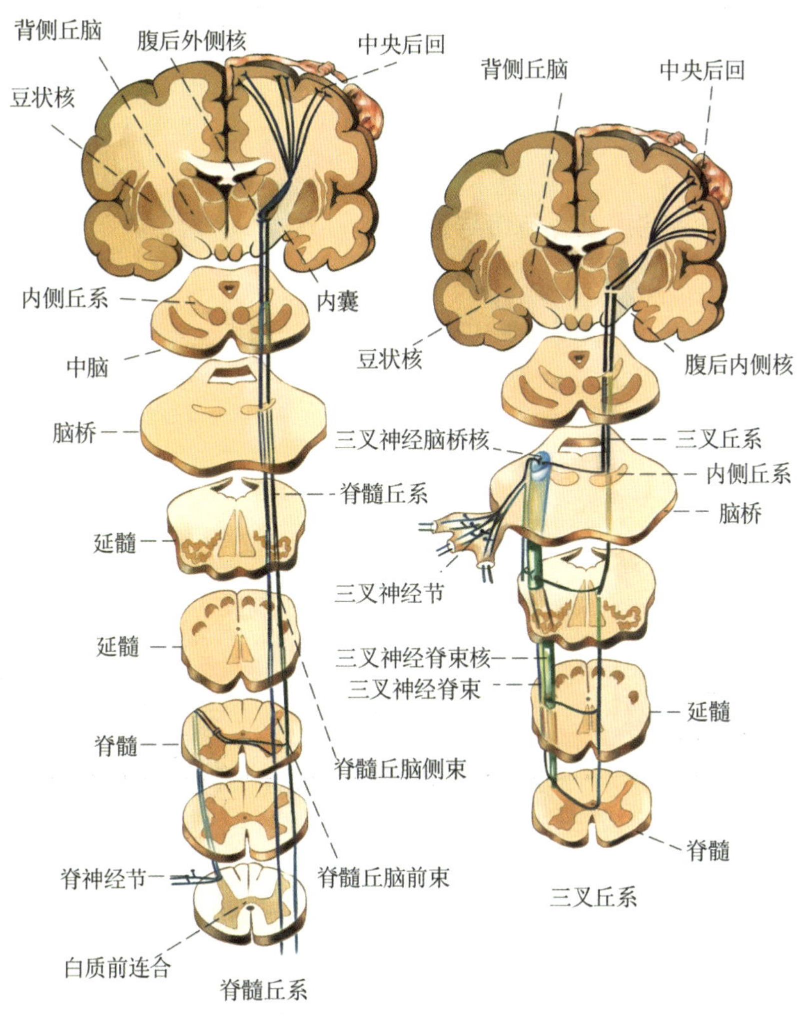

图 24–4　躯干和四肢（脊髓丘系）以及头面部（三叉丘系）浅感觉传导通路

（一）躯干和四肢的皮肤感觉（痛温觉、粗触觉和压觉）传导通路

第 1 级神经元，胞体在脊神经节内。其周围突分布于躯干、四肢皮肤内的感受器；中枢突组成脊神经后根入脊髓后角，主要终于后角固有核。

第 2 级神经元，胞体主要在脊髓后角固有核。其轴突经脊髓白质前连合交叉至对侧，组成脊髓丘脑束，在脊髓内上升，经脑干，终于丘脑腹后外侧核。

第 3 级神经元，胞体在丘脑腹后外侧核。其轴突经内囊后肢，投射到中央后回中、上部和中央旁小叶后部（图 24-4、图 24-5）。

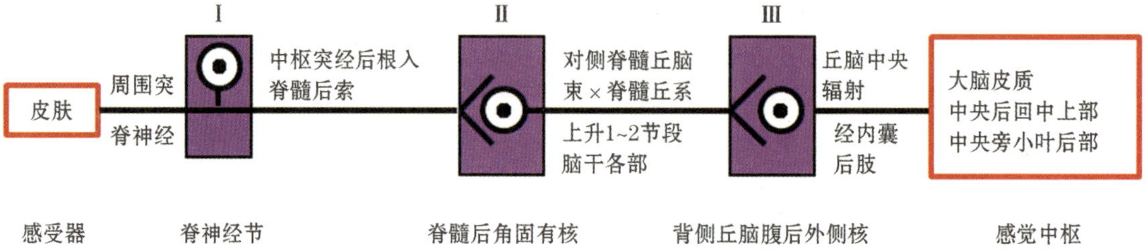

图 24-5　躯干和四肢（脊髓丘系）浅感觉传导通路示意图

（二）头面部痛温觉和触压觉传导通路

第 1 级神经元，胞体在三叉神经节和舌咽神经上神经节等神经节内。其周围突经相应的脑神经分布于头面部皮肤及口鼻黏膜的相关感受器；中枢突经三叉神经根和舌咽、迷走及面神经入脑干，传导痛温觉的纤维止于三叉神经脊束核，传导触觉的纤维止于三叉神经脑桥核。

第 2 级神经元，胞体在三叉神经脊束核和脑桥核内。其发出的纤维交叉到对侧，组成三叉丘系，止于丘脑腹后内侧核。

第 3 级神经元，胞体在丘脑腹后内侧核。其轴突经内囊后肢，投射到中央后回下部（图 24-4、图 24-6）。

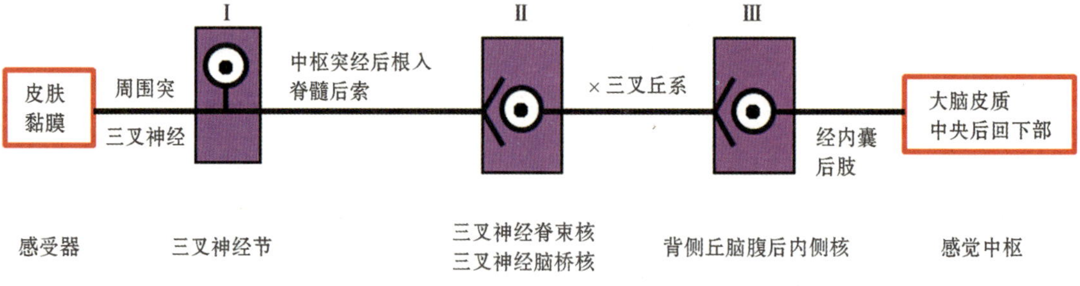

图 24-6　头面部（三叉丘系）浅感觉传导通路示意图

三、视觉传导通路

视觉传导通路由 3 级神经元组成（图 24-7、图 24-8）。

第 1 级神经元是视网膜的双极细胞。其周围突分布于视觉感受器，即视网膜内的视锥细胞和视杆细胞，中枢突与节细胞相突触。

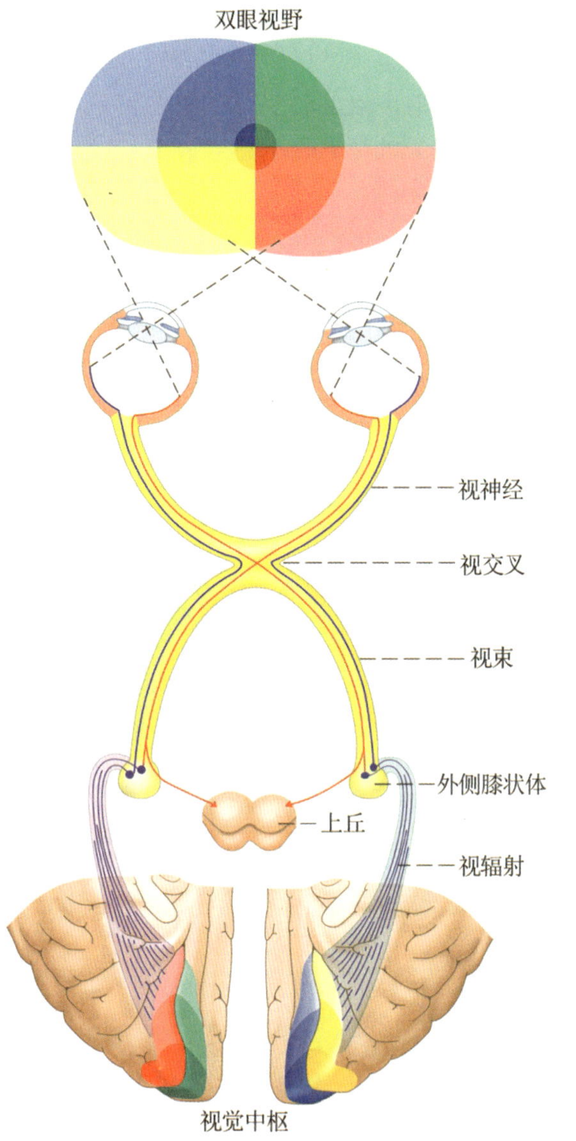

图 24-7　视觉传导通路

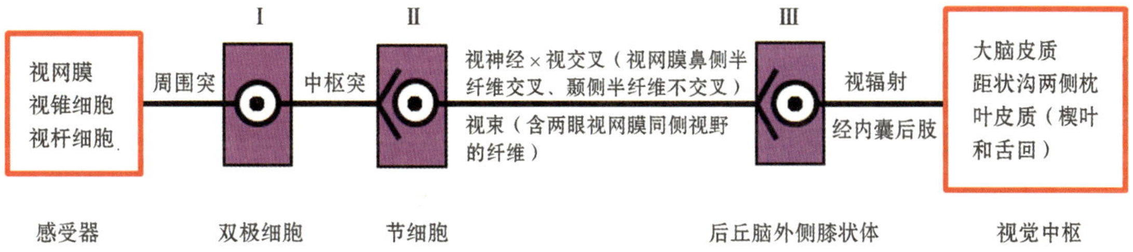

图 24-8　视觉传导通路示意图

第 2 级神经元是视网膜的节细胞。其轴突组成视神经、视交叉、视束，最后终于外侧膝状体。在视交叉处，只是来自两眼视网膜鼻侧半的纤维交叉，而颞侧半纤维不交叉。所以左侧的视束中，含有来自左眼视网膜颞侧半和右眼视网膜鼻侧半的纤维；而右侧视束内含有来自左眼视网膜鼻侧半和右眼视网膜颞侧半的纤维。

第 3 级神经元，胞体在外侧膝状体内。其轴突组成视辐射，经内囊后肢，投射到端脑枕叶的距状沟上、下两侧（楔叶和舌回）的视区皮质，产生视觉。

视束中尚有少数纤维经上丘臂终止于上丘。上丘发出的纤维组成顶盖脊髓束，下行至脊髓，完成视觉反射。

四、听觉传导通路

听觉传导通路由 3 级神经元组成（图 24–9、图 24–10）。

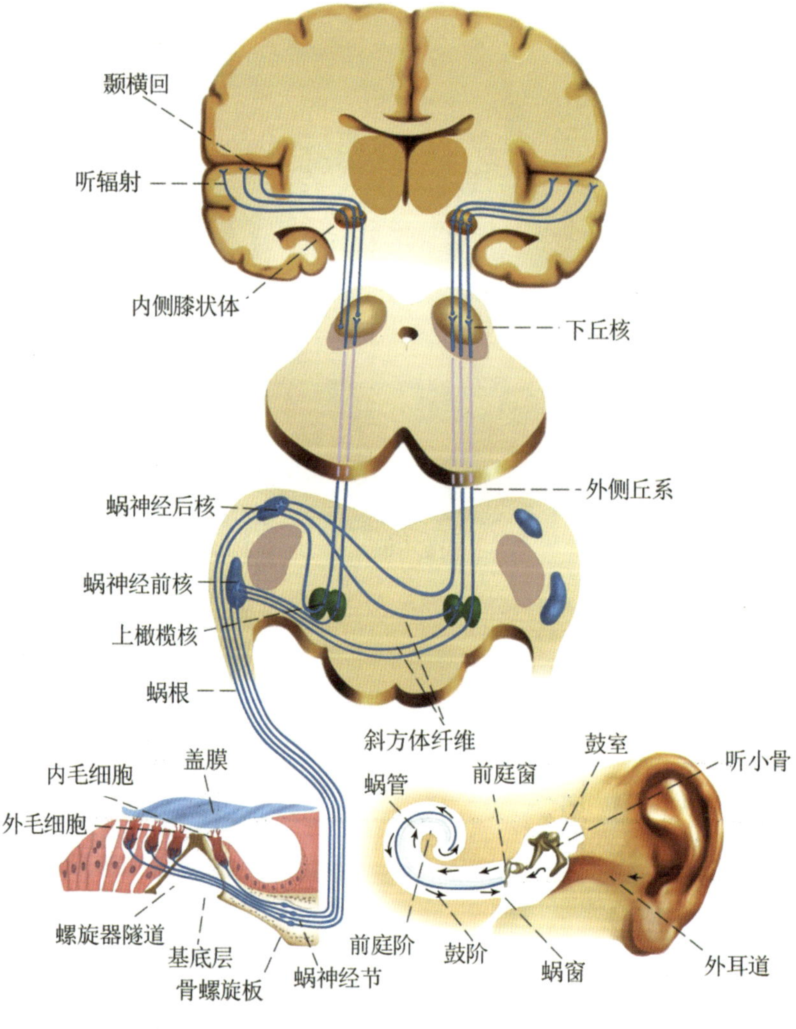

图 24–9 听觉传导通路

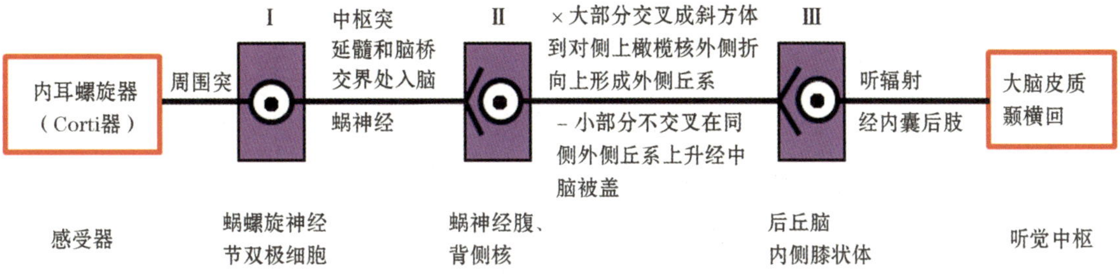

图 24-10　听觉传导通路示意图

第 1 级神经元，胞体在蜗轴内的螺旋神经节。其周围突分布于内耳的听觉感受器——螺旋器（Corti 器）；中枢突组成听神经——蜗神经，与前庭神经一起入脑。

第 2 级神经元是蜗神经核。其轴突大部分在脑桥内交叉，组成斜方体。斜方体的纤维再转向上行，形成外侧丘系，经下丘终于内侧膝状体。

第 3 级神经元，胞体在内侧膝状体内。其轴突组成听辐射，经内囊后肢止于颞横回。

听觉的反射中枢在下丘。下丘神经元发出纤维到上丘，再由上丘神经元发出纤维，经顶盖脊髓束下行至脊髓的前角细胞，完成听觉反射。

五、平衡觉传导通路

此传导通路传导内耳位觉感受器在头部位置变化时所感受的刺激，并与本体感觉、视觉一起参与身体的平衡调节。

第二节　运动传导通路

运动传导通路是指从大脑皮质至身体各部效应器的神经联系，由上、下两级运动神经元组成。上运动神经元为位于大脑皮质的投射至低级中枢的传出神经元，下运动神经元为脑神经一般躯体和特殊内脏运动核以及脊髓前角运动神经元，它们的胞体和轴突构成传导运动冲动的最后公路。运动传导通路包括躯体运动的传导通路和内脏运动的传导通路。此处主要叙述躯体运动传导通路，其中包括锥体系和锥体外系。

一、锥体系

锥体系主管躯体骨骼肌的随意运动，由上、下 2 级运动神经元组成（图 24-11、图 24-12）。

上运动神经元的胞体位于中央前回、中央旁小叶前部及额、顶等叶部分区域的皮质内，由各种类型的锥体细胞组成。这些神经元的轴突共同组成锥体束，其中下行至脊髓的纤维束称皮质脊髓束；终止于脑干脑神经运动核的纤维束称皮质核束。下运动神经元的胞体位于脑

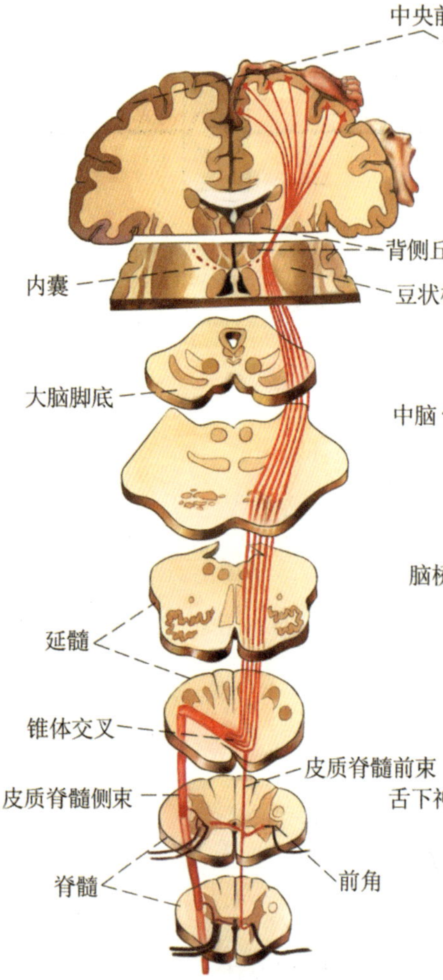

图 24-11 皮质脊髓束

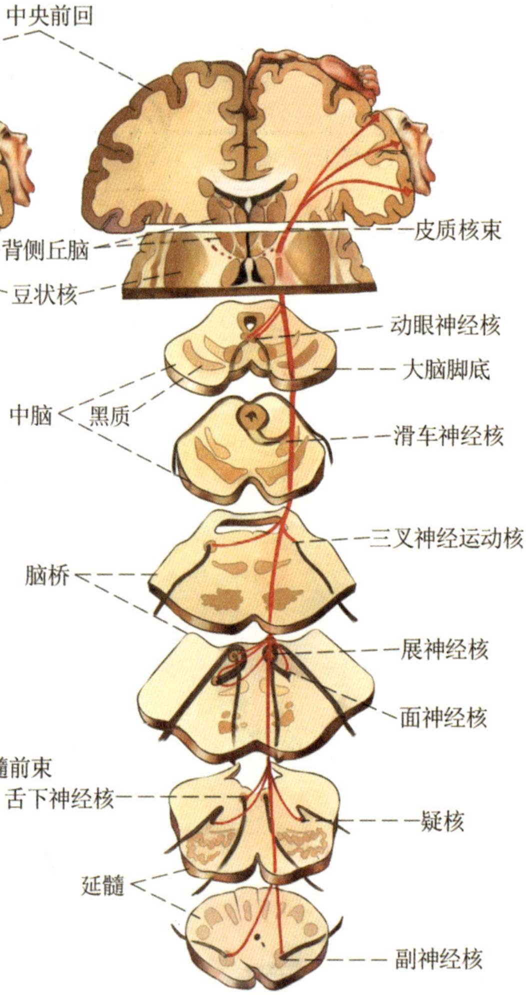

图 24-12 皮质核束

神经运动核和脊髓前角内，其轴突分别组成脑神经和脊神经的运动纤维，管理头面部和躯干、四肢骨骼肌的随意运动。

（一）皮质脊髓束

皮质脊髓束由中央前回上、中部和中央旁小叶前部等处的巨型锥体细胞和其他类型锥体细胞的轴突组成，下行经内囊后肢的前部、中脑大脑脚底中 3/5 的外侧部、脑桥的基底部至延髓的锥体。在锥体下端，约 75%~90%的纤维交叉，形成锥体交叉。交叉后的纤维继续在对侧脊髓外侧索内下行，称为皮质脊髓侧束，此束沿途发出侧支，逐节止于前角运动神经元，主要支配四肢肌。小部分未交叉的纤维沿本侧脊髓前索内下行，称为皮质脊髓前束，此束仅达上胸节，并逐节经白质前连合交叉至对侧（尚有部分纤维始终不交叉），终止于脊髓前角运动神经元，主要支配躯干肌（图 24-11、图 24-13）。由脊髓前角运动神经元发出的轴突组成脊神经前根，并随脊神经分布到躯干和四肢骨骼肌，支配其随意运动。

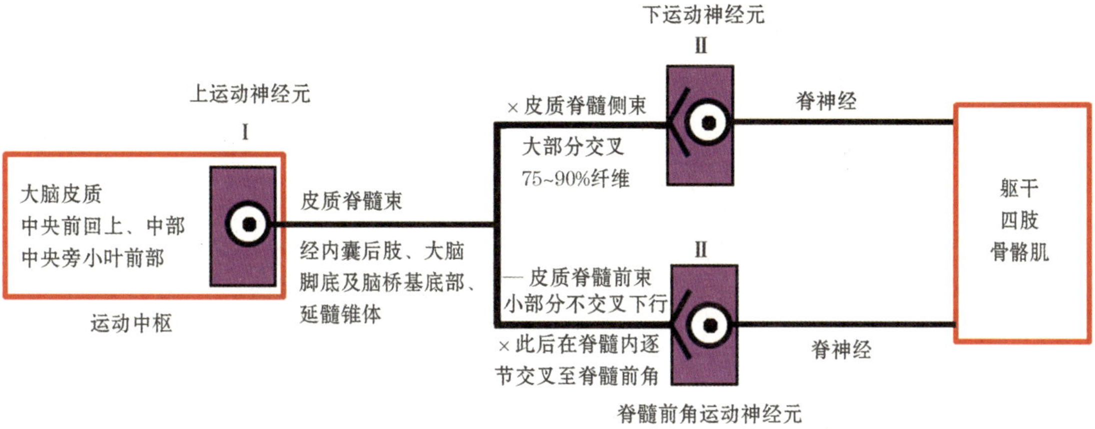

图 24-13 皮质脊髓束示意图

（二）皮质核束

皮质核束由中央前回下部的巨型锥体细胞和其他类型锥体细胞的轴突组成，下行经内囊膝部、中脑大脑脚底、脑桥至延髓。此束传至中脑后陆续发出纤维，大部分终止于双侧脑神经运动核（如动眼神经核、滑车神经核、展神经核和三叉神经核等），这些神经核发出的纤维依次支配眼外肌、咀嚼肌、面上部表情肌、胸锁乳突肌、斜方肌和咽喉肌等；小部分交叉至对侧，终止于面神经运动核的部分细胞群和舌下神经核，二者发出的纤维分别支配对侧面下部的面肌和舌肌，管理其随意运动（图 24-12、图 24-14）。

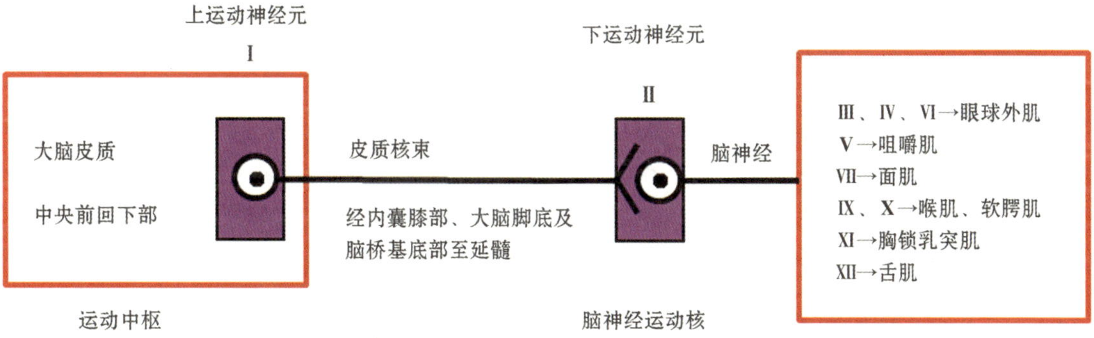

图 24-14 皮质核束示意图

二、锥体外系

锥体外系是指锥体系以外的影响和控制躯体运动的所有传导通路（图 24-15、图 24-16）。

锥体外系是一个十分复杂的结构，包括大脑皮质、纹状体、红核、黑质、丘脑、脑干网状结构、前庭神经核和小脑等。锥体外系的传导通路包括下行通路和环路两部分：

下行通路主要有：皮质-网状-脊髓束，皮质-红核-脊髓束和皮质-顶盖-脊髓束等。这

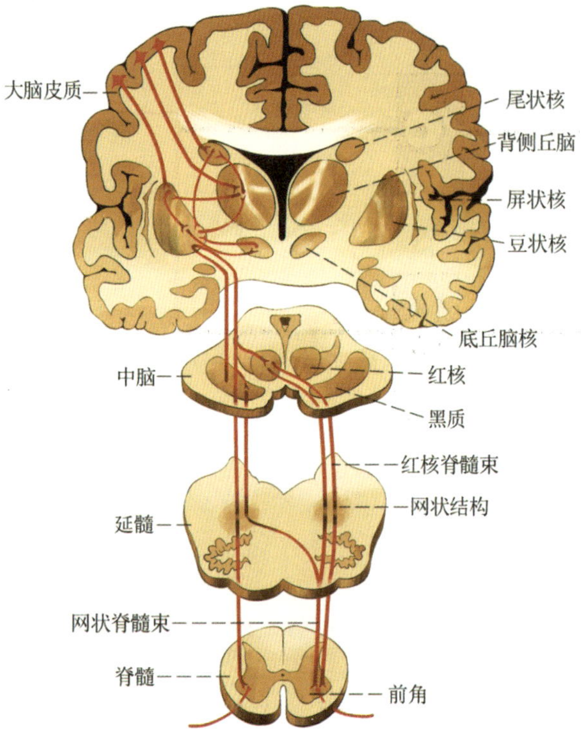

图 24-15　皮质—纹状体—苍白球系

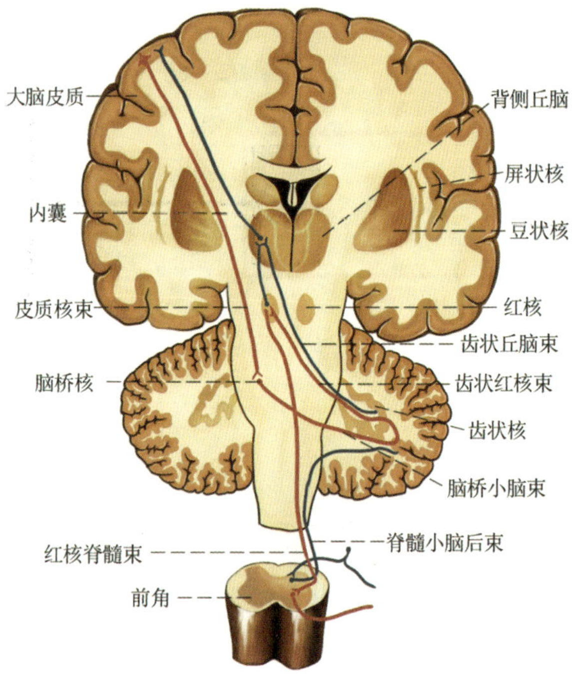

图 24-16　皮质—脑桥—小脑系

些下行通路最终止于脊髓前角 α 和 γ 运动神经元。而主要环路为：纹状体–苍白球系和皮质–脑桥–小脑系等。

锥体外系的主要机能是调节肌张力，协调肌肉运动，维持和调整体态姿势与习惯性动作等。

在种系发生上，锥体外系是比较古老的结构，从鱼类开始出现，在鸟类成为控制全身运动的主要系统。但到了哺乳类，尤其是人类，由于大脑皮质和锥体系的高度发达，锥体外系主要是协调锥体系的活动，二者协同完成运动功能。在实际运动中，锥体系和锥体外系是相互依赖、不可分割的一个整体，只有在锥体外系保持肌张力稳定协调的前提下，锥体系才能完成一切精细复杂的随意运动，如写字、绘画以及体育与杂技中的动作等；而锥体外系对锥体系也有一定的依赖性，锥体系是运动的发起者，只有锥体系发起了具体动作，然后锥体外系才能对这些动作进行调节。因此，大脑皮质对躯体运动的控制和调节是通过锥体系和锥体外系共同实现的。

O 思考题

通过本章的学习，对于体育教育和运动训练等专业的学生，请思考：

1. 神经传导通路的概念，人体重要的传导通路有哪些。

通过本章的学习，对于运动人体科学和运动康复等专业的学生，除上述问题外，还请思考：

1. 锥体系与锥体外系是如何调控人体运动的？
2. 躯干和四肢意识性本体感觉的传导路径如何？

第二十五章 脑和脊髓的被膜、血管及脑脊液循环

脑和脊髓的脆弱和重要性特别需要保护和内环境的稳定。脑组织代谢旺盛，需要血氧的充足供应。颅骨和脊柱椎管内的脑和脊髓由脑脊被膜包裹，特有的脑脊液循环和血液供应系统以及脑屏障等结构保证了上述需求。

一、脑和脊髓的被膜

在脑和脊髓表面均包有 3 层被膜，由外向内依次是硬膜、蛛网膜和软膜，它们具有支持、保护以及营养脑和脊髓的作用。

（一）脊髓的被膜

脊髓的被膜由外向内为硬脊膜、脊髓蛛网膜和软脊膜（图 25–1）。

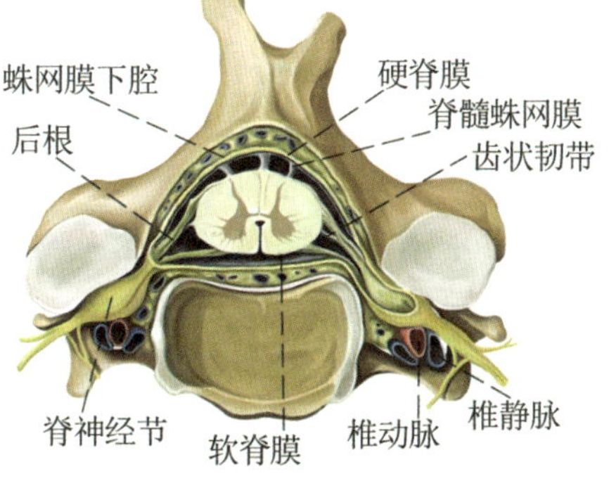

图 25–1 脊髓的被膜

硬脊膜由致密结缔组织构成，厚而坚韧，包裹着脊髓。脊髓蛛网膜为半透明的薄膜，位于硬脊膜与软脊膜之间，向上与脑蛛网膜相延续。脊髓蛛网膜与软脊膜之间有较宽阔的间隙称蛛网膜下隙，内充满脑脊液。软脊膜薄而富有血管，紧贴脊髓的表面，并延伸至脊髓的沟裂中，在脊髓下端移行为终丝。硬脊膜与椎管壁之间的空隙称为硬膜外隙，其内充填以淋巴管、静脉丛和脂肪组织等，略呈负压。进行硬脊膜外麻醉时，药物即注入此间隙内。

（二）脑的被膜

脑的被膜由外向内为硬脑膜、脑蛛网膜和软脑膜（图 25–2）。

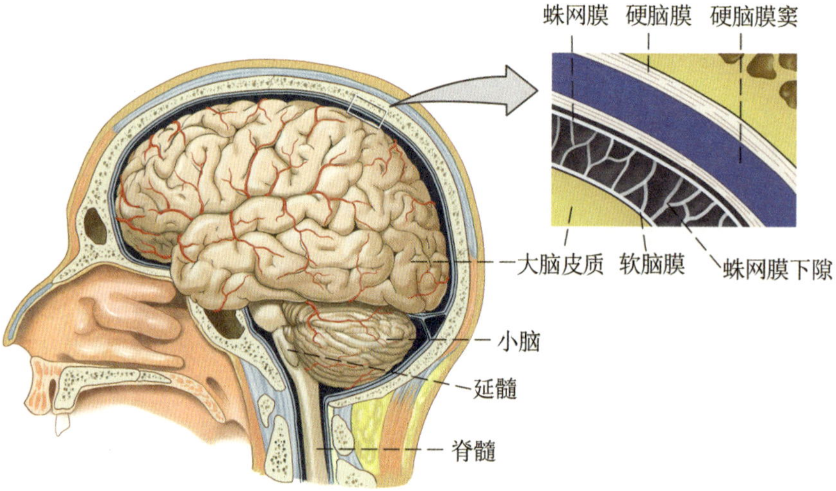

图 25–2　脑的被膜

硬脑膜坚韧而有光泽，由两层合成，外层兼具有颅骨内膜的作用，内层较外层坚厚，两层之间有丰富的血管和神经。硬脑膜不仅包被于脑的表面，而且其内层折叠形成若干板状突起，伸入脑各部之间，起保护脑的作用。此外，硬脑膜在脑的某些部位两层分开，内面衬以内皮细胞，构成硬脑膜窦（图 25–3），窦内含有静脉血，辅助血液回流。

脑蛛网膜薄而透明，缺乏血管和神经，与硬脑膜之间有硬膜下隙，与软脑膜之间有蛛网膜下隙。蛛网膜下隙内充满脑脊液，此腔向下与脊髓蛛网膜下隙相通。脑蛛网膜紧贴硬脑膜，在硬脑膜窦（上矢状窦）处形成许多绒毛状突起，突入硬脑膜窦内，称为蛛网膜粒。脑脊液经这些蛛网膜粒渗入硬脑膜窦内，回流入静脉（图 25–3）。

软脑膜薄而富有血管和神经，覆盖于脑的表面并伸入沟裂内。在脑室的一定部位，软脑膜及其血管与该部位的室管膜上皮共同构成脉络组织。在侧脑室、第三及第四脑室，脉络组织的血管反复分支成丛，连同其表面的软脑膜和室管膜上皮一起突入脑室，形成脉络丛。脉络丛是产生脑脊液的主要结构。

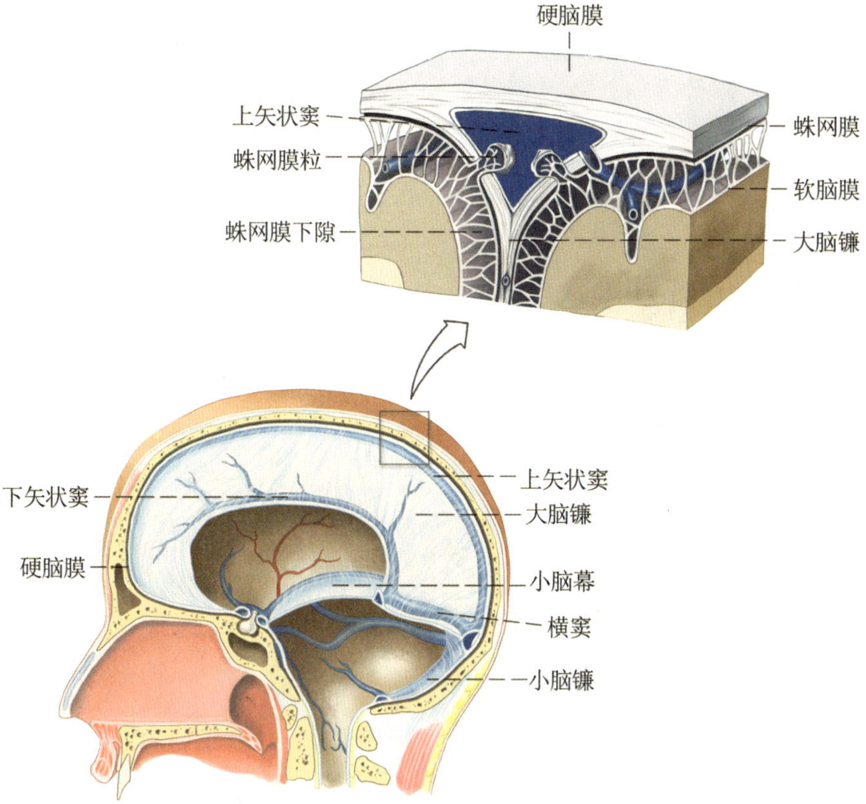

图 25-3 硬脑膜、硬脑膜窦以及蛛网膜粒

二、脑和脊髓的血管

（一）脊髓的血管

脊髓的动脉由椎动脉和节段性动脉组成（图 25-4）。椎动脉发出脊髓前动脉和脊髓后动脉。它们在下行的过程中，不断得到节段性动脉（如肋间后动脉和腰动脉等）分支的增补，以保障脊髓有充足的血液供应。

脊髓的静脉较动脉多而粗（图 25-5）。脊髓前、后静脉由脊髓内的小静脉汇集而成，通过前、后根静脉注入硬膜外隙的椎内静脉丛。

（二）脑的血管

脑是体内新陈代谢最旺盛的器官，正常成人脑的重量约占身体重量的 2%左右，而脑的耗氧量却占全身总耗氧量的 20%，脑血供量约占心脏搏出量的 1/6。因此，脑血管的分布和功能状况是保证脑组织获得良好血液供应的重要条件。脑的动脉由颈内动脉、椎动脉以及由二者在脑底部吻合形成的动脉环组成（图 25-6、图 25-7）。

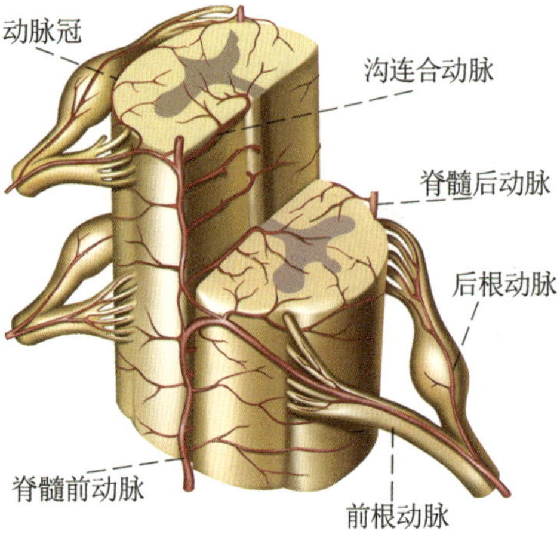

图 25-4 脊髓的动脉

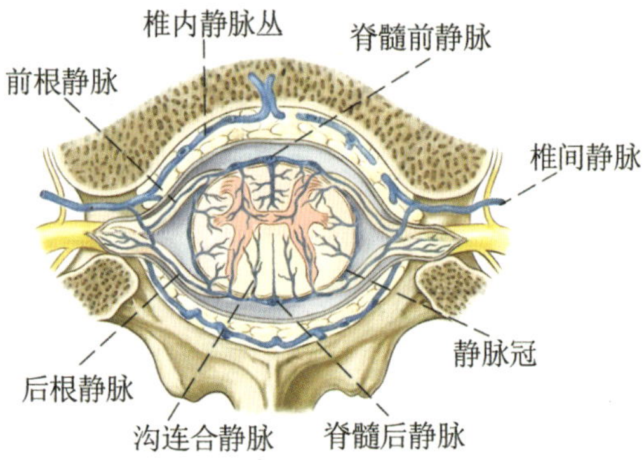

图 25-5 脊髓的静脉

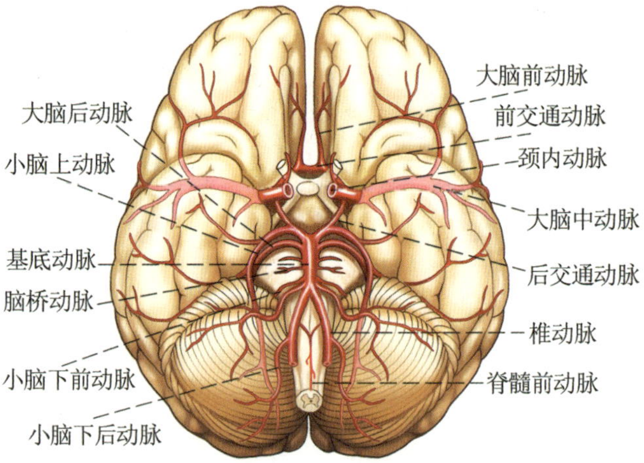

图 25-6 脑底的动脉

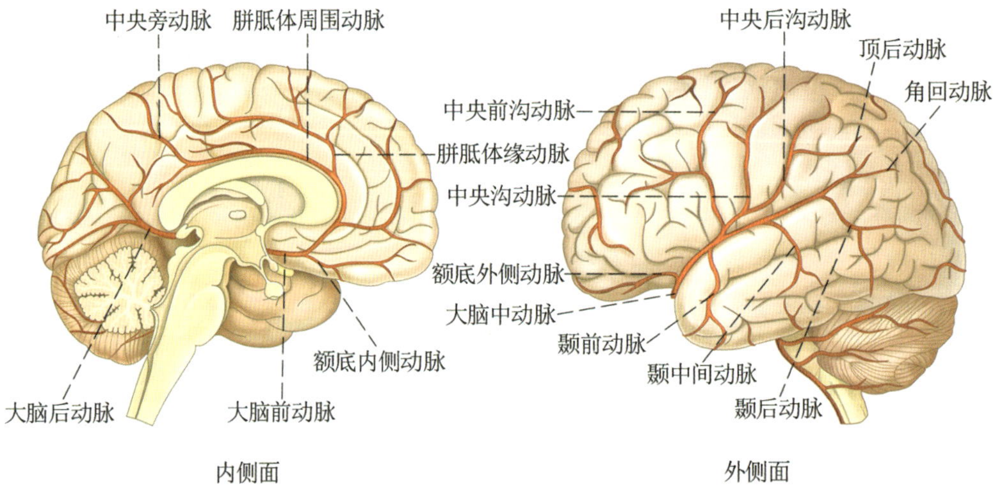

图 25-7 大脑半球的动脉

颈内动脉起自颈总动脉，其可分为大脑前动脉和大脑中动脉，供应大脑半球的前 2/3 和间脑的前部。

椎动脉起自锁骨下动脉，在脑桥下缘左右椎动脉汇合成一条基底动脉，此后可发出大脑后动脉、小脑下前动脉、小脑上动脉以及内耳动脉等分支，供应脑干、小脑、间脑的后部和大脑半球的后 1/3。

大脑动脉环则是在脑底部，由两侧的大脑前动脉起始段、前交通动脉、颈内动脉终末端、后交通动脉以及大脑后动脉起始段相互连接构成的一个不规则六边形的动脉环。此动脉环的形成为脑的血液供应建立了有效的侧支循环，可以调节颈内动脉系统与椎动脉系统之间的血流，保持两侧大脑半球的血液供应相对平衡。

脑的静脉无静脉瓣，不与动脉伴行，可分为浅、深两组，且两组之间相互吻合（图 25-8、图 25-9、图 25-10）。浅静脉收集脑皮质及皮质下髓质的静脉血，深静脉收集大脑深部的髓质、基底核、间脑和脑室脉络丛等处的静脉血，二者最终均经过硬脑膜窦回流至颈内静脉。

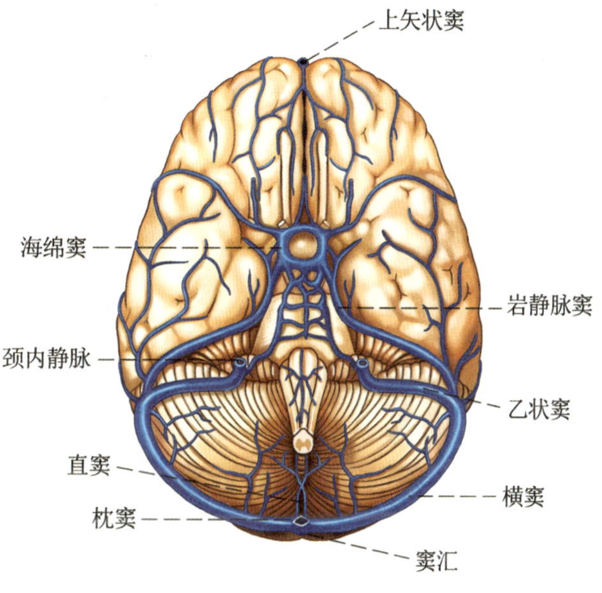

图 25-8　脑底的静脉

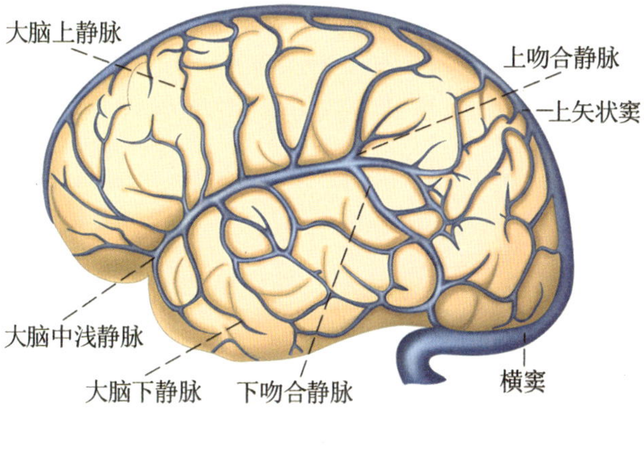

图 25-9　脑的静脉（浅组）

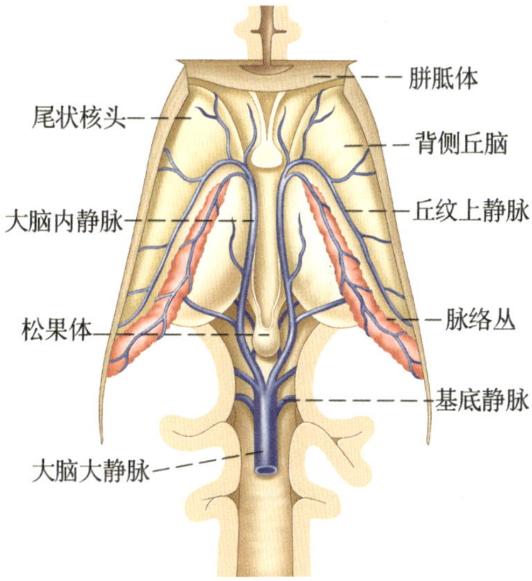

图 25-10　脑的静脉（深组）

三、脑脊液及其循环

脑室是指脑内部的腔隙，包括大脑半球内的侧脑室、两侧间脑之间的第三脑室和位于脑桥、延髓和小脑之间的第四脑室（图 25–11）。

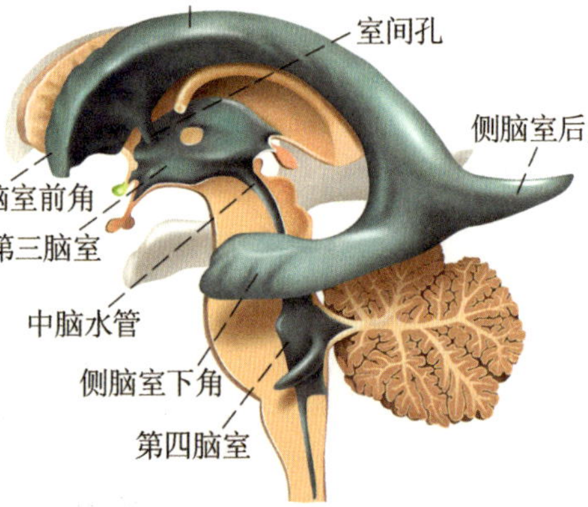

图 25–11　脑室铸型模式图

第三脑室借室间孔与侧脑室相通；第三、四脑室借中脑水管相沟通；第四脑室向下与脊髓中央管相通，并通过第四脑室的正中孔和外侧孔与蛛网膜下隙相通。在各脑室内均分布有脉络丛，其由毛细血管、结缔组织和室管膜上皮构成，可分泌脑脊液。

脑脊液是无色透明的液体，成人脑脊液总量平均约为 150ml，充满于脑室系统、脊髓中央管和蛛网膜下隙。脑脊液主要由脑室的脉络丛产生。

脑脊液的循环途径为（图 25–12）：由侧脑室脉络丛产生的脑脊液，经室间孔流至第三脑室，与第三脑室脉络丛产生的脑脊液一道，经中脑水管流入第四脑室，再汇合第四脑室脉络丛产生的脑脊液，经第四脑室的正中孔和外侧孔流入蛛网膜下隙，使脑、脊髓及脑、脊神经根均被脑脊液浸泡。而后脑脊液再经蛛网膜颗粒，流回到血液循环中。

脑脊液的功能是：形成脑和脊髓液体垫，可缓冲震荡，具有保护、营养、运输代谢产物以及维持正常颅内压等作用。

四、脑屏障

中枢神经系统的神经细胞的正常机能活动，有赖于其周围的微环境保持一定的稳定性。物质从血液和脑脊液中转运至脑组织内部的途径是有其选择性和限制性的，这说明在血液与脑细胞和脑脊液之间存在着一种屏障，即脑屏障。脑屏障由 3 部分组成，它们分别是血–脑屏障、血–脑脊液屏障和脑脊液–脑屏障（图 25–13）。

血–脑屏障：位于血液与脑、脊髓的神经细胞之间，其结构基础是：第一，脑和脊髓内毛细血管的内皮细胞，内皮细胞之间紧密连接，大分子物质难以通过；第二，连续包裹毛细

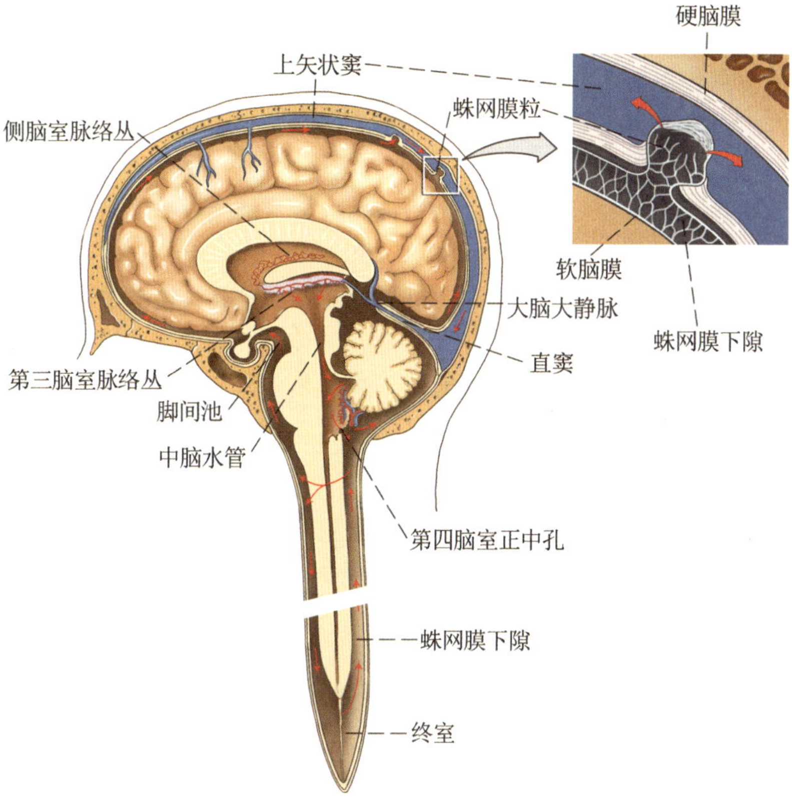

图 25-12　脑脊液循环模式图

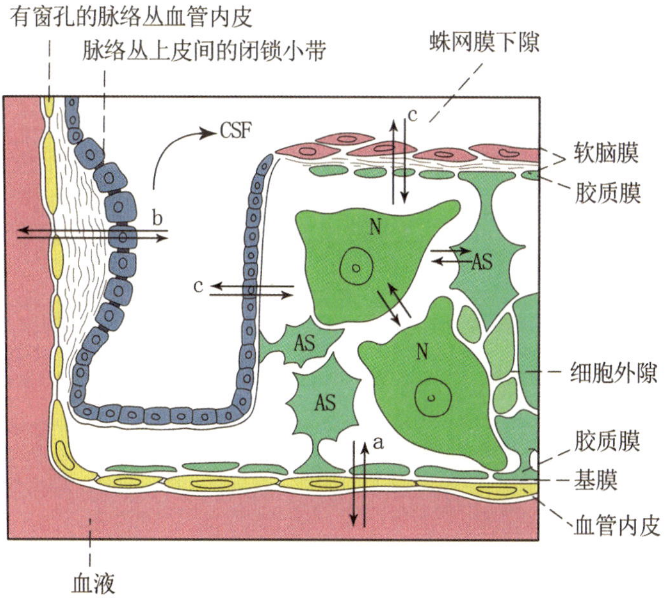

图 25-13　脑屏障模式图

（注：a-血-脑屏障；b-血-脑脊液屏障；c-脑脊液-脑屏障；AS-星形胶质细胞；N-神经元；CSF-脑脊液）

血管外壁的基膜；第三，神经胶质细胞突起在毛细血管基膜外贴附。上述结构的功能虽不尽相同，但必须是三种结构联合起来才能起到屏障的作用。

血–脑脊液屏障：位于脑室脉络丛的毛细血管与脑脊液之间，其结构基础是脉络丛上皮细胞间隙的顶部有闭锁小带。脉络丛的毛细血管内皮细胞上有窗孔，因此该屏障仍有一定的通透性。

脑脊液–脑屏障：位于脑室与蛛网膜下隙的脑脊液与脑和脊髓的神经细胞之间，其结构基础是：室管膜上皮、软脑膜及软膜下胶质膜。由于这些结构的屏障作用很弱，不能有效地限制大分子物质通过，因此，脑脊液的化学成分与脑组织细胞外液的成分大致相同。

脑屏障的主要机能有两方面：一是对血液中异物阻挡，有限度地防止有害物质侵入脑组织，以达到保护脑的目的；二是保持细胞膜正反方向的主动运转，维持脑内环境恒定，保证中枢神经系统的正常活动。

O 思考题

通过本章的学习，对于体育教育和运动训练等专业的学生，请思考：

1. 脑脊液是什么，其有哪些作用。

通过本章的学习，对于运动人体科学和运动康复等专业的学生，除上述问题外，还请思考：

1. 脑脊液的产生部位与循环途径。
2. 脑室有哪些，它们在位置、结构特点及功能方面是如何联系的。
3. 根据脑的血管分布特点，说说脑血管病的危害以及如何预防。

第二十六章 神经系统与体育运动的关系

从简单到复杂的体育运动的完成，实际上是人体各器官、系统相互协调地进行复杂功能活动的结果，而这种复杂的功能活动都依赖于神经系统的支配和调节。与此同时，若长期进行适宜的体育运动，不仅可以提高神经系统的调节能力，改善神经过程的灵活性与均衡性，而且必然能使神经系统的形态结构发生良好的改变。

一、神经系统对体育运动的制约

人体的一切生命活动皆受到神经系统的控制与调节，尤其是身体活动或体育运动则更加离不开神经系统的支配。如果神经系统的结构因疾病或运动伤害而受到破坏，则人体相应部位的正常运动功能就会产生异常，甚至瘫痪。

脊髓前角运动神经元是躯体运动神经传导通路中的下神经元，其发出的轴突组成脊神经支配躯干、四肢骨骼肌。若其受到损害时，相应肌肉的功能即可受到影响甚至瘫痪。例如，脊髓灰质炎（又名小儿麻痹症）是一种由病毒侵犯引起的急性传染病，主要损害脊髓前角运动神经元，可造成肌肉与筋膜的变性挛缩以及躯干、四肢骨骼畸形等。脊髓灰质炎的后遗症中，常见有胫骨前、后肌，腓骨长、短肌，股四头肌、阔筋膜张肌和臀肌等瘫痪，进而可造成下肢运动障碍（如跛行），甚至无法站立。

再如锥体外系的功能是调节人体精细复杂的运动，调节肌张力。若锥体外系中纹状体、黑质和底丘脑核等结构发生病变，则可出现运动障碍，即意志不能控制的动作。如震颤：拮抗肌群出现有节律的交替性收缩；舞蹈性动作：肢体呈现短暂、快速、无目的及无规律的不随意动作；肌张力失调性动作：动作在进行过程中的某一时刻出现一个短暂的停顿，并伴有肢体扭转成分；抽搐和肌阵挛动作：一组肌肉快速突然收缩，抽搐还出现闪电样肌肉的跳动。上述问题皆可造成人体正常的运动功能的丧失。

此外，在常见的体育运动中，如射击、举重、体操和排球等，运动员皆可因动作不正确而使尺神经、胸长神经和肩胛上神经等受损，进而累及相应的肌肉等结构，影响运动动作的完成。

二、体育运动对神经系统形态结构的影响

积极的体育锻炼或适宜的运动训练可以改善神经的血供和氧的含量，促进组织代谢，提高神经系统对人体活动时错综复杂的变化的判断能力，并及时做出协调、准确和迅速的反应。而且神经系统功能的增强必然伴随其形态结构的良好改变，包括神经元内线粒体数目增多，神经元突触可塑性增强，促进神经元、神经纤维再生等方面。相反，缺乏必要的体育锻炼或不当的运动训练可损害神经系统的形态和功能，造成平衡失调，甚至引起某些疾病。

（一）适宜的体育运动可改善神经系统的形态结构与功能

神经元内线粒体数目增多 研究资料表明：耐力性训练能够引起大鼠脊髓前角细胞中线粒体数量明显增多，嵴多而致密，基质电子密度高；技巧性运动也可使小脑蒲肯野氏细胞的线粒体体密度增大。这提示神经细胞内线粒体的这种形态结构的变化是适应运动、产生能量功能十分活跃的表现。

神经元突触可塑性增强 动物实验发现，以多种运动形式训练小鼠，可以促使其大脑皮质某些锥体细胞的核仁增大，参与形成突触的树突棘数量显著增多，神经元之间突触的数量增加；小脑皮质蒲肯野氏细胞树突扩大、树突棘也增多。而对于处在发育期小鼠进行多种形式的运动，亦可使大脑皮质躯体运动区神经元核仁增大，脊髓灰质前角细胞核及核仁增大。损伤后运动康复研究也发现其可通过诱导海马脑源性神经营养因子表达增加，促进缺氧缺血性脑损伤大鼠海马神经元的存活，增强突触可塑性，改善其受损的空间记忆能力。这表明运动，尤其是多种形式的运动，使得输入大脑皮质及其他中枢神经系统结构的信息增加，诱导并促使新的树突棘产生，加快中枢神经内信息传递和整合的速度，从而改善了中枢神经系统的功能。

促进神经元、神经纤维再生 有研究表明运动训练可促进实验动物坐骨神经损伤的修复和功能恢复，坐骨神经损伤3周运动后出现了再生的小运动神经元群，但数量较少，而大运动单位，不规则的有髓神经纤维的再生及其恢复需要将近1年或更多的时间。运动训练可以促进受损的周围神经再生，促进其运动功能的恢复，在神经再生期，随着运动负荷的增加，加速其运动功能的恢复。强制性运动疗法能显著提高亚急性偏瘫患者的上肢运动功能，加强患侧上肢在日常生活中的使用频率，其疗效明显优于传统康复治疗。

（二）不适宜的体育运动损害神经系统的形态和功能

足球、橄榄球、篮球、拳击、冰球、摔跤、登山、跳水、赛车、排球以及山地自行车等项目，不当运动均易造成不同程度的脑震荡、脑部损伤和脊髓损伤。拳王阿里的拳击性脑病、体操名将桑兰的高位截瘫都是运动造成神经损伤的典型案例。因此，应重视对特定运动项目的动作特点、伤害的防护以及竞技水平的发挥方式等方面的研究，并普及到每一名运动员和参加者，以减少神经损伤的发生。

思考题

通过本章的学习，对于体育教育和运动训练等专业的学生，请思考：

1. 科学的体育锻炼对神经系统的功能有哪些良好的影响，并说明在运动过程中如何避免对神经的损伤？

通过本章的学习，对于运动人体科学和运动康复等专业的学生，除上述问题外，还请思考：

1. 举例说明人体各系统之间如何协调配合完成各种功能。

内分泌系统

内分泌系统由内分泌腺、内分泌组织和内分泌细胞组成，参与维持机体内环境的平衡，调节机体的生长发育和各种代谢活动，并对生殖和行为进行影响和调控。

人体整体的控制和调节，是由神经系统和内分泌系统共同完成的。内分泌系统和神经系统的作用方式虽然不同，但二者在结构和功能上有着密切联系。

神经系统是通过神经纤维连到所支配的器官，以传导神经冲动的方式发挥作用的，其特点是快速、灵敏；而内分泌系统则是通过血液循环将不同的内分泌激素运送到特定的组织器官，通过体液调节的方式发挥作用，其特点是作用稍慢，但广泛、持久。

神经系统对内分泌系统的活动起着直接或间接的支配作用。例如，下丘脑分泌神经激素，把大脑等处传来的神经信息转化为激素信息，通过门脉系统传给垂体，控制垂体合成和释放各种促激素，进而控制整个内分泌系统的功能。内分泌系统也影响神经系统的功能。例如，甲状腺分泌的甲状腺素可影响脑的发育和正常功能。内分泌腺分泌的各种激素的浓度也对垂体功能发生反馈抑制，并通过对垂体功能的影响和制约，进一步作用于下丘脑。

因此，内分泌系统是机体的调节系统，其与神经系统相辅相成，共同维持机体内环境的平衡与稳定。

第二十七章　内分泌系统

内分泌系统是人体内除神经系统以外的另一个重要机能调节系统，是人体的一种特殊分泌方式。其将分泌的物质（即激素）直接释放入血或淋巴，通过血液循环运送至全身各处，到达相应的器官或组织，发挥生理效应。

一、内分泌系统概述

（一）内分泌系统的组成和功能

内分泌系统由内分泌腺、内分泌组织、内分泌细胞组成（图 27-1）。

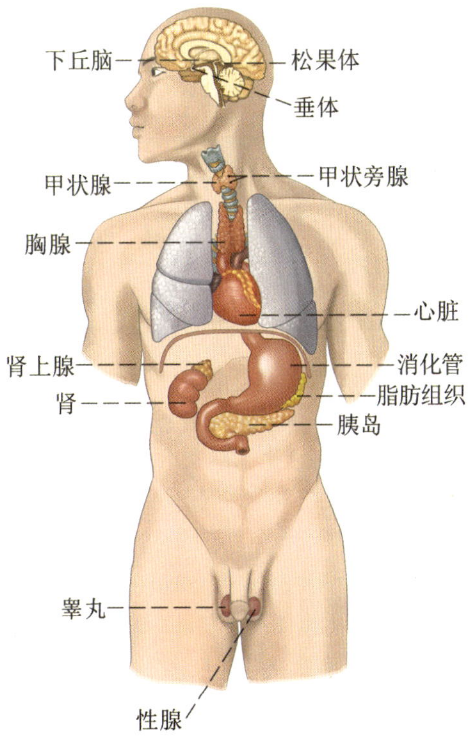

图 27-1　内分泌系统模式图

内分泌系统的细胞分泌物称为激素。激素直接释放入血液，通过血液循环运送到全身各处，作用于特定的靶器官或靶细胞。血液中激素应维持正常水平，过多或过少都会导致机体功能紊乱，甚至产生严重后果。

内分泌系统在功能上的特点是体液性反馈调节。虽然内分泌腺或内分泌组织之间在形态结构上大多无直接联系，但二者在功能上几乎皆有直接或间接的联系。每种激素的分泌水平受血液中代谢产物的含量或其他激素浓度的调节。

（二）内分泌系统的结构特征

1. 内分泌腺

内分泌腺是指分布于人体的一定部位、结构独立的腺体，主要由腺上皮细胞组成，肉眼可见且没有导管，如垂体、甲状腺、甲状旁腺、肾上腺、松果体和胸腺等。

内分泌腺没有导管，分泌的激素直接进入血液或淋巴，随血液或淋巴循环送到全身，选择性地作用于靶器官或靶细胞；也有由腺细胞分泌的激素以弥散方式直接作用于邻近的细胞(称为旁分泌)。腺细胞通常排列成团索状、网状或囊泡状。腺细胞一般与毛细血管和毛细淋巴管的内皮细胞紧密相邻。由于内分泌腺的分泌功能需要及其旺盛的新陈代谢，所以腺体内含有丰富的毛细血管和毛细淋巴管。

2. 内分泌组织

内分泌组织是指依附于某些器官内的内分泌细胞团。如胰腺内的胰岛、睾丸内的间质细胞和卵巢内的卵泡及黄体等。

3. 内分泌细胞

内分泌细胞是指散在于其他细胞之间能够分泌激素的细胞，如胃肠道、心、肺、肾和血管等器官内散在的内分泌细胞。

二、人体中主要的内分泌腺和组织结构

（一）垂　体

垂体（图 27-2）是人体内重要的内分泌腺，位于颅底蝶鞍的垂体窝内，为一椭圆形小体，呈灰红色。成年男性垂体重约 0.35~0.80g，女性垂体重 0.45~0.90g。

垂体表面覆以结缔组织被膜，借漏斗连于下丘脑。垂体分为腺垂体和神经垂体两部分。

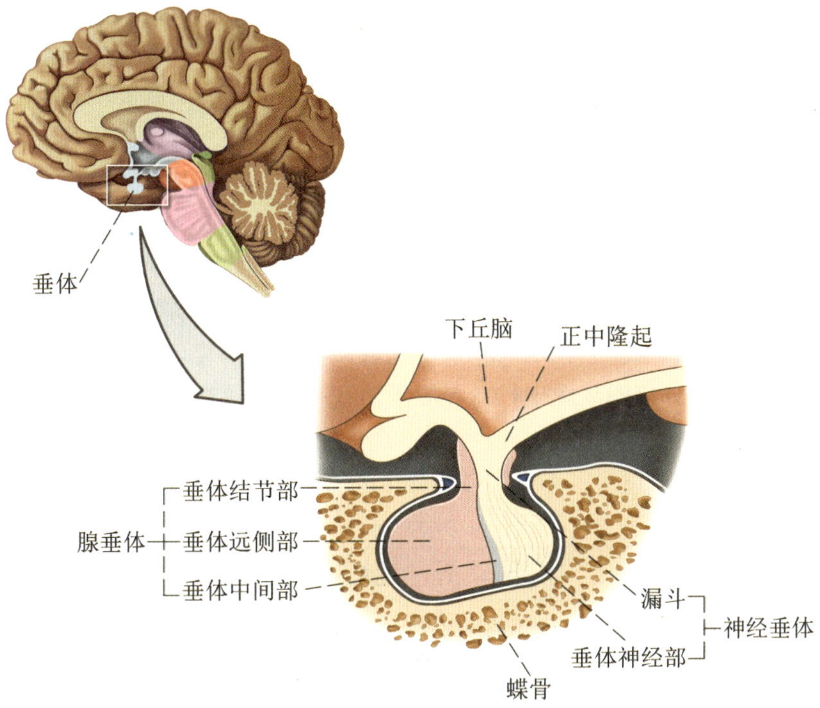

图 27-2　垂　体

1. 腺垂体

腺垂体位于垂体前部，是垂体的主要部分，约占垂体体积的 75%。分为远侧部、中间部和结节部。腺细胞排列成团索状，少数围成小滤泡，细胞间有丰富的窦状毛细血管和少量结缔组织。其内部有嗜色细胞（嗜酸性细胞和嗜碱性细胞）和嫌色细胞。

腺垂体是人体内重要的内分泌腺，能合成和分泌多种激素，如生长激素、催乳激素、促甲状腺激素、促肾上腺皮质激素和促性腺激素等。中间部的嗜碱性细胞还可以分泌黑素细胞刺激素（表 27-1）。

表 27－1　腺垂体分泌的激素名称和功能

激素名称		主要功能
生长激素		促进生长发育和代谢作用，调节免疫功能
催乳激素		促进乳腺发育和乳汁分泌
促甲状腺素		促进甲状腺激素的合成和释放
促肾上腺皮质激素		促进肾上腺皮质束状带细胞分泌糖皮质激素
促性腺激素	卵泡刺激素	在女性促进卵泡发育；在男性刺激生精小管的支持细胞合成雄激素结合蛋白，以促进精子的发生
	黄体生成素	在女性促进排卵和黄体生成；在男性刺激睾丸间质细胞分泌雄激素
黑素细胞刺激素		促进黑色素合成和扩散，使皮肤颜色加深

在上述激素中，生长激素对骨和软组织的生长起着尤为重要的作用。其可刺激骺软骨生长，使骨长长。幼年时该激素分泌不足，可引起身材矮小、但智力正常的侏儒症；若该激素分泌过多，在骨发育成熟前可引起巨人症，在骨发育成熟后则可引起肢端肥大症。

2. 神经垂体

神经垂体位于垂体后部，由无髓神经纤维和神经胶质细胞组成，分为神经部和漏斗两部分，漏斗与下丘脑相连。

神经垂体无分泌功能，主要是贮存和释放由下丘脑神经元合成的抗利尿激素（亦称加压素）和催产素。抗利尿激素作用于肾，促进肾的远曲小管和集合管重吸收水，使尿液浓缩；催产素可引起子宫平滑肌收缩和促进乳腺分泌。

下丘脑作为神经内分泌的高级中枢，与腺垂体和神经垂体在功能上有着密切的联系（图27-3）。

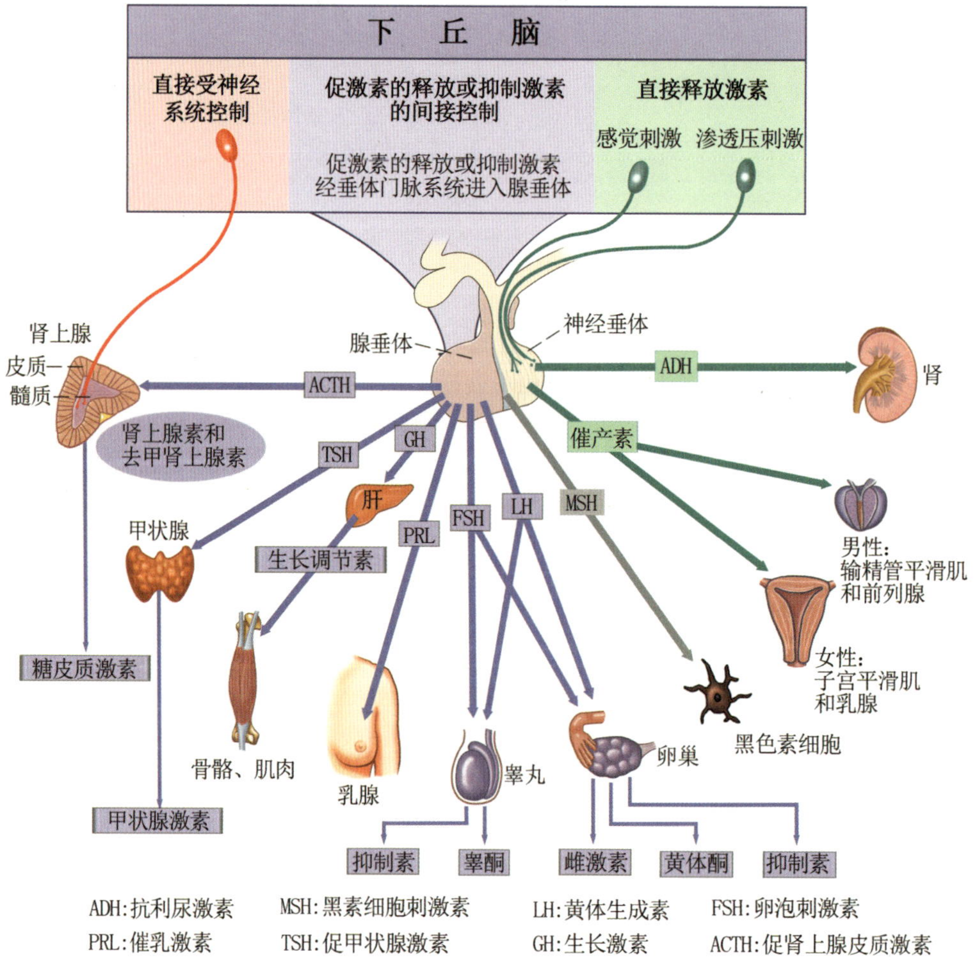

图 27-3 下丘脑、垂体激素及其靶器官

（二）甲状腺

甲状腺是人体最大的内分泌腺，位于颈前正中部，上达甲状软骨中部，下至第六气管软骨环。甲状腺呈棕红色，不成对，呈“H”形，分左右两个侧叶，中间以峡部相连（图27-4）。

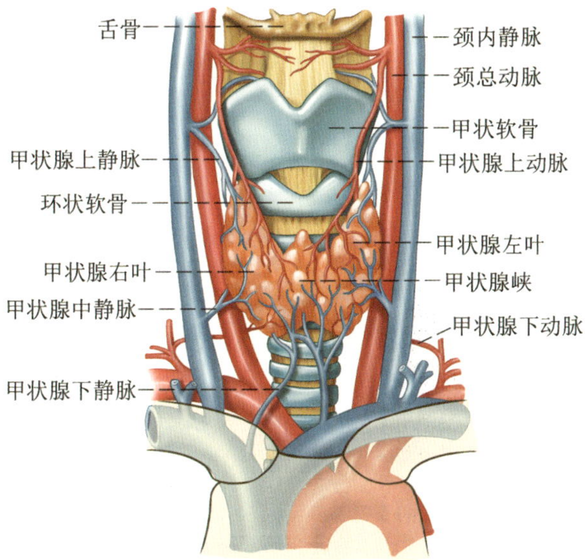

图27-4　甲状腺的位置和形态

甲状腺外包被膜，内为腺实质。腺实质由大量甲状腺滤泡和滤泡旁细胞组成，滤泡间有少量结缔组织和丰富的毛细血管（图27-5）。

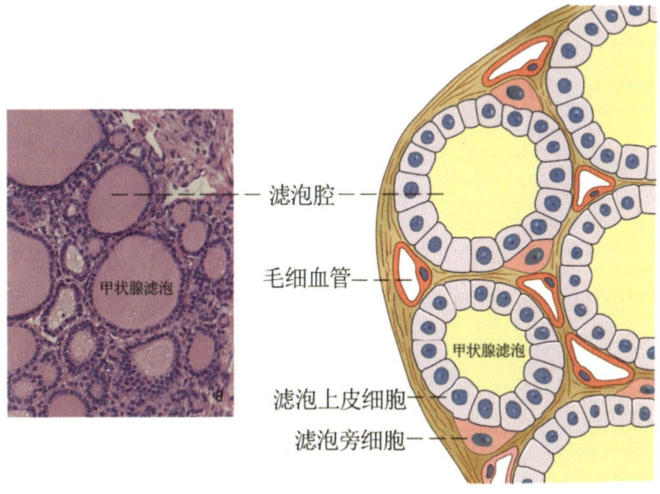

图27-5　甲状腺的结构

甲状腺滤泡由滤泡上皮细胞围成。甲状腺滤泡分泌甲状腺素，其可促进机体的新陈代谢，提高神经系统的兴奋性，促进生长发育。甲状腺素对婴幼儿骨骼和中枢神经系统的发育影响显著。幼儿时期甲状腺分泌功能低下，骨骼和脑的发育缓慢，身材矮小，智力低下，导致“呆小症”。成人甲状腺素分泌少则会出现黏液性水肿；甲状腺素分泌过多，导致甲状腺功能亢进。

滤泡旁细胞位于甲状腺滤泡之间和滤泡上皮之间。滤泡旁细胞分泌颗粒内含降钙素，能促进骨细胞的活动，使骨盐沉着于类骨质，抑制胃肠道和肾小管吸收钙，使血钙浓度降低。

（三）甲状旁腺

甲状旁腺位于甲状腺两叶侧后缘与甲状腺鞘之间，上下各一对（图 27–6）。甲状旁腺呈扁椭圆形，大小似黄豆，每个甲状旁腺的重量约 50mg。

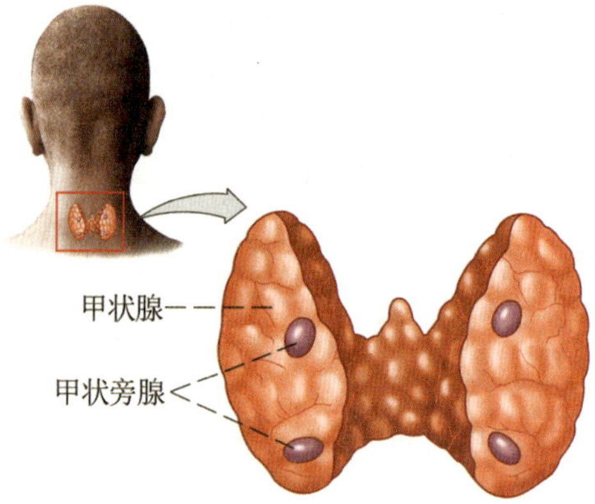

图 27–6　甲状旁腺

甲状旁腺内腺细胞排列呈索团状，有孔毛细血管分布丰富。腺细胞又分为主细胞和嗜酸性细胞两种。

甲状旁腺主细胞分泌甲状旁腺激素，促进骨钙释放入血，并促进肠和肾小管吸收钙，升高血钙。甲状旁腺激素与降钙素共同调节，维持机体血钙平衡。

（四）肾上腺

肾上腺位于肾的上方，左右各一，呈淡黄色。左侧肾上腺近似于半月形，右侧肾上腺呈三角形（图 27–7）。

肾上腺外包结缔组织被膜，其连同血管和神经一起伸入腺实质内。腺实质分为外周的皮质和中央的髓质。

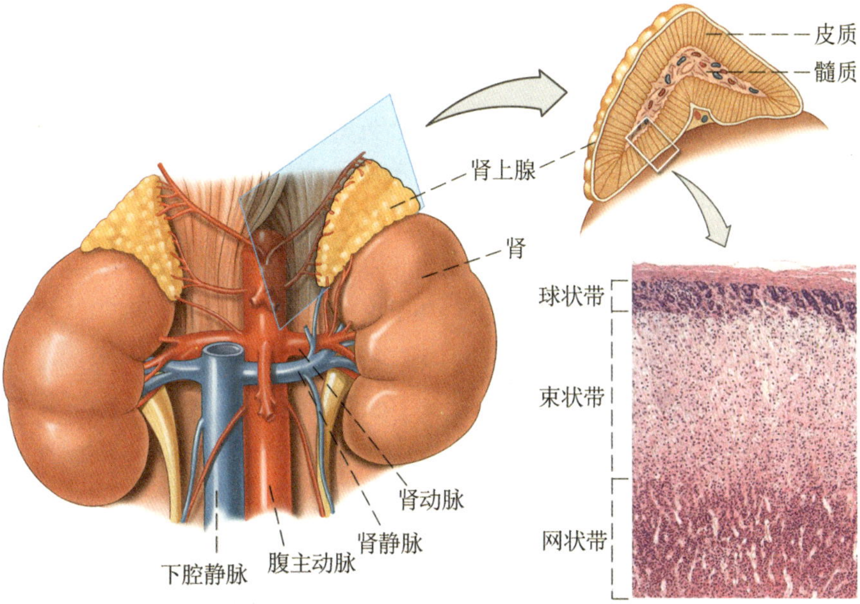

图 27-7 肾上腺

1. 皮 质

皮质约占肾上腺体积的 80%，由皮质细胞、血窦和少量结缔组织组成。皮质分为三个带，即球状带、束状带和网状带。

球状带：细胞排列成球团状。分泌盐皮质激素（如醛固酮），调节体内电解质和水盐代谢。

束状带：细胞排列成索。分泌糖皮质激素（如皮质醇），主要调节糖、蛋白质及脂肪的代谢，并具有抗炎作用。

网状带：细胞索之间吻合成网。主要分泌雄激素，也分泌少量雌激素和糖皮质激素。雄激素和雌激素主要影响性行为及副性征。

2. 髓 质

髓质主要由排列成索团状的髓质细胞组成，其间为血窦和少量结缔组织。髓质细胞呈多边形，嗜铬，一种为肾上腺素细胞，数量多，颗粒内含肾上腺素；另一种为去甲肾上腺素细胞，颗粒内含去甲肾上腺素。肾上腺素使心率加快、心脏和骨骼肌的血管扩张；去甲肾上腺素使血压升高，心脏、脑和骨骼肌内的血流加速。

（五）松果体

松果体位于上丘脑的后上方（见图 27-1），为灰红色的椭圆形小体，类似松果，故得此名。松果体在儿童期比较发达，7 岁后逐渐萎缩。

松果体表面包以软膜，软膜的结缔组织伴随血管伸入腺实质，将实质分为许多小叶，小叶内主要由松果体细胞、神经胶质细胞和无髓神经纤维等组成。松果体细胞分泌褪黑素，参与调节生殖系统的发育及动情周期、月经周期的节律。儿童期松果体功能不全，可出现性早熟或生殖器官过度发育。

（六）胸 腺

胸腺位于胸骨柄后方，上纵隔的前部，贴近心包的上方和大血管前方（图 27-8）。新生儿和幼儿胸腺相对较大，重约 10~15g；性成熟后胸腺发育至最高峰，随后逐渐萎缩，多被结缔组织替代。

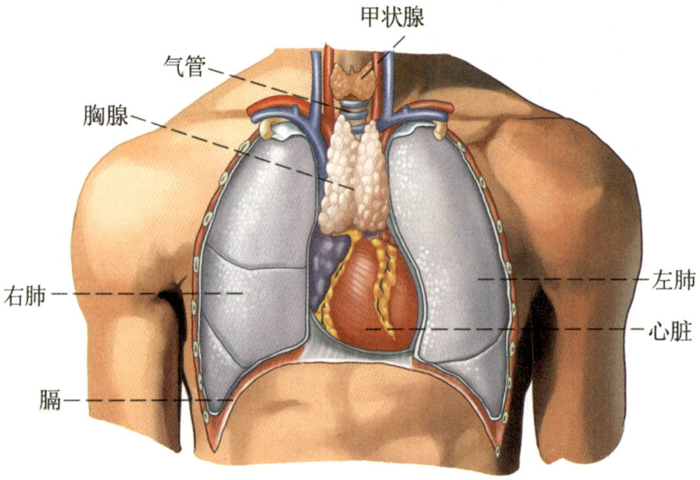

图 27-8 胸 腺

胸腺属淋巴器官，兼具内分泌功能。其可分泌胸腺素和促胸腺生成素，参与机体的免疫反应。

（七）胰 岛

胰岛位于胰腺内，是胰腺的内分泌部，由分散在胰腺腺泡之间的许多大小不等、形状不一的细胞团组成。胰岛可分泌胰岛素、胰高血糖素和胰多肽等，参与调节血糖浓度、胃肠运动以及胰液的分泌等（详见第十一章消化系统）。

（八）生殖腺

睾丸是男性生殖腺，产生精子和分泌雄性激素，雄性激素可激发男性的第二性征出现，并维持正常的性功能。

卵巢是女性生殖腺，可产生卵细胞和分泌雌激素和孕激素。雌激素刺激子宫、阴道和乳腺的生长发育，激发并维持第二性征。孕激素可使子宫内膜增厚，准备受精卵的种植，同时使乳腺逐渐发育，以备授乳。

三、内分泌系统与体育运动的关系

体育运动对内分系统的结构和功能有一定影响，而内分泌系统所分泌的激素亦对体育运动的功效发挥起到至关重要的作用。

（一）垂体与体育运动的关系

垂体能够分泌多种激素和促激素，如生长激素可促进生长发育，在机体生长过程中促进骨、软骨、肌肉和其他组织细胞的分裂增殖和蛋白质的合成，加速骨和肌肉的生长发育，使骨骼健壮、肌肉发达，进而有助于运动成绩的提高。经研究表明：运动后人体的生长激素分泌明显增加。所以经常参加体育运动，可促进生长激素的分泌，加强骨的生长发育；同时还可使肌肉发达，提高机体的运动能力。

（二）甲状腺与体育运动的关系

甲状腺分泌甲状腺激素，促进机体的新陈代谢，提高神经系统的兴奋性，使心搏加快、加强，心输出量增大；促进生长发育，尤其对骨骼和神经的发育起重要作用；加速神经与肌肉间的信息传递，有利于运动能力的提高。运动时身体代谢水平增高，甲状腺激素分泌增加，从而促进体内糖和脂肪的分解来补充运动时消耗的血糖，提高运动竞赛的成绩。

（三）肾上腺与体育运动的关系

肾上腺皮质激素对肌肉工作能力影响很大。肾上腺皮质机能衰退的人，肌肉无力，易疲劳。研究表明，长时间大强度运动，肾上腺活动加强。肾上腺髓质分泌的激素有助于运动员更快地适应内外环境变化和提高运动能力。运动员的肾上腺皮质活动水平比一般人高，训练日比休息日高，赛后比赛前高。

O 思考题

通过本章的学习，对于体育教育和运动训练等专业的学生，请思考：

1. 内分泌系统的组成和功能，内分泌系统对青少年生长发育有何影响。

通过本章的学习，对于运动人体科学和运动康复等专业的学生，除上述问题外，还请思考：

1. 内分泌腺的结构特点和组成。
2. 下丘脑与垂体在位置、结构和功能上的相互关系。
3. 请举例说明内分泌系统在人体运动中是如何发挥作用的。

索 引

D

E

F

G

H

J

K

N

P

Q

R

S

T

W

X

主要参考书

[1] KAPANDJI A I. 骨关节功能解剖学[M]. 6版. 顾冬云, 戴勉戎, 主译. 北京: 人民军医出版社, 2011.

[2] CALAIS-CERMAIN B. Anatomy of Movement[M]. Revised ed. Seattle: Eastland Press Inc., 2007.

[3] WALKER B. 运动损伤的解剖学[M]. 罗冬梅, 等译. 北京: 北京体育大学出版社, 2013.

[4] EFFREY B. Functional Histology[M]. 2th ed. Sydeney: Elsevier Mosby Australia, 2010.

[5] MARTINI F H, TIMMONS M J, TALLITSCH R B. Human anatomy [M]. 7th ed. Illinois: Pearson Education, Inc., 2011.

[6] PUTZ R, PABST R. Sobotta 人体解剖学图谱[M]. 21 版.董大翠, 宋本才, 主译. 北京: 北京大学医学出版社, 2004.

[7] ROBERT S. Sports Injuries Cuidebook[M]. Illinois :Human Kinetics, Inc., 2008.

[8] ROSS M H, PAWLINA W. Histology: a text and atlas: with corelated cel and molecular biology[M]. 6th ed. Philadelphia: Iippincott Williams & Wilkins, 2011.

[9] SCHUENKE M, SCHULTE E, SCHUMACHER U. Ceneral Anatomy and the Musculoskeletal System（THIEME Atlas of Anatomy）[M]. New York: Ceorg Thieme Verlag, 2010.

[10] SCHUENKE M, SCHULTE E, SCHUMACHER U. Head and Neuroanatomy（THIEME Atlas of Anatomy）[M]. New York: Ceorg Thieme Verlag, 2010.

[11] SCHUENKE M, SCHULTE E, SCHUMACHER U. Neck and Internal Organs （THIEME Atlas of Anatomy）[M]. New York: Ceorg Thieme Verlag, 2010.

[12] STANDING S. 格氏解剖学 [M]. 39 版. 徐群渊, 译. 北京: 北京大学医学出版社, 2008.

[13] STANDING S. Crayos Anatomy[M]. 40th ed. Philadelphia: Elsevier Iimited, 2008

[14] 柏树令, 方秀斌, 韩秋生, 等. 人体解剖学图谱 [M]. 沈阳: 辽宁科学技术出版社, 2003.

[15] 柏树令, 应大君. 系统解剖学[M]. 7版. 北京: 人民卫生出版社, 2008.

[16] 成令忠, 王一飞, 钟翠平. 组织胚胎学——人体发育和功能组织学[M]. 上海: 上海科学技术文献出版社, 2003.

[17] 弗拉基米尔.M.扎齐奥尔斯基. 运动生物力学 [M]. 陆爱云, 译审. 北京: 人民体育出版社, 2004.

[18] 高士濂. 实用解剖图谱（上肢 、下肢）[M]. 3版. 上海: 上海科学技术出版社, 2012.

[19] 郭光文, 王序. 人体解剖学彩色图谱[M]. 北京: 人民卫生出版社, 1991.

[20] 顾德明, 缪进昌. 运动解剖学图谱[M]. 2版. 北京: 人民体育出版社, 2005.
[21] 胡声宇. 运动解剖学[M]. 2版. 北京: 人民体育出版社, 2000.
[22] 金季春. 运动生物力学高级教程[M]. 北京: 北京体育大学出版社, 2007.
[23] 李继硕. 神经科学基础[M]. 北京: 高等教育出版社, 2002.
[24] 李世昌. 运动解剖学[M]. 2版. 北京: 高等教育出版社, 2010.
[25] 潘珊珊, 于新凯. 运动解剖学[M]. 北京: 人民体育出版社, 2007.
[26] 孙久荣. 神经解剖生理学[M].北京: 北京大学出版社, 2004.
[27] 唐军民, 张雷. 组织学与胚胎学彩色图谱[M]. 北京: 北京大学医学出版社, 2003.
[28] 王瑞元, 苏全生.运动生理学[M]. 北京: 人民体育出版社, 2011.
[29] 王彦, 韩秋生, 徐国成, 等. 组织胚胎学彩色图谱[M]. 2版. 沈阳: 辽宁科学技术出版社, 2003.
[30] 邹仲之, 李继承. 组织学与胚胎学[M]. 7版. 北京: 人民卫生出版社, 2008.